전 재무부 장관 · 전 신한은행장

# 이용만 평전

모진 시련을 딛고 일어선 인생 이야기

KI신서 6838

# 이용만 평전

모진 시련을 딛고 일어선 인생 이야기

**1판 1쇄 발행** 2017년 1월 16일
**1판 3쇄 발행** 2017년 3월 10일

**지은이** 공병호
**펴낸이** 김영곤
**펴낸곳** ㈜북이십일 21세기북스
**출판기획팀장** 정지은 **책임편집** 윤경선
**디자인** 씨디자인: 조혁준 함지은 김하얀 이수빈
**출판사업본부장** 신승철 **영업본부장** 신우섭
**출판영업팀** 이경희 이은혜 권오권
**출판마케팅팀** 김홍선 배상현 신혜진 박수미
**프로모션팀** 김한성 최성환 김주희 김선영 정지은
**홍보팀** 이혜연 최수아 백세희 김솔이
**제작팀장** 이영민
**출판등록** 2000년 5월 6일 제406-2003-061호
**주소** (우 10881) 경기도 파주시 회동길 201(문발동)
**대표전화** 031-955-2100 **팩스** 031-955-2151
**이메일** book21@book21.co.kr

ⓒ 공병호, 2017

**(주)북이십일 경계를 허무는 콘텐츠 리더**

21세기북스 채널에서 도서 정보와 다양한 영상자료, 이벤트를 만나세요!
북이십일과 함께하는 팟캐스트 '[북팟21] 이게 뭐라고'
**페이스북** facebook.com/21cbooks **블로그** b.book21.com
**인스타그램** instagram.com/21cbooks **홈페이지** www.book21.com

ISBN 978-89-509-6838-0 03320

* 책값은 뒤표지에 있습니다.

# 이용만 평전

모진 시련을 딛고 일어선 인생 이야기 · 공병호 지음

전 재무부 장관 · 전 신한은행장

이 책은 혈혈단신으로 이북에서 내려와 재무부 장관에 오른

이용만(李龍萬)의 일생을 정리하고 평가한 것으로서,

한국 현대사의 비극인 한국전쟁을 극복하고

산업화의 대장정을 통해

폐허화된 조국을 반듯한 나라로 만들어내기 위해 헌신했던

앞 세대에게 바치는 헌사(獻詞)입니다.

•

# 아무것도 없이 일어섰다

"따다다다, 따다다다, 다다다다."

"드르륵, 드르륵, 드르르륵."

콩 볶는 듯한 인민군의 따발총 소리와 드르륵거리는 국군의 경기관총 소리가 천지를 진동시켰다. 1951년 5월 11일 오전 10시 무렵, 홍천군 가리산(加里山, 1,051미터 고지) 능선에 포진한 적군은 접근해 오던 국 군에게 필사적으로 따발총을 퍼붓고 있었다.[1] 적진과 불과 50~60미 터 남짓 떨어진 능선 위에 엎드려서 M1 소총으로 맞서고 있던 열여덟 살 청년은 "으" 하는 신음과 함께 왼쪽으로 몸을 뒤틀며 몇 바퀴 구르 고 말았다. 적의 총알이 정확하게 그의 왼쪽 어깨를 맞히고 만 것이다.[2]

순간적으로 "이렇게 죽는구나"라는 생각과 함께 상한 통증을 느꼈다. 총알을 맞으면 당연히 죽는 것으로 생각한 청년은 그 자리에 서서 동료들에게 "빨리 피신하라"라고 외치기 시작했다. 그의 앞과 뒤, 좌와 우에는 수없이 많은 총알이 먼지를 풀썩풀썩 일으키면서 맨 땅 위로 계속 쏟아지고 있었다. 당시 가리산은 네이팜탄이 투하된 상태였기 때문에 나무는 모두 불탔고, 흙과 작은 돌멩이만 남은 민둥산이었다. 벌거벗은 맨 땅 위에 총알이 여기저기 어지럽게 튀고 먼지가 풀썩풀썩 일어나는 장면을 상상해보라. 바로 그 격전지의 중심에 열여덟 살 청년이 총알을 맞은 채 서 있었다.

능선 밑에서 정상을 향해 사격하던 김창조 소대장은 총에 맞고 서서 소리치고 있는 그를 보자마자 튀어나오듯이 달려와서 그를 구해냈다. 청년은 왼쪽 어깨에 한 발만 맞은 것이 아니었다. 훗날 알게 되었지만, 척추를 약간 비껴간 곳에 또 한 발의 총알이 박혀 있었다. 사실 그가 살아남은 것은 기적이라 해도 과언이 아니다. 이 청년이 혈혈단신으로 남한에 내려와 자진해서 군대에 입대하고, 후에 공직에 들어가 재무부 장관에 오른 이용만(李龍萬)이다.

『한국전쟁사』 6권은 가리산 전투에 대해 상세한 기록을 전한다.[3] 1951년 5월 5일, 밴 플리트(James A. Van Fleet) 미 8군 사령관은 적군이 새로이 '5월 공세'를 준비 중이니 과감한 수색으로 적의 특별한 동향이나 정세를 살피라는 명령을 하달했다.[4] 이에 따라 미군 2사단장 클라크 루프너(Clark L. Ruffner) 소장은 휘하의 23연대를 우측 일선에 배치하고, 록 레인저 중대(Rock Ranger Co.)가 속한 38연대를 중앙 일선인 가리산에 배치한다.[5]

1951년 5월 7일, 미주리전선(대포리-용대리-인제-신월리-가리산)을 점령하라는 명령이 하달됨에 따라 먼저 38연대 1대대가 가리산 일대 (782미터)를 수색하던 중에 적 정찰대와 격돌하여 적의 공세가 임박했음을 확인했다. 이에 따라 1951년 5월 8일경부터 이용만이 속한 록 레인저 중대는 가리산에 잠복하여 춘천 소양강 주변의 적정 보고를 했다. 아울러 가리산 일대 수색 중에 적군 수색대와 격돌했고, 이용만은 이 전투에서 부상을 당한다. 적정 보고에 따라 1951년 5월 11일 미 8군 사령관은 수일 내에 중동부 전선에 적군의 '5월 공세'가 있을 것으로 판단하고 작전 계획을 하달했다. 5월 16 ~ 18일 사이에 가리산 일대에서 치열한 전투가 전개된다.[6]

## 평전 집필의 3가지 이유

그가 성공한 기업가도 아니고 한 시대를 풍미한 정치가도 아닌데 평전의 대상이 될 수 있는지 묻고 싶을 것이다. 사실 필자가 공직자의 삶을 소재로 쓴 평전은 이번이 처음이다. 필자는 시장의 역할을 중시하고 정부의 영향력과 규모를 줄여야 한다는 신념을 가진 자유주의 경제학자이자 작가일 뿐만 아니라 공직과는 거리가 먼 사람이다. 또한 '작은 정부'에 우호적인 시각을 가진 사람이기 때문에 공직과 삶을 소재로 글을 쓰는 사실에 의아해하는 사람들도 있을 것이다. 이 책을 쓰기로 결정한 데는 3가지 뚜렷한 이유가 있다.

첫째, 이용만이 걸어온 인생 역정이 특별하기 때문이다. 유복하게 지냈던 강원도 평강군에서의 삶은 공산당의 북한 지배와 함께 완전히 뒤바뀌게 되었다. 그래도 가족들이 남한으로 넘어오는 데 성공했다면 나았을 것이다. 차근차근 설명하겠지만, 김화경찰서 안에 조직된 치안대가 편성한 '학도대'에 이용만이 참여했고 북쪽으로 향했다. 북쪽으로 간 아들을 기다리다가 부모들은 남한으로 넘어올 수가 없었다. 비극적인 것은 어머니와 동생은 모두 폭격에 죽음을 당했다. 게다가 아버지와 폭격으로 반신불수가 된 형도 죽음을 당한 것으로 추측된다. 이처럼 한반도의 분단과 함께 그는 혈혈단신으로 남한에 내팽개쳐진 것처럼 스스로 삶을 개척해야 하는 상황에 놓였다. 분단이라는 현대사의 비극이 고스란히 담긴 그의 가족사가 집필 이유 가운데 하나다. 남한에서 삶을 일으켜 세우는 이야기는 한 인간이 역경 속에서도 좌절하지 않고 어떻게 자신을 일으켜 세울 수 있는가를 보여주기에 충분하다. 그의 삶에는 극적인 면이 있었으며, 역경을 극복하는 과정에 감동과 감격 그리고 교훈이 담겨 있다.

둘째, 공적인 측면에서 이용만의 활동은 기록으로 남길 만큼 충분한 가치가 있기 때문이다. 한국이 산업화라는 대장정에 올랐을 때 박정희 대통령을 보필하여 나라의 초석을 닦는 데 이바지한 공직자들이 많다. 이들 가운데서 첫 번째로 꼽을 수 있는 인물이 재무부 장관과 부총리를 지냈던 남덕우다. 이용만은 남덕우가 재무부 장관(1969.10~1974.9)으로 재직하던 기간 내내 바로 곁에서 실무 책임자로 일했다. 그는 이재과장(1967.7~1971.9)과 이재국장(1971.9~1975.2)으로서 남덕우 재무부 장관을 가까운 곳에서 보필한 사람이다. 최장수 이재국장으로 3년 6개월, 그리고 재정차관보(1977.9~1980.5)로 2년 9개월을 재정금융정책의 핵심 조직에서 근무했다. 한국경제가 고도성장의 기틀을 마련하기 위해 약진하던 시절, 6년 3개월 동안 재정금융정책의 핵심 자리에서 활동한 것이다.

이 책은 산업 육성을 위한 재정금융정책에 간여했던 실무자의 증언을 통해서 한국 산업의 성장사를 조명하려는 것이다. 지금까지 대통령과 장관들의 회고록은 나왔지만, 실무를 직접 담당했던 공직자의 증언이나 회고록 성격의 책은 필자가 아는 한 없었다. 특히 한국 산업화의 토대를 구축하던 시기에 대해 실무자의 증언을 들을 수 있는 것은 우리 경제의 성장사를 재조명하는 의미가 있다. 그의 증언은 시장주의가 지배적인 시대정신으로 자리 잡은 이 시대에 과거를 균형 있게 이해하고 평가하는 데 도움을 줄 것이다. 시장경제의 기반이 부실하기 짝이 없었던 시절에 한국 정부가 어떤 방식으로 제도적인 틀을 만들어서 오늘의 한국을 가능하게 했는지를 이해할 수 있을 것이다.

셋째, 그의 삶이 승승장구한 것이 아니라 부침이 있었기 때문에 풍성한 교훈이 있다. 평탄하게 과장, 국장, 차관보, 차관을 거쳐서 장관으로 마무리했다면 밋밋한 기록들로 가득 찰 것이다. 하지만 1980년 전두환 정권이 등장하면서 말도 되지 않는 이유로 옷을 벗었다. 공직 자로서 치명적인 일격을 맞은 후에도 좌절하지 않고 11년 만에 다시 친정인 재무부 장관으로 복귀하는 데 성공했다. '오뚝이 인생'이라 불러도 손색이 없다. "날씨가 차가워진 후에야 소나무와 잣나무가 시들지 않음을 안다"는 공자의 말처럼, 사람은 어려움을 겪어봐야 그 사람의 됨됨이를 속속들이 알 수 있다.[7] 이후에 또 한 번의 큰 위기가 그를 덮친다. 재기할 수 없을 것처럼 보이는 두 번의 추락을 경험하면서도 끝까지 완주해낸 끈기와 우직함이 있었다.

그는 공직자 출신으로서는 드물게 경영자로서의 실무 경험을 가진 사람이며, 신한은행장과 외환은행장 등을 거칠 때마다 조직을 크게 성장시켰다. 조직도 득을 보았지만, 그 자신도 업계의 실상을 속속들이 아는 보기 드문 공직자로 성장하는 계기가 되었다. 자신이 머무는 조직마다 과거의 전례를 답습하지 않고 경영자로서도 새로운 기록을 만들어냈기 때문에 유능한 리더의 연구라는 면에서도 이 평전은 가치가 있다. 요컨대 슬픈 가족사를 딛고 일어선 인간 승리, 한국 경제성장의 결정적 시기에 핵심 경제정책을 주도한 실무자로서의 경험, 예기치 않은 사건으로 공직에서 물러났음에도 불구하고 재기에 성공한 3가지 이유 때문에 그를 평전의 대상으로 삼게 되었다.

## 7부로 구성된 책

이 책은 모두 7부로 구성된다.

1부는 유년기의 추억과 공산화된 세상에서의 삶을 다룬다.

2부는 혈혈단신으로 이남에 내려와서 자신의 발로 세상에서 우뚝 서는 과정을 다룬다. 1부와 2부는 한 사람의 평생을 지탱하는 기질과 성격 그리고 태도가 어떻게 형성되는지 보여주는 흥미로운 사례이며, 이때 만들어진 것들은 건축물의 기초처럼 평생 동안 삶을 지탱하는 기반이 되었음을 확인할 수 있다.

3부는 남덕우 장관을 도와서 실무를 주도하던 시대를 그리고 있다. 이 시기는 이 책의 중요한 부분을 구성하는데, 한국의 경제성장사에서 정부가 어떤 일들을 어떻게 추진했는지 알려주는 귀한 증언들이 담겨 있다. 오늘날은 시장 중심의 사고가 팽배해 있다. 필자 또한 시장에 대해 강한 신념을 가진 사람이기 때문에 과거를 현재의 눈으로 판단할 가능성이 있다. 이 책은 과거에 그 시대를 살았던 사람들의 입장에서 지금의 우리를 바라볼 수 있도록 도울 것이다. 또한 경제성장의 초기에 제대로 된 제도와 기관을 만들어서 시장이 잘 작동할 수 있도록 헌신했던 사람들의 노고를 엿볼 수 있는 기회가 될 것이다.

4부는 리더의 개인적 자질과 리더십을 조망한다. 한 인간이 가진 자질이 조직을 이끄는 데 어떤 영향을 발휘하는지를 탐구한다. 리더를 위한 교훈이란 면에서 독자들에게 "어떻게 조직을 이끌어야 하는가?" "어떻게 사람을 대해야 하고 이끌어야 하는가?" 등 풍부한 시사점을 담고 있다.

5부는 전두환 정권의 등장과 함께 시작된 야인 생활과 신한은행장과 외환은행장 시절을 다룬다. "세상에 버릴 것은 하나도 없다"는 말처럼 한 사람의 일생에서도 역경과 좌절을 통해 한 인간이 어떻게 성장하는지, 그리고 그런 과정에서 배운 경험들이 훗날 어떻게 이득이 되는지를 보여주는 귀한 사례다. 예상치 못한 좌절과 낙담을 맞은 사람들에게 큰 용기와 위안을 줄 수 있는 내용을 담고 있다.

6부는 공직자로서 토대를 닦았던 재무부에 장관으로 돌아와서 어떤 일을 어떻게 해냈는지를 설명한다. 그가 국가경제에 기여한 결정적인 3가지를 중심으로 정리했다. 3가지 기여 속에는 리더가 위기상황에서 어떻게 문제를 해결해야 하는지에 대한 교훈과 지침이 들어 있다.

7부는 그에게 어려움을 안겨주었던 정치 자금 조성 사건과 신앙 문제를 다룬다. 특히 정치 자금에 관한 한 어디까지 공개해야 하는지를 두고 평전 작가로서도 고심했지만, 훗날을 위해서 밝힐 것은 밝혀야 한다는 생각에 객관적으로 정리하려 노력했다. 우리 사회가 더 깨끗한 사회로 나아가는 데 도움이 될 것이다.

한 인간의 역경 극복기라는 측면에서 독자들이 많은 교훈을 얻기를 바란다. 또한 근래에 정부 부문의 경쟁력 하락에 대한 질타가 높아지는데, 초기 우리 사회를 이끌었던 공직자들의 헌신적인 모습에 주목했으면 한다. 아무쪼록 이 책이 장기불황의 초입에 들어서서 혼란스러워하는 한국 사회와 경제가 활력을 회복하는 데 도움이 되기를 소망한다. 또한 더 내려갈 수 없을 만큼 바닥에 떨어진 한 젊은이가 자신을 일으켜 세우는 이야기에서 어려운 시기를 살아가는 독자들이 지혜와 용기 그리고 위안을 얻기를 바란다.

2017년 1월

공병호

# 차례

(8) 넉넉함과 베풂의 일상화

(9) 탁월한 친화력과 사회성

(10) 한시적으로 자신을 숨길 수 있는 자제력

(11) 핵심을 정리하고 우선순위를 명확히 하는 능력

(12) 사람을 바라보는 따뜻한 마음

(13) 털털함과 치밀함의 절묘한 조화

(14) 강력한 책임감과 정면 돌파력

(15) 확고한 국가관과 애국심


## 제5부  신군부와 시련의 세월

제1부

# 고향 땅이
# 공산화되다

"빈부귀천이 돌고 도는 것이 세상일이라네.
그러니 내 집에 있는 동안 한 가족같이 지내세."
집에 머슴이 새로 들어올 때마다 대청마루에서
아버지가 머슴에게 들려준 이야기가
평생 제 가슴에 남아 있습니다.

# 1장

•

# 갈 수 없는 고향

"평강의 벌판은 넓어서 일본군의 실전 훈련장이기도 했고,
농부들이 밤에 길을 잃으면 새벽에 닭이 울 때라야 찾는다 해서
'닭이 우리 벌'이라고도 불렸다."

운명이 있다. 평화로운 시대에 태어난 사람의 삶은 대체로 평탄하지
만, 역사의 물줄기가 세차게 굽이치는 격동기에 태어난 사람의 삶은
그럴 수가 없다. 이용만(李龍萬)은 1933년 8월 29일생으로 12세가 되
던 해에 해방을 맞는다. 그의 초년 삶이 평탄치 않음을 예고해주는 것
은 그가 강원도 평강군(平康郡)에서 태어났기 때문이다.

북위 38.17~50도에 위치한 이곳은 38선이 그어지고 난 다음은 물
론이고 지금도 이북에 속한다. 평강군은 남동쪽으로 김화군과, 남서
쪽으로는 철원군과 맞닿아 있으며, 서북 방향의 마식령산맥과 동남
방향의 광주산맥 사이에 놓인 평강·철원고원 지대가 중심부를 차지
한다. 북쪽에서 남쪽으로 내려올수록 200~400미터의 구릉과 낮은
산이 군 면적의 반 이상을 차지하고 있다. 성싱은 고원기대로, 일제시

대 때는 일본이 최고의 요양소를 세우려 할 만큼 살기가 좋은 곳이었다. 춘천, 평창, 통천과 더불어 읍을 가진 강원도의 4개 지역 가운데 하나였으며, 군민이 6만에 육박할 정도로 큰 도시 가운데 하나였다.

그가 태어난 곳은 군소재지인 평강읍에서 조금 떨어진 '강원도 평강읍 복계리 석교동 450번지'다. 평강 평야 북쪽 끝자락에 위치한 이곳은 100여 가구가 사는 제법 큰 마을이었다. 아버지 이봉준(李奉俊, 1892. 7. 11~?)과 어머니 전영준(全永俊, 1896. 12. 3~1950. 11. 29)의 자녀 3형제 가운데 둘째 아들로 태어났다. 한국의 전형적인 시골이 그렇듯이, 이 마을도 뒤로는 오리나무 숲이 울창하게 우거져 있었고, 집에서 500미터 거리에는 맑고 찬 북한강 상류가 흐르고 있었다. 사람들은 이 마을을 '석교리' 혹은 '돌다리'라고 불렀다.

마을의 큰길 옆에 제일 높게 돌담을 빙 둘러쌓아 지어진 집이 태어나서 자란 곳이다. 부친은 물려받은 것 없이 시작했지만 근면함과 성실함으로 착실히 재산을 불려나감으로써 마을에서 손꼽히는 부농이 되었다. 누가 고향을 잊을 수 있겠는가! 더욱이 이제는 갈 수 없는 고향이라면 그 고향은 평생 가슴에서 떠나지 않을 것이다. 그는 지금도 고향 집을 가슴에 생생하게 담고 있는데, 손수 그려서 보관해왔던 고향집 평면도는 필자가 당시 상황을 그려보는 데 큰 도움이 되었다.

마을 큰길에 접한 그의 집은 사각형 모양이었으며, 절반은 주거 공간이었고 나머지 절반은 뒷마당이 차지하고 있었다. 주거 공간은 200여 평이고 뒷마당은 300~400평 정도로 아주 큰 집이었다. 초가집의 초가지붕도 보통 집보다 3배는 두꺼워서 방한이 뛰어난 오늘날 기준으로도 고급 주택이었다. 집 규모만이 아니라 소유하고 있던 재산은 지금 돌아봐도 "부친이 착실히 재산을 모았구나"라고 생각하게 한다.

대문을 열고 들어가면 좌측으로 외양간이, 그리고 우측으로는 사랑방, 부엌이 있었다. 다시 중문을 열고 들어가면 광, 부엌, 안방, 대청마루, 샛방 그리고 2개의 사랑방 등이 '트인 ㅁ자형'으로 배치되어 있었으며, 안마당을 중심으로 집이 연결된 형태였다. 부엌의 뒷문을 열면 널찍한 뒷마당이 넓게 펼쳐져 있다. 이용만은 그곳에서 축구도 하고, 높이뛰기 연습을 하면서 보냈다. 뒷마당은 주거 공간에 붙어 있었지만, 오늘날 식으로 표현하면 생산 설비가 있는 곳이었다. 뒷마당은 양 우리, 돼지우리, 닭장, 퇴비장, 큰 배나무, 앵두나무, 포도나무로 둘러싸여 있었다. 그의 집에는 면양 130마리, 닭 500여 마리, 토끼 10마리, 염소 5마리, 황소 3마리, 말 1마리, 돼지 40마리 등이 있었다. 마구간과 또 하나의 돼지우리는 바깥대문을 열자마자 마을 큰길가에 있었으며, 개만 키우지 않았을 뿐 웬만한 가축은 모두 키우는 어지간한 목장이었다.

그의 아버지는 유기농이란 용어가 등장하기 훨씬 전부터 유기농법으로 농사를 지었다. 논과 밭에서 나오는 곡식과 부산물이 가축의 사료가 되었고, 가축의 배설물로 거름을 만들어서 논밭에 뿌리니 비료를 쓰지 않고도 토지가 기름졌다. 농사에서 얻는 수입을 보조한다는 점에서 축산은 소득원으로서도 가계에 도움이 되었다. 무슨 일이든 열심히 노력한 덕택에 그의 아버지는 퇴비 증산으로 훈장을 받기도 했다. 그의 집을 둘러싼 돌담 바깥에는 커다란 뽕나무가 가득했다. 고향 하면 떠오르는 것이 뽕나무 열매인 오디를 따 먹던 기억이다.

부모 슬하에서 보낸 풍요롭고 평화로운 시대가 오래가지 않을 것이라고 누가 의심했겠는가. 하지만 인간은 앞일을 알기가 힘들다. "내일 일을 자랑하지 말라. 하루 동안 무슨 일이 일어날지 네가 알 수 없음이니라"라는 잠언의 말씀처럼, 훗날 그가 태어난 시대와 장소는 그의 가족들을 한국 현대사의 격랑 속으로 떠밀고 만다. 사람은 누구든 그가 태어난 시대와 장소와 가족과의 운명적인 만남이라는 면에서 예외적인 존재가 될 수는 없는데, 이에 대해서는 앞으로 차차 풀어나갈 예정이다.

## 물려받은 유산, 부지런함

누구든 부모가 남긴 유무형의 유산으로부터 자유로울 수 없다. 간혹 예외적인 사람도 있지만, 특히 아들에 대한 아버지의 영향력은 무척 크다. 아버지가 가진 것 가운데 밝은 것은 밝은 것대로, 어두운 것은 어두운 것대로 지속적으로 아들에게 영향을 미치게 된다. 아들은 아버지의 사고방식, 태도, 가정에서의 모습 등을 보고 인간으로서 기본적으로 갖추어야 할 사고방식이나 행동, 옳고 그름에 대한 기준을 배우면서 성장한다.[8] 캘리포니아대 리버사이드캠퍼스의 심리학과 명예교수이자 발달심리학자인 로스 D. 파크(Ross D. Parke)는 '아버지 효과(father effects)'라는 용어를 제시한다.[9] '아버지 효과'는 아버지가 갖고 있는 삶에 대한 가치관, 태도, 습관 등이 아이들에게 고스란히 각인되어 아이의 삶과 장래에 큰 영향을 끼치는 효과를 일컫는 말이다. 그의 이론에 의하면 어릴 때부터 아버지가 자녀 양육에 적극적으로 개입하는 가정일수록 자녀의 학업 성취도가 높고 인생을 성공적으로 살 확률이 높아진다. 또한 아버지가 양육에 참여한 아이들은 스트레스와 실패를 더 잘 견뎠고, 자신과 상황을 통제하는 능력이 뛰어났으며, 문제 해결력이 훨씬 우수했다. 이처럼 아버지가 가정에서 결정권이 있고 지배적이며 아이의 교육에도 능동적인 역할을 수행하는 경우에 남자아이들은 아버지를 역할 모델로 삼음으로써 남성적인 전형을 세우는 데 도움이 된다. 필자가 사람에 대해 탐구할수록 남자들의 일생에서 아버지가 미치는 영향력은 크고 깊고 오래간다고 생각한다.

따라서 어떤 인물이 어떤 사람인지 탐구해보고 싶다면 반드시 그의 아버지가 어떤 사람이었는가를 찬찬히 살펴봐야 한다. 아버지가 어떤 사람인가를 탐구해보는 것은 그의 아들이 어떤 사람이며 평생 동안 어떻게 살아왔는지를 추측하는 데 도움을 주기 때문이다.

이용만의 아버지인 이봉준은 자수성가한 부농이었다. 그가 시작부터 넉넉한 살림을 꾸렸던 것은 아니다. 소년 시절에 이봉준의 부친이 그에게 송아지 한 마리를 사주었다. 소년은 송아지를 얼마나 아꼈던지 자기 몫의 밥을 절반이나 송아지에게 먹일 정도였다. 이렇게 한 마리의 송아지가 두 마리가 되고, 두 마리가 세 마리가 되면서 자기 소유물을 늘려가게 된다. 불어난 송아지를 팔기도 하고 빌려주기도 하면서 종자돈으로 삼아 텃논을 사고 텃밭을 사 모아 스스로 부농으로까지 성장했다.

양, 돼지, 닭, 토끼, 말 등과 같이 온갖 동물을 제대로 키우는 것은 부지런하지 않으면 도저히 할 수 없는 일이다. 기계처럼 무생물을 다루는 사람은 오늘 해야 할 일을 내일 해도 문제가 없다. 게으름이 허용된다는 말이다. 그러나 모든 생물은 인간과 마찬가지로 정해진 끼니때마다 꼬박꼬박 먹을 것을 챙겨주어야 하고 축사를 깨끗하게 청소해주어야 한다. 계절에 맞추어서 준비해야 하는 일은 또 얼마나 많은가! 이봉준의 부지런함은 여러 동물을 키운 경험을 거쳐 습관을 넘어서 천성으로 자리 잡게 되었다.

지혜로운 사람은 여러 활동을 해가면서 세상의 문리를 터득한다. 이봉준은 송아지를 키우고 팔면서 세상을 어떻게 살아야 하는지, 어떻게 재산을 불려나갈 수 있는지, 그리고 자식들을 어떻게 키우고 무엇을 물려주어야 하는지를 깨우쳤을 것이다. 부지런함과 성실함으로 일어선 이봉준은 "삶은 차곡차곡 하나씩 쌓아올리듯 살아야 하고, 이를 가능하게 하는 것은 근면이다"라는 지혜를 자식들에게 물려주고 싶어 했다. 어떤 일이라도 해야 하는 것이라면 정성을 다해야 하고 전력투구해야 한다는 아버지의 가치관을 이용만은 고스란히 물려받게 된다.[10] 살아가면서 돈을 쫓아서는 벌 수 없다는 진실을 깨우치게 된다. 온 마음을 다해 열심히 하다 보면 어느새 돈도 벌고 유명해지기도 하고 자리도 올라간다. 그는 자신이 기억하는 아버지의 삶에 대해 이렇게 말한다.

"아버지는 마을을 대표하여 마을 살림을 사는 구장 일을 오래 보셨습니다. 천성이 부지런하시고, 남 돕는 일에 몸을 아끼지 않으셨으며,

술은 소주 한 잔도 못하셨고 노름이나 기방 출입은 아예 모르셨습니다. 젊은 사람이 빈둥거리고 놀거나 화투놀이를 하는 것을 보면 누구 집 자식이건 혼이 나가도록 호령하시니, 동네 호랑이라고 모두들 어려워하면서도 존경했습니다. 심지어는 힘들여 지은 농사를 감언이설에 쓸 필요가 없다며 점쟁이가 마을에 들르는 것도 못하게 하셨고, 엿장수가 그릇이나 농기를 받아 가는 것을 보시면 되찾아서 주인에게 돌려주셨습니다. 철없는 아이들이 부모 몰래 농기구 등 쇠붙이를 들고 나와 엿을 바꿔 먹기 일쑤였기 때문입니다."

세상에 생각만으로 되는 것은 없다. 팔을 걷어붙이고 한발 내딛듯이 행동으로 옮겨야만 어떤 일이든 이루어낼 수 있다. 농사를 짓는 일이나 가축을 기르는 일은 하나같이 기다린다고 해서 이루어지는 것이 아니다. 세상의 다른 일과 마찬가지로 농사나 축산도 능동적이지 않으면 아무 일도 일어나지 않는다. 일이 되도록 하기 위해서는 부지런히 몸과 마음을 움직여야 한다. 새벽 이른 시간부터 저녁 늦게까지 계속된 아버지의 이런 삶이 훗날 자식들의 삶에 깊은 영향을 끼쳤음은 물론이다.

## 참고 견디는 것의 가치

"타고난 것을 제쳐둔다면 무엇이 인생에 큰 영향을 미쳤다고 생각합니까?"라는 질문에 이런 답이 돌아왔다. "아버지는 우리 형제들에게 지금 '해야 하는 일'과 나중에 '해야 하는 일'을 구분하도록 가르쳤습니다. 그리고 해야 하는 일을 반드시 마무리 지은 다음 다른 일을 하도록 했습니다. 이처럼 엄한 교육이 훗날 크게 도움이 되었습니다."

그가 받은 엄한 교육의 핵심은 당장 즐겁게 하고 싶은 일이 있다 하더라도 귀한 것을 얻기 위해서는 참아야 한다는 것이었다. 이른바 '마시멜로 효과'다.[11] 마시멜로 효과는 어릴 때 당장의 욕구를 충족시키지 않고 참아내는 아이들은 어른이 되었을 때 다르다는 것이다. 그들은 인내심, 자기 통제력 그리고 기다릴 수 있는 능력을 갖추었기 때문에 성공한 인생을 살아갈 가능성이 높다는 주장이다.

그 시대를 살았던 어른들은 삶의 경험을 통해서 귀한 것을 얻으려 한다면 당장의 욕구를 참아낼 수 있어야 한다는 삶의 지혜를 분명히 터득하고 있었을 것이다. 재산을 늘려가는 것처럼 인생에서의 다양한 성취는 대부분 당장의 만족을 절제하고 인내하는 것과 깊이 관련되어 있다.

이용만과 그의 형제들은 학교에서 돌아오면 나가서 놀고 싶어 했다. 아버지는 썰매를 타러 나가기 전에 자신이 마무리해야 하는 일은 반드시 마치고 가는 원칙을 지키도록 했다. 예를 들어, 방과 후에는 일본어로 된 국어 교과서를 외우도록 했다. 그는 아버지가 정해준 원칙 때문에 다 외우지 못하면 나가서 놀 수 없는 것을 당연히 받아들였다. 겨울철에 삼형제가 화롯가에 둘러앉아서 함께 공부를 할 때도 마찬가지였다. 암기해야 할 분량을 다 외운 사람만 바깥으로 나갈 수 있다는 아버지의 원칙에는 한 점 예외가 없었다.

마무리해야 할 공부를 하지 않거나 형제간에 다투는 경우에도 적당히 넘어가는 법이 없었다. 추운 겨울이라도 규칙을 어겼을 때는 저녁밥을 먹이지 않고 바깥으로 내쫓아버리기도 했다. 대문 밖에 서서 몇 시간이나 벌을 서고 있으면 아버지가 동네 나들이를 간 새에 어머니가 불러들여 저녁을 먹이고 잠을 재우곤 했다. 때로는 형제끼리 다투곤 했는데, 정도가 심해지면 아버지는 각자가 맞을 회초리를 각자의 손으로 준비해 오도록 명령하곤 했다. 싸리나무를 다듬어서 자기가 맞을 회초리를 준비해서 들어가면 종아리에 피가 튈 정도로 매를 맞을 때도 있었다.

대체로 사람들이 엄한 아버지의 깊은 사랑을 느낄 때는 자신이 자식을 키울 때다. 그의 인생 항로가 크게 선회할 때면 그는 어김없이 아버지를 생각하면서 "아버지, 제가 지금 여기까지 왔습니다. 하늘나라에서 저를 보고 계시지요?"라고 스스로에게 묻는다.

집안을 일으키려는 염원을 갖고 자식의 앞날을 위하는 아버지들의 공통점은 강한 교육열이다.[12] 이용만의 부친도 세상 어느 아버지에게도 뒤지지 않을 정도로 자식들에 대한 교육열이 높았다. 많이 배우지 않았던 그가 강한 교육열을 갖게 된 연유는 철학적인 자기계발서 작가 찰스 핸디(Charles Handy)의 글에서 찾을 수 있다. "지속성에 대한 인식 없이는 현재의 무엇도 미래를 위해 희생할 필요가 없다" "나의 주된 임무는 지속성을 보장하는 것이다"라는 말에 그 이유가 오롯이 담겨 있다.[13] 부친의 인생관에는 이런 신념이 포함되어 있었을 것이다. "앞 세대가 나에게 촛불을 넘긴 것처럼, 나도 다음 세대에 촛불을 넘길 수 있어야 한다. 내가 자식의 교육을 위해서 희생하고 헌신히는 일은 지극히 당연한 일이며, 그것은 다음 세대로 촛불을 넘기는 일이나 다름없다." 이용만의 삶에도 세대의 지속성에 대한 믿음과 헌신이 늘 따랐다.

아버지의 교육열은 학교 성적이 좋지 않은 승현 형의 학습을 돕기 위해 초등학교(당시 국민학교) 담임선생님을 아예 집에 하숙하게 해서 공부를 시킬 정도였다. 부모가 자식의 교육을 염려하고 열성을 내는 것은 과거나 지금이나 변함이 없다. 또한 그는 지역 발전을 위해 농업학교의 유치에도 앞장서게 되는데, 마을 사람들을 설득하여 학교 부지 문제를 해결함으로써 그의 마을에 국립평강농업학교(해방 후에는 평강축산전문학교)가 들어설 수 있도록 했다. 이러한 아버지의 헌신 덕분에 그의 형은 집에서 점심을 먹으면서 학교를 다닐 수 있게 되었다.

## '빈부귀천'은 돌고 도는 것

"빈부귀천은 물레바퀴 돌 듯 하는 것이니, 지금은 자네가 우리 집에서 밥을 먹지만 언제 내가 자네 집 신세를 지게 될지 누가 알겠는가? 항상 한 가족처럼 허물없이 잘 지내세." 새로 머슴이 집에 들어와서 일하기 시작하는 날이면, 아버지는 어김없이 위와 같이 당부했다. 수십 년이 흐른 지금도 머슴과 함께 대청마루에 앉아 조곤조곤 이야기하던 아버지를 떠올린다.

이용만에게 아버지와 함께 했던 많은 것들이 기억 저편으로 사라지고 말았지만, 유독 진지하게 당부하며 이야기를 전하던 아버지의 모습을 엊그제 일처럼 떠올릴 수 있다. 그의 부친은 "부함과 빈함, 그리고 귀함과 천함은 항상 돌고 도는 것이다" "부귀영화라는 것은 한순간에 가버릴 수 있다"는 신념을 갖고 있었다. '겸손'이란 덕목이 깊이 뼛속 깊이 뿌리를 내리고 있지 않으면 이런 이야기를 하기가 쉽지 않다.[14] 그런데 말이 씨가 된다는 말이 있듯이 훗날 운명이 빈부귀천의 유전(遺傳)을 보여줄지 그때는 누구도 알 수 없었다.

바닥부터 시작해서 차근차근 돌담을 쌓듯이 삶을 만들어온 사람이라도 모두가 이같이 행동하지 않는다. 어렵게 일어선 사람이라도 형편이 넉넉해지면 2가지 선택 앞에 서게 된다. 한 가지 선택은 대부분 처음 시작하던 때 혹은 어려웠을 때를 잊어버리는 것이다. 마치 자신이 대단한 사람인 것처럼 착각하고 처신하기 쉽다. 다른 한 가지 선택은 상당한 성공을 거둔 후에도 처음 시작할 때를 잊지 않고 그때와 다를 바 없는 자세와 마음가짐을 갖는 일이다. 이것은 참으로 어렵다. 그래서 고전은 끊임없이 '겸손해지라'고 권한다. "사람의 마음의 교만은 멸망의 선봉이요. 겸손은 존귀의 앞잡이니라."(잠언 18:12) "교만은 패망의 선봉이요, 거만한 마음은 넘어짐의 앞잡이니라."(잠언 16:18) 어려운 일이기 때문에 고전에서는 인간적인, 너무나 인간적인 약점이 가진 위험을 반복적으로 경고하고 있다.

이봉준은 함께 일했던 머슴들이 여러 해 동안 머슴살이를 하고 나면 따로 살림을 차려서 나가도록 힘을 더했다. 그는 착실한 머슴들에게 새경을 쌀로 선불해주고 그 쌀을 장리쌀로 불리게 하여 머슴들의 재산 증식을 도와주었다. 또한 그들을 결혼시키고 농토와 집을 마련해주며 이웃에서 같이 살 수 있게 해주었다. 자신이 어려운 형편에서 일어섰기 때문에 자신이 할 수 있는 한 머슴들의 자립을 도와주려 노력했다.

평생 동안 그는 주변 사람들에게 "조금 더 베풀어라"라는 원칙을 지키려고 노력해왔다. 훗날 공산당에 의해 세상이 뒤집어졌을 때, 이처럼 독립해서 나간 머슴들이 과거의 지주집을 보호하기 위해 자기 집 일처럼 발 벗고 나섰다. 이득을 보려고 한 일은 아니지만 그의 가족이 생명을 보존하는 데 그의 선행이 역할을 했음은 틀림이 없다.

아버지가 남긴 유산처럼 겸손하게 처신하는 일이나 조금 더 남에게 베푸는 일은 이용만의 삶에도 뚜렷한 흔적을 남기게 된다. 1955년에 같은 대학에 입학에서 60년 동안 우정을 나누어온 미국에 사는 친구 김용욱은 이렇게 말한다.

"학교 다닐 때 만나서 60여 년간 지내게 되면 한 사람의 깊숙한 속을 알 수 있습니다. 내가 1972년에 이민을 갔는데, 미국에 사는 동안 친구는 크게 성공했습니다. 하지만 저는 한 번도 친구가 높은 자리에 앉아 있다는 생각을 한 적이 없습니다. 장관 때도 공무로 뉴욕을 방문할 때면 꼭 시간을 내서 우리 부부와 친구들을 부르곤 했어요. 그때도 아무런 거리감을 느끼지 않도록 했습니다. 60년 전이나 출세를 했을 때나 지금이나 아무 변함이 없습니다. 사람이 그렇게 처신하기가 정말 쉽지 않거든요. 친구지만 어찌 저렇게 변함 없이 사람을 대할 수 있을까 하는 생각을 자주 합니다. 그리고 이따금 내가 미국을 떠나 서울에 있을 때는 자상하게 챙깁니다. 밥을 제대로 먹고 다니는지, 잠자리는 어떤지 등을 묻고 챙겨줍니다. 정말 마음이 따뜻한 친구예요. 겉으로는 그렇게 보이지 않지만요.”

## 풍요로웠던 시절

“슬픔은 길었지만 외롭지는 않았다. 단 한 번이라도 마음 깊은 곳에서 우러나온 사랑을 받은 여자는 다시는 외로워지지 않는 법이다.”[15]

소설가 시오노 나나미의 글 가운데 한 대목이다. 한때 한 남자의 사랑을 받았지만 이제는 남남이 된 지 오래된 저자의 개인적 체험을 담아낸 문장이다. 이 같은 사랑의 진실은 여성들에게만 해당되는 이야기는 아니다. 유소년기에 차고 넘칠 정도로 부모의 사랑을 받아본 사람은 그것이 평생을 살아가는 데 얼마나 큰 힘이 되는가를 안다.

숱한 파고를 헤치고 나가야 하는 인생 항해에서 전혀 예상할 수 없는 불운과 조우할 때가 있다. 이런 순간에 한 인간을 바닥에서 벗어나도록 도와주는 것은 일생의 어느 시기에 소낙비처럼 퍼부어졌던 부모의 사랑과 관심이다.

훗날 역사의 격동기에서 단신으로 삶을 일구어낼 수밖에 없었던 이용만에게 든든한 버팀목이 되었던 것은 부모로부터 받았던 사랑이었다. 특히 어머니의 사랑은 인생을 지켜주는 든든한 방파제가 되어준다. 세상 어머니 가운데 자식을 사랑하지 않는 사람이 어디에 있을까. 하지만 이용만을 향한 어머니의 사랑은 특별한 데가 있었다. 이용만은 16년 만에 어렵게 얻은 아이다. 어머니는 5살 된 첫아이를 아편 덩어리를 잘못 먹여서 잃었다.[16] 그 충격으로 아이를 오랫동안 갖지 못하다가 이용만을 낳게 되었으니 그 기쁨과 애틋한 마음이 어떠했을까! 16년 만에 낳은 아들을 어머니가 얼마나 아꼈을지 상상하기는 어렵지 않다. 아이를 잃고 암흑 같은 고난의 시기를 거친 어머니의 심연 같은 속마음을 남편이나 자식이 알 수는 없는 일이다. 고난은 사람의 속이 깊어지는 기회를 제공한다.

그가 어떻게 고향 땅에서 아늑한 시절을 보냈는지, 어머니로부터 어떤 사랑을 받았는지 살펴보자. 몇 가지 이야기에서 활달함과 적극적인 성향이 이미 소년기에 자리를 잡고 있었음을 알 수 있다.

학교를 다녀온 다음에 그가 맡은 일은 양들에게 풀을 먹이는 일이다. 130마리나 되는 양을 효과적으로 풀밭까지 모는 일이 만만치 않았지만, 그는 일찍 양치기의 이치를 터득했다. 가장 큰 숫양을 골라 거꾸로 올라타서 그의 사타구니 사이에 양의 목이 오게 하고 양의 궁둥이 쪽으로 머리가 향하도록 자세를 취한다. 손으로 꼬리를 붙들고 조약돌로 뒷다리를 살살 치면 올라탄 양이 앞을 향해 뛰기 시작한다. 이렇게 한 마리가 뛰면 나머지 양은 모두 따라온다. 풀밭에서 풀을 뜯는 동안, 이용만은 숙제도 하고 저 멀리 흘러가는 구름을 바라보면서 시간을 보내곤 했다. 성장한 양들은 숫양을 따르기 때문에 구체적이고 실질적인 것을 중시하는 이스라엘 사람들은 오랫동안 양치기를 리더십의 모범 사례로 활용해왔다. 아마도 그가 리더십을 훈련하고 경험해본 최초의 사례가 양치기일 것이다.[17]

그의 생애에서 공직과의 첫 인연도 양털 깎기에서부터 시작된다.

일제시대 때는 1년에 한 번씩 양털을 깎는 행사가 있었다. 양털 자체가 무척 귀하던 시절이었기에 행정당국에서 적극적으로 양 기르기를 권장하던 시절이었다. 그의 집이 농가 가운데서 사육하는 양의 마리수가 많았고 혁신적인 농가이기에 군수가 양털 깎기 행사를 이용만의 집에서 행했다. 마을의 큰 행사여서 많은 동네 사람들이 자리를 같이하며 관리들을 대접했다.

오리나무 숲속에다 멍석을 10장 정도 넓게 깔고 군수를 비롯한 관리들이 와서 양털을 직접 보기도 하고 깎기도 했다. 양털 깎기 행사의 진짜 목적은 관리들이 농가를 방문해서 행사를 빌미로 양을 몇 마리 잡아서 양고기를 구워 먹고 술을 마시며 회식하기 위해서였다. 이용만의 아버지가 평소에 자신과 마을을 도와주는 일본인 군수에게 한턱 내기 위해 초청하는 자리가 양털 깎기 행사였다.[18] 관과 민 사이에는 갑을 관계가 명확했기 때문에 어린 마음에도 "군수가 정말 대단한 자리구나"라는 생각이 들었을 것이다.

말을 타고 심부름 간 이야기를 빼놓을 수 없다. 말 타기는 이용만의 활달함을 드러내는 한 가지 사례인데, 주로 집으로부터 5킬로미터 정도 떨어진 곳에 있는 일본인 부락에 가서 대파나 토마토 그리고 가정의 식료품을 구입해 오기 위해 활용되었다. 부모 마음이 그렇듯이 어머니는 "말을 얌전히 몰아야 한다"고 신신당부했지만 그는 한 귀로 듣고 한 귀로 흘려버렸다. 신나게 달리는 쾌감과 해방감을 누가 막을 수 있겠는가. 마구 달리는 것이 습관이 되어 있는 까닭에 심부름을 마치고 돌아올 즈음이면 언제나 말에 땀이 흥건할 정도여서 어머니로부터 야단을 맞는다. 그가 어떤 소년이었던가를 이렇게 이야기한다.

"아버지가 일본 메이지대학에서 공부하는 김창은이라는 고학생을 도와주었는데, 아마밭을 공동 경작하는 형식을 취하고 그 소득으로 학비를 지원해주었습니다. 그에 감사하다는 뜻으로 그 학생이 일본군 장군이 사용하던 멋진 말안장을 보내주었어요. 이걸 군수가 빌려 가서 돌려주지 않았어요. 빼앗겨버린 것이지요. 그 소식을 들은 고학생이 소가죽으로 만든 것을 다시 보내주었는데, 아버지는 소가죽으로 된 새 안장을 사용하고 저는 돼지가죽으로 만든 싸구려 안장을 사용했습니다. 어머니는 말을 땀나게 하지 말라고 이야기하셨죠. 그러면 오히려 심술이 나서 더 심하게 달리곤 했습니다. 빨리 달리면 말에서 땀이 나고 거품이 나서 북북 소리가 나는데, 이걸 말방구라고 합니다. '북북북' 하는 소리가 연신 들리니까 어머니가 야단을 치려고 나옵니다. 그러면 대파니 토마토니 심부름해 온 것을 냅다 던지듯이 전해주고는 책가방을 들고 학교로 줄행랑을 쳐버렸어요. 어머니가 뒤에서 야단을 쳐도 들은 척하지 않고 달아나버렸지요."


## 과묵하고 따뜻했던 어머니

"어머니는 어떤 분이셨습니까?"

"강원도 정선 출신인데 부지런하고 과묵한 분이셨어요. 일절 말이 없으신 분이셨지요. 아버지가 이따금 야단을 쳐도 가만히 있는 분이셨어요."

세월이 흐르면서 문득문득 떠오르는 어머니는 "오로지 그에게 사랑만 전해주시다 가신 분이셨다"라고 말한다. 그는 어머니의 넉넉함이란 특성을 빼닮기도 했다.

겨울이면 그의 집 사랑채는 동네 사람들이 모여서 두런두런 이야기를 나누는 장소였다. 아버지는 한가하게 지내는 것을 죄악시하는 사람이라, 이웃들이 오는 것을 환대해도 일감 없이 빈손으로 오는 사람들을 싫어했다. 일감이 없으면 새끼 꼬는 시늉이라도 해야 했다. 강원도의 추운 겨울을 넘기는 데는 소여물(소죽)을 끓이느라 항상 방바닥이 뜨끈뜨끈한 사랑채만 한 곳이 없었다. 그의 어머니는 사람들을 후하게 대했고 사랑채에 사람들이 와서 시간을 유익한 시간을 갖도록 도왔다. 그는 어머니에 대해 다음과 같이 말한다.

"사람들에게 마을에서 누가 일을 가장 많이 하느냐고 물으면 승만(용만의 원래 이름)이의 어머니라고 이야기할 정도로 부지런하셨어요. 어느 누구보다도 가축을 많이 돌보며 머슴들보다 일찍 일어나서 하루를 시작하셨지요. 농사철에 우리를 돕기 위해 온 사람들을 대접하는 음식을 만드는데, 동네 사람들이 하나같이 어머니가 차려준 밥이 제일 맛있다고 하셨습니다."

겨울밤 사랑채에는 이야기꽃이 질 줄을 몰랐다. 어머니는 여러 가지 야참을 준비해서 대접했다. 옥수수로 만든 엿, 정성껏 만든 시루떡, 시원한 동치미 국물과 함께 누른 냉면 등이 단골 메뉴였다.

흰 눈이 천지를 덮은 날이면 동네 청년들은 힘을 모아 꿩을 잡는데, 그날은 꿩고기 꾸미 냉면 잔치가 벌어졌다.[19] 아버지는 특히 냉면을 좋아했다. 한겨울의 냉면 이야기를 풀어놓는 이용만은 타임머신을 타고 마치 엊그제 일인 것처럼 고향 땅의 겨울날로 달려간다.

"메밀은 감자를 캐고 난 뒤에 심는데, 메밀가루만으로 반죽한 것을 냉면 틀에 넣고 가마솥의 끓는 물에 면을 내립니다. 냉면을 만들 때는 냉면 틀에 형과 내가 올라앉아 눌러야 국수 가락이 나오기 때문에 냉면을 누른다고 말합니다. 꾸미는 꿩고기가 좋으나, 꿩고기가 없으면 '꿩 대신 닭'이라고 닭고기를 썼습니다. 해마다 우리 집 광에는 메밀가루를 가득 채운 독이 있었고, 동치미는 큰 독으로 10개가 넘도록 담갔습니다. 내가 잠들었다가 소변이 마려워 깨게 되면, '승만이는 먹을 복이 있다'며 냉면을 말아주시던 기억이 납니다. 추운 겨울, 동치미 냉면 한 그릇을 먹고 나면 이불을 뒤집어쓰고도 덜덜 떨렸지만, 그 상쾌한 맛을 지금도 잊을 수가 없어요."

## 시간이 느릿느릿 흘러갈 때

세월과 함께 인생의 무게가 차곡차곡 쌓여가는 게 삶이다. 어른이 된다는 것은 책임이라는 무게를 양어깨에 지는 것이기 때문이다. 책임져야 할 일이 없고 넉넉한 살림살이에다 풍성한 부모님의 사랑 그리고 시골의 아름다운 자연 풍광이 어우러진 시기가 삶에서 얼마나 짧은가! 하지만 정작 그 시점을 통과할 때는 그 시간이 얼마나 소중한지를 알기가 쉽지 않다. 아이들에게 미래는 늘 장밋빛으로 장식되고 하루하루가 즐거운 시간들의 연속이기 때문에 부모 슬하에서 편안하게 보내는 시간을 당연하게 여긴다. 당연함은 자연스럽게 영원함을 떠올리게 하므로, 아이들은 편안하고 행복한 시간이 영원히 계속되리라 믿어 의심치 않는다.

그의 아버지는 세상의 거친 파도로부터 자식을 보호하는 데 열심이었다. 또한 당시의 보통 아버지들에 비해 자식들에게 더 나은 미래를 물려주기 위해 헌신했고 항상 미래를 준비하는 분이었다. 아버지와 어머니의 헌신과 희생 그리고 사랑이 그의 어린 날을 넉넉하게 채우고 있었다.

초등학교 2학년 무렵의 어느 날, 아버지는 "승만아, 네 이름으로 되어 있는 산을 보러 가자"고 말씀하셨다. 바퀴의 바람이 넉넉하지 않은 자전거의 뒷자리에 어린 자식을 태우고 아버지는 마치 개선장군처럼 의기양양하게 아들의 이름으로 구입한 산으로 향했다. 하늘이 보이지 않을 정도로 낙엽송과 소나무가 빼곡히 들어선 산을 둘러보면서 아버지는 이렇게 말한다. "승만아! 이게 네 이름으로 된 산이다. 나중에 삼형제 이름으로 된 산도 보여줄 텐데 따라가겠니?"

아버지의 치밀함과 준비성은 삼형제 공동으로 된 산을 마련한 일에서도 드러난다. 자신이 이 세상을 떠난 후에 함부로 산을 팔아먹지 못하도록 안전장치를 확보하기 위해 공동 명의의 산을 마련한 것이다. 이처럼 그의 아버지는 자식의 앞날을 준비하고 또 준비하는 사람이었다.

산 구경은 좋았지만, 뒷자리에 매어놓은 '펌프' 때문에 이용만의 엉덩이의 곳곳이 까지고 멍들다. 이리디리도 아버지가 걱정할 것을 생각해서 엉덩이가 아프다는 말을 하지 못했다고 한다. 애지중지하는 아들의 엉덩이가 까진 것을 본 어머니는 "아이 엉덩이 까진 것도 모른 채 데리고 다니면 어떻게 하느냐"고 아버지에게 역정을 냈다. 세상 아버지의 마음이 이렇다. 어떻게든 자식들에게 더 나은 삶이 가능하도록 노력하는 사람이 아버지다. 더러 아들과 딸을 실망시키는 아버지들도 있지만, 대체로 자식의 앞날을 가장 많이 생각하는 사람이 아버지다. 아버지들은 마음은 원(願)이로되 마음먹은 대로 척척 돌아가지 않는 현실이 안타까울 뿐이다.

이용만이 다니던 평강읍의 평강초등학교(국민학교)는 신작로를 따라 집에서 5리(2킬로미터) 정도 떨어져 있었다. 일본군이 훈련용 비행장으로 만든 길을 따라 학교에 오갈 수 있었는데, 이 길은 오늘날처럼 아스팔트 활주로가 아니라 평평한 풀밭 활주로를 가진 비행장이었다.

봄여름철의 밝은 날에 비행장 가는 길은 풀밭 가운데로 끝없이 펼쳐져 포장도로로, 주변에는 봄과 여름의 온갖 들꽃들이 화려하게 자태를 뽐내고 있었다. 이따금 눈에 들어오는 종달새 둥지를 비롯해서 놀잇거리가 풍부하게 깔려 있기에 꼬맹이들에게는 천국과 같은 곳이었다.

여름날에는 드높게 펼쳐진 높은 하늘을 벗 삼아 마을 옆 개울에서 멱을 감는다. 가을철 하굣길에는 콩서리를 해서 입가에는 검정 칠이 가실 날이 없었다. 콩서리는 친구 3~4명과 함께 그의 밭에서 주로 했는데, 콩을 꺾어 세운 후 가운데만 큰 불을 놓고 너무 타기 전에 불을 끄기 위해 웃옷을 벗어 재를 날렸다. 얼굴에 여기저기 검댕이 묻고 양복 주머니가 검은 것을 본 어머니는 남의 콩팥에서 콩을 꺾어서 하면 안 된다고 일침을 놓았다.

그때도 축구는 인기 있었다. 태평양전쟁이 한참인 시절이라 물자가 귀해서 아이들은 제대로 된 축구공을 구할 수 없었다. 사람은 궁하면 방법을 찾아내게 되어 있다. 돼지 오줌통에 보릿대를 꽂아 바람을 넣고 실로 묶으면 근사한 축구공이 되었다. 이것도 구하기 힘들면 새끼줄을 공처럼 둘둘 말아서 축구공으로 사용하기도 했다. 신발이 귀한 시절이라서 축구를 할 때면 운동화를 벗어 모셔두고 맨발로 뛰어다녔다. 물질은 풍족하지 않았지만 마음은 넉넉했던 이 시절도 오래가지 않았다. 짙은 먹구름이 다가오고 있었기 때문이다. 누구도 그 변화가 이용만의 가족들에게 무엇을 뜻하는지 알지 못했다.

## 어느 날, 갑자기 바뀐 세상

1945년 8월 15일, 해방은 불현듯 닥쳤다. 사람들은 "그렇게 쉽게 해방이 될 줄은 몰랐다"고 말했다. 해방이 되던 해에 이용만은 12살이었고 초등학교 5학년이었다. 그해 따라 이상한 일들이 꼬리에 꼬리를 물고 일어났다. 집에서 기르던 멀쩡한 말이 죽고, 본 적도 없는 늑대가 돼지를 물어 가기도 했다.

해방이 되자마자 38도선 이북은 소련, 이남은 미국의 영향권 아래에 들어간다.[20] 해방과 함께 한반도에는 수많은 정치 단체가 조직되어 이합집산을 거듭하고, 제주도 4·3사건 능 좌우익이 심각하게 대립한다.

북한을 점령한 소련군은 1945년 12월 27일에 열렸던 모스크바 3상회의를 통해 한반도의 독립 대신 신탁통치를 추진함으로써 북한 내에서 격렬한 신탁통치 반대 운동이 일어났다. 평강군, 철원군 등에서도 여러 차례의 신탁통치 반대 시위가 일어난다.[21] 1946년 2월 8일, 김일성을 위원장으로 하는 북조선인민위원회가 구성되어 사실상 정부 역할을 담당하다가 1948년 9월 9일에 조선민주주의 인민공화국이 건국된다.[22]

이런 혼란 속에서 이용만의 가족들은 큰 타격을 입고 점점 삶이 고단해졌다. 더욱 힘든 것은 희망을 갖기 힘든 사회에서 살아야 한다는 점이다. 정치적 변혁은 한 사회의 모든 구성원들의 삶 구석구석에까지 영향을 미친다. 마침내 1946년 3월 5일, 결정적인 사건이 일어난다.[23] 북한 정부가 무상몰수와 무상분배의 기치를 내세워 강행한 토지개혁이었다.[24] 북한 토지개혁의 핵심은 5정보 이상을 소유하고 있던 지주의 전 재산을 몰수하고 다른 지역으로 쫓아내는 것이다. 북한 정부의 토지 몰수 내용은 법안에 이런 문장으로 표현되어 있다.[25]

"몰수하여 무상으로 농민 소유로 분배하는 토지는 다음과 같다. 5정보(1만 5,000평) 이상을 소유한 조선인 지주의 소유지나 스스로 경작하지 않고 전부를 소작으로 주는 소유자의 토지나 토지 면적에 관계없이 계속적으로 소작을 주는 토지 전부, 5정보 이상을 소유한 성당이나 사찰 및 기타 종교 단체의 소유지다."[26]

5정보 미만이라도 가족 수, 즉 농사지을 수 있는 노동력 범위 내에서만 인정하고 그것을 초과하는 토지는 몰수했다. 북한의 토지개혁은 '무상몰수, 무상분배'라는 용어 때문에 겉으로는 근사하게 보이지만 소유권 자체가 인정되지 않는 개혁이었다. '분배'라는 용어의 올바른 뜻은 소유권의 온전한 이전을 포함해야 하지만, 이는 거래, 소작, 저당이 불가능하고 오로지 자신이 농사를 직접 지어야 한다는 점에서 분배는 아니었다. 공산당이나 파시즘의 특별한 능력은 대중의 마음에 쏙 들 정도로 달콤한 용어를 만들어내는 능력이다. 이런 성향은 지금도 변함이 없다. 북한의 토지개혁은 무상몰수는 했지만 무상분배는 하지 않는 조치였다. 농민들은 농사지을 권리만 있을 뿐, 자기 땅처럼 사고파는 것이 인정되지 않았다. 거주 이전의 자유가 제한되어 있는 북한 농민들은 경작권의 포기가 불가능하고 소출의 25%를 현물세로 국가에 바쳐야 했으므로 일종의 국가주도형 소작 제도였다. 북한은 제도 개혁의 미명하에 현대판 농노제도를 도입하는 데 성공했다.[27][28]

이용만의 부친은 세상이 하루아침에 거꾸로 바뀌게 될 것을 어느 정도 예상하고 있었고, 이에 대해 가족들에게 이야기하곤 했다. 북한식 토지개혁으로 말미암아 머슴이 주인이 되고, 지주들은 땅을 뺏기고 쫓겨나고 말았다. 100여 가구가 있던 마을에서 지주에 해당하는 두 집이 있었다. 한 집은 평소에 인심을 잃었던 터라 토지개혁과 함께 마을로부터 쫓겨났지만, 이용만 가족은 그런 험한 일을 당하지 않았다. 세상이 바뀌자 일부 사람들은 땅을 가진 지주들의 집으로 쳐들어가서 한겨울인데 방에 물을 퍼부어서 살 수 없는 곳으로 만들기도 했다. 아버지는 동네에서 인심을 잃지 않았고 어머니는 그 누구보다도 부지런하고 다른 사람들을 챙겨왔기 때문에 최악의 상황은 피할 수 있었다.

이용만의 집에서 일하던 머슴들은 물론이고 동네의 다른 머슴들도 그의 가족을 적극적으로 감싸주었던 덕분에 마을에서 지낼 수 있었다.

"차라리 그때 추방되었더라면 가족들이 이남으로 내려와서 오순도순 살 수 있지 않았을까?"라고 아쉬움을 털어놓는다. "그렇게 마을에서 박해를 받고 쫓겨났다면 그때는 섭섭했을 것입니다. 그랬다면 가족들이 어떻게 해서든 월남했겠지요. 학교도 제대로 다닐 수 있었을 것이고 부모님과 함께 살 수 있었을 것입니다. 부모님이 부지런한 분들이었기 때문에 남한에서도 살림을 일으킬 수 있었을 것입니다. 내 땅을 지키며 살려 했던 것이 결국 영원한 이별이 되고 말았어요. 부모형제들이 모두 험한 일을 당하고 나만 혼자 월남하게 되어 고아 아닌 고아로 살게 되었어요. 되돌아보면 인생은 새옹지마라고 하더니, 참으로 기묘한 역설이 아닐 수 없습니다."

## 점점 목을 조여오는 사람들

"큰아버지 동무, 어떻게 이렇게 할 수 있습니까! 자아비판을 하세요!"[29]

마을 인민위원회에서 직책을 맡은 친조카가 격렬하게 이용만의 부친을 비판하는 장면 중 한 대목이다. 동생의 생활 능력이 떨어지는 까닭에 이용만의 아버지는 동생에게 농지를 사주어 일평생 농사를 짓게 해주었다. 집을 마련해준 것은 물론이고 모든 생활비를 대주고 조카들을 공부시켜주었다. 그런데 세상이 바뀌자 피붙이 조카들이 들고 일어섰다.

공산주의는 이념을 빌미로 한 피도 눈물도 없는 체제다. 이용만의 부친은 크게 낙담하지 않을 수 없었다. 뿐만 아니라, 공산당은 현물세로 점점 사람들의 목을 조이기 시작한다. 평균적으로 소출의 25%를 현물세로 바치도록 하는데, 수확량에 관계없이 파종 면적당 현물세를 부담하니 수확이 줄어드는 해에는 먹고사는 문제에 시달리지 않을 수 없었다. 어느 날, 이용만의 아버지는 아들을 불러서 '말조심'이라 써 붙이게 했다. 대청마루 벽에 크게 써 붙였더니 세포위원장이 집에 와서 보고 "언론이 자유로운데 저게 뭐냐?" 해서 얼른 뜯고 '忍耐(인내)'라는 한자로 바꾸기도 했다. 이렇게 옴짝달싹할 수 없는 상황이 지속되고 북한 전역에서 매일같이 '스탈린 대원수 만세'니 '김일성 장군 만세' 같은 소리만 높아져갔다. 한번은 아버지가 이용만 앞에서 '스탈린 대원수'를 두고 '원수(怨讐)'라는 용어를 썼다가 얼른 지워버리기도 했다. 계속해서 남한 방송을 몰래 듣던 이용만의 아버지는 어떻게든 이곳을 떠나야겠다는 생각을 굳히게 된다.

공산치하를 경험해보지 않은 사람들은 그 실상을 정확히 알 수 없다. 구 소련이 몰락하기 전까지 유럽의 수많은 좌파 지식인들은 환상을 갖고 있었다. 하지만 공산치하에서 속박의 세월이 점차 심해지고 있음을 이용만의 아버지는 감지할 수 있었다.

농토를 다 빼앗기고 가족끼리 농사지을 수 있는 농지만 남았다. 그 많던 가축들도 모두 다 처분하고 암소 한 마리만 집에 덩그러니 남았다. 아버지와 어머니가 바쁜 까닭에 소꼴을 먹이는 일은 이용만의 책임이 되었다. 학교에 가기 선이나 늦게 귀가하는 날에는 소꼴을 한 짐

베어서 지게에 지고 집으로 돌아오곤 했다. 소가 굶지 않도록 틈나는 대로 소꼴을 베어서 날라야 했다. 학교에서 귀가하는 시간이 어떤 때는 캄캄한 밤이 될 때도 있었다. 그때도 어김없이 소꼴을 한 짐 지어다 놓아야만 손을 씻고 밥을 먹을 수 있었다. 그가 소꼴을 베어 오지 않으면 소가 배를 곯기 때문이다. 어린 마음에도 "내가 부모를 도와야 하고 이것은 반드시 내가 책임을 져야 한다"고 굳게 결심했다. 고난이 그를 일찍부터 철들게 만들었다. 평생 동안 강한 책임감으로 무장할 수 있었던 데는 어린 시절의 경험이 어느 정도 역할을 했다.

당시에 북한 당국은 집집마다 농지 면적 비율로 가마니를 짜도록 의무화하고 이를 보상수매했다. 집마다 배정된 가마니 수가 있었기 때문에 밤새도록 온 식구가 매달려서 가마니를 짜야 했다. 자정을 넘길 때가 많았다. 가마니를 다 짜고 나서야 숙제를 했으니 졸음 반 공부 반인 생활이 계속되었다. 하늘의 도우심이 함께했는지, 그는 1949년에 평강고급중학교(고등학교)에서 전 과목 만점을 받아 최우등생이 되었다. 고향에서 소학교부터 고등학교까지 함께 다닌 고향 친구 김해영은 이렇게 말한다. "용만이는 공부를 유독 잘했습니다. 한마디로 똑똑한 친구였습니다. 무슨 일을 하더라도 똑 부러지게 했어요. 고급중학교를 다닐 때 용만이가 학교에서 전 과목 만점을 받는데, 엉뚱한 친구가 학교 대표로 나가는 일도 있었지요. 나도 총검술에서 5점 만점에 3점을 받는 바람에 우등생이 되지 못했어요." 초등학교 때부터 그를 지켜본 고향 친구 김해영은 또박또박 쓴 편지를 필자에게 보냈다. "담임선생님이 이번 학기의 성적은 용만이가 최고 득점을 했다고 발표하는 순간, 내가 받은 것보다 더 기뻤다."

1948년도부터 북한 공산당이 농촌 지역에서 온 집안 식구가 매달려 아이 어른 할 것 없이 생산량을 늘리게 한 주목적은 가마니를 소련에 팔고 소련의 '콜호스(집단)' 농장에서 쓰는 트럭을 대량 구입하는 것이었다. 하루 종일 그리고 밤늦게까지 가마니를 짜고 밤늦은 시간에 시험공부를 하느라고 고생하는 아들을 보는 아버지 심경이 어떠했을까? 이용만의 아버지가 "이곳에서 더 이상 살 수가 없구나"라는 결론과 함께 "어떻게든 용만에게 더 나은 기회를 주어야겠다"고 결심한 해가 1949년의 1학기가 끝난 겨울이었다.[30]

이 장을 맺으면서 필자가 아쉽게 생각하는 것이 있다. 정치적 격변기에 가장이 어떤 선택을 내리는가에 따라 다음 세대의 삶이 결정된다는 점이다. "이 체제에서 살 수가 없구나"라는 판단이 서면 대개 아버지들은 생존 방법을 구한다. 그때 그의 아버지가 남쪽으로 내려왔으면 어떠했을까? 역사에는 만일이 없고, 후일 한국전쟁이 터졌을 때 또 어떤 일이 일어났을지 알 수 없다. 하지만 이용만의 증언과 전후 상황을 미루어 보면 그의 아버지는 "사람이 살 수 없는 세상이 되었구나"라고 절실히 느끼고 있었던 것은 분명하다.

필자는 사람이 살아온 이야기를 즐겨 읽는데, 특히 역사적 격변기에서 한 개인이 익숙한 장소를 떠나 새로운 주거지를 선택하는 결단을 눈여겨본다. 한 개인이 살아가면서 내리는 가장 중요한 의사결정 가운데 하나이기 때문이다. 결단 중에 결단은 "이곳을 떠날 것인가, 말 것인가?"다. 그리고 "어디로 가서 자신과 후손들이 뿌리 내릴 것인가?"다.

왜 월남이 늦었을까? 왜 빨리 월남할 결심을 하지 못했을까? 이용만의 아버지가 평생 체험해보지 못한 수모를 겪으면서 조금 더 빨리 모든 것을 훌훌 털어버리고 사람답게 살 수 있는 곳으로 떠나지 못한 이유에 대해 이용만은 이렇게 말한다.

"무엇보다 38선 경비가 강화되어 넘기가 거의 불가능해져버렸습니다. 이전에는 허점을 이용해서 이남으로 안내하는 탈북 안내자가 있었지만 경비가 강화되면서 자취를 감추어버렸습니다. 전 가족의 명분 없는 이동은 즉시 발견되어 체포됐습니다. 또한 아버지는 미지의 세계에 대한 두려움이 있었을 것입니다. 어려서부터 평생 동안 힘들여 일구어놓은 막대한 재산에 대한 미련도 있었을 테고요. 일제치하의 경험도 아버지의 월남을 주저하게 만들었을 것입니다. '일제치하도 참아냈는데, 이것도 일시적인 고통일 것이다. 사람 사는 곳인데 어디서나 노력만 하면 응분의 보상을 받을 수 있을 것이다.' 이런 생각의 밑바닥에는 사람답게 살 수 있는 세상이 곧 오지 않을까라는 막연한 기대가 있었을 것입니다. 이웃들이 가혹하게 대했더라면 일찍 고향을 떠났을 것입니다. 그런데 다른 지주들은 다 내쫓고 우리 집안만큼은 떠나지 않기를 바라는 이웃들의 따뜻한 인연에 발목이 잡혀 차일피일하다가 결국 월남 시점을 놓치지 않았을까라는 추측을 해봅니다."

경영학의 대부로 알려진 유대인 피터 드러커의 일생에서도 거주지를 옮기는 결정적인 순간이 있었다. 그는 나치스가 정권을 쥐고 위력을 발휘하던 1933년, 독일에 머물면서 함께 출세하자고 강하게 권하는 친구의 권유를 뿌리치고 과감하게 영국행을 결정한다. 독일 '프랑크푸르트 게네럴 안차이거' 신문사에서 4년째 일하고 있던 23세의 젊은이는 나치스의 본질을 정확하게 이해했기 때문이다.[31]

"우익 정당은 '갑자기 인기를 얻은 히틀러를 좌지우지하는 것은 간단하다'고 대수롭지 않게 보고 있었지만, 나는 파시즘의 폭풍이 몰아칠 것이라고 예상하고 있었다. 새로 취직할 곳이 없다는 것을 알고 있었지만, 영국이든 어디든 한시라도 빨리 탈출하지 않으면 안 된다고 생각했다."[32]

그가 영국행을 서둘 무렵, 나치스돌격대 제복을 입고 자신의 집을 방문한 동료 편집자를 돌려보낸 다음의 심경은 "23살이던 나는 닭살이 돋을 정도로 소름 끼치는 미래의 광경을 미리 본 듯한 느낌이 들었다"고 회고한다. 피터 드러커는 우선순위를 명확히 했다. 직장을 구할 수 있는지는 나중 일이었다. 그에게 최우선은 사악한 정치체제를 떠나 피신하는 것이었다. 자신이 독일에서 이루어낸 모든 성취를 포기하고 영국으로 향한 드러커의 결정이야말로 그의 일생에서 가장 잘한 선택이라고 본다. 만약 그가 그 선택을 하지 않았다면 그 역시 유대인 학살로부터 자유롭지 않았을 것이다.

사악한 정치는 모든 것을 삼켜버린다. 그래서 공자는 "가혹한 정치는 호랑이보다 무섭다(苛政猛於虎)"고 이야기하지 않았던가.[33] 차라리 호랑이에게 물려 갈망정 나쁜 정치를 하는 마을이나 나라에는 가지 않겠다는 옛말의 의미를 다시 한 번 새기게 된다.

# 2장

•

# 공산치하의 삶과 한국전쟁

“세상 아버지가 사는 이유는 지키키 위함이다.

지킴의 대상은 자신이 낳은 아이들과 그 미래다.

아버지는 한순간에 모든 것을 잃어버렸기에

살아 있어도 산 것이 아니었을 것이다.”

“승만(용만의 원래 이름)이는 안 돼! 지주집 아들이잖아.”

이용만은 고교 1년 때 최우등생이 되었는데도 학교 측에서는 평양에서 열리는 전국 최우등생 회의에 참가할 수 없다는 결정을 내린다. 부모는 무엇으로 사는가? 고단한 삶 속에서도 부모는 희망을 갖고 사는 사람들이다. 아이들 세대에 더 나은 삶이 펼쳐지리라는 희망을 갖고 무거운 인생의 짐을 이고 지고 나아간다. 그런데 이런 희망이 완전히 사라지고 나면 어떻게 해야 하는가? 그곳에서 더 이상 살 수 있는 삶의 의욕을 잃어버리게 된다.

당시 이북에서는 5단계 채점법이라고 해서 5점을 만점으로 했다. 모든 과목이 5점이면 최우등생이었다. 이용만은 소꼴 먹이기와 가마니 짜기 등과 같은 힘든 환경에서도 전 과목에서 만점을 받았다. 전

과목 만점짜리가 1명이었기 때문에 당연히 그가 기회를 얻었다고 생각했다.[34] 하지만 한 과목에서 4점을 받은 차점자가 있었는데, 그 친구는 아버지가 만주에서 농노 생활을 했다. 출신 성분이 좋다고 해서 그 대회에 나갈 수 있게 되었다.

어려운 환경에서도 최우등생이 된 아들이 기특해서 아버지는 상장을 들고 이 집 저 집 다니면서 "승만이가 이렇게 잘 해냈어요"라고 자랑했고, 가까운 이웃들은 자기 자식 일처럼 기뻐했다. 그러나 아들이 평양 최우등생 대회에 참가하지 못하자, "여기서는 공부를 아무리 잘 해도 소용이 없다"고 판단하고 결국 남쪽으로 내려가기로 결정한다. 그런데 김화군은 평강군의 동남쪽에 인접해 있다. 평강에서 50리가 떨어진 그곳으로 옮긴 것은 한발이라도 38선 가까운 곳에서 남하할 기회를 엿보기 위해서였다. 정든 집을 팔고 12대의 마차에 가재도구를 싣고 정든 고향 땅을 떠난 때가 1950년 1월 무렵이었다. 이용만 가족이 옮겨 간 곳은 김화군 생창리였다. 한국전쟁이 발발하기 불과 5개월 전이었다.

이때 조금 더 남쪽으로 내려왔더라면 어떠했을까라는 아쉬움이 든다. 평강군에서 남쪽으로 더 내려왔더라면 가족들이 훗날의 참상을 피할 수 있지 않았을까? 북한의 토지개혁은 1946년 2월 8일부터 3개월간 실시되었다. 그때부터 1950년 1월 무렵까지 4년 정도 그의 부친은 남한으로 내려올 기회를 엿보고 있었다. 정든 고향땅을 떠나 선뜻 남쪽으로 내려올 수 없는 이유 중에는 38선의 경비가 더 엄해졌고 김화의 큰집도 의시가 될 듯했기 때문이었다. 어쨌든 이 글을 쓰는 내내 일찍 탈북하지 못한 일에 대해 안타까운 마음이 들었다. 미국 국무성이 발표한 자료에 따르면, 1940년부터 1948년 사이에 남한 인구는 3분의 1 정도가 늘었다. 남한 인구의 증가는 같은 기간 동안 연평균 34%에 달했는데, 아시아에 거주하던 재외동포가 귀국하기도 했지만 북한 지주 출신들도 꽤 많았다.[35] 1947년 말에 이미 월남민이 80만 명을 넘어섰다.[36] 그 대열에 이용만 가족은 끼지 못했다.


## 김화가 아니라 철원으로 갔다면

"삶에 사소한 일이란 없다. 사소하게 생각하는 사람이 있을 뿐이다." 이따금 작고 사소한 사건 하나가 삶의 방향을 뒤틀어버릴 때가 있다. 그래서 인생에서는 정말 사소한 일이라는 것이 없다. 당시에는 사소하게 보였던 부친의 선택이 그의 가족에게 깊은 상처를 남긴다.

그의 부친이 공산치하를 피해 남하하기로 결정하고 이용만을 철원 고급중학교로 옮기려 했다. 철원으로 옮기기 위해 그곳을 방문하던 날, 우연히 철원역에서 익숙한 얼굴을 만난다. 이용만의 초등학교 2학년 때 담임선생이었던 박관흠 선생이었다. "반갑습니다. 승만이 아버지, 어떤 일로 철원에 오셨어요?"라며 반가워하는 박 선생에게 그의 아버지는 "우리 승만이를 철원으로 옮기면 어떨까 해서요"라고 답했다. 이야기를 듣자마자 박 선생은 이렇게 조언한다. "하필이면 왜 철원으로 옮깁니까? 제가 김화고급중학교에 교양주임으로 있으니 김화로 보내세요. 그러면 제가 아이를 잘 봐드리겠습니다." 당시 교양주임은 지금의 교감에 해당한다. 아버지는 아이에게 더 나은 환경이겠다 싶어서 결국은 김화고급중학교로 옮기게 되었다.

박 선생은 이용만에게 호감은커녕 좋지 못한 선입견을 갖고 있었다. 초등학교 2학년 때도 장난이 심하고 싸움을 잘한다고 해서 이용만의 머리를 때린 적도 있었다. 애정을 담은 매질이 아니라 감정을 담은 매질임을 아이가 알 정도로 심하게 때렸다. 그런데 박 선생이 이용만에게 편견을 갖게 된 사건이 있다. 평강초등학교 2학년 때 그의 반에는 평강에서 제일가는 씨름 장사 이일득의 아들 '아오키'가 있었다. 싸움에 능하고 아버지의 영향력이 막강하여 누구도 그의 무례하고 거친 행동을 나무라지 않았다. 그는 공부를 잘하며 급장이기도 한 이용만을 시골 애라고 폄하하면서 항상 '벤쿄무시(공부벌레)'라고 놀려대고 야유했다. 그 아이가 연필 깎기용 칼로 이용만의 콧등을 찌르는 일이 일어나자, 이용만은 도망가는 아이의 의자를 던져 쓰러뜨렸다. 벌렁 나가떨어지는 순간 박 선생(창시명 오카야마)이 들어왔는데, 이용만에게만 벌을 주었던 것이다. "딱딱한 가죽 슬리퍼로 얼마나 내 머리를 세게 때렸던지, 머리가 터져 공부를 못하고 집에 돌아온 적이 있었어요." 지금은 이런 일이 일어날 수가 없지만, 예전에 시골에서 학교를 다닌 사람들 가운데는 비슷한 경험을 한 사람이 있을 것이다. 이따금 감정을 통제하는 데 문제가 있는 선생들도 있기 때문이다.

밀봉한 전학 서류를 들고 교무실을 찾아가자, 그는 혼자 중얼거리듯이 "공부는 잘했군!"이라고 말하면서도 곧바로 종합평가란에 이렇게 적었다고 한다. "출신 성분 지수의 아들도시 미(非)열성." 살면서 까닭 없이 시기하고 질투하는 사람들은 피하는 것이 최상인데 아버지는 이 사람의 본성을 알아차리지 못했다.

그의 본심이 붉은 색깔로 드러나는 데는 그다지 시간이 걸리지 않았다. 한국전쟁이 터지고 나서 전 학생들에게 신체검사가 실시되었는데, 1차 신체검사에 불합격하여 피신했다가 귀가한 이용만을 인민군에 끌어가려는 박 선생의 집념은 상상을 초월할 정도였다. 그는 신체검사를 독려하기 위해 이용만의 집을 5번이나 방문했다. 그는 어린 제자를 인민군에 집어넣기 위해 집요하게 발 벗고 나섰던 선생이다.

사람의 속을 어느 누가 정확히 알 수 있겠는가? 살아가면서 이런저런 사람들을 만나다 보면 사람의 속을 알기는 정말 힘든 일이라는 생각을 할 때가 있다. 게다가 사람을 만나서 맺는 크고 작은 인연이라는 것이 중요하다는 생각이 들기도 하는데, 악연은 이처럼 우연히 맺어진다. 남의 말을 믿어야 할 때와 자신이 주관을 갖고 원래 계획을 밀어붙여야 할 일을 잘 구분하는 일은 중요하지만, 사람이 완벽할 수 없기 때문에 이런 실수가 더러 일어나곤 한다. 작은 실수라고 간주할 수 있지만 철원고급중학교 대신에 김화고급중학교로 전학한 결정은 훗날 이용만의 가족에게 씻을 수 없는 상처를 남기고 만다.[37] 그의 아버지가 김화행을 선택한 데는 또 다른 이유가 있었는데 그곳에서 자리를 잡고 냉면집을 하던 이경준(아버지의 형님)이 있었기 때문이다. 어려운 시기에 피붙이 곁에 있으면 의지가 되지 않겠는가 하는 생각을 했던 것 같다.

아무튼 당시 북한의 고급중학교 생활은 숨을 제대로 쉴 수 없을 만 큰 분위기가 악화되고 있었다. 공산치하에서 살아가는 것이 어떤 것인지 말해주고도 남았다. 공산정권이 막 만들어지기 시작하던 시절을 경험했던 사람의 증언을 통해 이런 체제에서 60~70년을 살다 보면 인간이 어떤 고통을 겪을지 추측하는 일은 어렵지 않다. 당시 각 학교에는 민주청년동맹(민청)이 조직되어 있었을 뿐만 아니라, 학교별로는 초급 단체가 조직되어 위원장, 조직부장, 선전부장 등이 따로 선임되었다. 나이가 든 학생들 가운데는 노동당 당원들도 있었는데 당원의 위세는 하늘을 찌를 정도였다. 평소 불평이나 불만을 털어놓는 학생들에게 "사상적으로 재검토해야 되겠다"고 일침을 놓으면 꼼짝할 수 없었다. 경계 대상에 포함되면 아무리 친한 친구라도 불만을 담은 말을 할 수도 없었다. 어느 누구도 믿고 이야기할 수 없는 상황이 된다.[38]

학교가 끝나고 귀가해도 그 부락 모든 학생을 모아 민청 회의와 사상 교육을 쉼 없이 실시했는데, 국민학생은 소년단, 주부나 여성은 여성동맹, 부락주민은 인민위원회에서 밤늦도록 모여 사상 교육을 받는 것이 일과였다. 만약 부모나 친척이 와서 함께 잠을 자게 되어도 내무서(파출서)에 숙박계를 제출해야 했다. 하숙 생활을 하던 중학생이 방학에 귀가할 때에도 여행증이 있어야 군(郡) 경계를 넘을 수 있을 정도로 주민 이동이 완전 통제된 사회였다. 이따금 북한에 대해 우호적이고 낭만적인 생각을 가진 사람들을 만날 때가 있는데, 북한 체제의 실상보다는 보고 싶은 것에 주목하는 경향이 있다. 북한은 헌법에서 인간 개조를 통해 새 인간을 만들 것임을 분명히 하고 있다.[39] 폭정을 유지하는 북한에 대한 낭만적이고 인간적인 시각은 우리가 겪고 있는

핵 위협에도 큰 원인을 제공하는 요인이 되고 말았다.[40]


## 승만이가 용만이로 바뀐 내력

"원래 내 이름이 용만이가 아냐. 이승만이지."

당시의 시대 상황을 이해하기 위해 이용만의 이름이 바뀌게 된 이유도 잠시 살펴보자. 원래 이용만의 호적 이름은 이승만(李承萬)이었기 때문에 어릴 적에 모두 승만이라고 불렀다. 해방이 되고 난 다음에 만들어진 공산치하의 교재에는 "이승만, 김구 타도, 스탈린 원수 만세, 김일성 장군 만세" 등의 내용이 가득했다. 군중대회나 모임에서 첫째로 소리 지르는 구호, 방송이나 사람들의 대화에도 "이승만, 김구 타도!"가 빠지지 않았다. 게다가 일제시대에 발행된 《매일신문》의 신문 삽화를 그리는 이승만이란 유명한 화가가 있었다.[41]

생각이 깊은 아버지가 한번은 아들을 불러서 아들의 의향을 물었다. "승만아, 아무래도 이름을 바꾸는 것이 좋겠다. 승용(承龍)이로 할래, 아니면 용만(龍萬)이로 할래?" 그때 그가 용만이로 해야겠다고 생각을 먹게 된 이유는 이랬다. "항렬자는 언제든지 찾을 수 있다. 임시로 바꾼다면 차라리 용만이로 하는 게 좋겠다. 그래야 승만이라는 이름을 이다음에라도 찾을 수 있을 것이다." 그렇게 해서 이용만으로 이름을 바꾸게 되는데, 남한에 넘어왔을 때도 이승만 대통령이 생존해 있었기 때문에 용만이라는 이름을 계속해서 사용하게 되었다.

아버지는 아들들 가운데 유독 이용만에게 기대를 걸었다. 아버지는 어머니에 비해 아들의 능력을 평가하는 데 냉정한 편이다. 그래서 이따금 재벌의 재산 상속을 두고서도 장자 상속이 이루어지지 않아 홍역을 치르는 집안들이 더러 있지 않은가! 아버지가 "용만이는 교육을 시키면 충분히 가능성이 있을 것이다"고 판단한 계기는 해방 이후의 일이다. 해방 후 혼란의 상황에서 학교가 문을 닫았고, 아버지는 목판과 대나무 꼬챙이를 갖고 형과 그를 가르친다. 두 아들을 앞에 앉혀놓고 천자문을 쓰고 외우게 하는 일을 반복했고, 시험을 치를 때마다 형은 자꾸 틀리는데 용만은 아버지의 기대를 충족시킨다. 그래서 "이 아이가 가능성이 있겠구나"라고 판단했고, 이후에 학교를 다니면서도 아버지의 기대 이상으로 우등생을 계속하면서 그에게 큰 희망을 품게 된다.[42] 세상의 아버지들은 이 맛에 산다. 다음 세대는 나보다 훨씬 나은 삶이 펼쳐질 것이라는 기대와 희망 말이다.

그가 공부를 잘한 이유를 추적해볼 필요가 있다. 학업과 관련된 그의 자질과 특성이 훗날의 업무 성과로 고스란히 연결되기 때문이다. 우선은 타고난 머리를 들 수 있을 것이다. 필자가 그와 인터뷰하면서 과거의 일을 마치 어제 일처럼 생생하게 기억하고 증언하는 데 놀라지 않을 수 없었다. 특히 사람의 이름과 상황 그리고 날짜 등을 정확하게 제시했다. 숫자를 기억하는 능력도 매우 뛰어났다.

이를 기초로 그가 모셨던 윗사람들이 그를 어떻게 평가했을지 추측할 수 있다. 상사들이 그를 무척 좋아했을 것임에 틀림없다. 윗사람을 보필하는 사람에게 정확한 기억력은 매우 중요한 요인 가운데 하나이기 때문이다. 필자는 젊은 날 대기업 회장들을 모시는 측근들을 여럿 볼 수 있는 기회가 있었다. 장수하는 측근들이 갖춘 핵심 능력 가운데 하나가 정확한 기억력과 숫자 감각이었다. 윗사람이 문제의 핵심을 파악하기 위해 측근들에게 자주 이런저런 질문을 던지곤 하는데, 훌륭한 측근이라면 어김없이 숫자 감각과 정확한 기억력을 갖고 있었다. 그는 일단 자신이 해야 하는 일에 최고의 집중력을 발휘해서 정해진 시간 안에 확실히 끝내버리는 특성도 젊은 날부터 갖고 있었다.

## 한국전쟁의 발발과 인민군 징집

"김화로 전학한 지 5개월 만에 한국전쟁이 터졌어요."

38도선 접경 지역에서 학교를 다니고 있었던 그는 전쟁이 터지기 전에 인민군의 전쟁 준비와 관련하여 특이한 상황을 체험하기도 하고 감지할 수 있었다. 이를 다음처럼 증언한다.[43][44]

> 증언 1: "저는 인민군의 남침 준비 현장에 직접 동원되었습니다. 전쟁이 터지기 전에 이미 전쟁 준비가 곳곳에 진행되었어요. 평강은 원산에서부터 서울까지 연결된 경원선의 중간 지점인데 평강역까지 기차로 탱크와 자동차를 실고 온 후에 평강역부터는 도로로 움직이는 모습을 직접 목격할 수 있었습니다.[45] 평강고급중학교를 다닐 때에 수업을 전폐하고 전교생이 동원되어 탱크와 군용 차량이 화차에서 바로 내릴 수 있도록 평강역의 플랫폼을 높이 쌓아 철로 높이까지 올리도록 들것으로 흙을 나

르는 공사에 동원되었습니다."

증언 2: "1948년 여름 방학 때에는 평강역에서 38선까지 가는 남침용 도로 신설 공사장에 동원되었습니다. 1가구 1인씩 무조건 동원되는 것이므로 연로하신 아버지가 동원되어 일하게 되었고, 나는 방학 때 아버지와 교대해서 공사장에서 15일간 일했습니다. 탱크 2대가 오갈 수 있도록 넓은 자갈을 깐 도로였습니다. 지게, 삽 등 완전한 수작업이었고, 헛간 같은 데서 자면서 먹을 것을 각자 지참했으며, 모든 노력 동원은 당연히 무급이었습니다."

증언 3: "1948년부터 내내 평강군 현내면 비행장(북한 최남단 비행장) 건설에 무급으로 동원된 평강군의 각 지역 주민들이 우리 집 사랑방에서 매일 15~20명이 일주일씩 교대로 숙식하며 비행장 건설 공사장에 투입되었습니다. 각자 밥을 해 먹었지만, 옥수수, 좁쌀 등 가져온 식량에 김치는 우리 집 것을 먹었습니다."

증언 4: "한국전쟁이 터지기 일주일 전에는 군수물자 수송에 방해가 되지 않도록 철원~창도 간의 전차 통학생의 등교를 약 1주일간 금지시켰습니다. 또한 한국전쟁이 터지기 며칠 전부터 김화의 우리 집 앞을 지나 남쪽으로 매일 밤 인민군 탱크와 군 트럭이 밤새도록 달리는 소음이 심했습니다. 낮에는 조용하지만 일단 어두워지면 탱크 구르는 소리가 요란했습니다. 땅이 흔들려서 잠을 깰 정도였습니다."

이렇게 명확한 남침 징후가 있었음에도 불구하고 우리 군이 사전에 전쟁 발발을 감지하지 못한 사실이 놀라울 뿐이나.<sup>66</sup> 전쟁을 일으킨 지 3일 만에 북한 당국은 "영용무쌍한 조선 인민군은 미제국주의자들의 밑에서 신음하는 남반부 인민들을 해방시키고" 운운하는 방송을 해대면서 고급중학교 2학년 전교생에게 신체검사를 명한다(평강고급중학교는 신설된 학교라서 3학년생은 없었다). 인민군 장교로 끌고 가기 위한 조치였다. 이용만의 부친은 신체검사에 합격한 사람들은 전선에 끌려갈 것이고 그 결과는 죽음이라는 점을 정확하게 파악하고 있었다. 조국 해방전쟁이라고 선전 선동하는 사람들의 꾐에 넘어가지 않고 예리하게 전쟁의 결과를 예측한 면에서 이용만의 부친은 아들의 목숨을 건지는 데 큰 역할을 했다. 아버지는 용만에게 "눈도 잘 안 보이고, 귀도 잘 안 들리는 것처럼 처신하라"고 신신당부했다. 아버지가 시키는 대로 그는 무조건 시력측정표가 보이는 것과 반대로 답했다. 청력검사도 주먹보다 큰 시계를 귀에 바짝 대고 들리는지 여부를 물었지만, 그는 들리지 않는 것처럼 반대편 손을 들기도 했다. 하지만 소용이 없었다. "이용만 합격!"이라는 판정이 나고 말았다.

합격 사실이 집에 전해지자 온 식구들은 난리가 났다. 큰아버지는 "우리 승만이가 죽는구나"라면서 깊은 장탄식을 하고, 어머니는 "우리 승만이가 전쟁터에 끌려가서 험한 꼴을 당하고 말겠구나"라며 울음바다가 되고 말았다. 어머니는 눈물을 줄줄 흘리면서 속옷에 작은 주머니를 마련해서 비상용 현금을 집어넣을 준비를 하고 계셨다. 전쟁에 나가기 전에 마지막으로 남아 있는 것은 정치보위부의 면접이었다.

가족들이 낙담해서 혼란스러워하는 와중에도 아버지는 의연했다.

아버지는 정신을 차리고 어떻게든 아들을 군대에 보내지 않도록 백방으로 정보를 수집하고 다녔다. 그의 아버지는 신체검사가 끝나고 한밤중에 진행될 최종 면접을 기다리는 용만이를 불러서 이렇게 당부한다. "이남에 친척이 있는 사람은 이번에 인민군으로 뽑지 않는다고 한다. 판정관이 물으면 무조건 이남에 친척이 있다고 말해라. 5촌이건 6촌이건 관계없으니까 가능한 한 많은 사람들 이름을 외워두었다가 불러주어라." 신체검사를 받은 전교생 가운데 두 사람이 용케 면접에서 탈락하고 만다. 이 가운데 한 사람이 이용만이다.[47] 다음 날 아침, 불합격 사실을 확인한 민청위원장은 다가와서 "용만 동무, 신체가 멀쩡한데 도대체 왜 불합격된 겁니까?"라고 툴툴대면서 그 이유를 물었다.[48] "제가 어릴 적에 폐에 문제가 있어서 불합격된 것 같습니다"라는 대답에 그는 "빨리 치료하고 다음에 오시오"라고 지시하고 떠났다.

김화에 머무르는 것이 위험하다는 것을 감지한 이용만은 200리를 단숨에 걸어서 3살 위의 형이 수의사로 일하고 있는 세포면의 추가령 목장으로 피신한다. 이곳은 하늘 아래 첫 동네라는 추가령구조곡의 지구대로, 서울에서 출발한 경원선이 삼방(三防)과 세포 부근의 해발 600미터의 가파른 고지를 넘어 원산에 이른다.[49] 세포(洗捕)는 평강읍에서 북쪽, 김화읍에서 서북쪽에 위치해 있었다. 그곳에 숨어 있으면서 목장의 사일로(겨울용 가축 사료 저장소) 건설 현장에서 시멘트 벽돌을 지고 나르는 작업을 했다. 공사장의 남녀 인부들이 모두 친절하고 잘 대해주었기 때문에 생활에 불편함은 없었지만, 전쟁 중에 평안함이 오래갈 수는 없었다. 어느 날 삼복이 그의 교복을 보고신 "동무, 학생 아니요? 군에는 가지 않소?"라고 물으면서 이상하다는듯이 쳐다보았다. 가슴이 두 근 반 세 근 반 하는 순간이었다. 그 바람에 공사장에 나가지도 못한 채 하루하루를 불안하게 보낼 수밖에 없었다.

그 무렵 아버지의 심부름으로 동생 승찬이가 김화에서 도착하는데, 급히 집에 다녀가라는 아버지의 전갈이었다. 북한 당국이 군사증(남한의 제2국민병 등록증)을 교부하기 위해 모든 장정을 등록하라는 명령을 내렸기 때문이다. 1950년 7월 말 무렵부터 전황이 불리해지고 점령지에서 의용군 모집이 여의치 않자, 북한은 강제 모병을 적극적으로 추진한다.[50] 7월 30일부터 8월 10일까지 "공화국 공민 중 18세부터 37세까지의 전체 남자들에 대하여 군사증 교부 완료할 것"이라는 명령이 하달되었다.[51] 이 조치는 "군인 적령자에 대한 정확한 등록과 군인 동원 사업의 원활을 기하자는 것"이 목적이었다. 군사증 교부는 북한이 이전까지 형식적인 지원병제에서 실질적인 징병제로 전환하는 조치였다. 등록하지 않은 사실이 발각되면 막대한 벌금과 처형의 대상이 되었기 때문에 이용만은 마냥 숨어 지낼 수가 없었다.


**징병을 피하기 위한 부모의 필사적인 노력**

1950년 8월의 푹푹 찌는 한여름날, 용만은 동생 승찬이와 함께 200리(약 80킬로미터) 길을 걸어서 김화로 향한다. 폭염에 산천초목이 모두 고개를 숙인 듯한 시골길을 걷다가 더위에 더 이상 걸을 수 없었다. 신작로 곁에 있는 자갈밭 위로 길게 드리운 아카시아 그늘은 잠시 휴식을 취하기에는 안성맞춤인 곳이었다. 그런데 또 한 번의 위급 상황이 일어나게 된다.

비포장도로에 먼지를 날리며 달리던 인민군 지프차가 갑자기 두 형제 앞에 멈추면서 인민군 장교 한 명이 걸어왔다. 순간적으로 간이 콩알만 해지면서, "이렇게 해서 내가 군에 끌려가는구나"라는 불길한 예감이 스쳐지나갔다. 그는 서울 점령을 끝내고 돌아오는 길이었다. 평양으로 출장을 간다면서 두 형제에게 말을 걸었다. "동무, 이 담배가 얼만지 아오? 남조선에서 파는 공작이라는 담배인데 300원이오. 우리 담배 해연은 고작 10원인데, 너무 비싸지 않소?"라고 혼잣말처럼 지껄였다. 그러면서 그는 서울에서 고려대학교에 다니는 한 학생을 만났던 이야기를 자랑스럽게 털어놓았다. 그가 학생에게 "동무, 독보회(讀報會, 점심시간 등 틈이 남을 때 한 사람이 나서서 《노동신문》 같은 것을 읽고 그 내용이 옳다고 교육시키는 모임)가 뭔지 아오?"라고 물었다고 한다. "그런데 대학교를 다니는 학생이 독보회가 무엇인지를 몰랐소"라고 자문자답하면서 남한 대학생의 무식함을 나무라는 것이었다. 남북한의 교육 제도가 다르고 한 번도 들어본 적 없는 것을 학생이 어떻게 알겠는가? 이렇게 해서 그의 인생에서 처음으로 서울에 고려대학교라는 학교가 있다는 사실을 알게 되었다. 훗날 그가 그 학교의 학생이 되리라고는 꿈에도 생각하지 못했다.

거의 모든 학생들이 전선에 투입된 상황이었다. 키가 작아 총을 멜수 없는 남학생 5~6명과 여학생 7~8명을 제외하고는 모두 군대에 붙잡혀 가고 없었다. 이용만은 마치 살얼음판을 걷듯이 매일매일 불안하게 수업은 없고 노력 동원만 하는 학교를 다니게 된다. 다시 인민군 신체검사를 받으라는 독촉이 오게 되면 이번에는 피할 길이 없었다. 아버지는 어떻게든 아들이 끌려가는 것을 막으려 안간힘을 썼다. 방법은 딱 한 가지였다. 아들이 살아 있지만 거의 초주검 상태에 빠진 것처럼 보이는 것이다. 아버지는 그동안의 민간요법과 경험을 총동원하여 묘책을 찾는다.

아이들이 어릴 때 음식에 체하면 피마자기름을 간장 종지에 데워서 먹이곤 했다. 복용 후 2~3시간이 지나면 설사가 심해지고 눈이 쑥 들어가서 마치 병이 심한 환자처럼 보이게 된다. 이후 음식 조절로 얼마든지 몸을 회복해낸 경험이 있는 아버지는 비상용으로 보관하고 있던 피마자기름을 대량으로 먹였다. 한 잔, 두 잔, 점점 양을 늘려서 먹다 보니 정종 한 병과 검은 맥주병 2병분을 마셨다. 그런데도 불구하고 설사는 3~4번에 끝나고 얼굴에 기름기가 번들거리기 시작했다. 오히려 장이 더욱 튼튼해진 건강한 모습이었다.

아들을 살리려는 지극정성은 피마자기름 대신에 온갖 기름으로 옮겨 가게 된다. "피마자기름과 들기름 그리고 콩기름을 한 종발씩 섞어서 마시면 사람이 반쯤은 죽는다"는 소리를 어디선가 듣고 온 아버지는 그 처방대로 해보지만 효과를 보지 못한다. 그렇다고 해서 아버지가 포기할 사람이 아니다. 다급해진 아버지는 근처의 한약방으로 부리나케 뛰어간다. "우리 애가 만년 체증인데, 어떻게 설사를 해서 치료하는 방법이 없겠습니까?" 아이가 죽게 생겼다고 애절하게 호소하는 아버지를 본 한의사는 동그란 알약 3알을 주면서 아무리 급해도 절대로 한꺼번에 반쪽 이상을 먹으면 안 된다고 신신당부했다. 하지만 벼랑 끝에 내몰린 아버지는 용만에게 한꺼번에 3알을 다 먹으라고 권했다. 이 정도의 양이면 치사량에 해당한다. 벼랑 끝에 선 아버지는 아들이 죽기 일보 직전까지만 가기를 바랐을 것이다. 용만은 위험한 일이라고 생각했지만 아버지가 하라는 대로 따랐다. 하지만 하루 이틀 정도 설사를 하고 나서 다시 괜찮아졌다. 반복된 기름이 위장을 점점 더 튼튼하게 하여 도움이 되었기 때문일 것이다.

아들의 생명을 살리기 위해 당황하지 않고 모든 노력을 다한 아버지의 이야기는 훗날 이용만의 삶에도 잊을 수 없는 강인한 인상을 남긴다. "사람은 어떤 상황에서도 절대로 포기하지 않고 끝까지 할 수 있는 모든 것을 다 해야 한다"는 삶의 지혜를 배웠다. 이를 배우려는 후천적인 노력도 있었지만, 더 정확하게는 이런 특성이 이미 그의 유전자에 깊이 각인되어 있었다.


## 인민군 패잔병과 함께 북쪽으로

전시에는 상황이 어떻게 돌변할지 알 수 없다. 많은 사람들이 징발되어 전선에 나간 까닭에 추수철이 되었지만 손이 달렸다. 후방에 남은 학생들이 농촌 보조 겸 노력 동원에 참가하라는 명령이 하달되었다. 김화고급중학교에 남은 학생들은 전부 김화에서 동북쪽에 위치한 '창도(昌道)'라는 곳에 벼 베기 노력 동원을 나가서 며칠 지내게 된다. 참고로 김화에서 서북쪽으로 가면 금성이 나오고 그다음에 창도가 나오는데, 일제시대에는 금강산 가는 전철역이었지만 군비 제작에 필요한 철물을 확보하기 위해 금강산과 창도 간 철도가 없어져 창도가 종착역이 되었다.[52]

한참 일손 돕기를 마치고 곤히 잠든 어느 날 새벽, 노동당 세포위원장이 급히 학생들을 깨웠다. "지금 국방군이 단발령(斷髮嶺) 고개를 넘어오고 있으니 빨리 집으로 돌아가라"는 것이었다.[53] 이때가 1950년 10월 첫 주였다.

우리 군의 3사단이 양양에서 38선을 최초로 돌파한 날이 10월 1일이고, 이날이 1956년 9월 대통령령에 의해 '국군의 날'의 기원이 되었다. 한국전쟁의 전세는 이미 9월 15일 인천상륙작전을 기점으로 역전되기 시작했으며, 9월 28일 서울시 수복 작전에 성공함으로써 완전히 역전된다.[54]

한편 용만과 친구들은 창도에서 금성으로, 금성에서 김화로 걸어서 내려오는데, 인민군 패잔병들은 계속해서 반대 방향으로 행렬을 지어 올라가고 있었다. 이용만과 친구들 7명은 금성에 도착해서 친구 집에 들러 밥을 얻어먹고 김화 시내로 들어왔지만, 시내가 불바다가 되어 있었다. 이용만의 집은 불타지 않았지만 시내로 직접 들어가는 것이 여의치 않은 상태였다.

강둑을 따라 시내를 돌아서 집으로 가기 위해 생창리 배추밭 근처를 조심스럽게 통과하는데 갑자기 카랑카랑한 목소리가 정적을 깼다. "정지!"라는 목소리와 함께 총구가 일행을 겨누고 있었다. "어어어, 왜 그러십니까?"라고 묻자 돌아온 답은 단호했다. "이리로 와서 우리를 따르시오!" 인민군은 뒤에서 총을 겨누면서 일행을 끌고 갔다. 그곳에는 부상병들이 즐비하게 누워 있었다. 먹을 것을 준 다음에 네 사람이 들것에 부상병을 1명씩 들고 북상길에 올랐다.

행군은 저녁 7시에 시작해서 새벽 4시가 되어서야 끝이 났다. 그렇게 해봐야 전진한 거리는 불과 평강 쪽으로 넘어가는 '배우개' 고개를 하나 넘었을 뿐이다. 힘이 들어서 들것을 잠시 내려놓기라도 하면 환자들이 하나같이 "아이고, 아이고" 고함을 쳐서 인민군을 불렀기 때문에 도망갈 수도 없었다. "배가 고파서 도저히 더 이상 갈 수가 없다. 힘이 있어야 동무들을 운반할 수 있지 않겠는가?"라고 부상병을 달랜 후에 "밥을 얻어먹고 가자"고 내무서 방향으로 향했다. 이때 일행 4명 중 가장 연장자가 일행을 불러 모은 다음, "이대로 끌려가면 평양까지 가야 하니 어쨌든 여기서 도망을 쳐야 한다"고 재촉했다. 도망치기로 모두가 뜻을 모은 일행은 부상병을 뒤로하고 도랑에 몸을 숨겨 빠져나올 수 있었다.

인민군 패잔병들이 자동차를 타거나 행군으로 북쪽을 향하는 모습을 본 후에 용만과 친구들도 필사적으로 도망치기 시작한다. 일단 인삼밭으로 피신해서 눈을 붙인 후에 4명은 안전을 고려해서 헤어진다. 그는 연장자에 대해 "그 연장자의 현명한 판단이 있었기 때문에 목숨을 건질 수 있었어요"라고 고마움을 표시한다.

일행과 헤어지고 난 후, 용만은 막막한 마음에 어떻게 해야 하는지 고민하게 된다. 그때 불현듯 어머니의 말씀이 떠올랐다. "집에 돌아와서 만약 아무도 없다면 우리가 아는 힐머니와 힐이비지가 사는 이 집을 찾아가라. 그러면 우리 가족이 있는 곳을 알려줄 것이다." 그의 어머니는 할머니에게 "이다음에 키가 큰 학생이 하나 찾아오면 여기에 우리가 있다고 알려달라"고 단단히 일러두었다. 할머니가 계신 곳을 찾아가자, 할머니는 죽을 데워서 먹이고는 그에게 식구들이 숨어 있는 곳을 가르쳐주었다.

천신만고 끝에, 그리고 천만다행으로 가족들과 다시 재회할 수 있었다. 만일의 사태를 대비한 어머니의 지혜가 빛을 발휘한 것이다. 살아가면서 이처럼 작은 것이 얼마나 중요한지 되새길 때가 있다. 그리고 무엇이든 만일의 경우에 대비하는 것이 얼마나 중요한가를 새삼 확인하게 된다.


## 학도병 참전

용만의 아버지는 어떻게든 아들들이 인민군에 끌려가는 것을 막는 일밖에 생각하지 않았다. 당시 김화읍의 집은 방이 5개가 될 정도도 제법 큰 집이었다. 가마솥을 들어내고 그 밑에 굴을 파서 방 안으로 연결되게 만들었다. 솥을 둔 채 굴 속에 있으면 인민군이 집에 들어와서 밥을 해내라고 윽박지를 것이기 때문에 솥을 아예 없애버렸다. 땅굴 위에 명석을 깔고 그 위에 송판과 돗자리를 다시 덮었다. 누구도 알아차릴 수 없도록 감쪽같이 땅굴을 만들고 그 아래에 아들들을 숨겼다. 그때는 젊은 사람이 눈에 띄면 무조건 끌고 가던 시절이었다. 낮에는 줄곧 굴 속에 숨어 지내면서 행여 냄새가 날 것을 두려워해서 북어 등

날것을 먹으며 연명했다.

국군 6사단이 김화를 탈환한 날이 10월 9일이다. 당시 전세는 완전히 기울어서 맥아더 유엔사령관은 김일성에게 항복을 요구하는 메시지를 발송하고 북한군의 무조건 항복을 최후통첩 형식으로 재차 요구하고 있었다.[55][56] 당시 사람들이 전황을 얼마나 낙관적으로 보고 있었는지 말해준다.

국군이 김화에 진주했을 때 부모님은 기뻐서 어쩔 줄 몰랐다. 어머니는 용만의 집에 머무는 국군 수십 명에게 밥을 해주고 있었는데, 어느 날 술에 잔뜩 취한 이등 상사가 용만을 불러 세우고는 지게를 멘 자국을 보고 총을 겨누는 사건이 터졌다. 그는 총 자국이라 하면서 다짜고짜 용만을 벽에 세운 후 술에 취해 비틀대면서 총을 겨누었다. 마침 어머니가 부엌에서 허드렛 물을 버리려고 뒷문을 열고 나오다 이 광경을 보았다. 어머니는 소스라치게 놀라 "승만이 죽는다!"라며 소리를 고래고래 지른다. 그때 집에 머물고 있던 국군 장교가 뛰어 나와 총을 겨눈 술 취한 군인을 헬멧으로 흠씬 두들겨주었다. 간발의 차이로 죽음을 면할 수 있었던 그 순간이 "아찔했다"고 말한다. 이렇듯 전시 상황에서는 어떤 일이 일어날지 아무도 알 수 없다.

국군이 김화를 점령한 이후에도 이용만과 그 가족의 운명이 평탄치 않았던 것은 김화군이 특별한 장소 가운데 한 곳이었기 때문이다. 국군이 서둘러 북한으로 진격했기 때문에 주요 도로와 마을은 국군이 점령했지만, 그곳을 한 걸음만 벗어나면 인민군 세력의 범위에 놓인 곳이 많았다. 김화군이 바로 그런 곳 가운데 하나였다. 이현희(성신어

대 명예교수)는 한국전쟁에서 국군의 빠른 북진으로 말미암아 김화군과 강원도의 일부 지역에서 일어난 참극을 이렇게 전한다.

"강원도 일대 산악지대에서는 주력 부대를 따라가지 못한 적의 잔류 부대들이 도로의 요소에 나타나 아군을 불시에 습격하고 도망가는 사건이 빈번해졌다. 이들은 완전히 소탕하지 못하고 전진만 서둘렀기에 낙오된 적의 패잔병이 한데 뭉쳐서 일대 세력을 형성하게 된 부대였다. 김화 지역도 일단 탈환했으나 중요한 부대는 전진하고 소수 부대만 잔류해 있었기 때문에 기미를 알고 있던 패잔병이 일시에 몰려들어 도로 빼앗기는 등 많은 참극이 벌어졌다. 급속히 진격한 바람에 점령한 곳은 점과 선뿐으로, 한 걸음 밖으로 나서면 공산군의 세력 범위였다."[57]

김화를 비롯해서 강원도 지역은 인민군 패잔병에 의한 학살 사건이 많았던 곳으로 꼽힌다. 진실·화해를위한과거사정리위원회(진실화해위원회)는 아버지나 형 그리고 할아버지의 억울한 죽음에 대한 진실규명에 대해 이렇게 판정한 바가 있다. "1950년 9월 말부터 1951년 3월까지 강원도 인제군 각 지역에서 거주하던 진실 규명 대상자들 26명이 인민군, 지방 좌익 그리고 빨치산 등에 의해 희생당했다."[58] 국군이 북진 후 자체 치안 확보를 위해 '치안대'가 김화경찰서 내에 조직되고, 함께 '학도대'도 조직된다. 치안대에서는 학도대원들에게 구식 M2 소총 한 자루씩과 60밀리미터 박격포를 지급했다. 여기에 이용만도 학도대원으로 적극 참여하게 된다.

## 마지막 음식이 될 줄이야

"잠시 기다려라. 배고프지? 떡을 구워줄 테니 먹고 가려무나." 어머니는 콩고물 찰떡 3개를 구워주셨다. 이용만은 부엌에 서서 얼른 먹고 "다녀오겠습니다"라고 말하고 떠났다. 그것이 어머니와의 영원한 이별이 되고 말았다.

1950년 10월 초순의 어느 날, 밤새 동네 경비를 서고 경찰서 내에 있던 치안대에서 잠시 눈을 붙인 다음, 학도대원 30여 명과 함께 김화읍에서 북쪽에 있는 금성 방면으로 "공비를 토벌하러 가라"는 명에 따라 출동하던 도중에 잠시 집에 들렀는데, 어머니는 예감이 이상했던지 서두르는 용만이를 붙잡고 떡을 먹고 가라고 말한다. 그가 받아쥔 3개의 떡이 그의 생애에 어머니가 해주신 마지막 음식이 되고 말았다. 세월이 흐르고 또 흘렀지만, 급히 콩고물이 묻은 떡을 가져오던 어머니의 모습이 지금도 손에 잡힐 듯이 떠오르곤 한다. 이따금 그의 가슴에 치밀어 오르는 그리움과 슬픔을 누가 이해할 수 있겠는가!

옥수수밭에 있던 적 한 명을 처치하고 소를 잡아서 고깃국으로 몸도 보신한 다음, 저녁에 의기양양하게 학도대 본부인 김화 시내 경찰서로 돌아오던 길이었다. 쥐 죽은 듯이 조용하고 굴뚝에서 연기가 전혀 나지 않는 마을이 이상하기도 했지만, 누구도 인민군이 읍내를 장악했으리라고는 상상조차 하지 못했다. 불안한 주민들에게 우리가 돌아왔음을 알리기라도 하듯이 "양양한 앞길을 바라볼 때에"라며 군가를 힘차게 부르기 시작했다. 경찰서 근처 300미터쯤에 도착하니 "드르륵 드르륵" 하고 기관총이 불을 뿜기 시작했다. 우리를 인민군으로 착각했는가 보다 하는 생각에 다 같이 힘차게 "학도대! 학도대!"라고 크게 외쳤다. 그러자 총을 더 강하게 쏴대기 시작했다.

인민군으로 오해한 모양이라고 여기고, 그날 밤은 생창리의 다리를 건너 하룻밤을 지내게 된다. 그가 머물렀던 곳이 부모님이 계신 그의 집에서 불과 300미터가 되지 않았다. 아침에 파견한 척후병이 돌아와서 전하는 이야기는 놀라웠다. 인민군 패잔병이 김화 시내를 완전히 장악했고 그들이 탄 트럭들이 "아침은 빛나라 이 강산"으로 시작되는 이북 국가를 부르면서 질주하고 있다고 전한다. 앞서 보낸 김형기 군을 포함한 2명의 척후병은 체포되어 즉시 총살당한 사실을 나중에 알게 되었다.

당시 학도대를 만들고 이끌었던 사람은 방위군 소위 출신으로, 미리 서울로 월남했던 사람이다.[59] 그는 고향에 돌아와서 치안대도 만들고, 학도대도 만들어 대장으로 지냈다. 그 사람의 인솔로 학도대는 월남길에 오르게 된다.

바로 넘어오지 않고 무장한 채 산속의 어떤 마을에서 하루를 묵게 된다. 그날 새벽 2시경에 누가 와서 인민군 패잔병들이 멀지 않은 초가집에 있다고 전한다. 학도대원들은 산속을 헤매어 능선을 타고 그 집을 집중 포위한 채 날이 밝기를 기다렸다. 여명이 훤히 밝아올 무렵, 뒤쪽에서 갑자기 예광탄이 터지면서 하늘을 환하게 밝혔다. 이어 격렬한 공격이 시작되는데 나중에야 알고 보니 학도대가 집을 포위한 것이 아니라 오히려 학도대가 포위당하고 있었다. 학도대원들은 밭고랑을 3~4개씩 펄펄 날다시피 필사적으로 포위망을 탈출하기 시작한다. 얼마나 다급했던지 60밀리미터 박격포의 포판과 포신을 가진 사람들이 제각각 길을 가버리는 바람에 박격포를 사용할 수 없게 되었다. 소총 한 자루에 의존한 채 산등성을 따라 내려오다가 이름도 모르는 민가에 들러서 사정을 말하며 학생들의 점심 좀 해줄 수 없느냐고 부탁했다가 깜짝 놀랄 만한 대답을 들었다. 조금 전에 산속에 있는 인민군 300여 명이 밥을 주문해놓았다는 말을 듣고 허겁지겁 도망쳐서 포천까지 숨어서 내려오게 된다. 그러자 포천 치안대가 매복하고 있다가 학도대원들을 무장 해제를 시킨 다음, 일동중학교 건물에 있는 피란민수용소에 수용시켰다. 이 수용소에서 김화 출신 사람들이 수용된 곳으로 옮긴다. 이렇게 해서 이용만은 고향을 떠나 단신으로 월남하게 된다. 1950년 10월 27일경, 그의 나이 17살 때의 일이다.

## 영원한 이별

학도대원 가운데 대부분은 가족들을 만났다. 김화 사람들 가운데 많은 수가 인민군 패잔병이 시내를 점령하기 전에 피란길에 오르는 데 성공했기 때문이다. 그러나 이용만의 가족들은 달랐다. 공비 토벌을 떠난 아들을 기다리다 가족들은 미처 피란길에 오르지 못하고 만다.

포천피란민수용소에서 그는 가족들의 소문을 알기 위해 백방으로 노력했지만 알 길이 없었다. 그렇다고 해서 불길한 생각을 해본 적이 없었다. "남한에 내려와서 어딘가에 잘살고 있을 것이다"라는 기대와 믿음을 버려본 적이 없었다.

그가 다시 가족을 찾아 나선 것은 군을 제대하고 다시 예전 부대를 찾아가서 미 2사단 38연대 Service Co.에서 근무 중일 때다. 수소문 끝에 광나루에 가면 가족 소식을 알 수 있다는 정보를 구한다. 그동안 아껴놓았던 겨울 점퍼, 털 재킷, 담배, 비누, 초콜릿 등을 더블백에 가득 담고 미군 지프차 편으로 부서진 광장교를 지나 광나루로 향했다. 가족을 만나면 언제든지 물건을 전해주어야겠다는 생각이었다.

광나루에서 고향인 평강에서 아버지와 절친하게 지내셨던 이능달 씨의 아들 이성실과 그 가족을 만났다. 반가움과 서러움에 눈물범벅이 되었다. 그곳에서 수원에 김화 출신의 피란민들이 많이 모여 산다고 해서 다시 그곳을 찾았다. 마침 그곳에서 김화 생창리의 그의 집 바로 앞집에 살던 손지은의 어머니인 옹기장수 아주머니를 만난다. 그 아주머니가 가족 이야기를 소상하게 들려주었다.

이용만이 학도대원으로 금성으로 올라간 다음, 인민군 패잔병들이 김화 시내를 장악하고 있었을 때다. 아버지는 미군의 공습으로 한번 폐허로 만든 곳은 다시는 폭격하지 않을 것이라 판단하고 공습으로 폐허가 된 큰아버지 집터에 튼튼한 방공호를 만들었다. 미처 피란을 못 나오고 그 안에 숨어 있었다고 한다. 1950년 11월 28일, 생창리 뒷산의 터널 공사에 1가구 1인이 차출된다. 용만의 아버지는 어머니, 형, 동생을 방공호에 남겨둔 채 공사장에 강제 동원되었다. 작업 중 공습이 시작되고, 김화 시내는 B-29 수십 대가 퍼부은 융단포격으로 온통 불바다가 되고 만다. 융단폭격이 얼마나 강력한지 16킬로미터 밖에서도 울려 퍼진 충격파로 인해 사람들이 공황상태에 빠질 정도였다고 한다. 방어 진지는 물론 50톤짜리 전차도 장난감처럼 날아다닐 정도로 융단폭격의 괴력은 막강했다. 폭격을 당한 장소는 완전 폐허가 되어버렸다.[60] 급히 집으로 돌아온 아버지 눈앞에는 흔적도 없는 방공호만 남아 있었다고 한다.

이용만의 부친은 방공호의 이곳저곳을 미친 듯이 파헤친다. 마침내 아내의 시체를 발견하고 그 옆에서 막내아들 승찬이의 시체를 찾아낸다. 삶이라는 것이 본래 허망하다고 하지만, 이렇게 끝이 나고 만다. 방공호 안에 있어야 할 큰아들 승현이가 보이지 않아서 한참 찾다가 척추가 부러진 큰아들을 찾아내었다. 이렇게 온 집안 식구가 화를 당하고 말았다.

이후에 아버지끼리 친분이 두터웠던 이성실 씨네 집에 용만의 형인 승현이가 방문한 적이 있었다. 추가령 목장 수의사 시절의 늠름한 모습은 사라지고 허리가 부러져 마치 꼽추처럼 되어 기어 다닐 수밖에 없는 모습이었다. 용만의 아버지는 "승만이가 남쪽으로 내려갔다고 하는데 남쪽에 가서 순경을 하는지 뭘 하는지 궁금하다"라고 말하기도 했다고 한다. 이용만의 가족들의 참상을 전하면서 끝으로 손지은의 어머니는 이렇게 말했다. "용만아, 어머니 기일이 11월 28일이니까 제삿날은 11월 27일이다." "머리를 쾅 하고 맞은 느낌, 눈앞에는 아무것도 보이지 않고 아무것도 들리지도 않아서 고맙다는 말도 못하고 허둥대며 떠났다"고 이용만은 회상한다. "아버지가 1892년생이니까 지금 살아계셨다면 124세가 되셨겠지요. 제가 오랫동안 호적을 정리하지 못했습니다. 그래도 아버지는 어딘가 계시지 않겠는가라는 생각 때문에 말입니다. 아버님 연세가 67세가 되던 1959년에 잠시 꿈에 보였어요. 그때 세상을 떠나시지 않았을까라고 생각합니다."

정말 모진 세월을 살아냈고 그 결과가 좋았어야 했는데 모든 것을 다 잃고 말았다. 이 대목을 쓰다가 필자도 목이 멘다. 이남에 살았던 사람들의 삶 가운데 더러 극적이라 할 인생도 있지만, 이처럼 한 가족의 삶이 역사의 흐름 속에서 산산조각 나기는 힘들다. 이렇게 이용만은 혈혈단신으로 생을 개척해야 하는 사람이 되고 말았다.

몇 가지 아쉬움이 새벽녘 강가의 물안개처럼 피어오른다. 여러 사정이 있었겠지만, 용만의 아버지가 지주들에 대한 박해가 시작되었을 때 아예 남한으로 내려올 수는 없었을까? 한국전쟁이 터지고 국군이 진주했을 때 더 안정된 곳으로 내려올 수는 없었을까? 이용만이 학도대원으로 금성으로 올라가는 길에 집에 들르지 않았다면 가족들이 전부 남한으로 내려오지 않았을까? 믿음직스러운 아들이기에 알아서 남한으로 내려올 것이라고 판단하고 서둘러 온 가족이 내려왔다면 어떠했을까?

"운명이었다"는 말밖에 나오질 않는다. 이런 질문을 던지면서 필자의 시야도 뿌옇게 흐릿해지고 만다. 그의 아버지는 평생을 기울여 그토록 애써 지키려 했던 아들의 죽음을 목격하고 만다. 아버지가 되어 자식을 키우는 사람은 안다. 가족을 잃고 난 이후에 아버지 삶은 살아 있어도 결코 살아 있는 것이 아니다. 세상의 아버지가 사는 이유는 지키기 위해서다. 그 대상은 자신이 낳은 아이들과 그 미래다. 그는 한순간에 모든 것을 잃어버린 아버지가 되고 말았다.

# 3장

# 한국전쟁 참전과 사선을 넘어서

"제가 춘천 가리산 전투에서 인민군의 따발총을 맞은 날이

1951년 5월 11일입니다.

그날 '나는 죽었고' 또한 '다시 살아났다'고 말할 수 있습니다."

"어디서든 살길은 있었다."

최악의 상황이 자신을 덮치더라도 문제에 정면으로 맞서면 살길을 찾아낼 수 있다. 낙담해서 포기해버리지 않으면 어디서든 길을 찾아낼수 있다. 이용만의 인생에서 이제까지 경험했던 고난들은 그저 가벼운 예고편에 불과했다. 더 험한 난제들이 그를 기다리고 있었다. 그가수용되어 있었던 경기도 포천여자중학교 교사에 설치된 피란민수용소는 교실 하나에 200여 명이 수용되어서 콩나물시루처럼 발 디딜 틈이 없었다. 한 사람이 앉아서 조금만 몸을 젖히면 그게 드러누운 것으로, 제대로 눕는 것은 생각조차 할 수 없는 일이었다. 화장실에 갔다오면 더 이상은 몸을 누일 자리가 없어져버렸다.

1950년 10월, 포천피란민수용소에 입소하여 45일간 머무는 동안 하

루에 주먹밥 3개만 배급되었고 식수가 귀했기 때문에 화장실 갈 일이 거의 없었다. 먹는 것이 없다 보니 나오는 것도 없었기 때문에 때로는 보름 동안 대변을 보지 못했다. 당시 피란민 수용소에 있었던 사람들의 어려움은 극심한 배고픔이었다. 피란민 한 사람은 "그때 배가 고파 죽을 뻔했어. 죽지 않고 살아난 게 진짜 다행이야"라고 증언한다.[61]

이용만은 그곳에서 학도대장을 맡았다. 매일 아침 6시에 기상하여 학교 운동장에서 제식훈련을 했다. 지금 와서 생각하면 먹은 것도 없는데 어떻게 그런 힘이 나왔는지 알 수 없다고 말한다. '차렷!' '앞으로 갓' '번호 붙여 갓' '뒤로 돌아갓, 돌아갓, 돌아갓' 3번만 하면 대원들이 픽픽 옆으로 쓰러졌다. 먹은 것이 없었고 기운이 없어서 다들 비실비실했다. 그런 와중에도 그는 매일 아침 강변까지 뛰어가서 강물에 세수하고 돌아오는 생활을 반복했다. 40여 일이 지나자 아침에 훈련한 학생과 방 안에 쉬고 있었던 학생들은 혈색이 완전히 달랐다. 한쪽의 얼굴은 깡말랐지만 혈색이 좋았고, 다른 쪽은 마치 귀신을 보는 것 같았다.

마침내 전세에 결정타를 먹인 중공군의 참전이 10월 26일에 시작된다.[62] 중공군은 50군과 66군을 중심으로 압록강 도하를 개시하면서 12월부터 100만의 군대를 파견하여 전세를 뒤집는 데 성공한다.[63] 유엔군사령부가 유엔군의 작전상 전면 후퇴를 공식적으로 결정한 시점은 12월 1일이다.[64] 이후 중공군의 인해전술로 말미암아 국군과 유엔군이 구축했던 전선은 크게 허물어지고 만다. 1951년 1월 무렵, 중공군은 수원-이천-철원-강릉까지 진격할 정도로 아군은 크게 밀리고 말았다. 유엔군이 후퇴하면서 북한 주민들을 중심으로 대대적인 피란 길이 시작된다. 김화 출신이 다수를 차지하고 있던 포천수용소를 책임지고 있던 신기초 대장은 피란민들에게 "잠시 서울로 가야 하는데, 서울에 잠시 있다가 상황을 봐서 다시 고향으로 갑시다"라는 설명을 더한다. 젊은 사람들은 대장의 인솔하에 대열을 만든 다음 서울로 향했다.

서울로 내려가는 길에 의정부를 지나서 목격한 장면이 지금도 이용만의 기억 속에 선연하게 남아 있다. 그것은 미군이 도로를 확장하고 포장하는 장면이다. 이북에서는 수백 명이 동원되어 지게와 삽 그리고 괭이와 들것을 이용하여 길 닦는 일을 했다. 그런데 의정부에서는 미군 3명이 트럭 1대, 불도저 1대 그리고 롤러차 1대로 길 닦는 공사를 했다. 트럭이 와서 자갈을 부어놓으면 불도저가 눌러놓고 그다음에 땅을 다지는 롤러차로 덜덜덜 하면서 다 끝내버리는 것이었다. 수월하게, 그리고 금방 도로 공사를 해치우는 장면이었는데, 이것이 그가 인생에서 처음으로 미국과 미국의 힘을 본 장면이다. 비슷한 일이 2차 대전 중에도 일어난다. 2차 대전 중에 일본군은 남태평양에 활주로를 건설하기 위해 많은 인력을 투입하지만 지지부진함을 면하지 못한다. 반면에 미국은 불도저를 이용하여 짧은 시간 안에 활주로 건설을 마무리할 수 있었다. 일본군은 미국 불도저가 가진 위력에 입을 다물지 못한다.[65]

그는 자연스럽게 자신이 직접 참가했던 평강역 도로 공사를 떠올렸다. 남심을 위한 도도 공사는 평강역의 플랫폼 을 밑에서 높이는 일이었다. 기차를 이용해서 평강역까지 탱크를 실어다 놓으면 탱크를 들어 내리지 않더라도 바로 탱크가 굴러갈 수 있도록 하는 공사였다. 여기에다 38선까지 탱크가 잘 굴러갈 수 있도록 너비 20미터의 도로를 만들어야 했다. 개미 떼처럼 사람들이 몰려서 지게와 삽 그리고 곡괭이로 길을 닦았다. 그런데 미군들은 한 번도 보지 못한 이상한 장비들을 갖고 수십 명이 참가해도 될까 말까 하는 일을 수월하게 해내는 점이 너무 신기했다.

## 남한에서 시작된 생활의 밑천들

"교복 1벌, 배급받은 검은 농구화 1켤레, 미제 양말 하나, 어머니가 떠주신 양털 스웨터 1벌이 전부였어요."

그가 이북에서 내려올 때 몸에 지니고 있었던 것들이다. 이는 그의 활동 무대가 되는 서울에 처음 들어갈 때 그의 수중에 있었던 재산 목록이기도 했다. 포천에서 이동한 젊은이들이 처음 배치된 곳은 청량리에 있던 서울사범학교 자리였다. 교문을 들어서자마자 '주번사관' '주번사령' 같은 완장을 두른 군인들이 눈에 띄었다.

약 1주일이 지나서 그가 불침번을 마치고 막 방으로 돌아갈 즈음이었다. 방위군 사령부에서 보낸 사람이 "먼저 남하할 사람을 3명 구한다"고 소리 지르는 것이었다. 이때도 어김없이 이용만은 "저요!"라고 번쩍 손을 들어 지체하지 않고 친구 2명과 함께 자원하게 된다. 그에게 특별한 점이 있다면 그것은 언제 어디서나 차고 넘치는 활력일 것이다. 그냥 그 자리에 머물러 있기보다는 뭔가 새롭게 할 수 있는 일을 찾는 성향은 지금도 변함이 없다. 그는 답답한 수용소 생활을 벗어나 살 수 있는 방법을 계속해서 찾고 있던 중이었다.

먼저 남하할 사람을 구한다는 소리를 듣자마자 미적거리지 않고 잽싸게 기회를 잡은 것도 그의 천성이다. 앞으로 어떤 일이 벌어질지 어느 누가 정확히 알 수 있겠는가? 하지만 그는 본능적으로 이곳을 벗어나야 한다는 점을 알아차렸다. 다음 날 아침에 이용만과 그 일행은 창경원 옆의 '비원(창경궁)' 숲속으로 이동한다. 그곳에는 서울 각지에서 모여든 제2국민병 수천 명이 모여 있었다.[66] 이따금 학생들도 눈에 띄었지만 대부분은 미제 군복을 입고 건장한 체구에 배낭을 지고 있었다.

"누구 구령 붙일 수 있는가? 구령 붙일 수 있는 자, 나와봐!"라는 방위군 장교의 고함에 "제가 할 수 있습니다"라고 답하고 앞으로 나섰다. 그러자 "자네, 해보게"라는 명령이 떨어졌다. 어디서든 높이 손을 들고 "제가 하겠습니다"라고 답하는 사람이 있게 마련인데, 이용만이 그런 사람에 속한다. 세상에 진지한 경험 치고 버릴 것이 어디에 있는가! 학도대 훈련 경험을 바탕으로 '차렷!' '우향우' '앞으로 가' '뒤로 돌아가' 등을 몇 번 하니까 방위군 장교는 "18부대 3대대 9중대 1소대장을 맡으라"라고 말했다. 1950년 12월 17일부터 시작된 제2국민병 남하 작전 중 이용만이 속한 부대는 12월 18일에 이동을 시작했다는 의미에서 '18부대'라는 명칭이 붙었다.

17세 청년이었던 이용만이 남하하기로 한 선택을 이해하기 위해 당시 상황을 살펴볼 필요가 있다. 1950년 11월, 중공군 개입이 본격화되면서 전세는 날로 악화되어 정부는 병력 충원을 서둘게 된다. 이렇게 해서 1950년 12월 21일 법률 제172호로 「국민방위군 설치법」이 제정되고, 군인과 경찰 그리고 학생을 제외한 만 17세 이상 40세 이하의 남자를 제2국민병에 편입하여 국민방위군으로 조직한다. 이에 따라 전국에서 소집된 청장년들은 부산과 경남, 경북에 위치한 51개 교육대로 이동 배치되어 훈련을 받는데, 이 대열에 이용만이 포함되었다.

이동 중에 정상적으로 지급되어야 할 식량 등이 빼돌려지면서 홑바지와 저고리 차림으로 나섰던 사람들 가운데 추위와 굶주림으로 1,000여 명의 사람들이 사망하는 사건이 발생한다.[67] 이것이 '국민방위군 사건'이다.[68] 이때도 이용만은 운이 참으로 좋았다. 본격적으로 국민방위군의 남하가 시작되기 전에 행군에 동참했기 때문에 이용만 일행에 대한 보급은 그 후에 떠난 사람들보다는 비교적 열악하지 않았다. 남하하기 시작하는 국민방위군에 대해 처음에는 민심도 우호적이었다. 주민들 가운데 아들과 남편이 소집된 사람들도 많았기 때문이다.

하지만 그와 며칠 사이를 두고 출발한 사람들 가운데 어려움을 겪었던 사람들이 많았다. 이용만은 18일에 출발했는데, 제2국민병의 본격적인 남하가 시작되는 12월 21일에 비원을 출발한 사람들은 추위와 배고픔에 허덕이게 된다. 12월 21일, 국민방위군 설치법안에 따라 1차로 소집된 부대 1만여 명이 창덕궁에 모였다. 국민방위군 지휘부는 1만여 명의 병력을 후송하는 데 구체적인 계획도 예산도 없이 '착지(着

地) 부산 구포'라는 작전 명령만 하달받은 상태였다. 비극의 씨앗은 여기서부터 싹텄다.

1950년 12월은 요즘과는 비교할 수 없을 만큼 추웠다. 당시 창덕궁에 모인 장정들의 흑백사진 기록물을 보면 그날 이후 벌어질 비극을 충분히 예상하고도 남는다. 영하의 날씨였는데도 제2국민병 복장은 대부분 홑바지와 저고리 차림이었다. 마치 이웃집에 마실 나가는 듯한 간편복이었다. 귀마개를 하거나 방한복을 입은 사람도 드물었다. 소집통지서를 받고 창경궁에 모인 장정들은 정부가 소집했으니 군에서 적어도 방한복 정도는 지급해줄 것으로 생각했음직하다.

국민방위군이 부산의 구포를 향해 남하를 시작했다. 다음 날부터 추위와 굶주림으로 하나둘씩 쓰러져 나가는 사람이 생겼다. 며칠이 지나가 이들은 눈뜨고 차마 볼 수 없는 거지 떼로 변해갔다. 제대로 먹지도 못한 채 하루 종일 걷다가 텅 빈 교실에서 잠을 잤다. 교실 하나에 200~300명씩 들어가 잠을 자야만 했다.[69]

이용만은 서울을 출발하여 하루에 꼬박 120리 내지 150리를 걸었다. 들르는 지역마다 방이 배치되었으며, 아침이나 점심이나 저녁밥도 주먹밥이 제공되었다. 경기도 양주에서 첫 밤을 보내는데 북한강변의 찬바람이 뼛속 깊숙이 파고들 정도로 매서운 추위가 계속되었다. 민가에서 저녁으로 주먹밥을 먹고 양주 방위군 사령부를 찾아갔다. 장작불 난로를 피고 있던 방위군 장교가 그가 들어오는 것을 보고 관심을 갖고 물어보았다.

"너, 몇 살이니?"

"열일곱입니다."

"내 동생과 같구나. 배는 고프지 않니?"

"괜찮습니다."

"네 방에 몇 명 있니?"

"19명인데요."

"19개 가져가!"

저녁 식사로 먹은 밥의 3배만큼 큰 주먹밥을 얻어다 숙소 식구들에게 나눠주니까 모두가 즐거워했다.

여주, 장호원, 문경새재, 상주를 거쳐 대구 밑의 경산까지 13일간 발이 퉁퉁 부을 정도로 걷고 또 걸었다. 잠잘 때는 발을 높이 고이고 자면서 부기를 가라앉히기를 반복했다. 최전선에서는 중공군에 맞서 국군과 유엔군이 혈투를 벌이고 있었지만, 그래도 전쟁 중의 후방은 사람 사는 곳이었다.

대구 경산까지 가는 길에 그가 겪었던 몇 가지 추억담을 정리해본다. 여주는 곡창지대답게 주먹밥도 유별나게 크게 지어주었고 밥맛도 무척 좋았다. 수안보를 지나서 문경새재를 넘을 때는 폭설이 펑펑 쏟아져 한 치 앞을 내다볼 수 없을 정도로 시야를 가렸다. 마침 산 중턱에서 미군들이 도로 확장 공사를 열심히 하는 것을 보았다. 암반을 뚫는 소리, 불도저의 덜커덩거리는 소리가 흰 눈이 펑펑 쏟아지는 시골 풍경과 어우러졌다. 내리막길에서는 눈 쌓인 언덕을 즐거운 기분으로 미끄럼 타며 내려가기도 했다. 문경새재에서는 그에게 호감을 가진 정 씨를 포함해서 두 소대원들이 따로 나가 맛있는 식사를 하는

데 그를 데리고 나갔다. 그들은 갖고 내려왔던 담요를 팔아 별식을 맛보고 싶어 했다. 동태를 사다 밥을 해 먹으면서 이용만을 끼워준 것이다. 그때의 고마운 마음은 이루 다 표할 수 없을 정도인데, 훗날 정 씨에게 은혜를 갚을 기회가 온다.

상주를 지날 때는 그보다 나이가 20세 정도 들어 보이는 어른이 곶감을 한 접 사서 그에게 한 꼬치(10개)를 주며 "이것 먹으면 배가 든든하니 먹어둬라"고 말했다. 아마도 소대장이라 해서 젊은 학생이 밥을 구하러 뛰어다니고 심부름을 잘해주고 하는 것이 기특해서 챙겨주었던 것 같다. 콩과 옥수수를 볶아 주머니를 가득 채워준 민박집 아주머니도 있었다. 이렇게 해서 마침내 12월 30일에 경북 경산의 어떤 학교 같은 곳에 도착했다.

고된 행군 중에서도 그는 한 가지 크게 깨우친 점이 있었다. "누구 백만장자의 아들이라도 이렇게 공짜로 밥을 먹여주고 공짜로 여행까지 시켜주겠어요? 고된 길이긴 했지만 나는 정말로 즐거운 마음으로 걸어 내려갔습니다." 어떤 상황에 놓이든, 결국 자신이 그 상황을 어떻게 해석하는지, 그리고 어떻게 받아들이는지에 따라 상황은 완전히 다른 모습으로 탈바꿈하고 만다. 살면서 만나는 대부분의 일이나 상황이 그렇다. 언제 어디서든 그가 갖는 낙관적인 태도와 마음가짐은 17세의 청년에게도 변함이 없었음을 확인하게 된다. 그의 됨됨이를 확인할 수 있는 중요한 대목이다.

## 담요와 따뜻한 콩나물국을 준 육군훈련소

"삼목나무처럼 딱딱하지 말고 갈대처럼 부드러워라."

『탈무드』에서 인상 깊게 읽었던 한 대목이다. 사람의 지혜 가운데 상황 변화에 맞추어서 유연하게 대처하는 능력이 있다. 바닥 생활의 경험을 차곡차곡 쌓아온 사람들은 유복하게 큰 사람들이 갖기 힘든 적응력과 순발력이 있다. 그들은 순간적으로 상황을 판단하고 그 상황에 맞는 해법을 찾아내는 능력을 갖고 있는데, 이용만이 가진 그런 능력이 화려하게 빛을 발하는 일이 일어난다.

"제군들 가운데 만 18세 이상 35세 미만까지만 이곳에서 신체검사를 받을 수 있다. 나머지는 마산까지 걸어가라!" 그런 이야기를 듣는 순간 순진하게 처신할 수도 있었다. 이용만이 순간적으로 기지를 발휘한 것이 바로 이런 경우였다. 만 17세였던 그는 자기 나이를 정확하게 말하지 않아야 하는 순간임을 알아차렸다. 더욱이 신체검사를 받지도 않은 상태였다. 하지만 마치 모든 절차를 완전하게 다 끝낸 듯 사람들의 대열 맨 앞에 섰다. 많은 사람들이 전쟁 때 나이를 줄이거나 늘려서 군대를 가지 않으려 할 때, 그는 나이를 늘려서 입대한 셈이다. 성큼성큼 걸어온 판정관이 "이 줄은 뭐야?"라고 묻자, 그는 "갑종합격자입니다!"라고 신속하고 씩씩하게 답한다. "앞으로 갓!" 그렇게 해서 대구육군훈련소에 입대했다. '앞으로 가'란 명령과 함께 한겨울의 추운 밤중에 경산에서 대구까지 걸어서 대구육군훈련소에 입소하게 된다.

그날이 1950년 12월 30일이다. 그에게는 그 겨울밤의 길고 긴 행군

**제1부** 고향 땅이 공산화되다

이 얼마나 추웠던지 지금도 기억에 생생할 정도다. 하루 종일 저녁도 굶은 채 걸어서 경산에서 대구까지 밤 12시경에야 도착했다. 그런 열악한 환경에서도 정신만 똑바로 차리면 죽으라는 법은 없다. 서울에서부터 이불을 지고 온 옆 사람에게 "이불을 제가 운반해주겠습니다"라고 하자, 그 사람은 선뜻 이불을 맡겼다. 그는 웃으면서 그 순간을 이렇게 말했다. "이불을 받은 다음에 그걸 머리부터 아래로 길게 늘어뜨린 다음에 온몸을 감쌌어요. 어차피 걷는 것은 발이 하니까 눈만 내놓고 이불을 뒤집어쓴 채 50리 길을 걸었어요." 그는 지금도 그 추운 겨울날의 행군을 생생하게 기억한다. 이용만은 만 17세에 대구육군훈련소에 입대하여 군번 0180826을 받고, 군번과 함께 내의와 방한복 그리고 담요 4장을 배급받았다.

몇 달 만에 옷도 갈아입을 수 있었다. 그가 입고 있던 옷은 10월부터 입었던 고등학교 교복에 어머니가 양털로 떠주신 양털 셔츠 상하복이었다. 새 옷을 입으니 몸도 마음도 포근하여 안정감을 찾을 수 있었다. 어머니가 양털실 뜨개질로 직접 만들어주신 내복을 버리는 것은 섭섭한 일이었지만 달리 방법이 없었다. 양털 옷은 원래 보들보들한 물건이지만 3개월 동안 세탁 한 번 하지 않은 상태였다. 또한 이나 벼룩을 예방하기 위해 미군들이 밀가루 같은 DDT약을 콤프레셔를 사용해서 머리와 옷 속에 여러 차례 팍팍 뿌렸기 때문에 양털 옷은 마치 포대처럼 뻣뻣해진 지 제법 오래됐다. 도저히 더 이상 입을 수 없을 지경에 되어서야 좋은 의복이 지급된 셈이었다.

긴장의 연속인 시간이었지만 재미나는 일도 있었다. 전장도 잃는

간이화장실에 앉아 볼일을 볼 때 누가 와서 모자라도 벗겨 가면 얼른 옆 화장실을 이용하던 사람의 모자를 챙겨야 했다. 만약 총이 없어지면 옆 내무반 총이라도 슬쩍 집어 와야 했다. 이처럼 순발력이나 임기응변 능력 그리고 적응력이 없으면 그 바닥에서 살아남을 수 없다. 하지만 고된 시간이라고 해서 고된 일만으로 채워지는 것은 아니다. 훈련소에서도 일상의 삶은 계속되고 있었으며 유쾌함도 함께하고 있었다.

하루 세 끼 밥을 먹여주고 따뜻한 담요와 옷을 주고 재워주었기 때문에, 그는 다른 생각을 할 겨를이 없었다. 훈련이 고된 탓도 있지만 전선에 투입되는 경우 죽음에 대한 두려움이 있었기 때문에 탈영의 우려도 있었다. 당시는 소위도 '소모(消耗) 소위'라 불릴 정도로 일단 전쟁에 투입되면 모두가 죽는다고 봤다.[70] 전선에서 죽기보다 차라리 영창에서 썩는 편이 낫다고 생각하는 사람들이 많을 지경이었다. 그런 일이 반복되다 보니 밤 9시부터 아침 5시에 기상나팔을 불 때까지 불침번 외에는 무조건 담요를 머리까지 덮고 누워 있어야 했다. 한밤중에 소변이라도 보러 갈 때는 방한복을 벗어놓고 얇은 광목으로 만든 국방색 상의만 입고 가야 했다. 얇은 옷만 입고 12월 추위에 도망갈 용기를 가진 사람들은 없을 것이기 때문이다.

다른 사람들은 불편해하더라도 이용만은 그렇지 않았다. 그가 고향 땅을 등지고 남한에서 새 출발한 곳은 포천의 피란민수용소였다. 이처럼 어떤 사람이 한평생을 살아가면서 기본을 무엇으로 잡는지는 퍽이나 중요하다. 포천수용소 생활이 기본인 사람에게 이후의 인생에서 누리는 모든 것은 호사이기도 하고 감사하기도 하다. 교실 하나에

200여 명 이상이 포개 자던 때와 비교하면 그에게는 훈련소 생활이 천국에 가까운 생활이라 불러도 손색이 없었다. 그뿐만이 아니다. 솜옷은 포근했고, 콩나물국에 안남미(알량미)밥은 미흡하지만 배를 채워주었다. 어디서든 생각하기 나름이고 적응하기 나름이다. 그의 강인함은 이렇게 하나하나 경험을 통해서 더 단단해지게 된다. 인생의 모든 날은 그 자체가 훈련이고 실전이다. 인생에는 리허설이라는 것이 처음부터 없다. 대구훈련소는 이용만과 그의 동료들이 마지막 훈련병이었다. 대구훈련소는 훗날 제주도로 이전했으며, 이후에는 거제도를 거쳐 지금의 논산훈련소로 이전되어 오늘에 이르고 있다.[71]

## 어디서든 하기 나름

"무엇이든 생각하기 나름이고, 조금 더 나누어 가지면 된다."
그가 훈련소에서 보여주었던 몇 가지 일은 이용만이 어떤 사람인지 말해준다. 또한 그의 특성은 정체성을 이루는 중요한 구성 요소다. 그는 훈련소에서 남보다 일찍 일어났다. 기상나팔이 울리기 30분 전에 일어나서 취사반에 가서 장작을 한 아름 옮겨주었다. 취사반 사람들은 모두가 고마워하며 원하는 만큼 누룽지를 가져가라고 했다. 안주머니를 비롯해서 쑤셔 넣을 수 있는 모든 곳에 누룽지로 꽉꽉 채웠다. 내무반으로 돌아오면 누룽지의 독특한 냄새 때문에 막 잠에서 깬 동료들이 "이건 무슨 냄새야?"라며 코를 벌렁벌렁거렸다. 그때마다 이용만은 장난기가 농하여 동료들의 입에 금직한 누룽지를 채워주곤 했다. 그렇게 나누어주고 난 다음에 남는 것은 차곡차곡 모아두었다.

하루는 사역을 나갔다가 경산으로 남하하는 길에 같은 소대원이었던 정 씨를 만난다. 그는 문경새재에서 담요를 팔아서 동탯국을 사 먹는데 이용만을 끼워준 고마운 동료였다. 고생을 많이 했는지 그사이에 퉁퉁한 얼굴이 반쪽이 되어 있었다. "배고프지요?"라는 물음에 정 씨는 "배고픈 건 모두 같지요"라는 말이 돌아왔다. "잠시 기다려봐요"라며 이용만은 총알같이 내무반으로 달려갔다. 내무반에 차곡차곡 모아두었던 누룽지를 가득 가져다주니 눈물이 글썽해서 "이렇게 많이 주면 니는 우짜노?"라는 투박한 경상도 사투리가 돌아왔다. 정 씨는 이용만보다 2~3살 위로 서울의 부잣집 아들 같았는데, 군대에서 배고픔 때문에 고생하고 있었던 것이다. 이런 에피소드를 전하면서 이용만은 이렇게 말했다. "사람이 조금만 부지런하면 돼요. 그러면 주변 사람들을 모두 기쁘게 할 수 있어요." 그는 굳이 "조금만 더 베풀면 된다"라고 말하지는 않았다. 하지만 그의 행동에는 평생 동안 그런 마음가짐이 자연스럽게 드러난다.

신병 훈련을 위한 대구훈련소가 제주도로 옮겨 간 이후에 이용만과 그의 일행은 보충대로 바뀐 대구훈련소 자리에서 계속해서 훈련하면서 대기하고 있었다. 보충대는 훈련을 마친 병사들이 전방으로 충원되어 갈 때까지 대기 상태에 있던 곳이었다. 어느 날, 점심에 큼직한 주먹밥이 나왔다. 주먹밥의 밥 덩어리가 엄청 커진 까닭을 알고 보니 육본 인사부에서 감사가 나왔기 때문이라 한다. 정량의 밥을 주지 않고 떼먹는 사람들이 있었던 모양이다. 전시 상황에서도 이처럼 자신의 사익을 추구하는 사람들이 많은 것이 사람 사는 곳이다. 훗날 방위군 사건으로 해서 많은 사람들이 굶어 죽었음을 알게 된다. 전쟁통에는 인간의 본성이 여과 없이 드러나는데, 전선의 최일선에서는 조국과 민족을 위해 싸우는 사람들도 있지만, 후방에서는 사익을 위해 싸우는 사람들도 있게 마련이다. 보통 사람들의 본성이 어떤지를 확인할 수 있는 사소한 사례들이다.

한번은 그가 바람을 쐬러 나갔는데, 사람들이 창고의 나무 틈바구니에서 연신 무언가를 꺼내고 있었다. 귀한 멸치였다. 이용만도 한 움큼 꺼내서 주머니에 넣어두었다. 담요를 덮고 잘 때 옆 사람에게 큼직한 것을 몇 마리 골라주었다. 그러자 이 사람도 그의 입에다 척척한 것을 하나 얹어주는데, 알고 보니 쇠고기 덩어리였다. 주먹만 한 날고기를 어떻게 먹느냐고 물으니, 동료는 배에 들어가면 그것도 소고기이니까 일단 먹어두라고 한다. 입에 넣고 30분을 씹어도 그대로였다. 날고기 심줄 덩어리였기 때문이다. "씹히지 않는데?"라고 말하자 동료는 "그냥 먹어둬"라고 답했다. 그래서 그냥 꿀꺽 힘들게 삼켜버렸다. 가는 것이 있어야 오는 것이 있다고, 남에게 무엇이든 조금 더 베풀면 된다.

세상은 돌고 도는 것이라 하지 않던가. 그가 이 훈련소 자리와 다시 인연을 맺을지 누가 알았겠는가? 후에 재무부 이재국장이 되어서 부실기업 정리 대상이 되었던 합동방직(후에 대농 박용학 씨가 인수) 터로 다시 인연을 맺게 된다.

그때는 부적 배가 고픈 시설이 있나. 일신에서 보충 병을 뽑으러 오면 먼저 가겠다고 손을 드는 사람들이 많았다.[72] 일선에서 총알을 맞고 죽을 수 있는데도 자청해서 전선에 나간 이유는 배고픔 때문이다. 일선에서 총알을 맞고 죽는 것이 여기서 배고파서 죽는 것보다 낫다고 생각한 사람들이 많았기 때문이다. 당시 보충대에는 "일선 가면 밥을 많이 준다"는 이야기가 진리로 받아들여지고 있었다.

## 미군 2사단 록 레인저 부대의 유격대원

"중학교 이상 재학생이나 졸업생들은 손을 들어봐!"

어느 날, 보충대 안으로 미군 GMC 트럭 5대가 도착하자, 인솔자가 크게 외쳤다. 이용만은 보충대 생활이 무료하기도 해서 얼른 손을 들고 앞으로 나섰다. 즉석에서 모은 100여 명을 3개 소대로 1개 중대를 편성하고 중대장, 소대장, 선임하사 등 장교와 하사관이 배치되었다. 잠시 소지품을 챙길 수 있는 시간을 준 다음, 차를 타고 바로 일선으로 출발했다.

그들은 상주를 거쳐 최전선인 횡성으로 이동했다. 나중에 알게 된 것인데, 미 2사단 38연대의 록 레인저(Rock Ranger)라는 일종의 수색대인 레인저 중대였다. 그가 속했던 부대는 미 2사단 38연대의 한국군 파견 중대로 보급 및 장비, 탄약 등을 미군으로부터 지원 받아서 적정 수색과 정찰, 그리고 적 후방에 투입되어 적을 유인하는 작전을 수행했다.[73]

이동하던 길에 이용만은 그동안 차곡차곡 챙겨둔 누룽지를 트럭 안에 있던 전우들에게 나누어주었다. "진즉 내놓을 것이지. 왜 이제 이 걸 내놓느냐!"라고 즐거운 비명이 여기저기서 튀어나왔다. 마파람에 게 눈 감추듯 누룽지는 순식간에 입으로 사라지고 말았다.

전선이 가까워질수록 후퇴하는 군인들이 크게 늘어났다. 북진할 때 의 씩씩한 모습들은 간 곳이 없고, 많은 부상자와 전투 피로로 간신히 발걸음만 옮기는 병사들의 모습이 처참하기 짝이 없었다. 당시의 전황 을 살펴보자. 1950년 12월 5일, 유엔군은 평양의 주요 시설들을 파괴 하고 38선까지 후퇴하게 된다. 당시 유엔군과 함께 북한 주민의 3분 의 1에 해당하는 300만 명이 남하했다. 그러나 중공군의 파상적인 공 세에 떠밀려 국군과 유엔군은 1월 말에는 북위 37도까지 밀려났다. 다 시 공세를 시작한 국군과 유엔군은 2월 말에는 38도선보다 훨씬 아래 에 있는 강릉, 횡성, 서울 이남까지 북진하는 데 성공하지만, 춘천과 홍천 그리고 서울은 적의 수중에 떨어져 있었다.[74]

무엇보다도 횡성은 '횡성전투(1951년 2월 11~13일)'로 유명한 격전 지였다. 한국전쟁 기간 중에 국군과 연합군이 중공군의 기동 포위 작 전에 말려들어 강원도 횡성의 북방 협곡에서 한국군 8사단과 미군 2개 연대가 거의 몰살당했던 전투다. 2월 말에 재진군한 연합군 보고 서에서는 이 지역을 '학살의 계곡'이라 부를 정도로 아군의 피해가 심 했으며, 이날의 전투는 한국전쟁 기간 중에 단위 시간당 가장 많은 수 의 군인이 전사한 치욕의 전투로 기록되었다. 반면에 중공군과 인민 군은 최대 승전보를 기록한 날이기도 하다.[75] 2월 말의 횡성은 다시 그 곳을 차지하려는 연합군의 공세가 격화되던 곳이었다. 이용민은 직과의 치열한 접전이 진행 중이던 최전선에 배치된다. 미 제1해병사단이 횡성 동방고지를 탈환하고 횡성을 완전히 장악하는 시점은 2월 27일 이었다.[76]

횡성여자중학교에 도착하니, 주둔하고 있던 흰칠하게 잘생긴 미군 2사단 38연대 연대장(대령 존 커플린, John C. Coughlin)이 나와서 그들을 맞았다.[77] 그가 환영 인사를 하는데 '웰컴'을 제외하고는 도통 알아들을 수 없었다. 통역이라고 뭐라뭐라하는데도 무슨 소린지 도대체 알아듣기가 힘들었다. 숙소를 배치받기 전인데도 난데없이 사방에서 박격포탄이 쏟아지기 시작했다. 옆에 있는 미군 탱크 옆으로 피신했는데, 오히려 박격포탄이 그를 따라 쏟아지는 것처럼 느낄 정도로 위협적이었다. 실은 탱크를 겨냥하고 있었는데, 그것도 모르고 죽을 곳을 찾아간 것이나 다름없었다.

숙소가 정해지자마자 본격적으로 40일간의 훈련에 들어간다. 그곳에 배속된 것은 1951년 2월 무렵, 추운 겨울철이었다. 미국 고문관으로부터 돌격 훈련과 기습 훈련을 받았다. 경기관총 사격 훈련을 했는데, 특히 야간 행군을 많이 했다. 집중적으로 한 달간 훈련이 계속 이어지는데, 백병전에 대비하여 마치 영화 속의 람보처럼 실탄 띠를 어깨에 두르고 표적을 향해 경기관총을 마구잡이로 쏘아댔다. 사격을 마치고 나면 속이 후련해질 정도로 많은 실전 훈련을 했다. 유격전에 대비해서 화염방사기로 터널 속을 불바다로 만드는 훈련도 했는데, 하루는 "머리와 손톱을 잘라서 주소와 성명을 써주면 절에서 불공을 드려준다"고도 했다. 죽은 뒤에 명복을 빌어준다는 말이다.

경기관총 사수를 할 때의 일이다. 민가에 잠복한 인민군을 잡기 위해 "저 초가집에 불을 지르라"는 명령이 떨어졌다. 초가집에 경기관총을 쏘아대는데 예광탄이 초가지붕에 불을 붙였다. 연기 속에서 맹맹하는 송아지 소리가 나고, 흰옷 입은 사람이 튀어나와 더 세게 경기관총을 난사했다. 넘어졌나 싶은데 다시 일어나 뛰는 것을 잠복했던 소대원이 잡고 보니, 인민군이 아니라 집주인이었다. 집주인이 머리에 쓴 수건에는 구멍이 났는데 다행히 부상이 없었다. 자신이 사격 명수라고 생각했는데, 총탄이 피해 간 것을 감사하게 생각했다. 이렇게 전시 중에는 적과 아군을 구분하기 어려운 경우가 참으로 많았다. 이따금 그의 동료들은 "우리를 어디에 쓰려고 이렇게 잘 먹이고 훈련을 시키는 것일까?"라는 이야기를 나누곤 했다. 이용만은 이렇게 말하기도 했다. "군대라는 것은 마치 시골 환갑잔치에 쓸 돼지를 잘 먹여 기르는 것과 다름없이, 잘 길러서 나라가 필요할 때 나라에 목숨 바치는 것이다."

무엇보다 놀랐던 것은 화려한 식사였다. 목침보다 더 큰 소고기 덩어리, 베이컨, 설탕, 계란, 토마토와 복숭아 통조림, 초콜릿, 비스킷, 커피 등 미군들과 똑같은 식사에 쌀과 단무지가 추가되었다. 먹는 것으로 치면 서울 어느 부잣집이 부럽지 않았다. 서울에서 식당 요리사로 일한 적이 있다는 김모와 함모라는 2명이 취사병을 자청했다. 고깃국이라고 끓여 내놓았는데 너무 달아서 도저히 먹을 수가 없었다. 전 소대원이 "왜 이렇게 달게 만들었냐?"고 아우성을 치자, 그들은 "양식이란 원래 이런 것"이라고 우겼다. 실은 식당 근처에도 가본 적이 없는 자들이었다. 전투 훈련도 안 하고 전선에 투입되는 것도 피하려 취사병을 지원한 데다가 흔한 것이 설탕이다 보니 음식마다 마구 퍼 넣은 까닭이었다.

훈련이 끝나갈 무렵, 인근 골짜기에 인민군이 나타나 한밤중에 출동하는 일이 있었다. 소대장은 한국군 장교였지만, 작전은 고문관인 미군 중위가 맡았고 통역을 거쳐 지시에 따라 작전을 펼쳤다. 농민 복장을 한 척후대 5명을 선발해서 먼저 보내고 나머지는 눈 속을 밤새 걸었다. 이런 식의 출동이 이후에도 몇 차례 반복되었는데, 나중에 알고 보니 가상의 적을 대상으로 하는 실전 훈련이었다. 훈련을 거듭하는 사이에 겨울이 가고 전선에도 1951년의 봄이 왔다.

전투 훈련 중 잠시 쉬는 시간에는 어김없이 저마다의 무용담이 꼬리에 꼬리를 문다. 1소대 선임하사인 주 상사는 함경도 사람으로, 어린 시절에 보았던 전쟁 영화 〈전투(Combat)〉에 나오는 빅 모로(Vic Morrow, 1929~1983)가 열연하는 선더슨 상사처럼 전투에 달통한 고참 상사였다. 그의 엄지손가락도 이상하게 붙어 있었고, 귀 밑에는 총알 자국이 선명히 남아 있었다. 그의 이야기에 의하면, 박격포 부대에서 분대원들과 참호 속에서 취침 중일 때 인민군 수류탄이 날아와 재빨리 집어 던졌다는 것이었다. 마침 수류탄이 날아가면서 폭발하는 바람에 엄지손가락이 떨어져 나갔다고 한다. 뒤에 떨어진 엄지손가락을 주워 다시 붙였지만 영 잘못 붙여 이상한 모양새가 되고 말았다는 것이다. 또 총알이 스치는 바람에 지렁이 모양의 자국이 남게 되었다고도 했다.

이름을 기억할 수 없는 전우들과 나누던 이야기가 계속될 수는 없다. 우리들은 저마다 앞에 주어진 삶을 살아가기 때문이다. 더욱이 전쟁 속의 사람의 운명은 얼마나 불확실한가. 누구도 앞일을 알 수 없었다. 영화 〈포레스트 검프(Forrest Gump)〉에서 주인공이 어머니가 늘 자신에게 들려주었던 인생을 은유로 말한다. "인생은 초콜릿 상자와 같은 거야. 다음에 무엇이 잡힐지 아무도 모르거든." 누구나 살아본 다음에야 비로소 걸어온 길에서 일어났던 사건들을 되돌아볼 수 있을 뿐이다.

## 춘천 가리산(加里山) 전투와 부상

흐드러지게 핀 진달래가 온 산야를 진홍색으로 뒤덮고 있던 봄날이었다. 하지만 전선의 봄날은 세상의 봄날과 달랐다. 이용만과 소대원들은 적과의 치열한 격전으로 하루하루 살얼음판을 걷고 있었다. 그의 소대는 춘천지구의 가리산에서 미군과 적군 전선 사이에 배치되어 참호를 파고 진지를 구축한 다음 척후 활동도 전개하고 있었다. 돌을 담은 양철통을 진지 주변에 빙 둘러, 밤에 적이 건드리면 소리가 나게 만들었다. 밤이면 산 정상 주변을 미군이 폭격하는 것을 제외하고는 전선은 교착 상태에 빠져 일진일퇴를 거듭하고 있었다. 미군은 아군의 주둔 지역 주변에 지원 사격을 계속하며 엄호해주고 있었다.

1951년 5월 11일, 《동아일보》 1면은 피아간의 격돌에 대한 기사들로 가득 차 있었다. "미군 공군기 신의주 미밀 비행장 포격: 개진 이대 최대의 대공습" "개성 외부에 돌입: 이북 3개 장소에 교두보" "서부전선 적군 저항 감퇴". 그날 그에게 일어난 이야기를 좀 자세하게 설명하는 게 좋겠다. 이용만은 쉬는 동안 아군 척후병과 적군의 척후병이 마주쳐 교전 중이니 지원 사격을 나가라는 명령을 받았다. "용만이는 그냥 있어!"라고 소대장이 이야기했지만, 그는 혈기왕성한 18세의 청년이었다. 전우애로 똘똘 뭉친 소대원들은 가장 나이가 어린 동생뻘 되는 친구를 보호하고 싶었는지, "저도 가겠습니다"라면서 따라 나섰다. 실탄 300발을 챙겨서 양쪽 어깨에 걸치고 허리에 띠를 두르듯이 하고 나섰다. 1소대 전체의 화력은 화염방사기 2문, 바주카포 2문, 유탄발사기 2정, 경기관총 2정으로 무장하여 중화기 소대였다. 산 능선을 걸어가면서 그는 문득 이런 생각이 떠올랐다고 한다. "만약에 승현이 형이 인민군으로 끌려 나와 나를 겨냥하고 있으면 어떻게 하나? 쏴야 하나, 말아야 하나?"

능선을 따라가다 보니 인민군들이 방금 남긴 옷가지, 담배꽁초 등에 아직 연기가 날 정도여서, 서둘러 도망갔음을 알 수 있었다. 불을 피워놓고 미처 끄지도 못한 채 달아날 정도로 긴박한 상황이었다. 허리띠에 마땅히 두르고 다녀야 할 쌀자루도 그냥 떨어져 있었다. 인민군들은 맞은편 능선에 잠복하고 있었다. 이용만은 땅에 떨어져 있는 빨간 헝겊을 철모에 둘렀다. 빨간 헝겊은 대공 표시로 목에다가 두르고 다녀야 하는데, 그래야 지원 사격하는 미군 비행기가 아군임을 알고 총을 쏘지 않기 때문이다.

행진하고 있을 때 T자 능선에 대기하고 있던 인민군들이 산 정상에서 이용만의 부대에 난사해댔다. 무차별로 쏟아지는 따발총에 대응해서 용만도 엎드려서 응사했다. 주변은 네이팜탄을 맞아서 나무를 찾아보기 힘들 정도의 민둥산이었다. 적이 쏘는 총탄이 온통 흙과 작은 돌멩이를 맞히면서 풀썩풀썩 먼지가 일어나고 있었다. 소대장은 적의 능선 턱밑에서 바싹 엎드려서 응사하고, 용만은 그 자리에서 M1소총으로 응사하는 상황이 1시간 이상 계속된다. 몸에 감은 약 300발의 실탄 중에 200발쯤 갈기고 나니 총신을 덮고 있던 나무 뚜껑이 타며 연기가 나서 시야가 보이지 않았다. 응사하다가 1~2미터 낮은 곳으로 미끄러져 내려갔다가, 총의 연기가 멎으면 또 올라가 총을 쏘기를 반복하고 있었다. 적과의 대치 거리는 대략 50~60미터밖에 되지 않았다. 그는 자신이 총을 맞던 상황을 이렇게 전한다.

"얼마나 열심히 방아쇠를 당겼던지 또다시 연기가 심해서 잠시 쉬고 있을 때 드르럭 드르럭 소리가 귓전을 진동했지요. 그때 갑자기 내 왼쪽 어깨를 도끼 같은 것으로 내려치는 듯한 심한 통증이 느껴졌습니다. 총알이 왼쪽 어깨를 정확히 맞춘 겁니다. 몸이 왼쪽으로 뒤틀려 산 아래로 몇 바퀴 굴렀습니다. 구르다가 불타다 만 나무 등걸에 몸이 딱 걸렸어요. 정신을 차려 아래쪽을 보니까 나무에 걸리지 않았더라면 시신도 찾기 어려웠을 화강암 절벽 끝에 몸이 걸려 있었어요. 운이 좋았던 것이지요. 그렇게 해서 일단 목숨을 구하게 된 겁니다."

그때 소대장의 전령인 이종남이 "용만이가 총에 맞았다"고 하면서 급히 뛰어왔다. 칼로 옷을 찢은 다음 총알이 들어간 자리를 압박대로 동여매는데, 인민군들이 다시 총을 쏘아대기 시작했다. 서방에서는 연신 먼지가 풀썩거리기 시작했다. 겁이 났는지, 그 친구가 그를 팽개치고 냅다 도망가버렸다. 그때 이용만은 총을 맞으면 반드시 죽는 것으로 생각했다. 당시 상황에 대해 이렇게 증언한다.

"정신이 몽롱하고 아득해졌어요. 그때 불현듯 이런 생각이 났어요. '사람이 죽을 때는 보통 이렇게 아픈가 보다.' 총을 맞고 다시 사는 것을 몰랐기 때문에 죽었는데 무엇이 무서우냐, 나는 이미 죽었으니까, 일어서서 동료들에게 '빨리 피신하라'고 마구 외쳤어요. 어깨를 움켜쥔 채 그냥 그 자리에 서 있었어요. 당연히 엎드렸어야 했는데 그런 생각이 나질 않았어요. 나는 죽을 사람이라고 생각했기 때문에 무서운 게 없었지요. 총알이 내 옆으로 연신 드르륵 드르륵 먼지를 내면서 땅을 때리고 있던 위기일발의 순간이었지요. 18세 청년이니까 이왕 이렇게 죽는 거, 전우라도 살려야겠다는 생각을 했는지도 모르지요."

그때 산 밑에서 정상을 향해 사격하던 김창조 소대장이 이용만이 서서 손짓하는 것을 보고 급히 한달음에 뛰어왔다. 용만의 오른쪽 팔을 자기 어깨에 끼고서 능선 하나를 훌쩍 넘었다. 그때 소대장이 한 이야기가 지금도 잊히지 않는다고 한다. 그는 "임마, 남자가 총 한 발 맞고 뭘 그래. 나는 총알을 여덟 발이나 맞고 살았어"라면서 피신시켜주었다. 그대로 서 있었으면 몇 발 더 맞았을 위급한 순간이었다.

옛말에 말이 씨가 된다는 이야기가 있다. 2인용 개인 천막에서 항상 함께 지내는 전우 가운데 이언상 일병이 있었다. 그는 예수를 믿는 친구였는데 전쟁 중에도 자기 전에는 성경을 읽었고 하나님께 기도와 감사를 드렸다. 기도 중에는 용만에 대한 기도가 빠지지 않았으며, 전쟁이 끝나면 자신과 용만의 가족들이 함께 모여 평화롭게 잘살게 해 달라는 간구를 그치지 않았다. 그때까지 이용만은 예수를 모르는 사람이어서, 그 친구가 찬송가를 부를 때마다 빈정거릴 때가 많았다. 그 친구가 "며칠 후, 며칠 후 요단강 건너가 만나리"라는 찬송가를 부를 때면, 이용만은 "며칠 후, 며칠 후 검정 콩알 먹고 죽으리"라고 빈정거리기도 했다. 총탄을 맞고 죽음이 성큼 곁에 다가왔을 때 그는 친구와 찬송가 그리고 자신의 빈정거림이 번뜩 떠올랐다. 총을 맞고 나서 '나는 이제 죽는구나'라고 생각하지 않을 수 없었다. 어차피 죽는다고 생각하니까 두려움도 일순간에 사라져버리고 무서운 것이 하나도 없었다. 총알이 쏟아져 내려도, 죽었는데 무엇이 무서운가라고 생각하는 사람에게 두려운 것은 없었다. 그렇게 그는 춘천 가리산 전투에서 총을 맞고 죽음 직전까지 갔다.

왼쪽 어깨에 맞은 총탄은 20센티미터만 비껴났더라면 심장을 관통했을 것이다. 총격의 충격으로 왼쪽 어깨는 지금도 2센티미터 정도 낮은 상태다. 또 척추의 총탄은 5센티미터만 밑으로 맞았어도 목숨을 구할 수 없었을 것이다. 훗날 그는 실탄 2발이 급소를 피한 것은 매일 밤 하나님께 간절히 기도해준 이언상 전우의 기도에 대한 하나님의 응답이라고 생각한다고 말했다. 성경에도 예수는 친구의 믿음을 보고 중풍 환자를 치유해주었다고 한다. "예수께서 그들(중풍 환자를 데리고 온 네 사람)의 믿음을 보시고 중풍 병자에게 이르시되 작은 자야 네 죄 사함을 받았느니라 하시니."(마가복음 2:3~5) 기적처럼 생명을 구한 이 사선을 그는 평생 동안 잊어본 적이 없다.

## 생명의 은인, 김창조 중위

"그분이 생명의 은인이었어요."

총탄이 쏟아지는 상황에서 자신의 목숨을 마다하지 않고 뛰어와서 생명을 구해준 사람이 김창조(金昌祚) 소대장이다. 그날 이용만이 넋이 나간 것처럼 우뚝 서 있었다면 아마도 그는 벌집이 되어 죽었을 것이다. 폭우처럼 총알이 쏟아지는 상황에서도 김창조 중위는 친동생이 총에 맞아 뒹구는 것을 보는 것처럼 위험을 무릅쓰고 달려왔다. 평소에도 이용만이 속한 소대원들은 형제같이 화목했으며 전우애로 똘똘 뭉쳐 있었다. 소대원 가운데 전사자가 나오면 전 대원이 통곡했고, 다른 사람의 일을 마치 자기 일처럼 여겼으며, 위험한 일이라 해도 명령에 따라 몸을 아끼지 않고 움직였다. 이런 점에서 김창조 중위의 헌신적인 리더십이 돋보였다.

김창조 중위는 1924년 황해도 출신이었다.[78] 훗날 김창조 중위는 중령으로 예편해서 주택은행에서 차장으로 일하고 있었는데, 이 사실을 그가 이재국장으로 일할 때 알게 된다. 이용만은 이상덕 주택은행장에게 "이 행장님, 이분이 전쟁터에서 생명을 살려준 분입니다"라고 특별히 당부했다.[79] 그가 지점장으로 승진한 이후에는 예금 지원을 도와주었다. 퇴직 후에는 주택 사업을 하는 동안 자금 지원을 부탁하기 위해 신한은행장이었던 용만을 찾아온 적이 있다. 이후 연락이 두절되었는데, 오랜만에 수소문해서 아들을 만나보니 이미 타계했다. 사람이 살면서 결정적인 인연이 있는데, 이용만의 일생에서는 김창조 소대장이 그런 인물이었다. 그것도 결정적인 도움을 주는 수준이 아니라 생명을 살려주었으니 이용만이 오랫동안 그를 기억하는 것은 당연한 일이었다.

그날 전투는 미군과 합동작전으로 진행되었는데, 그를 포함해서 미군 부상자가 나오고 전투가 치열해졌기 때문에 미국 고문관(준위)은 전투 중인 소대원들에게 한발 물러서라고 무선으로 연락했다. 이후 제트기가 동원되어 기관포와 네이팜탄으로 산 전체를 불바다로 만들었다.

한편 총을 맞은 이용만을 구하기 위해 통신병 최 상사가 무전으로 부상자 발생을 보고하자 산 밑에 지프차가 대기하고 있었다. 그 전투에서 이용만과 미군 한 명이 부상을 당했다. 산속에 있는 동안에도 이용만 소대원들은 산 밑에서 물을 길어다가 배낭에 실어 와서 겨우 먹고 세수와 양치 정도를 할 수 있었다. 하지만 부상당한 미군은 세수조차 못해서 몰골이 말이 아니었다.

산 밑에까지 내려오는 데는 몇 시간이 걸렸다. 한 명의 위생병을 포함한 덩치 좋은 미군 사병 4명이 그를 들것에 싣고 가리산의 험난한 계곡을 내려오는데 보통 일이 아니었다. 급경사지에서는 미군 사병들도 도저히 들고 올라갈 수 없었기 때문에 이용만이 스스로 기어서 올라가고, 완만한 곳에서는 들것에 다시 누워 이동했다. 먼지와 땀으로 뒤범벅이 된 4명의 미군 병사들은 땀을 뻘뻘 흘리면서 운송 도중에도 궁둥이에 페니실린 주사를 놓아주고 물도 먹여주었다. 하산하자마자 부상병을 태운 지프차는 부리나케 강가에 천막을 몇 개 치고 치료하고 있는 5공군 야전병원으로 달려갔다.

그 전투가 있고 난 다음 63년이 흐른 2014년 11월 14일, 서울 마포구 상암동의 스탠포드 호텔에서는 '8군과 함께하는 추수감사절 만찬' 모임이 열린다. 미군 측에서는 버나드 샴포 8군 사령관을 비롯하여 휘하 지휘관 하사관 등 130명이 참석했고, 한국 측에서는 이용만을 비롯해서 박관용 전 국회의장, 전윤철 전 감사원장, 정영의 전 재무장관, 윤진식 전 산자부 장관, 김재철 동원그룹 회장, 윤세영 SBS회장, 조갑제 전 월간조선대표, 심재봉 인방산업 회장 등 20여 명이 참가했다.[80] 이날 모임은 이용만과 김명하(전 광고주협회장)가 주관하고 스탠포드 호텔의 권중갑 사장이 음식을 대접했다. 윤세영 회장이 여흥 비용을 부담하고 김재철 회장과 심재봉 회장이 선물을 준비하며 함께 마련한 '주한미군장병에게 감사하는 모임'이었다. 그는 참석자들에게 이렇게 말했다.

"전쟁 중에 북한군으로부터 총상을 입은 자신을 들것에 실어서 병원으로 후송해준 4명의 미군들에게 진정으로 감사하게 생각합니다. 땀과 먼지로 범벅이 된 그들의 애타는 표정을 63년이 흐른 지금도 잊을 수 없습니다."[81] 미 8군과 함께하는 추수감사절 만찬은 2015년에도 같은 장소에서 행해졌다.(참고자료 1, 2)

세월이 갈수록 이용만은 자신을 살려준 4명의 미군 위생병을 잊을 수 없었다. 어떻게든 그들을 찾아내야겠다는 일념에 백방으로 노력했지만 여의치 않았다. 2010년 9월 4일, 오늘의 한국은 '미국이 우리를 지켜준 은덕'이라 생각하여 장성들을 초청하여 식사 대접을 해오던 SBS 윤세영 회장이 그 자리에 이용만을 초청했다. 그 자리에서 조섭 필(Josep Fil) 미 8군 사령관을 만나서 전후 사정을 이야기하게 되는데, 그는 바쁜 일정에도 불구하고 마치 자기 일처럼 팔을 걷어붙이고 확인 작업을 돕는다. 2010년 11월의 《미 2사단 재향군인회보》는 긴급 공지로 1면을 가득 장식했다.(참고자료 3)

"긴급 공지: 1951년 5월 11일, 춘천 동쪽 가리산(1051고지)전투에서 '이용만'이라는 한국군 병사가 어깨에 총상을 당했고 미군 의무대 4명의 병사에 의해 구조되었는데, 이후 한국의 장관이 된 이 씨가 이 병사들을 찾기를 간절히 소망하고 있다."[82]

보도 후에 확인된 사실은 2가지였다. 하나는 이용만이 부상당한 5월 11일 이후 미 2사단은 15일과 28일 사이 인제로 이동하던 길에 중공군의 기습으로 많은 병력을 잃었다. 그를 도와주었던 4명의 병사들은 기습 공격으로 사망한 것으로 추정되었다. 또 하나는 자신과 함께 부상당했던 것으로 추정되는 미군 상사가 미네소타 주에 거주하고 있었는데 그해 3월에 타계했다는 소식이었다.

한편 5공군 야전병원으로 실려 간 이용만은 언덕에서 구르면서 어깨에서 피가 많이 흘렀지만 다행히 생명을 위협받는 상태는 아니었다. 어깨에 박힌 실탄을 빼낸 이후 깁스를 했다. 당시에 여러 번 다른 유탄이 없는가를 확인하기 위해 엑스레이를 찍었지만, 다른 유탄에 대해서는 의사로부터 별다른 언급을 받지 못했다. 이후에 척추에 박힌 유탄을 발견한 것은 20년이 지난 이후 그가 이재국장으로 재임하고 있었을 때다. 왼쪽 어깨에 총알을 맞은 것 외에도 척추에 박힌 인민군 따발총 실탄이 발견된 것이다. 당시 의사들은 척추에 박힌 유탄의 존재를 알았을 것으로 보이지만, 야전병원에서 제거 수술의 위험 때문에 그에게 가르쳐주지 않았던 것으로 추측된다. 척추에 있는 실탄으로 인한 통증은 그와 평생 함께했다. 미국, 일본, 서울대병원 등에서 여러 차례 제거 수술을 시도했지만 전신마비 등과 같은 후유증을 우려하여 포기하고 말았다.

　며칠 후, 그는 미군 수송기에 실려 후방 병원으로 후송되었다. 비행기에는 부상을 당한 미군들이 많이 있었는데, 이들은 모두 일본으로 실려 가고 이용만 혼자 부산 수영 비행장에서 내린다. 대기하고 있던 앰뷸런스에 실려 지금의 동대신동에 위치한 경남고등학교 바로 곁에 있던 부산의 15육군병원에서 치료를 받았다.


## 어디로 가야 하는가

전선이 교착 상태에 빠지면서 전투는 날로 치열해졌다. 병원에는 쉴 새 없이 환자들이 밀려 들어왔기 때문에 더 이상 환자를 받을 만한 여력이 없었다. 침대를 확보할 수 없기 때문에 한 침대에 장정 2명이 누워야 하는 일이 일어났다. 간호사가 "병상이 없는데, 여러분 가운데 누가 침대에서 또 다른 분과 며칠 지낼 수 있을까요?"라고 물었다. 어느 누구도 "제가 하겠습니다"라고 답하지 않았다. 무더운 여름에 좁은 목침대에서 2명의 장정이 함께 지내는 일이 불가능한 일은 아니지만 아주 불편한 일임은 틀림없다. 때는 한여름이었고 에어컨도 없던 시절이었다.

"제가 하겠습니다"라고 그가 손을 들자 한 사람이 걸어왔다. 그는 김 중사라는 진주의 부잣집 아들로 미남이었다. 중기관총 사수로 중공군과 전투에 임하다가 오른쪽 손목에 부상을 당했다. 이용만은 왼쪽 어깨를 다쳤기 때문에 오른쪽 손목이 성하고 김 중사는 왼쪽 팔이 성한 덕분에, 모기장을 치는 일은 2명이 수월하게 처리할 수 있었다. 좁은 목침대에서 두 사람이 같은 방향으로 누울 수 없었기 때문에 거꾸로 누워 며칠을 보냈다. 그의 발이 용만의 코앞에, 용만이의 발이 그의 코앞에 있는 셈이었다. 며칠이 지나고 부상병들이 나가면서 자리가 나자, 김 중사는 혼자서 침대를 사용할 수 있게 되었다.

병실에도 계급이 있어서 상사와 중사는 윗줄을 차지하고, 일반 병사는 아랫줄 침대를 쓰게 되어 있다. 김 중사는 윗줄의 고참병 자리로 옮겨야 했지만, 그동안 한 침대를 쓰느라고 정이 들어서인지 그의 옆자리를 자원했다. 그는 넉넉한 집의 귀염둥이였으나, 집에 말도 없이 입대했기에 가족을 대할 생각에 고민이 많았다. 결국 병원 담 밖을 지나가는 사람에게 연락해서 부산의 고모집에 연락이 닿았다. 다음 날, 온 집안 식구들이 총출동을 하다시피 면회를 와서 눈물바다가 되었다. 실종된 아들이 부상병으로 나타났으니, 가족들은 온갖 진귀한 음식들을 갖고 오기 시작했다. 누이동생이 매일같이 냉면을 두 그릇 갖다주어 잘 먹었다. 김 중사는 다른 사람들은 일절 손대지 못하게 하고 이용만에게만 마늘종, 가자미조림 등 갖가지 밑반찬을 먹을 수 있게 해주었다. 덕택에 이용만은 오랜만에 포식할 수 있는 행운을 누리기도 했는데, 자기 이익에 바탕을 두지 않았던 선행이 그에게 큰 행운을 안겨준 경우다. 쉬운 일은 아니지만 옛 사람들은 "좀 손해 보듯 살아라"라고 권하는데, 그의 삶에는 이런 일들을 자주 관찰할 수 있다.[83]

어깨의 깁스를 뗀 직후, 병원 마당에서 배구를 하기 위해 손을 올렸지만 손이 올라가지 않았다. "내가 불구자가 되었구나"라는 생각이 들어 낙담한 적도 있었지만, 재활 훈련을 하면 정상으로 돌아가리라며 자기 자신을 위로했다. 깁스를 떼고 난 지 3개월 만에 퇴원할 수 있었지만, 막상 군대를 떠나고 나면 어디로 가야 할지 갈 곳이 마땅치 않았다.

그때 병원에서 같은 소대에서 지냈던 황해도 출신의 장도현(포항 거주 기독교 장로)이라는 친구를 만난다.[84] 두 사람 모두 퇴원하면 갈 데가 막막한 상황에 놓여 있었다. 두 사람은 예전의 부대로 돌아가기로 합의한 후 제대 신청을 했다. 그들이 명예 제대한 것은 1951년 9월 5일이다. 당시에 제대를 하면 출신도에 가서 신고를 하도록 되어 있었기 때문에, 강원도 원주로 향했다. 기차는 콩나물시루와 같을 정도로 사람들로 빼곡히 차 있었다. 그는 짐을 올리는 선반에서 선잠을 취했다. 두 사람은 원주에서 신고를 마치고 군용 트럭 편으로 미군 2사단 38연대를 찾아 나섰다. 그러나 이미 이용만이 속했던 록 레인저 중대는 해체되어 한국군 장교와 상사는 모두 원대 복귀하고, 엄익동 중사와 일부 분대원만 남아 있었다. 미국 중대장의 허락을 받아 잠시 보급중대에서 군인들과 같이 군복무를 하며 지냈으나, 이 부대도 인력 감축 지시를 받게 되어 더 이상 머물 수가 없었다.

"이제 나는 어디로 가야 하나?"라는 고민에 빠져 있을 때 분대장 엄익동 중사가 화성군 태장면 망포리에 있는 자기 집에서 기거할 수 있도록 주선해주었다. 그곳에 머무는 동안 엄익동 중사의 부모님으로부터 갚을 수 없는 은혜를 입게 되는데, 아직까지 갚지 못한 빚이다. 그러던 차에 수원에서 우연히 버스 차장을 하는 고향 후배를 만나는데 이용만의 6촌 형님이 대전에 있다는 소식을 접하게 된다. 그래서 대전으로 향했는데, 민간인으로서 남한 생활이 시작된 동시에 공직과 만나게 되었다.

한국전쟁은 그와 가족들에게 씻을 수 없는 상흔을 남겼다. 그는 총상으로 명예 제대를 하게 되었으며, 폭격으로 어머니와 남동생은 목숨을 잃었고, 형님은 심한 불구자가 되어 생명을 부지하기 힘들었다. 강원도 세포에 있는 아버지의 형님을 만나기 위해 길을 나선 아버지의 행방은 알 수 없지만, 지주 출신이라 북한 땅에서 험로를 걸었을 것으로 보인다. 단란했던 가족의 삶은 산산조각이 나고 말았다. 본래 삶이 부서지기 쉬운 것이라 하지만, 그의 아버지가 그토록 지켜내려 했던 가족은 모래성처럼 허물어지고 말았다. 이렇게 이용만은 이남에 홀로 남겨졌고, 밑바닥부터 자신의 삶을 일으켜 세우는 장도(長途)에 올랐다.

한국전쟁은 우리 민족에게도 짙은 그림자를 드리우고 말았다. 뿐만 아니라 자유를 위해 이 땅을 찾았던 사람들은 물론이고, 자유를 강탈하기 위해 나선 권력자들에게 동원되었던 사람들의 삶에도 큰 상처를 남겼다. 한국군은 17만 8,569명이 죽었고 55만 5,022명이 부상당했다. 인민군의 전사자 수는 51만 그리고 중공군은 15만으로 알려져 있다.[85]

연 인원 기준으로 유엔군은 193만 8,330명이 참전했는데 이 가운데 92.3%를 차지하는 178만 9,000명이 미군이었다. 미군은 3만 6,940명 (유엔군 사망자의 90.83%)이 사망했고 9만 2,134명이 부상당했다.[86] 이 수치는 미국이 수행했던 두 차례의 이라크전쟁에서 전사한 미군의 약 10배에 해당할 정도로, 한국전쟁에서 인명 손실이 컸다. 사실 젊은 세대들은 이해하기 힘들 수도 있다. 하지만 이용만과 함께 그 시대를 살았던 사람들의 가슴 밑바닥에는 미국과 미군에 대해 부채 의식이 강하게 남아 있다. 풍요로운 이 시대를 살아가면서도 우리는 오늘날의 번영과 자유의 소중함을 잊지 않아야 하고, 우리가 국제사회에서 더 큰 책임을 담당할 수 있는 훌륭한 나라가 되어야 할 의무와 책임을 깊이 느껴야 한다.

"자유는 공짜가 아니다(Freedom is Not Free)"라는 명언을 반드시 기억해야 한다. 워싱턴 D.C.에 있는 '한국전쟁 참전 기념비(The Korean War Veterans Memorial)'에는 전몰장병들의 이름과 함께 검정색 대리석 명판에 이런 글귀가 새겨져 있다.[87]

> 우리는 전혀 알지도 못하는 나라,
> 한 번도 만난 적이 없는 사람들을 지키라는 부름에 응했던
> 우리 아들딸들에게 경의를 표한다.
>
> OUR NATION HONORS
> HER SONS AND DAUGHTERS

WHO ANSWERED THE CALL

TO DEFEND A COUNTRY

THEY NEVER KNEW

AND A PEOPLE

THEY NEVER MET.

1950-KOREA-1953

필자가 미국을 여행할 때는 작은 마을이나 군청 소재지의 중심 지역에서 흔히 그 지방 출신들을 기념하는 전몰장병비를 만나곤 한다. 그곳에서 어김없이 한국전쟁에 참가했다가 전사한 장병들의 이름을 발견하는데, 그때마다 우리가 누리는 자유와 번영의 토대가 어디에서 비롯되었는지 생각하고 고개 숙여 애도를 표한다.

제2부

혈혈단신으로
바닥에서
일어서다

"야간에 다른 직원 대신에 숙직을 서주고,
주간에는 학교를 다녔습니다.
수업을 빼먹다 보면 친구들의 노트를 빌려다
밤새 베껴야 하는 일이 다반사였어요.
그때 친구들이 지금도 더없이 친한 친구로
남아 있습니다."

# 1장

•

# 배움을 향한 갈증

"배워야 하고, 무슨 일이 있어도 대학은 가야 한다."

혈혈단신으로 남한에 내려왔지만, 그에게는 분명한 가치 기준이 서 있었다. 배워야 하고, 배움을 위해 대학에 진학해야 한다는 사실이었다. 그것은 어떤 경우에도 양보할 수 없는 삶의 기준이자 잣대 같은 것이었다.

생활이 어렵고 돈벌이가 쏠쏠하면 대개는 공부를 계속해야 한다는 열의를 잃어버린다. 공부가 당장 이익을 가져다주는 것이 아니기 때문이다. 많은 사람들이 내리는 의사결정은 당장 성과를 거둘 수 있는 것에 치중되는 경향이 있다. 공부나 가정이나 노력하더라도 당장 성과가 나오지 않기 때문에 계속하는 데는 확고한 신념과 지구력이 있어야 한다. 미래를 보고 당장 표가 나지 않는 일을 제대로 해내는 것은 그만큼 긴 시각을 갖고 있지 않으면 가능하지 않다. 어려운 상황에

굴하지 않고 끝까지 공부를 해낸다는 것은 그 자체만으로 대단한 결단이자 용기다. 이것은 그의 아버지가 남긴 유산 가운데 하나일 것이다. 아버지는 많이 배운 사람은 아니었지만 "사람은 배워야 하고, 배움을 통해서만 일어날 수 있다"고 굳게 믿었던 사람이다.

북한에 있을 때 이용만은 아버지와 나누었던 대화를 소개했다. "제가 원래는 김일성대학교의 이공대를 가야 하겠다고 생각했습니다. 그런데 아버지 말씀이 '당성(黨性)이 좋지 않기 때문에 그것은 불가능할 것이다'라고 이야기하셨어요. 그래서 5년제인 함흥공과대학을 가야겠다고 생각했지요. 이를 위해서 원산공업고등학교를 진학하고 싶었는데, 아버지가 반대해서 평강고급중학교로 간 겁니다. 그때 원산으로 진학했더라면 인민군으로 끌려갈 수밖에 없었을 것이고 결국 목숨을 잃었을 겁니다. 지금 여기에 있을 가능성은 전혀 없습니다."

아버지는 곁에 없었지만, 아버지가 남긴 배움에 대한 열정과 대학 진학에 대한 타협할 수 없는 원칙은 한국전쟁의 와중에서도 그에게 분명한 지침이자 조타수 역할을 했다. 어려운 환경 속에서도 그는 어떻게 가야 할 것인지 고민했지만, 어디를 향해 가야 할지에 대해서는 고민할 필요가 없었다. 어려운 환경 속에서도 분명한 목적지를 갖고 있었던 것은 큰 힘이 되었다. 어디를 향해 가야 할지가 분명한 사람이 그곳에 도달할 수 있도록 어떻게 갈 것인가를 찾아내는 것은 상대적으로 쉽다. 대개 사람들이 흔들리는 것은 어디를 향해 가야 할지를 두고 망설일 때다.

## 6촌 형님이 힘이 되어주다

대전에서 6촌 형님인 이승선(李承善)을 만났다. 형님은 개성 송도고보 출신으로 당시 대전체신청 인사계장으로 근무하고 있었다. 그는 형님의 배려로 대전우체국 서무과에서 근무를 시작했다. 오늘날 기준으로는 이해할 수 없지만, 어려웠던 시절을 살아낸 사람들은 친인척을 돕는 일이 다반사였다.

그런데 여기서도 이용만은 아버지에게 큰 빚을 진다. 그가 훗날 공직의 길로 들어설 수 있도록 다리를 놓아준 이승선의 배려는 아버지가 뿌린 씨앗이 꽃을 피운 것이기 때문이다. 북한에 있을 때 용만의 아버지는 투기성이 강한 광산업에 종사하던 이승선의 아버지인 사촌동생을 못마땅하게 생각하고 상대도 해주지 않았다. 하지만 그 아들인 승선은 귀히 여겼다. 아버지가 뿌린 베풂의 혜택을 훗날 이용만이 고스란히 받을지 누가 알았겠는가!

"여름방학이 되면 승선 형이 개성에서 기차를 타고 우리 집에 오곤했어요. 승선 형이 올 때면 아버지는 반갑게 '야! 승선이 왔다. 닭 잡아라!' 하셨어요. 아버지의 명이 떨어지면 저는 뒷마당에 나가서 닭을 잡았습니다. 어렸을 때니까 옥수수를 뿌려주면 닭이 모이는데 이때 도리깨를 때려서 한 마리를 잡아서 어머니께 갖다주곤 했습니다. 어머니가 닭을 고아서 먹이기도 하고 용돈도 챙겨주고 했는데, 그 형님을 제대하고 나서 대전에서 만나게 되었습니다. 형님이 집에 올 때는 제가 어렸기 때문에 이름만 기억이 날 뿐 얼굴은 기억이 나지 않았습니다."

피란 시절, 방 한 칸에 형님 가족 다섯 식구가 지냈기 때문에 도저히 그가 끼어들 여지가 없었다. 하지만 그는 그곳에 발을 붙이지 않으면 안 되는 상황이었다. 염치없는 일이긴 하지만 달리 다른 방도가 없었다. 오갈 데 없는 그에게 남한에 혈족이라곤 형님밖에 없었기 때문이다.

특별하기도 하고 흥미롭기도 한 일은 그가 오로지 학교에 돌아가 공부를 계속해야 한다는 생각밖에 없었다는 점이다. 남한에 정착하기 위해서는 돈을 버는 다양한 길이 있었을 터인데 그는 공부 외에 다른 길이 없다고 결심했다. 이는 마치 반석처럼 탄탄하여 어려운 상황에도 그를 방해할 수 없었다. 아마도 다른 사람들이었다면 생활고 때문에 공부를 포기할 수도 있었을 것이다. 이 같은 그의 결심이 삶을 크게 도약시킨 발판이 되었음은 물론이다.

그가 대전우체국에서 일하고 있을 때, 바로 옆자리에 홍익대학교를 다니던 홍인표가 있었다. 홍익대학교 모자를 쓰고 배지를 단 모습이 얼마나 근사했던지, 대학 입학에 대한 간절함이 사무쳤다. 배지를 달고 빵집 아가씨와 데이트를 즐기곤 하는 모습이 은근히 부러웠다. 하지만 그는 남한 학교 사정을 잘 몰라 수소문해보니까 서울에서 피란온 학교들이 곧 피란처를 떠나 서울로 돌아갈 계획이라는 사실을 알게 된다. 그런 와중에도 '대학 입시 공부를 해야 하는데 어떻게 하나?'라는 생각이 머리를 떠나지 않았다.

명확한 목표를 가진 사람은 어디서든 방법을 찾아내게 되는데, 이런 일이 그에게도 일어나게 된다. 우체국장실 맞은편에 책꽂이가 있는데 그곳에는 여러 가지 책들이 꽂혀 있었다. 이곳을 지나쳐 다니면서 일하던 그의 눈에 대학입시 문제집이 들어왔다. 국장이 바깥에 나가고 없을 때 대학입시 문제집을 빼서 읽고 난 다음, 표가 나지 않도록 원래 위치에 꽂아두었다. 그 다음 날에는 다른 문제집을 읽고 또 다음에는 다른 문제집을 읽는 일이 여러 날 계속되었다.

이런 사례는 1948년 초판이 발행된 이후 꾸준히 인기를 끌고 있는 클로드 브리스톨(Claude Bristol)의 『신념의 마력(The Magic Believing)』을 떠올리게 한다. "기적이나 설명할 수 없는 이상한 현상이 일어나는 것은 신념의 힘에 의해서다. 이 신념은 생각의 속도나 주파수를 변화시키고, 커다란 자석같이 잠재의식의 힘을 끌어당기며, 우리의 몸을 둘러싸고 있는 기운을 바꾸고, 우리와 관련된 모든 것에 영향을 미친다. …… 일단 결단이 내려지면 문제와 걱정은 사라지게 된다. 우리가 내린 결단이 가장 좋은 결단이 아니라 해도 결단 그 자체가 우리에게 힘을 주고 사기를 높여준다."[88] 그는 어떻게든 대학을 들어가야 한다는 결단을 내렸고 그 결단은 계속해서 새로운 방법을 찾아서 추진하도록 만들어주었다. 비용이 드는 일은 오랫동안 충분히 생각해야 하겠지만, 그렇지 않은 것은 신속한 결단이 중요하다. 일단 결단하고 나면 그다음은 고구마 넝쿨이 걸려오듯이 줄을 잇게 된다. 미적거리지 않고 해야 하는 일은 바로 행하는 결단은 이용만에게 무척 익숙한 일이었다.

1952년 대전에는 성균관대학교와 홍익대학교가 내려와 있었고 같은 해에 막 충남대학교가 생겨났다. 아는 사람이 그에게 "충남대를 가서는 안 된다. 그러면 서울로 영영 올라갈 수가 없을 거야"라고 충고했다. 그는 "성균관대학교가 더 좋은 학교다"라고 말해주기도 했다. 마침 상이군인에게 공납금을 면제해준다는 병무청 고시가 발표되어 대학 진학에 용기를 얻게 된다. 영어는 퇴근 후 학원을 다니면서 배우고, 수학은 입시 문제집을 사서 본격적으로 공부하기 시작한다. 북한에서 가졌던 생각대로 그는 가능한 한 이공대로 진학하기 위해 노력했다. 성균관대에는 화학과가 유력했는데 5 대 1의 경쟁률을 뚫고 합격한다. 북한에서 배운 수학으로 거뜬히 합격할 수 있었다.

## 명예제대 군인을 위한 학비 면제 불가

당시 명예 제대한 상이군인에게 학비를 면제해주는 제도가 만들어졌다.[89] 이 제도는 정원의 20% 이내에서 면제 혹은 감면할 수 있었지만, 대상자가 하도 많아서 수많은 상이장병이 희망하는 대로 수월하게 감면할 수 있는 형편이 아니었다. 이런 애로 사항을 잘 모른 이용만은 감면 혹은 면제 증명서를 만든 다음 서둘러 부산으로 내려갔다. 그때만 하더라도 금방 대학에 들어갈 것처럼 보였기 때문에 여간 가슴이 두근두근한 것이 아니었다. 북한에서는 사립대학이라는 게 없으므로 국가가 학비를 면제하면 모두 면제되는 줄로만 알았다.

병사구 사령부에서 학비 감면 증명을 받은 다음 부산에 있는 성균관대학교 대학 본부에 가야 했다. 퇴근 후 아무도 모르게 부산행 야간열차를 탔다. 대전에서 부산으로 내려가는 길에도 차표를 살 형편이 아니었기 때문에 화물차를 타고 내려갔다. 밤하늘의 별이 총총한 것을 보면서 화물차에 거적을 깔고 부산으로 내려갔다.

아침에야 부산에 도착한 이용만은 고향에서 내려온 친구 김해영의 집에 들러 친구에게 "동대신동에 있는 성균관대학교를 가야 하는데 나를 안내해줄 수 있겠니?"라고 부탁했다. 친구를 따라서 성균관대학교 교무처를 찾아서 합격증을 내놓으면서 등록하러 왔다고 말하니까, 담당자가 등록금을 내라고 요구했다. "나는 돈이 없어요"라고 말하면서 "명예 제대 군인들은 무료로 공부할 수 있다고 해서 왔다"고 털어놓는다. 그러자 "무료는 안 됩니다"라는 답이 돌아왔다. 등록금 무료를 철석같이 믿고 내려왔는데 난감한 상황이 벌어지고 말았다. 다급해진 그는 교무처장을 만나서 사정을 털어놓았다. 이용만이 학비 면제에 기대를 건 것이 잘못은 아니었다.

1953년 6월 5일 《경향신문》은 명예 제대 군인의 학비 면제에 대해 이런 이야기를 전하고 있다. "병사구사령관 엄주명 대령은 6월 3일 출입 기자단과 회견하고 당면한 병사 행정 문제에 대해 다음과 같이 말했다. 상이군인 취학 문제: 상이군인은 군대에 입대하기 전의 학력에 따라 무조건 무시험으로 취학할 뿐만 아니라 학비를 면제키로 되었으니 취학 희망 상이군인은 당사령부 원호과로 신청해주기 바란다." 하지만 현장에서는 이런 조치들이 제대로 시행될 수 있는 재정적인 여력이 없었던 것이다.

사정이 딱해 보였는지, 교무처장은 "그러면 50% 감면을 해주겠다"고 말하며 등록하라고 권했나. "10%도 없는데 어떻게 50%를 냅니까? 나는 가진 것이 하나도 없어요"라고 답했다. 이용만은 옛일을 떠올리면서 이렇게 말한다. "그게 말이나 됩니까? 땅을 파서 대학을 운용하는 것은 아니지 않습니까? 한마디로 말도 되지 않는 일을 꿈꾸고 간 셈이었어요. 당시는 아무것도 몰랐으니까 그렇게 할 수밖에 없었어요."

마침 그날이 합격자 등록 마감 전날이라서 교무처 바깥의 처마 밑과 문 밖에는 돈 보따리를 싸들고 와서 미등록자가 나오기만을 목을 빼고 기다리는 사람들이 많았다. "알았습니다. 저 사람들에게 기회를 주세요"라고 답하고 대전으로 돌아오고 말았다. 수중에 돈을 갖고 있지 않았던 그는 이렇게 해서 진학의 꿈을 포기하고 만다.

밤중에 대전으로 올라가는 화물차에 가마니를 깔고 누웠는데, 얼마나 서럽던지 눈물이 흘러 내렸다. "아버지가 계셨다면 대학에 들어가는 것을 얼마나 좋아하셨을까? 이렇게까지 되지는 않았을 텐데. 나는 앞으로 어떻게 살아야 하나?"라는 걱정과 슬픔이 물밀듯이 그의 가슴을 채웠다.

이용만을 실망시켰던 명예 제대 군인을 위한 학비 지원 제도는 이후에도 지지부진하게 운영되고 만다. 나라가 이런 제도를 운영할 만한 재정 능력을 갖고 있지 않았기 때문이다. 돈이 들어가야 할 곳은 많고 국고는 텅텅 비었는데, 나랏일을 하는 사람인들 무엇을 할 수 있었겠는가! 한국전쟁으로 남한은 공업 시설의 43%, 발전 시설의 41%, 탄광 시설의 50%가량이 파괴되는 피해를 입었다.[90] 뿐만 아니라 1953~1960년 동안 한국 정부가 경제 부흥을 위해 사용할 수 있는 재

정 투용자 총액 653억 원 가운데 451억 원(69%)이 미국의 원조 자금이 었다.[91]

1954년 4월 17일 《경향신문》은 '학비 감면은 말뿐, 당국의 탁상 계획이 지지부진'이란 제목의 기사에서 이용만처럼 학업을 계속할 수 없는 딱한 상황에 놓인 명예 제대 군인들의 어려움을 전한 바 있다.[92]

## 참으로 추웠던 1950년대의 겨울 밤

"나라고 해서 특별히 심한 고생을 한 것이 있나요. 어려웠던 시절이라 다들 고생을 했지요."

힘든 피란 시절에 대해 그는 이렇게 말했다. 서울이 수복되고 난 다음에 형님 가족들은 서울로 돌아갔지만 그는 대전에 남기로 결정한다. 처음에는 자취 생활을 하지만, 한 달 정도 지난 다음에는 우체국 검열실에 근무하던 형님 친구인 안창훈과 함께 자취를 한다. 겨울 내내 불기운이라고는 없는 얼음장 같은 냉방에서 지내는 일은 상당한 인내를 요구했다. 요즈음으로 치면 에어백과 비슷한 고무풍선 요를 깔고 벌벌 떨면서 지냈다. 취사 기구라고 해야 풍로 2개가 있었는데, 이걸 이용해서 밥과 국을 끓여 먹고는 출퇴근을 반복했다. 얼마 가지 않아 안창훈이 결혼하면서 이용만은 다시 혼자가 되었다. 가족이 없는 그가 아무 연고도 없는 대전에 있어야 할 이유는 더 이상 없었다. 그래서 다시 1년 11개월 동안의 대전 생활을 청산하고 서울로 올라갔다. 상경한다고 해서 딱히 갈 만한 곳이 없었나. 나시 한 민 염지를 무릅쓰고 유일한 혈육인 6촌 형님 집에 얹혀살았다.

6촌 형님은 종로구 연지동에 있었던 체신료라는 체신청 직원들의 관사에 살고 있었다. 말이 관사이지, 일제시대에 지은 일본식 건물로 방 2칸에 연탄 창고가 하나인 주택이었다. 그래도 대전의 단칸방에 비해 형편이 나아진 셈이다. 이용만은 형님의 허락을 받아서 손수 연탄창고를 '연탄창고 방'으로 꾸몄다. 1평(1.8미터×1.8미터)인 연탄창고를 문과 창 쪽으로 다다미를 반 장만큼 넓혀 바닥이 2장 반으로 늘어났다. 1평(1칸 방)은 성인 한 사람이 양팔을 벌리고 잠을 잘 수 있는 면적에 높이를 포함시킨 것이다. 그러니 그가 만든 '연탄창고 방'은 1평(합판 2장)에다 합판 반 장을 더한 길이만큼이었다.

그래도 옹색한 것은 피할 수 없었다. 책상을 안에 들여놓으면 좁아서 잠을 잘 수 없어 대각선으로 잠을 청해야 했다. 레이션(미군 야전용 보급품) 상자로 천장을 씌우고 바닥은 다다미를 깔고 신문지로 도배해서 벽 사이로 보이는 하늘을 대강 막았다. 전쟁 이후의 겨울은 유난히 추웠는데, 작은어머니(승선 형의 어머니)가 화로를 가져다주곤 했다. 숯이 덜 피워진 상태라서 아침에는 일산화탄소에 취하기도 했지만, 하늘이 보이는 방이라서 가스 중독은 피할 수 있었던 것이 천만다행이었다.

1950년대 서울의 겨울은 무척 추웠다. 서울역사박물관을 방문하면 1950년대의 흑백사진에서 꽁꽁 얼어붙은 한강을 볼 수 있다.[93] 한강철교 밑까지 사람들이 걸어가서 얼음낚시를 하거나 한강 위로 자전거를 타거나 스케이트 타는 것은 당시의 겨울 일상 가운데 하나였다. 뿐만 아니라 한강에서 얼음을 채빙해서 용산에 위치한 서빙고와 동빙고 등으로 소달구지에 끌고 가는 장면도 볼 수 있다. 정말 그 정도로 추웠을까 하고 생각하는 사람들이라면 한강의 결빙 일수를 보면 된다. 1910년 77일이었던 결빙일수는 1940년대 69일, 1950년대 43일, 1960년대는 35일, 1970년대는 32일, 1980년대는 21일, 1990년대는 17.1일 그리고 2000년대는 14.5일로 줄었다.[94] "옛날에는 겨울이 정말 추웠다"고 과거를 회상하는 사람들이라면, 그것이 주관적인 느낌이 아니라 객관적인 사실임을 확인할 수 있다.

필요는 발명의 어머니라는 말이 있지 않은가? 그는 추위를 이기기 위해 특별한 물건 하나를 만들어냈다. 네모난 나무를 목침처럼 반듯하게 만들어 그 안에 전구를 넣은 다음에 불이 들어오도록 만들었다. 나무통 안에 든 10와트짜리 전구만으로도 이불 속을 따뜻하게 할 수 있었다. 오늘날의 온열기처럼 이불이 은근하게 달궈주어서 발이 시린 것을 피할 수 있었다. 감전 위험은 없었지만 잘못하면 불이 날 수도 있었다. 또 한 가지 추위를 피하는 방법은 뜨거운 물을 놋쇠통에 넣어서 보온을 하는 일제시대 '유탕포'(몇 겹 수건으로 감싼 열탕기)를 이불 속에 넣어서 온기를 보전하는 것이었다. 이따금 겨울바람이 세차게 부는 날이나 명절에는 잃어버린 가족 생각과 외로움에 사로잡혀 잠 못 이루는 일도 허다했다. 하지만 감상에 오래 잡혀 있을 만큼 삶이 여유롭지 않았다. 어떻게든 상황을 타개할 책임을 져야 하는 사람은 자신 이외에 아무도 없었기 때문이다.

## 서울로 올라와 주경야독하다

"그래도 대학은 다녀야 하는데, 어떻게 해야 하나?"

6촌 형님이 다니는 서울 중앙우체국 서무과에서 일을 하면서도 그의 관심은 오로지 대학 입학이었다. 그때 가족들이 모두 함께 이남으로 내려오는 데 성공한 친구가 있었다. 이용만과 함께 평강고급중학교를 함께 다니다가 이남으로 내려온 전계춘(남한에서는 전석인으로 개명)은 경동고를 다녔는데, 학도호국단으로서 갖가지 명패와 장식을 잔뜩 붙이고 다녔다. 솔직히 부러운 마음이 들지 않을 수 없었다. 더욱이 그 친구가 연세대를 들어간 다음 허세를 부리기라도 하듯 자랑하는 것을 보면 마음이 착잡했다.

사실 이용만의 형편으로는 대학을 꿈꿀 수 있는 처지가 아니었다. 무엇보다도 학비를 부담할 수 있는 능력이 되지 않았기 때문이다. 그가 거주하던 6촌 형님 집만 하더라도 경제적으로 전혀 여유가 없었다. 박봉인 공무원 월급 때문에 형수가 구멍가게를 했는데, 그곳에서 사과도 팔고 캐러멜도 팔고 있었다. 집으로부터 멀지 않은 장충단 언덕 위에 야간대학인 국제대학이 있었다. 이 대학은 1947년 한국대학이라는 이름으로 개교했다가 1955년에 국제대학으로 교명을 변경한 대학이다.[95] 서울 시내에서 유일하게 100% 야간 학과만 있었기 때문에 인기가 좋았다.

시험을 쳐서 합격했지만 입학할 수 있는 학비가 없었다. 그래서 등록을 하지 않고 법률학과에 다니는 친구를 따라서 1년 가까이 강의만 듣는 생활을 한다. 얼마나 열심히 학교를 다녔던지 강의를 함께 들었던 1학년 학생과 3학년 학생들은 모두 그를 자기 동기생으로 여겼다. 당시 유명하던 강사 가운데 한 사람이 헌법을 가르치는 박일경(전 서울대 교수)이다. 그에게서 들었던 내용 중에 이런 말이 지금도 떠오르곤 한다. "내가 왜 일경이냐. 경주에서 제일가는 사람이 되어야 경상도에서 제일가는 사람이 된다, 해서 박일경이라고 한다." 이영섭(전 대법원장)도 나와서 민법을 가르쳤고 주재황 고대 교수는 민사소송법을 가르쳤다. 설립자 한관섭은 서울대학교의 교수들을 찾아가서 "낮에는 직장에 다니고 밤에는 공부하겠다는 학생들을 보고만 있어야 되겠느냐"면서 여러 번 간청하여 우수한 교수들이 국제대학에 출강했다.[96] 야간대학이었지만 학계에서 쟁쟁한 사람들이 열심히 가르쳤다.

이용만은 학교에 가서 1학년부터 3학년까지 닥치는 대로 수업을 들었다. 그래서 1학년 학생들은 그가 1학년인 줄 알고 3학년은 3학년인 줄 알았다. 동료 학생들이 노트를 빌려달라고 요구하면 노트를 거리낌 없이 빌려줄 정도로 친했다. 그때도 그는 주눅 드는 법이 없었지만 그의 배짱이 바닥나는 사건이 터지고 만다. 동료 학생들 가운데 하나가 앨범 사진을 같이 찍으러 가자고 했다. 재학생도 아닌데 아무리 배짱이 좋아도 앨범 사진까지 찍을 수는 없는 일이다. 앨범 촬영일이 지나고 다음 날 한 친구는 "너 어제 안 왔더라?"고 묻기까지 했다.

## 마침내 고려대학교에 입학하다

"사람이 한길을 가다가 이게 아니다 싶으면 곧바로 궤도를 수정해야 해요. 한번 선택했다고 해서 계속해서 미련하게 가는 것은 아닙니다."
상황이 바뀌면 선택도 바뀌어야 한다. 이런 점에서 그는 대단히 유연한 편이다. 그는 가짜 대학생 노릇을 그만하고 다시 대학 시험을 보기로 결심했다. 저녁에는 종로 2가에 있던 상록학원에 다니고 열심히 입시 문제집을 풀었다.

다시 서울로 옮긴 성균관대학교에 시험을 쳐서 가기로 했다. 원래는 이공대를 가기로 결심했지만, 이공대는 실험이 많기 때문에 학교를 빼먹을 수 없었다. 결국 법학과를 선택할 수밖에 없었다. 낮에는 우체국을 다니면서 틈틈이 학교에 나가야 했기 때문이다. 우체국의 밀린 일은 밤에 하고 낮에 듣지 못한 학교 강의는 친구 노트를 옮겨 적는 것으로 대신했다. 그야말로 전형적인 주경야독 생활이었다.

성균관대학교 법과대학 1년을 다니면서 이용만은 편입 시험을 준비했다. 열심히 준비해서 이북에서부터 알고 있었던 고려대학교 법대 행정학과의 55학번으로 편입하는 데 성공한다. 어느 시대나 괜찮은 학교에 들어가는 일은 무척 힘들다. 더욱이 낮에는 일하면서 밤에 공부하여 고려대에 입학하는 일은 여간 힘든 일이 아니었다.

예를 들어, 고려대가 안암동 본교로 복귀한 첫해인 1954년만 하더라도 입학 경쟁률은 7 대 1이었다. 4개 단과대학 중에서도 법률학과는 정원 80명에 1,187명이 지원하여 15 대 1의 경쟁률을 보였다.[97] 자신이 간절히 원했던 대학에 합격한 순간의 감격은 오랜 세월 동안 뇌리에 남아 있다. 더욱이 간절히 원했던 대학에 입학하는 일은 한 인간이 자신의 일생을 통해 만들어낸 최고의 성취 목록 가운데서도 상위를 차지한다. 물론 세월이 흐르면서 그 감격은 서서히 옅어지고 말지만, 그래도 "그것을 내 힘으로 해냈다"는 자부심은 평생 동안 지속된다. 그는 고려대학교 합격 소식을 제일 먼저 아버지에게 보고드리고 싶었다. "아버지, 저 승만이가 서울에 가서 고려대학교에 입학했어요. 이 학교는 서울에서도 좋은 학교야요." 이용만의 모교 사랑은 유별난 점이 있는데, 아마도 어려운 환경에서 혼자 힘으로 이루어낸 최초의 쾌거이기 때문일 것이다. 그에게 고대 입학은 남한에 내려와서 스스로 해낸 최초의 자랑스러운 성취였다.[98]

편입 시험이라면 교실과 책상과 걸상을 자연스럽게 떠올리게 된다. 수복 후의 어려웠던 시절이라 편입 시험은 도서관에서 가마니를 깔고 치렀다. 지금도 그가 선하게 그려낼 수 있는 시험장 풍경 가운데 한 장면이 있다. "김진웅(전 고려대 총장) 씨가 시험 감독관으로 들어왔는데, 그분의 눈이 꼭 러시아 사람처럼 생겼어요. 그래서 내 생각에 여기에는 러시아 사람들을 교수로 쓰는 모양이라고 생각했어요. 이북에서 러시아 사람들을 많이 봤거든."

합격 발표를 하는 날, 그는 기다리는 것이 초조해서 홀로 단성사에 가서 영화를 보면서 시간을 보냈다.[99] 상이군인 신분증이면 전차와 극장은 언제나 무료였기 때문에, 휴일날이면 단성사, 중앙극장, 수도극장, 시공관 등을 수시로 드나들었다.

전쟁통에 어려움을 겪다 보니 그는 동년배들보다 대학교를 3년 늦게 들어간 셈이다. 지금도 그가 젊은 날 중앙우체국에 다녔다는 사실을 아는 사람이 드물다. 이후에 국세우체국으로 자리를 옮기시 긴단

한 번역 업무를 취급했다. 국제우체국은 주야로 일을 해야 하기 때문에 가족이 없는 그는 아예 국제우체국 숙직실을 집으로 삼아 매일같이 숙직을 도맡아 했다. 다른 직원들은 숙직을 하지 않아서 좋았고, 그는 낮에 학교를 다닐 수 있어서 서로 좋았다. 이처럼 착실하게 한 걸음 한 걸음 나아가면서 남한에서 자신만의 성채를 구축해가기 시작한다.

# 2장

•

# 일하면서 공부했던 대학 생활

"나 혼자서 처음부터 모든 것을 다 해결해야 했습니다.
남보다 조금이라도 다르게 해야지,
똑같이 하면 어떻게 나아질 수 있겠습니까?"

하버드대학의 하워드 가드너 교수가 말한 것처럼 "젊은 시절부터 그
는 자신이 세상에 살아 있는 동안 중요한 성취를 이루리라는 확신이
있었던 것 같다. 자신이 무언가를 성취할 수 있는지 여부가 아니라 어
떤 분야에서 그런 성취를 이룰 것인지가 중요했다."[100] 삶의 궤적을
추적해가면서 그의 청년기를 보면 떠오르는 단상이다. 그럴 만한 증
거가 있었던 것일까? 그렇지 않다. 삶은 오로지 뒤돌아볼 때만이 증
거를 내놓을 수 있기 때문이다. 하지만 "내가 정말 잘 해낼 것이다"라
는 확신을 한순간도 놓지 않았던 것 같다. 어느 시대나 그런 청년들을
가뭄에 콩 나듯 만날 수 있다. 아무런 증거를 손에 쥐고 있지 않음에
도 불구하고, "내가 내 생을 굳건한 반석 위에 세워놓고야 말겠다"는
결의로 가득 찬 청년들이 있다. 60년 전의 청년 이용만이 바로 그런

부류에 속했다.

오랜 상담 경험을 가진 한 정신과 의사는 "한 사람이 타고나는 기질은 역경에 처하든 순경에 처하든 빛을 발휘합니다"라고 말한다. 한마디로 긍정적인 시각과 같은 우수한 유전자를 갖고 태어난 사람들은 좋은 환경에서든 나쁜 환경에서든 성취하는 데 별 차이가 없다는 말이다. 긍정적인 시각을 타고난 사람은 나쁜 환경이 주어지더라도 "나쁜 환경 덕분에 오늘이 있게 되었다"고 할 정도로 역경을 거뜬히 극복하고 그것을 자양분으로 삼아 더욱 높이 도약한다. 오히려 그런 나쁜 환경이 성장에 도움이 되었다는 결과를 이끌어내는 것이다. 후천적인 노력의 중요성을 소홀히 여기지 않아야 하지만, 선천적인 것은 무척 중요하다.

사람의 청년기는 특별한 의미를 갖고 있다. 한 인간으로서의 특성이나 기질의 중요한 부분들이 대부분 완성된 시기이기 때문이다. 그의 삶을 탐구해가면서 필자는 대학 생활에 보였던 그의 기질이나 특성이나 태도가 평생 동안 거의 변함없이 지속되었음을 확인한다. 긍정적인 특성들은 세월이 가면서 치열한 학습 과정을 거치면서 개선에 개선을 더하게 되고, 더욱더 완성도를 높여감을 확인할 수 있다. 따라서 대학 생활을 좀 깊숙이 들여다볼 필요가 있다. 사회의 거친 세파에 몸과 마음을 담기 전의 모습은 많은 것을 이야기해준다. 그것은 그의 인생에서 전개될 일에 대한 일종의 전주곡이자 예언서 같은 것이다.

그는 1956년 2월 편입시험에 합격해서 1959년 3월에 대학을 졸업한다. 지금도 대학을 들어가기가 힘들지만 그때도 힘들었다. 편입시험 경쟁률이 무려 13대 1이었다. 당시 고려대에는 쟁쟁한 실력을 가진 교수들이 포진하고 있었는데, 김진웅(노동법), 유진오(헌법), 차낙훈(상법), 윤세창(행정법), 이희봉(민법), 박재섭(국제법), 현승종(로마법, 민법), 주재황(민사소송법, 당시 고법 판사) 등이 가르치고 있었다. 흥미로운 점은 당시에 친하게 지냈던 친구들이 60년이 지난 지금까지 고스란히 젊은 날의 우정을 간직하고 있다는 사실이다. 한번 인연을 맺고 나면 그 인연을 오래 지속하는 그의 특성을 확인할 수 있다. 그의 대학 생활은 전형적인 주경야독이었다. 대학 생활 초반에는 명동에 있던 중앙우체국에 근무했지만, 곧 시간을 확보하기 위해 국제우체국의 김포공항 사무소로 옮긴다. 그는 김포공항 사무소에서 근무하면서 공부 시간을 어느 정도 확보할 수 있었다.

## 한국전쟁 이후, 그때도 낭만이 있었다

한국전쟁이 끝난 지 2년이 지난 시점이었기 때문에 혼란스러웠고 다들 형편이 어려웠다. 이용만처럼 아르바이트를 하면서 공부와 일을 병행하는 친구들이 더러 있었지만, 오늘날처럼 아르바이트를 구하는 것 자체가 힘들었다. 전쟁통에 모든 것들이 파괴된 상태였기 때문에 입주 과외 정도가 더러 있었지만 아르바이트라고 할 만한 일이 없던 시절이었다. 학생들이 입는 옷도 대부분 미군 군복에다 검정색 물감을 들인 것이었다.

친구들은 그가 일과 공부를 병행해야 한다는 사실을 어렴풋이 알고는 있었지만, 혼자서 의식주는 물론이고 학비까지 모든 문제를 해결해야 하는 구체적인 사정은 몰랐다. 학교에 와서 노트를 베껴 가곤 할 때도 대수롭지 않게 생각했다. 대학 동기이지만 나이가 2살 위인 이두정(남양상호저축은행 대표이사)은 이용만이 자신의 노트 가운데서 법률 관련 과목을 빌려 가서 시험을 보곤 했다고 말한다. 대부분은 "용만이가 좀 힘든가 보다"라는 정도로 생각했다. 그러나 절친한 친구들은 그가 어떻게 엄혹한 세월을 헤쳐나가는지를 잘 알고 있었다.

1920년대에 시작되어 전쟁 전까지 계속되던 '정기 고연(高延)전'은 한국전쟁으로 중지되었다. 이 경기가 부활된 것은 1963년이지만, 한국전쟁 이후에도 비정기적으로 농구, 축구, 야구, 럭비 등 종목별 경기는 열리고 있었다. 시합이 열리는 날이면 고려대와 연세대 전교생들이 농구를 보러 장충체육관, 축구는 서울운동장 그리고 야구는 효창운동장 혹은 동대문운동장 등으로 몰려갔다. 별다른 오락거리나 놀이가 없던 시절이었기 때문에 학생들은 자발적으로 모였고, 경기가 끝나면 스크럼을 짜고 시내 행진을 하곤 했다. 전쟁이 끝난 이후였지만, 젊은이들은 자신의 젊은 날을 재미있게 만드는 재주가 있었다. 하지만 이용만에게 이런 사치는 허용되지 않았다. 늘 일을 해야 하기 때문에 경기를 관전할 수 없었다.

당시에도 낭만은 있었다. 학생들이 '돌체' '르네상스' 등 명동의 음악 감상실에서 청춘을 즐기던 시절이었다. 명동에는 막걸리집이 있었는데, 곱창구이를 드럼통에 구워서 막걸리 안주로 팔았다. 그래서 막걸리 한잔하고 기분이 동하면 명동의 돌체나 르네상스에서 시간을 보내기도 했다. 그러나 이용만은 그곳을 방문할 만한 시간적인 여유가 없었다.

일찍부터 그는 영어의 세계에 눈을 떴다. 학창 시절 단짝으로 다니던 삼총사가 있었는데, 신익현(은산빌딩 대표)과 한성숙(故, 전 삼천리주택 사장)이다. 특히 신익현은 이용만의 집이 있었던 종로구 연지동 하꼬방(판잣집) 가까이 살았다. 고학생이었는데도, 이용만은 당시에 아무나 가질 수 없었던 녹음기를 갖고 있었다. 학교에서 주는 장학금이 대부분 등록 후에 주어지기 때문에, 그 돈으로 타자기, 녹음기 등을 샀다. 당시의 녹음기는 오늘날과 같이 작지 않고 커다란 두 개의 동그란 테이프가 달린 큰 기계였다. 한번은 이용만과 한성숙이 이천에 있는 신익현의 집을 방문했던 적이 있다. 친구의 집에 클래식 레코드판이 몇 장 있다는 이야기를 듣고 무거운 녹음기를 들고 경기도 이천을 향했다. "밤이 새도록 아리아를 담은 LP판을 녹음기로 집어넣었지." 젊은 날의 이용만이 험한 삶에도 불구하고 음악을 좋아했다는 사실은 그의 내면세계를 엿볼 수 있는 대목이다. 그가 공직 생활에서 보였던 섬세함과 따뜻함이 대학 시절에 이미 그 뿌리를 내리고 있었음을 알 수 있다. 이따금 신익현이 이용만의 숙소에 들르면, 녹음기가 '설럭설럭' 하며 돌고 있었다. 그는 녹음기로 무엇을 듣고 있었을까? 귀한 영어 테이프를 구해서 영어 공부를 하고 있었다. "그 친구가 그때 아메리칸 잉글리시 코스라고 해서 좋은 녹음테이프를 갖고 있었습니다. 영어 회화 코스입니다. 원어민이 녹음한 테이프가 귀한 시절이었기에 그 친구한테 가서 듣고 했습니다. 원어민 발음을 들을 수 있는 이주 드문 기회였습니다.”

세 친구는 아주 친해서, 이용만이 훗날 아내가 될 사람을 만날 때 단둘이 만나는 것이 아니라 친구 두 사람까지 함께 만나곤 했다. 한 사람이 선을 보기라도 하면 나머지 두 사람이 선보는 다방까지 출동해서 멀찌감치 떨어져 ‘예스’ ‘노’ 사인을 줄 정도였다.


## 부지런하다

부지런함은 유전이다! 아들은 아버지를 보고 성장한다. 예외적인 아들도 있겠지만 대체로 아들에게는 아버지가 삶의 기준점이 되곤 한다. 이용만의 삶에서 아버지가 삶의 기준점을 제시했다는 사실은 분명하다. 이남으로 내려오면서 아버지의 생사를 확인할 수 없게 되었지만, 그의 마음속에는 항상 아버지의 바람을 만족시켜야 한다는 염원이 있었다. 보통의 남자아이들은 아버지로부터 인정받고 싶은 욕구를 갖고 있다. 다시는 볼 수도 없는 아버지이지만, 볼 수 있는 아버지보다 더 강하게 더 높은 곳으로 나아가도록 밀어주었다. 아버지의 열렬한 교육열이 이용만을 척박한 환경에 굴하지 않고 대학으로 가게끔 이끌었다. 대학 동기인 정덕교(전 체신부 기획관리실장, 전 중앙일보 사회부장)는 그의 근면과 집념이 대학에 가도록 만들었고, 그것이 토대가 되어서 후일을 기약할 수 있도록 했다고 말한다. “이북에서 내려와 고생을 하면서 공부도 하고. 공부할 형편도 아닌데 말입니다. 그 사람이 지구력이라든가 학문에 대한 열의, 앞으로 어떻게 살겠다든지 이런 게 아주 확고했어요. 그런 것이 어렸을 때부터 뇌리에 박혀 있었던 가 봐요. 사회에 나와서도 그런 유전자를 계속 갖고 있습니다. 지금까지도 그래요. 부지런하고, 어려워도 어려운 티 안 내고 앞장서서 해결하려는 기질이 강하고, 의리도 있습니다." 이재국장 시절부터 이용만을 기억하는 언론인 출신의 대학 동기 심상기(서울미디어그룹 회장, 전 경향신문 사장)는 "적극성과 추진력 그리고 사교성과 친화력이 뛰어난 친구다"라는 평가를 내리는 데 주저하지 않는다.[101]


## 끝까지 해내다

"노력하는 것 자체가 의미가 있다는 식으로 말하는 것은 단순한 인생론이다. 일에 관해서 '성공'이라는 결과가 나오지 않는 노력에는 의미가 없다. 아니, 그렇게 생각할 수밖에 없다."[102] '베스트셀러의 신'이라 불리는 겐조 도루(見城徹)의 명언이다. 일을 시작하는 것은 누구나 할 수 있지만 깔끔하게 끝을 맺는 것은 누구에게나 가능하지 않다. 시작이 있으면 반드시 기대하는 성과로 끝을 맺는 것은 일종의 습관이고, 이것이 반복되면 제2의 천성이 된다.

우유부단한 사람이나 흐리멍덩한 사람은 시작은 있지만 끝을 맺지 못하거나, 끝을 맺더라도 기대한 성과를 만들어내지 못한다. 끝맺음을 확실히 하는 사람은 시작한 일을 끝맺는 기쁨을 체득하고, 끝맺음을 효과적으로 하는 나름의 방법을 터득한다. 이런 선순환 고리가 만들어지면 계속해서 업무 관련 실력이 향상되면서 유능한 사람으로 발바꿈한다. 어떤 인물에 대한 완결성을 생각할 때면 이런 글을 떠올리게 된다. "이병철 회장은 한국이 배출한 기업인 중 자기 완결력이 가장 강한 인물이었어요. 시류에 흔들리지 않았고, 뭘 해달라고 정부에 손을 벌리지도 않았습니다."[103] 이렇듯 시작하는 데 신중했지만 일단 시작한 일은 자기 책임하에서 깔끔하게 마무리 짓는 능력을 갖고 있었다.

이용만의 젊은 날은 일과 학교 생활 그리고 우표 사업이 맞물려 돌아가던 시절이었다. 여러 개의 프로젝트가 동시에 진행되고 있었기 때문에 자기주도성이 필수적이다. '시작−끝, 시작−끝, 시작−끝'이 쉼없이 돌아가야 했다. 이런 과정에서 그는 일을 추진한다는 것이 무엇인지, 효과적으로 완결하고 다음 과제로 넘어가는 것이 무엇인지를 깨달을 수 있었다. 게다가 효과적인 방법을 터득하면 엄청난 일을 처리해갈 수 있다는 사실을 알아차렸을 것이다.

이용만의 추진력과 완결력을 생각할 때면 빼놓을 수 없는 것이 한가지 있다. 1992년 9월, 김희집(1931∼2015) 고려대 총장이 이용만 장관과 김양현(삼원산업사 회장)과 함께 저녁 모임을 갖고 있었다. 김 총장이 조심스럽게 운을 뗐다. "행정고시 합격률이 자꾸 떨어져서 경쟁대학보다 낮은 수준까지 밀리는 지경이 되었습니다. 특단의 조치가 필요한데, 다른 방법보다 고시 공부를 집중적으로 할 수 있도록 행정고시동을 개운사 뒤쪽에 건축했으면 좋겠습니다. 좀 도와줄 수 있겠습니까?"

그 자리에 참석했던 김양현은 '무슨 일이든 책임을 진다는 것은 귀찮은 일일 수도 있고, 당장 본인에게 이득이 되는 일도 아니지 않은 가?'라는 생각이 들었다고 한다. 김 총장도 여러 번 고심하다가 어렵게 내놓은 부탁이었을 것이다. 이용만은 그 자리에서 "제가 힘을 더할 수 있다면 당연히 그렇게 해야지요"라고 흔쾌히 답했고 이에 따라 안암학사 행정고시동 신축이 추진되었다.

이용만은 남한에서 교육을 받지 못했기 때문에 고려대학교가 유일한 모교다. 그래서인지 그의 모교와 교우 사랑은 남달리 극진했다. 그러던 차에 김희집 고대 총장이 '고대행정고시후원회'를 결성하여 행시 후원을 제의하자, 눈이 번쩍 뜨여서 발 벗고 나선다. 후배들의 행정부 진출을 늘리도록 지원하는 것이 중요하다는 그의 평소 소신과도 일치하는 일이었다. 1992년 10월 24일 교우 기업인 중에서도 모교애가 강한 교우 35명을 인터컨티넨탈 호텔에 초대하여 만찬을 가졌다. 그곳에서 후배 지원을 호소함으로써 '행정고시후원회'가 구성되었고 회장에 이용만, 고문에 장덕진, 정세영, 구두회, 부회장에 박종석, 김양현, 감사에 김인섭, 이동호 등 45명의 임원으로 후원회가 구성되었다.

2차에 걸친 만찬 모임에서 김재철 동원그룹 회장이 지원을 선창함에 따라 정세영, 구두회, 장진호, 김석준 교우가 1억 원씩 동참하고, 그 외 전 임원이 참여하여 김희집 총장이 요청한 10억 원을 넘어 11억 5천만 원이 모금되었다. 모교가 지원한 부지 위에 지상 3층, 지하 1층짜리 795평의 고시동이 1995년 3월 2일에 준공되었고, 행정고시를 준비하는 데 크게 기여했다. 모교 김동기 교수는 "고대 행시 합격자가 늘어난 데는 이용만 장관 주도로 건설한 고시동이 결정적 역할을 했다"고 말한다. 행정고시동 신축 이후에 합격률은 크게 상승하여 교우가 기여한 사업 중에 모범 사례로 통한다.[104]

대학 동기인 김민희(전 LG 에드 사장)는 "이용만 하면 무엇이 떠오르는가?"라는 질문에 대한 답을 추진력이란 한 단어로 요약한다. "저는 적극적이고 추진력이 강한 사람을 떠올립니다. 그 친구가 모교 발전에 많이 기여했습니다. 그 친구의 신념은 법과대학이 법조인을 기르는 것도 중요하지만, 행정부서의 간부들을 많이 배출하는 것이 훨씬 중요하다는 것입니다. 교세에도 도움이 되고 나라에도 기여하는 길이라는 신념을 갖고 있습니다. 건물도 짓고 합격자도 축하하는 모임을 수십 년째 하고 있습니다. 아무 표도 나지 않는 일인데 그걸 추진하고 계속 유지하는 것을 보면, 저는 그 친구의 특별한 적극성과 추진력을 다시 한 번 확인하게 됩니다."


## 주눅 들지 않는다

어려움에 굴하지 않는 사람은 확고한 목적이 있기 때문이다. 하늘에 별과 같이 반짝거리는 목표를 갖고 있는 사람이라면 이겨내야 할 충분한 이유를 갖고 있다. "정말 잘 살아야 한다"는 확고한 목적 앞에 어떤 고난도 고개를 숙인다. 인생의 끝자락까지 잘 살아낸 사람들에게는 원대한 목표의 추구와 최선을 다한 삶의 완주 그 자체가 믿음이나 신념처럼 자리 잡게 된다. 한 인간이 가진 이런 특성에 대해 새뮤얼 스마일즈(Samuel Smiles)은 『자조론(Self-help)』에서 이렇게 역설한 바가 있다.

"가치 있는 목적을 확고한 각오로 추구하는 것이야말로 참으로 위대한 인격의 기초를 닦는 데 가장 중요한 일이다. 힘은 지루하고 고된 일과 무미건조한 일상사를 참고 견뎌내게 해주며, 인생의 여정에서 한 단계 한 단계 앞으로 나아가게 해준다. 목표를 성취하려면 천부적인 재능보다 좌절하지 않고 위험을 마다하지 않으며 힘차게 전진할 수 있는 힘이 있어야 한다. 하지만 자기 분야에서 성공을 거두거나 목적을 달성하려면 힘만 가지고는 안 되며, 활기차게 끊임없이 노력하는 의지가 있어야 한다. 그러므로 의지력은 바로 인격의 중심적인 힘, 즉 인간 그 자체라고 할 수 있다. 의지력은 참된 희망의 기반이 되고, 삶에 진정한 향기를 불어넣는 것은 희망이다." 그는 의지력, 추진력 그리고 스스로뿐만 아니라 타인에게도 활기를 불어넣는 활달함을 청년기부터 갖고 있었다.[105]

"친구이지만 정말 존경스러웠어요. 그 시절에 일하면서 학교를 다닌다는 게 상당히 어려웠습니다. 역경 앞에서도 주눅 드는 법이 없습니다. 더 당당하게 맞서 싸워서 이겨내는 기백이 있는 친구예요." 서른아홉에 미국으로 이민을 가서 아직도 우정을 나누는 대학 동기 김용욱의 말이다. 그는 이용만이 가진 특성 가운데 하나로 어떤 상황에서도 낙담하는 법이 없고 늘 긍정적인 생각을 갖는 것이라고 말한다. 무엇보다도 대부분 사람들이 어려움을 만나면 머리로 생각하다가 제풀에 꺾이고 마는데, 친구는 "역경을 이기는 것은 머리가 아니라 가습"이라는 믿음을 대학 시절에도 갖고 있었다고 한다.

그가 이용만과 함께했던 젊은 날을 떠올릴 때마다 생생하게 떠오르는 것이 '연탄창고 방'에 방문한 일이다. 대학 2학년의 어느 날, 이용만은 불현듯 친구에게 "우리 집에 같이 가자"라고 권한다. 당시 이용만은 종로구 연지동의 '연탄창고 방'에 살고 있었던 때였다. 두 사람은 버스를 타고 종로 5가에 내려 한참을 걸어 올라갔다. 얼마 전 귀국한 김에 그 시절이 생각난 김용욱은 직접 가보았다고 한다. 옛 서울대학교로 넘어가는 곳이었는데, 지금은 빌딩들로 빼곡히 들어차서 어디가 어딘지 찾을 수 없었다.

언덕길을 한참 올려가서야 이용만이 "이 집이 내 집이야"라고 말했다. 판잣집 안에 들어가서 김용욱은 입을 다물지 않을 수 없었다. "한 평도 안 되는 조그만 방인데, 내 평생에 그런 방은 처음 봤어요. 딱 한 사람이 겨우 구부려야 잠을 잘 수 있을 정도로 좁은 방인데, 그것을 아무 거리낌도 없이 친구한테 보여주었어요. 젊었을 때는 대개 자존심도 있고 해서 그런 것을 보여주지 않으려 하지요. 그때 정말 놀랐습니다. 그리고 이런 생각을 했어요. '이 친구가 시멘트 바닥 위에 이불을 깔고 그곳에서 자고 공부하고 밥을 해 먹고 학교를 다니는구나.' 추위를 피하기 위해 전구를 통 안에 넣고 잔다는 이야기를 그때 들었어요. 지금도 나를 그 방으로 데려간 것을 고맙다고 생각해요. 그렇지 않습니까? 그렇게 누추한 곳을 친구에게 주저하지 않고 보여줄 수 있다는 것은 상당히 친근하게 여기고 배려하는 것이기도 합니다."

그때 김용욱은 친구를 다시 보게 되었다. 무엇보다도 그런 어려움

속에서도 주눅이 들거나 얼굴에 그늘이 전혀 없었다.[106] "지금 생각해 봐도 저는 그렇게 할 수 없을 것 같습니다. 그만큼 의지도 강하고 자존심도 강한데, 남한테 그걸 보여주어도 자기는 하나도 부끄러울 것이 없다는 게 얼마나 대단한 배포입니까? 그때 정말 놀랐습니다." 평생을 친구와 함께하면서 김용욱은 친구가 이따금 어려움을 겪는 것을 곁에서 지켜보기도 했다. 하지만 대학 때나 세월이 흐른 후에나 변함없는 한 가지 사실이 있다. "항상 명랑합니다. 한 번도 구김이 없어요. 어려운 상황에서도 얼굴에 그늘이 없었습니다."

## 두루두루 챙기다

"기부는 한 사람의 정신건강을 진단하는 좋은 잣대다. 관대한 사람들 중에는 정신적으로 약한 사람이 드물다."[107] 정신과 의사인 칼 메닝어(Karl Menninger)의 명언이다. 그의 주장에 따르면, 주는 마음을 계발하는 것은 무언가 부족한 느낌을 긍정적이고 건강한 방법으로 극복하는 데 도움을 준다.[108] 그리고 다른 사람을 돕고자 하는 사람들은 자신에게만 집중하지 않는다. 작가이자 목사인 케빈 마이어스(Kevin Myers)는 "대부분의 사람들은 무엇이 됐든 주는 것에 너무 불안해한다"고 말한다. 이들은 삶에서 잃어버린 것을 필사적으로 찾으려 노력하는데, 어김없이 불안감, 열등감, 허무함 등을 경험한다.

개인주의가 발달한 현대 사회에서 자신을 넘어서 타인에게 관심을 두라고 권하는 일은 쉽지 않다. 그러니 사람들이 나를 평가할 때 "내 인생은 그 사람 덕분에 좋아졌다"라고 할지, 아니면 "내 인생은 그 사람 때문에 더 나빠졌다"라고 할지 생각해볼 필요가 있다.[109] 여기서 한 걸음 나아가 저명한 동기 부여가인 지그 지글러(Zig Zigler)는 "만일 당신이 다른 사람들에게 그들이 원하는 것을 얻을 수 있도록 충분한 도움을 준다면, 인생에서 당신이 원하는 모든 것을 얻을 수 있다"고 힘주어 강조한다.[110]

이용만의 소년기부터 청년기까지 일관되게 관찰할 수 있는 행동이 남들에게 따뜻한 도움의 손길을 내미는 것이다. 부모 슬하를 떠나 남쪽을 향했던 군대 시절부터 대학 생활 내내, 갖고 있는 것 가운데 상당 부분을 베푸는 것을 관찰할 수 있다. 그런데 넉넉한 가운데 베푸는 것이 아니라 부족한데도 베풀었다. 대학 시절 동안 친하게 지냈던 신익현은 어려움 속에 우러나온 이용만의 넉넉함에 대해 이렇게 말한다. "전쟁 후라 친구들 대부분이 어려웠습니다. 우리는 용돈을 별로 갖고 다닐 형편이 되지 않았습니다. 그래도 밥을 사는 일을 잘했어요. 비싼 것은 아니었지만 그런 것을 할 수 있다는 게 대단한 일입니다."

대학 동기인 김인섭(법무법인 태평양 대표 변호사)은 우연히 원남동 로터리에서 이용만을 만난 이야기를 털어놓는다. "가을이었고 오전 11시쯤이었어요. 그 친구는 야간 근무를 마치고 나오는 길이었고, 나는 아침 먹고 지나는 길이었습니다. '뭐 좀 먹고 가자'라고 하면서 옆에 있는 양식집으로 데리고 들어가더라고요. 밥을 먹고 난 다음에 '우리 집에 가볼래?'라고 하면서 하꼬방으로 데리고 갔습니다. 그 친구가 그렇게 인정이 있어요. 친구가 밥을 먹지 않았을까 봐서 뭐든 사주려고 하니."[111]

　김인섭은 자신이 친구 신세를 여러 번 지게 된 사연을 들려주었다. 당시는 여상 졸업생들이 알음알음으로 취직하던 시절이었다. 공채가 자리를 잡기 전이었기 때문이다. 시골서 올라온 친동생들과 조카들에게 도움의 손길을 달라고 친구를 찾아서 부탁한 적이 있었다. "너나 나나 열심히 해서 이 자리까지 왔는데, 주위에 동생이니 조카니 하는 아이들이 오빠가 검사니 판사니 하는데 회사에서 사환으로 있어서 되겠나?" 단 한 번도 "모르겠다"라는 이야기가 날아오지 않은 것에 대해 김인섭은 지금도 고마워한다. 뻔히 국회에서 부탁한 이력서가 쌓여 있는 것을 알면서도 친구한테 신세를 지게 되었기 때문이다. "안 된다는 소리 한 번 하지 않고 어떻게 영순위로 도움을 줄 수 있었는지 미안할 뿐이다"라고 이야기한다.

　속초 출신인 대학 동기 김민희는 베풂이란 것이 꼭 지인들을 향한 것만은 아니라고 힘주어 강조한다. "가까운 지인들이나 친구들에게 베푸는 데 결코 인색하지 않습니다. 그 양반이 몇 년 전에 모 은행의 사외이사를 했습니다. 약간의 사례비를 받았는데 그걸 모아두었다가 〈연평해전〉이라는 영화를 만들 때 제작비를 일부 지원했어요. 제법 큰 액수였는데, 그 친구가 자랑 같은 것을 일절 하지 않으니까 아무도 몰랐습니다. 그러다가 한 신문에 짧게 나는 바람에 알게 되었지요.[112] 북한 출신이기 때문에 안보 의식이 투철합니다. 평소에도 항상 탈북자들 생각을 많이 하지요. 탈북자 아이들을 남모르게 많이 돕고 있습니다. 만나서 밥도 사주고 이야기도 들어주고 취입도 알선해줍니다.

그리고 자기 일처럼 안타까워합니다. 그런 일이 참 쉽지 않습니다. 남을 돕고 사는 일이나 어려운 사람들은 생각하는 수준이 저희들과는 다릅니다. 그 친구의 성품이기도, 하지만 오랜 신앙 생활이 많은 영향을 끼쳤다고 봐요."[113]

한편 농구 선수, 지도자, 행정가 세 분야에서 모두 성공을 거둔 대학 동기 김영기(한국프로농구연맹 총재)는 친구에 대해 공을 남에게 돌리는 사람이라고 말한다.[114] "궂은일을 더 잘 해내는 사람입니다. 업적이 생기면 남에게 주고, 상사라든가 부하 직원에게 돌리는 사람이에요. 그런 인생을 멈추지 않고 걸어온 사람으로 봐요."[115]

그의 베풂과 넉넉함은 어디에서 비롯된 것일까?[116] 부유하게 유년기를 보낸 것이 이후 그가 남한으로 내려왔을 때도 그가 후덕함을 유지하는 데 도움을 주었을 것이다. 어려운 상황 속에서도 그는 굽이굽이마다 자신을 따뜻하게 대하는 사람들의 도움을 받았다. 전쟁통에 곶감을 주는 사람, 국밥을 주는 사람, 아들 생각에 먹을 것을 챙겨주는 사람들을 만난다. 뿐만 아니라 전쟁 후에도 어려운 환경에 처해 있음에도 불구하고 그를 도와주는 사람들을 만나게 된다. 공직 사회에서도 마찬가지다. 따라서 그는 인간에 대한 믿음을 잃지 않는 복을 받았다. 그는 늘 도움을 주는 사람들을 만났고, 이것이 선천적인 넉넉함과 어우러져 인간에 대한 따뜻함을 유지하게 된 원천이 된 것이다.

자신의 믿는 구석이 무엇인가에 대한 이용만의 이야기는 그가 언제나 자신의 처지를 정확하게 알고 있었으며, 무엇을 잘해야 하는 사람인가를 알고 있었음을 말해준다. "굽이굽이마다 나를 이끌어준 사람들이 있었습니다. 그래서 항상 '내 믿는 구석은 직속상관인 장관이었다'라고 말합니다. 서봉균 장관이 믿는 구석이고, 남덕우 장관이 믿는 구석이고, 김용환 장관이 믿는 구석이었습니다."

# 3장

•

# 사업과 결혼

"고학을 했지만 돈은 잘 벌었어요.

엉뚱한 길로 빠질 수도 있었는데

하나님이 나를 반듯한 길로 가도록 인도했어요."

"우리의 삶은 기회들로 규정된다. 이 기회에는 설령 우리가 놓쳤던 기회들도 포함된다."[117]

젊은 날에는 기회가 모두 우연적인 요소에 의해 결정된다고 생각했다. 하지만 세월은 우연처럼 보이는 것들조차 알 수 없는 '그 무엇'에 의해 좌지우지된다는 생각을 하게 된다.

인생에서 기회는 팡파르를 울리면서 요란하게 오지 않는다. 조용히 왔다가 조용히 가버리는 것이 기회다. 기회가 다가왔을 때 그것을 잡는 사람도 있고, 잡지 못하는 사람도 있고, 기회인 것조차 모르고 지나치는 사람이 있다. 시간이 가고 나서야 많은 사람들이 "그게 기회였구나"라는 때늦은 아쉬움을 토로한다. 기회가 왔을 때 알아차릴 수 있어야 하고, 준비가 되어 있어야 하고, 그것을 꼭 잡을 수 있어야 한다.

대부분의 기회는 다시는 돌아오지 않기 때문이다.

이용만이 젊은 날 만났던 기회는 큰돈을 벌 수 있는 기회였다. 그가 국제우체국에서 번역 일을 돕다가 만난 기회는 그의 인생을 바꿀 만큼 좋은 기회였다. 당시 우체국에서는 미국의 우표 수집가들이 펜팔할 상대를 찾는 편지들이 갈 곳을 몰라 쌓여 있었다. 당시 미국을 비롯해서 전 세계에는 5천만 명 정도의 우표 수집가가 있었고, 이들은 우표를 국제 통화처럼 투자의 대상으로 여겼다.[118] 이런 분위기가 국내에까지 확산되어 국내에서 우표 수집이 서서히 붐을 이루고 있었다. 이를 위해 1958년 5월 1일에 체신청은 서울중앙우체국창구에 '수집가를 위한 우표 판매 창구'를 신설하여 우표 수집가를 위한 편의를 제공하게 된다.[119]

많은 사업 기회들이 파는 사람과 사는 사람 사이를 연결해줌으로써 생겨난다. 당시 국내외 우표 수집가들은 펜팔을 통해 자국의 우표를 교환하는 방식으로 우표 수집을 하고 있었다. 예를 들어, 서울과 파리의 우표 수집가들은 서로 펜팔하면서 서울에 사는 사람은 프랑스 우표를, 그리고 파리에 사는 사람은 한국 우표를 교환하고 있었다. 투자 사업으로 하는 사람들도 더러 있었지만 대부분은 취미 활동이었다.[120] 지금도 미국에만 약 2천만 명의 우표 수집가가 있다.

이용만이 눈여겨본 것은 미국에 있는 우표 수집가들이 한국의 펜팔을 애타게 찾는 편지들이 갈 곳을 잃고 우체국에 차곡차곡 쌓여가고 있었다는 점이다. 이른바 사고 우편물이었다. 번역 업무를 맡고 있었던 그는 자연스럽게 미국에서 온 편지들을 이것저것 읽어보게 된다. 편지마다 간절하게 한국 우표 수집을 위해 펜팔을 원한다는 내용을 담고 있었다. 추측컨대 당시 우표 수집가들은 한국에 큰 관심을 갖고 있었을 것이다. 자국 젊은이들이 싸우고 있는 전쟁터 상황이 매스컴을 통해 전해진 지 얼마 되지 않았기 때문이다.

사람이란 어려운 위치에 처한 사람들을 도우려는 마음이 있다. 처음 시작은 미국의 우표 수집가들의 애타는 마음을 달래주려는 순수한 마음에서 시작했다. 오늘날 용어로 표현하자면 "잠재 고객의 불편함을 해결하라!"다.

## 우표 수출업에 뛰어들다

"아무리 작은 선행이라도 그것이 다른 사람에게 크게 도움을 줄 수도 있다고 생각한다는 것은 인간으로서는 좀처럼 하기 어려운 일이다."[121] 랍비 마빈 토케이어(Marvin ToKay)의 인간 본성에 대한 지적이다. 세상을 살다 보면 당장 이득이 되지 않더라도 타인의 어려움에 도움의 손길을 내미는 사람들도 있다. 이용만이 우표 수집에 눈길을 돌릴 때 처음부터 돈을 벌겠다는 생각은 조금도 하지 않았다. "이들이 편지를 보내놓고 얼마나 애타게 기다릴까?"라는 측은한 마음에서 그들에게 도움을 주어야겠다고 생각했다. 그래서 임자 없는 편지 가운데 마음에 드는 몇 가지를 골라서 영어로 답변을 보냈다.

여기서 2가지 점을 주목하게 된다. 하나는 책상에 쌓인 펜팔 편지에 굳이 관심을 갖지 않아도 되었다는 사실이다. 그가 해야 하는 일이 아니기 때문이다. 자기 일이 아니지만 관심을 가진 것이 삶에 큰 출구를 열어줄지 어느 누가 알았겠는가? 삶에서 만나는 대부분의 기회는 이처럼 우연히 시작된다. 이런 태도는 "내 일처럼 보이지 않는 것도 관심을 갖고 대하는 자세를 갖고 있어야 한다"라는 말로 대신할 수 있다. 다른 하나는 미국 사람에게 편지를 쓰는 일은 자신의 귀한 시간과 에너지를 쏟는 일이라는 점이다. 당장 이득이 되지 않는 일은 누구든지 하기가 쉽지 않다. 그러나 이용만은 "그럼에도 불구하고 하자"라는 결론을 내렸다. 이처럼 작은 시도들이 성공의 문을 열어줄 때가 있다. 이런 일은 그의 생애 내내 지속되었다.

그 후 예상치 못한 일이 일어난다. 편지를 보낸 한곳에서는 단순히 취미로 펜팔을 하자는 것이 아니었다. 전문적으로 전 세계를 상대로 우표를 수집하고 있는 우표 수집상이 한국 우표를 공급해줄 수 있는 사람을 찾고 있었다. 처음에는 주문하는 우표 몇 장씩을 보냈다. 조금씩 거래 단위가 커져서 새로운 우표가 나올 때마다 발행되는 기념우표와 선물용 기념우표를 한꺼번에 몇 백 장, 때로는 몇 천 장씩 보내게 되었다. 우표 수출업에 발을 내딛은 것이다.

"미국의 우표 수집상은 발행이 제한된 기념우표를 보내달라고 요구했어요. 처음에 10센트를 달라고 하니까 1달러를 보내주었어요. 나중에는 4달러에 사겠다고 할 정도로 돈이 마구 들어왔어요. 고려대 2학년 때부터 우표 거래를 하기 시작했는데, 학교와 중앙우체국에 사서함을 만들어놓고 시내의 우표상을 돌아다니면서 내가 구하는 것을 말해두면 사람들이 싱싱하듯 나에게 보내주었어요. 가격을 정확하게 지불해주었으니까요. 학교 갔다 오면 사서함을 들여다보는 게 하루 일과였어요. 미국 우표 수집상이 계속해서 이걸 보내달라, 저걸 보내달라고 했거든요. 한국의 우표 수집상에서 모아서 보내고, 또 모아서 보내고 하면서 눈코 뜰 새 없이 바빴어요." 그의 우표 장사는 고려대 2년생이던 1956년부터 그가 청와대에 비서실에 들어가는 1966년까지 약 10년간 계속된다. "그들이 나를 크게 신임했습니다. 10년 동안 단 한 번도 약속을 어긴 적이 없었으니까." 나중에 알게 되었는데, 자신과 거래를 하는 사람은 미국 굴지의 우표 도매상 패튤라 씨였다. 이용만은 기념 세트 1장에 당시 돈으로 40원에 사서 1달러(약 500원)으로 수출했다. 미국의 우표 도매상이 얼마를 받고 파는지 알 수 없지만 이용만은 40원에 사서 500원에 팔았으니 상당한 돈을 벌 수밖에 없었다. 이렇게 그는 한국에서 가장 큰 우표 수출업자가 되었다. 대부분 사람들이 우표를 취미 수준으로 할 때 그는 취미를 넘어서 사업으로 발전시키는 데 성공했다. 당시를 회상하면서 이용만은 "우리나라 제일가는 우표 수출업자였기 때문에 돈벌이를 잘했습니다"라고 웃으면서 말한다.

그는 겉으로는 털털해 보이지만 업무 처리에 관한 한 둘째가라면 서럽다고 할 정도로 치밀하고 꼼꼼하다. 책을 쓰면서 그의 집무실에서 여러 차례 인터뷰를 가졌는데, 그가 오래전의 자료와 사진 등을 마치 우표 수집하듯이 꼼꼼하게 정리해놓은 것을 보았다. 대범함과 치밀함이 마치 날줄과 씨줄처럼 엮여 있는 그의 기질을 엿볼 수 있었다. 훗날 그가 이재2과장으로 일하던 당시, 바로 밑에서 사무관으로 일했던 안공혁(전 대한손해보험협회 회장)은 "그분은 정말 꼼꼼하게 업무를 처리하는 분이십니다"라는 이야기를 몇 번이나 강조했다.

당시에 그가 어떻게 미국의 우표 도매상에게서 신뢰를 얻었을지 짐작할 수 있다. 그의 근면함과 성실함 그리고 치밀함이 우표상의 신임으로 연결되었을 것이다. 두 사람은 서로 얼굴을 알지 못한 채 거래를 통해 아주 돈독한 신뢰 관계를 쌓아간다. 그는 수출량이 커지고 돈을 모으면서 미국의 우표 도매상에게 우표 값의 일부를 자기에게 보내지 말고 미국으로 유학 갈 때까지 맡아달라고 부탁한다. 그도 이용만의 미국 유학 계획을 적극 찬성하고 돈을 보관해주기도 했다.

우표 사업 덕택에 그는 고학을 하면서도 돈 걱정이 없어졌고 살림도 점차 자리를 잡았다. 패튤라 씨가 재정보증을 해주어 뉴욕대학원의 입학 허가가 떨어졌다. 아직도 그는 미국 재정보증서를 써준 패튤라 씨의 주소를 정확히 기억하고 있다. "Fatoullah & Lazer, 116 Nassau Street, NY, USA." 그가 유학을 가고 싶었던 것은 원대한 목표가 있어서가 아니다. "여기서 밤낮 고학만 했는데, 나도 미국에서는 흑판 앞에 제대로 앉아서 공부를 해봐야겠다"는 일념 때문이었다. 그는 지금도 뉴욕대학에서 주간에 일을 하고 밤에는 공부를 하도록 주선한 패튤라 씨의 친절을 잊지 못한다고 한다. 한 번도 얼굴을 본 적이 없는 사람인데 미국에 공부하러 가겠다고 이야기를 하자, 자기 회사에서 낮에는 일하고 밤에는 뉴욕대학에서 야간에 공부하게끔 도와준 사람이기 때문이다. "학비를 어떻게 조달할 생각을 하셨어요?"라는 질문에 대한 그의 대답은 완벽했다. "학교에서 온 서류를 보니까 등록금에

다 기숙사비, 책값 등을 합해서 한 학기에 4,700달러 정도더군요. 2년 이면 2만 달러로 충분할 것 같아서, 패튤라 씨에게 보낸 우표 값을 내게 보내지 말고 뉴욕대학에서 학비로 써야 하니까 그곳에 저축해달라고 부탁했어요. 패튤라 씨가 잘 보관해주었지요." 유학 계획은 아내를 만나서 약혼하고 결혼하면서 접었다.

인생에는 만일이 없다지만, 만일 그때 지금의 아내를 만나지 않았더라면 어떠했을까? 어차피 남한에 피붙이가 없었으니 미국에 머물렀을 것이다. 한국에는 아무런 연고가 없었고 굳이 돌아올 필요가 없었을 것이다. 미국에서 국제적인 시각을 가진 상인들에게 사업하는 방법을 익히고 밤에는 공부하는 생활이 계속되었을 것이다. 특유의 부지런함과 친화력을 갖고 있었기에 사업을 크게 일으켰을 것이다. 공직에 쏟았던 그 열정과 에너지를 자기 사업에 투입했더라면 어떠했을까? 자기 사업을 해서 큰돈을 벌었을 것이다.

인생은 이처럼 알 수 없는 무엇의 인도를 받는 것 같다. 당시에는 작은 선택이었지만 세월이 가면서 그 작은 선택의 결과로 인생 전체가 달라져버리는 것을 목격하게 되는데, 그가 아내 될 여인을 만나서 유학을 포기한 것도 그런 사례 가운데 하나일 것이다. "그러니까 인생이라는 게 설명이 안 될 때가 많습니다. 모든 게 자기 마음대로는 안되는 것이 많습니다. 자기 뜻하고는 관련이 없을 때가 자주 있습니다. 여기에 친척이 있다든지 걸리적거리는 사람이 있거나 가정이 있다면 돌아왔을 텐데, 그때만 하더라도 어떻게든 이북에 계신 아버지 생각만 했거든요."[122]

## 다른 길을 선택했더라면

"그가 우표 사업을 기초로 해서 사업에 뛰어들었다면 어떠했을까?" 이런 질문을 자연스럽게 떠올리게 된다. 그가 처음 계획했던 대로 미국 유학길에 올랐다면 어떠했을까? 또 다른 가능성의 문이 열렸을 것이다. 그에게 재정보증서를 써준 사람이 세계 최고의 우표 수집상이었기 때문에 그를 통해 이용만의 시야와 안목이 크게 확장되었을 것이다. 이것이 그에게 어떤 기회를 가져다주었을지 단정적으로 이야기할 수는 없다. 또한 그가 졸업한 이후에 공직의 길로 뛰어들지 않고 사업가의 길을 선택했으면 어떠했을까? 인생에 만일이라는 가정문을 쓸 수 없지만, 필자는 이런 질문을 던지고 그의 앞날에 펼쳐졌을 법한 가능성을 상상해보게 된다.

이런 질문에 대한 답을 얻기 위해 그가 만난 뉴욕의 우표 수집상에 대해 살펴볼 필요가 있다. 1927년에 프랑스 파리의 우표 상점으로 창업되어 1947년에 뉴욕으로 옮긴 이 기업의 창업자는 네자트 라자르(Nedjat Lazar)다. 그는 또 다른 동업자인 칸바바 패튤라(Khanbaba Fatoullah)와 함께 '패튤라 앤 라자(Fatoullah and Lazar)'라는 이름의 기업을 창업하여 세계에서 새로 발행되는 우표를 거래하는 가장 큰 기업으로 성장시킨다.[123][124]

1950년대에 이미 이 기업은 우표 도매상으로서 압도적인 위치와 명성을 차지하고 있었다.[125] 1960년대에 들어서 그들의 사업은 더욱 번창하여 자신들이 소유하고 있었던 7층 건물에 '스탬프 센터 빌딩(The Stamp Center Building)'이라는 명칭을 붙였고 오늘에 이르고 있다. 2명의 사업자는 동업하다가 어느 시점에서 동업 관계를 청산했을 것으로 보이며, 현재의 '필라텔릭 콜렉터 주식회사(Philatelic Collector Inc.)'는 네자트 라자르의 후손들이 경영하고 있다.

10년 동안의 우표 사업으로 당시 기준으로는 제법 돈을 모았다. 대학을 다니는 동안 목사님의 권유로 성동구 모진동 건국대학교 후문 옆에 있는 AID주택을 구입했다. 공직을 시작하기 전에 자기 집을 소유하는 것은 드문 일이었다.

세상에 여러 가지 재미가 있지만, 빼놓을 수 없는 것이 돈 버는 재미일 것이다. 세상 사람들이 이리 뛰고 저리 뛰는 이유 가운데 하나가 돈벌이라는 사실을 잘 알고 있다. 어떤 활동을 하더라도 돈이 되지 않으면 대다수 사람들은 시큰둥해진다. 돈이란 구매력 이상의 마력을 가진 특별한 것이기 때문이다. 물론 세상에는 돈이 아니더라도 신앙이나 사회운동 등에 헌신하는 사람들도 있다. 그는 이미 20대 중반에 돈벌이의 즐거움을 체험했다. 그런데 왜 돈 버는 길로 가지 않았을까?


## 사업가의 길로 들어서지 않은 이유

"사업가의 길로 들어섰다면 어떠했을까?"

그가 가진 친화력이나 추진력 그리고 근면함과 치밀함 등과 같은 개인의 자원이 공적 활동이 아니라 사적 활동에 투입되었더라면 어떠했을까? 그는 사업가로서도 크게 성공을 거두었을 가능성이 높다. 사업가로서 성공에 필요한 덕목들을 갖고 있었기 때문에 사업가로서의 성공 가능성도 꽤 높았을 것으로 보인다. 게다가 그 시대는 광활한 서부를 개척하는 것처럼 한국 경제의 고도성장이 막 시작될 즈음이었다.

어윤대(전 고려대 총장)에게 이런 질문을 던진 적이 있다. "그가 사업가의 길로 들어섰다면 어떠했을 것 같습니까?" 돌아온 답은 이랬다. "사업가로서도 대성했을 것입니다. 그것도 보통 사업이 아니라 어렵고 힘든 사업에도 족적을 남겼을 것입니다." 세상사에는 만일이 있을수 없고 사업은 자신이 통제할 수 없는 요소가 있기 때문에 100% 확신을 갖고 내릴 수 있는 결론은 아니다. 이용만에게 물어보았다. "사업을 했다면 어떠했을 것 같습니까? 왜 사업할 생각을 하지 않았습니까?" 진로의 선택과 관련해서 귀한 시사점을 얻을 수 있기 때문에 우선 그의 이야기를 들어본다.

"사업을 해야겠다는 생각을 한 번도 해보지 않았어요. 나중에 어떤 사람이 나보고 정주영 회장과 비슷하다고 해요. 밥 먹는 스타일이 정 회장과 비슷하다나. 예를 들어, 저는 곰탕에다가 밥 한 그릇을 다 부어 먹거든요. 한번은 이화여대에서 열리는 피아노 연주회를 보러 가자고 집사람이 권해서 갔는데, 중간에 답답해서 나와서 계단에 앉아 있었어요. 계단이 어두컴컴하지 않습니까? 당시 이한빈 전 부총리가 들어가다가 나를 보고 '어, 강릉에 호텔 잘 지었습디다' 하시는 거죠. 내가 정주영 회장인 줄 착각한 거예요. 그렇다고 해서 '정 회장이 아닙니다'라든지 '내 것이 아니에요'라고 할 수 없어서 '아, 네 고맙습니다'라고 답하고 말았어요."

그다음 이야기가 웃음을 짓게 한다. 후에 정주영 회장을 만난 이용만은 그 에피소드를 전했더니, 정주영 회장이 하는 말이 걸작이었다. "그러면 당신이 가져!"

몇 번의 인터뷰가 진행되는 동안 사업을 하지 않은 이유를 물었다. 그는 사업에 뛰어들지 못한 이유를 간결하게 설명했다. "그때 공무원이 되는 일에 사로잡혀 있었어요. 공무원이 천직이라고 알고 있었어요. 이게 천직이라 생각했기 때문에 수출해서 돈 벌어 산다는 생각을 전혀 못했어요. 이후에도 여러 번 사업으로 돈을 벌 기회가 열릴 뻔했지만, 공직 이외에는 전혀 생각하지 않았어요."

어떤 시대이건 시대정신이나 분위기라는 것이 있고, 대다수 사람들이 '좋은 직장'이라고 믿는 것이 있다. 좋은 직장은 시대에 따라 바뀌는데 그 시대에는 공무원이 되는 것에 큰 가치가 주어지는 시대였다. 그런 분위기는 1990년대 중후반까지 지속될 정도로 우리나라에서는 공적 가치의 추구에 큰 비중을 두었다. 그런 것이 확연하게 변화된 계기가 외환위기를 전후한 시기였다. 필자 또한 공적 가치가 지배하는 시대 분위기를 크게 벗어나지 못하다가 2000년을 전후해서 일어난 벤처 붐에서 인생의 방향타를 완전히 사적인 영역으로 바꾸게 되었으니, 1950년대의 지배적인 분위기가 어떠했는지 알 수 있다. 그가 대학을 다니고 졸업할 무렵에 좋은 직장은 단연코 공직이었으며, 변변한 기업들이 드물었던 시절에 공무원이 되는 것은 좋은 선택 가운데 하나였다.

그런데 더 중요한 이유가 있다. 공직을 천직이라고 여기게 된 일이 그가 초등학교를 다닐 때 일어났던 것이다. 게다가 이용만의 집에 들르는 친척들은 "우리 승만이는 이다음에 도지사 한 번 할 거야"라는 이야기를 여러 번 했다. 늘 급장도 하고 상도 받았기 때문이다. 그는 어린 시절에 도지사가 되는 꿈이 있었다고 한다. "도지사는 한 번 해야 한다는 꿈이 있었습니다. 어릴 때 그런 얘기를 들은 게 목표가 되었던 것 같습니다." 말이 씨가 되듯이, 그는 어른들의 바람처럼 공직의 길로 의심 없이 들어섰다. 이용만은 "그래도 도지사보다 장관이 낫지 않아요?"라고 반문한다.

왜 도지사일까? 그가 초등학교를 다닐 때 도지사가 학교를 방문했는데, 온 학교가 들썩거릴 정도로 대단한 광경이 펼쳐지곤 했다. 도지사가 초등학교를 방문하는 일은 아주 드물기 때문이었다. 도지사가 학교에 들어서면 "도지사 각하에 대한 경례!" 하는 소리와 함께 선생과 학생 모두 90도로 굽혀 절을 하는데, 어린 학생들에게 도지사는 하늘처럼 보였다. 도지사가 움직이는 동선을 따라 교장을 비롯해서 수행하는 사람들이 황망히 따르기에 바빴다. 어린 마음에 도지사가 정말 대단한 자리라는 생각을 하지 않을 수 없었다. 이용만은 "도지사는 커녕 주재소의 칼을 찬 순경만 마을에 와도 사람들이 어쩔 줄 몰라서 쩔쩔매던 판국이니, 이런 것들이 마음에 남아 있었던 모양이다"라고 말한다.

또 다른 한 가지도 중요한 역할을 했을 것이다. 그는 비교적 유복하게 소년기를 보냈다. 어렵게 큰 사람이라면 물욕에 무게중심을 둘 가능성이 높지만, 그는 물욕으로부터 자유로운 위치에 있었으며 이후에도 이런 삶의 모습은 계속된다. 초년의 유복함이 그로 하여금 물욕보다는 명예욕을 택하게 했다. 게다가 그가 개인적인 축재에 관심이 없었던 것도 유년기의 유복함이 남긴 흔적 가운데 하나일 것이다.

결국 시대의 분위기와 어린 시절의 믿음과 배경이 그가 평생 동안 공적인 임무를 수행하도록 만들었다. 지금처럼 '시장의 시대'나 '기업의 시대'가 도래하기 이전에는 공적인 영역에 대한 선호는 계속되었다. 그렇다면 지금부터 60여 년 전에 인생의 길을 선택했던 사람들이 공적인 영역으로 뛰어드는 것은 아주 자연스러운 일이었다.


## 예수님이 인도하신 은인, 김병인 권사

"돈은 사람들을 변화시키지 않지만, 사람들의 본래 모습을 드러나게 한다. 만일 어떤 사람이 태생적으로 이기적이거나 교만하거나 탐욕스럽다면, 돈은 그런 본래 모습이 발휘되도록 할 것이다." 모두가 주목한 부자와 성공의 자리를 차지한 적이 있었던 자동차 왕 헨리 포드(Henry Ford)는 돈과 인간 본성을 예리하게 지적했다. 돈 그 자체가 사람을 교만하게 만들지 않는다. 다만 교만한 기질을 가진 사람에게 큰돈, 그것도 젊은 날 큰돈이 주어지면 사고가 터진다.

이용만의 심성을 미루어 보면 젊은 날 그가 큰돈을 만질 수 있었다고 해서 빗나갈 가능성은 높지 않았다. 본래 심성이 이기심이나 교만함, 탐욕스러움과는 거리가 있었기 때문이다. 하지만 그가 타락할 가능성을 원천적으로 차단할 사건이 일어났다.

"친어머니 같은 이분 때문에 내가 젊은 날 옆길로 새지 않고 반듯하게 인생을 걸을 수 있었다." 바로 그분이 하루라도 못 보면 안 되는 가장 친한 친구인 김해영의 어머니 김병인(1909~2008) 권사다. 평강읍 내에 살던 분으로, 이용만의 부친이 말을 타고 읍내를 방문할 때면 자주 그 집에 들렀다. 김병인 권사의 남편은 김성길(1904~1990)이란 분인데, 신탁통치를 반대하는 연설을 했다는 죄목으로 소련으로 끌려가서 가족들의 생사를 모른 채 소련에서 돌아가셨다. 가족들은 그 사실을 아버지가 돌아가시고 난 이듬해인 1991년에 알게 되었다.[126]

남편이 끌려가고 전쟁통에 김병인 권사는 아들 셋과 딸 하나를 데리고 남하해서 결혼할 때 장만해 온 싱거(Singer) 미싱 한 대로 아이들을 모두 대학을 졸업시킨 장한 분이다.[127][128] 이분은 마치 친어머니처럼 부모 없이 남쪽으로 넘어온 이용만에게 반석 같은 의지처가 된다. 김병인 권사가 그를 특별하게 대한 데는 용만의 부친도 역할을 했다. 생전에 김병인 권사는 아들들에게 "용만이 부친이 훌륭한 분이었다"는 이야기를 자주 했다.

마침 김병인 여사는 서울의 을지로 4가에 있는 동광교회에서 봉사하고 있었다. 이때 이 교회에는 두 분의 나이 드신 권사가 계셨는데, 또 한 분은 김우중(전 대우그룹 회장)의 어머니인 전인항 권사다. 두 분은 모두 공산당에 의해 남편을 잃고 아이들을 홀로 키워냈고, 고향이 북한이라서 친하게 지냈다.[129] 북한 출신 여자들이 생활력이 강하고 똑똑하다는 말이 전해 내려온다. 고려대를 다니던 이용만은 연세대를 다니던 김우중(1936~ )을 교회에서 본 적이 있었다고 한다. 얼굴을 알 뿐, 깊은 이야기를 나눌 정도는 아니었다.

김병인 권사는 교회에 출석하는 이용만에게 사랑을 많이 주었다. 셋째 아들인 김기영은 "어머니가 친구들에게도 사랑을 많이 주셨지만, 특히 용만이 형에게 사랑을 듬뿍 주셨어요"라고 말한다.[130] 김병인 권사가 그를 볼 때마다 "내 아들이다"라고 이야기를 하자, 교회에 오시는 다른 할머니들이 "그 집은 아들이 몇 명인데 그렇게 많으냐?"고 할 정도였다.

기독교에서는 예수 그리스도를 나의 구주(Lord)로 받아들이는 구원을 매우 중요하게 여긴다. 이용만이 예수 그리스도를 믿기 시작한 시점은 대전에서 서울로 올라온 1954년 무렵부터다. 이용만은 "자칫 다른 길로 들어설 수도 있었던 나를 주님이 김병인 권사님을 보내서 붙들어 매주셨다"라고 답한다. 그는 그곳에서 세례를 받고 성가대 활동에 열심히 참여하게 되는데, 김석홍 담임 목사도 그를 동생처럼 챙겼다. 훗날 그의 삶에서 뚜렷하게 관찰되는 사람을 대하는 태도는 "네 이웃을 사랑하라"는 성경 말씀으로 압축할 수 있을 것이다. 인간적인 노력도 사람을 대하는 자세에 영향을 미쳤지만, 더 근본적으로 성경 말씀이 그에게 지대한 영향력을 미쳤다. "모든 게 자기 마음대로 되는 게 아니에요. 이따금 되돌아보면 내 목숨을 살려주신 것도 그렇다고 생각해요. 고비가 한두 번이 아니었거든요. 그때마다 인간의 능력으로는 도저히 이해할 수 없을 정도로 어려움을 피하게 해주셨어요. 대표적인 것만 들더라도, 북한에서 인민군에게 차출되어 끌려갔으면 죽었을 겁니다. 인민군의 총탄 2발이 급소인 머리와 심장을 관통했더라면 죽었을 것입니다. 총에 맞고 산에서 구르다가 나무 등걸에 걸려서 목숨을 구한 것도 천행이고요. 뿐만 아니라 2인용 텐트 안에서 전우 장도현의 인민군 권총에 의한 오발도 간신히 벗어날 수 있었습니다. 2015년 11월 11일에 한 호텔의 대리석 계단에서 굴렀을 때도 머리나 뼈를 다치지 않은 것은 기적과 같은 일이었죠. 어려운 고비들이 닥쳤을 때마다 그것을 어떻게든 극복할 수 있도록 해주셨고 다시 재기할 수 있게 해주셨고. 그게 참 인간의 힘으로는 그렇게 될 수 없다고 생각해요. 그래서 내가 항상 나의 가는 길마다 주님이 챙겨주셨다고 간증하고 있어요."

그의 인생을 탐구하면서 사람이 유소년기에 사랑을 듬뿍 받는다는 것이 얼마만큼 중요한가를 확인할 수 있는 대목을 여러 번 만나게 된다. 부유했던 평강집은 동네 사람들이 들끓었던 만큼 동네 사랑방 역할을 톡톡히 했다. 게다가 부모가 부유하고 동네 사람들에게 잘했기 때문에 동네 사람들로부터도 이용만은 귀여움을 듬뿍 받았다. 어린 시절 그가 동네 길을 가다가 어느 집에 자두가 주렁주렁 연 것을 물끄러미 바라보고 있으면, 어김없이 집주인인 아주머니가 자두를 한 바구니 따 가지고 와서 "승만이가 자두를 먹고 싶어 하는 것 같다"고 집에 두고 가기도 했다. 그가 청년기 이후로 어려운 시기를 경험하지만, 유소년기에 받았던 넉넉한 사랑과 관심이 훗날 그가 인연을 맺게 된 부하와 상사 그리고 친구에게 사랑과 선행을 베푸는 데 기여한 듯하다. 이런 점에서 그는 재산을 듬뿍 물려받은 사람은 아닐지라도 그보다 귀한 무형의 자산을 받은 사람이다.

김병인 권사는 이민 간 아들을 따라서 1969년에 미국으로 들어갔다. 100세를 5개월 앞두고 돌아가셨는데, 임종 진까지 자주 찾아뵀었다. 미국에 출장을 가면 바쁜 일정에도 꼭 시간을 내서 LA에 있는 김병인 권사를 찾았다. 그는 평생 어려운 시절을 헤쳐 나가는 동안 자신을 친자식처럼 거두어주신 권사님의 은혜를 잊지 않았다.

고향 후배이며 셋째 아들인 김기영은 용만 형이 어머니를 방문할 때마다 느낀 점을 이렇게 전한다. "모자간에도 저렇게 친근할까라는 생각이 들 정도입니다. 어머니와 용만이 형 사이에는 뭔가 특별한 것이 있는 것 같았습니다. 용만이 형이 형수와 함께 어머니를 방문하면 어머니가 우선 하는 것이 성경을 찾아서 말씀을 읽어주고 기도하는 것이었습니다. 우리가 '어머니, 형님 바쁜데 이제 그만하시지요'라고 해도 어머니는 '그게 그렇지 않다'라고 말씀합니다. 용만이 형은 우리도 잘하지 못하는 일을 늘 하세요. 꼭 용돈을 챙겨드리고 두 손을 꼭 잡고 '어머니 오래오래 사세요'라고 말하면서 아쉬운 발걸음을 옮기곤 했어요." 인터뷰에서 이용만은 "김병인 권사님이 세상을 떠나고 난 다음에는 더 이상 LA에 갈 일이 없어졌다"고 이야기한다. 또한 그는 "혈혈단신으로 살면서도 생활을 단정하게 할 수 있었던 것은 김병인 권사의 보살핌과 기도의 힘 때문이었다고 지금도 생각합니다"라고 힘주어 말한다.


## 결혼, 인생의 항로를 틀다

"인생은 점과 점이 연결되어 선이 되듯, 하나가 또 다른 하나와 연결되어 완전히 새로운 것을 낳게 된다."

그가 신앙을 갖고 동광교회의 청년회장과 성가대장을 맡으면서 평생을 함께할 사람을 만나는데, 성가대에서 피아노 반주를 맡고 있던 주경순(朱慶順, 전 주부교실중앙회, 소비자교육중앙회 회장, 2012~ )이다.[131] 두 사람은 1961년 4월 13일 결혼식을 올리는데, 그가 결혼한 시점은 4·19가 나고 1년 뒤로 5·16혁명이 발발하기 바로 직전이었다. 두 사람은 이제껏 해로하면서 1남 4녀(진경, 수경, 보경, 헌석, 선경)를 낳아서 키워냈다.

아내를 만난 과정도 특별하다. 이용만이 국제우체국 김포공항 사무실에 다녔고, 바로 그곳에 아내의 큰오빠인 주창순이 KBS 기자로 공항에 출입했다. 거기서 두 사람은 서로 이야기를 나누다가 친해졌고, 마침 동광교회에서 피아노 반주자가 없어서 찾던 중이었다. 이야기를 나누던 중에 "우리 교회에 피아노 반주할 사람을 찾는데 어디 그런 사람 없을까?"라는 질문이 연을 맺는 계기가 된다. "내 동생이 이대를 다니는데 피아노를 아주 잘 치는데." 그래서 교회에서 피아노 반주를 하면서 부부의 연을 맺게 된다.

당시 동광교회에는 월남 가족들이 많았는데, 대부분은 가족들과 함께 내려왔고 이용만처럼 홀로 월남한 사람은 드물었다. 결혼식은 교회의 온 교인들의 축하를 받으면서 정대위 목사님(전 건국대 총장, 전 한신대 총장)의 주례로 치르는데, 그 자리에서 김석홍 목사님이 가족을 대신해 인사했다.

미국에 유학을 가기 위해 우표 수집상에게 맡겨둔 돈을 받아서 졸업할 무렵에 이미 건국대 인근의 모진동에 집을 한 채 사두었다. 게다가 영업용 자동차도 한 대 장만해두었다. 4·19가 일어난 다음 영업용 자동차는 사고로 부서지고 말았지만, 결혼 생활은 자기 집에서 시작할 수 있었다.

결혼할 당시의 그의 형편을 말해주는 일화가 있다. 피아노를 전공한 아내를 위해 그가 결혼 선물로 준비한 것이 야마하 피아노였다. 교회에서도 피아노를 구입하기가 힘들었던 시절에 그의 선물은 주변 사람들을 놀라게 했다. 고향 후배인 신선균과 김기영이 성북동에서 건국대학교 부근의 모진동까지 최신 야마하 피아노의 수송 작전을 책임졌다. 그들은 리어카(손수레)에 비싼 야마하 피아노를 싣고 조심하면서 실어 날랐던 기억을 생생하게 기억해냈다. 두 후배는 돈을 잘 버는 형님을 부지런히 찾아서 짜장면, 탕수육, 잡채뿐만 아니라 삼오정이라는 명동의 불고기집에서 실컷 고기를 얻어먹었다. 신선균은 "아마도 형님한테 얻어먹은 것으로 치면 소 몇 마리 잡았을걸요"라고 웃으면서 답한 적이 있다.

결혼할 때 아내를 위해 피아노를 마련해준 데는 남모르는 깊은 뜻이 있다. "진명여고를 나와서 이대를 다닌 아내가 피아노를 아주 잘 쳤어요. 그런데 당시에 피아노를 가진 집이 몇 집이나 되었겠어요? 이대 다닐 때 피아노를 치려고 새벽에 일찍 학교에 가서 피아노를 차지해야 연습을 할 수 있었어요. 아마도 새벽 4시나 5시쯤에 집에서 나왔던가 봐요. 그래서 내가 다른 것은 못해주어도 결혼하면 집에서 피아노를 칠 수 있도록 해주어야겠다고 생각했습니다." 이 야마하 피아노는 자식들과 손자들의 음악 교육에 사용되었고, 지금은 아들 이헌석이 물려 받아 보관 중이다.

지금도 이용만은 "그때 내가 좀 정신을 차렸으면 공부를 더 할 수 있도록 해주는 건데"라며 미안한 마음을 갖고 있다. 결혼 후에 공부를 더 하고 싶었던 주경순은 석사를 마치고 수도여자사범대에서 교편을 잠시 잡고 있었는데, 아이 셋을 낳은 다음에 결국 교수를 포기할 수밖에 없었다.[132] 당시 중앙부처 공무원인 과장의 봉급보다 아내의 월급이 더 많았다.


## 어려움을 만날 때면 강해졌던 아내

"인생에서 희비와 영욕의 세월은 누구에게나 있게 마련이지만, 나의 경우 '욕(辱)'은 내가 만든 것이며 '영(榮)'은 아내의 도움으로 이루어졌다."

지금도 그를 만나면 세월의 풍상에도 불구하고 여전히 다부지고 기백이 넘쳐난다. 반면에 아내 주경순은 어떻게 5남매를 키우고 정신없이 이리 뛰고 저리 뛰는 남편을 내조했을까 싶을 정도로 연약해 보인다.

상도동에 살 때의 일이다. 큰길가의 상도동 집은 대문을 열면 돌계단이 7개가 있었는데, 아내는 그 계단도 오르지 못할 정도로 몸이 많이 쇠약해졌을 때가 있었다. 어느 날 이웃에 사는 어떤 부인이 "아니, 선경이 어머니가 아직도 살아 있어요?"라고 말할 정도였다. 비틀비틀 아슬아슬한 그녀의 모습을 보고 금방이라도 무슨 일이 일어날 것처럼 걱정이 되었던 것이다. 그러나 그가 직장을 잃거나 어려움에 처한 때면 아내는 건강해졌고, 다시 공직 혹은 준공직에서 왕성하게 활동하면 다시 쇠약해진다는 사실을 깨달은 것은 제법 세월이 흐른 다음이었다. "아내의 희생을 기반으로 그의 성취를 만들어낸 것이기에 내가 만든 영광은 순전히 아내의 몫입니다. '여자는 강한 듯 보이나 실상은 약하고, 약한 것 같으면서도 강한 존재'라는 말이 내 경우에는 꼭 맞습니다."

오래 지속되는 인간관계는 상호 존경과 신뢰에 바탕을 두고 있지만, 이런 관계 중에서도 으뜸이 결혼일 것이다. 서로를 존경하는 마음이 없다면 결혼 관계는 오래 지속할 수 없다. 두 사람 관계의 큰 특징을 하나 꼽으라면 그것은 서로를 향한 상호 존중이다.

일에 미친 듯이 몰입해서 성취 지향적인 삶을 사는 남편에게 아내의 내조는 말과 글로 다 표현할 수 없을 정도였다. 이용만은 젊은 날 아침 7시 이전에 출근해서 통행금지 시간에 겨우 맞추어 귀가하기 십상이었다. 때로는 각종 모임이 중복되어 아침 식사 2번, 저녁 식사 2번 혹은 3번을 하기도 했다. 그리고 밤샘 작업을 1주일에 2~3회를 할 정도로 정신없이 질주하는 삶이었다. 그러니 집안일은 물론이고 다섯 아이를 먹이고 키우고 교육시키는 일은 고스란히 아내의 몫이었다. 아이들 생일이 언제인지, 공부는 제대로 하고 있는지, 학교가 몇 반인지 모른 채 세월을 보냈다. 딸아이가 "아빠, 이화여대에 합격했어요"라고 하면 "그래, 잘됐네"라고만 답하는 아버지로 살았다. 지난날을 되돌아보면 일하는 사람으로서는 여한 없다는 평가를 내릴 수 있지만, 아버지로서는 박한 점수를 주지 않을 수 없다.

하지만 세월이 흐른 지금 자식들의 생각은 다르다. 아들 이헌석은 아버지가 토요일 저녁은 최대한 가족과 함께하려 했던 기억을 떠올린다. 아버지는 서둘러 저녁을 같이 먹고 다시 사무실이나 약속 장소로 달려가곤 했다. 또한 헌석은 밤 10시 넘어서 회사 동료나 부하 직원, 그리고 기자들과 함께 불쑥 집에 들어오던 아버지를 기억한다. 그때는 몰랐지만 "어떻게 어머니는 얼굴 한 번 찡그리지 않고 술과 안주를 챙겨주셨을까?" 싶어 놀라울 뿐이라고 한다. 이용만이 마음 놓고 일에만 열중했던 배경에는 아내의 내조가 큰 역할을 했다.

인터뷰 중에 "사모님을 보시면 세월이 많이 흘렀구나 싶으실 텐데, 어떤 생각이 자주 듭니까?"라고 물었던 적이 있다. "결혼한 지 60주년이 다 되어가는데 안타까운 것이 많지요. 아내가 좀 더 건강했으면 좋겠다는 생각이 간절하지요. 그동안 지난날들을 되돌아보면 내가 너무 이기적이었던 것은 아닌가라는 생각이 들기도 해요. 그런데 솔직히 말하자면 그렇게 할 수밖에 없었던 면도 있었어요. 내가 하지 않으면 아무것도 없으니까. 내가 제대로 서지 않으면 나도 가족도 아무것도 없는 셈이기 때문입니다."

실상 바닥에서 누구의 도움 없이 일어서야 하는 사람이라면 자신이 하는 일에 전부를 걸듯 매달리지 않고선 자신과 가족을 구할 수 없다. 그만이 아니라 그 시대를 살았던 사람들은 늘 절실했고 절박했다. 세월이 가고 상대적으로 풍족해진 이 시대 사람들은 "아버지 혹은 아버지 세대는 왜 그렇게 분주하게 일에만 매달려 살았습니까?"라고 물을 수 있다. 그러나 그들이 그렇게 물을 수 있는 여유는 그 시대 사람들이 절박하게 살았기 때문에 가능한 일이다.[133] 그는 어느 날 이런 이야기를 해주었다.

"지금 생각해보면 요새 젊은이들처럼 즐겁게 못 살았습니다. 즐거움이라는 걸 하나도 몰랐어요. 일만 알았지. 그게 내가 해야 하는 것인 줄 알았습니다. 바보스럽지만 그랬어요. 아침에 눈뜨면 빨리 사무실에 나가고, 노는 날도 사무실에 가 있어야 하는 걸로 알았고, 그리고 노는 것도 사무실에서 놀아야 하는 걸로 알았습니다. 주일날도 예배 갔다 오면 사무실에 가야 되고요. 우둔하고 바보스럽지만 그렇게 살았습니다. 요새는 놀러 갈 데도 많습니다. 예전에는 그렇지 않았습니다. 요즘 사람들 보면 일평생을 살면서 참 즐겁게 사는구나 싶어요." 아쉬움이 담긴 이야기이지만 다른 대안이 있었을까 싶다. 그 시대를 살던 사람들은 더더욱 그랬다.

이용만의 아내가 우리나라에서 큰 여성 단체 가운데 하나인 소비자교육중앙회(전 주부교실중앙회) 회장을 맡게 된 것도 옛 인연 때문이다. 진명여고를 다닐 때 이세정 교장선생님은 재능 있는 제자에게 사랑을 듬뿍 주었다. 아침 조회 시간에 애국가를 연주할 때 단상에 올라서서 지휘하면서 교장선생님과의 인연이 계속되는데, 선생님의 딸이 이윤자(전 국회의원, 주부교실중앙회 회장, 1928~2015)다.[134] 교장선생님과의 각별한 관계가 딸과의 인연으로 이어져 단체를 돕는 일이 계속된다. 이윤자가 "나 좀 도와줘"라고 해서 이사와 부회장으로 25년간 봉사하다가 갑자기 "주 여사가 회장직을 좀 맡아주어야겠네"라는 부탁을 받아 단체를 맡게 되었다. 이용만은 "아내가 회장이라든가 그런

건 생각도 하지 않았고 성격상으로도 그런 건 딱 질색인데, 책임을 맡았으니까 저렇게 전국을 분주하게 돌아다니게 되었어"라고 웃으면서 말했다.


## 아내의 눈에 비친 특이한 남자

"그때도 생활력이 강했습니다. 열심히 살았습니다. 자꾸 만나는 것도 귀찮고, 그때는 데이트할 장소도 마땅치 않았습니다. 귀찮아서 결혼해버렸습니다."

젊은 날의 이용만이 아가씨에게 어떻게 비추어졌는지 물었더니 돌아온 답이다. 여러 사람들을 인터뷰했지만, 함께 살고 있는 사람과의 인터뷰는 특별하다.

큰 시련은 1980년 신군부의 등장과 함께 이루어졌던 공직에서 해직당한 일이다. 그때 아내의 눈에 남편은 어떻게 비추어졌을까? 그녀가 주는 답에는 이용만의 인간적인 면모와 기질, 특성이 고스란히 드러난다. 그는 어떤 상황에서든 낙담하거나 좌절하는 사람이 아니다. "저는 남편이 장관이 되고 뭐가 되고 하는 것은 별로 상관이 없었습니다. 관두었는가 보다, 다시 뭐라도 시작하겠지, 라고 생각했습니다. 제가 깊은 믿음을 갖고 있는 사람은 아니지만 이게 다 하나님의 뜻이다, 우리 사람으로 할 일이 아니기에 이런 일이 일어났는가라고 생각했습니다. 영어 공부도 하고 체육관 가서 운동도 열심히 하는 것을 곁에서 지켜보면서 그렇게 힘들다고 생각하지 않았습니다."

1993년부터 미국에 2년 넘게 체류할 수밖에 없는 어려움을 겪을 때도 주목할 필요가 있다. 아내의 독특한 면을 볼 수 있다. "어려움에 처하게 되었을 때 나까지 안달복달하면 어떻게 되겠습니까? 제가 본래 성격이 냉정하고 무덤덤한 편입니다. 세상 살면서 부부 사이라도 도와줄 수 없는 것이 있습니다. 자기 혼자서 헤쳐가야 할 일이 있지요. 어떤 때는 좀 안됐다는 생각이 들기도 합니다. 남편이 좀 더 다정다감하고 사랑을 듬뿍 주는 여자를 만났으면 좋았을 텐데라는 생각도 해봅니다."

보통 사람이라면 낙담도 하고 신세 한탄도 하면서 많이 흔들렸을 텐데, 아내의 기억에는 그런 적이 없다. 어떻게 그럴 수 있을까에 대한 아내의 답변도 이용만의 인간적인 특성에 대해 알려준다. "집념이 워낙 강합니다. 지독하다고 말할 수도 있습니다. 자기 고집을 꺾은 적이 없어요. 그이는 아무도 없이 혼자 여기에 내려왔습니다. 나는 이남에 가족들이 다 있었으니까요. 그러니 내가 그의 마음을 속속들이 잘 알 수가 없었습니다."

"각자 자기가 맡은 일은 자기가 알아서 하자"는 것이 아내의 생각이었다. 남덕우 장관과 김용환 장관과의 일화는 웃음을 띠게 만든다. 한번은 남덕우 장관이 고생하는 부하들의 아내들을 초청해서 식사 자리를 만들었다. 아내는 장관님 앞에서 "주일에는 교회를 나가게 해주어야 합니다. 그런데 주일도 못 지킬 정도로 만날 일만 시키면 어떻게 합니까?"라는 당찬 질문을 던졌다. 남 장관에게서 돌아온 답은 명답이었다. "나라 경제가 어려울 때는 하나님도 용서하십니다." 인터뷰에서는 "어떻게 그때는 그런 질문을 장관님한테 겁 없이 던졌는지 모르겠습니다"라고 덧붙였다.

밤을 새우는 날이 너무 많았다. 12시 지나면 통행금지에다 무선전화가 없던 시절이었다. 김용환 장관이 집으로 전화를 해서 "이용만 실장 어디 있습니까?"라고 물으면, 아내는 퉁명스럽게 "어디에 있는지 내가 어떻게 알겠습니까?"라고 답했다. 김용환 장관이 기분이 상했던지 지나가는 소리로 "아내분이 전화 좀 잘 받아주시길 부탁한다"고 말했다고 한다.

인터뷰의 끝자락에는 강건하게 보이는 이용만의 내면세계에도 상실에 대한 두려움이 한구석을 차지하고 있음을 짐작하게 되었다. 그것은 인생의 초년에 단란한 가족과 부모와의 이별이 남긴 상흔일 것이다. "자다가 옆에 안 보이면 걱정을 해요. 아무 일도 아닌데 말입니다. 내가 기침을 해도 부엌에 가서 해야지, 곁에서 하면 너무 걱정을 합니다. 여행을 함께 가더라도 가게를 들어간다든지 해서 눈에 보이지 않으면 나중에 야단을 쳐요. 누가 보면 '저를 위해서 그렇게 하는가 보다'라고 생각할 수도 있습니다. 하지만 그의 잠재의식 속에 상실에 대한 걱정이나 두려움 같은 것이 있다고 생각합니다. 그런 부분이 좀 안 됐습니다."

우리가 걷는 인생의 길에서 예상치 못한 좌절과 낙담의 순간을 맞더라도 우리의 삶이 마지막 순간까지 어떻게 전개될지 아무도 확신할 수 없음을 생각하게 된다. 히틀러가 부상하면서 독일에서 탄탄한 직장을 뿌리치고 런던행을 선택한 피터 드러커는 직장 잡기가 만만치 않았기 때문에 실의의 늪에 빠져들었던 때가 있었다. 역경을 헤쳐가면서 그가 얻은 깨달음은 다음과 같았다. "인생은 포기해서는 안 된다고 생각했다. 엉뚱한 일에서도 기회가 주어지지 않던가."[135]

제3부

공직에
뛰어들다

"반세기를 넘는 기간 동안

과연 무엇에 의지하면서 살아왔던가

곰곰이 생각해보면,

그것은 '열망'이 아닐까 싶다.

처음에는 부모님께 반드시 돌아가겠다는

열망이 있었고, 그것이 불가능해지자

'당신들의 기대에 어긋나지 않게 살았습니다'라고

이야기하고픈 열망으로 발전하게 되었다."

# 1장

•

# 나라 재건을 위한 시대

"무슨 일을 하든지 미친 듯이 해야 돼요.

그게 자신을 성장시키는 가장 확실한 방법입니다."

어디서 첫발을 떼는지가 중요한데, 첫발은 자주 우연의 조합으로 이뤄진다. 이용만의 첫 출발은 5·16군사혁명과 맞물렸다. 군사혁명 이후 박정희 장군은 신정부조직법을 발표하는데, 이 법에 따라 내각수반 밑에 내각기획통제관실을 두고 각 행정부처에 기획조정관을 두도록 조처한다. 1961년 8월, 평북 출신이자 36세의 김정무(金貞武) 준장이 내각수반기획통제관으로 임명된다.[136] 이 기관은 경제개발 5개년계획을 담당하는 컨트롤 타워였다. 경제개발 5개년계획사업의 추진 상황을 종합 정리하고, 행정 각 부처의 기획과 예산의 집행 및 전용 그리고 각 사업별 심사 분석 업무를 관장했다. 또한 분석 결과와 문제점, 건의 사항을 국가재건최고회의의 박정희 의장에게 보고하는 기구였다.

흥미로운 것은 중앙 공무원으로서 그의 삶이 정확하게 한국의 경제개발계획의 시작과 함께했다는 점이다. 폭주하는 업무 때문에 일손이 달린 내각기획통제관은 주변에 공직 경험이 있고 관련 지식을 갖고 있는 인물을 수소문하는데, 이때 한호준(당시 김정무 준장 비서)이 다리를 놓았다. 김정무 통제관은 평북 벽동 출신으로 평양 제3고보를 졸업하고 육사를 거친 인물이었다. 김 준장은 비서의 소개로 알게 된 이용만이 이북 출신에다 군 복무와 공무원 경험이 있는 점이 마음에 끌렸을 것이다. "이 친구가 자원 입대해서 싸웠구나"라는 점도 마음에 들었을 것이다.

1962년 6월, 세종로에 위치한 중앙청으로 첫 출근하던 날의 감격을 이용만은 지금도 잊을 수 없다. 늦봄이 가시고 여름이 막 시작하는 날의 아침은 싱그러웠다. 광화문에 우뚝 서 있었던 중앙청 석조 건물이 만들어내는 그늘은 시원함을 더했고, 초여름의 풀내음이 상큼하게 다가오는 아침은 유난히 맑았다. 첫 출근길에 그는 하늘을 올려다보면서 북쪽에 계신 부모님께 조용히 속삭였다. "아버지, 제가 서울에 와서 중앙정부의 공무원으로 첫 출근을 합니다." 출근하는 것을 보셨다면 부모님이 얼마나 좋아하셨을까! 기쁨과 안타까움이 함께하는 시간이었다.

누구든 일생을 살아가면서 이런 감격의 순간은 많지 않다. 그가 이런 감격을 느꼈던 적이 2번 더 있었는데, 하나는 1956년 4월 고려대학교에 입학했을 때다. 다른 하나는 1971년 9월 재무부 이재국장이 되었을 때다. "곁에 부모님이 계셨다면 얼마나 기뻐하셨을까?"라는 생각에 감사 기도를 드렸다. 인생의 기념비적인 순간이었다. 출근 이후 몇 개월이 지난 1962년 11월, 고등전형시험에 합격하여 행정사무관 4호봉으로 임명되었다.[137]


## 무슨 일을 하든 열심히 그리고 다르게

"나에게 주어진 책무는 모든 수단과 방법을 총동원하여 관철시킨다." 일을 대하는 이 같은 태도는 직장 초년부터 이제껏 계속되고 있는 그의 특성 가운데 하나다. 그가 내각수반기획통제관실의 계획관으로 근무한 기간은 1962년 6월부터 1966년 7월까지(4년 1개월)인데, 이 기간 중에 일을 대하는 자세는 물론이고 평생을 지탱할 수 있는 직업인으로서의 기초 작업을 닦았다. 그가 몸담고 있던 기획조정관실이 어떤 일을 했는지, 그리고 그가 어떤 일을 하고 있었는지 짐작케 하는 당시 보도를 소개한다.

"박정희 최고회의 의장은 1월 15일 상오, 내각기획통제관실을 시찰하고 김정무 기획통제관으로부터 1963년 행정부 기본운영계획에 대한 설명을 들었다."(1963. 1. 15.)[138]

"최고회의 및 내각연석회의는 4월 18일 상오, 김정무 내각기획통제관으로부터 1964년도 행정부의 기본 운영 계획 지침을 보고받았다. …… 이날 보고된 10개 기본 계획을 살펴보면…… 둘째, 기초 산업의 건설을 위한 자본의 집약적인 대규모 투자를 조정하고 기존 시설 및 중소기업의 활용에 의한 성세 안징, 물자 수급의 인활 및 고용 증대

등에 중점을 두는 종합 경제 발전을 도모한다."(1963.4.18.)[139]

기획통제관실은 경제개발 5개년계획의 성공을 위해 3단계(계획의 기획, 추진 및 진행, 심사 분석)를 수시로 박정희 최고회의의장에게 보고하는 일이 주요 업무였다. 책임을 맡은 김정무(육사 2기) 준장은 아주 무서운 사람이었다고 한다. 그는 이용만에게 잠시 인사계장을 맡겼다가 바로 심사 분석 업무를 시켰는데, 이 업무를 하면서 김정무 준장의 신임을 얻었다.

사업 추진 상황을 점검하기 위한 출장이 잦았다. 출장비라고 해야 4박 5일에 3,000원 정도였던 시절이었기 때문에 늘 출장비가 부족했다. 출장비만큼만 일을 하게 되면 자연히 추진 상황을 두 눈으로 직접 확인하는 일이 쉽지 않았다. 이때 공직에 뛰어들기 전에 우표 사업으로 저축해둔 돈이 큰 도움이 되었다. 동료들에 비해 돈에 크게 구애받지 않고 일할 수 있었던 것은 내 집을 갖고 있었기 때문이다. 이 부분에 대해 그는 "나는 중앙부처에서 공무원 생활을 시작하기 전에 단독주택을 가진 것을 늘 자랑으로 여겨왔다"는 자부심을 숨기지 않는다. 벌어둔 돈 가운데 일부를 들여 다른 동료들보다 훨씬 많은 곳을 둘러보고 자세하게 기록하여 보고서를 작성하는데, 이런 노력들이 상사들의 신임을 얻는 데 크게 기여했다. 그는 다른 동료들이 3,000원으로 출장을 갈 때 1만 원을 갖고 갔다. 3,000원이면 사업장 1군데, 많아야 2군데 정도를 둘러볼 수 있었다. 어떤 사람은 아예 출장을 가지 않고 가위로 자료를 요리조리 잘라서 사용하는 사람도 있었다. 그는 대구, 부산, 광주, 대전을 한 바퀴 돌고 실감나게 보고서를 만들어서 올렸다.

방문하는 곳마다 사업이 계획에 따라 제대로 추진되고 있는지, 낭비 요인은 없는지, 문제는 무엇인지 등을 낱낱이 살펴본 다음 보고서를 작성하는데, 이때도 이용만의 특성이 여지없이 드러난다. 3군데를 가보라고 하면 6군데를 가보았다. 그러니 정부 지원을 받은 다음 가동이 중지된 곳이나 낭비가 발생하는 곳 등을 정확히 집어냈다. 출장이 끝난 다음 각자가 둘러본 것을 보고하는데, 이때 지시한 곳만 둘러본 사람과 추가적으로 더 둘러본 사람의 보고서에는 차이가 난다. 일반적인 보고서와 다른 생생한 보고서가 올라오니 김정무 준장이 크게 신임하게 된다. "이 사무관, 아주 잘 썼어"라는 짧고 단호한 칭찬을 자주 받았다. 이처럼 철저하게 준비한 보고서 때문에 내각수반 표창도 받게 되는데, 이것이 얼마 가지 않아서 이용만이 서기관으로 승진하는 데 도움을 주었다.

사람들은 익숙하면 그냥 머무는 사람이 있고, 계속해서 전진하는 사람이 있다. 후자는 항상 준비하는 것이 몸에 배어 있는 사람인데, 이들은 늘 준비, 준비 또 준비에 익숙한 사람들이다. 정상에 다가서는 데는 개인이 갖추어야 할 핵심적인 자세다. 한마디로 미리 준비해두는 사람만이 원하는 목표에 다가서는데, 이 점에서 그는 "늘 대비하자!"는 특성을 갖고 있었다.

또한 일을 하다 보면 자연스럽게 부족함을 느끼는데, 이용만은 배움의 끈을 놓지 않았다. 그는 무엇이든 늘 선행 투자를 통해 미리 준비하는 데 익숙한 인물이다. 필요한 실력을 쌓는 일이나 일상의 약속에서도 미리 준비하는 데 무척 익숙했다. 그가 매사를 미리 대비한다는 것이 몸에 배어 있음을 알려주는 사례를 들어보자.

기획통제관실에 들어간 지 2년 만에 야간을 이용해서 서울대학교 행정대학원에 나가기 시작한다. 이때 남덕우와 이승윤 등 쟁쟁한 실력을 가진 교수들로부터 경제개발계획의 평가와 경제발전론 등 경제학과 행정학 등을 체계적으로 배울 기회를 갖게 된다. 2년 동안 배운 것들이 훗날 업무 수행을 하는 데 큰 도움이 되었음은 물론이다. 1966년 2월에 행정학 석사학위를 받는데, 이때 작성한 논문이 공기업 문제였다. 당시 행정대학원에서 인기가 높았던 유훈 교수가 논문 지도를 해주었다. 우수 졸업 논문 4편이 선택되었는데, 이 가운데 한 편이 그가 쓴 것이었다.

치밀하게 준비하는 그의 특성은 일상생활에서도 어김없이 드러난다. 그는 지금도 약속하면 그것이 만남이든 일이든 미리 서두른다. 이런 습관은 공직 생활 초기부터 몸에 배었다. 예를 들어, 청와대에서 10시에 회의가 열리면 과천에서 좀 일찍 출발해서 9시 30분 정도에는 청와대 가는 길에 있는 조선호텔에서 커피를 마시면서 기다린다. 정확하게 청와대에는 15분 정도 전에 도착하도록 시간을 짠다. 약속은 무조건 30분 미리 지킨다는 것이 체질화되어 있다. 이렇게 시간을 칼같이 맞추고 미리 약속 장소에 나오는 것은 업무를 처리하는 데도 꼭 같이 적용되었다. 이런 습관과 관련하여 정일권(전 총리)이 장덕진(전 농림부 장관)에게 당부한 이야기를 지금도 기억하고 있다.[140]

장덕진이 정일권에게 세배를 간 적이 있다. 장덕진이 이재국장 때였는데, 정일권이 장덕진에게 2가지를 조언했다. 정일권의 영어 실력은 국군 중에서 최고였는데, 그것이 그냥 된 것이 아니었다. "장 국장, 난 말이요, 술을 먹고 온 날도 집에 들어오면 1시간 정도 AFKN을 듣거나 《타임》지를 읽고 잠을 자요. 그리고 우리가 서양 사람들한테 '코리안타임'이라고 비난을 받지 않소? 그러니 무슨 약속이든 15분 전에 가는 것을 습관화하기 바라오." 장덕진 국장이 이용만에게 해준 이야기는 그에게 깊은 인상을 주었다.

## 리더의 입장에서 문제를 바라보다

"똑똑한 사무관 한 명을 비서실로 파견해주게."

청와대 정무 비서관 서봉균은 내각기획통제관실에서 사무관을 차출하라는 지시를 내린다. 서슴없이 돌아온 답은 "이용만 사무관이 좋겠습니다"였다.

그는 1966년 7월부터 만 1년 동안 청와대 비서실로 옮겨서 행정서기관으로 승진해서 일했다. 당시의 청와대 비서실 조직은 비서실장 밑에 정무비서관이 있고 그 밑에 각 비서관(지금의 수석비서관)이 있는 체계였다. 오늘날과 같이 정무비서관은 국회와 정당을 중심으로 하는 정치 담당 업무뿐 아니라 국정 총괄 기능을 했다.[141]

사람의 앞길이 펼쳐지는 것을 미리 알 수는 없다. 그가 재무차관을 지내고 막 청와대에서 일하기 시작한 엘리트 출신의 윗사람을 모시리라고 누가 예상할 수 있었겠는가! 재무부 차관(1964.12.26 ~ 1966.1.26)

을 지낸 서봉균은 1966년 1월 27일부터 정무비서관을 맡게 되었다. 이용만은 서봉균 정무비서관을 보좌하는 역할을 담당하는데, 두 사람이 함께 일한 시간은 불과 6개월에 지나지 않았지만 그사이에 돈독한 신임을 받게 된다. 6개월이란 짧은 시간이지만 두 사람은 밀접하게 업무로 연결되어 있었다. 비서관 바로 옆방에서 근무했던 이용만은 대통령이 주재하는 회의의 안건, 참석자 선정, 연락, 그리고 회의가 끝난 후 속기록 작성 등을 모두 맡았다. 가장 중요한 일은 회의 결과를 대통령 지시 각서 형태로 정리해서 비서관, 실장을 거쳐 대통령의 결재를 받은 다음 각 부서에 전달하는 업무였다. 윗사람들의 입맛에 딱 맞게 일하는 게 그의 특기였다. 그의 큰 장점이자 재주는 모시는 분들을 어떻게든 든든한 후견인으로 만들어내는 능력이다. 윗사람들이 신뢰할 만큼 업무를 처리하는 능력과 태도를 갖고 있기 때문일 것이다.

그가 맡았던 주된 업무는 첫째, 경제개발 5개년계획 사업을 총망라하여 정리한 모든 관련 자료를 관리, 보고하는 업무였다. 매월 프로젝트별 진행 상황, 문제점, 애로 상황, 건의 등을 정리하여 수시로 각 사업의 현황을 점검하는 대통령의 질문에 답하는 일이다. 둘째, 정무 수석 비서관이 참석하는 회의 안건을 요약, 보고하는 것이다. 셋째, 청와대에서 개최하는 대통령 주재 최고의사결정회의(참석자: 국무총리, 부총리, 국회의장, 당의장, 중앙정보부장, 정무 수석 비서관 등)의 뒷좌석에서 앉아서 자세히 기록한 다음 회의 결과를 '대통령 지시 각서'로 작성하고 결재를 맡은 다음 배포하는 일이었다. 이때 '대통령 지시 각서'는 법률처럼 강한 위력을 발휘했다. 이 문건은 각 부처의 업무 추진에 반영되고 그에 따른 예산 편성 등 필요한 조치들이 취해졌다. 대통령의 의견이 자의적으로 해석되지 않게 명쾌하게 지시 사항을 정리해서 전달해야 한다. 여기서 그는 지시 사항을 어떻게 전달하는 것이 가장 효과적일지 훈련받는다.[142]

## 경제개발계획을 한눈에 보다

생애 처음으로 박정희 대통령을 만났다. 박 대통령은 어떤 일이건 간에 추진 과정에서 기획 및 계획, 집행, 평가 분석이라는 공식에 의해 체계적이고 과학적이고 능률적으로 프로젝트를 수행하는 데 익숙했다.[143] 그는 업무 성과를 지속적으로 향상시키기 위해 이른바 시스템적 사고가 몸에 밴 인물이었다. 그가 업무 추진 방법으로 선택한 것은 당시 미국 국방부에서 광범위하게 채택, 발전시킨 심사·분석·통제 기법이었다. 박정희 대통령의 기준에 의하면 새만금 간척 사업이나 고속철도 건설 사업처럼 주요 국책 프로젝트의 공사 기간이 몇 년씩 늦어져 막대한 예산을 낭비하는 것은 상상조차 할 수 없는 일이었다.

박 대통령은 한눈에 경제개발계획의 추진 상황을 파악하는 방법을 선호했다. 비서실에 파견된 이용만에게 떨어진 일은 항상 대통령이 주요 프로젝트들의 진행 사항을 체크하고 확인할 수 있도록 보좌하는 일이었다. 대통령 집무실 바로 옆에 위치한 상황실에는 높이 5미터에 길이가 7~8미터 되는 직사각형 상황판에 부처별 주요 프로젝트의 완공 계획, 진행 실적, 문제점 등이 일목요연하게 표시되어 있었다.

그가 비서실에 파견되었을 때 이 상황판을 만드는 데 직접 참여했다. 하얀 플라스틱판에 까만 글씨로 프로젝트 관련 사항이 기록되는데, 뒤에서 불을 넣으면 상황판을 환하게 비쳤다. 거의 실시간으로 최신 자료가 업데이트되도록 하는 일은 이용만이 맡은 중요한 일이었다.

부처별로 보고가 늦으면 전화를 해서 독촉했다. 청와대의 하명이기 때문에 관련 부서의 높은 사람들이 뛰어와서 자료를 보완했다. 시간이 가면서 이 상황실의 벽은 점점 더 복잡해졌다. 상황실의 모든 벽에는 몇 개의 상황판이 더 들어서 4면을 꽉 채웠다.[144] 나중에는 수출입 동향, 세수 현황, 산업시설 건설 현황 등이 포함된 통계와 도표뿐만 아니라, 지도 곳곳에 완공된 공장, 건설 중인 공정, 건설 계획 중인 공장을 표시하는 굴뚝 그림으로 가득 찼다.

상황실 주변에는 당시 권력의 실세였던 박종규 경호실장실과 서봉균 정무수석실이 있었고, 정무수석 밑에 12명의 비서관이 근무하고 있었다. 대통령 집무실 문이 열리고 대통령이 상황실로 들어오는 기미가 보이면 이용만은 만반의 준비를 하고 긴장한 채 기다려야 한다. 박 대통령은 상황실로 들어와 빨간 줄이 길게 늘어나 있지 않은 프로젝트에 대해서는 어김없이 "왜 이렇게 더디게 진행되고 있나?"라고 묻는다. 그때 이용만은 확실히 그 이유를 파악하고 있다가 주저하지 않고 "네, 이 프로젝트는 이런저런 이유 때문에 지체되고 있습니다"라고 이야기할 수 있어야 했다. 그런데 박 대통령의 특별한 점은 반드시 그 이유를 메모로 남기는 것이었다. 장관을 채근하고 독촉하기 위해서였다. 박 대통령은 그냥 내버려두면 알아서 할 리가 없다고 생각했다. 그래서 항상 체크하면서 독려하는 것이 몸에 뱄다. 30대 초반이었던 이용만은 이 모든 것들이 훗날을 위한 엄청난 훈련 과정이었다는 사실을 세월이 흐른 다음에 깨닫게 되었다.

박 대통령은 계획을 수립하고 그 계획에 따라 마감 시간 내에 반드시 마무리 짓도록 장관들을 독려하는 것이 자신의 임무임을 분명히 알고 있었다. 상황판을 관리하면서 이용만은 윗사람이 어떻게 일의 진척을 챙겨야 하는지를 배우게 된다. 또한 아랫사람들이 최선을 다하도록 독려하는 것도 윗사람의 책무임을 분명히 인식하게 된다. 박 대통령은 적당히 넘어가는 법이 없었다. "어, 여기는 내가 준공식에 다녀왔는데 왜 아직 진척 상황이 95%인가?"라고 묻는다. 그때는 진땀이 죽 흐르고 다리가 후들거릴 정도로 당황하게 된다. 상세히 파악해두지 않으면 언제 문제가 발생할지 모르기 때문에 항상 준비를 해두어야 한다는 점도 이때 배우게 된다. 박 대통령의 질문이 떨어지자마자 "각하, 이 사업은 예산 집행 실적이기 때문에 준공되었어도 아직 돈이 덜 나왔습니다. 자금 집행이 끝나면 100%가 됩니다"라고 답할 수 있어야 한다. "어, 그래"라는 만족스러운 답이 나오고 나서야 콩알만 해졌던 간이 제자리로 돌아왔다.

39세에 서울시장이 된 김현옥(1927~1997)이란 인물이 있었다.[145] 그는 '불도저 시장'이라 불릴 정도로 재임 중에 추진력이 강했고 많은 일을 했다. 건널목을 지하로 파는 데 3년이 걸리는데, 그가 서울시장을 할 때는 지상 육교 10개를 한꺼번에 만들어버렸다. 결과적으로 몇 달 안 되어서 프로젝트가 완벽하게 마무리되었다. 상황판에서 이를 본 박 대통령의 얼굴에 웃음이 가득해서 "그래, 그래" 하면서 마음에 들어하기도 했다. 이렇게 경제개발 5개년계획의 진척 상황을 파악해서 기록하고 보고하는 일을 하면서 박정희 대통령과 안면을 트게 된다.

한번은 이용만의 목이 달아날 뻔한 사건이 터졌다. 상황판의 우측 하단에 가려진 2급 비밀 자료가 하나 있었는데, 베트남 파병 장병 실태였다. 몇 명이 파견되었는지, 그리고 사망자가 몇 명이고 부상자가 몇 명인지에 대한 자료가 있었다. 비밀 자료이기 때문에 종이로 가려 놓았고 비밀 인가를 받은 사람이 아니면 볼 수 없었다. 그런데 비서실 내부에 이 정보를 외부로 유출시키는 불순 세력이 잠입해 있었다. 경호실장실에서 비서로 일하는 김옥임이란 여직원이었는데, 외국어대학교의 조영수 강사의 부인이었다.[146] 이 여직원은 난수표를 소지하고 있다가 발각되기도 했는데, 대통령 출입, 대통령의 면담 리스트 등을 포함해서 파월 장병 관련 자료까지 몽땅 남편에게 갖다주었다는 의혹을 사게 된다. 북한이 남한을 앞선 상태였기 때문에 1960년대 중반만 하더라도 한국의 인문과학계에 내로라하는 지식인들 가운데 북한에 대한 환상을 갖고 있었던 사람들이 제법 많았다. 이들의 환상이 깨지기 시작한 것은 1990년 초 사회주의권이 붕괴된 후의 일이다. 이 사건이 터지기 전에 박종규 비서실장이 상황실에 들르면 "난 프랑스 파리대학을 나온 엘리트 여자를 쓴다"고 자랑하기도 했다. 이 부부는 1967년 7월 8일에 터진 대규모 간첩 사건인 동백림(東伯林) 간첩 사건에 관련되었고, 비밀 자료 가운데 일부가 이 여직원을 통해 주변 사람들에게 전달되었다. 신문에 비밀 자료가 발표된 것을 보고 이용만은 크게 당황했다.

이용만은 중앙정보부에 끌려가서 이런저런 조사를 받게 되는 것이 아닌가 하고 걱정했는데, 나중에 그 여직원의 소행인 것이 밝혀지는 바람에 목이 달아나는 일을 면할 수 있었다. 이때도 이용만은 사소해 보이는 일이라도 단칼에 날아갈 수 있음을 깨닫게 된다.


## 박정희 대통령의 리더십

33세의 젊은이 눈에는 박정희 대통령의 어떤 점이 인상 깊었을까? 젊은 날에 대통령을 가까운 곳에서 지켜볼 수 있는 것은 큰 자산이 되는데, 이용만의 기억에 남아 있는 박 대통령은 다음과 같았다.

"박 대통령은 1년 12달 24시간 자나 깨나 경제 개발과 수출에만 몰두하신 것 같았습니다. 자기 일에 전부를 걸고 사는 분 같았습니다. 이 점이 박 대통령을 생각할 때마다 지금도 떠오르는 이미지입니다. 보통 사람 같으면 큼직한 상황판에 적힌 작은 숫자가 눈에 들어올 수가 없는데, 대통령의 머리에서 깨알 같은 숫자가 모두 일사불란하게 움직이는 것 같았습니다." "지난달에는 90%에 머물러 있었는데 이번 달에도 진척이 없는 이유가 무엇인가?"라는 질문은 정신을 쏙 빼놓게 했다. 항상 숫자 중심으로 질문을 던지기 때문에 대충 답하고 슬쩍 넘어갈 수가 없었다.

한번은 제1차 경제개발 5개년계획(1962~1966)이 끝나고 제2차 5개년계획(1967~1971)을 준비하는 대통령 주재 최고의사결정회의가 청와대에서 예정되어 있었다. 1966년 7월 무렵인데 회의가 열리기 3~4일 전에 박 대통령이 1차 5개년계획에 관한 해설서를 급히 찾았다. 너덜너덜할 정도로 낡은 책을 급히 구해서 대통령에게 전했더니, 그 책과 자료를 꼼꼼히 다 읽으면서 전후 사정을 완벽히 파악한 다음에 제2차 5개년계획을 준비하는 회의를 주재했다. 박 대통령의 철저함이 젊은 날의 그에게는 깊은 인상을 남겼다. 윗사람이 되면 저렇게 완벽하게 전후 사정을 파악한 다음에 업무 지시를 내려야 업무를 장악할 수 있다는 생각을 심어주었다. 회의에 참석한 국무총리나 부총리, 국회의장, 당의장, 원내 총무, 중앙정보부장, 관계 장관, 실무자 가운데 단 한 사람도 그 책을 읽고 온 사람이 없었다.

회의에서 대통령은 "계속 사업, 대통령 지시 사업, 2차 5개년계획 1차 연도 사업, 67년도 기본 정책 운영 계획에 입각하여 시달된 사업 등을 우선해서 예산을 다시 편성하라"고 지시를 내렸다.[147] 1차 경제계획에 관한 해설서를 읽은 다음에 그 내용을 속속들이 아는 사람이 하나도 없었기 때문에 모두 묵묵부답일 수밖에 없었다. 박 대통령에 대한 그의 평가는 이렇다. "경제 부흥에 대한 집요한 꿈과 한결같은 추진력이야말로 한강의 기적을 이룩한 비결임은 두말할 필요도 없습니다. 아무튼 좋은 지도자를 만난다는 것은 모시고 일했던 참모들뿐만 아니라 우리들에게 큰 행운이 아닐 수 없습니다."

한편 2차 경제개발 5개년계획안에는 대통령 지시 사항인 공무원 봉급 30% 인상안이 들어 있었다. 그날 회의에서 장기영 부총리는 30분 넘게 장황하게 설명하면서 재원이 부족해서 도저히 봉급을 올릴 수 있는 형편이 아니라고 주장했다. 담배만 뻐끔뻐끔 피우면서 설명이 끝날 때까지 기다린 대통령은 설명이 끝나자 "공무원 봉급은 올려주세요. 국영 기업체와의 봉급 차이가 너무 벌어졌으니 줄여줍시다"라고 이야기했다. 이 회의에 배석한 이용만은 정신없이 회의록을 작성하는 중이었다. 회의록에 근거해서 대통령의 '지시 각서'를 작성해야 했기 때문이다.

그런데 대통령의 지시가 떨어지자 장기영 부총리가 "네, 각하 말씀이 지당하십니다" 하면서 공무원 봉급을 올려주어야 되는 이유를 또다시 장황하게 설명했다. 회의록을 작성하는 이용만은 올려주자는 것인지, 아니면 안 된다는 것인지 헷갈리기 시작했다. 이때도 장기영 부총리가 꾀를 내서 다음 해 1월이 아닌 7월 1일부터 인상함으로써 인상예산의 50%를 절감하게 되었다. 이용만은 참 대단한 사람들이라고 느꼈다고 말한다. 박 대통령은 1월 1일부로 올리기를 원했지만 장 부총리의 의견을 존중해서 7월 1일부터 올리는 것으로 상황을 정리하는 유연함을 보였다.[148]

매달 한 번씩 청와대 비서관들은 소관 부처의 경제개발계획 사업의 진행 상황과 문제점, 건의 사항을 상황실에서 대통령에게 보고하는 시간을 가졌다. 상황실에서 한 달에 한 번 상황판 앞에서 보고받을 때 박정희 대통령은 눈에 불이 번쩍번쩍 튄다는 표현이 어울렸다. 이때는 이후락 비서실장 등이 모두 참석하고 이용만은 맨 뒷열에 배석했다.

회의가 시작되기 전에 어김없이 이후락 비서실장이 상황실에 들어와서 점검하는데, 이때 상황판의 불빛이 너무 세기 때문에 대통령이 앉는 책상 위에 색안경을 가져다 놓고, 키가 작으니까 두터운 방석을 갖다 놓고 나간다. 박 대통령은 들어와서 착석하기 전에 아무 말도 없이 방석을 집어다 바깥으로 던져버리곤 했다. "키가 작으면 작은 대로 앉으면 되지, 이게 왜 필요해?"라고 말하는 것 같았다.

이용만에게 깊은 인상을 남긴 것은 회의가 파할 즈음이 되면, 박 대통령은 보고만 받고 휑하고 나가버리지 않았다. 끝자리에 배석해 있는 사람들과 일일이 악수를 하면서 "수고가 많네"라고 격려했다. 그래서 수십 년이 지난 지금도 박 대통령을 생각하면 그 격려가 잊혀지지 않는다고 말한다. 이는 사람을 어떻게 움직여야 하는가를 몸소 보여준 사례에 속한다. 또 각 부처 직원들이 모여 상황실 정리를 위해 야간작업을 하는 것을 보면, 경호실에 지시해서 국수와 커피 등 야참을 보내주는 것도 잊지 않았다. 사소하지만 이런 배려와 관심 덕분에 젊은 직원들은 날밤을 새우면서도 지치지 않았다. "그것이 그분의 독특한 용병술이기도 하고 직원들을 감동시키는 방법이기도 했어요."

## 재무부로 옮겨 가다

"먼 곳에서 기회를 찾기 위해 헤매면서 에너지를 낭비하지 않도록 하라. 당신이 머무는 바로 그곳이 기회의 보고가 될 수 있다. 기회든 행복이든 성공이든 바로 지금 이곳에 있음을 잊지 않아야 한다."

기회에 대해 생각할 때면 떠오르는 경험에서 우러나온 지혜다. 세상을 탓하고, 시대를 탓할 필요는 없다. 그것도 결국 운명적으로 주어지는 것이기 때문이다. '지금' 그리고 '이곳'이란 두 단어를 결코 잊지 말아야 한다. 이용만이 재무부에서 자리를 잡는 과정은 바로 '지금'과 '이곳'이 얼마나 귀하고 대단한 것인가를 가르쳐준다.

그는 그런 평범한 진리를 일찍부터 체험했다. 청와대에서 서봉균 정무비서관을 모신 기간이라고 해야 6개월이 채 되지 않는다. 이용만이 내각수반기획통제관실에서 청와대로 파견된 시점은 1966년 7월이다. 상사로 모시던 서봉균 정무비서관이 재무부 장관으로 임명된 시점이 1966년 12월 26일이다.[149]

더욱이 서 장관은 당시로서는 대단한 학벌을 가진 인물이었으며, 불과 40세에 재무부 장관에 오른 인물이다. 경북중학을 나온 이후에 도미하여 미국의 휘트 대학에서 학사를 마치고 하버드대 경영대학원을 졸업한 인물이다. 미국에서 스탠더드오일주식회사와 미연방준비은행에서 조사역 등을 거친 바 있다. 필자가 다소 장황하게 소개하는 데는 이유가 있다. 이용만이 6개월 남짓한 기간 동안에 그의 눈에 들었기 때문이다. 이용만은 청와대 파견 근무를 시작하고 나서 3개월이 지난 4월 1일에 행정서기관으로 승진했기 때문에 오랫동안 청와대에서 일할 것으로 기대하고 있었다.

1966년 12월 26일자로 서봉균은 약관 40세에 재무부 장관에 올랐다.[150] 그는 이용만에게 함께 재무부로 가자고 권했다. 서 장관이 그를 신임하게 된 것은 그의 성실성과 업무 추진 능력 덕분이었다.[151] 단 6개월 만에 윗사람의 신임을 얻어 발탁된 이유가 그가 가진 장점 때문인 것을 부인할 수 없다. 필자는 미국에서 학부와 대학원을 마치고 미연방은행 등에서 경력을 쌓았던 서봉균이 어떤 잣대로 그를 평가했을지 궁금하다. 학벌 사회와 다소의 거리를 두고 성장한 그는 다른 한국인들에 비해 상대적으로 합리적인 잣대를 갖고 있었을 것으로 보인다. 다시 말하면 그에게 사람을 평가하는 기준의 으뜸은 학연이나 지연이 아니라 업무 추진 능력이었을 것이다. 이런 점에서 이용만은 당시로서는 풍부한 글로벌 경험을 가진 서 장관으로부터 선택받았다.

결국 이용만은 서봉균 장관을 따라서 1967년 1월 18일자로 재무부 기획관실로 자리를 옮기는데, 이후 재경직 전환 시험을 거쳐서 1967년 7월 15일자로 이재2과장(재정서기관 5호봉)으로 부임하게 된다.[152] 한 사람의 인생에서 주 무대가 되는 곳에 첫발을 딛는다는 영어 표현이 '스텝 인(step in)'이다. 흔히 "운명의 여신들이 끼어들다(The Fates step in)"라고 표현하기도 한다.[153]

서봉균 장관이 재무부에 뿌리를 내릴 수 있도록 돕고 나선 것은 그가 전혀 기대하지도 않았고 계획하지도 않았던 일이었다.[154] 이처럼 삶의 묘미는 특별한 그 무엇이 우리를 알 수 없는 곳으로 이끌기도 한다는 점이다. 미래를 두고 불안해하고 초조해할 수도 있지만, 지금 바로 그곳에서 최선을 다하다 보면 하나하나 길이 열리는 것이 우리네 삶임을 34세의 한 젊은이에게서도 확인할 수 있다.

삶의 역설은 열심히 하더라도 기대한 대로 인생이 쓱쓱 풀리지 않을 수도 있다는 사실이다. 그래서 사람들은 자주 어찌할 수 없는 것을 담아내기 위해 '운명'이란 용어를 사용한다. 열심히 하는 사람들의 인생이 모두 기대한 대로 술술 풀린다면 세상의 그 많은 소설이나 예술은 존재하지 않을 것이다. 그래서 1940년대 디즈니 영화 〈피노키오〉의 삽입곡 '당신이 별을 원한다면(When you wish upon a star)'에서는 예고도 없이 살며시 다가온 운명을 이렇게 노래한다. "번개처럼 느닷없이 운명의 여신은 다가와서 당신을 지켜본답니다."

20대부터 예수를 믿어온 이용만의 세계관은 일반인과는 다르다. 그가 자신의 인생을 바라보는 시각은 '운명'이란 용어 대신 하나님의 '섭리'와 '은혜'라고 할 수 있다. 한 간증 집회에서 그는 이렇게 말한 적이 있다.

"젊었을 때 종횡무진으로 무서운 것 모르고 관료로서, 은행가로서 뛰어다닐 때는 나 혼자의 힘으로, 내가 애쓰고 노력해서, 오로지 나의 공로로 살아왔다고 믿었습니다. 그러나 그것은 나의 착각일 뿐이었고 하나님은 나의 삶의 갈피갈피마다 어려운 순간에 지켜주셨습니다. 격려와 채찍도 주셨고, 재기할 용기와 지혜도 주셨고, 인내심도 길러주셨습니다. 하나님은 내 곁에 머무르며 한시도 나를 버리지 않으셨습니다. 하나님의 계획 속에 내가 이날까지 살아왔다는 확신을 갖게 됩니다. 모든 것이 하나님의 은혜였습니다."

오늘날 한국의 기독교는 세속화 때문에 세상 사람들의 돌팔매를 맞을 때가 잦다. 교회의 세속화는 물욕과 금전욕과 뒤엉키기 때문에 신랄한 비판의 대상이 된다. 하지만 때 묻지 않은 본래의 성성석 시혜'는 세상을 바라보는 관점 자체를 개벽시켜버린다. '우연의 자리'에 '주님의 섭리'가 들어서고 나면 툴툴대는 것 대신에 감사함이 자리한다. 그저 자신이 생명을 유지하고 있는 그 자체가 "주님의 은혜로 가능했구나"라는 통절한 고백이 나올 수밖에 없다.

# 2장

•

# 재무관료로서의 첫걸음

"경제개발계획을 제대로 추진하려면 재원이 있어야 하는데,
우리는 극심하다 할 정도로 재원 부족에 시달렸어요.
은행의 희생 위에 오늘 한국 경제가 가능하게 된 겁니다."

"당시에 한국은 무척 가난한 나라였는데, 무슨 돈으로 경제개발을 했습니까?" 선진화 포럼에 참석한 대학생들이 이용만에게 던진 질문이다. 몇몇 학생들이 인도를 방문했을 때, "한국은 돈을 어떻게 조달했는가?"라는 질문을 받았지만 아는 게 없어서 제대로 답변을 하지 못했다고 한다. 학생들은 차관을 도입해서 경제성장을 했다고만 배웠을 뿐이고, 국내 자금을 어떻게 동원해서 했는지는 아무도 가르치지 않았고 배울 기회도 없었다.

우리는 경제성장률이나 국민소득 증가율 그리고 수출 증가율이나 규모 등과 같은 성과물을 잘 알고 있다. 그러나 그런 성과물을 만들어내기 위해 투입된 자원에는 관심이 별로 없다. 그 자원이 어떤 돈이고, 언제, 얼마를 투입했으며, 어떻게 조달했는지에 대해서는 무관심하다.

이 질문에 대한 답은 우리가 걸어온 길을 이해하고 공과를 정확하게 평가하는 데 도움이 된다. 또한 우리가 현재를 어떻게 살아야 하는지, 그리고 미래를 어떻게 준비해야 하는지 등에 대해서도 귀한 교훈을 준다. 그리고 재무 관료로서 이용만의 초기 경력뿐만 아니라 당시에 나라 경제를 재건하기 위해 노력했던 공직자들의 삶을 평가하는 데도 귀한 단초를 제공한다.

제1차 경제개발계획을 시작하기 직전인 1961년도에 한국이 가진 외환보유고는 2억 700만 달러에 불과했다. 1960년대 한국은 거의 무일푼으로 사업을 시작한 셈이나 마찬가지였다. 앞에서 이미 언급한 바와 같이 군사정부가 들어선 다음에 무상 원조는 줄어들었고 도입되는 돈도 점차 차관 형태로 바뀌고 있었다. 경제개발계획을 실현하는 데 동원된 것은 외자나 차관이었다. 그런데 시설 자금은 외자 도입으로 해결할 수 있지만 운영 자금은 내자로 해결해야 했다.

어떻게 하면 내자를 동원하는 데 성공할 것인가? 군사정권의 절실한 과제였다. 남의 돈을 꾸기 전에 우선적으로 국민들이 갖고 있는 돈을 동원해야 하지 않겠는가! 영국처럼 농업 및 상업 부문에서의 자본의 원시 축적이 충분했던 나라는 정부나 은행의 역할이 거의 없었고 스스로 자본을 조달할 수 있었다.[155] 그러나 우리의 형편은 빈약했다. 축적된 자본이 절대적으로 부족한 상태에서 한국만의 독특한 내자 동원 정책을 만들어서 실행에 옮겼다. 지금의 시각으로 보면 무리한 점도 있지만, 경제 재건을 위해 기꺼이 위험을 감수한, 창의성이 돋보이는 정책들이 많이 나왔다. 산업화의 대장정에서 이런 정책들이 크게 기여했다.

혁명정부도 경제개발의 주요한 방법이 우선 내자가 동원되어야 함을 정확히 알고 있었다. 혁명정부는 필사적으로 여러 가지 내자 동원 방법을 구했다. 이용만이 재무부 관료로서 첫걸음 내딛기 바로 직전까지 정부는 내자 동원을 목적으로 3가지 조치를 취했지만 기대한 성과를 거두지 못했다.

첫 번째 조치가 부정 축재자 처리다. 군사혁명이 일어나고 난 다음 날인 5월 17일, 기업인 17명이 연행되고 이어서 10명의 기업인은 전 재산을 국가에 헌납하겠다는 각서를 썼다. 1961년 6월 14일 '부정 축재 처리법'이 발표되고 30명에게 51억 2,600여 환(현재 화폐 기준 5억 1,268만 2,000원)의 벌금이 통보되었다.[156] 같은 해 12월을 기준으로 10명의 기업인은 벌금을 완납했고, 나머지 20명 가운데 국가 재건에 필요한 공장을 건설하는 자본금을 벌금으로 내는 기업인도 있었고 일부는 강제 징수의 대상이 되기도 했다. 또한 29명의 고위공직자는 부정 축재 공무원으로 간주되어 6억 2,500여 환의 벌금이 통보되었는데, 4명이 완납했고 나머지는 강제 징수의 대상이 되었다.

부정 축재자 처리는 5·16군사정부의 독자적인 작품은 아니다. 이승만 대통령이 하야하고 10여 일이 지난 1960년 5월 10일에 서울 파고다공원에서 "부정 축재자 재산을 환수하라"는 데모가 일어났다. 당시 사람들은 정치자금을 제공하고 은행 특혜 융자를 받거나 정부 재산이 불법 불하를 받거나 탈세를 저지르는 일부 사업 사람들에 대해 분노하고 있었다.

4·19혁명 이후에 등장한 허정(許政) 과도정부는 조세 포탈 혐의로 46개사와 23명을 수사했다. 이어 장면 정부는 출범 나흘 후인 1960년 8월 27일에 참의원(상원)에서 '부정 축재자 조사특별위원회 설치에 관한 결의안'을 통과시키고 8월 31일에 46개 업체에게 벌과금 87억 환, 추징금 109환을 통고한 바가 있다.[157] 관련법에 따라 부정축재처리위원회(위원장 심종석 참의원 위원)가 1961년 5월 4일에 가동되기 시작하고 처벌 대상자의 자진 신고 마감일이 5월 16일이었는데, 그날 혁명이 일어났다. 군사정부는 대중들의 바람과 내자 동원의 방법으로 장면 정부의 부정 축재자 처리 방안을 이어받아 그것보다 강도가 센 조처를 발표하고 추진했다.

## 내자를 동원하라

"부정 축재 외에도 음성적으로 축적된 자금이 사회정치의 혁신에도 불구하고 아직 활발히 산업 자금화하지 않고 투기화할 위험성이 있기 때문에…… 이러한 견지에서 혁명정부는 중요한 과업의 하나로 혁명 초부터 준비해오던 중 본격적인 농번기가 아직 시작되지 않은 차제에 통화개혁을 실시하게 되었다."(화폐개혁에 즈음한 박정희 의장 담화, 1962.6.10.)

단호한 표정의 박 의장 얼굴과 함께 그날 모든 신문은 1면에 대문짝만 하게 '화폐개혁 10환을 1원으로'라는 제목을 실었다. 내자 동원을 위한 두 번째 조치가 통화개혁(화폐개혁)이다. 1962년 6월 9일 긴급통화조치법을 공표했는데, 다음 날을 기해 통화 가치를 10분의 1로 평가절하한다는 내용이었다. 투기 자금이 민간에 퇴장되어 있다고 믿고, 퇴장 자금을 끌어내어 산업 자금화하려는 좋은 취지로 실시된 충격 요법이다. 구권 10환당 신권 1원으로 변경하고, 환전의 한도는 생활비 수준인 신권 500원으로 제한했다. 현금과 수표 그리고 우편환까지 등록을 의무화했다. 여기서 나오는 잉여 자금은 산업개발공사로 흡수하여 산업계에 경제개발을 위한 자금으로 공급한다는 원칙을 세웠다.

그러나 통화개혁 조치로 얻을 수 있는 자금은 보잘것없는 수준이었다.[158] 훗날 알게 되었는데, 당시 통화량이 GNP의 12%에 불과했기 때문에 큰돈이 시중에 있을 수 없는 상황이었다. 결과적으로 끌어내려는 돈을 확보할 수 없었을 뿐만 아니라 유통 구조가 마비되고 산업 활동이 위축되었을 뿐, 자금 부족을 가중시킴으로써 경제활동을 크게 위축시켰다.

엄밀히 말하자면 통화개혁은 경제에 불필요한 충격만 주고 실패하고 말았다. 화폐 명칭만 바꾸고 가뜩이나 외환이 어려운 경제 상황에서 신권을 찍는 데 드는 비용만 축냈을 뿐이다. 그 결과 시행 발표 이후 1주일도 되지 않아서 서슬 퍼런 통화개혁의 제반 조치들은 완화되기 시작했고, 한 달쯤 지나서는 동결되었던 모든 예금의 인출이 자유롭게 허용되었다.

혁명정부가 제1차 경제개발계획의 성공을 위해 의욕적으로 실시한 조치였지만 뼈아픈 실패로 끝나고 말았다. 하지만 통화개혁의 실패가 반드시 부정적이었던 것만은 아니다. 이런 실패를 기점으로 정부 주도의 경제 자립화에서 민간 기업이 주도하는 경제성장으로의 정책 전환이 일어나게 된다.[159] 당시의 지도층들은 통념을 깨는 정책이나 제도를 과감하게 실험해볼 수 있는 용기를 가졌던 사람들이다. 1961~1965년의 경제정책 전환 과정을 사료를 통해 치밀하게 분석하여 『박정희와 한강의 기적─1차 5개년계획과 무역 입국』(2006년)을 집필한 이완범(한국학중앙연구원 교수)은 화폐개혁의 실패가 가져온 긍정적 효과에 대해 이렇게 말한다.

"5·16군사혁명을 일으킬 당시 박정희에게 '경제개발' '수출 진흥'이란 생각은 없었다. 그는 가난한 농민의 아들답게 '농촌 진흥'을 중시했다.[160] 하지만 장면 정부가 세워놓은 경제개발 계획에 자극받고 미국의 종용으로 경제개발을 추진하게 됐다.[161] 초기에 이를 주도한 유원식 국가재건최고회의 최고위원과 박희범 서울대 상대 교수 등 군부 실세와 경제학자들은 내수를 통해 자립 경제를 지향하는 내포적 공업화를 추진했다. 그러나 지하자금 양성화를 통해 자금을 조달하려 했던 화폐개혁이 실패하자, 상공부의 박충훈 장관·김정렴 차관·오원철 국장 등 경제 관료와 이병철 삼성 사장, 전택보 천우사 사장 등 기업인들이 일본의 성공 사례를 들어 수출 중심으로의 전환을 건의했고, 박정희가 이를 수용했다. …… 한국의 경제발전은 박정희 외에도 관료·기업가·노동자·농민의 공동 작품이지만 군대식으로 밀어붙인 박정희의 리더십이 중요했다는 것은 의심의 여지가 없다."[162]

이후에 한일협정 등을 통해서 외자를 구하는 데 적극적으로 나선 것도 화폐개혁의 실패가 낳은 결과물이라 할 수 있다. 이처럼 역사는 우연한 계기로 크게 출렁거리게 된다. 이런 기록들을 추적하다 보면 당시의 정치가나 관료들은 일이 되도록 하기 위해 적극적으로 나섰던 사람들이었음을 알 수 있다. 그냥 시간을 흘려보내는 사람들이 아니었다. 이는 오늘날 나랏일을 하는 사람들이 깊이 새겨야 할 교훈이다. 손놓고 기다린다고 해서 문제가 해결되는 것은 아니기 때문이다. 오히려 문제는 더욱 곪게 된다는 사실을 기억해야 한다.


## 내자를 동원할 수 있다면 무슨 일이든

오늘날과 같은 저금리 상황에서 두 자릿수 금리를 상상해보는 일은 쉽지 않다. 그러나 불과 얼마 전까지 우리는 고금리 시대를 살아왔다. 이 가운데 1965년 9월 30일 금리 현실화는 우리 경제에 고금리 시대를 여는 데 기여했다. 고금리 정책의 목표는 명확하다. 부작용이 따르더라도 예금 금리를 대폭 인상시켜 사람들에게 예금을 더 많이 하도록 유도하는 것이다. 그날의 조치로 인해 시중은행의 1년 만기 정기예금 금리는 연 15%에서 30%로 무려 15%가 인상되었다. 또한 상업어음 할인을 통한 은행의 대출 금리는 연 14%에서 26%로 뛰어올랐다.

내가 동원을 위한 세 번째 조치로서 정부는 그동안 견지해오던 저금리 정책을 포기하고 고금리 정책으로 나아가기 시작한 것이다. 이 조치를 깊숙이 들여다보면 금리 현실화 조치였다. 사실 당시의 물가 상승은 일상적이었기 때문에 화폐가치는 떨어질 대로 떨어진 상태였다. 1945∼1965년까지 연평균 물가상승률은 51.1%였다. 이러한 상황에서 이자율이 12∼15%였다. 은행에 돈을 넣어둘수록 원금을 갉아먹는 셈이나 다름없었다. 이런 상황에서 누가 저축할 생각을 할 수 있는가. 금리 현실화 조치와 함께 이자 제한법 개정도 함께 이루어졌다. 금리의 법정 최고한도가 종전의 연 20%에서 36.5%로 올라갔다. 이 같은 고금리 정책은 1972년 8·3조치가 취해질 때까지 계속되었다.

금리 현실화 조처라고 하지만 자세히 들여다보면 대출 금리가 예금 금리보다 낮은 역금리 현상이 빚어졌다. 누구든 당장에 은행에서 대출을 받아 예금을 하기만 하면 앉아서 이익을 얻게 되는 웃지 못할 상황이 벌어지게 된다. 예금 금리를 끌어올려 저축을 유도해야 하지만, 대출 금리를 함께 올리면서 기업의 금융 부담이 커지기 때문에 취한 고육지책이었다. 금리 현실화 이후에 은행마다 예금이 늘어서 대출 재원은 크게 늘어난다. 예를 들어, 1965년에 저축성 예금은 306억 원에 불과했지만 1967년이 되면 4배 증가한 1,289억 원, 그리고 1972년에는 30배 늘어난 9,115억 원이 된다.[163]

그 결과 중앙은행의 신용이나 정부 예산 중의 대충 자금 배정에 의존하던 종래의 제한적인 재원 조달 형태에서 벗어나는 계기가 되었다. 동시에 금융 부문의 대출 한도제가 폐지되었으며, 한국은행의 통화 관리 방식도 간접적인 형태로 변모하게 된 것은 긍정적인 점이다.

이처럼 금융 질서의 정상화가 어느 정도 이뤄지고, 저축 의욕도 북돋아 내자 동원의 효율성을 제고시키는 성과를 거두었다. 그러나 대가도 치러야 했다. 대출 금리가 예금 금리보다 낮은 역금리 체제로 인해 은행들의 수익성은 크게 악화되었다.[164] 또한 국내 명목금리 수준이 워낙 높다 보니 무분별한 외자 도입의 요인으로 작용하기도 했다. 예금 금리를 대폭 올림으로써 일어난 역금리에 대해 이용만은 이렇게 평가한다. "예금 금리(30%)가 대출 금리(26%)보다 높은 사상 초유의 역금리 체제는 은행이 고금리를 받아서 저금리로 기업에 지원하게 함으로써 은행의 희생 위에 기업 활동을 지원하게 한 조치였다. 역금리 체제는 산업 자금 지원을 위한 내자 동원의 목표를 달성하기 위해서였다."

오늘날 대기업들 가운데 많은 수가 자신들의 능력으로 오늘이 있다는 자부심을 갖고 있으며, 이것은 올바른 주장이다. 하지만 기업 성장의 이면에는 저금리를 통한 정부 혹은 납세자의 지원과 은행의 희생이 있었음을 기억해야 한다. 한국적 상황이 낳은 독특한 고금리 정책이 낳은 빛과 그림자다. 당시 지도층은 "기업에 좋은 것이 나라에 좋다"는 시각이 확실했기 때문에 기업 지원을 위해 기꺼이 은행권을 희생시키는 쪽을 선택했다.

예를 들어, 고금리로 예금을 받아서 저금리로 기업을 지원하다 보면 결국 은행이 부실화된다. 이런 어려움을 해결하기 위해 재무부는 특별한 지원책을 고안해낸다. 은행 예금 가운데 일정 금액을 한국은행에 맡긴 자금이 지불 준비금이다. 원래 지불 준비금은 무이자이지만, 은행이 역금리로 인해 배당이나 결산을 못하는 상황이 발생하게 되자 재무부가 나섰다. 무이자인 지불 준비금에 대해 한국은행이 3.5% 이자를 지불함으로써 은행들이 이자를 받아서 결산을 하도록 주선했다. 결국 한국은행이 간접적으로 기업을 도운 셈이다. 훗날 이런 정책에 관여한 이용만은 "은행들의 희생 위에 기업이 일어섰다"는 점을 분명히 한다.

　이용만이 이재2과장으로 재무부에서 첫발을 내디딜 때는 제2차 경제개발계획이 막 시작되던 시점이었다. 당시의 시급한 현안도 "어떻게 하면 왕성한 투자 의욕을 충족시킬 정도로 내자를 동원할 수 있는가?"였다. 예를 들어, 제1차 경제개발 5개년 기간 중에 GNP에서 차지하는 총투자의 비중은 16.6%였지만 민간 저축 비중은 6.2%에 불과했다. 10% 이상의 부족분은 해외로부터의 외자 도입으로 메워나갈 수밖에 없었다. 따라서 제2차 경제개발계획 중에도 정부의 최대 관심사 가운데 하나는 내자 동원을 가장 효율적인 방법으로 극대화하는 것에 모아졌다.


## 변변한 저축기관이 드물었기에

"그때 우리가 해야 하는 일은 명확했어요. 내자 동원을 위해 가장 효율적인 수단과 방법을 찾고 이를 가능하게 하는 것이었습니다." 1967년 7월, 이용만이 맡은 이재2과는 '저축과' 혹은 '은행과'로 불렸다. 당시 재무부 이재국에는 이재1과가 금융정책과 국책은행(한국은행, 산업은행, 중소기업은행, 국민은행) 관리 감독을, 이재2과가 저축, 신탁, 시중은행 관리 감독을 맡았고, 증권과와 보험과가 있었다. 이용만이 과장으로 부임한 이재2과는 내자 동원을 효과적이고 지속적으로 실천하기 위해, 우선 저축기관 추가 신설, 둘째로 저축 유인책 마련, 셋째로는 저축 홍보에 초점을 맞추게 된다. 당시 재무부의 이재2과는 내자동원이란 전투의 승리를 위해 전선의 최일선에 배치된 별동대였고 이용만은 별동대장과 같았다.

당시는 한국이 수출 증가와 산업 육성에 전력투구하고 있을 때다. 이를 가능하게 하는 것은 내자 동원이었고, 이를 위해서 이재2과가 구체적인 실행 방법을 내놓아야 했다. 이용만을 비롯한 이재2과의 구성원들은 저축 담당에 민해영 사무관, 서형렬 주사, 최규학 주사, 신탁 업무에 허남훈 사무관, 후임에 안공혁 사무관, 김동일 주사, 은행 감독에 한동우 사무관, 정장화 주사가 있었다. 이들 가운데 저축 담당인 민해영 사무관과 서형렬 주사 그리고 최규학 주사는 "저축이 증대되어야 투자 재원을 외자에 의존치 않음으로써 자립경제의 기틀을 마련할 수 있다"는 데 의기투합했던 사람들이다.[165] 당시에는 금융 시스템이 전혀 구축되지 않은 황무지 같은 상태였다. 그래서 이재2과에서 아이디어를 내면 그것이 바로 금융정책이 되던 시절이었기 때문에 사무관들이 큰 역할을 담당했다.[166] 당시에는 관치금융이 불가피했을 뿐 아니라 달리 대안이 없었다. 안공혁은 관치금융에 대해 이렇게 말한다. "경제개발을 하려면 자본, 자원, 기술이 있어야 하는데, 우리는 3가지 중 어느 하나도 갖고 있지 않았습니다. 결국 재무부가 주도하여 자금을 마련하고 배분할 수밖에 없는 상황이었습니다."

저축의 날에 행한 대통령의 담화에 당시의 시대 분위기와 시대적 소명이 잘 담겨 있다. "2차 5개년계획을 성공적으로 완수하고 19/0년대의 자립경제 터전을 마련하는 데 있어 가장 중요한 것은 내자 동원이며, 이 내자의 주요 원천은 바로 국민 여러분의 저축에 있다."[167] 이를 정책과 제도로 현실 세계에 구현하는 곳이 바로 이재2과였다.

이용만은 정통 고시 출신이 아니다. 재무부란 곳, 그 가운데서도 이재국은 관료의 꽃이라 불리던 곳이다.[168] 학벌이나 두뇌 면에서 최고로 꼽을 수 있는 사람들이 가던 곳이었다.[169] 이재2과의 사무관에는 서울 법대 출신이 2명 그리고 서울 상대 출신이 1명이 있었다. 윗사람을 모셔야 하는 사무관들 입장에서 보면 청와대에서 장관 따라 낙하산처럼 날아온 것처럼 보이는 이용만 과장이란 사람이 썩 마음에 들지 않았다. 서울대 출신도 아니고 게다가 고시 출신도 아니기 때문에 처음에는 환영받지 못했다.

업무도 익숙지 않고 잘 모르는 분야가 많기 때문에 "저 양반 고생깨나 하겠구나"라는 생각을 가진 부하도 있었다. 때로는 "한번 잘해보시오"라고 생각하는 부하도 있었다. 그런데 "모르는 것은 모른다"고 이야기할 정도의 배포를 가진 상사를 모시는 것도 사무관들 입장에서는 신기한 일이었다. 대개는 상사가 되면 모르는 것도 아는 척하게 마련인데, 모르는 것은 잘 모른다고 이야기를 하니 신기할 수밖에 없었다. 그런데 부하들이 더 놀란 것은 업무를 배워서 정확하게 파악하는 데 3달이 채 걸리지 않았다는 점이다. 자신들이 모시는 상사가 엄청난 노력파라는 것을 깨닫는 데는 오래 걸리지 않았다. 눈부실 정도로 실력이 늘고 업무를 완전히 장악했다.

리더로서의 면모와 인간적인 강점이 이재2과장으로 일하는 동안 여과 없이 드러나는데, 이에 대해서는 차근차근 이야기를 풀어놓을 예정이다. 한 가지 분명한 것은 '혼연일체'라는 용어를 사용할 정도로 이재2과를 강력한 단결력과 추진력을 갖춘 조직으로 바꾸어놓았다는 점이다. 리더로서의 면모와 인간적인 특성에 대해 이야기하기 전에 이재2과에서 추진한 일을 우선 살펴본다.

대부분의 제도에는 '인센티브'(동기 부여)가 들어간다. 사람들이 자신의 이익에 따라 저축을 하지 않을 수 없도록 유도하는 제도가 필요했다. 이를 가능하게 하도록 이재2과가 노력한다. 이재2과의 기여에 대해 신제도주의학파의 주장이 설득력이 있다. 신제도주의학파는 한국이 자본 축적이나 기술 수준 그리고 산업화 경험 없이 1960년대 이후 비약적인 성장을 이룬 원인이 상당 부분 제도적 요인 덕분이라고 한다. 그만큼 당시의 정치가와 관료가 만들어낸 제도가 경쟁력이 있었다는 이야기다.[170] "경제제도는 경제성장에 가장 중요한 변수다. 그 이유는 인적·물적 자본 및 기술에 대한 투자와 생산, 그리고 거래 조직을 선택함에 있어서 경제주체가 경제제도에 내재해 있는 인센티브에 반응하기 때문이다."[171]

첫째, 내자 동원을 효율적으로 추진하기 위해 다양한 저축기관을 신설했다. 통화개혁이나 고금리 현실화처럼 충격적인 방법으로 내자 동원을 오랫동안 지속할 수는 없다. 저축하는 사람들에게 충분한 동기를 부여할 수 있는 저축기관의 신설과 같은 새로운 제도의 도입으로 내자 동원이 이루어질 수 있도록 조치할 필요가 있었다. 이 역할을 이재2과가 충실하게 수행한다.

1967년의 1월 17일, 대통령 연두교서에는 지방은행 설립이 포함되어 있었으며 이틀 후인 1월 19일에 서봉균 재무부 장관은 부산, 대구, 광주 등 지역에 지방 은행 설립을 공식적으로 밝힌다. 그는 설립 목적이 내자 동원과 지역 자본을 활용하여 지방 특화 산업 발전을 도모하기 위함임을 분명히 한다.

이전까지 은행은 5개의 시중은행에 특수은행으로 중소기업은행(1961년 7월 설립)과 국민은행(1963년 2월 설립) 정도가 있었다. 또 농업협동조합중앙회(1961년 8월 설립)가 있었고 마찬가지로 수산업협동조합중앙회(1962년 1월 설립)가 있었다. 중소기업은행은 예금과 대출 업무를 취급하고 있었지만, 대출처가 중소기업에 한정되어 있었다. 산업은행(1954년 4월 설립)은 원래는 재원을 재정 자금에 의존했으나, 나중에는 산업 금융 채권과 예금에 의존하고 있었다. 따라서 저축기관나운 서축기관이 부속한 상황이었다.

지방은행의 설립에 박차를 가하게 된 명백한 이유가 있었다. 지방에 은행의 연고를 두게 함으로써 지방 예금을 흡수하여 지방 기업의 자금 수요를 충당하려는 정책 목표 때문이다. 오늘날 부산은행이나 대구은행 등이 건실한 은행으로 성장한 것은 향토 자금 유치에 성공했기 때문이다. 같은 값이면 고향 은행을 이용한다는 정서가 과거에는 지금보다 훨씬 강했다.

1967년 한 해만 하더라도 10월 7일 대구은행, 10월 25일 부산은행이 세워졌다.[172] 곧이어 1969년 3월 30일에는 충청은행이 문을 열었고, 이를 이어서 광주은행, 제주은행, 경기은행, 강원은행, 경남은행, 충북은행 등 모두 10개 지방은행이 1967~1971년에 설립되었다.[173] 지방은행들은 정부가 소유하고 있던 시중은행과 달리 민간 소유로 정부의 규제나 간섭을 덜 받는 혜택을 누릴 수 있었다. 이재2과의 직원들은 하룻밤에 하나씩이라는 듯 숨 가쁘게 지방은행 설립을 추진했다.

지금도 이용만은 1967년 8월의 어느 날, 지방은행 가운데 처음으로 대구은행이 세워지기 전 출장길의 무더위를 기억한다. 한여름의 뜨거운 열기가 대구를 데워서 여관에서 도저히 잠을 이룰 수가 없었다. 같이 출장을 갔던 은행감독원의 송준오 과장과 함께 시멘트로 만든 목욕통에 물을 받아놓고 그 안에 들어가서 잠을 잤던 기억이 있다. 그때는 젊었고 무엇이든 해내야 하는 시절이었기에 대구의 한여름 더위 정도는 아무것도 아니었다.

제도는 참으로 중요하다. 사회주의나 공산주의의 몰락도 결국 넓은 의미의 제도 경쟁에서 패배했기 때문이다. 이런 점에서 한 나라 경제의 성장에서 제도 경쟁력은 기업의 제품 경쟁력 못지않게 영향력이 광범위하고 오래 지속된다. 이런 맥락에서 보면 한국 경제 성장의 초기 단계에, 황무지에서 마치 도로를 닦고 근사한 건물들을 세우듯이 정책과 제도를 만들어낸 한국의 공직자들은 정말 헌신적으로 일했다. 제도나 정책은 공공재이기 때문에 세월이 흐르고 나면 "그 양반들이 날밤을 새우고 일한 덕택이다"라는 평가가 나오기 힘들다. 덕을 입은 사람들은 입을 다물고 제도 때문에 불편했던 사람들의 목소리가 두드러지게 마련이다. 게다가 이제 시장의 시대이기 때문에 과거의 정부 개입도 오늘날의 규제 완화와 같은 기준으로 비난받을 때가 많다.

## 최초의 복권인 주택복권의 실험

"서울은 만원이다. 1966년도 어느새 초여름에 접어들고 있었고 금년 봄 들어서 오래간만에 데모가 없어서인가. 시골에서도 사람들이 떼를 지어 몰려들어 바야흐로 서울 거리는 폭발할 듯했다." 1966년 2월, 소설가 이호철이 동아일보에 연재하기 시작한『서울은 만원이다』에 나오는 한 대목이다.[174] 1960년 서울 인구는 240만 명이었고 1965년에는 340만 명으로 늘어났다. 무작정 시골에서 상경한 사람들로 인해 주택, 식수, 교통 등 모든 것들이 벼랑 끝을 향해 달리고 있었다. 사람들은 하천변이나 도심 외곽의 구릉 지대에 무허가 판잣집이나 천막집을 짓고 살기 시작했다. 서울시의 주택보급률은 1966년에 50%로 바닥을 쳤다.

정부는 대책을 마련해야 했다. 1967년 7월 10일, 서민들의 내 집 마련의 꿈을 지원하기 위해 주택금고가 문을 열었다.[175] 주택은행의 전신인 주택금고가 소공동에 자본금 100억 원, 불입 자본금 50억 원 그리고 360명의 직원들로 출범했다. 이날 개업식에는 정일권 국무총리와 장기영 부총리 그리고 서봉균 재무부 장관이 모두 참석했다. 정일권은 이날 치사에서 제1차 5개년계획 기간 중에는 38만 호의 주택밖에 짓지 못했으나, 주택금고 설립을 계기로 제2차 계획 기간 중에는 89만 호를 짓겠다는 야심찬 목표를 제시했다.

초대 이사장직은 김진홍(전 한일은행장)이 맡았는데, 그는 '만인의 주택금고'와 '사람은 사람 사는 곳에 살아야 한다'는 슬로건을 걸고 현판식을 하기도 했다. 주택금고는 서민들에게 주택의 건설과 구입에 필요한 자금을 직접 공급해주기도 하고, 주택 건설 자재를 생산하는 기업에 대출을 해주기도 했다. 자금 조달의 절반은 서민들로부터 예금을 받아서 했지만, 3분의 1가량은 채권을 발행하여 메워나갔다.

이때 기발한 아이디어가 나오는데, 그것은 바로 주택복권이다. 재원 조달을 목적으로 주택복권을 발행할 예정이라는 소식이 언론에 의해 시중에 알려지자 비난의 목소리가 하늘을 찌를 정도였다. 사행심을 조장하는 정책을 어떻게 국가가 실시할 수 있는가라는 비난의 목소리가 주요 일간지의 톱기사로 대서특필되었다. 과장을 보태자면 언론의 집중 포화 때문에 정부청사가 뒤흔들릴 정도였다. 이런 상황에서 대부분의 공직자들은 몸을 사리게 된다. 오늘날 같으면 이 정도의 저항이 거센 정책을 해나갈 만한 공직자를 만나기는 쉽지 않다.

당시 황종률 재무부 장관 밑에는 유능하고 추진력이 강한 장덕진 이재국장이 포진하고 있었다. 그는 박정희 대통령의 인척이라는 든든한 배경을 갖고 있기도 하지만, 기획과 설득 그리고 추진력이 뛰어난 사람이었다. 그는 부정적인 여론이 들끓었는데도 주눅 들지 않고 유관 언론인들을 초대하여 복권 발생의 취지를 집요할 정도로 계속해서 설명하는 기회를 가졌다.

주요 언론사장단, 편집국장, 사회부장, 경제부장, 출입 기자 등을 매일같이 은행 집회소(현 전국은행연합회)에 초청하여 브리핑했다. 결국 복권 발행의 취지와 장점을 충분히 납득시켜 오늘날의 주택복권 판매 제도가 자리를 잡게 되었다. 그러나 초창기 복권은 사행심 조장 우려 때문에 지하도 판매만 허용되었다. 복권 판매로 조성된 자금은 무주택 원호 대상자들을 중심으로 4% 저리의 주택 융자를 가능하게 했다. 복권 발행은 강력한 반대와 노골적인 비난을 받았지만 당시 이재2과에서 만들어낸 혁신적인 정책이었다. 이런 새로운 정책을 만들어낼 때는 무턱대고 달려들어서는 백전백패다. 이재2과의 서형렬 주사가 전 세계 복권 실태를 면밀히 조사했고, 복권 제도가 잘 발달된 이탈리아 등지로 출장을 다녀와서 상당한 준비 과정을 거쳤다. 그는 이 공적 때문에 1968년 9월 25일에 대통령표창을 받았다.

## 남산터널에서 배우는 신탁은행의 교훈

"시중은행들이 저마다 신탁 업무를 운영함으로써 원래의 신탁 업무가 추구해야 하는 장기 투자 재원 조달의 기능을 제대로 하지 못하고 있었습니다."[176] 당시 이재국은 효율적인 내자 동원을 위한 정책 개발에 온갖 노력을 다하고 있었던 만큼 고유 기능을 상실한 신탁 업무를 활성화시키기 위해 나서야 할 때였다.

당시 은행들의 신탁 계정은 운용 면에서 여러 가지 문제를 갖고 있었다. 약 480억 원에 이르는 총수탁고 가운데서 60%에 해당하는 270억 원이 은행 계정으로 이체되어 대출되고 있었다. 다시 말해 예금을 권유하기 위해 고금리(신탁 자금)를 받아서 기업이 원하는 저금리(은행 계정)로 운영해왔기 때문에 손실이 커질 수밖에 없었다. 시중은행들의 신탁 업무는 본래의 역할과는 너무 동떨어지게 운영되고 있었다.

1968년 11월 1일에 설립된 신탁은행의 설립 취지도 내자 동원과 신탁자금을 장기 산업 자금으로 활용하기 위해서였다. 한국신탁은행이 개점되자마자 신탁 금리가 은행 금리보다 높아서(24~28%) 시중 자금이 구름같이 몰려왔다. 이렇게 모인 자금을 어떻게 활용하는 것이 국민경제에 가장 보람이 될 것인가를 두고 고민이 있었다. 신탁 업무의 고유 기능을 제대로 발휘하기 위해 국민 경제의 성장에 기여할 수 있도록 상징적인 사회 간접자본에 투자해야 했다. 신탁은행 설립 그 자체는 이재국이 금융을 통해서 성장 정책을 지원하는 의미 있는 첫 시도였다. 신탁은행은 여러 가지 상품을 개발하여 자금을 끌어 모은 다음에 사회 간접자본 투자에 적극적으로 나서게 된다.

당시로는 대단히 파격적인 실험이었다. 오늘날 은행들이 민자 사업에 투자하는 것은 당연한 일이지만, 당시에 은행이 대출 위주에서 직접 투자를 통해 수익성을 확보하려는 노력은 선구자적인 시도였다. 신탁은행의 설립을 기념하여 공익사업신탁 1호로 '남산 1호 터널'에 투자하여 서울시의 교통난 해소에 크게 기여했다.[177] 울산–언양 간 고속도로 건설, 평창동 서민 주택단지 건설 등은 모두 신탁 자금이 투자된 사례다.[178][179] 여기서 이용만은 공무원 조직에서 부처 이기주의로 인해 어떤 일이 일어날 수 있는가를 보여줄 수 있는 대표적인 사례를 한 가지 든다. 이 사례는 지금도 어디서든 일어날 수 있는 일이기 때문에 신탁은행의 '남산 1호 터널' 투자를 조금 더 자세히 살펴본다.

남산터널을 뚫는 데는 당초 계획했던 것보다 공사 기간이 오래 걸렸다. 더구나 높은 금리의 신탁 자금에 의존했기 때문에 빚을 많이 지게 되었다. 이후에도 불충분한 주변 정리로 인해 남산터널까지의 통행이 원활하지 않았다. 적자가 계속 누적되어 실무진들이 고민에 빠진다. 부득이 서울시에 협조를 구했지만 생각보다 협조가 이루어지지 않았다. 신탁 자금을 이용해서 애써 통행에 유리하게 남산을 가로지르는 길을 만들어주었음에도 불구하고 서울시가 나서서 버스가 통행할 수 있도록 주변 도로를 내주지 않은 통에 차들의 통행이 이루어지기 힘든 상황이 되었다. 궁리 끝에 남산터널을 서울시에 넘겼다. 터널을 제대로 활용할 수 있는 방법이라고 생각했기 때문이다. 신탁은행이 투입한 자금을 무이자로 서울시에 넘겨주다시피 했기 때문에 신탁은행은 큰 손해를 보게 되었다.[180] 관할권이 서울시로 넘어가자, 서울시는 그때의 조흥은행 앞쪽으로 차가 올라갈 수 있는 진입로를 만들었다. 뿐만 아니라 버스 통행로 확장 등 서울시의 노력으로 남산터널의 활용도는 크게 높아졌다. 차량 통행이 원활해지자 통행료 수입도 늘어났다. 그동안 이루어진 여러 차례의 개보수 작업으로 양쪽으로 사람들이 걸어 다닐 수 있는 보도도 만들어졌다. 아무리 좋은 선의를 갖고 출발하더라도 부처 이기주의를 극복하는 길은 만만치 않음을 깨우쳐준 사례에 속한다. 오늘날도 이 같은 현상은 드물지 않다.

당시 신탁 자금으로 추진되었던 9개 사업 가운데 무산된 프로젝트가 있다. 현재의 대한문과 플라자호텔과 롯데호텔을 연결하여 파리의 에펠탑처럼 큰 탑을 건설하는 프로젝트였다. 에펠탑이 파리의 랜드마크인 것처럼 서울을 대표하는 랜드마크를 만들자는 구상이었다. 하지만 그곳에서 청와대가 들여다보일 수 있다는 보안상 이유 때문에 무산되고 말았다. 이용만은 "원래대로 추진되었다면 서울을 대표하는 랜드마크를 가질 수 있지 않았을까?"라는 아쉬움을 피력하곤 했다.


## 신탁은행의 실패에서 배우는 교훈

"경영에서 지나친 사심이 끼어들거나 정치적인 의도가 끼어들게 되면 온전하기 힘듭니다."

선의에서 출발한 신탁은행이 몰락한 사례는 신탁은행의 창립을 주도했던 담당자들에게는 곤혹스러운 실패 사례에 속한다. 오늘의 우리에게 주는 시사점이 크기 때문에 이 사례를 자세히 살펴보자.

신탁은행은 개업한 지 3개월 후인 1969년 3월 6일, 계열회사로 한신부동산주식회사를 세운다. 한신부동산은 신탁은행이 신탁 자금을 투자하는 프로젝트를 위탁받아서 공사를 추진하고 효율적인 운영까지 맡기 위해 설립되었다. 사업 평가 기능도 부실하고 거버넌스(지배구조)도 부실한 상태에서, 의욕이 지나쳐서 한신부동산의 경영자들은 무리한 투자를 연발한다. 투자된 대부분의 프로젝트들이 수지가 맞지 않은 것이다. 1972년이 되면서 한신부동산이 보유한 100억 원대의 부동산이 비싼 매입가로 말미암아 투자 신탁에 활용하기 힘들어진다. 여기에다 여기저기 부동산을 매입해달라는 청탁이나 압력 때문에 필요 없는 땅을 구입하는 일이 늘어났다. 부동산에 대한 투자 개발, 운영, 관리 등 전문 지식과 판단 능력 없이 무리하게 매입한 부동산이 자회사의 부실과 은행 부실로 연결되고 만다. 총체적 경영 능력의 미숙으로 결국 한신부동산은 1974년에 10월에 정리 절차를 밟았다.[18]

신탁은행이 부실화되면서 신탁 업무에만 의존할 수 없었다. 당초에는 신탁 업무만 영위하도록 했으나 일반 은행의 업무를 겸임하지 않을 수 없게 되었다. 처음에는 정기예금과 정기적금 업무를 취급할 수 있게 되지만, 1973년에는 을류 외국환 업무 취급 인가를 받고, 1975년 4월에는 갑류 외국환 업무 허가를 받음으로써 일반 은행과 다름없어졌다. 경영 부실화된 신탁은행은 이재국에 큰 골칫거리가 되었다.

제3차 경제개발 5개년계획이 수립되는 1976년에는 개방화 추세 속에서 대외거래의 규모가 대폭 확대되었는데, 이때 이재국은 은행의 대형화에서 신탁은행 처리의 실마리를 찾는다. 1959년 9월에 설립되었지만 후발 은행으로 영업 기반이 취약한 서울은행과 신탁은행의 합병이 검토된 것이다. 1976년 4월 이재국은 두 은행의 합병을 추진함과 아울러 서울은행이 신탁은행을 흡수하는 것으로 결정했고, 1976년 8월 1일에 서울신탁은행으로 출범한다. 두 은행은 합병 이후에도 끝까지 '화학적 결합'이 이루어지지 않는다. 금융권은 물론이고 알 만한 사람은 대부분 서울은행 출신 직원과 신탁은행 출신 직원들 사이에 불협화음이 오래 지속되었음을 알고 있다. 통합 이후에 화합이 끝까지 이루어지지 않은 조직일 것이다. 이용만은 "'은행의 합병은 아직까지도 은행 간 합병이란 쉽게 잘되는 것이 아니구나'라는 것을 가르쳐 주는 산 증거이자 생생한 경험으로 기억 속에 남아 있습니다"라고 말한다.

아무리 좋은 설립 취지를 갖더라도 주인이 없는 조직이나 부실한 거버넌스하에서는 얼마든지 부실한 투자가 이루어질 수 있음을 보여주는 사례에 속한다. 그러나 경제개발 초기의 우리나라에서 산업 자본에 의한 금융 자본의 소유가 가능했다면, 사적인 이익을 위한 무리한 대출을 방지할 수 있었을까? 지금도 이 문제는 논란이 되고 있지만 당시로서는 쉽지 않았을 것이다. 신탁은행과 주택은행을 떠올릴 때면 밤을 새면서 일했던 허남훈(전 환경부장관) 사무관을 들지 않을 수 없다. 신탁은행 설립에는 안공혁도 큰 역할을 했다. 이처럼 유능한 부하들 덕택에 이재2과를 맡았던 이용만은 업무 추진에 탄력을 받았다.


## 감정원 설립

"담보 부동산 가격을 자꾸 부풀려서 대출을 해주니까 부실이 계속해서 나왔어요. 부동산 감정은 신뢰성이 생명인데 그런 공신력을 갖기 힘들었지요." 한국감정원이 출범한 이유다. 그러나 재무부의 이 같은 조치에 대해 반대 의견도 없지 않았다. 1969년 2월 28일자 《동아일보》는 "정부 산하 기업의 남설(濫設)을 경계함"이란 제목의 사설에서 재무부의 기구 확대가 문제가 있다고 지적한다. "제도 정비를 명분으로 관료주의적 기구 확장의 사적인 이익을 노리는 관행"이며 "재무부가 자랑으로 내거는 몇 가지 조치들을 보면 그 밑바닥에는 정책 결정 집행부로서의 정책의 건전성 추구보다 관료주의적인 팽창 의식이 강하게 도사리고 있는 것으로 볼 수 있다"고 매섭게 비판하고 있다.[182] 감정원 설립을 둘러싼 재무부와 금융기관 사이의 이견은 다음과 같았다.

"1968년 10월 재무부가 갑작스럽게 감정 업무의 일원화와 정확화를 기한다는 명분을 내세워 한국감정원을 설립하고, 종래 금융기관이 취급해온 금융기관의 대출에 관한 감정 업무를 감정원으로 이관해주려 하면서 금융단은 감정원을 마땅치 않게 여기게 되었다. 별다른 잘못이나 불편 없이 잘해오고 있는 감정 업무를 느닷없이 이관하겠다고 나서는 감정원을 금융단 측에서 환영할 까닭이 없는 것이다. 그러나 재무부가 너무 강하게 주장했기 때문에 쓴말 한 마디 없이 감정원 설립에 5개 시중은행과 산업은행은 설립 자본금까지 내어 이를 도왔다."[183]

이전에는 은행별로 감정 업무를 하고 있었다. 은행이 자체적으로 감정 업무를 맡다 보니 여러 가지 편법들이 많이 등장했다. 담보대출 관행에서는 감정이 매우 중요한데, 과도하게 부풀린 감정 평가가 사회적인 문제를 유발할 뿐만 아니라 은행의 대출 부실을 유발하는 원인이 되었다. 처음에는 부실 감정으로 책임자를 구속하는 사례가 있었지만, 일일이 책임자를 혼내주는 방식으로는 부실을 막을 수 없었다. 과다한 담보대출에 제동을 걸 필요가 있었다.

처음에는 감정 업무의 공신력을 높이기 위해 공인감정사 제도를 만들게 되는데 이것이 한국감정원의 기틀을 잡는 데 기여했다. 이런 아이디어를 얻게 된 계기는 부실하게 이루어진 은행 주도의 감정 업무에 대한 반성 때문만은 아니다. 역사적 경험으로부터 배웠기 때문이다. 1930년대 미국 대공황의 교훈이다. 대공황의 원인 가운데 하나가 과다한 신용 팽창 때문인데, 부동산에 대한 올바른 감정이 이루어지지 않은 채 이루어진 담보대출이 그 원인을 제공했다. 감정을 맡기는 고객은 은행과 결탁하여 얼마든지 감정가를 부풀릴 수가 있다. 이처럼 막대한 비용을 치른 다음에야 미국은 1932년에 공인감정사 제도를 도입했다.

이웃 일본도 비슷한 경험을 한다. 1960년대 동경을 비롯한 대도시의 지가 폭등을 경험한 다음에야 부동산 감정 평가에 관한 법률을 제정하게 된다. 우리나라의 경우도 감정 업무는 조선식산은행의 기술과가 다루기 시작했는데 해방되기 바로 직전에는 감정과로, 다시 감정부로 확대 개편된 적이 있다. 그러다가 해방 이후에는 각 금융기관에서 나름대로 부서의 업무로 감정 업무를 수행하고 있을 정도였다. 하지만 1960년대 이후 고도성장이 지속되면서 감정의 중요성은 날로 부각되었다. 결국 재무부에서는 올바른 감정 업무의 중요성을 역사적 사례를 통해 잘 알고 있었기 때문에 감정 업무의 일원화를 시도하게 된다.

1969년 4월에 모든 감정 업무를 일원화하는 한국감정원을 설립하고, 정부와 한국산업은행 그리고 5개 시중은행이 5억 원의 자본금을 공동 출자하게 된다. 그리고 1973년에는 감정평가제도를 단일화시킨다. 국가고시인 공인감정사 제도도 도입된다. 감정원의 설립 업무는 이재2과의 안공혁, 한동우 사무관(전 재무부 증권보험국장)이 실무 작업을 했다.

## 저축운동의 전개와 가계부 작성하기

"당시 대통령의 저축에 대한 관심과 열기는 대단했습니다. 시대가 바뀌었다고 하지만 일을 더 열심히 해서 소득을 벌어들일 생각을 해야지, 자꾸 빚을 내서 돈 쓸 궁리만 해서 되겠습니까?" 이용만은 내수를 촉진하기 위해 우리 사회가 점점 '빚 권하는 사회'로 바뀌어가는 것을 우려한다. 사실 빚이란 한번 지고 나면 갚기가 무척 힘들다. 이런 점에서 근래에 공공 부문뿐만 아니라 가계 부문의 빚 증가 속도와 규모는 우려할 만하다.

1969년 1월 13일, 박 대통령이 재무부에 순시차 들렀다. 새해에 운용할 종합 시책 방향에 대해 브리핑하던 황종률 장관은 새해 민간 저축의 목표를 1,800억 원이라고 의욕적으로 보고했다. 보고를 들은 대통령은 내자 동원 체제를 강화하라고 지시했다. 당시에는 대통령의 말이 곧 법과 같아서, 지시가 내려지면 오늘날처럼 미적거리는 법이 없었다. 국내 저축의 급속한 증가 없이는 경제개발계획의 추진이 쉽지 않음을 다음의 자료에서 확인할 수 있다.

재무부는 2주 뒤인 1월 28일에 새해의 저축 증강 계획을 마련하여 발표함과 아울러 12월 22일에는 '저축 증대에 관한 법안(국민저축법안)'이 논란 끝에 국회를 통과한다. 이 법안은 2월 20일 재무부가 제출한 이후에 정치권 내에 상당한 논란을 일으켰다. 저축의 강제성 때문이었다.[184]

법안이 제출되자 야당은 격렬하게 반대했다. 야당의 대변인은 "국민의 재산권을 보장하고 있는 헌법 규정에 어긋나는 법이며, 관치금

**투자 재원 조달 계획**  **(1969년 불변가격, 단위＝10억 원)**

| 년도 | 1968 | 1971 | 1972 | 1973 | 1974 | 1975 | 1976 |
|---|---|---|---|---|---|---|---|
| 총투자 | 310 | 416 | 457 | 503 | 553 | 609 | 669 |
| 국내 저축 | 143 | 244 | 297 | 336 | 392 | 455 | 527 |
| 해외 저축 | 166 | 171 | 170 | 166 | 161 | 153 | 142 |

출처: "내자 동원", 《경향신문》, 1969.5.7.

융의 강제적 악법이다"라고 비난하기도 했다.[185] 이런 비난은 강제 저축에 대한 보통 사람들의 불만을 담고 있다. 연간 소비자물가가 15% 정도 오르는 상황에서 강제 저축은 개인의 희생을 뜻한다. 이렇게 조달된 자금이 상대적으로 낮은 대출금리로 기업들에게 지원되었다는 것은 역사적 사실인데, 무리수임을 알면서 정부의 우선순위는 경제개발을 위한 내자 동원에 모아지고 있었다. 1969년 12월 22일, 《동아일보》는 일면에 '저축증대법안 전격 통과—재무장관에 강제권·금융 자율성 말살 우려'라는 기사를 크게 실었다.

"재무장관은 내자 동원의 필요가 있을 경우 저축조합을 조직하거나 가입할 것을 명할 수 있고, 내자 동원의 합리적 수행을 위해 저축 금액, 방법, 기관을 지정할 수 있으며, 재무장관은 매년 '저축증강과 자금운용 종합계획'을 세워 경제개발계획사업 등의 투용자에 우선 지원토록 했으며, '저축채권'도 발행할 수 있도록 하고 있다."[186]

저축을 끌어올리는 일이 발등의 불이었다. 1970년 7월 1일에는 사단법인 '저축추진중앙위원회'라는 것을 처음으로 발족시켰다. 그리고 학생 저축을 늘리기 위해 '학생저축 생활화운동 지도협의회'를 만들었다. 당시에는 저축을 늘리는 데 혼연일체로 움직였다.

가계저축에는 아무래도 주부들의 노력과 의지가 중요하다. 그래서 1967년 9월에는 자발적인 여성 저축운동을 전개하기 위해 전국에 퍼져 있는 각 여성 단체의 협의체 형식으로 '여성저축생활위원회'를 만들었다. 서울사대 현기순 교수를 회장으로 하여 각 도에 지부를 설치했다. 대대적으로 여성들의 저축 캠페인을 벌임으로써 저축 분위기를 조성하는 데 한몫을 단단히 했다. 한 푼이라도 내자가 절실했던 시절의 일이다.

그 시절에 가계부를 만들어서 보급한 일도 이재2과의 업무였다. 가계부 쓰기 열풍은 과거에 비할 바는 아니지만 보편화되어 있다. 하지만 당시는 가계부란 것이 별로 없었다. 소비생활을 건전하게 하고 근검절약을 도모하자는 취지에서 가계부를 처음 도입하는데, 공식적인 가계부는 이재2과에서 만들기 시작한 것이 효시였다.

내자 동원을 최고로 꼽으면서 뛰어왔던 세대의 한 사람으로 그는 최근의 경제 운영 철학에 대해서 우려를 표한다. "저축만이 살길이라고 부르짖던 시대가 있었지만 지금은 소비만이 살길이라고 하는데 걱정입니다. 휴일을 하루 더 만들어서 소비를 늘린다고 하는데 휴일을 더 만들면 빚이 늘어나는 것은 생각하지 않는지 모르겠습니다. 전에는 휴일 다음 날이 토요일이니 하루 쉬자, 했을 때도 수출 실적이 안된다고 국무회의에서 부결되었습니다. 가계 부채가 눈덩어리처럼 불어나는데 돈 없는 사람이 자동차 타고 돌아다니면서 신용카드를 잔뜩 쓰게 하고 가계 빚이 늘었다 하니 이게 좋은 일입니까? 자꾸 금리 싸게 해서 빚만 더 지게 하는 것이 올바른 정책입니까? 도대체 빚을 누가 갚아줄 수 있습니까? 소득을 늘릴 궁리를 해야 하는 것이 올바른 정책입니다. 소비를 자꾸 늘리면 동시에 빚이 늘어날 수밖에 없습니다. 독일을 보면 무서운 사람들입니다. 지금도 그 사람들은 음식이나 영화나 모두 화려하지 않습니다."

# 3장

●

# 리더로서 첫걸음

"무슨 일이든 일이 되도록 해야 합니다.

문제가 없다면 우리가 있어야 할 이유가 없지 않습니까?

문제를 해결하라고 우리가 있는 겁니다."

"광나루 다리를 지나갈 때 찬바람이 쏴 하고 밀려들어오면 잠이 번쩍 깹니다. 아차, 싶어요. 순간적으로 '스톱!' 하고 외치면 버스 기사가 급정차를 해주곤 했어요." 늦은 근무를 마치고 맥주라도 한잔 걸친 날에는 버스에서 잠이 들어서 집을 지나쳐 내리곤 했다. 급정차로 버스에서 내리면 다시 반대편으로 가서 버스를 타거나 걸어서 집으로 가곤 했다.

다들 열심히 살던 시절이었지만, 이용만도 둘째가라면 서러울 정도로 열심히 살았다. "열심히 해야 한다"는 것은 젊은 날의 그에게는 절대 진리였다. 어떤 경우에도 양보할 수 없는 것이었다. 아침 일찍 출근해서 밤늦게 퇴근하는 일과가 매일같이 계속되었다.

인터뷰 중에 "언제 행복했습니까?"라는 질문에 "난 그런 것 몰라라는 답이 돌아왔다. 7시 이전에 출근해야 하는 이유는 명확했다. 9시 출근 시간이 되면 출입 기자들이 사무실로 자주 찾아왔기 때문에 집중해서 일하기가 쉽지 않았다. 그래서 그는 한 가지 원칙을 정한다. 7시에 정확하게 출근해서 9시까지 2시간 동안 집중적으로 업무를 봤다. 기자들이 본사로 돌아가는 시간은 대략 5시이기 때문에 5시부터 9시까지 4시간 동안 추가적으로 업무 시간을 확보한다. 그는 아침에 2시간 그리고 밤에 4시간을 더한 6시간의 초과 근무가 자신을 만들어낸 초석이 되었다고 말한다.

세상에는 아주 똑똑한 사람들도 있다. 이들조차 자신의 업무에 상당한 시간을 투입하지 않고서는 걸출한 직업인으로 성장하기 힘들다. 그런데 대부분의 평범한 사람들은 말할 필요가 없다. 그들은 일하는 시간에 비례해서 성장한다. 더욱이 직업 세계의 초반전에 집중적으로 몰아붙이는 시기가 있어야 하는데, 이용만에게 특별히 중요했던 시기가 이재2과장 시절이었다. 리더로서 업무를 처음으로 수행하던 시기였기 때문이다. 이 기간 동안 집중적인 노력이 직업인으로서 그의 지적 토대를 형성하는 데 중요한 역할을 하게 된다. 젊은 날 한참 일을 해야 할 시점에 얼마만큼 많은 시간을 자신의 업무에 투입하는가는 중장기적으로 보상을 가져다준다. 그런데 누군가 강제하지 않거나 당장의 보상이 따르지 않은 상황에서 자발적으로 6시간을 매일 추가적으로 확보해서 일하는 것은 누구에게나 가능한 일은 아니다. 꾸준히 열심히 하는 일은 아무에게나 가능한 것은 아니다. "잘되어야겠다"는 건강한 욕심이 있고 스스로를 일으켜 세우고 밀어내는 결의를 짖지 않은 사람에게는 가능하지 않다.

그때는 회식도 많고 불가피하게 술도 많이 마시던 시절이었다. 격무 속에서도 저녁에는 술자리가 많았다.[187] 그때는 배가 고파서 그런지 술도 그냥 들이키는 일이 잦았다. 정종을 맥주잔으로 2~3잔 마시고 나면 팽 도는 기분이 든다. 통행금지가 있던 시절에는 노는 것도 속전속결이었다. 술도 마시고 노래도 부르고 하다 보면 통행금지 때문에 일어서야 할 시간이 금방 온다. 서둘러 집으로 가는 버스에 몸을 실으면 깜박 내려야 하는 정류장을 놓칠 때가 있었다. 그렇게 그는 젊은 날은 죽도록 일을 하면서 보냈다. 지금 와서 생각해보면 "그렇게 사는 것이 잘 사는 것이었는가"라는 생각이 들기도 하지만, 달리 다른 길이 없었다"고 말한다. 그 시절에 가족을 책임져야 하고 직장에서 자신의 꿈을 펼치길 소망했던 사람들은 대부분 그런 세월을 살았다.


## 전쟁터 같았던 이재2과

"우리는 그때 너나 할 것 없이 마치 전쟁을 치르는 것처럼 고지를 하나씩 점령하듯 일했습니다." 이재1과와 이재2과의 직원들은 하나같이 거의 밤샘을 도맡아 했다. 사생활이 거의 없다시피 노력했지만 그 시절에도 낭만이 있었다. 겨울철에는 버스를 빌려서 온양온천 같은 곳으로 가서 전 과원이 영업이 끝난 불고기집의 넓은 방에서 자며 단합대회를 열기도 했다. 바쁜 와중에도 전체 과원이 한데 모여 등산을 가고 축구도 하면서 우의를 돈독히 했다. 여기서 한국 축구 발전에 기여한 이용만의 역할에 대해 언급해둘 필요가 있다. 이재국에 속한 똑똑한 인재들의 단결력과 협동심을 강화하기 위하여 시작된 토요일 축구 시합이 한국 축구의 발전에 크게 기여했다. 이재국장이었던 장덕진이 진두지휘하여, 각 금융기관에서 축구팀을 만드는 데 이용만이 중요한 역할을 했다. "발전된 한국 축구를 볼 때마다 우리가 한몫을 했다"는 생각을 한다고 장덕진은 말한다.[188] 모두가 경쟁적으로 일을 더 열심히 하려고 했다. 누가 자신의 업무에 조금이라도 간섭할까 봐 전투를 하듯이 일했다. 특히 이재2과는 저축의 날 행사나 각종 운동을 할 때마다 단합이 아주 잘되었다. 재무부의 그 어떤 과에도 비교할 수 없을 정도로 막강 군단이었다.

이용만은 초창기에 일에 대한 자신의 관점을 이렇게 이야기한다. "대한민국에서 이렇게 영광스런 직무가 주어진 점에 하나님께 감사하며 내 인생의 전부이며 '나를 실현'하는 기회다. 왜 일하며, 행복은 무엇이냐를 따질 필요 없이, 아무리 어렵고 힘들어도, 일터와 일을 즐기며 사랑하는 마음으로 주어진 일 자체에서 행복을 찾자고 생각했다. 주어진 일을 기간 내에 열심히 완수하면 다른 모든 것은 해결된다는 생각이 강했어요. 그렇게 일을 완수하고 또 완수하고, 이런 것들이 부드럽게 연결되면서 하나씩 인생의 길이 열린 셈이지요."

이재2과장은 그가 리더로서 리더십을 발휘한 첫 번째 자리다.[189] 그가 어떤 리더로서 성장할 것인가를 가늠하게 해주는 일은 초창기에 함께 일했던 사람의 대화를 통해서 확인할 수 있었다. 이용만이 과장으로 부임할 때 이재국장이었던 심용환은 볏세가 있지 않을까 걱정했다. 담당 사무관 세 사람을 불러서 "공무원은 인사 발령용 종이 한 장으로 이곳에서 저곳으로 왔다 갔다 하니까, 신임 이용만 과장을 잘 모셔야 한다"고 당부했다. 세 사람은 그래도 담당 과장이었으니 받아들였는데, 한동안 옆 부서의 사무관들이 놀리듯이 "과장님 잘 모시고들 있니?"라고 슬쩍 비꼬는 말을 툭 던지기도 했다.

## 5가지 사례가 보여주는 독특한 리더십

다음의 예화는 리더로서의 특징을 잘 드러내고 있다. 초기에 함께 일했던 사람들 가운데 다수가 세상을 떠났고, 민해영 사무관(전 기술신용보증기금 이사장)과 안공혁 사무관이 인터뷰에 응했다.

### • 첫 번째 사례: 당신이 보스야!

그가 처음에 결재판에 결재 서류를 담아 올렸을 때의 일이다. 대부분의 윗사람들은 형식적으로라도 올린 서류를 들추어 보거나 놓고 가라고 이야기한다. 그런데 결재판을 들고 간 사무관의 두 눈을 뚫어져라 보더니 "이것 틀림없지?"라고 다짐하면서 결재하는 것이었다. 설명도 듣지 않고 결재부터 하고 설명을 듣는 것은 "당신이 이 일에 관한 한 보스니까, 네가 책임 지는 거야"라는 메시지를 담고 있었다. "이 양반이 아주 특별한 사람이구나"라고 느꼈다. 이런 일을 겪고 난 이재2과의 모든 구성원들은 일을 할 때면 최종 책임자라는 막중한 책임감을 갖고 일하게 되었다고 한다. 그가 사람의 능력을 어떻게 끌어내고 독려하는지 나타내는 사례다.

장관 시절 증권국장으로 호흡을 맞추었던 윤증현(전 기획재정부 장관)도 권한 위임으로 사람을 끌었던 그의 리더십을 지적한다. "이분은 밑의 사람을 믿으면 많이 위임해주는 스타일입니다. 밑에 사람들이 일하기에 편하기도 하지만, 강한 책임감을 느끼게 됩니다. 함께 일했던 사람들은 대부분 '저분이 날 믿고 맡겨줬으니까 내가 최선을 다해 맡은 바 소임을 다해야겠다'는 생각으로 업무에 임했습니다. 그렇기 때문에 조직을 풀가동시킬 수 있는 능력을 갖고 있었습니다." 오랫동안 교분을 유지해온 정덕구(NEAR재단 이사장, 전 산업자원부장관)는 이런 평가를 내린다. "그분은 무슨 일을 하든지 항상 치열하게 하시는 분입니다. 이용만 하면 '치열하다'가 먼저 떠오릅니다. 지칠 줄 모르는 열정과 치열함, 그게 이용만의 자산이기도 하고 기질이기도 합니다."

• 두 번째 사례: 더 챙겨라!

그가 부임하고 나서 2달이 채 되지 않아서 추석 명절이 되었다. 그때 명절 선물은 주로 3,000원짜리 구두표(구두상품권)를 많이 주던 시절이었다. 그가 직원을 불러서 사무관 숫자대로 구두표를 사 오게 시켰다. 그런데 이재2과만이 아니라 다른 과에 일하는 모든 사무관들 것까지 구두표를 사 오라는 것이었다.

"다들 구두표를 받고 미안해했습니다. 과장이 부임한 지 3개월이 지나니까 다른 과에서도 바라보는 시각이 달라졌습니다. 이 양반이 이북에서 내려와서 고생했다고 하더니 역시 다르구나. 그다음부터는 다들 좋아하게 되었습니다. 과장이니 계장이니를 떠나서 사람을 모두 인간적으로 대해주니까. 사람들이 같은 일을 하면서도 내가 윗사람에게 대접받는구나, 인정을 받는구나, 이렇게 생각하니까 다른 과의 사무관들도 굉장히 친밀감을 갖게 되었습니다."

### • 세 번째 사례: 인간적으로 대하라!

그때는 지금과는 비교할 수 없을 정도로 관청 문턱이 높은 시절이었다. 더욱이 이재국이란 곳은 금융기관의 임원들이 출입할 때마다 주눅 들 수 있는 곳이었다. 인허가권을 갖고 있고 행정 지도도 많이 하던 시절이었다. 잔뜩 긴장하거나 겁을 먹고 들어오는 사람들도 많았다. "그분은 은행에서 들어오는 사람들에게도 부드럽게 대해주고 인간적으로 대해주니까 그런 부분이 부하 입장에서는 인상적이었습니다. 또 활동 범위가 매우 넓었습니다. 재무부의 같은 학교 선후배나 동창도 잘 챙겨주고 감싸주고 하는 부분이 오랫동안 기억에 남아 있습니다." 증권국장으로 일했던 윤증현은 "인간에 대한 애정이 남다른 분이십니다. 사람을 따뜻하게 대하시지요"라는 점을 강조한다.

또한 업무에 관해서도 특별했다. 처음 부임했을 때는 누구든지 업무가 익숙지 않다. 이재2과에 첫발을 내딛었을 때 이용만도 같은 입장이었다. "그분은 모르는 것은 모른다고 허심탄회하게 말씀을 하셨어요. 처음부터 일을 모두 다 알고 시작하는 사람이 몇이나 되겠습니까?" 솔직히 부하들에게 협조를 구하고 짧은 시간 안에 업무를 파악하는 솔직함과 부지런함도 부하들에게 인상적이었다. 과의 구성원들의 단결심을 고양하고 팀워크를 강화하기 위한 그의 노력도 부하들의 마음을 움직이는 데 큰 도움을 주었다. "그분의 집이 건국대학교 옆 모진동에 있었습니다. 당시 집 주변이 온통 논이나 밭이었는데요, 집으로 초대를 자주 하셨어요. 확 트인 분이었습니다. 그러니 누구 하나 그 사람 못됐다고 이야기하는 사람이 없었습니다. 아는 게 많아서 존경을 받는다기보다는 모든 사람들을 귀하게 인간적으로 대했습니다. 그래서 다들 호감을 가졌습니다."

### • 네 번째 사례: 밥값은 과장 몫이다!

민해영 사무관에게 공직 생활에서 가장 즐겁게 일하던 시절이 있었는지 물었다. "그때가 참 좋은 시절이었습니다. 공직 생활에서 위아래를 터놓고 이야기하고, 일할 때는 화끈하게 일하고, 놀 때 잘 놀았습니다. 그때는 야간이나 휴일 근무가 일상적이었습니다. 저녁 먹고 늦게까지 일하더라도 다들 불평하는 사람이 없었습니다. 마음이 맞으니까 편안하게 일할 수 있었습니다. 아랫사람들이 밥값 낸 적이 없었습니다. 과장이 도맡아서 밥을 사주고 술을 사주고 했습니다."[190]

### • 다섯 번째 사례: 공부하면 된다!

그 밖에 이재2과장으로 부임할 당시에 사무관이었던 안공혁은 초창기 이용만의 모습에 대해 몇 가지 증언을 해주었다. 이것은 공직 생활이 몸에 배기 이전의 이용만의 본래 모습을 확인할 수 있는 증언이기도 하고, 그가 어떻게 일을 대하는지 말해주기도 한다. 어떻게든지 자신이 맡은 바 소임을 잘하기 위해 최선을 다하는 것은 그에게는 타협할 수 없는 일이었다. "처음에 그분이 이재2과장으로 발령을 받아서 고생을 많이 했습니다. 밤을 새워가면서 업무를 파악하기 위해 열심히 하셨습니다. 이재국이란 데가 밤 11시까지 일하고 장덕진 국장이 있을 때는 집으로 보내주지 않았습니다. 근처에 나이트클럽에 가서 춤추고 술도 한잔했습니다. 그때는 통금이 있었던 시절이 아닙니까? 집에 들어갔는지, 아니면 밤을 샜는지 어쨌는지, 밤새 공부를 해서 나오셨습니다. 분명히 함께 춤추고 술을 마셨거든요."

"그런 힘이 어디서 나온 것 같습니까?"

"살아남기 위해 그렇게 하셨을 겁니다. 본래 의욕이 굉장히 강한 분이십니다. 게다가 '당신이 과장이지만 뭘 아는가?'라는 주변의 선입관도 크게 부담을 주었을 것입니다."

"윗사람으로 그분을 어떻게 생각하느냐는 질문을 받는다면 뭐라고 답하겠습니까?"

"그분을 종합적으로 평가해달라는 부탁을 받는다면, 그야말로 백전불굴의 인간, 오뚝이 인생이라고 표현하고 싶습니다. 그야말로 인간 승리죠. 혈혈단신으로 넘어와서 온갖 어려움을 딛고 우뚝 일어선 분이십니다."


## 이재 2과에서 이재 1과로

오늘날도 우리 사회는 부실기업 문제로 골머리를 앓고 있다. 정부가 조직적이고 체계적으로 부실기업 문제에 손을 대기 시작한 것은 1969년이다. 정부나 국책은행의 지급보증을 통해 차관을 얻어 설립된 외자 도입 기업들 가운데 자본 잠식 상태에 들어간 기업들이 다수라는 내용을 담은 보고서가 청와대에 전달되면서부터다.[191]

1969년 5월 15일부터 8월 14일까지 3개월 동안 청와대 내에 설치된 부실기업정리반은 재정차관보였던 장덕진이 청와대 경제외자관리 수석비서관으로 임명되면서 본격화된다. 결과는 외자 도입 기업 중 30개 부실업체에 대해 공매 처분, 합병 또는 은행 인수를 결정한다. 1969년 8월은 외자 도입 1단계 부실기업 정리가 끝나갈 때였다. 이용만은 2년간 이재2과장직을 마무리하고 난 다음 이재1과장(금융정책과)으로 자리를 옮겼다.[192] 이재2과의 주된 업무가 내자 동원이었다면, 이재1과의 업무는 이재국의 주무과로서 통화 신용 정책의 수립과 집행이 주된 업무였다.

경제를 신체에 비유한다면 통화 신용 정책은 혈액 흐름을 관리하는 것이다. 지나친 긴축으로 동맥경화를 유발하지 않고, 지나친 통화 팽창으로 인플레 같은 고혈압이 생기지 않도록 성장과 물가를 조화한 적정 통화를 공급함으로써 신체에 정상 압력을 유지하도록 하는 것이다. 무엇보다 이재1과의 임무는 통화량을 관리하는 일이었다.

정부 부문에서 얼마만큼의 세입이 들어와서 얼마만큼의 세출을 하게 되느냐, 민간 부문에서는 얼마만큼의 저축이 이루어져서 얼마만큼 투자와 소비가 되고, 또 해외 부문에서는 얼마의 외자가 들어오고 해외로 나가느냐를 일일이 따져 한 해에 이루어질 통화 공급량의 적정 수준을 정하고 관리하는 이른바 '재정 안정 계획'의 수립과 집행이 이 재1과의 주요 업무 중 하나였다. 재정 안정 계획은 훗날 남덕우 장관이 취임하고 나서는 '통화 계획'이라는 이름으로 바뀌고, 통화 지표의 관리편제도 종전보다 치밀하고 세련되게 바뀌었다.

당시 담당 사무관은 후일에 경제 관료로서 놀라운 역할을 해낸 정영의(전 재무부 장관), 이수휴(전 보험감독원장), 신명호(전 아시아개발은행 부총재), 이헌재(전 경제부총리), 문헌상(전 재무부 기획관리실장) 등이었다. 특히 정영의와 이헌재 그리고 신명호 사무관이 통화 관리를 위해 애를 많이 썼다. 재무부 장관을 지낸 정영의와 이용만의 인연은 지금까지 이어져 내려오고 있는데, 정영의는 이용만과 일하면서 한 가지 특성에 주목했다.[193] "사람들은 친화력에 주목하지만 나는 그의 정리성에 주목합니다. 복잡하게 꼬인 문제라도 짧은 시간 안에 핵심이 무엇인지를 파악하고 그것을 잘 정리해서 어떻게 해결해야 할지 풀어내는 능력이 뛰어난 사람입니다. 누가 횡설수설해도 핵심을 파악하고 정리를 잘해서 받아들이는 머리가 뛰어났어요." 인터뷰를 하면서 그가 가진 '정리하는 능력'을 지적하는 사람들을 여럿 만날 수 있었다. 오랫동안 함께 일해온 이수휴는 이렇게 기억한다. "그분이 정말 사심이 없었습니다. 기본 자세가 우리가 금융정책을 잘 펴야 나라의 경제 발전에 도움이 된다는 것이었어요. 그런 자세가 처음부터 끝까지 변함이 없었습니다."[194]

당시에 설비 투자의 증가와 수출 확대를 위해 매년 통화량이 60% 이상으로 팽창할 때도 있었다. 경제가 한참 성장하던 시기였기 때문에 자금 수요가 폭발하고 있었기 때문이다. 통화량 관리가 경제운용에서 가장 중요한 국가적 지표였다.[195] 이것을 담당하는 과가 그가 막 맡기 시작한 이재1과였다.

당시는 성장 정책을 지원하면서도 통화 가치의 안정을 동시에 이룩하려는 '안정과 성장'이 통화 신용 정책의 목표였다. 특히 통화의 과잉 공급을 억제하기 위해 매년 미국의 원조 기관인 국제개발처(USAID)의 권고에 따라 '재정 안정 계획'을 세워서 그 테두리 안에서 통화 정책을 운영했다. 한마디로 미국의 주장은 이렇다. "우리가 당신들을 도와주는 대신에 돈을 마구 공급해서 인플레이션을 일으키지 말라. 그런 조건을 받아들이면 우리가 도움을 줄 수 있다."

국제개발처 방식이란 공공 부문, 해외 부문, 민간 부문 별로 통화량을 구분하여 규제하고 최종적으로 연말 통화량을 규제하여 국제개발처와 협의하는 것은 물론 국제통화기금(IMF)이 따로 본원적 통화를 규제하는 이원적인 규제 방식이었다. 한마디로 정부가 성장률을 높이기 위해 돈을 마구 찍어내어 인플레이션을 일으키지 않도록 미국 정부와 국제통화기금이 고삐를 단단히 쥐고 있었다.

1965년부터 1969년까지 통화 관리는 좁은 의미의 통화량인 M1이라는 통화지표를 그 대상으로 했다.[196] 1969년 6월 무렵, 하반기 재정 안정 계획을 짜면서부터는 해외 부문에서 파생된 과다한 화폐 공급량을 규제하기 위해 새로운 통화 관리의 목표를 본원통화(reserve base)로 변경했다.[197] 중앙은행이 본원통화의 목표량을 정함으로써 통화의 공급량을 조절한다는 것이었다. 본원통화의 규제란 기본적으로 통화능

수가 안정적일 때에나 목표치의 관리가 가능한 것이었다. 그러나 민간 부문에서 은행 여신에 대한 초과 수요 압력이 워낙 높았기 때문에, 본원통화 방식으로는 인플레이션 압력을 조절할 수 있는 적정 통화 공급이 사실상 불가능했다.

결국 IMF의 요구에 따라 우리 정부와 미국 정부가 합의하여 1969년 하반기부터의 재정 안정 계획은 USAID 방식을 버리고 IMF 방식에 따라 국내 여신을 관리하는 방식으로 개편되었다. 이 방식은 모든 은행에 있는 자금이 모두 반영되므로 사실상 자금의 총량과 배분을 모두 관리하는 것이나 다름없었다.

한국은행이 정부와 협의하여 연간 한도를 정하면 다시 분기별 한도를 정하고, 매월 때로는 매주 여신 담당 상무회의를 통해 여신 변동 상황을 확인했다.

## 통화량 계수 맞추기에 급급

당시 우리 정부는 만약 국제수지가 심각하게 악화되거나 자금이 필요한 경우 국제통화기금이 필요 자금을 꿔주기로 약정하는 대기성 차관 협정을 맺고 있었다. 그에 따라 IMF의 주재원 한 명이 재무부에 상주하며 경제정책이 건전하게 운용되고 있는지 점검했다. 당초의 재정 안정 계획에서 미국 정부와 IMF와 합의하고 설정한 통화 증가율 목표를 얼마나 잘 지키고 있는가 하는 것은 매우 중요한 체크 포인트였다.

문제는 개발 계획의 추진과 민간의 자금 수요가 넘치는 상황에서 우리 정부가 목표를 제대로 지킬 수 없었다는 점이다. 국제통화기금의 요구 조건을 충족하자면 우리로선 통화량 수치를 줄이는 방법 외에는 다른 도리가 없었다. 이 방법은 이전부터 장기간에 걸쳐 답습되어 왔기 때문에 관례화되었고 불감증에 빠져 있었다. 실제로 통화가 풀려나간 것보다 점점 늘어서 월말에는 약 20%가량 계수를 줄여야 했고, 이것이 관행으로 자리 잡고 있었다. 1969년도 재정 안정 계획안에 따르면 1969년 말의 통화량은 1,830억 원을 넘어선 안 된다.[198] 이 수치는 전년 대비 22% 증가한 액수이지만 1969년 말 통화량은 2,520억 원 규모를 넘어섰다. 재정 안정 계획을 담당하고 있던 정영의 사무관이 애써서 약 400억 원 정도를 줄여냈다. 각 은행에서는 월말에 '타입대(他入貸)'라는 편법으로 줄여놓고 월초에는 다시 늘이는 좋지 못한 관행이 계속되어왔다.[199] 아무리 나라 경제를 위해 선의에서 하는 일이라 해도 계수를 조절하는 것은 쉽지 않을 뿐더러 기분 좋은 일은 아니며 올바른 일은 더더욱 아니었다.

1969년 10월에 취임한 남덕우 재무부 장관은 통화량의 실제 수치를 제대로 파악할 필요성을 강조했다. 남 장관은 취임한 이후 IMF에 보고된 통화량이 분식(粉飾)된 자료였다는 사실에 크게 놀랐다고 말했다. "취임한 나는 통화 관리 상태에 놀라지 않을 수 없었다. 매년 국제통화기금과 재정 안정 계획을 약정하는 것이 당시의 관례였다. 그런데 집행 실적을 보니 통화량이 약정액을 크게 초과했음에도 계수상으로는 그렇지 않은 것처럼 분식되어 있는 것을 알게 되었다. 결국 새무부가 국민과 국제기관을 속인 결과가 되었으니 이 문제를 어떻게 처리할 것인가? 물론 계수를 현실화할 수밖에 없는데, 언론과 국회, IMF가 어떻게 나올지 모를 일이었다."[200]

통화의 흐름을 제대로 알아야 경제정책을 바로 수립할 수 있다는 것이 남 장관의 취지였다. 장관의 엄명에 따라 통화 계수를 1970년 말 수치부터는 현실화하는 작업이 이루어졌다. 그동안 조정해놓았던 계수들이 노출되자, 본원통화는 1969년 말 2,160억 원에서 1970년 말에는 2,997억 원으로 늘어났다. 또한 통화량은 1969년 말 2,520억 원에서 1970년 말 3,076억 원으로 급증했다.

계수 현실화로 통화량이 급증함에 따라 실물경제 지표와의 균형을 유지하기 위해 이번에는 다시 통화를 긴축해야 할 상황에 놓이게 된다. 그 뒤 몇 달 동안에 걸쳐 매달 100억 원씩을 줄이는 초긴축에 들어갔다. 그 결과 경제 규모의 확대에도 불구하고 1971년 말 본원통화의 규모는 2,882억 원으로 오히려 전년 말보다 감소했다. 이러한 통화계수 현실화와 긴축의 결과로 인플레이션 압력이 크게 낮아지고 경제의 안정 기반이 다져지는 성과를 얻었다. 경제 정책의 운영은 뚜렷한 목표와 원칙을 향하여 정상적이고 합리적으로 수행되어야 한다는 산 교훈이었다.


## 일생일대의 인연

1960년대 말에 이미 장덕진은 재무금융 분야의 정책에 대해 자문을 얻기 위해 당시에 명성을 얻고 있었던 교수들로 구성된 재무자문단 (FAG: Financial Advisory Group)을 운영했다. 남덕우, 이승윤(전 부총리), 김만제(전 부총리), 이현재(전 국무총리), 차락훈(전 고려대 총장) 등이 자문단 구성원들이었는데 훗날 대부분 요직에서 일하게 된다. 당시 재무자문단을 맡았던 사람들이 1970~1980년대에 걸쳐 대부분 정부 요직에서 일한 것에 대해 이용만은 "장덕진 전 장관은 앞을 내다보는 선견지명이 있는 분이었다"고 회고한다.

이재국에서 어떤 정책을 만들면 교수들을 토요일에 모셔다가 정책을 설명하고 파급 효과나 보완해야 할 점 등을 물어보곤 했다. 일종의 정책에 대한 사전 스크린 제도였는데, 자문단 교수들도 현실 상황이 어떻게 돌아가는지 파악할 수 있기 때문에 관심을 갖고 정책 자문에 기꺼이 동참해주었다. 이용만은 이때 두 번째로 남덕우 장관과 실무 담당자로 만나게 된다. 앞에서 이미 이야기한 적이 있듯이, 이용만이 처음으로 남덕우를 만났을 때는 서울대학교 행정대학원에 다닐 때다. 이재국으로 옮겨 오기 이전에 내각기획통제관에 있을 때의 일이다. "그때도 강의를 들으며 느꼈던 것은 차분하게 강의를 참 잘하시고 정말 실력이 있는 분이구나"라는 인상을 강하게 받았다.

자문단 교수들과 이야기할 때면 그에게는 에피소드가 있다. 한번은 자문 회의가 끝난 다음 가벼운 담소를 나누는 기회가 있었다. 과묵한 분들이 모인 까닭에 침묵이 흐르는 것이 어색해서 이용만은 어색한 분위기를 깨기 위해서 "남 교수님, 그랜드캐니언 가본 적 있습니까?" 라고 물어보자 "가본 적이 없다"는 답이 돌아왔다. 그러자 이용만은 자신이 가본 이야기에다 약간의 상상력을 가미해서 이런저런 이야기를 농담을 섞어가며 이야기했다.

농담 반 진담 반의 이야기를 나누고 자문 회의가 끝났다. 그러고 며칠 후인 1969년 10월 22일, 남덕우 교수가 재무부 장관으로 취임했다. 남 교수가 장관으로 취임하게 되었다는 소식을 듣자마자 "엊그제 한 농담이 떠올라서 미안한 마음이 앞섰다"고 말한다. 간부를 접견하는 자리에서 검은 테 안경을 쓴 45세의 젊은 교수 남덕우는 긴장해서 서 있는 이용만에게 악수를 청했다. 이렇게 해서 이용만에게 남덕우와 함께하는 시간이 열린다. 이용만의 재주 가운데 하나가 이런 재치나 유머다. 그는 모임에서 사람들에게 활력을 더하는 독특한 능력을 갖고 있다.[201] [202]


## 장덕진 장관과의 특별한 인연

이용만의 관직 생활에서 빼놓을 수 없는 인물이 장덕진이다. 그는 이용만과 가졌던 여러 차례의 인터뷰 중에서도 자주 등장했던 인물이기도 하다. 재무부에서 이용만이 장덕진과 함께 한 기간은 길지 않다. 1967년 장덕진이 이재1과장으로 일할 때에 이재2과장으로 발령받은 이용만과는 만난 지 불과 2~3년 정도였다. 그러나 이용만의 초기 관직 생활 동안 장덕진은 이용만에게 직접 혹은 간접으로 도움을 주었다.

젊은 날 두 사람이 가졌던 동지애를 엿볼 수 있는 대목은 한 가지 사례로 충분하다. 1971년 장덕진은 재정차관보를 사임하고 서울 영등포 갑구에 여당 후보로 출마했다. 그때 이용만은 성동구 모진동의 집을 팔고 선거 운동을 돕기 위해 상도동으로 집을 옮길 정도였다. 멀쩡한 집을 팔고 옛 상사의 선거운동을 위해 이사를 하는 일이 누구에게나 가능한 일은 아니다. 이처럼 이용만은 장덕진의 일이라면 발 벗고 나설 정도였다. 이용만은 인터뷰에서도 장덕진의 선거를 돕는 시절의 이야기를 할 때면 갑자기 목소리를 높여 어제 일처럼 설명할 정도였다.

1971년 국회의원 선거에서는 야당 바람이 아주 거셌다. 서울의 19개 선거구에서 장덕진을 제외한 여당 후보들은 전멸하고 말았다. 그 접전에서 승리하도록 이용만은 마치 자기가 선거에 출마한 것처럼 집을 옮겨서 선거를 지원할 정도였다. 이용만은 인터뷰에서 그가 공직 사회에 남긴 여러 가지 족적 가운데 4가지를 언급한다.

"그분은 아주 강력한 추진력을 가진 분이었습니다. 재계의 거물이나 제일은행장이나 조흥은행장 등 금융계의 거물 등 강한 정치력을 겸비한 사람들 앞에서 머뭇거리는 법이 없었습니다. 세상 사람들이 아무도 손댈 수 없다고 생각했던 부실기업이나 능력이 떨어지는 은행장을 과감하게 정리할 수 있는 지혜와 용기 그리고 추진력을 가진 분이었습니다. 또한 오늘날 한국 축구의 초석을 장덕진 전 대한축구협회 회장이 닦았다고 해도 무리가 아닙니다. 11개 금융기관을 중심으로 실업팀을 창단하여 축구 인구의 저변을 확산했고, 브라질의 축구왕 '펠레'를 초청하여 우리나라에 축구 붐을 일으켰던 점도 특별한 일이었습니다. 1960년대 이재국의 금융정책자문단 교수 전원이 1970~1980년대 국무총리, 경제부총리, 대학 총장 등으로 발탁된 점 등은 인재 발굴 능력이 뛰어났음을 말해줍니다. 공직에 재임하는 기간 중에도 무슨 일이든 막힘없이 추진하는 위력을 발휘했습니다. 아랫사람들에게는 따뜻한 배려심까지 겸비하신 분이셨습니다."

# 4장

•

# 남덕우 장관과 함께 한 정책

"그분은 장관이라기보다 스승이었으며,

큰형님 같았습니다."

"뭘 맡았수?"

도열한 과장들과 악수를 나누던 남덕우 장관이 던진 질문이다. "이재국 이재1과장입니다"라는 답에 "아, 그래요"라는 답이 돌아왔다. 이렇게 남덕우 장관과 상사와 부하로 만나서 한 시대의 중요한 부분을 만들어가게 된다. 1969년 10월 22일, 재무부 장관으로 취임한 남덕우는 이후 4년 11개월 동안 정말 많은 일을 해냈다.[203] 그는 개발 시대의 경제 주역으로서 박정희 대통령을 도와 한국 경제의 기틀을 세우기 위해 노력한 인물이다. 남덕우가 박정희를 도왔다면, 같은 기간 중에 남덕우를 도왔던 주요 인물들 가운데 한 사람이 이용만이다. 그는 이재1과장으로서 2년 그리고 3년 5개월간 최장수 이재국장으로 재임하면서 '남덕우 시대'의 한 축을 담당했다.

그는 1971년 9월 13일자로 부이사관으로 승급하면서 이재국장으로 임명받는다. 그의 인생에서 이북에 살아 계실지도 모르는 아버지에게 가슴속으로 간절히 인사를 드리고 싶었던 순간이 바로 남 장관의 제청에 의해 이재국장(현 금융정책국장)으로 발령받았을 때였다.

"아버지, 승만(용만의 원명)이가 대한민국 정부에서도 가장 요직 중의 하나인 재무부 이재국장으로 명받았습니다. 제가 이남에 내려와서 아버지 기대에 어긋나지 않게 열심히 살아냈습니다. 아버지, 기뻐해 주십시오."

당시 재무부에서 이재국 이재1과장이 바로 이재국장으로 승진한 사례는 김용환, 장덕진 그리고 그가 세 번째였다.[204] 대부분은 다른 부서 국장으로 승진했다가 이재국장으로 전보되는 것이 일반적인 관례였다. 그만큼 이재국장은 재무부 국장 중에서도 핵심 요직이었다.[205] 행정 각 부 중에서도 재무부 이재국은 국민 경제에 미치는 영향이 크고 광범위하여 늘 주목받는 자리다. 재무부 관료라면 누구든지 한번쯤은 이재국장을 꿈꾼다. 그만큼 내부 경쟁도 치열하고 질시의 표적이 되기 때문에 장관이 바뀌면 인사 이동의 대상이 되곤 했다. 이용만보다 3년 정도 앞서 이재과장과 이재국장을 거친 김용환은 자신의 경력에 대해 이렇게 평한다. "이재과장, 이재국장의 위치에서 우리나라의 경제 정책을 총괄적으로 꿰뚫어보는 기회를 가질 수 있었던 것은 공직 생활을 되돌아볼 때 참으로 소중한 행운이었다."[206]

따라서 장기 근무한 사람들을 찾아보기 힘들 정도다. 그동안 장수한 이재국장이 1년 6개월 정도였다. 이용만은 남덕우가 경제부총리로 영전하고 후임 김용환이 재무부 장관으로 기용된 다음 기획관리실장으로 승진할 때까지 3년 5개월간 근무한다. 이 기록은 지금까지 깨지지 않은 최장수 이재국장 재임 기간이다.

이재국의 업무 범위는 모든 금융기관(은행, 증권, 보험, 단자, 금고 등)과 관련된 정책 입안, 집행, 감독 등 광범위하기 때문에 전국 각지에서 매일 문제가 발생한다. 하루도 바람 잘 날이 없다. 그때마다 문제를 잘 수습할 수 있어야 하기 때문에 격무는 물론이고, 매일 전투를 치르는 것처럼 살아야 하는 자리다. 숱한 날을 밤새워야 할 정도로 힘든 자리였다. 다른 시대도 아니고 한참 국가 경제를 일으키던 시절이 아닌가! 이런 점에서 그가 이재2과장, 이재1과장을 거친 다음 남덕우 장관 시절에 이재국장까지 하게 된 것은 누구나 경험할 수 있는 것이 아니었다. 아주 특별하고 소중한 경험이었다. 이는 필자가 평전 집필을 시작하게 된 결정적인 이유 가운데 하나다. 개발 연대의 실무를 맡았던 최일선 야전 사령관을 통해 본 한국 경제성장사에 주목했기 때문이다. 한국 경제의 토대를 닦던 시절에 남덕우를 도와서 금융 자원배분의 중심에 서 있었다는 점은 누구나 할 수 없는 귀한 경험이다.

그가 이재국장으로 승진하게 된 여러 이유가 있겠지만 핵심적인 이유는 한 가지다. 남덕우와 함께했던 2년 동안 이재1과장으로 일하면서 몸을 던져서 부지런히, 그리고 성실하게 근무했기 때문일 것이다. "나는 가장 강력한 믿는 구석이 남덕우 장관이라 생각하고 전부를 걸고 일했습니다."

그는 공직 생활을 하는 동안 단 한 번도 어떤 자리를 얻기 위해 누구에게 청탁한 적도, 그 자리를 위해 뛰어다녔던 적도 없다. 오로지 주어진 문제를 해결하기 위해 혼신의 힘을 다했고, 그런 노력들이 윗사람의 신임으로 연결되어 벽돌을 쌓듯 하나하나 자신의 공직 생활을 만들어왔을 뿐이다. 마치 실타래가 풀려가는 것처럼 그의 인생은 술술 풀려간다. 훗날 전혀 예상치 못한 위기가 닥치기 전까지는 말이다.

## 최장수 이재국장의 비결

"그냥 사심 없이 정책에만 올인하면 됩니다."

이재국장 자리는 힘든 자리였지만 원하면 힘을 휘두를 수 있는 자리이기도 했다. 장수할 수 있었던 이유를 물었는데, 그는 절대로 어기지 않도록 노력했던 2가지 기준을 제시한다.

"잡음을 일으킬 가능성이 있는 2가지를 철저하게 지켰습니다. 첫째는 정부 방침으로 정해진 것 이외에는 은행 대출에 일절 개인적인 청탁을 하지 않았습니다. 1억 원도 내 맘대로 어디 빌려주라고 말을 한 적이 없습니다. 둘째는 은행 중역의 인사에는 일절 관여하지 않고 장관의 결정 사항을 시행했습니다. 단 한 명도 은행 이사를 내가 시켜준 적이 없습니다."

엄격한 자기 절제 없이는 결코 지킬 수 없는 일이다. 사람이란 본래 행사할 수 있는 힘을 갖고 있으면 억제하기가 쉽지 않은 존재다. 그래서 남들이 부러워하는 것들을 가진 사람들의 낙마가 끊이질 않는다. "그래도 꼭 저 양반은 지원해주어야 한다"는 판단이 서는 사람이 있으면 어떻게 했느냐고 물었다. 아주 드물지만 그가 불가피하게 지원해주어야 하는 사람들이 있으면 장관한테 이야기했다고 한다.

"이 사람이 이런저런 일을 하는데, 이건 저 개인적으로도 그렇고 국가적으로도 지원을 해주는 게 정도(正道) 같습니다. 장관님, 도와주면 어떻겠습니까?" 하고 장관한테 보고하면 "그렇게 해야지"라는 답이 나올 때 도와주면 된다. 기대한 답이 나오지 않으면 하지 않으면 된다. "누가 부탁하든 커미션을 받기 위한 대출에 관여한 적은 단 한 번도 없었습니다. 그 결과가 오랫동안 이재국장을 하더라도 잡음이 없었다고 생각됩니다."

여기서 유념해야 할 한 가지 진실이 있다. 누구든 조직 생활에서 더 높은 자리로 올라가고 싶거나 오랫동안 자신의 분야에서 머물고 싶다면, 사심이 눈을 가리지 않도록 특별히 주의해야 한다. 사심은 잘못된 의사결정을 낳게 되고, 그 결정으로 말미암아 치명적인 일격을 맞을 수 있기 때문이다. 마쓰시타전기의 창업자인 마쓰시타 고노스케(松下幸之助)는 "대부분의 사람들이 나를 크게 성공한 사람으로 생각하고 있지만, 사실은 실패가 더 많았다. 그 실패의 대부분은 반드시 사심에 마음을 빼앗겨 의사결정을 했을 때였다"고 솔직히 고백한 적이 있다.[207]

시중은행의 인사철이 다가오면 권력 기관에서 청탁이 들어오곤 했다. 이럴 때는 어떻게 했느냐고 물었다. "그건 남 장관이 아주 잘했습니다. 인사에는 일절 재무부 사람들이 간여하지 못하도록 조치했습니다. 외압을 배제하고 남 장관과 은행장 둘이 결정했습니다. 은행장이 추천 후보를 갖고 올라오면 두 사람이 의논해서 결정하고, 대통령한테 가서 이렇게 하겠습니다 하고 보고를 드리지요. 사인을 받으면 그대로 합니다." 그러면 누가 되었는지 어떻게 알게 되느냐고 물었더니, 은행장이 인사를 결정한 후 돌아가는 길에 이재국장 방에 잠시 들러서 "이번 인사는 이렇게 하기로 결정했습니다"라고 귀띔해줬다고 한다. 그러면 이용만 국장은 "그래요? 알아서 잘하시기 바랍니다"라고 답한다. "이렇게 하면 인사든 대출이든 말썽이 생길 수가 없어요. 오로지 정책만 하는데 무슨 문제가 생기겠습니까?"

이런 기준이 방어적인 의미를 갖고 있다면 공세적인 의미에서 장수하게 된 이유 2가지를 추가했다. "하나는 모든 문제에 해결 중심으로 접근한 것입니다. 장관의 지시 사항이 떨어지면 항상 긍정적으로 받아들이고 '불가능합니다'라는 말 대신에 '해보겠습니다'라는 식으로 문제 해결책을 적극적으로 찾기 위해 노력했습니다. 다른 하나는 대인관계에서도 많은 관심을 갖고 건의 사항이나 민원 사항이 상대방에 의해 받아들여지지 않았을 때도 상대방의 입장에서 생각하도록 노력한 것입니다. 내가 섭섭한 마음을 갖거나 상대방이 반감을 갖지 않도록 늘 주의했습니다." 예를 들어, 어떤 국회의원이 지역의 민원 사항을 장관에게 들고 왔을 때 공식 문서로 회신하면서 별도로 편지를 동봉했다. "모 의원님이 귀하의 요망 사항을 여러 차례 장관에게 상의했습니다만, 그 내용은 ○○법 ○○조에 의해 지금으로서는 도저히 해결할 수 없는 사항입니다. 실무자로서도 가슴 아픕니다만 방법이 없음을 말씀드리오니 그리 아시기 바랍니다." 이런 요지를 정중하게 전하면 후일에 그 의원은 해결된 것 이상으로 고맙다고 말했다.

업무에 대한 이용만의 관점은 분명했다. "장관이 과제를 주면 무조건 밤을 새서라도 마무리해서 다음 날 새벽에 갖다 드렸습니다. 최우선은 장관의 지시 사항을 처리하는 것이었습니다. 노는 날이 없었습니다. 예를 들어, 토요일에 일이 떨어지면 주말이건 아니건 간에 그날 마무리해서 일요일 밤에라도 반드시 집에 가서 보고드렸습니다."

고전적인 덕목이긴 하지만 성실과 근면이 남덕우의 신임을 얻는 데 결정적인 기여를 했다. 남덕우는 이를 눈여겨보았고 그를 자신의 정책 수립과 집행에 야전 사령관으로 임명한다. 이용만에 대한 남덕우의 신임은 평생 동안 지속되었다. 공직을 은퇴한 이후에 남덕우가 선진화포럼을 결성할 때나 한일협력위원회 이사로 데려올 때도, 그는 "이용만 전 장관을 불러다 일을 부탁하게"라고 주변 사람들에게 당부했다. 그가 국무총리가 되었을 때도 비서실장으로 맨 먼저 그를 선택하려 했다. "그에게 일을 맡기면 무엇이든 알아서 다 잘 해낸다"는 것이 남덕우의 머리에 깊이 각인되어 있었다.

한편 조직 생활은 어디서든 승진과 보직을 둘러싸고 치열한 경쟁이 있다. 남덕우는 박봉환 이재국장 후임으로 홍승환(전 조달청장)을 7월 8일에 갑자기 이재국장으로 임명했다가 두 달이 조금 지난 9월 13일 다시 이재1과장인 이용만을 이재국장으로 임명하게 된다.[208] 남덕우 장관이 어떤 사람을 선호하는가는 윗사람을 모시는 사람이라면 기억해야 할 2가지 중요한 점을 가르쳐준다. "남 장관은 보고를 부풀려 하는 것은 무척 싫어했습니다. 단 한 번이라도 그런 일이 일어나면 장관으로부터 더 이상 신임을 얻을 수 없었습니다. 또 하나는 장관이 알아야 할 사항을 국장 전결로 처리해버리는 것을 아주 싫어했습니다. 그런 경우는 자리를 보전하기 힘들었습니다." 그는 조직 생활에서 결재 서류가 올라오면 전결을 처리할 것인지, 아니면 보고를 해서 장관이 다 본 다음에 처리할 것인지를 정확하게 변별할 수 있어야 하는 능력이 중요하다고 강조한다. "공직 생활 내내 전결로 해야 할 것과 보고 해야 할 것을 구분하는 데 실패한 적이 없었는데, 이런 점이 믿고 맡겨도 되겠다는 인상을 심어주었던 것 같습니다."

## 항상 벼랑 끝에 서 있는 듯한 한국경제

"그때는 좋았을까요? 그렇지 않습니다. 한국 경제는 항상 위기였습니다. 단 하루도 바람 잘 날이 없었습니다."

우리는 과거를 "늘 좋았다"는 말로 아름답게 치장하는 데 익숙하지만, 그다지 정확한 표현은 아니다. 오랫동안 호흡을 맞추어왔던 이정재(전 금융위원회 위원장)는 "요즘도 우리 경제가 위기에다 항상 어렵다고 그러는데, 저희가 일할 때도 만날 그랬어요. 한 번도 쉽게 넘어간 적이 없었습니다"라고 말한다.[209] 1971년부터 1975년까지의 한국 경제는 수많은 도전 과제와 해결 과제를 안고 투쟁하듯이 나아가고 있었다. 단 하루도 위기가 아닌 날이 없었다고 할 수 있다. 이용만이 이재국장으로 취임했던 당시의 상황은 어떠했을까?

첫째, 1970년부터 한국 경제는 심각한 불황 국면에 빠져 있었다. 1966년부터 4년간 지속되던 과열 성장이 종지부를 찍으면서 1970년부터 경제성장률이 한 자릿수로 뚝 떨어졌다. 이는 1969년 말부터 정부가 재정 지출과 은행 대출을 조이고 차관 도입에 엄격한 잣대를 적용했기 때문이다. 특히 1969년 10월에 재무부 장관으로 취임한 남덕우의 강력한 통화 긴축 정책으로 곳곳에서 아우성이 터져 나왔다. 정부는 기업들의 자금난과 수지 악화에 출구를 제시해야 하는 과제를 안고 있었다.

둘째, 1971년 3월의 미군 제7사단의 철수와 1월의 베트남 휴전 협정과 인근 국가의 공산화로 말미암아 자주국방과 중화학공업 육성의 필요성이 대두되고 있었다. 정부는 중화학공업의 육성에 따르는 막대한 자금 수요를 어떻게 충족시킬 것인가라는 과제를 안고 있었다.

셋째, 1973년 1차 석유파동의 충격으로 세계 경제가 급격히 침체되어 국내 경기도 냉각 상태에 빠졌다. 인플레이션 속에서 단기 자금으로 장기 투자를 해온 대기업들은 은행 부채와 사채의 빚더미에서 신음하고 있었다. 정부는 이들에게 출구를 제공해야 하는 과제가 주어져 있었다. 당시 상황은 대략적으로 살펴보더라도 모든 경제 현안들이 화폐의 공급과 관련된 것이며, 이재국의 업무와 직접 혹은 간접으로 연결되지 않은 것이 없을 정도다. 당시 대통령에게 보고되는 연간 업무 계획을 아이템 기준으로 보면 10~12개 보고 사항 중에 60~70%가 이재국 소관이었다. 마찬가지로 국회의 정책 질의 가운데서 60~70%가 이재국 업무였다.

돈줄을 죄는 일은 인기를 얻을 수 없다. 집중적인 비난의 대상이 되기 쉽다. 남덕우의 취임과 더불어 이재1과장의 주요 업무는 통화 가치의 안정을 위한 장관의 의지가 반영되도록 하는 일이었다. 이처럼 인기가 없는 역할은 이용만의 이재국장 시절에도 계속된다. "이재국장 시절에 추진한 일들 가운데 특히 기억에 남는 첫째가 통화 가치 안정을 위한 제반 정책의 수립과 집행 그리고 재정 안정 계획의 수립과 금리의 조절, 뼈아픈 긴축 정책입니다."

당시 수출 기업뿐만 아니라 지방까지 긴축의 여파가 강하게 미치고 있었다. 부도 발생률이 높아지고 가계도 허리띠를 졸라매면서 내수 부진까지 겹치게 된다. 수출업체들의 불만이 터져 나오고 곳곳에서 원성이 자자했다. 하지만 남덕우는 재무부 장관 취임 이후에 긴축으로 인플레이션을 수습하는 것이 최우선 과제라고 확신하고 있었고, 이를 적극적으로 뒷받침한 주무부서가 이재1과와 이재국이다.

## 통화 긴축: 박정희와 남덕우의 용병술

"임자가 일이 될 수 있도록 좀 답을 만들어봐요." 두 분은 항상 이렇게 설득하면서 부하들에게 해법을 찾도록 하셨습니다.

매달 대통령이 참석하는 수출확대회의는 재무부에 대한 성토장이 되어버리곤 했다. 상공부든 건설부든 모든 행정부처에서 "재무부가 돈을 충분히 주지 않기 때문에 일하기가 너무 힘들다"고 계속 이야기했다. 행정부처만 그런 것이 아니라 회의에 참석한 기업인들도 마찬가지였다. 그러면 재무부 장관의 반박이 이어진다. "지금 통화량이 이정도로 팽창되어 있어서 물가가 위험한 수준이다. 돈을 풀면 인플레이선을 감당할 수가 없다." 사업가와 정책 입안자 사이에는 커다란 간격이 있다. 한쪽은 당장의 불편함과 자기 일을 중심으로 본다. 당장 수출을 어렵게 만드는 긴축 정책은 아무 데도 쓸데없다고 생각한다. 긴축이 되면 사업하는 사람들만 힘든 것이 아니라 일반 서민들도 힘들기 때문에 웬만큼 소신이 없는 사람이라면 이런 인기 없는 정책을 우직하게 밀어붙일 수 없다. 그렇다면 긴축이 얼마나 시급한 주제였을까? 남 장관의 취임 이전 5년간 화폐발행고의 평균증가율은 36.2%이고, 통화량(M1, 현금통화+은행의 요구불예금)은 39.0%가 증가하고 있었다. 남덕우가 취임하고 나서 3일 후 야당은 "화폐 남발이 물가를 폭등시키고 악성 인플레를 조장하고 있다"는 정치 공세를 취하기도 하는데, 당시 경제 상황을 짐작하게 한다.[210]

당시 이재국의 입장은 명확했다. 물가가 상승하면 같은 물량을 수출하는 데도 더 많은 자금이 소요된다. 따라서 통화량을 늘리지 않을 수 없는데, 이때 통화량을 늘릴수록 물가 상승에 따라 더 강력한 자금 부족이 발생한다. '만성적인 자금 수요 발생→통화량 증가→물가 상승→추가적인 자금 수요 발생→또 다른 통화량 증가→물가 상승'이라는 악순환의 늪에 빠지게 된다. 이런 설득에도 불구하고 사업하는 사람들은 막무가내로 돈을 좀 풀어달라고 요구한다. 마이크로 시각과 매크로 시각 사이에는 이런 충돌이 자주 발생하게 된다.

어느 날, 대통령은 수출확대회의에서 상공부의 수출 애로 사항에 대한 보고가 가슴에 와 닿았던지 회의가 끝난 이후에 남덕우에게 청와대로 올라오라고 말한다. 소파에 앉은 대통령은 두 손으로 빨래 짜는 시늉을 하면서 "남 장관, 너무 쥐어짜지만 말고 업계의 사정을 좀 돌봐줘"라고 부탁한다. 여러 번 대통령에게 긴축의 불가피성을 설명한 바가 있기 때문에 또다시 "그렇게 할 수 없습니다"라고 말할 수는 없었다. "알겠습니다" 하고 물러난 이후에 그는 재무부로 돌아와서 적절한 조치를 취하는데, 남덕우의 회고록에 이렇게 기록되어 있다.

"재무부에 돌아와서 이용만 이재국장에게 자금 추가 공급 방안을 마련하라고 지시했다. 실무자들은 잔꾀를 부려 약간의 추가 자금 외에 어차피 나가게 되어 있는 자금을 마치 추가 공급인 양 보도자료를 작성했다. 나는 그것을 알고 있었지만 말없이 넘어갔다."[211]

남 장관의 지시 사항을 이용만은 이렇게 기억한다. "'각하가 말이야, 이것을 좀 강구해보라고 하시는데 이 국장이 좀 신경을 써봐요.' 남 장관은 절대로 이렇게 하라, 저렇게 하라고 지시를 하지 않았어요. 그래서 고민했지요. 상공부가 이만큼을 요청했으니까 이 중에서 부풀린 것이 이 정도일 테고, 그러니 이것 좀 줄여서 이만큼은 도울 수 있는 방법이 없을까? 이렇게 하면 그들의 체면도 세워주고 업계도 좋아할 수 있지 않을까?" 이런 설득과 대화가 남 장관과 이용만을 비롯한 실무자 사이에는 수없이 반복된다.

수출확대회의에서도 박정희 대통령의 리더십이 돋보인다. 박 대통령은 사람을 어떻게 움직여야 하는지 잘 알고 있었다. 수출확대회의가 끝나고 나면 출구 가까이에 서 있는 실무과장이 있는 곳까지 걸어와서 "수고했어"라고 이야기하면서 악수한다. 청와대 상황실에 근무할 때부터 얼굴이 익은 이용만이 재무부 과장으로 일하면서 금융정책을 담당하고 있는 것을 알고 있기 때문이다. "다른 사람들도 많았고 주무과장이 있는 뒤쪽까지는 거리가 제법 되는데, 왜 거기까지 걸어 오셨을까? 박 대통령 일하는 스타일이 그랬어요. 사람을 어떻게 움직여야 하는지를 잘 알고 있었습니다. 악수 한 번으로 모든 문제를 해결할 수도 있었습니다. 장관한테 이야기하는 것도 많은 사람이 보는 앞에서 명령하지 않습니다. 면전에서 장관이 안 된다고 하면 서로 모양새가 우스워지기 때문입니다. 그곳에서 이야기를 하지 않고 따로 불러서 장관 체면도 세워주면서 생각을 전달하지요. 그것이 박 대통령이 일하는 스타일이었습니다."

남 장관의 재임 기간 동안(1970~1974) 총통화(M2, 현금통화+은행의 요구불예금+저축성 예금) 평균증가율은 28.5%인데, 지금의 기준으로 보면 그것이 무슨 긴축이냐고 반문하는 사람도 많을 것이다. 그러나 그가 재무부 장관을 맡기 이전 5년치 평균증가율은 무려 61.9%나 된다.[212] 그가 떠난 후 5년 동안 평균치는 32.2%에 머물렀다. 한편 국내 통화금융기관이 국내의 여러 경제 부문에 제공한 신용, 즉 국내 여신 평균증가율(1970~1973)은 30.92%인데, 과거 5년치 평균증가율은 51.8%였다.[213]

통화량 증가를 억제하려는 이런 힘든 조치들도 보는 사람에 따라서는 관치라고 여길 수 있을 것이다. 누군가 소신을 갖고 악역을 맡지 않으면 나라 경제는 큰 비용을 지불하지 않을 수 없다. 성장과 안정의 통화 공급, 즉 경제안정을 유지하면서 경제성장에 필요한 통화를 공급하는 이율배반적인 정책을 동시에 조화롭게 추진하는 것이 정책 기술이라 할 수 있다. 오늘날이라면 이렇게 우직하게 소신 있는 정책을 펼치기가 쉽지 않을 것이다. 정치의 영향력이 워낙 크기 때문이다. 당시 대통령이 정책 입안자들을 정치적 압력으로부터 보호하고 소신을 펼칠 수 있도록 해준 것은 대단한 일이다.

## 금융 정상화를 향한 발걸음: 부실 여신 줄이기

"시장의 감시 감독이 발전되어 있지 않은 상태에서 누군가는 파수꾼 역할을 해야 하지 않겠습니까? 특히 만성적인 자금 수요가 있는 상황에서 금융권의 부패 발생 가능성을 낮추는 조치를 취해야 합니다."

1971년 9월, 이재국장으로 승진한 후에 제일 먼저 착수한 일이 불건전 여신을 정리하고, 금융 관행을 쇄신하는 일이었다. 이를 위해 10월 21일 '만성적인 연체 대출의 정리와 금융 쇄신을 위한 당면 대책'을 만들어 금융기관에 전달했다. 이런 조치가 나오게 된 결정적인 계기는 1971년 6월에 터진 일부 은행 임원들의 거액 뇌물 사건이었다.[214]

당시에는 대출을 둘러싸고 기업과 은행 사이에 음성적인 거래가 있을 법한 환경이 조성되어 있었다. 개발 경제 시대에는 돈줄을 쥔 은행계 인사들의 권력이 막강했다. 내부 자금이 부족한 기업들은 어떻게든 대출을 얻기 위해 무리한 방법을 동원하지 않을 수 없었고, 이런 과정에서 기업과 은행 사이에는 촌지를 넘어선 뇌물들이 오가기도 했다. 대출받기도 어려웠지만 20%대의 은행 대출금리와 30～40%의 사채 이자의 격차가 너무 컸기 때문에 은행 대출 자체가 상당한 특혜를 뜻하던 시절이었다.

여기에다 담보 위주의 금융 관행은 제대로 된 대출 심사를 방해했다. 이재국이 취한 조치는 부실 여신의 축소, 은행 경영의 합리화, 은행 대출의 외부 압력 배제 등이었다. 대출 시 외부 압력을 배제하도록 청탁이 들어오는 경우 재무부에 신고하도록 조처했으며, 대출 부실에 대한 책임 소재를 명확하게 하기 위해 대출 심사와 결정 권한을 하부로 넘기고 대출 처리 기준을 마련하여 내려보냈다. 예를 들어, 책임 여신 제도 확립(1971.10.21.), 대출 심사 제도 개선(1972.9.6.), 대출 심사 현대화(1972.9.20.) 등이 대표적인 정책들이었다.

당시로서는 파격적인 것 가운데 하나가 부실 위험이 높은 기업에 대한 블랙리스트의 작성이다.(1972.1.9.) 이는 은행이 주도적으로 한 것이 아니라 재무부가 나서서 작성하게 된다. 은행이 그럴 의향이나 능력을 갖고 있지 않았기 때문에 관이 이를 대신해서 관리했던 것이다. 각 은행의 여신부장들이 은행감독원장에게 보고하고, 은행감독원장은 정보를 취합하고 판단하여 적색 기업과 황색 기업으로 나누어 관리했다.

1972년 8·3조치 이후에 불과 1년 만에 블랙리스트에 오른 업체들의 수가 무려 2,000여 개에 달할 정도로 부실기업과 재무 구조의 취약성이 심각한 문제로 떠오른다. 정부는 재무부 내에 '기업합리화위원회'를 설치하고 제2차 부실기업 정리에 해당하는 은행관리업체의 처분 문제를 다루게 된다.[215] 이용만 이재국장 지휘하에 실무는 안공혁 사무관이 맡았다. 재무부의 구석방에 '분서정리실'이라는 문패를 길고 극비 작업이 진행된다. 모든 자료는 은행에서 제공되어 기업과는 어떤 접촉도 없었다. 해당 기업은 누가 무슨 작업을 하고 있는지 일절 알 수 없었다. 안공혁은 "어디서 누가 무엇을 하는 줄 알았다면 우리가 목숨을 부지할 수 있었겠습니까? 가만두질 않았을 것입니다"라고 말한다.

부실기업을 정리하는 과정은 멀고도 험했다. 부실기업 정리를 재무부가 주도함으로써 부처 간 이견이 발생한다. 이를 방지하기 위해 1974년 8월 27일, 국무총리를 위원장으로 하고 부총리와 관계 장관을 위원으로 하는 '금융정상화 심의위원회'가 출범한다. 부실기업 방지와 재무 구조 개선을 위해 만들어진 기구였다. 이용만 이재국장은 그동안 작업했던 방대한 자료를 바탕으로 부실기업 정리 내용을 담은 서류를 갖고 남덕우 재무부 장관, 최각규 재정차관보와 함께 김학렬 부총리 방에 들렀다. 조치 내용을 설명하고 결재받기 위해서였다. 그가 간단한 취지 설명을 마친 이후에 구체적인 내용 설명을 하기 시작할 때였다.

취지 자체에 기분이 상한 김학렬 부총리가 아예 들으려 하지도 않고 소파 옆에 두 발을 얹고 드러누운 자세로 먼 산만 쳐다보았다. 마치 "날 보고 어떻게 하란 말이요?"라고 말하고 싶어 하는 듯한 태도였다. 그때 과묵하기 소문난 남덕우 장관이 자리에 벌떡 일어서면서 "나도 모르겠다!"라고 고함을 지르면서 두툼한 서류 뭉치를 땅바닥에 패대기치듯 던지고 나가버렸다.

남덕우 장관을 모시면서 한 번도 보지 못한 상황이었다. 참다 못해 분노가 폭발하고 만 것이다. 깜짝할 사이에 사건이 터지자 이용만은 순간적으로 장관을 따라나섰고, 최각규 차관보가 주섬주섬 서류를 주워서 나왔다. 이후 최 차관보가 부총리 결재를 받아서 시행했다. 그는 세월이 흐른 지금도 그 일이 선명하게 떠오른다고 한다.

당시 금융기관들이 주도적으로 추진해야 하는 일조차 이재국이 개입하지 않을 수 없는 상황이었다. 주요 원인은 첫째로 국책은행이건 시중은행이건 거래 은행들이 부실 채권을 떠맡지 않으려 한다는 점이다. 둘째는 오랜 기간 기업과 은행 간에 형성된 거래 관계에서 과감한 정리 조치를 기대하기 어렵다는 점을 들 수 있다. "당시는 지금처럼 수익을 남기기 위해 금융기관이 골머리를 앓아야 할 필요가 없었습니다. 가만히 있어도 은행 문턱이 높았기 때문에 고객들이 줄을 서서 기다리고 있었기 때문입니다. 따라서 내부에 혁신을 위한 노력이 미진했습니다. 정부의 조치만을 기다리고 있던 시절이었고, 대부분의 임원들 또한 무사히 임기만 채우려는 경향이 없지 않았습니다. 그러니 지금 기준으로 보면 유치할 정도의 기준이나 표준안을 이재국에서 만들어서 지키도록 지시해야 했습니다."

지금의 눈으로 과거를 바라보는 사람들은 '재무부 이재국의 무리한 개입'이었다고 할 수도 있겠지만, 당시에 관리 감독 기능을 담당했던 사람들의 입장에서는 할 말이 많다. "지금 기준으로 보면 이런 것도 주무관청에서 했을까? 이런 것도 장관이 직접 나서서 했을까? 이런 조치들이 너무 많았습니다. 은행들이 담보대출에서 한 발자국도 움직이지 않았기 때문입니다. 이재국에서 신용도 조사를 위해 차입금, 외자 등을 체크하라는 상세한 매뉴얼인 신용 조사표 등을 만들어서 은행에 전달하기도 했습니다. 1년이 지나고 보면 하나도 수정하지 않고 그냥 그대로 들고 오는 일이 다반사였습니다. 관치라는 용어들을 사용하지만, 당시에 과거의 담보 관행에서 벗어나지 못한 은행에 일일이 지시해야 하는 실정이 안타까웠던 것도 사실입니다."

여기서 우리가 주목해야 할 점은 인간의 본성은 어디서든 여지없이 드러난다는 사실이다. 가능한 한 많은 자금을 금융권으로부터 끌어들여서 남의 자본을 이용해서 사업을 하고 이런 과정에서 도덕적 해이를 일삼는 기업들의 숫자가 만만치 않았다는 사실이다. 이런 상황에서 어떤 사람은 "어찌 관(官)이 치(治)를 하지 않을 수 있는가?"라고 반문하기도 한다. 당시는 관치가 불가피했다는 점을 지적하는 주장이다. 시장의 감시 감독 기능이 미진한 시절에 볼 수 있었던 일이다.

인플레이션이 극심했기 때문에 사업을 빙자해서 대출금을 얻어내고 이를 이용해 비업무용 토지를 매입한 대출금 유용 업체들도 있었다. 많은 재벌 기업들이 개발 인플레 환경 속에서 유리한 대출금리를 이용해서 재력을 축적하는 데 큰 도움을 받았다.[216] 훗날 이는 비업무용 부동산 강제 매각 조치로 연결된다. 감독당국과 업체들 사이에 숨바꼭질이 벌어지게 된다. 시설 자금을 다른 용도로 빼돌리는 일을 방지하기 위해 투자 진척도에 따라 지급토록 하고, 운전 자금의 사용 용도를 확인하는 증빙을 첨부하기도 했다. 실태 조사도 하고 담보 관리도 대폭 강화했지만, 10명의 파수꾼이 1명의 도둑을 막지 못한다는 옛말을 증명하는 듯한 일들이 자주 일어나게 된다. 그럼에도 불구하고 이런 노력들이 더해지면서 1971년 말에 총대출금에서 연체 대출금이 차지하는 비중이 10%에서 1972년 말에는 6.3%로 떨어졌다.


## 은행 경영 합리화와 금융인 정풍운동

"언젠가는 은행들이 민영화되어야 하지만 당시 상황은 한정된 금융
자금을 정부의 계획하에 경제 개발에 유용하게 사용해야 한다는 게
지배적인 생각이었습니다."

　주인 없는 조직은 오늘날도 그렇지만 당시에도 방만함이란 단어를
피해 가기 어려웠다. 내 것이 아니기 때문에 비용 지출을 통제하기 힘
들고, 이에 따라 수지가 악화되기 시작했다. 1965년 금리 현실화 이후
에 역마진으로 인하여 은행들의 수지 기반은 구조적으로 취약해졌음
에도 불구하고 경비 지출과 인력은 만성적으로 증가하고 있었다. 은
행의 수지 개선을 위해 특별한 조치가 필요한 시점이었다.

　1971년 11월 19일, '은행의 경영 합리화를 위한 금융 기관 예산 절감
지침'을 발표하고 추진했다. 이 조치의 초점은 판공비와 같은 경비 그
리고 인원 증가와 같은 인건비 등을 포함하여 각종 경비를 줄이는 것
이다. 이런 정책에 의해 은행 경영 합리화는 지배 구조를 바꿀 수 없
다는 제약 조건하에서는 주무당국이 취할 수 있는 불가피한 조치였
다. 이 결과 1971년 20%나 증가했던 은행들의 물건비 지출이 1972년
에는 도리어 20%나 감소하기도 한다. 1972년 8·3조치 때에는 직급별
로 정원제를 실시하는 초강수를 두기도 한다.

　금융인 정풍운동은 오늘날 기준으로는 도저히 이해할 수 없고 있을

수 없는 조치이지만, 당시의 재무부와 금융권의 역학관계를 이해하는 데 도움이 된다. 1971년 6월, 일부 은행 임원들의 비리 사건으로 청와대와 사정 당국에서 전 금융인에 대한 대대적인 금융정풍이 거론되고 있었다. 이때 남덕우 장관은 모든 금융 문제를 책임지고 자체적으로 처리하는 조건으로 외부 개입을 저지하는 데 성공한다.

청와대에서 재무부 청사로 오는 차 안에서 김성환 한은 총재와 '대폭적인 금융인 쇄신'의 불가피성을 공감하고 곧바로 작업에 착수한다. 두 사람은 한국은행을 포함하여 5개 국책은행과 5개 시중은행의 서열 순으로 작성된 임원 명부를 받았다. 모두가 퇴근한 토요일 오후, 재무부 회의실에는 남덕우 장관, 김성환 한은 총재, 김원기 차관, 최각규 재정차관보 그리고 이재국장인 이용만을 포함하여 5명이 참석했다.

각 은행장이 작성한 명단을 놓고 논의한 후, 이들은 모든 기관에 속한 임원 가운데서 50%를 경질하되 은행장이 제출한 서열 순서대로 하위 50%를 바꾸고 임원수가 9명인 경우는 4명을 경질하도록 결정한다. 경질 명단은 국책은행은 최각규 차관보가 만들고 시중은행은 이용만이 그 자리에서 작성했다. 일시에 100여 명의 임원을 경질한다는 것은 금융사상 초유의 사건이었다.

이용만은 임원 경질과 관련된 에피소드를 소개한다. 경질 대상과 후임자를 결정해서 김원기 차관의 금고에 보관하고 있었다. 그런데 우선순위를 능력에 따라서가 아니라 연장자 순서로 결정해서 신임 임원이 본의 아니게 옷을 벗는 일도 생겼다. 한번은 결정이 있은 후 며칠이 지나고 김진흥 신탁은행장이 장관실에 들렀다가 무슨 말을 들었는지 이용만에게 "서열 명부를 바꿀 수 없느냐?"고 물었다. "최종 보고까지 끝난 일이기 때문에 할 수 없습니다"라고 답했더니 새로운 명단을 제시했다. 새 명단에서는 이용만의 처삼촌 한 분이 구제받는 것으로 되어 있었다. 그는 《조선일보》에서 장학금을 받아 일본 유학을 다녀온 이후에 산업은행에서 장기간 근무하다가 신탁은행 임원으로 재직하고 있었는데, 원안대로 하면 그는 경질의 대상이었다. 하지만 새 명단에 의하면 처삼촌은 살아남을 수 있으나 묘하게도 만약 2안을 받아들이면 이재국의 안공혁 사무관의 장인이 경질 대상이 되어버렸다. 아무리 행장 뜻대로 하더라도 오해를 받을 수 있었다. 순간적으로 그는 "새 안대로 하면 내가 오해를 받을 수밖에 없다"고 판단해서 "불가능합니다"라고 답해주었다. 공직자가 의사결정을 내릴 때는 자신에게 아무리 불편부당한 결과가 되더라도 늘 타인의 눈에 어떻게 비추어질 것인가를 생각해봐야 한다는 교훈을 가르쳐주는 사례다.

## 사금융 양성화를 위한 부단한 노력의 결실

모든 정책이 그렇듯 어떤 정책도 부작용이 생기게 된다. 경제성장을 위해 금융자금을 최우선적으로 산업자금, 즉 정책금융으로 전환시키면 그에 따른 서민금융과 일반가계금융은 위축되기 마련이다. 이에 따라 은행 자금 활용이 어려워지면 서민층은 "은행 문턱이 높다"고 원망하며 일반 '계'의 형태나 고금리 사채를 이용할 수밖에 없다.

이용만은 제1차 5개년계획이 끝난 1960년대 말 이재국 1과, 2과 과장을 거치면서 번창하는 사채 자금을 제도 금융권에 흡수하여 안정적인 저금리 자금으로 산업자금화하는 방안을 지속적으로 검토했다. 한때는 '대금업법'을 제정하여 불법 사채업을 규제하는 방법도 검토했으나 법 집행 과정에서의 부작용과 실효성 문제로 유보했다. 그가 입법화에 기여한 부분은 다음과 같다.

첫째, 은행권에서 흡수하지 못한 자금이 고금리 사채로 운영되고 있는 상황을 타개하기 위해 '단기금융업법'을 제정했다. 당시 USAID의 권고로 단기금융시장이 발달된 태국과 필리핀의 금융 운영 실태를 살펴본 후 우리나라의 금리구조에 맞게 준비한 것이 '단기금융업법'이다. 이 법은 기업의 금리부담 경감 효과를 가져오고, 기업의 일시적인 단기 여유자금을 단기자금을 필요로 하는 기업에 지원하는 자금중개기능을 확보하는 데 이바지했다.

둘째, 서민들이 자금 조달에 목말라 하는 틈을 노려 독버섯처럼 팽창한 것이 '무진' 등의 사채시장이다. 사채시장 자금은 고금리(월 5~10%)였고, 무진 자금을 쓰는 사람은 매일 '일수'를 찍는다면서 매일 갚아야 하며, 간혹 저녁에 갚지 못하면 가계를 난장판을 만드는 횡포가 난무했다.

이때 이용만은 '무진업'은 국민은행법 위반이므로 형사고발하는 방안도 있으나, "서민들의 자금 수요를 은행 지원이 따르지 못하는 점을 감안하여 양성화 방안을 검토해보라"는 남덕우 장관의 지시에 따라 어려운 정상화 과정을 극복하며 제도금융권으로 만들기 위한 조치에 앞장선다. 이렇게 해서 결실을 맺은 것이 '상호신용금고법'이다.

재무부가 피바다가 되니 그런 법은 만들지 않는 게 좋겠다는 전직 은행장과 전직 재무 장관 및 교수들로 구성된 경제과학심의위원들 지적대로 무진과 사채시장 정리가 그렇게 힘들고 어려운 것인지는 정말 모르고 시작했다고 한다. "무모하다"는 말 그대로였다. 가짜 서류를 제출하는 것은 다반사고, 거짓말과 모함과 불법이 난무하니 정비 과정에서 직원들의 보호도 참으로 어려웠던 작업이었다.

셋째, 상호 유대관계를 맺고 있는 사람들 사이에 푼돈을 모아서 동료 직원들 중 자금이 필요한 사람에게 융통해줌으로써 저축도 되고 필요한 곳에 쓰일 수 있는 제도인 '신용협동조합법'을 마련했다.

이렇게 3가지 법 제정을 통해 경제개발계획추진의 부산물이라고 할 수 있는 사금융을 양성화하여 기업이나 시민들의 자금 지원과 금리 부담을 경감시키기 위한 제도적 기반을 마련했다. 그 직후, 고금리로 기업 경영을 어렵게 하여 경제 성장의 발목을 잡는 기업사채를 조정하기 위한 '8·3조치'가 추진되었고, 그와 함께 그동안 준비된 단기금융 3법이 사금융의 양성화에 기여하게 되었다.


## 기업에게 자금을: 단기금융업법

"눈을 감는다고 해서 없는 것이 아닙니다. 마찬가지로 싫다고 해도 있을 수밖에 없는 것이 사채시장입니다. 제도권으로 불러들여야 합니다."

자본시장이 발달되지 못한 상황이어서 기업들의 자금 조달은 은행뿐이었다. 기업들은 은행에서 안 되면 사채시장으로 달려갔다. 사채는 은행의 복잡한 절차를 거칠 필요가 없는 간편한 자금 조달 수단 중 하나이지만 금리가 높고 불안정하다는 것이 문제였다.

법으로 금지되어 있으나 일간지에 공공연히 광고를 내고, 국세청이 지하금융 실태 조사를 하거나 대책을 마련하는 기미가 보이면 "사채를 동결한다" "화폐를 개혁한다"는 등의 각종 '루머'가 난무했으며, 경제 단체에서는 간담회에서 질문을 쏟아 붓고 우려의 목소리를 높이곤 했다.

이용만은 1970년대 초 단기자금을 운용하고 사금융을 양성화해야 한다는 생각에서 당시 금융 선진국인 필리핀과 태국을 방문하고 단기자금의 운영 방안에 참고할 만한 사항을 정리하여 보고했다. 1970년 4월, 국제금융기구의 한국금융시장 연구보고서, IFC 조사단의 단기금융시장 개방 건의 등을 종합하여 남덕우 장관은 1971년 6월 '단기금융업법 제정'을 서두르라고 지시했다.

법제정 과정 중에 일어난 일화 한 가지를 소개하면, 재무위원회 소위원회에서 L모 의원이 대기업 특혜 조항이라며 하도 반대하여 결론이 유보되었다. 시간의 여유는 없고, 퇴근하는 의원의 지프차 뒤에 타고 의원회관(을지로3가 삼풍아파트가 의원회관이었다)까지 따라가 사우나에 앉아 내용을 설명했다. 의원은 "아, 그런 거야?" 하며 "잘 알았으니 염려 마라" 해서 즉시 장관실에 돌아와서 보고했다.

"L의원께 설명드리고 납득하셔서 내일은 합의될 것 같습니다"라보고하고 수고했다는 말까지 들었는데, 그다음 날 전날과 똑같이 반대하는 바람에 허위 보고를 한 셈이 되고 말았다. 법률 제정 공포도 2주나 늦어졌다. 이처럼 새로운 법 하나를 만들어서 통과시키는 것이 여간 어려운 일이 아니다.

한편 사금융을 제도 금융으로 끌어들이기 위한 노력은 주로 남덕우 장관의 지시에 따라 진행되었다. 이용만은 사금융을 제도금융으로 끌어들이는 입법을 서두르게 되는데, 그것이 대기업의 단기자금 융통을 원활하게 공급하기 위한 단기금융업법, 중소기업과 가계에 자금 공급을 도모하기 위한 상호신용금고법과 신용협동조합법이다.[217] 이들 사금융 3법은 8·3조치 전날 밤에 통과되는데, 앞의 2가지는 장관의 지시에 따라, 마지막 신용협동조합법은 장관의 아이디어 검토에 따라 추진되었다.[218]

단기금융업법은 금융시장에서 어떤 기업은 돈이 남고 어떤 기업은 돈이 모자라는 상황에서 이것을 매개하는 기능을 활성화하기 위한 기능을 가진 단자회사에 관한 법이다. 사채 동결에 대한 대통령의 지시가 있던 1971년 초여름보다 1년 전인 1970년 6월부터 재무부는 단기 금융시장의 육성에 깊은 관심을 가졌다. 당시 이용만은 이재1과장을 맡고 있었다.[219] 같은 해 4월, 국제개발처의 위촉으로 한국을 방문한 컬럼비아 대학의 로빈슨(Sidney M. Robbins) 박사가 발표한 '한국의 금융 및 자본 시장'이라는 보고서가 중요한 계기가 되었다. 이 보고서는 한국의 통화 금융시장을 보완하는 단기금융시장의 개발이 필요하다는 점을 지적하고 있다.

재무부는 사채시장과 금융 제도의 개선을 위한 '단기금융시장의 체계화'라는 방안을 발표했다. 뒤이어 9월에는 한국개발금융회사(KDFC)가 국제금융공사(IFC)에 자본시장 육성을 담당하는 금융기관으로서 한국투자공사의 합작 설립을 제의했다. 이 계획은 일단 국제금융공사로부터 호의적인 반응을 얻었다. 10월에는 코펜하겐에서 열린 IMF 총회에 참석한 남 장관이 국제금융회사 총재와 새로운 금융기관의 설립을 위한 조사단 파견에 합의를 보았다. 관계자들은 한국투자공사의 설립안을 검토하면서 이번 기회에 단기금융시장을 육성하기 위해 단자회사의 설립을 구체화하기로 마음먹게 된다.

1970년과 1971년 사이에 국제금융공사의 조사단이 두 차례 한국을 방문하여 설립 방향을 잡았으나 그 과정이 순탄치 않았다.[219] 한국투자공사의 설립을 둘러싸고 은행법에 저촉된다는 문제가 제기되었다. 또 법체제상 단자회사의 설립은 특별법의 제정을 필요로 했다. 이에 따라 미국연방은행(FRB)의 단기금융시장 전문가 마쉬(Spencer S. Marsh)를 초청하여 우리나라 단자회사의 설립과 사금융업 규제에 관한 법률과 운영상의 문제점을 검토하도록 의뢰했다.[220] 그때 나온 '마쉬안'을 토대로 하여 거액의 사채를 흡수하여 기업의 단기 자금으로 매개해주는 역할을 할 단자회사의 설립에 필요한 법률인 '단기금융업법'이 제정된다. 1972년 8월 2일, 8·3조치에 맞추어 통과되고, 8월 17일에는 법률 2339호로 정식 공포된다. 당시에는 제도적 기반이 미흡했기 때문에 재무 관료들은 적극적으로 문제를 해결하기 위해 뛰었고, 이런 과정에서 여러 금융기관과 금융 정책이 만들어졌다.

## 동남아로부터 배운 단기 금융업

"단자회사를 설립하게 된 동기는 사금융의 양성화였지만, 그보다 근본적인 목적은 단기금융시장을 근대화하는 것이었다." 이는 금융 정책 면에서 중요한 의의를 갖고 있다. 단자시장의 금리 수준이 시중 실세금리를 반영하는 거의 유일한 지표였기 때문에 통화 정책에서 단자시장의 역할은 중요하다.

앞에서 설명한 바와 같이 단기금융시장의 육성에 대한 이용만의 관심은 이보다 훨씬 오래전에 시작되었다. 한국은행 하영기 업무부장(전 한국은행 총재), 국제개발처의 롱(Long)과 이용만 세 사람이 태국과 필리핀 등지로 단기금융시장을 시찰하러 떠난 적이 있다. 왜 동남아시아인지에 대해 궁금한 사람들이 있을 텐데, 당시에는 동남아시아 국가가 한국보다 소득이 높고 금융 부문에서 앞서 있었기 때문이다. 국제개발처에서 견학을 적극적으로 권했다.

현장에서 인상적인 것은 영업장에 10여 대의 전화가 선진국의 금융시장과 직접 연결되어 있었고, 초단기자금을 활발히 활용하고 있는 영업 방식이었다. 또한 우리나라의 금리는 은행 금리(24%)와 사채 금리(40~50%) 차이가 많고 은행의 예금금리와 대출금리 마진은 2~3% 미만으로 간격이 좁은 데 반해, 태국이나 필리핀은 예금 6%에 대출 12%(무담보 14%)로 마진 폭이 넓어서 단기금융회사(태국의 TISCO, 필리핀의 PISCO)들은 은행의 예대마진 범위 내에서 단기자금을 기민하게 운용하고 있었다. 예를 들어 은행은 예금 6%, 대출 12%, 단자사는 예금 7~8%, 대출 9~10% 등이었다. 뿐만 아니라 단자회사별로 제시하는 금리 수준이 제각각 달랐다.

여기서 이용만은 단자회사의 금리를 어떻게 할 것인지 아이디어를 얻는다. "우리나라는 예금금리와 대출금리의 마진이 2%밖에 안 되지 않습니까? 그래서 단자회사가 숨을 쉴 만한 여유가 없어요. 그래서 나는 사채금리보다 낮게, 은행의 대출금리보다 조금 높게 금리를 정하도록 법을 만들었어요." 또한 단자회사는 자본금 5억 원 이상의 주식회사로서 어음의 발행과 할인, 매매, 인수 보증 등의 업무를 자기자본 15배 이내에서 할 수 있도록 규정했다.

이런 구상에 바탕을 두고 단기금융업법이 제정되기 1년 전에 이미 정부는 단기금융설립위원회를 구성하고, 국제금융회사와 협의를 거쳐 '한국투자금융'을 내인가한 바 있다. 법률제정 이전인 1971년 6월 25일, 마침내 이를 근거로 한국투자금융이 최초의 단자회사로서 창립 총회를 열었다. 이후에 1973년 서울투자금융을 시작으로 한양투자금융, 대한투자금융, 동양투자금융, 중앙투자금융과 이미 발족한 한국투자금융 등 모두 6개의 선발 단자회사들이 설립되었고, 지방에는 부산투자금융과 대구투자금융이 뒤를 따랐다. 1974년에는 광주투자금융이, 그리고 부산에 동해투자금융이 들어선다. 1977년 8월에는 후발 단자회사로서 재일교포들이 주주인 제일투자금융이 만들어졌다.

정책을 아무리 정교하게 세워도 전혀 예상치 못한 효과가 발생할 때가 있다. 단자업은 초기에는 영업이 신통치 않을 것으로 예상했다. 그러나 예상과 달리 단자사들의 이익이 너무 많이 남아서 정책 당국자는 고민에 빠졌다. 단자사는 자금을 빌려주는 날과 갚는 날 양일 모두 이자를 받는 이자 병산 관행 때문에 상당한 이득을 남기게 된다. 예를 들어, 이틀간 빌려주면 3일치 이자를 받는 것이다. 특히 초단기 자금의 경우 3일 빌려주고 이자는 4일치를 받음으로써 한 달에 40일치 이자를 받게 된다. 결과적으로 기업들의 고금리 부담이 심각해졌다. 하루는 단자사 사장들을 점심에 초대하여 7일 이내의 초단기, 고금리 부담을 시정토록 주문하기도 했다.

금융 산업의 발전 단계로 보면 1960년대는 은행을 비롯한 저축기관들이 신설되는 시기이고, 1970년대는 비은행 금융기관들이 신설되는 시대였다. 그가 이재국장으로 재임하는 동안 제2금융권의 비은행 금융기관의 성장은 눈부실 정도였다. 단자업계의 수신 규모는 영업 첫해인 1972년에 39억 원에 불과했으나, 1975년 말에는 2,542억 원에 이를 정도였다. 1977년까지 매년 총여수신액이 연평균 50~60% 증가할 정도로 눈부신 성장을 거듭했다.[221] 비은행 금융기관들의 예금 총액에서 차지하는 단자사의 비중도 1972년의 1.3%에 불과하던 것이 1975년에는 28.1%에 이를 정도였다. 이제까지 가장 큰 비중을 차지하던 금전 신탁을 제치고 수위로 올라선다. 규모뿐만 아니라 이익도 상당히 늘어났다.

하지만 훗날 이렇게 만들어진 단자사가 외환위기의 단초를 제공할 줄 누가 알았을까? 외환위기의 교훈은 사익을 추구하는 금융기관에 적절한 가이드라인을 제공하고 과열되지 않도록 유도하는 것이 재무 관료들의 책임임을 상기시킨다.

## 단자사 무더기 증설의 교훈

1982년 이용만은 전혀 예상치 못한 일로 중앙투자금융의 사장을 맡고 있었다. 단자협회 회장도 맡고 있었는데, 단자회사와 상호신용금고의 신설을 대폭 늘린다는 소문을 듣고 당시 재무부 장관인 강경식을 만나 오찬할 기회가 있었다. 그때 강 장관에게 이런 부탁을 했다. 이익의 문제가 아니라 난립할 때 발생할 수 있는 부작용을 우려했기 때문이다. 경험에서 우러나온 조언은 이랬다.

"단자회사 신설은 과당경쟁을 막기 위해서라도 가급적 1~2개로 최소화하기 바랍니다. 상호신용금고 제도를 만들어본 사람으로서 조언하자면, 난립한 다음에 부실화된 금융기관들을 정리하기는 무척 힘듭니다. 그러니 신중하게 판단하셔야 합니다."

그가 이재국장 시절 당초 270여 개 지점까지 350개를 인가해놓고 계속해서 부실 금고를 정리하고 합병해서 100여 개의 탄탄한 서민 금융기관을 육성하려는 구상을 갖고 노력했던 힘든 경험에서 나온 조언이었다. 그러나 얼마 가지 않아서 단자회사는 기존의 10개 사에 신규 22개 사를 인가함으로써 모두 32개가 되었다. 서울에만도 기존 7개 사 외에 9개 사 신규 허가를 받아서 모두 16개 사가 늘어났다. 이런 급격한 조치가 1982~1983년에 이뤄졌다. 금고도 전국에 많은 수가 대폭 늘어나서 크게 놀랐던 적이 있다. 뿐만 아니라 단자회사의 업무 범위도 당초에는 업체별로 50억 원으로 한정하여 과다 여신을 예방하도록 했다. 그러나 1996년에는 모든 단자회사들이 종합금융회사로 변신하면서 외화 현금 차입을 허용하는 등 당초의 설립 취지와 다른 기관으로 탈바꿈한다. 외환위기가 터지기 2달 전 종금사로 전환한 단자회사들의 외환 차입금은 200억 달러에 육박했다. 해외 투자자들의 자금 상환 압력에 매우 취약한 구조에 놓인 종금사들은 외환 시장에서 달러 공급이 끊기면서 한국은행에 손을 내밀었다.[222] 하지만 한국은행의 외환 보유고마저 바닥나면서 결국 한국 정부는 IMF에 긴급 자금 지원을 요청하는 딱한 상황에 놓이게 된다. 과도한 해외 단기 차입으로 외환위기의 단초를 제공한 것이다. 경제 정책 실패의 대표적인 사례이자 뼈아픈 교훈을 준 사례다.


## 서민 금융의 토대 구축: 상호신용금고법

"사채업은 대단히 질기고 강하기 때문에 잘 다루지 않으면 낭패를 보고 맙니다."

　상호신용금고법은 원래 서민 금융을 지원하는 차원에서 만들어졌다. 기업에 대한 은행의 자금 지원이 집중되면서 상대적으로 가계금융의 기반이 부실했기 때문이다. 첫 단추는 무질서하게 널려 있는 사설 무진업자와 서민 금고를 정비하는 데서 시작된다. 이용만은 이 법이야말로 그가 공무원 생활을 하던 중에 제일 고생한 것이라고 말한다. 무진업은 원래 일본에서 발생한 서민 금융 조직으로, 일정한 계좌 수와 급부 금액을 정해 정기적으로 부금을 납입하고 1계좌마다 추첨이나 입찰을 통해 부금자에게 목돈을 마련해주는 조직이다. 계와 비슷하다고 보면 된다.

무진이라 불리는 사금융, 즉 사채시장이 당시 크게 번성한 이유가 있다. 돈이 기업에 집중적으로 투자되면서 소비금융에 쓸 돈이 줄어들었기 때문이다. 일반 대출로 돌릴 수 있는 재원이 말라가면서 하루가 다르게 사채시장이 번창하고 있었다. 모든 선택에는 비용이 따를 수밖에 없는데, 개발기에 기업 육성 정책은 은행과 가계의 희생을 어느 정도 수반할 수밖에 없었다.

당시 무진업자들 가운데는 고약한 사람들이 많았다. 이들 사채업자들은 가입자들에게 45~50%에 달하는 이자를 받고 돈을 빌려주었다. '달러변'이라고 해서 월 10%에 돈을 빌려주기도 했는데, 급전을 빌려 쓰는 사람들이나 기업들은 도저히 갚을 길이 없었다. 처음에 무진회사들을 모조리 국민은행법 위반으로 고발 조치할 예정이었다. 하지만 보고서를 살펴본 남 장관이 "60만 명이나 되는 서민들이 무진을 이용하는데, 그렇다면 필요하기 때문이 아니겠는가? 이번 기회에 양성화를 해주면 어떻겠는가?"라고 물었다. 그래서 고발 대신 양성화 방안을 준비하여 경제과학심의위원회에서 브리핑했고, 그 자리에 참석한 전직 재무부 장관을 비롯한 전직 은행장과 업계의 경험자들은 한목소리로 반대했다. "재무부가 피바다가 될 수 있소. 그러니 이 국장은 재고하시오"라는 강한 반대 의견을 내놓았다

그 자리에서 "그렇다면 제가 양성화를 시도해보겠습니다"라고 답한 이용만은 금융 질서를 바로잡는 일에 뛰어든다. 그의 구상은 일단 제도권 안으로 가둔 다음에 100여 개만 남을 때까지 서서히 정비해가는 것이었다. 건실한 업체를 만들어서 서민 금융기관으로 자리 잡

도록 해야 하겠다는 구상을 갖고 있었다. 법을 제정하고 30일간 양성화를 위한 신고를 받는데, 별별 편법이 동원되었다. 자본금의 허위 불입, 금고의 경영 상태나 재무 상태를 속이는 일이 다반사로 일어났다.

우여곡절 끝에 무진업체들은 상호신용금고로 거듭났고, 1972년 12월 21일 269개 상호신용금고가 설립 인가를 받는다. 이듬해 1월 5일에는 30개 상호신용금고가 추가 설립 인가를 받았다. 신규 업체의 허가를 불허한 상태에서 자연 도산과 통폐합을 거치면서 숫자를 줄였다. 원래는 건실한 상호신용금고 100여 개 정도를 염두에 두고 숫자를 축소하는 작업을 추진했다. 한번은 재정차관보로 일할 때 청와대 고위 관계자로로부터 믿을 만한 사람이 파주에서 상호신용금고를 하려는데 인가를 허락해줄 수 있겠냐고 물었다. 하지만 "양성화 이후 단한 업체도 신규 허가가 난 것이 없다"는 말로 완곡히 거절할 정도로 원칙을 지켰다. 하지만 장관이 바뀌고 난 다음에는 상호신용금고 설립의 자금 출처를 불문에 붙인다는 조건으로 신설을 허용함으로써 금고 수가 대폭 늘어났다. 결국 외환위기를 겪는 동안 거의 절반이 퇴출당하고 말았다.

상호신용금고법을 만들어 인허가 업무를 추진할 때 일어난 한 가지 사건을 털어놓았다. 서울대 법대를 나온 이재3과 서성영(전 대한보증보험 부사장)에게 20만 원의 수표를 주었다고 고발한 사건이 터졌다. 상호금고 인가를 내주는 조건으로 뇌물을 받았다며 서대문경찰서로 끌려간 직원이 물고문으로 혼쭐이 난 것이다. 이 사건이 이용만의 귀에 들어갔고, 그는 직원을 불러 사실을 확인했다.

"너 돈 받았니?"

"아뇨."

"그러면 왜 받았다고 했어?"

"물고문을 하도 해서 일단은 살고 봐야 했어요."

"그럼 진짜로 돈 받지 않았단 말이지?"

"네, 절대로 받지 않았습니다."

"그럼 잠깐만 기다려."

이용만은 신용금고를 정리해가는 과정에서 직원들에게 신신당부했다. 커피 한 잔을 얻어먹고 집을 사주었다고 할 정도의 인간들이니 조심하고 또 조심해야 한다고 여러 번 당부했다. 장관에게 이 사건을 보고하니 남덕우 장관이 금고에서 금으로 된 행운의 열쇠를 꺼내어 이용만 국장에게 주었다. "이걸 갖고 서 군 변호사 비용에 보태 써라." 그 열쇠는 '장관 취임 4주년 기념'으로 재무부 출입 기자단이 축하 선물로 준 물품이었다. 취임 4주년을 맞아 기자단이 성의를 모아 만든 열쇠였다. 기자들이 돈을 걷어서 장관에게 선물을 준다는 말은 들어본 적이 없었으니 아주 귀한 선물이었다. 그는 열쇠를 받으면서 목이 콱 막히고 눈물이 핑 돌았다고 말한다. 피해를 본 직원을 불러 열쇠를 전하면서 이런 말을 더했다. "이 열쇠는 장관님이 취임 4주년 기념을 축하한다면서 재무부 출입 기자단으로부터 받은 것인데, 이걸 팔아서 변호사 비용으로 쓰라고 하셨다고 전하는 나의 가슴이 콱 막혔다."

일주일간의 휴가를 얻어 해결에 나선 서성영은 자신을 고발한 상호금고의 사장이 아내에게 돈을 준 사실을 알아냈다. 그래놓고 재무부 직원에게 돈을 주었다고 죄를 덮어씌운 것이다. 훗날 그는 이재국을 떠나면서 직원들에게 이 대목을 설명하다 목이 메어 잠시 말을 중단하고, 끝을 맺지 못했다.

화가 머리끝까지 난 이용만은 300여 명의 상호신용금고 사장들을 농협 강당에 모아놓고 고함을 질렀다. "이 도둑놈들, 사기꾼들 같으니라고! 할 짓이 없어서 직원을 음해하고 모함할 수가 있느냐!" 참석한 사장들은 내가 왜 도둑놈이냐고 대꾸하지 못했다. 이처럼 악덕 사채업자들을 정비해가는 과정은 험로였다. 그는 사설 무진과 서민 금고의 정비와 양성화에 대해 이렇게 이야기한다. "돌이켜보면 무모하기도 했고 만용에 가깝기도 했지만, 당시 나는 '아무리 어렵더라도 그 길이 바른 길이라면 어려움에 도전하여 정상화를 이룩하는 것이 공직자의 책임이다'라고 생각했습니다."

선의와 좋은 취지에 따라 만들어진 제도라도 늘 기대하는 결과를 낳을 수는 없다. 상호신용금고는 그동안 남설, 도산, 합병 등 수많은 파란을 겪어왔고, 감독 불충분으로 국민경제에 부담을 지우기도 했다. '상호신용금고'에 '은행'이라는 이름이 붙고 은행과 같은 예금보증 한도도 받았지만, 경영자의 과욕으로 도산에 이른 기업들이 많았다. 이들은 예금보험공사, 더 나아가 우리 경제에 큰 부담을 안겼다. 그러나 정도를 밟으면서 차근차근 벽돌을 쌓듯이 성장해온 '상호신용금고'는 오늘도 '은행'이라는 이름에 걸맞게 착실히 성장하고 있다. 결국 제도와 환경 변화에도 불구하고 승패를 결정 짓는 것은 경영자에 달려 있다는 것을 알 수 있다.

## 서민 금융의 지원: 신용협동조합법

"오래 준비해서 만들어낸 것이 신용협동조합법인데, 이 법을 만드는 과정에서 새마을금고도 들어가고 농협단위조합의 상호금융도 들어가게 되었지요."

신용협동조합은 공동 유대를 가진 사람들이 협동 조직을 만들어서 자금을 조성하고 조합원 간의 이용을 도모하는 상부상조하는 비영리 법인이다. 신용협동조합은 1960년 대구 메리놀병원의 '성가(聖家)신용협동조합'에서 시작되었다. 수녀들 중 푼돈이 생겨 여유가 생긴 사람이 그것을 예금 박스에 넣고 이것을 필요한 사람이 빌려 쓰고 이자를 나눠주는 시스템을 운영하고 있었다. 이것이 1964년에 한국신용조합연합회로 발전하여 1970년 4월에는 산하에 조합 수만 398개, 조합원 수 6만 1,000명, 출자액 2억 2,000만 원에 이르렀다. 남 장관에게 이에 대한 법적인 토대를 만들어달라고 요청했던 것이다.[223]

법적인 근거를 준비해가는 과정에서 새마을금고도 법에 포함되는 일이 일어난다. 새마을금고가 포함된 경위가 흥미롭다. 신용조합 형태로 국민재건운동중앙회가 모체가 된 마을금고는 1970년 4월에 이미 4만 6,000개 조합에 조합원만 16만 명, 출자액 5억 7천만 원으로 성장해 있었다. 당시 재건국민운동중앙회 회장을 맡고 있던 안호상(전 국회의원)은 박정희 대통령을 만나 "신용협동조합은 미국에서 만든 제도인데, 이걸 만들어서 우리나라 돈을 모아 전부 미국으로 가져가게 되었습니다"라고 이른다. "그럼 안 되지. 우리 돈이 왜 미국으로 가는 거야?"라며 외자관리 수석비서관으로 있던 장덕진을 불러 "임자, 신용협동조합법을 만들어서 돈이 전부 미국으로 간다고 하는데 그게 무슨 소리야?"라고 물었다. 대통령을 만나고 나온 장덕진은 급히 이용만을 찾았다. "안호상을 만나서 자초지종을 설명해드려야 되겠던데." 안호상이 근무하고 있던 곳이 중앙청 근처라서 급히 그곳을 방문한 이용만은 "그게 그런 것이 아니라 사실은 회원들이 회비를 조금 내서 모아서 이용하는 겁니다"라고 이야기를 꺼냈다. 그러자 안호상은 "우리가 마을금고를 만드는데 그 법에 우리도 끼워주면 좋겠어요. 마을금고를 만들면 사람들이 화투도 치지 않고 술도 마시지 않고 저축도 높일 수 있지 않소? 그렇게 모은 돈을 좋은 데 사용할 수 있지 않겠어요?"라고 부탁했다.

나이 드신 분이 떼를 쓰다시피 하니 이용만은 마을금고를 신용협동조합법에 넣지 않을 수 없게 되었다. 이렇게 해서 1973년 3월 22일, 새마을금고연합회가 발족한다. 원래 조합 이사장은 대부분 무료 봉사가 원칙이었지만 시간이 가면서 설립 취지와 달리 많은 변화가 있었다. 이렇게 만들어진 새마을금고는 1982년 12월 '새마을금고법'을 제정하여 독자적인 발전 기반을 갖게 된다.

당시만 하더라도 농협단위조합의 상호금융은 법적인 근거가 전혀 없었다. 신용협동조합법이 제정될 당시 농협중앙회 회장은 서봉균이었다. 회장의 지시에 따라 농협중앙회의 한호선 과장(전 농협중앙회 회장)이 부리나케 달려왔다. "서 회장님 말씀인데 지금 상호금융이 모두 불법이니까 이번에 만들어지는 법에 넣어서 합법적인 근거를 만들어주었으면 좋겠다"라는 요청에 따라 신용협동조합법에 농협단위조합의 법적 근거를 넣어 농협단위조합의 상호금융이 법적 기반을 갖게 되었다. 이처럼 신용협동조합법은 처음에 신용협동조합을 포함하고, 그다음에 새마을금고를 포함하고, 그다음에 농협단위조합의 상호금융을 포함해 법적인 토대를 구축하게 되었다. 1973년 1월 5일 248개 신용협동조합과 66개 마을금고가 재무부로부터 설립 인가를 받아 활동을 시작한다. 같은 해 3월 22일에는 새마을금고연합회가 발족한다. 이처럼 8·3조치 하루 전날 통과된 상호신용금고업법과 신용협동조합법은 모두 사금융을 제도권으로 흡수함과 동시에 산업 자금화를 위해 만들어졌다.

## 8·3긴급조치, 사채 동결

박정희 대통령은 1972년 초여름 김정렴 비서실장, 김용환 대통령 비서실장보좌관, 남덕우 재무부 장관을 한자리에 불러놓고 "극비리에 사채 동결 방안을 입안하라"고 명했다. 8·3조치 검토의 시발이었다.[224] 리더는 원칙을 고수하는 의지가 있어야 하지만, 상황에 맞춰 정책을 변경하거나 실시할 수 있는 지혜가 있어야 한다.

1972년 8월 3일에 실시된 8·3조치(고리사채의 동결 조치)는 헌법 제73조에 규정된 대통령긴급명령으로 시행된 획기적인 조치였다.[225] 단칼에 위기 상황을 극복하는 대통령의 상황 인식 능력과 상황 적응 능력 그리고 과감성을 보여준 조치다.

당시 상황은 위기라 불러도 손색이 없었다. 기업의 재무 구조가 악화 일로를 걷고 있었다. 국내적으로 고금리와 환율 현실화로 인해 외자 도입 자금의 상환 부담이 늘어나고 있었지만, 인플레 억제를 위한 긴축 정책이 지속되고 있었기 때문이다. 국제적으로는 세계 경제의 침체로 수출이 둔화되어 재고는 늘어나고 기업들이 사채시장에 의존하는 비중은 점점 높아지고 있었다. 당시 사채금리는 월 4%에 가까웠다. 연리로 계산하면 매년 원금의 절반 정도를 이자로 갖다 바치고 있었다.[226]

1971년 6월, 박 대통령은 김학렬 부총리와 남덕우 재무부 장관을 배석시킨 자리에서 김용완 전경련회장과 신덕균, 정주영 두 부회장을 접견하고 경제계의 심각한 사정을 듣는다. 이 자리에서 김용완 회장은 "사채가 이대로라면 살아날 기업이 없습니다"라고 읍소했다.[227]

대통령은 재무부에 사채시장 규모를 추정해보라고 지시했다. 재무부에서는 이자 소득세를 역산하여 약 1,000억 원이 될 것으로 추정했다. 반면에 전경련은 이보다 많은 1,800억 원에 이른다고 보고했다. 사채시장의 규모에 놀란 대통령은 기업들의 연쇄 도산이나 대량 실업을 우려하여 대통령긴급명령권을 발동하기로 결단한다. 우선 재무부에는 기존의 채권과 채무 관계를 무효화시킬 수 있는 방안이 무엇인가를 물었다. 재무부에서 올린 안은 채무자는 사채 신고를 하고 새로운 계약을 맺도록 유도하는 것이었다. 그리고 신고된 금액에 대해서는 일정 기간에 걸쳐 분할 상환하되, 금리는 공금리보다 조금 높은 수준에서 결정한다는 내용을 담았다. 이로써 단기의 고리채를 장기의 저리채로 바꾸는 사채 동결의 윤곽이 잡혔다. 8·3조치에 대한 평가는

**총통화와 비통화금융권의 신장세 비교**　　　　　　　　　　（단위: 10억 원）

| | 총통화(연말잔액) | 비통화금융기관 | C/A |
|---|---|---|---|
| **1970년** | 897.8.(A) | 144.5(C) | 16.9% |
| **1980년** | 12,534.5(B) | 5,443.3(D) | 43.4% |
| **증가율** | 약 14배(B/A) | 37.7배(D/C) | |

출처: 『한국은행 50년사』, 2000, 192쪽

사람에 따라 다를 수 있지만, 기업들의 부채 부담을 줄여줌으로써 지속적인 경제성장을 이루는 데 도움이 되었다는 평가가 주를 이룬다.

8·3조치가 취해지기 전부터 추진되어온 사금융 양성화 작업은 날개를 달게 된다. 2년 전부터 추진된 단기금융업법과 상호신용금고법은 8·3조치와 더불어 사금융양성화 3법의 추진으로 발전한다. 결과적으로 그동안 은행권에만 의존하던 여수신 활동이 급격한 신장세를 보였다. 단기금융업법 제도를 마련해놓고 그 효과를 궁금히 여기던 중, 남덕우 장관과 그는 창립 1주년을 맞는 '한국투자금융'을 방문하여 현황을 보고 받았다. 수신 규모가 1,000억 원을 넘었다는 보고를 받고 전망이 괜찮겠다고 생각하며 제도가 정착되길 기다렸다.

그러나 시간이 흐를수록 단자사들의 여수신 활동이 비약적으로 증가하고 이익 규모도 커짐에 따라 이권화 현상이 나타났다. 금융시장에서 차지하는 총통화 개념에 포함되지 않는 비통화금융권(단자, 상호신용금고, 신탁 등) 비중이 10년 사이에(1970년 대비 1980년) 17%에서 43%로 늘고 총통화가 14배 늘어날 때 비통화금융권은 38배나 증가하는 놀라운 신장세를 보인 점은 기업이나 가계나 제2금융권의 선호도가 높았다는 의미다.

이렇게 개발 시대의 많은 정책들이 "기업에 좋은 것은 나라에 좋은 것이다"라는 원칙을 따랐다. 시대가 바뀌었지만 우리가 과거의 성장 사를 살펴보는 이유는 "내가 잘나서, 혹은 우리가 잘나서 여기까지 왔다"라는 주장을 펼칠 때 신중해야 하기 때문이다.

## 기업 공개의 촉진, 여신 관리제도, 비업무용 부동산

"투자 재원의 할당이라는 혜택을 받은 기업들이 차입금 의존도를 줄이고 증권시장을 통해 돈을 조달해야 하는데 그것이 쉽지 않았습니다."

8·3조치를 통해 기업의 금융 비용을 크게 낮춘 정부는 대기업들이 적극적으로 기업 공개에 나서기를 바랐다. 1973년 1월 4일, '기업 공개 촉진법'을 공포하고 시행에 들어가지만 기업 공개는 더디게 이루어질 뿐이다. 기업 공개촉진법은 사채 동결을 명한 8·3조치의 후속타에 해당하는데, 정부가 공개 대상 법인을 심사하고 선정하여 기업 공개를 명령할 수 있도록 명령권을 부여한다. 공개 명령을 받은 기업이 이를 이행하지 않을 경우에 세제의 불이익은 물론이고 금융 지원을 제한하는 규제 조치를 포함하고 있다. 그러나 1971년에 4개사, 1972년에 7개사 정도에 그치고 만다. 1973년이 되자 공개 기업수는 41개사로 늘어났지만, 1차 석유파동이 덮치면서 다시 기업 공개는 얼어붙고 만다.

이렇게 되자 정부는 1974년 5월 29일 기업 공개와 건전한 기업 풍토 조성에 관한 대통령 특별 지시 5개항인 '5·29조치'를 발표한다. 금융과 세제 지원에 있어 기업 공개를 적극적으로 유도하고, 비공개 대기업에 대해서는 여신 관리를 강화한다는 것이 중요 골자였다. 이 조치는 기업 공개를 요구하는 강도가 훨씬 강했다. '5·29조치'는 재무부가 재벌 기업에 여신 관리라는 족쇄를 채우기 시작했다는 뜻이다. 이런 일련의 조치들을 보면 주무 당국과 대기업 사이에 끊임없이 밀고 당기는 일이 있었음을 알 수 있다. 5·29조치는 기본적으로 대통령이 직접 지시하고 청와대에서 구체적 방안을 만들어냈다.

박 대통령의 특별 지시가 있은 다음 날, 김용환 재무부 장관은 후속 조치로 '금융 여신과 기업 소유 집중에 대한 정부 시책'을 발표한다. 뒤이어 금융단은 '계열 기업군에 대한 여신 관리 협정'을 체결하고 1974년 7월 1일부터 그 시행에 들어간다. 이로써 전 금융기관으로부터 여신 총액이 50억 원을 넘어서는 계열 기업군은 관리 대상에 포함되어 은행 돈을 쓰려면 일일이 확인을 받아야 했다. 한마디로 재벌 기업에 대한 엄격한 돈줄 관리가 시작된 셈이다. 여기서 여신 총액이란 금융기관의 대출금뿐만 아니라 대외차관 지급보증금, 재정차관에 의한 정부의 직접 대출금을 더한 것이다.

그런데 실질적인 의미에서 계열 기업군에 대한 엄격한 사후관리가 철저하게 이루어지기 시작한 것은 1976년에 발표된 '주거래은행제 운영 협정'이다. 앞의 것은 부동산의 취득이나 기업의 신설과 매입을 억제하는 쪽에, 후자는 기업자금의 합리적인 공급과 운전자금의 대출 한도제 운영에 초점을 맞추어 보완해나갔다.

5·29조치의 기본 정신은 기업의 비업무용 토지 보유를 억제하고 이미 갖고 있는 토지를 매각하여 부채 상환을 촉진하는 것이다. 기업들은 수출금융으로 받은 자금으로 토지를 구입하고 수출금융은 더 큰 규모의 수출을 해서 얻은 추가로 확대된 수출금융으로 대체했다. 구입한 토지는 우선 담보로 이용하여 다시 대출을 받아서 기업 확장에 사용하는 동시에 인플레이션으로 인한 지가 상승의 이익까지 누릴 수 있었다.

한편 일부 대기업들의 은행 여신 편중은 곧 토지 소유의 편중으로 연결되고, 이것은 다시 정부의 사회간접자본 투자에서 발생하는 개발 이익이 토지를 소유한 일부 대기업과 기업인에게만 편중되는 문제를 가져왔다. 따라서 정부로서는 기업들의 비업무용 토지 투기 문제를 그대로 방치할 수 없었다. 이용만은 대기업의 비업무용 부동산 토지 소유에 대해 이렇게 말한다. "기업들은 비업무용 토지 보유에 대하여 미래의 투자에 대비한 토지의 조기 확보라는 명분을 내걸고 있으나, 토지 이용 측면에서 비효율적인 데다 토지 투기를 야기하는 원인이 되기도 했다. 대부분의 기업들이 부채 비율이 높기 때문에 기업들이 보유한 토지는 사실상 은행 차입금에 크게 의존하고 있는 것과 같았다. 달리 이야기하면 수출금융으로 받은 자금을 비업무용 부동산 구매 자금으로 활용한 것을 말한다."

기업들이 팔고 싶어도 팔 데가 없다는 빌미를 제공하지 않기 위해 이용만은 '토지금고'의 설립 작업을 서둘게 된다. 이 금고의 목적은 기업에서 비업무용 토지나 개인의 유휴지를 사서 다른 기업의 업무용 토지를 서민들의 주택용지로 매각하지 않도록 하는 것이다. 1975년 4월 1일에 출범한 토지금고는 훗날 '토지개발공사'로 탈바꿈하게 된다. 1990년대 초반 비업무용 토지 문제가 사회적 문제가 되는데, 이미 1970년대 초반부터 한국 재벌의 문제, 더 나아가 재벌의 부동산 소유 문제가 시작되었음을 알 수 있다.

## 중화학공업 육성 지원

"이런저런 이야기들이 많지만, 결국 중화학공업 육성 정책은 이후 한국 산업의 골격을 결정짓는 데 결정적인 산업 정책이었다."

　1970년대 산업 정책의 핵심은 중화학공업 육성책이다. 이용만은 이 재국장 시절부터 중화학공업의 육성을 위한 재원 조달 업무에 깊숙이 간여했다. 중화학공업 육성은 1972년 11월 7일 박 대통령이 월간 경제동향보고회의와 1973년도 1월 12일 연두교서에서 중화학공업 취지 선언에서 1980년대까지 국민소득 1,000달러, 수출 100억 달러 달성을 지시한 것부터 시작되었다. 수출 100억 달러는 중화학공업의 육성 없이는 불가능한 일이기 때문에 이 회의를 시작점으로 삼을 수 있다.

　박 대통령의 이런 구상은 미군 7사단 철수, 베트남의 전쟁 휴전 등에 영향을 받았다. 자주 국방을 위해 중무기의 대외 의존을 줄이고 국산화로 가야 하는데, 이를 위해서 중화학공업이 반드시 필요하다는 것이다. 다른 하나는 경공업으로서는 더 이상 수출 증대의 가능성이 없다는 사실을 잘 알고 있었기 때문이다. 박 대통령은 1973년 1월 12일

연두 기자회견에서 중화학공업 선언을 발표하는데, 이 과정에서 상공부와 오원철 대통령 비서실 경제제2수석비서관의 주도하에 상공부와 과학기술처가 참여하여 계획의 입안을 추진했다.

중화학공업의 논의 단계에서는 자금 조달 부처와는 협의가 전혀 없었다. 처음부터 재무부가 참여하면 안 된다고 말할 것 같기에 신임하는 남 장관을 배제시키기로 한 점은 박 대통령다운 특징이다. 대통령의 생각으로는 반대하더라도 남 장관이 어떻게든 자금 조달 방안을 마련해서 도움을 줄 수 있을 것으로 믿었다. 최종 결정 단계에서 남덕우가 자금 조달에 난색을 표하자, 사무실로 남 장관을 따로 불러서 이야기한다. "일본이 2차 대전을 일으킨 것은 중화학공업을 일으켜서 가능했고, 패전 이후에도 다시 일어난 것도 중화학공업을 일으켜서 가능했다. 그래서 우리도 이제 중화학공업을 시작해야 할 때가 되었다. 경공업 위주로 계속 나갈 수는 없다. 이제 추진할 때가 되었는데 그 방법을 강구해야 한다." 이런 요지에 대해 남 장관은 "각하, 저도 다 아는데 문제는 재원입니다"라고 답한다. 마치 기다린 듯이 "중화학공업 건설은 우리 경제의 명운을 걸고 추진해야 하는 것이니 어려움이 있더라도 추진해봅시다. 재원을 좀 만들어봐"라고 타일렀다. 남 장관도 경공업만으로는 선진국 진입이 불가능하다는 사실을 잘 알고 있었다. 그리고 자립 경제를 위해서는 중화학공업의 육성이 불가피함도 잘 알고 있었다. 그러나 막대한 소요 자금을 어떻게 조달해야 할지 막막할 뿐이었다. 청와대로부터 이렇게 큰 짐을 안고 나온 남덕우 장관은 이용만을 불러서 이렇게 털어놓는다.

"이 국장, 지금 내가 무거운 짐을 하나 가지고 왔네. 중화학공업을 해야 되는데 돈이 엄청 드는 모양이야."

"얼마나 자금이 들까요?"

이용만은 얼마나 들지 몰라 물어보았다.

"일본은 각종 공공기금에서 일정 비율을 국채로 주고 흡수해서 산업 개발에 쓰는데, 우리도 공무원, 군인, 연기금 등 각종 기금을 모아서 재원을 마련하면 어떨까?"

"연기금 규모가 얼마 되지 않습니다. 그리고 연기금의 여유 자금은 이미 정부 예산에 갖다 쓰기 때문에 여유가 없습니다."

"그래? 그러면 무슨 방법이 없을까?"

"방법을 연구해보겠습니다."

그렇게 해서 찾아낸 것이 중화학공업을 위한 재원으로 국민투자기금법을 만들어 재원을 조달하는 것인데, 그 아이디어를 만들어낸 과정에 대해 이용만의 증언은 이렇다.

"실무자들이 몇 날 며칠을 밤을 새우면서 강구해낸 것이 국민투자기금입니다. 장관도 생각하고 우리도 생각해서, 저축성 예금 들어오는 것 가운데 20%를 중화학공업 지원 재원으로 돌리기로 한 것입니다. 문제는 중화학공업에는 저리로 공급해야 한다는 것입니다. 연 15% 이자를 주고 예금을 받았는데 이걸 9%에 빌려준다고 하면 은행이 6% 손해 보게 됩니다. 그래서 이 6%를 한국은행이 보조해주기로 결론을 내렸습니다. 이렇게 해서 중화학공업육성을 위한 재원이 확보되었습니다. 문제는 이렇게 지원하고 나면 은행에서는 소비금융을 지원할 가용 자원이 그만큼 없어지게 됩니다. 중화학 공업지원 자금을 비롯해서 수출 등 다양한 정책자금을 지원하다 보니 모든 시중은행에서 가계금융으로 쓸 돈이 부족해서 야단이 났습니다. 일반 대출이 거의 중단되다시피 하면서 사채시장이 번성하게 되었습니다. 이렇게 해서 사채시장이 기승을 부리게 됩니다. 우리가 사채금융의 제도화를 서둔 중요한 이유 가운데 하나입니다."

결국 국민투자기금을 만들어서 조달하는 방안을 구체적으로 추진하게 된다. 국민투자기금은 몇 가지 특징을 지닌다. 하나는 자금을 조달하면서 국민에게 새로운 저축을 강요하지 않는다. 즉, 현행 제도에 의해 형성된 저축이 투자로 효율적으로 연결되도록 한다.

실제로 1974년부터 1978년까지 5년간 기금의 운용 실적을 보면 중화학공업에 대한 투자 지원은 58.7%였다. 둘째, 국민저축조합이나 각종의 공공기금 생명보험회사의 보험금 금융기관의 저축성 예금 등 다양한 국민 저축을 재원으로 하기 때문에 중앙은행의 발권력에 의존하지 않음으로써 인플레를 유발하지 않는다는 장점이 있다.

1973년 12월 14일, 국민투자기금법이 제정되어 다음해 1월 1일부터 시행에 들어가게 되었다. 다음에는 국민투자채권을 발행하는데, 과거의 국채와는 달리 1년 만기 정기예금 금리 수준 이상의 금리를 유지하도록 했다. 예를 들어, 채권을 발행해서 은행이 인수하게 되면 채권금리는 일반 대출금리 수준에 맞추어서 15%다. 그런데 대출은 9%로 하면 차이가 6%인데, 은행 손실을 한국은행이 지원하는 방식으로 운용되었다.[228] 결국 국고 수입이 줄어든 만큼 국민들이 세금을 더 내야 하기 때문에 극단적으로 말하면 국민들이 중화학공업 육성을 위해 부담을 더했다고 해석할 수 있다.

국민투자기금의 성과와 효과는 어떠했을까?

첫째, 한국의 산업 구조가 경공업 중심에서 중화학공업 중심으로 재편되는 데 크게 기여했다. 둘째, 중화학공업 건설을 지원하기 위한 국민투자기금의 지원은 단위 규모로는 가장 큰 내자 조달원이며, 지원 조건이 장기 저리이기 때문에 기업에 큰 도움을 주었다. 셋째, 정부의 이자 보전을 전제로 한 제도였기 때문에 재정 부담이 증가했다. 1979년만 하더라도 기금의 역금리를 보전하기 위해 정부의 이자 보전액이 약 485억 원에 달했으며 투자 기금의 규모 증대와 비례해서 정부의 재정 부담이 증가했다. 넷째, 1974년부터 중화학공업에 집중 투자함으로써 국방력이 북한을 앞서 중화학공업 위주의 수출 구조가 자리 잡는 데 기여했다. 또한 수출 산업의 고도화를 통해 한국 경제의 발전에 기여했다. 국민투자기금제도는 1974~1991년까지 8조 6,000억 원이 조성되어 이 가운데 80%가 철강, 정유, 석유화학, 비료 등 중화학공업과 그 밖에 고속도로 건설, 전력 및 방위산업 등을 지원하는 데 사용되었다.

세월이 흐르고 나면 많은 것들은 잊혀지고 만다. 오늘날 한국의 대기업들 가운데 많은 수가 국민들에게 부채감을 잊지 말아야 한다. 그것은 혼자 일어선 것이 아니라는 역사적 사실 때문이다. 우리는 포항제철을 영일만의 신화라고 부른다. 맞는 말이다. 오늘날의 포철은 박정희 대통령의 결단과 박태준 회장의 추진력이 맞물려서 이루어낸 성과임에 틀림없다. 하지만 은행의 전적인 지원, 즉 그 뒷면에 버티고 있었던 일반 국민들의 희생과 지원을 잊어선 안 된다. 이용만의 생각은 이렇다.

"포철 박태준 회장이 고생한 것이나 기여한 것은 사실입니다. 은행의 희생 위에 이루어진 중화학공업의 육성책의 대표 사례가 포항제철입니다. 처음 포철을 설립할 때 은행에다 출자를 시켰습니다. 1969년 3월, 포항제철이 출범할 당시 자본금 140억 원은 당시로는 상당한 거액이었습니다. 그 돈은 정부 출자금과 은행 출자금입니다. 나중에 상장되어 배당될 때까지 한 푼도 은행에 주어지지 않았을 뿐만 아니라 무이자로 지원한 결과였습니다. 다른 기업들이 25 ~ 30%의 고금리에 시달릴 때 포철은 이자 없는 돈을 은행에서 가져다 썼습니다. 국가적 사업이긴 했지만 은행의 무이자 지원이 있었기 때문에 오늘의 포철이 있는 겁니다."

한국의 대기업들이 2세나 3세로 넘어가더라도 다른 나라에 비해 사회에 더 큰 부채 의식을 가져야 한다는 점을 이용만은 강조한다.


## 3가지 자랑거리

"인생은 연극과 같은 것이다."

세월이 가면서 이런 말이 더 가슴에 와 닿는다. 한 막이 끝나고 나면 또 다른 막이 오른다. 무대마다 우리는 최선을 다해 살아내야 한다. 한 막에서의 선전(善戰)이 또 다른 막에서의 선선을 보장하는 것은 아니기 때문이다. 세월이 가고 새로운 막이 등장할 때마다 우리에게는 새로운 역할이 요구된다. 그것들을 하나하나 정말 잘 수행해야한다. 17세기를 살았던 셰익스피어는 인생과 연극을 절묘하게 조화시켜 명문장을 남겼는데 오늘의 우리에게 주는 메시지가 풍성하다.

"세상은 무대다.

모든 남자와 여자는 배우일 뿐이다.

그들은 때로는 퇴장하고 때로는 등장한다.

한 인간은 살아가는 동안 많은 역할을 담당한다."

All the world is a stage,

And all the men and women merely players,

They have their exits and their entrances;

and one man in his time plays many parts.

—출처: Shakespeare, 『뜻대로 하세요(As You Like It)』

사람이 지상에 쌓는 것 중에 그리 대단한 것이 무엇이 있겠는가! 그래도 이따금 스스로 이루어낸 것에 대해 자랑도 하고 자부심도 갖는 것이 도움이 된다. "이제껏 잘해왔지만 앞으로도 더 잘해야겠다"처럼 더 나은 미래를 만들어가는 힘이 바로 그곳에서 나오기 때문이다. 여기서 이용만의 인생을 무대의 막으로 정리해보며 잠시 호흡을 고르려한다.

그에게 인생 1막은 영원히 계속될 것 같았던 넉넉했던 부모와의 유소년기였을 것이다. 인생 2막은 예상치 못한 한국전쟁으로 가족을 잃고 이남으로 내려와서 참전과 제대, 대학 졸업과 결혼 등으로 이어지는 시기일 것이다. 스스로 삶의 토대를 만들어냈던 청년기가 여기에 해당할 것이다. 인생 3막은 공직에 입신하여 이재국장까지 한 걸음 한 걸음 올라가는 시기일 것이다. 이처럼 그는 삶의 굵직굵직한 매듭을 지으면서 전진해왔다. 그가 공직을 떠난 직후에 남긴 글에는 '3가지 자랑거리'라는 제목으로 인생에 대한 진솔한 소회가 담겨 있다.

"가끔 이런 생각을 한다. 언젠가 통일이 되어서 내가 이북의 고향에 가면 조상님께 자랑할 일이 무엇이 있을까? 장관이 되기 전에는 3가지가 있었다. 첫째는 고려대학에 합격하고 내 힘으로 졸업했다는 것, 둘째로는 5·16 이후에 시험을 쳐서 당당히 중앙청에, 그것도 국무총리의 내각수반기획통제관실이라고 하는 핵심 부처에 다니게 되었다는 것, 셋째로는 재무부에 들어가 이재국장을 맡아서 최장수 국장을 하게 되었다는 사실이다. 재무부에서도 이재국장이라는 자리는 촉망받는 자리다. 일류대 학부 나와서 행정고시를 한 사람도 한 번 앉기가 힘들다. 그것은 아마도 내가 윗사람에게 인정받고 정책의 수립과 시행에 기여한 덕분이라고, 늘 자랑거리로 생각해왔다."[229]

세상 기준으로 보면 그는 이 모든 것을 자신의 힘으로 성취해냈다. 누가 도움을 준 것이 아니라 자신의 손과 발과 머리를 사용해서 힘껏 이루어낸 것이다.

제4부

개인적 자질과
리더십

"신문에서 저돌적이니, 투쟁적이니,

별의별 용어를 다 사용합니다.

내가 어떤 문제든 두려워하지 않고

항상 문제를 찾아내고

그것을 해결해서 결과를 만들어내니까

그런 특징을 꼽았을 것입니다."

# 1장

•

# 승진과 기회

"어디서건 자신이 해야 하는 일에 최선을 다하다 보면
하나하나 길이 열렸습니다."

"어디서든 정상을 향한 경쟁은 치열할 수밖에 없다."

어느 부처를 막론하고 공직 사회에서도 한 번쯤 맡아보고 싶은 요
직이 있다. 그곳은 항상 경쟁자의 관심 대상이 되고 기회를 엿보는 사
람들이 있다. 이용만의 자리도 관심 대상이 되어 있었음은 당연하다.
한번은 국방부 차관보로 승진해서 갈 의향이 없느냐는 제의를 받은
적도 있었다. 순수하게 받아들일 수도 있지만 그의 자리를 엿보는 사
람들이 짜낸 구상으로 해석될 수도 있다.

남들이 모두 가고 싶어 하는 이재국장직을 한 사람이 너무 오래 맡
게 되면 부러움도 있지만 불만이 생길 수밖에 없다. "저 친구가 좀 자
리를 비워야 나도 이재국장을 할 수 있지 않은가!"라는 사람들도 있
을 수 있다.[230] 1974년 9월 11일, 남덕우가 부총리로 영전하여 떠나고

그 자리에 9월 18일 청와대경제제일수석비서관을 지냈던 김용환이 취임했다.

대부분 사람들은 이재국장 자리가 바뀔 것으로 보았다. 한 사람이 너무 오래 요직을 차지하고 있었기 때문이다. 이용만은 이재2과장으로서 김용환 이재국장 밑에서 호흡을 맞춘 적이 있다. 서울법대를 나오고 고시를 패스한 김용환은 빈틈없는 업무 처리로 행정 및 재무 관료로서는 손에 꼽을 정도로 뛰어난 사람이었다.[231] 김용환의 속마음을 정확히 알 수는 없지만 그는 이용만을 높이 평가하지 않았을 가능성이 크다. "이용만은 이제 끝났다"는 소문이 파다했다.

이용만은 이미 각오가 되어 있었으므로 비교적 한가한 직책인 국고국장으로 옮긴 다음 1년간 해외로 나가 제대로 공부를 하면서 후일을 도모하기로 결심한다. 마침 미국의 AID자금으로 유학 비용을 확보해놓고 학교도 정해놓았다. 준비를 모두 마치고 난 다음 장관에게 말할 기회를 찾고 있었다.

어느 날, 김용환은 장관실에서 짜장면을 시켜 먹고 있었다. 당시에는 수시로 박 대통령이 부르기 때문에 장관은 거의 대기조였다. 여기저기 수시로 불려 다녀서 점심을 제대로 먹을 수 없었던 장관들은 자주 집무실에서 짜장면을 시켜 먹곤 했다. 한참 짜장면을 먹고 있는데 국장이 들어와서 뜬금없이 "장관님, 국고국장 시켜주십시오"라고 부탁하는 것이었다. 짜장면을 먹다 말고, "이 친구 뭐야"라는 식으로 쳐다보았다. 김용환의 머리에는 이런 생각이 스쳐지나갔을 것이다. "세상에 이런 친구가 어디 있나! 국고국장 하다가 이재국장 시켜달라고 하는 것이 정상이지, 이재국장 하다가 국고국장으로 가겠다고 자청하는 사람이 어디 있나!" 장관은 "뭐요?" 하더니 "알았어요" 하며 다소 퉁명스럽게 답했다.

똑똑한 보스는 일 중심으로 사람을 본다. 지혜로운 보스는 우선순위를 명확히 하는 사람이다. 똑똑한 보스는 성과를 낼 수 있는 사람을 등용한다. 남덕우 장관도 필요하기 때문에 이용만을 이재국장으로 중용했던 것처럼, 김용환도 곰곰이 생각한 끝에 일 중심으로 의사결정을 내린다. 며칠 지난 다음, 김용환은 이용만을 장관실로 내려오라고 부른다.

"기획관리실장을 맡아주어야 되겠어요." 수평 이동도 아니고 승진을 시켜서 일을 맡긴 것이다. "알았습니다" 하고 장관실을 나왔다. 이렇게 해서 1975년 2월 24일자로 이용만은 재무부 기획관리실장으로 승진한다. 한 신문은 승진 평을 이렇게 보도했다. "직업관료가 승급하는 최고의 직급인 1급 공무원직에 승진된 이용만 재무부 기획관리실장은 이번의 영전이 지난 3년 반 동안 난적된 재정 금융 업무를 무난히 수행해온 논공행상이라고 주위에서 평가한다. …… 그는 대인관계가 폭넓고 시원시원하여 앞으로 부내 각국 간의 조정역을 잘 해낼 것이라는 주위의 평이다. 취미는 장기, 운동 등 다양하며 게임에 승부욕이 강하다."[232]

김용환은 현명하게도 철저하게 업무 성과에 바탕을 두었다. 사실 김용환과 이용만은 약간 성향이 달랐다. 김용환은 완벽하게 업무를 추진하길 원하는 한편, 꼼꼼하면서 친화력은 뛰어나지 않았다. 반면에 이용만은 털털하면서도 완벽하게 업무를 추진하고, 동시에 친화력과 사교성이 뛰어났다. 김용환은 이용만의 친화력이 자신의 약점을 보완해줄 것으로 확신하고 그를 승진시켜 기용했을 것으로 추측할 수 있다. 흥미로운 점은 두 사람이 잘 어울릴 수 없는 것 같은데도 불구하고, 노년이 되는 오늘날까지 이용만은 김용환을 정성을 다해 돕고 때로는 이런저런 힘을 보태고 있다는 사실이다. 단 1살 차이의 상사를 만난 지 60여 년이 가까이 되어가는데도 이런 관계를 유지해나가는 점에서 이용만다운 특별한 '무엇'을 느끼게 된다. 대개 일로 맺어진 관계는 일이 끝나고 나면 각자의 길을 가지 않는가! 그러나 세상 기준으로는 놀라울 정도로 오랫동안 인간관계를 맺는 일들이 빈번하다. 필자로서는 이 점이 글을 쓰는 내내 참으로 미스터리한 부분이기도 하고 신기한 부분이기도 했다.


## 기획관리실장에서 재정차관보로

기획관리실장은 부서 내 업무 조정이 중요하고, 그다음으로 대 국회, 대 언론 관계를 능숙하게 처리할 수 있어야 한다. 사람은 저마다 장기가 있는데, 철두철미한 업무 처리로 유명한 김용환 장관도 외부 활동에서는 어려움을 겪고 있었다. 이 부분을 보완할 수 있는 적임자로 이용만을 배치한 것은 정말 옳은 판단이었다. 이용만의 기대 이상의 활약에 감명받은 김용환은 1977년 9월 15일에는 재정차관보로 전보 발령을 내린다.[233] "김용환 장관이 업무 처리는 아주 잘하는데, 국회의원이나 기자단과의 관계가 좀 소홀했습니다. 그래서 내가 이걸 열심히 해서 효과를 봤습니다." 그가 발령받은 날, 한 신문의 인사 평에는 이런 내용이 들어 있다. "그는 소탈하고 누구에게나 친근감을 주는 인상이며, 업무 처리에 있어서는 끊고 맺는 게 분명하고 내다보는 시야가 넓어 정책 결정에 우물쭈물하는 법이 없다."[234]

　장관 입장에서 아무리 좋은 정책을 수립하더라도 최종 결과는 국회와 언론의 협조를 받아야 한다. 주어진 업무를 잘 처리하는 능력과 대인관계를 원활히 처리하는 능력은 다르다. 세상에는 2가지 가운데서 하나를 가진 사람은 많지만 2가지를 모두 가진 사람은 아주 드물다. 원활한 대인관계는 배울 수 있는 부분도 있지만 타고난 영역도 크기 때문이다. 여러 사람들을 만나다 보면 똑 부러지게 업무 처리에 능한데 호감을 주지 못하는 사람들이 있다. 그렇다고 해서 그 사람이 딱히 잘못된 일을 하는 것은 아니다. 받아들이는 사람이 호감을 느낄 수 없기 때문에 문제가 될 뿐이다. 이처럼 대인관계는 다른 차원이기 때문에 여간 힘들지 않다. 이용만은 장관의 결정이 가져온 효과에 대해 "국회 관계는 까다롭고 복잡한 일인데 언론도 마찬가지였어요. 나는 중간에서 일이 부드럽게 잘 처리되도록 최선을 다한 것뿐이지요. 그러니까 그다음에는 저를 기획관리실장에서 재무부의 가장 핵심이라 할 수 있는 재정차관보로 보낸 게 아닌가 생각됩니다."

　원활한 대인관계는 이용만의 큰 장점이자 특기 가운데 하나인데, 이것이 꽃을 피우는 시점이 재무부 기획관리실장과 재정차관보 시절일 것이다. 그의 실력이 성과로 나타나는 시점이기도 하다. 당장 정책을 두고 국회와 언론의 협조를 끌어낼 수 있는지가 금방 드러나기 때문이다. 함께 일했던 신명호는 "특유의 친화력으로 대외 교섭력이 대단한 분이기 때문에 김용환 장관한테 그 점을 크게 인정받았습니다"라고 지적한다.

공직 생활을 통해 그는 국회 관계가 아주 원만한 편에 속했다. 동료나 상사가 같은 사안을 놓고 국회에 가서 대판 싸우고 돌아온 과제도 그에게 맡기면 말끔하게 해결되곤 했다. 누군가가 "당신들과 도저히 함께 못해먹겠소!"라고 판을 깨버리면 뒷수습이 이용만에게 맡겨진다. 구원투수로 국회에 파견된 그는 2중, 3중으로 더 많은 시간과 정성을 투입해야 한다. 저녁도 먹고 술도 한잔하면 당장 "앞으로 절대 그 친구하고는 함께 일을 못하겠소!"라는 불평불만이 터져 나온다. "네, 알겠습니다. 그 친구가 그렇게 나쁜 친구는 아닌데 좀 막힌 점이 있습니다"라면서 의원들의 화를 풀어주고 "세상에 이런 사람도 있고 저런 사람도 있고 하니 의원님이 좀 이해를 해주시죠"라며 조금씩 풀어나간다. 조금만 굽히고 칭찬하면 되는데 그게 힘들어서 일이 꼬이는 경우가 자주 일어나자, 나중에는 아예 이용만이 국회를 전담하게 된다. 그런데 엘리트 관료 중에는 조금이라도 굽히는 것이 쉽지 않은 사람들도 있다. 하지만 이용만은 "사람들이 칭찬과 인정을 필요로 한다"는 사실을 잘 알았다.[235]

그가 가진 대외 교섭력과 협상력 때문에 사람들은 이를 참으로 특별한 재주라고 생각해서 "어떻게 저 양반이 가면 야당 의원들도 다 협조하는 것일까?"라고 자주 이야기한다. 신명호는 "김용환 장관 시절에는 국회를 거의 전담하다시피 했습니다. 저는 그 힘이 그분의 인성에서 나왔다고 봅니다. 그릇이 아주 큰 사람입니다. 내가 평소에 그릇이 큰 인물을 두 사람을 보았는데, 한 분은 신형식 장관(전 국토부 장관)이고 또 한 분은 이용만 장관이셨어요. 저는 이 장관님이 장관직에만 머물러 있지 않을 것이라고 생각할 정도였으니까요." 자문 교수단 시절부터 그를 지켜볼 수 있었던 이승윤은 이용만이 대 국회 관계를 맡았을 때 국회의원으로 재무위원회 간사를 맡고 있었다. 그는 여당 의원으로 이용만이 어떻게 야당 의원들의 협조를 얻어내는지 직접 목격했던 인물이다.

"내가 재무위원회 간사로 일하고 있을 때 재무부의 기획관리실장이었습니다. 당시 재무위원회에는 야당의 쟁쟁한 이론가들이자 까다로운 이중재(전 국회의원, 1925~2008) 씨, 진의종(전 총리, 1921~1995) 씨 등이 포진하고 있었어요. 그럼에도 불구하고 아주 원만한 관계를 유지할 수 있었기 때문에 '대인 교제술이 뛰어난 사람이다'라고 생각했습니다. 재무부에서 추진하는 법안 통과를 앞두고 야당 위원들과 언쟁이 붙는 경우가 많았습니다. 야당의 이론가들과 언쟁이 붙으면, 어떻게 하든지 자기 주장대로 설득하는 데 성공하곤 했습니다. 야당 의원들이 논리에 져서 들어주기보다는 그 양반이 설득하려는 노력이 너무 진지하고 열심이니까 이중재 같은 분은 나중에는 '허허허' 하고 그냥 웃어넘겼습니다. '사실은 그렇지 않은데 내가 당신 성의를 봐서 그냥 넘어간다'라는 그런 투였지요."

## 타인을 설득하는 비결

"조금 더 부지런하면 된다"라는 한마디에 설득의 비결이 숨어 있다. 사람들은 타고난 능력 정도로 치부해버리지만 안을 들여다보면 목표 달성을 위한 부지런함도 함께했음을 알 수 있다. 일단 목표가 주어지면 그 목표를 달성하기 위해 집요하게 추구하는 그의 특징은 대 국회 관계에서도 어김없이 빛을 발휘했다. 권한을 가진 사람들 입장에서는 "자꾸 찾아오니까 귀찮아서 해준다"는 일도 이따금 있겠지만, 하지만 "자꾸 찾아오니까 미안한 마음이 들기도 하고 마음이 동하기도 해서 협조를 해준다"는 쪽이 더 가능성이 있다.[236] 함께 일했던 신동규(전 농협금융지주 회장)는 야당 의원들로부터 들었던 이야기를 이렇게 기억해냈다.

"한번 결정하면 그걸 관철하기 위해서 정치권이나 관계 부처 할 것 없이 진짜 열심히 왔다 갔다 하셨습니다. '어떻게 저렇게까지 할까?'라는 감탄사로 절로 나올 정도였습니다. 언젠가 야당 국회의원에게 전화를 할 기회가 있었는데, 그분 말씀이 너무 찾아와 귀찮게 하니 손 들고 협조를 빨리 해줘서 더 이상 오지 않도록 만든다고 이야기하시더군요. 그분이 야당 생활을 오래했는데 한 번도 저런 사람을 못 봤다 하셨어요. 빨리 협조를 해줘야지, 안 해주었다가는 고생은 고생대로 하다가 나중에 해주고 만다고 웃으면서 말씀하셨습니다."

자신이 관철해내야 하는 것이라면 물불을 가리지 않고 추진하는 그의 기질을 엿볼 수 있는 대목이다. 또 한 가지 사례는 그가 어떤 사람인가를 생각하게 하는 내용이 들어 있다.

박병배(전 서울시 경찰국장, 전 국회의원, 1917~2001)는 1954년에 치안국 경비과장으로 잔존 빨치산 토벌에 앞장서기도 했던 대전 출신 다선 국회의원이었다. 국회에서 최규하 총리에게 "이봐요! 최 총리. 당신 옷이 그 옆에 있는 김용환 장관한테 맞아? 안 맞잖아. 정책을 맞게 해야지 말이야, 옷도 안 맞으면 못 입는 것과 마찬가지로 정책도 현실에 잘 맞아야 되잖아"라고 일갈할 정도로 성격이 괄괄하고 기백이 있었던 사람이다.

당시만 하더라도 국회의원들이 재무부 직원들에게 5억 원 이상의 은행 대출 기업체 명단을 제출하라고 요구하는 것이 관행이었던 시절이었다. "고액 대출업체들은 특혜를 받은 업체"라고 압박해서 기업으로부터 협조를 얻기 위해서다. 당연히 기업이 크면 대출 규모도 커지는데 해마다 반복적으로 명단 제출이 요청되었다. 이재국장한테 요구하지만 움직이지 않으니까 김용환 장관에게 요청했다. 장관이 이재국장에게 "잠시 보여드리지"라고 이야기한다. 하동선 이재국장이 국회 본회의장 입구에서 서서 "박 의원님, 제가 명단을 갖고 있습니다. 필요할 때면 언제든지 보실 수 있습니다만, 제가 갖고 있겠습니다"라고 말했다. 말을 마치자마자 "어디, 좀 봐"라는 우렁찬 목소리와 함께 서류는 박 의원 손에 이미 들어가고 말았다. 박 의원이 탁 하고 낚아채더니 본회의장으로 쏜살같이 들어가면서 "저 사람 못 들어오게 해" 하고 경비원에게 명했다. 하동선 국장은 망연자실해 있었다. 본회의장에는 국회의원만 들어갈 수 있었기 때문이다.

하동선 이재국장이 헐레벌떡 뛰어와서 이용만 기획관리실장한테 "어떻게든 찾아야 하는데, 좀 같이 가주어야겠습니다"라고 부탁했다.

다음 날 이른 아침에 이용만과 하동선은 장충체육관 맞은편에 있는 국회의원집을 방문했다. 집 앞에서 일찍 문을 연 제과점에서 큼직한 케이크를 사 들고는 초인종을 눌렀다. 기획관리실장이 왔다는 말에 박 의원은 자다 말고 속옷 바람으로 일어나 앉았다.

"어쩐 일이야, 이 아침에."

"아유, 평소에 존경하는 의원님께 문안드리러 왔습니다."

"응, 무슨 일인지 알겠네."

이 틈을 놓치지 않고 이용만 실장이 이렇게 털어놓았다.

"아침 이른 시간이라 긴 말씀 드리지 않겠습니다. 공무원들을 이렇게 괴롭히면 안 됩니다."

"내가 뭘 괴롭히나. 특혜 대출 받은 친구들을 혼내려는 건데 말이야."

이용만이 박 의원의 말에 살짝 토를 달았다.

"나쁜 일은 아닙니다. 은행도 이자 장사를 해야 하고, 기업도 자꾸 커지면 대출이 늘어날 수밖에 없습니다. 기업이 커야 우리 경제도 크고, 그래야 사람들의 살림이 좀 펴지 않겠습니까."

조곤조곤 이야기하니까 박 의원이 미안했던지 "근데 이 실장, 우리 집에 딸이 있는데 사윗감 하나 소개해줄래?"라며 말을 돌렸다. 이렇게 명단을 찾아서 하동선 국장과 의기양양하게 돌아온 일도 있었다. 이용만은 기획관리실장 하면서 별별 일이 많았다고 웃으면서 이야기했다. 필자가 "그래도 국회의원이 갑이고 관료가 을인데, 그렇게 아침 이른 시간에 찾아갈 배포는 도대체 어디서 나온 것입니까?"라고 물어보았다. "내가 그분한테 특별히 부탁할 것이 없잖아요. 그러니까 반 진담, 반 농담하면서 트고 지내는 거지. 그분과 10년 이상 나이 차이가 나지만 의외로 사람들이 그렇게 대해주면 좋아해요."

## 평소에 잘해둬야

"어떻게 하면 사람과의 관계를 원만히 할 수 있을까?"

모두에게 적용되는 정답이 없지만, 이용만의 경험은 참고할 만하다. 이재국장이나 기획관리실장을 할 때 그는 친구들이나 은행장들과 골프를 칠 기회가 없었다고 한다. 국회와 언론의 협조를 얻기 위해서는 평소에 긴밀한 관계를 유지해두어야 하기 때문에 그럴 여유가 없었던 탓이다. 그만큼 관계를 유지하는 일도 전력투구라는 용어를 사용할 수 있을 정도로 열심히 해야 한다는 뜻이다. 일요일이 1달에 4번이면 1년이라고 해야 48번 정도다. 이 가운데서 골프가 가능한 날을 고르면 국회나 언론을 제외한 사람들이 들어설 공간이 없다.

평소에 유대 관계를 유지해야 한다. "어느 것 하나 정성을 들이지 않고서는 가능한 일이 없지요. 그러니 어떻게 친구들이나 은행장들과 골프를 칠 수 있겠어요." 세상일이라는 것이 논리나 이성으로도 해결할 수 있는 것들이 많지만 일단 상대방 마음의 문을 열 수 있어야 설득이 가능할 때가 많다.

때로는 이른 아침에 술이라도 한 병 손에 들고 의원 댁 방문을 감행한다.

"어떻게 왔어, 이 이른 아침에."

방문을 받은 의원은 시치미를 뚝 떼고 묻는다.

"오늘 의원님이 질의하신다면서요? 어떤 질문을 하실 건데요?"

"그건 말할 수 없지."

"의원님이 이러이러한 질문을 던질 수는 있습니다만, 제가 보기엔 오히려 의원님의 이미지를 손상시킬 수도 있습니다. 이런 질문으로 바꾸시면 질문을 던지는 사람도 품위가 느껴지고 사람들도 '아, 저분이 참 대단하다'라는 감탄이 나오게 됩니다. 그리고 미리 준비하신 이런저런 질문에 대해서는 좀 세게 나가시는 게 좋습니다."

국회의원 입장이나 체면을 살리면서 그 사람의 입장에 서서 설득하면 대부분은 "그렇게 하지"라고 대답하게 된다.[237] 성공 확률이 얼마나 되었는지 묻자, 이용만은 "그렇게 해서 안 된 게 하나도 없었습니다"라고 답한다. 자기 입장만 이야기하지 않고 상대방의 체면을 세워주고 상대방에게 남는 것이 무엇인가를 상대방 입장에서 제안하는 것은 설득을 이끌어내는 데 도움이 된다.

한번은 문공부 장관을 지냈던 김성진(1931~2009)이 국장들에게 이런 이야기를 했다. "재무부의 이용만 실장은 국회의원 어깨를 툭툭 치면서 '이렇게 합시다'라고 하면 법안이 다 통과되는데, 우리는 그런 사람 어디 없나?" 친분이 있는 학교 동기인 국장이 전해준 이야기다. 이용만이 지극히 쉬운 방법을 가르쳐주었다. "그분들 한가할 때 점심도 먹고 그러면 되잖아. 발등에 불 떨어졌을 때나 가서 이것저것 부탁하면 그 양반들도 사람인데 들어주겠나?"[238]

경제기획원 기획실장이 바뀔 때마다 찾아와서 "우리 경과위원장이 재무부 이 실장한테 배우라고 하는데, 뭘 어떻게 해야 되는 거야?"라고 물었다. 그러면 이용만은 이렇게 답했다. "평소에 관심을 갖고, 전화도 하고, 점심이나 골프도 해야죠. 국정감사 임박해서 골프 치자고 하면, 그때는 그분들도 바빠서 거절하기 쉽습니다."

## 사나이들의 의기투합

"우리 부처가 왜 져야 하나. 뭐든지 이겨야지. 이 실장, 한번 좀 해봐."

김용환 장관이 이용만 기획관리실장에게 내린 지시 사항이다. 박정희 대통령이 임석한 자리에서 1년에 한 차례씩 부처 간 사격대회가 열렸다. 행정부처는 물론이고 청와대 비서실, 중앙정보부, 국방부 등 모두가 참석했다. 부처의 자존심을 걸고 승부전이 치열했는데, 이용만이 기획관리실장이 되기 전인 1974년에 재무부의 성적은 27개 부처 가운데 24등이었다.

1975년, 김용환 장관의 명령을 받은 이용만은 사격전을 승리로 이끌기 위해 7명을 뽑는다. 여기에는 장관과 차관이 포함되어 사격팀이 구성된다. 각각 3발을 쏘아서 점수를 내는 게임이었다. 격무 속에서도 점심식사 시간이 되면 미 8군을 방문해서 사격 연습을 했는데, 그는 참전 경험이 있기 때문에 누구보다도 사격에 자신이 있었다. 그의 최고 점수는 과녁의 정중앙에 4발을, 나머지는 10점 존을 맞추면서 104점을 맞은 적이 있다. 한번은 연습을 시작하기 전에 참새가 과녁 정승앙에 앉은 적이 있었다. 김 장관이 "이 실장, 저것 한번 쏴봐"라고 하자마자, 날갯죽지만 남기고 참새를 날려버렸다. 주위 사람들이 입을 다물지 못했음은 물론이다. 이런 이야기를 기록하다 보면 인생의 경험 가운데 버릴 만한 것이 어디에 있을까? 젊은 날의 전투 경험이 훗날 부처 간 사격대회에 도움이 되었으니 말이다. 그렇다고 해서 그가 노력하지 않았던 것은 아니다. 사격 시합을 앞두고 출근길이면 왼손잡이인 이용만은 어김없이 두터운 영어사전을 왼손 위에 놓고서 움직이지 않게 과녁을 조준하는 연습을 부지런히 한다.

1974년, 사격대회를 마치고 돌아와서 남덕우 장관은 낮은 성적 때문에 기분이 무척 상했던 모양이다. 그래서 국장회의에서 "우리가 지금까지 일도 잘했지만 대외 행사도 좀 잘해야겠다"고 이야기했다. 성적이 27개 부처 중 24등으로 바닥이라서 언짢았다는 뜻이었다. 1975년에 열린 제2회 대회에서는 어떻게든 등수를 올려야 할 책임을 이용만에게 맡겼다.

시합이 열리기 2~3일 전 토요일 오후, 실전 연습을 위해 재무부의 7명이 태릉사격장을 방문한다. 그때 이용만은 노란색 안경을 낀 김재규(중앙정보부 차장)를 보았다. 처음부터 중앙정보부에 맞설 수 있는 팀은 없었다. 그들은 실탄을 마음껏 사용할 수 있었기 때문이다. 관심은 2등이 누가 되는가였다. 그들은 합판으로 물체와 똑같은 규격을 만들어 연습 중이었다. "우리도 한번 쏴보면 어떻겠습니까?"라고 묻자 "어디요?"라는 퉁명스러운 질문이 돌아왔다. "재무부입니다." 재무부는 지난번에 24등을 한 부처이므로 관심 대상 밖이었다. 이때 장관의 비위가 크게 상했다. "이 실장이 먼저 한번 쏴봐." 당시의 과녁은 크기 순서로 걸려 있었다. 항아리 뚜껑, 큰 접시, 정종 병, 맥주 병, 사이다 병, 콜라 병, 박카스 병, 전구 순서였는데, 총을 빼든 이용만은 45구경 권총에 5발을 장전하여 중간 크기인 사이다 병 과녁부터 쏘기 시작해서 제일 작은 전구까지 4개를 명중시켰다. 한 발 남은 것으로 전구를 다시 맞추어 100% 명중시켰다.

중앙정보부 코치는 서 대령이라는 국가대표 코치였는데, 이용만에게 "몇 년이나 사격했어요?"라고 놀란 듯 물었다. "몇 달 되지 않았습니다." 이때부터 모든 사람들이 관심을 갖고 재무부의 팀원들의 일거수일투족을 지켜보았다. 무슨 일이든 일단 해야 할 일은 잘해야 한다. 그래야 어디서든 무시당하지 않는다. 다음 날 실전에서 놀랍게도 재무부가 중앙정보부를 꺾고 우승을 거두었다. 중앙정보부에서 난리가 났다. 부장에게 어떻게 보고해야 할지를 두고 고민에 빠진다. 결국 박종규 전 대통령 경호실장이 대회 결과를 대통령에게 보고했다.

"이번 부처 사격대회에서 재무부가 우승했습니다."

"뭐라고? 내무부가 우승을 했어?"

"아닙니다. 재무부가 우승을 했습니다."

"뭐? 재무부가? 내 그럴 줄 알았어. 김용환 장관이 독종이거든. 내 임자가 해낼 줄 알았어."

그다음 날 김용환 장관은 박 대통령에게 명을 받고 청와대에 들어가서 칼국수를 먹고 칭찬을 듬뿍 받고 나왔다. 백면서생인 줄 알았던 재무부가 평소 총을 허리에 차고 사는 게 일과인 국방부와 중앙정보부를 제치고 우승을 했으니 놀라지 않을 수 없는 일이었다.

처음에는 대통령이 직접 참관한 자리에서 사격하는데, 국방장관인 서종철 국방장관이 3발을 모두 놓치고 만다. 국방부는 체면이 서지 않았는지 다음해부터는 국방부는 주최만 하고 나머지 부처끼리 사격대회를 하도록 조치했다. 일만 잘하는 줄 알았던 재무부가 사격대회에서 우승한 것이 총을 전문으로 하는 부처에는 충격이었을 것이다. 과제가 주어지면 목표를 정한 다음에 에너지를 집중시켜 목표를 달성해내는 것은 일만이 아니라 스포츠에서도 얼마든지 가능한 일임을 보여주는 사례다. 그런데 재무부의 우승은 예상치 못한 결과를 낳는다. 체면이 상한 국방부의 예하 부대에 어떤 명령이 떨어졌는지 정확하게 알수 없지만, 그다음 해에는 재무부 팀에는 모든 예하 부대에서 연습용 실탄을 주지 않아서 애를 먹게 된다. 연습을 못한 재무부 팀은 미 8군에서 조금씩 사서 권총 연습을 하다 보니 준우승에 머물고 만다. 그러나 그다음 해에는 다시 우승을 차지했다.

재무부의 우승은 이용만이 뜻밖에 유명 인사가 되는 기회를 제공한다. 당시 인기 드라마 〈팔도강산〉이 있었다. 흑백텔레비전 시대의 드라마 중에서도 장수 프로그램이었는데 1975년 4월에 시작되어 총 398회나 계속되었다. 김희갑과 황정순 부부가 전국 8도에 있는 자식들을 보러 돌아다니면서 지방의 특색과 새마을운동과 조국 근대화의 실상을 널리 홍보하는 휴먼드라마였다.[239]

태릉사격장에서 주말에 사격 연습 중 연속극 촬영팀이 중앙정보부에 인터뷰 요청을 했다. 보안상 이유 때문에 재무부가 대신해서 인터뷰를 하게 되었다. 김희갑이 이용만을 방문해서 왜 사격 연습을 하는지 물었다. 이용만이 하고 싶었던 이야기는 이랬다. "나는 김일성의 왼쪽 눈을 맞추라고 하면 왼쪽 눈을 맞추고, 오른쪽 눈을 맞추라고 하면 오른쪽 눈을 맞출 수도 있다." 가만히 생각해보니까 너무 자극적인 말이라서 방송 중에 마음을 고쳐먹고 이렇게 답했다. "우리가 아무리 평화를 사랑하는 국민이지만 적이 쳐들어왔을 때는 우리 신변을 보호하기 위해서도 사격 연습을 해야 한다. 더군다나 공무원들도 자신의 신변을 보호하고 그것이 결과적으로 나라를 지키는 것이기 때문이다." 이렇게 답하자 김희갑이 총을 쏘겠다고 나서고, 황정순이 못 쏘게 말리는 화면이 방송을 탄다. 주말에 연속극이 방송되고 나니까 가끔 모임 있을 때 가던 술집의 마담들이 보고 "탤런트 오셨네"라고 농담할 정도였다. 장예준(1924~2004) 상공부 장관도 비행기 내에서 그 프로를 보고 "이 실장, 정말 말씀 잘하셨어요"라고 덕담하고, 미국에 있는 친구나 인척도 연락할 정도였다.

오늘날은 안전과 확실함을 지나치게 강조하는 시대다. 이것저것 모든 것이 명확해야 하고 안전해야 무슨 일을 시작할 수 있다고 여긴다. 그러나 앞 세대들의 삶은 오늘날 기준으로 보면 모든 것이 불확실함 그 자체였다. 그럼에도 불구하고 그들은 뚜렷한 목표를 세우고 그것을 쟁취하기 위해 나아갔다. 행정 부처 간 사격대회는 에피소드이긴 하지만 당시의 시대 분위기를 읽어낼 수 있다. "한번 해보자! 되고 안되는 것은 일단 해본 다음에 알 수 있지 않는가!"

나는 이 에피소드에서 '근성'이란 단어를 떠올린다. 불확실함 속에서도 목표 달성을 위해 집요하게 연습하게 만드는 힘이다. 큰일이든 작은 일이든 성공하는 사람에게는 뚜렷한 특징이 있다. 『성공의 심리학』으로 명성을 얻은 스탠퍼드 대학의 캐롤 드웩(Carol Dweck)은 이렇게 선언한다. "성공한 사람들에게는 한결같이 근성이란 것이 있다. 그들 중 누구도 자신에 대해 승리할 권리를 타고난 특별한 존재라고 생각하지 않았다. 그들은 열심히 노력했고, 압박감 속에서도 정신을 집중했고, 꼭 해야 할 때는 능력 그 너머로까지 자신을 확장시킨 사람들이었다."[240]

## 말만 앞세우는 사람과 행동으로 실천하는 사람

어느 시대나 말이나 글로 먹고사는 사람이 있고, 행동으로 먹고사는 사람들이 있다. 태생적으로 말과 글로 사는 사람들 중에는 유독 미래를 울적하게 보는 경향이 있다. 오늘날도 그런 경향은 크게 변함이 없다고 본다. 지금을 기준으로 보면 당시의 우리 사회에 대해 비판적인 시각을 가질 수 있지만, 당시 나랏일을 하는 사람들은 아무도 가능하다고 생각하지 않았던 것을 만들어낸 사람들이다. 이를 지금의 세대는 잊지 않아야 한다. 일이 끝난 다음에 공과를 판단하고 평가하기란 쉽다. 그러나 아무것도 제대로 갖추어지지 않아서 "이것이 과연 가능한 일인가?"라는 회의와 비관론이 팽배한 상황에서 "그래도 해야 돼" 혹은 "이렇게 하면 될 거야"라는 신념을 갖고 밀어붙인 사람들은 정말 장한 사람들이다.

1969년 이용만이 IMF 연수를 갔을 때 만난 특파원의 발언을 그는 정확하게 기억한다. 중앙지 기자를 지내다가 훗날 정치인으로 활동한 한 기자는 "뭐, 우리가 고속도로를 만든다면서요?"라고 빈정거렸다 (당시에 한참 경부고속도로 건설(1968.2.1 ~ 1970.7.7)이 진행되고 있었다). 재무 관료에게 하는 말투가 하도 건방진 까닭에 수십 년이 지난 지금도 그는 당시 상황을 정확하게 기억했다.[241] 중앙지 기자의 이야기를 듣고 난 이용만은 "대꾸할 만한 가치가 없다"고 생각해서 아무 이야기도 하지 않았다고 한다. 고속도로 건설을 전후해서 대부분의 언론 논조는 기대감을 표했지만 야당의 반대는 거셌다. 1967년 4월 박 대통령이 경부고속도로 건설 계획을 밝혔을 때 야당인 신민당(7대 국회 1967 ~ 1971)은 1월 8일 정부가 예산 조처 없이 경부고속도로를 착수한 것은 헌법과 예산회계법에 규정된 예산법정주의를 위반한 것이며, 고속도로 건설 자체가 1971년 선거를 바라보는 전시 효과에 불과한 것이라고 비난했다.

또 한번은 기획관리실장을 근무하던 1975 ~ 1977년 사이에 워싱턴을 방문할 때의 일이다. 박동선 사건을 수습하기 위해 김용식(전 외무부 장관)이 주미 대사로 나가 있던 시절이었다. 오후 4시쯤, 인사하기 위해 대사를 만나러 갔더니 직원들이 "퇴근 시간이 다 되었기 때문에 5분밖에 시간이 없습니다"라는 이야기를 전했다. 김용식이 그를 따뜻하게 맞으면서 이런 이야기를 들려주었다.

"나는 왜 박정희 대통령이 회의 때마다 경제, 경제, 또 경제를 이야기하는지 몰랐는데, 여기 와서 보니까 알았어요. 내가 미국 근무하는 것이 이번이 세 번째인데, 지금 한국이 PL480 식량 원조나 받으려고 왔다 갔다 하면 미국 사람들이 우리를 상대나 하겠습니까?[242] (그때는 제2차 경제계획을 성공적으로 마치고 제3차 계획이 추진되고 있을 때였다.) 상원의원들도 만나자고 하면 척척 만나주고 우리가 국력이 세지니까 상하원의원들이 대하는 태도가 달라져요. 국내에서 대통령이 회의 때마다 경제, 경제 해서 듣기 싫어했는데 와보니 경제가 얼마나 중요한지를 뼈저리게 느끼겠습니다." 김용식 장관은 퇴근 시간이 지났는데도 5분이 아니라 45분 넘게 그를 붙들고서 이야기했다.

이용만은 그때 김용식처럼 심각하게 생각해보지는 않았다고 한다. '그런가 보다'라고 생각했는데, 김용식 대사가 하도 심취해서 이야기를 하니 일어설 엄두가 나지 않았다고 한다. 유대인의 『탈무드』에는 "사람이 가난해지면 죽은 자와 같다"는 이야기가 전해져 내려오고 있다. 사람 사는 곳의 이치가 본래 그렇다. 경제력을 상실하면 구매력이 줄어드는 것은 물론이고 주변 사람들이 무시하게 된다. 개인도 그렇지만 나라도 그렇다. 우리가 어떻게든지 잘되기 위해 노력해야 하고 잘살기 위해 더욱 노력해야 하는 충분한 이유다.

# 2장

# 1970년대 중후반의 정책

"깊이 있는 검토 없이 탁상공론으로 정책에 반영하는 것은
위험천만한 일이 아닐 수 없습니다.
선진국에서 입증된 정책도 경제의 특수성을 충분히 고려해야 합니다."

1975년 2월, 재무부 기획관리실장으로 부임할 때 2가지의 기쁜 일이 함께 진행 중이었다. 하나는 막대한 오일머니를 벌어들인 중동국가들이 의욕적인 경제 개발을 시도한 일이다. 다른 하나는 1975년 하반기부터 세계 경제가 석유파동의 충격으로부터 벗어나 활기를 띠기 시작했다는 점이다.[243] 중동 건설 붐은 제4차 경제개발계획(1977~1981) 동안 무려 65억 달러(원화 기준 1조 원)에 달하는 투자 재원을 마련해주었다.

흥분하지 않을 수 없었던 것은 연간 10억 달러에 달하는 외화가 쏟아져 들어옴으로써 구조적인 흑자 경제를 꿈꿀 수 있었다는 점이었다. 1973년 삼환기업이 사우디아라비아의 도로 공사를 수주한 것을 기점으로 중동시장의 건설 수출이 활기를 띠기 시작했다.[244] 정부도

중동 지역에서 돌파구를 마련하기 위해 중동경제협력위원회를 설치하고 1975년 12월에 '대 중동 건설촉진방안'을 수립했다. 또한 해외 건설 및 인력 송출을 적극 지원할 목적으로 조세 관계 법규를 개정했다. 해외 건설로부터 벌어들이는 사업소득과 근로소득에 대해서는 약 50%의 조세 감면을 받을 수 있도록 조치했다. 한 걸음 나아가 업체들끼리의 과당경쟁을 막기 위해 '해외 건설촉진법'을 제정하기도 했다.

다행스러운 일은 한국 업체들이 1960년대 후반 월남전 참전을 계기로 동남아 시장에 진출하여 어느 정도 경험과 기술을 축적하고 있었던 점이다. 정부의 지원과 사업가의 기업가 정신이 맞물리면서 중동 건설 수주 실적은 진출 첫해인 1973년 2,400만 달러에서 1977년 33억 8,700만 달러에 달할 정도로 급증했다. 결과적으로 해외 건설 수주에서 차지하는 중동 지역 비중은 1973년 14%에서 1975년부터는 90%를 넘어섰다. 해외 건설은 제4차 경제개발 5개년계획 기간(1977~1981) 동안 65억 달러라는 순외화 수입을 벌어들일 수 있도록 해주었다. 중동 붐에 힘입어 한국 경제는 1976년부터 침체를 벗어나 13.3%라는 두 자릿수를 회복했으며, 1977년에는 역사상 처음으로 1,200만 달러의 경상수지 흑자를 기록했다.


## 산유국의 부푼 꿈

"우리도 산유국이 될 수 있다."

이 엄청난 희망의 소리는 1976년 1월 15일, 박 대통령의 연두회견에서 기자들의 질문에 대한 답변 형식으로 확인되었다. 대통령이 "대륙붕 제7광구에서 석유가 나올 가능성이 있으나 결과는 금년 가을이나 연말께 판명될 것이다"라고 밝히자, 다음 날 아침 신문 1면은 모두 "영일만 부근서 석유 발견"이란 제목의 기사로 도배되었다.

재무부는 대통령 지시로 산유국으로서의 한국 경제를 전망하고 대비책을 마련하는 프로젝트를 시작한다. 재무부 금융제도 심의관실에서 1976년 3월에 '산유 이후의 경제 전망'이란 보고서가 작성되어 대통령에게 보고되었다. 이 보고서에는 매장량 150억만 배럴, 50만 배럴 채취 가능, 채유 가능 시기 1978년, 1978년부터 매년 3억 달러의 경상수지 흑자, 1978~1981년 사이에 성장률은 2.8% 높아진 11.8% 등의 장밋빛 미래로 가득 찼다.

꿈은 이루어지는가? 내내 적자를 보이던 국제수지가 1977년의 중동 자금 유입으로 흑자로 돌아서게 된다. 만성적 적자 상태에 익숙해져 있던 관료들은 흑자 기조하에서 통화 신용 정책에 관심을 갖기 시작한다. 당시 오일머니가 국내로 쏟아져 들어옴으로써 부동산 투기와 인플레로 고전하고 있었던 재무 관료들은 선진 흑자국에서 배우기로 결정한다. 곧, 대표적인 흑자국 시찰을 결정한다. 참고로 1977년 한 해만 하더라도 부동산 가격은 10년 만에 최고치인 33.5%를 기록한다.

재무부는 선진국 흑자 관리 성공 국가들(네덜란드, 서독, 대만, 일본)의 경험을 배우러 가는 일을 서둘게 된다. 1978년 초, 1차로 이용만(재정차관보)과 이헌재(금융정책과장)와 한국은행의 이찬구 과장이 함께 출발했고, 나중에 대만에서 이정재가 합류하게 된다. 서독 본을 방문했을 때는 서독의 재정차관보가 직접 나와서 설명해주었다. 지금도 대만 시찰 경험이 이용만의 인상에 깊게 남아 있다. 1970년대 후반, 대만은 매년 30%가 넘는 통화량 증가를 경험하게 된다. 그럼에도 불구하고 물가성장률이 한 자릿수를 유지할 뿐만 아니라 그 수치도 매우 낮다. 왜 물가가 그렇게 오르지 않는가라는 질문에 대만중앙은행 조사부장의 답변은 이랬다. "중국 본토에서 쫓겨 나온 대만 사람들은 고생을 많이 한 나머지 어려울 때를 대비하여 저축 의욕이 왕성하고 소비를 잘하지 않는다. 통화가 늘어도 그만큼 저축으로 흡수되기 때문에 시중 자금으로 유동화되지 않는다."[245] 최근 들어서는 중국인들의 소비 습관에 변화가 일고 있지만, 전통적으로 중국인들의 저축 사랑은 유별난 점이 있었다.[246] 이에 반해 한국인들은 경제 형편에 비해 돈을 잘 쓰는 편이다.[247] 이들은 돌아와서 4월에 '국제수지 흑자 전환기의 주요국 경제 시책'이라는 보고서를 냈다. 하지만 한국 경제의 흑자는 1977년 한 해만 반짝하고 말았고, 결과적으로 흑자 전환기의 대응책이 현실 경제에 적용되지는 못했다.


## 투기 열풍의 시대

"투기는 열병처럼 전염되어간다."

그가 기획관리실장과 재정차관보로 근무하던 시기(1975.2~1980.5)에는 유독 투기 열풍이 휘몰아치던 시기였다. 관련 부처들이 부동산 투기와의 전쟁에 승리하기 위해 각종 토지 이용 및 부동산 투

기 억제 정책을 쏟아내지 않을 수 없었던 시기였다.[248]

1975년 가을부터 세계경제는 급속히 회복세를 보이면서 수출이 급성장하게 된다. 또한 해외 건설 수주가 크게 증가하면서 상당한 액수의 달러가 국내로 쏟아져 들어온다. 1976년의 경제성장률은 1975년의 배가 넘는 14%에 달했다. 수출은 1976년에 52%, 1977년에 33%가 증가했다. 해외 건설업 수주액도 1975년에 8억 3,300만 달러에서 1976년 25억 200만 달러로 껑충 뛰어올랐다. 여기에 그치지 않고 1977년 35억 1,300만 달러, 1978년에는 77억 8,600만 달러로 급증하게 된다. 이에 따라 해외 건설로 벌어들인 순외화는 1975년 900만 달러 유출에서 1976년에는 2억 4,700만 달러 순유입으로 전환되어 순유입 규모는 1977년 6억 5,700만 달러, 1978년에는 10억 4,900만 달러로 급증한다.

수출과 해외 건설 수입이 크게 늘어나면서 통화 증가율도 급등하게 된다. 또한 통화 공급 경로도 크게 변한다. 1975년에 25%를 보였던 통화 증가율은 1976년에 30.7%, 1977년에는 40.7%로 높아진다. 한편 1975년까지 통화는 주로 정부 부문을 통해 공급되고 해외 부문은 환수되었다. 그러나 1976년과 1977년에는 통화의 40%가 해외 부문을 통해 공급되었다. 한마디로 달러가 해외로부터 마구 쏟아져 들어오는 꿈같은 일이 벌어진다.

돈이 시중에 넘쳐나면서 내수는 폭발적인 증가세를 기록한다. 1977년 한 해 동안 냉장고 출하 증가율은 120%, 흑백텔레비전은 86%, 승용차는 37%에 달했다. 전국이 흥청거릴 정도로 호시절이었다. 이런 상황이 되면 부동산시장이 커진다. 대도시를 중심으로 아파트 난시 조성과 아파트 건설이 적극적으로 추진되면서 시민들의 내 집 마련 열기는 높아졌고, 이에 편승하여 1974년과 1975년에는 무려 100%에 가까운 지가 상승률을 기록했다.[249] 단독주택 가격이 전국 기준으로 1976년에는 24%나 올랐다. 1977년에는 정부의 강력한 투기 억제책으로 말미암아 5.6%에 그치고 말지만, 1978년에는 무려 74%나 상승하게 된다. 주택 가격이 불과 3년 만에 2배 넘게 뛴 셈이다. 특히 1970년대 후반기는 수출과 중동 건설 경기 활성화로 해외에서 부동자금이 부동산 시장에 유입되면서 투기가 성행했다.

정부는 부동산 투기를 잡기 위해 온갖 정책을 쏟아낸다. 1977년 8월에는 아파트 과열 투기에 대한 중과세 방침을 발표하고, 1978년 2월에는 투기단속대상지역을 발표했다. 정부가 강력한 부동산 투기 억제책을 사용하자 풍선효과가 발생한다. 시중의 유동자금이 한꺼번에 증권시장으로 물밀듯이 밀려들어가기 시작한다. 1977년의 초반에 139.4포인트에서 출발한 종합주가지수는 연말에는 178.2포인트를 기록함으로써 연간 27.8%의 상승률을 기록한다. 이는 당시 채권수익률의 2배에 달하는 것이었다. 특히 해외 건설 붐을 타고 건설업종이 성장 업종으로 급부상했다. 갖가지 규제 조치에도 불구하고 건설 종목은 1977년에는 135%가 올랐다. 전체 시장에서 차지하는 거래 대금에서 건설주의 비중은 20%에 달할 정도까지 치솟아 오른다. 이 같은 주가 상승세는 1978년에도 계속해서 숨 가쁘게 이어진다.

재무부는 과열된 증시를 가라앉히기 위해 증권시장 안정화 시책을 내놓았다. 그럼에도 아랑곳하지 않고 종합주가지수는 8월 12일에

1970년대 들어 최고치를 갱신한다. 재무부는 1977년부터 증권시장의 진폭을 줄이고 안정을 도모하기 위하여 여러 차례 걸쳐 안정화 시책을 시행했지만 효과를 거둘 수 없었다. 타오르던 증시가 꺾이기 시작한 것은 1978년 8월 12일이 기점이었다. 건설주 하락 현상이 눈에 띄게 드러났다. 증권거래세 신설, 금융 긴축에 따른 시중 자금난 악화, 금리 인상 조치들이 서로 물리면서 건설주를 시작으로 증시 자체가 끝없이 하락했다. "산이 높으면 골이 깊다"는 말처럼 상승폭이 컸던 만큼 하락폭도 컸다. 건설주들은 고점 기록 이후 무려 74%의 급락세를 나타냈으며, 일부 종목은 액면가 이하로 주가가 폭락했다. 증권사 지점장이 자살하고 실직자들이 쏟아지는 등 큰 사회문제가 되기도 했다. 1978년 11월 하순에는 투자자들의 집단 항의 소동이 벌어졌다.[250] 11월 22일, 300여 명의 투자자들이 명동 거래소 앞에서 부양책 아니면 휴장을 촉구했으며 이러한 시위는 대구 및 부산 등 지방까지 확산되었다.


## 다시 증시 부양책으로

"아우성을 치기 전에 정부가 뭔가를 해야 하는데, 많은 경우에 아우성이 터져 나온 후에야 대책을 서둘게 됩니다."

증시가 과도하게 침체에 빠지자 투자 수요를 부추길 필요가 있었다. 우선 신용거래 재원이 되는 유통 금융의 한도를 450억 원으로 대폭 늘렸다. 신용거래 기간도 종래의 90일에서 150일로 연장했다. 상장법인에 대해서는 배당상한선을 철폐하여 투자자들에게 배당소득의 매력을 높여주는 한편 소액 투자자 등 투자자들의 저변 확대에 나서게 된다.

1978년 11월에는 한국투자신탁과 대한투자신탁의 자본금을 30억 원에서 200억 원으로 크게 늘려 기관투자자의 기능을 확충하고 주식 매수에 적극 나서도록 부추겼다. 그 밖에 증권거래세 인하 등 증시를 부양할 수 있는 모든 조치를 쏟아냈음에도 불구하고 주가 하락세는 계속된다. 1979년 2차 석유파동에다 박 대통령 시해 사건까지 겹치면서 국내 증시는 7년 동안 장기 침체에 빠지게 된다.

원칙적으로 증권투자는 개인의 자기 책임하에 행해지는 투자 결정 가운데 하나다. 그런데 유독 우리나라에서는 증시 부양책과 억제책이 반복적으로 행해지는 것을 목격하게 된다. 시간이 가면서 조금씩 나아지는 기미가 보이긴 하지만, 정부가 증시를 부양하기 위해 나선다는 것 자체가 문제가 있다고 본다. 하지만 자신의 선택에도 불구하고 아우성을 치는 투자자를 막을 길이 없다. 재정차관보를 맡은 기간 동안 증권시장의 폭등과 폭락을 크게 경험한 이용만은 이런 기록을 남겼다.

"당시 이건중 증권보험국장이 증권시장 정책 실무를 전담하다시피 했다. 증시에 활기를 불어넣는다고 증권회사에 자금을 지원하는가 하면, 어느 날은 증시가 침체에 빠져 자금을 회수해야 했다. 증시 육성을 위해 정부가 시장에 개입한 결과로 언론이 '관치 증시'로 빈정거릴 정도로 일일이 정부가 개입했다.

예를 들어, 부양 조치로 증권회사의 점포를 무제한 늘려주다가 과열로 접어들자 돌연 지점을 축소케 하는 등 돌이켜 보면 어처구니없는 일이 많았다. 냄비증시라는 별명이 붙을 만큼 부침이 심한 증권시장에 대하여 정부는 활황기에는 과열에 적절히 대처하지 못하다가 침체로 돌아서고 나면 증시를 살리지 못해 갖은 정책을 다 썼다. 그러다가 일단 시장이 상승 국면으로 돌아서면 그 정책이 다시 과열을 부르는 실수를 반복했던 것이다. 이후에 나는 재무부 장관이 되어 증시 부양에 안간힘을 쓰게 되었는데, 그때나 지금이나 증권시장을 시장 기능에 맡겨두지 못하는 정책 기조는 크게 달라진 것이 없어 보인다."[251]

시장에 맡겨두지 못하는 이유는 무엇일까? 하나는 투자자나 증권회사에서 문제를 찾을 수 있다. 자신이 선택한 것에 대해 자기가 책임지는 것이 자본주의를 살아가는 사람들이나 기관의 자세다. 그런데 좋은 시절에는 이익을 누리지만 침체로 손해를 보게 되면 정부가 개입해서 부양책을 써주기를 요청하는 경향이 있다. 다른 하나는 정부가 확고한 원칙하에 개입 불가를 유지하려 해도 정치적인 논리가 개입되는 것이다. 증시가 장기에 걸쳐 침체되면 선거에서 표를 잃을 수 있다는 생각 때문에 자꾸 개입하는 관행이 반복되게 된다. 모든 정책은 비용을 수반한다. 부양책에 투입되는 재원은 결국 납세자의 부담으로 귀결되게 된다. 옳지 않은 일이지만, 우리 사회에서는 이런 관행이 반복되기 때문에 자꾸만 '관치 금융'이라는 이야기가 나오게 된다.

## 중동 건설 붐의 빛과 그림자

"많은 건설업체들이 중동에서 받은 선수금을 공사하는 데 사용하기 보다는 국내에 들여와 아파트 부지 매입에 사용하곤 했습니다."

사익이란 질기고 강해서 공익을 추구하는 사람들이 이겨낼 수가 없다. 이런 사례를 중동 건설 붐에서도 확인할 수 있다. 당시만 하더라도 한국 기업들의 국제적인 공신력이 거의 없었다. 따라서 우리 기업들은 공사 입찰 과정에 많은 어려움을 겪게 된다. 공사를 발주하는 측에서 보면 기업을 믿을 수 없기 때문에 공사와 하자 보수를 제대로 이행하기 위해 국제적 신인도를 가진 은행에 지불 보증을 요구했다. '입찰보증서'와 '지급보증서'를 은행이 제공하는데, 이 가운데 지급보증서는 자금 대출과 직결되어 있기 때문에 만일 잘못되면 은행이 망할 수도 있다. 빚보증을 은행이 대신 서준 셈이다.

이때 행정부처 가운데 두 부처가 팽팽히 맞선다. 건설부는 중동에서 건설 계약만 체결하면 국내 은행에서 무조건 전액 지급보증을 해줄 것을 요구했다. 그러나 재무부는 이에 대해 완강히 반대 의사를 피력한다. 기업들의 무분별한 외자 도입으로 인한 부실기업들을 많이 경험했고 이들을 처리하는 데 골머리를 앓은 경험이 있었기 때문이다. 재무부는 선별적인 보증을 해야 한다고 주장한다. 특히 재무부 실무자들과 한국은행 실무자들의 반대가 심했다.[252]

당시 박 대통령과 가까웠던 김재규가 건설부 장관으로서 은행의 무조건 지급보증을, 반면에 김용환 재무부 장관은 선별보증을 통해 은행 경영의 부실화 가능성을 방지해야 한다는 주장을 폈다. 당시 경제

기획원 남덕우 부총리와 김정렴 비서실장은 재무부 측의 의견을 지지했고, 경제4단체장은 모두 건설부의 입장을 지지했다.

결국 박 대통령이 건설부의 손을 들어준다. 은행은 무조건 지급보증을 하되, 건설부 장관은 업체를 엄격히 선정하라는 것이었다. 수출제일주의를 표방하던 때인지라 떠오르는 중동 시장을 그냥 놔둘 수 없다는 뜻이었다. 그러나 "자네가 잘해보라"는 것은 선의와 달리 큰 비용을 발생시켰다. 결국 '지급보증 업무 처리 위원회'가 구성되는데, 이 위원회는 경제기획원 차관을 위원장으로 하고 5개 시중은행 임원과 경제기획원, 건설부, 재무부 실무국장이 참여했다. 여기서 '의결' 받은 모든 수주에 대해서는 은행이 기업에 지급보증을 해주도록 했다. 이 위원회에서는 건설부의 요청이 대부분 통과되기 쉬웠다. 건설부가 건설업자의 요청을 강력히 주장하면, 실제 지급보증 은행은 '공동 지급보증'이라는 점을 생각하여 "같이 당한다"는 생각으로 통과시켜주곤 했다. 재무부 실무자만 수익률이 낮아서 위험하다 해도 중과부족으로 냉가슴만 앓는 일이 다반사로 일어났다.

그래도 처음에는 괜찮았다. 14개 업체에 한해 중동 공사가 허용되었기 때문이다. 그러나 1976년부터는 34개 업체로 늘어나고, 1978년 신형식 건설부 장관이 들어서고 난 다음부터는 58개나 된다. 1978년 국회의원 선거를 앞두고 중동으로 진출하려는 지방 업체들의 로비가 극성을 부렸고, 그 결과 업체가 처음보다 4배 정도 증가했다. 이때부터 선수금을 노린 출혈 입찰과 기술자 스카우트 경쟁, 중장비의 과잉 도입 등의 부작용이 속속 드러나게 된다. 한국 경제 성장사를 살펴보면 사익 앞에 절제나 모범 그리고 국익과 같은 것은 별반 의미가 없는 것임을 확인할 때가 있다. 이런 점에서 보면 공익을 추구하는 사람들이 순진하거나 아니면 세상물정을 모르는 사람이란 생각이 든다.[253]

그러나 건설업자들만 나무랄 수는 없다. 당장 엄청난 돈을 벌 수 있는 기회가 눈앞에 펼쳐지는데 참으라고만 할 수는 없다. 건설 수주를 얼마에 수주하든 일단 따내기만 하면 선수금을 먼저 받을 수 있었다. 당시 국내에서는 아파트 분양 붐이 한참 일어나고 있었다. 땅을 사서 말뚝만 박아도 분양권에 프리미엄이 붙던 시절이었다. 중동 진출 기업들은 해외 공사 선수금을 공사하는 데 사용하기보다는 먼저 국내에 들여와서 땅을 사는 데 열을 올린다. 모든 건설업체들이 중동에서 받은 건설 대금으로 아파트 부지 매입에 총력을 기울인다. 불난 집에 부채질하는 격으로, 중동 붐이 한참 진행될 때 정부는 과밀화된 강북 인구를 분산시킨다는 명문을 걸고 강남 개발에 본격적으로 나섰다. 매입한 땅을 담보로 또 돈을 빌릴 수 있으니 이 얼마나 멋진 일인가! 일부 업체들은 선수금을 현지의 공사 운영 자금으로 사용하지 않기 때문에 운영 자금 부족으로 허덕거리기도 했다. 이렇게 해서 국내에서는 엄청난 통화량 증발이 일어나게 된다. 결국 엄격한 공사 감리와 준공 검사 때문에 중동 수주에서 손해를 보는 기업들이 나날이 늘어났다. 처음부터 출혈 수주에다 인수 거부나 잔금 삭감 등이 뒤따르면서 중동 건설업체들의 부실은 훗날 고스란히 은행 부실로 연결되고 만다.

## 정주영 회장의 발언, 은행 신용도가 낮다

"개구리가 되면 대부분은 올챙이 시절을 잊어버립니다. 사람도 그렇고 조직도 마찬가지입니다."

이용만과의 인터뷰에서 여러 번 등장하는 사례가 있는데, 그만큼 그의 공직 생활 가운데 기억에 오래 남은 일이다.

1975년 박 대통령의 주재로 수출진흥확대회의가 열렸을 때였다. 대형 건설사의 사장들이 주요 멤버로 참석했으며 관련 국무위원도 함께 하고 있었다. 그 자리에서 정주영 현대그룹 회장이 여지없이 입담을 발휘한다. "우리나라 은행은 너무 영세해서 국제금융기관에서는 신용이 없다. 내 신용도만큼도 안 된다." 그 말을 듣고 앉아 있던 이용만 재정차관보는 "저렇게 이야기를 하는 것은 아닌데"라고 생각했다. "누구 때문에 은행이 크지 못했는데"라는 생각이 더해지기도 했다.

사업가의 삶은 오로지 현재와 미래만이 그들의 관심거리일 뿐이다. 그래서 그들에게 과거란 흘러가버린 일이다. 하지만 지식인과 관료들은 과거를 볼 수 있는 사람이다. 더욱이 재무부의 은행과에서부터 경력을 쌓아온 이용만은 은행의 부실화가 어떻게 이루어졌는지 어느 누구보다도 잘 알고 있다. 중동의 대형 프로젝트는 10억 달러, 15억 달러에 이르기 때문에 은행이 공사 보증을 하기에는 너무 큰 액수다. 그러나 은행으로서도 할 말이 있다. 대출금이나 보증 금액이 자본금과 적립금 합계액의 25% 이내에 한정되어 있고 이미 보증한 금액이 많아서 큰 금액의 보증을 감당하기 힘들다.

은행의 영세화의 뿌리는 이미 1965년 금리 현실화로부터 시작된다.

기업을 육성하기 위해 역금리(예금 이자보다 대출금리가 낮은 수준의 금리) 또는 예금과 대출의 마진을 좁혀왔기 때문이다. 이런 식으로 기업 성장을 지원하다 보니 은행 수지는 점점 악화되었다. 수익이 나쁘기 때문에 당연히 배당률도 낮아지고 증자가 안 되기 때문에 은행 규모가 커질 수가 없었다.

그 결과 기업은 커지고 은행은 제자리걸음을 해왔다. 설상가상으로 기업은 이미 거액의 대출과 보증으로 동일인 여신 한도에 묶여 보증 여력이 없었다. 궁여지책으로 정부는 현물 출자로 정부 보유 주식을 출자했고, 일부 은행 등은 금지 사항인 줄 알면서도 거래선에 대출해 주고 증자에 응하도록 하는 편법을 취하기도 했다. 그렇게 해서 지급 보증해줄 수 있는 한도를 늘려나갔다.[254]

그럼에도 불구하고 대형 프로젝트의 보증에는 턱없이 부족한 까닭에 '은행의 공동 지불 보증제'가 시행되었다. 은행들이 공동으로 보증해서 큰 공사를 하도록 해준 것이다. 현대건설 입장에서는 답답한 점도 있었을 것이다. 1976년 세계 최대 공사였던 사우디아라비아의 주베일 항만 건설 공사는 당초 15억 달러로 예상되던 것을 최종적으로 9억 9천만 달러에 낙찰받았다. 그 규모는 전년도 해외 건설 전체 수주액(8억 3천만 달러)의 119%에 이르는 엄청난 규모였다. 이를 국내 은행이 지급보증 하기에는 힘이 부족했다. 하지만 우리가 기억해야 할 것은 기업의 눈부신 성장의 이면에는 은행의 희생이 있었다는 사실이다. 일정한 간격으로 발생하는 부실기업도 모두 은행의 부실화에 일익을 담당했다. 중동 건설 붐이 가시고 난 다음에 또 얼마나 많은 부실이 발생했던가!

이용만은 "우리나라 은행이 영세해서 내 기업 신용도에도 미치지 못한다"는 말을 들었을 때, "자식 공부시키기 위해 아버지가 논밭 팔아서 공부를 시켰더니 아버지 무식하다고 괄시한다"는 말이 떠올랐다고 한다. "뼈 빠지게 기업 지원하느라고 은행이 성장하지 못한 것을 기억하는 사람들이 이제는 거의 없습니다. 나는 금융의 희생 위에 한국 기업들이 성장했다는 생각에는 변함이 없습니다. 이것은 의견이나 주장이 아니라 역사적 사실입니다."[255]

## 중동 건설 붐의 후유증

"건설업체에 대한 무조건 보증제를 실시할 때부터 또 한 번 대규모 부실로 은행이 엄청난 비용을 치러야겠구나."

중동의 건설 시장이 식어가면서 부실 건설업체가 남긴 후유증은 지급보증을 했던 은행들에 모든 부담을 떠넘기게 된다. 이 가운데 많은 기업들이 있지만 대표적인 회사로 율산건설을 들어보자. 1979년 초 중동 붐이 급속히 식기 시작하면서 신흥 재벌로 부상하고 있던 율산이 어려워지기 시작했다. 급기야 율산은 주거래은행인 서울신탁은행에 긴급 구제금융을 신청했다. 1973년 3월 율산 문제가 터지자 서울신탁은행 홍윤섭 행장은 어떻게 하면 좋겠느냐고 이용만에게 의논을 하러 찾아왔다. "그간에 금융 지원은 은행이 다 알아서 해왔는데, 왜 이제 와서 정부에 의논을 하러 오느냐"며 은행이 알아서 사기 책임하에 처리하도록 하고 돌려보냈다. 이때 만일 이용만이 개입했더라면 치명적인 타격을 받고 법정에 섰을지도 모른다. 예외 없이 은행 대출에 대해서는 개입하지 않는다는 원칙이 그가 어려움에 빠지는 것을 막아주었다. 원칙은 그만큼 중요하다.

홍 행장은 장관실로 가서 장관에게 물었다. 김용환 장관은 "지금 국회에 나가는 바쁜 시간인데, 율산을 부도낼 수 있겠느냐"라고 해서 일단은 부도를 유예해주었다는 이야기를 나중에 전해 들었다. 율산그룹은 두 차례 구제금융을 받지만, 결국 4월 6일에는 전 계열사들이 일괄 부도 처리된다. 율산과 금융거래를 했던 관련 행장 4명도 사표를 내야 했으며, 홍윤섭(1922~2002) 서울신탁은행장은 업무상 배임 혐의로 구속되기도 했지만 6년간의 소송 끝에 대법원에서 "업무상 배임죄를 인정할 수 없다"는 무죄 판결을 받아서 명예를 회복했다.[256] 율산이 사우디에서 벌이던 건설 공사는 삼환에 넘어갔으며, 14개 계열사들은 일부를 제외하면 대부분 다른 인수자들에게 처분되었다.

율산 사건 이후 해외 부실 공사 처리 문제를 놓고 연일 대책 회의가 열렸고, 이들 부실기업에 대한 정리 작업은 1980년 제5공화국으로 넘어가게 된다. 논쟁이 되었던 "건설부 장관으로부터 도급 허가를 통지받은 관계 기관의 장은 필요한 협조와 지원을 해야 한다"는 해외 건설 촉진법 제10조 2항을 삭제하는 한편, 지급보증의 적합성을 검토하는 기간도 종전의 7일에서 사업성 검토에 필요한 충분한 시간까지 연장시켜놓았다. 이로써 해외 건설에 나가는 업체에 대한 무조건적 지원이 사라졌다.

## 경제안정화를 둘러싼 논쟁: 성장인가, 안정인가

"아무리 선진국에서 타당성이 입증된 이론이라 하더라도 개발도상의 우리 경제의 특수성을 무시하고 그대로 적용할 수는 없는 일이다."

이 같은 이용만의 생각에도 불구하고 우리 모두는, 특히 경제학자나 관료들은 이미 죽고 없는 어떤 경제학자의 노예일 가능성이 높다. 존 메이너드 케인즈의 경구, 즉 "경제학자와 정치철학자의 사상은 그 사상이 옳을 때와 그를 때 모두 사람들이 통상적으로 이해하는 것보다 더 강력한 힘을 발휘한다"는 사실이 이 땅에서 일어난다. 이른바 통화 수량설에 바탕을 둔 고금리 정책을 둘러싼 논쟁이다.

이용만이 재정차관보로 있던 1970년대 말은 한국 경제가 급격한 구조조정을 경험하고 있던 시기였다. 중화학공업에 대한 집중적인 투자가 이루어지는 속에서 세계 경제는 서서히 후퇴 국면에 진입하고 있었다. 1977년의 반짝했던 국제수지 흑자는 중동 건설 붐이 꺼지면서 큰 폭의 적자로 돌아섰다. 두 자릿수 성장은 이내 한 자릿수로 떨어졌다. 1979년에는 제2차 석유파동, YH사건, 부마민주항쟁 그리고 마침내 10·26사태가 터지고 말았다. 혼란스러운 상황이었고 짧은 시기에 발생한 급격한 변화였다.

1976년에서 1978년까지 3년간 지속된 두 자릿수의 고성장은 물가 폭등과 투기 열풍 등 심각한 부작용을 수반했다. 한 해에 집값이 무려 50% 가까이 급등하기도 했다. 1978년 경제기획원에서 세운 물가 목표는 10% 이내였으나 달성하기가 어렵게 느껴졌다. 안정화 대책의 하나로 6월 13일에는 금리를 전면 인상했다. 정기예금 금리 18.6%, 일반 대출금리 19%로 끌어올려졌다. 이어 8월 8일에는 부동산 가격을 진정시키기 위한 '부동산 투기 억제 종합 대책'(8.8조치)을 발표하여 일정 규모 이상의 토지 거래는 허가를 받도록 했다.

자연스럽게 정부 부처 내에서는 수출 드라이브에 의한 성장 일변도의 정책을 더 이상 지속할 수 없다는 의견이 확산되고 있었다. 이대로 과열을 방치하다가는 초과 수요로 인한 인플레이션으로 경제가 버틸 수 없다는 것이다. 중화학공업의 투자 확대와 수출 지원에 의한 기존의 성장 정책은 수정이 필요하다는 의견이 지지를 받기 시작한다. 주로 경제기획원 측의 시각이었다. 당시 강경식 기획 차관보와 김재익 기획국장 등이 주축이 되어 경기 과열을 식히고 물가를 안정시켜야 한다는 '안정론'을 과감하게 펼치기 시작했다. 이들을 전폭적으로 지지하는 또 한 사람이 1978년 12월 취임한 '지독한 안정 추구형'으로 일컬어지는 신현확 부총리였다.

안정론이 대두되는 것은 당연한 결과이기도 했다. 1978년 한 해 민간 설비 투자는 41%나 급증했다. 이 가운데 83%가 중화학공업에 대한 투자였다. 소비자물가는 억제했는데도 불구하고 14.4%나 올랐다. 자연히 과거의 경제 정책을 지지하는 쪽은 '성장론자'가 되었다.

안정론자들은 중화학공업 투자와 새마을운동의 상징인 농촌 주택 사업의 축소, 경제 주도권의 민간 이양, 정부 부문 통화 증발 억제, 해외 부문의 통화 환수 확대, 저축성 예금 증대를 위한 금리 인상 등을 주장한다. 이들의 주장은 1979년 '4·17경제 안정화 시책'으로 본격화되기 시작한다.[257] 안정론자의 이론가인 김재익의 생각은 이랬다.

"김재익은 당시부터 한국 사회를 위기로 몰고 갔던 물가 불안이 중공업 일변도의 투자에서 비롯된다는 것이라는 확신을 갖고 있었다. 그는 중화학공업에 대한 지원 방향을 근본적으로 뜯어고쳐 불필요한 사업과 무리한 중복 투자를 과감히 정리해야 한다고 생각했다. …… 금융 자율화, 통화량 감소, 가격 통제 해제, 중화학공업 투자 중지, 수출금융 축소, 수입 자유화 등을 골자로 한 안정화론이 '4·17 경제 안정화 시책'이라는 이름으로 세상에 모습을 드러낸다."[258]

그러나 안정화 조치에 따른 수출 감소는 국내 경제계에 혼란을 가져온다. 수출업자들은 수출업자대로 수출 금융을 줄이자니 반발이 심했다. 중화학공업에 대한 지원을 줄이자니 중화학공업에 투자하고 나선 기업들도 아우성이었다. 국내업자들도 수입 개방에 항의하는 것은 말할 필요가 없다. 경제를 안정화시켜야 한다는 총론에 동의하면서도 얼마만큼 빠른 속도로, 어떤 수단을 사용해야 하는가에 대해 안정론자와 성장론자들은 뚜렷하게 나뉘었다. 결국 화려한 표현을 제거하고 나면 금리 논쟁으로 요약할 수 있다. 안정론자는 급격하게 금리를 올려야 한다는 주장을 펼친다. 반면에 성장론자는 그렇게 하다가는 기업들을 다 죽이고 말 것이라는 주장을 펼친다. 성장론자들은 안정론자들을 두고 "현실을 모르는 이상주의에 젖어 있는 이론가들"이라는 혹평을 퍼붓기도 했다.

재무부 재정차관보였던 이용만은 단시간에 걸친 급격한 고금리는 상당한 비용을 치르게 할 정책이기 때문에 안정론자들의 급격한 금리 인상에 반대하는 쪽에 서 있었다. 그의 생각은 이상적인 상태를 향해 나아가야 하지만 정책은 현실을 충분히 담아야 한다는 것이다. 그의 공직 생활 중에서 열띤 논쟁에서 한쪽의 선두주자로 뛰었던 시기이기도 했다. 그의 나이 46세 때의 일이다.

## 금리 논쟁: 이상과 현실의 대결

"현실을 무시하고 이론에만 기초한 경제 정책은 엄청난 비용을 치르게 합니다."

이론은 현실을 설명하는 데 도움을 준다. 하지만 현실이 이론대로 돌아가는 것은 아니다. 재무부와 경제기획원 사이에 전개되었던 안정화를 둘러싼 논쟁, 즉 금리 논쟁은 이상과 현실, 이론과 경험, 이상주의자와 현실주의자 등을 생각하게 하는 흥미로운 대결이자 논쟁이다.

경제기획원과 재무부는 우리나라의 실물경제와 현실을 바라보는 시각이나 관점이 크게 달랐다. 강경식과 김재익을 필두로 하는 안정론자들은 경제학의 화폐수량설에 기초해서 금리의 가격 조절 기능을 100% 신봉하는 사람들이다. 그들은 한국에서도 금리를 올리면 통화수요가 당연히 줄어들 수밖에 없다고 주장한다. 이는 만성적인 통화의 초과 수요를 줄이려면 금리의 급격한 인상 이외에는 다른 대안이 없다고 주장한다. 금융 긴축으로 경기 과열을 식히자는 논리인데, 이는 주류 경제학의 든든한 이론적 토대에 바탕을 두고 있다.

하지만 재무부는 금리를 급격히 끌어올리는 데 크게 반대했다. 이 같은 주장을 강력하게 내세우는 사람들은 재무부 차관보 이용만과 이재국장 정영의 등이다. 이들은 오랫동안 통화 금융 정책을 운영하면서 축적해온 경험에 근거하고 있었다. 기업들의 자금 조달 패턴을 지켜봐온 그들은 자기자본이 적은 우리나라 기업들은 차입금에 의존할 수밖에 없을 뿐만 아니라 차입금을 조달하는 데 익숙했다. 또한 기업들의 자금 수요는 금리에 대한 수요탄력이 낮다고 생각했다. 다시 말하면 금리를 올린다고 해서 자금 수요가 크게 줄지 않으므로, 기업의 금융 비용만 끌어올리고 사채업자 배만 불려주는 꼴이 되고 만다고 판단한 것이다. 재무부 관료들이 우려하는 것은 금리를 대폭 인상하게 되면 기업들의 재무 구조가 악화되어 대규모 도산이 일어나서 곧바로 은행 부실로 이어지리라는 점이었다. 결국 고금리는 국민 경제에 조금도 도움이 되지 않는 조치라는 주장이었다. 전통적으로 재무부 사람들은 자금의 시장수익률, 즉 실세금리를 기준으로 금리 정책을 운영해야 한다는 입장이었다. 반면에 김재익 경제수석을 비롯한 경제기획원 사람들은 명목금리에서 물가상승률을 공제한 실질금리를 기준으로 금리 정책을 운용해야 한다는 입장이었다.[259]

당시에 이용만이 고금리에 반대한 이유는 체험에서 우러나온 강한 확신이 있었기 때문이다. "'과부의 땡빚을 낸다'거나 '외상이라면 소도 잡아먹는다'는 속담이 있듯이 우리 기업들은 자금이 어떤 종류든, 금리가 높든 낮든, 기간의 장단에 상관없이 돈만 있으면 우선 쓰자는 입장이다. 일단 돈을 당겨쓰다가 기업이 망하면 고스란히 은행 빚이 되고 만다. 금리는 일정 수준으로 맞춰야지, 덮어놓고 내리거나 올려서는 안 된다."(당시는 자금에 대해 항상 초과 수요가 있었음을 고려해야 한다.)

한편 고금리의 이유에 대해서도 안정론자와 성장론자들은 팽팽하게 맞섰다. 경제기획원은 인플레로 실질금리가 마이너스이기 때문에 저축이 늘지 않으므로 은행 경영이 어려워진다고 생각했다. 그러니 내자 동원을 위해서라도 금리를 올려야 한다고 주장한다. 반면에 재무부는 우리나라에서는 저축 역시 금리에 대해 탄력성이 낮다고 주장한다. 금리를 올린다고 해서 저축이 느는 것은 아니며, 오히려 은행과 기업의 이자 부담을 더 키울 뿐이라고 주장한다.

뿐만 아니라 경제기획원에서는 재무부가 정책 금융에서도 손을 떼라고 주장한다. 다시 말하면 자금 배분의 기능에서 재무부에서 손대지 말고 시장에 내맡기라고 한 것이다. 오늘날의 기준으로 보면 충분히 납득할 수 있는 이야기다. 그러나 당시 상황에서 재무부의 주장은 달랐다. 중화학공업은 회임 기간이 길고 불확실성이 높은 투자인데, 누가 그런 투자를 적극적으로 추진하려 하겠는가라고 맞섰다. 산업 구조의 고도화를 위해서는 일정 기간 동안 정책 금융이 필요하므로 서서히 축소시켜나가야 한다는 주장으로 맞선다. 만성적인 자금 초과 수요가 있는 상황에서 정책 금융을 폐지하는 것은 고금리를 용인하는 방법 가운데 하나다.

이들 사이에 논쟁은 경제장관회의는 물론이고 장관회의가 끝난 이후에도 회의실 등에서 격렬한 토론으로 이어졌다. 주로 논쟁에 가담한 안정론자는 신현확, 강경식, 김재익이고, 성장론자는 김원기, 조충훈, 이용만, 정영의 등이다. 통화 증가율을 20%로 해야 하느냐 말아야 하느냐, 금리를 얼마로 올려야 하는가 등 통화 정책의 방향과 내용을 둘러싼 설득과 설전이었다.

금리 논쟁의 본격적인 시작은 남덕우 부총리가 청와대 경제특보로 자리를 옮기고 신현확 부총리가 들어서는 1978년 12월부터 시작되어 그가 총리가 되는 1979년 12월에 최고조에 이른다.

재무부 장관을 지냈던 김용환은 고금리 정책에 대해 이런 견해를 피력한 적이 있다. "재무 행정의 책임자로 재직하던 4년 3개월 동안 늘 한 가지 딜레마에서 헤어나지 못하고 있었다. 과연 저축을 증대하기 위해서는 고금리만이 최선의 정책 수단인가 하는 점이다. …… 물가 안정, 저축 증대, 내자 동원을 위해서는 고금리 정책이 필요하다는 논리에는 이의가 없다. 그러나 고금리 정책이 반드시 사회정의에 맞다는 논리에는 동의할 수가 없다. 금리를 높이면 자기자본 비율이 높은 건실한 기업의 경우 추가된 금리 부담을 기업 내부에서 흡수할 수가 있다. 그러나 우리나라의 경우는 그렇지가 못하다. 우리나라 기업은 대부분 자기자본 비율이 낮고, 차입금에 대한 의존도가 높기 때문이다. 이러한 상황에서 고금리 정책을 실시할 경우 추가되는 금융 비용은 거의 물가상승으로 즉시 전가되게 마련이다. 따라서 고금리 정책은 금융 자산을 갖고 있는 일부 자산 계층의 소득 보호에는 기여할 수 있으나, 금융 비용이 물가에 전가되면서 전체 국민에게 무차별적으로 부담을 지우는 결과를 낳게 된다. 동시에 대외적으로는 금리 부담 때문에 기업의 국제 경쟁력이 약화될 수밖에 없다."[260]

이용만은 강경식과 김재익을 필두로 하는 안정론자들의 고금리 정책에 대해 반대 의사를 분명히 한다. "한국 경제의 성장 과정이 타국의 선례가 없는 발전 과정을 걸어온 점을 감안할 때 각기 다른 의견을 낼 수 있다. 미국의 성장 이론을 내놓을 수도 있고, 독일에서 공부한 사람은 독일식 경제 이론을 내놓을 수 있다.

그럼에도 불구하고 논문을 쓰는 사람이 아니라 행정을 하는 사람이라면 늘 한국 현실에 알맞은 정책을 구현하는 데 최선을 다해야 한다. 또한 경제 정책이 자연과학처럼 실험할 수 있는 성격이 아니기 때문에, 과격한 조치보다는 점진적인 조치를 선호해야 한다. 나는 급격한 금리 인상은 후유증이 아주 클 것으로 본다.

급격한 금리 인상은 교각살우 격으로 기업과 금융, 경제에 치명적인 악영향을 미치게 될 것이다. 역설적인 것은 이제까지는 주로 재무부가 금리 인상이 물가에 치명적이라고 해서 반대를 했는데, 이번에는 거꾸로 경제기획원이 금리 인상과 긴축 정책을 주장하게 되었다는 점이다. 2가지는 재무부의 단골 메뉴였다. 금리의 탄력성이 없다는 점은 확연한 사실이다. 게다가 재무 구조만 악화되고 결국 금융기관의 부실로 연결된다는 사실을 알기 때문에 재무부가 늘 주장해왔던 금리 인상과 긴축을 거두어들이게 되었다.

화폐수량설에 의해 물가를 잡기 위한 고금리 정책은 기업들의 자금 수요를 꺾지 못하고 결국 부채를 늘려서 기업을 어렵게 하고 궁극적으로 은행의 부채 증가로 연결될 것이다."

## 고금리 실험의 부작용

"경험하지 않고 배우면 좋은데 대부분은 경험하고 직접 비용을 치른 다음에 배우게 됩니다."

금리 인상을 계속해서 거부할 수 없는 상황이 전개된다. 경제기획원의 실무자들 가운데 "재무부는 차입금이 많은 기업과 친해서 금리 인상을 반대한다"는 인신공격이 심해지고 있었기 때문이다. 그런 상황에서 더 이상 금리 인상을 반대할 수 없게 된 것이 성장론자들이었다. "그렇다면 당신들 뜻대로 금리를 한번 올려봐라"라고 재무부가 동의하게 된다.

안정론이 득세하면서 1980년 1월 초, 한국개발연구원이 만든 몇 가지 안 가운데서 재무부가 하나를 택일해야 한다는 이야기가 나오게 된다. 금리 45%, 40%, 35% 가운데 하나를 선택하라는 것이었다. 그야말로 차이가 없는 엄청난 금리 인상안이었다. 밀고 당기는 설전이 계속된 끝에 대출금리 25%에서 합의를 보게 된다. 이렇게 해서 금리를 25%까지 올리는 '1·12조치'가 취해지게 된다. 여기서 우리가 염두에 두어야 할 것은 원안보다 훨씬 낮은 금리 인상안이라는 점이다.

금리 인상을 강력하게 주장한 사람들은 경제기획원 기획국장인 김재익과 차관보 강경식이었다. 이후 고금리 주장의 선봉장이었던 김재익 국장은 국보위를 거쳐 청와대 경제수석으로 자리를 옮긴다. 섣달 그믐날 신라호텔에서 금리 인상을 놓고 작업을 한다기에 정영의 국장과 이용만은 한국개발연구원의 김만제 원장과 함께 그곳으로 갔다. 그날 망년회를 마치고 난 자리라 이용만과 정영의는 술기운이 조금 남아 있었다. 거기서도 "금리를 그렇게까지 올리면 기업들이 다 망한다"고 목소리를 높여가면서 말싸움을 하기도 했다. "업무나 정책을 가지고서 서로가 피나게 싸울 일은 다시 없을 것이다. 나에게는 실무자로서 거의 절정에 달했던 시기였다." 정책이나 제도를 둘러싼 논쟁을 나이가 들면 하기 힘들다. 나이를 먹어가면 "이것도 좋고 저것도 좋을 수 있다"는 생각이 들기도 하고 "이렇게 싸워봐야 무슨 이득이 있는가?"라는 생각이 앞선다. 안정론자들과 피나게 싸운 이런 경험들은 지금도 나라를 위한 일에서 얼마나 열정적으로 일했는지에 대한 추억의 한 토막이다.

그렇다면 고금리 실험은 어떤 결과를 낳았는가? 기업들이 고금리를 견디다 못해 쓰러질 지경이 되었다. 수출이 어려워지고 경기가 침체되고 결국은 금리를 대폭적으로 낮추는 조치를 취하지 않을 수 없었다. 실제로 1980년에는 정치적 사회적 불안이 겹쳐지면서 경제성장률이 −3.7%를 기록했다. 대출금리는 불과 10개월 만에 당초 수준인 20%로 되돌아가게 되었으며 나중에는 금리를 도리어 8%선까지 인하되어야 한다고 주장하기도 했다.

한국은행이 발표한 금리표에는 1980년에 대출금리가 25%에 달했다는 내용이 어디에도 없다(80년 예금 18.6%−대출 20%로 기재). 금통위 회의록에만 있을 뿐이다. 금통위가 정한 금융기관 수신금리 변동 상환을 보면 은행이 금리 변동 상황을 인쇄할 시간도 없이 어떤 때는 한 달에 2번 또는 매달 인하해서 2년 5개월 만에 수신 8%까지 낮췄다. 얼마나 급했는지 알 수 있는 부분이다.

**금통위가 정한 수신금리 변동표**

| 1980. | 1.12 | 정기예금 | 18.6→24% | 적금 25% |
|-------|------|---------|----------|---------|
| 1981. | 11.9 | | 21.6→20.4% | |
| | 11.28 | | 20.4→19.2% | |
| | 12.29 | | 19.2→16.2% | |
| 1981. | 1.14 | | 16.2→15.0% | |
| | 3.27 | | 15.0→12.6% | |
| | 6.27 | | 12.6→8% | |

※수신금리 변동 상황은 고객에게 알리기 전에 계속해서 인하했음.

김재익 수석이 이런 인하에 크게 힘을 보탰음은 물론이다. 그는 경제수석으로 청와대에 들어가서 현실을 보고 고금리를 가지고는 경제운영이 안 되겠다고 생각했다. 머리로 아는 것과 직접 해보는 것 사이에는 이렇게 차이가 있다. 한때는 금리를 40%까지 올리자고 목소리를 높이던 사람도 결국 현실을 알면서 이론과 현실 사이의 격차를 확인하게 되었던 것이다. 그는 금리를 서둘러 낮춘 이유에 대해 초긴축정책으로 물가가 안정되어 금리를 낮출 여지가 생겼기 때문이라고 하였다. 그럴 가능성도 있다. 정책 수행의 효과라면 칭찬할 수도 있다. 1980년만 하더라도 8월과 11월 2차례에 걸쳐 금리 인하가 있었다.[261] 1981년에는 경기 부양책의 일환으로 3차례 금리 인하가 이루어졌다. '6.28경제활성화대책'으로 금리는 8%까지 떨어졌다. 2년 남짓한 사이에 금리는 무려 16%나 내려갔다. 그 후로는 더 이상 급격한 금리 인상론을 찾아보기 힘들었다.

하지만 1997년 외환위기 시점에서 우리는 외압에 의해 급격한 금리 인상으로 엄청난 비용을 치르게 된다. 이후 외환위기에서 실시했던 고금리 정책이 얼마나 잘못된 정책이었는지 반성이 일어났는데, 과거로부터 좀 더 교훈을 얻었어야 하지 않았을까 싶다.

필자가 금리 논쟁의 전후를 살펴보면서 이해하기 힘든 것이 한 가지 있다. 정책이란 유연성을 생명으로 삼아야 한다. 상황은 항상 변하기 때문이다. 설령 고금리 정책이 일관되게 추진되어왔더라도 아무도 1979년 10월에 일어난 박 대통령 시해 사건은 예상하지 못했다. 이런 예기치 못한 사건은 불확실성을 극대화할 가능성이 높기 때문에, 경기를 급랭시킬 수 있는 고금리 정책을 1980년 1월에 굳이 실시할 필요가 있었는지 의문스럽다. 아무리 좋아 보이는 것이라 하더라도 정책가와 사업가의 생명은 유연성이다. 이용만은 고금리 실험을 보면서 자신의 생각을 이렇게 기록으로 남긴 적이 있다.

"이처럼 1970년대 말 우리나라의 통화 신용 정책은 우여곡절을 겪었다. 정책적 실수는 실패의 고의성이 없기 때문에 범죄가 되지 않는다고도 한다. 그러나 경제 정책은 결코 실험 대상이 될 수 없다. 이 실험을 잘못하면 수만, 아니 수백만 명이 고통받을 수도 있기 때문이다. 그렇기 때문에 경제 정책은 탄탄한 이론적 기반을 필요로 한다. 그러나 경제 이론이라고 하더라도 현실에서 적합성을 입증하는 것이 매우 어렵기 때문에 깊이 있는 현실적 검토 없이 탁상공론으로 정책에 반영하는 것은 위험천만한 일이 아닐 수 없다.

아무리 선진국에서 타당성이 입증된 이론이라 하더라도 개발도상에 있는 우리 경제의 특수성을 무시하고 그대로 적용할 수는 없는 일이다. 그러므로 시간이 걸리더라도 정책의 이해득실을 먼저 정확하게 계산해야 한다. 그나마 다행스러운 것은 각계의 의견을 듣고 경제 전반을 점검한 다음 고금리 정책의 수정에 들어간 것이다. 이 건으로 인해 고금리 정책을 강행했던 사람들은 이론과 현실의 차이를 뼈저리게 체험했을 것으로 보인다. 미국에 좋은 것이 항상 한국에 좋은 것은 아니며, 미국에 통용되는 것이 항상 한국에 통용되는 것은 아니다. 이론가는 이론을 그대로 받아들이면 되지만, 정책가는 달라야 한다. 정책가는 '우리의 현실'을 면밀히 관찰하고 그 관찰에 따라 탄력적으로 정책을 운용해야 한다."

**3장**

●

# 15가지의 특별한 자질과 강점

"어떤 친구들은 나에게 해결사라는 별명을 붙여주었다.
나는 문제가 있는 곳에는 반드시 해결의 길이 있기 마련이란 소신을
가지고 문제에 직면하는 것을 두려워하지 않았다."

삶은 본질적으로 경쟁이다. 경험이란 기준을 적용하면 승자와 패자를
구분할 수 없지만, 성취라는 기준을 적용하면 승자가 있고 패자가 있
다. 입법부, 행정부, 사기업 등 어느 분야를 보더라도 희소한 자원을
둘러싼 경쟁이다.

늘 정상에 다가서는 것은 어렵고 힘든 과정이다. 자리가 올라가는
것은 성취해가는 과정이기도 하지만, 권력을 획득하는 과정으로 이
해할 수 있다. 이용만은 중간에 좌절의 순간도 있었지만, 재무 관료로
서 누구든 부러워하는 길을 걸어왔다. 따라서 성취를 가능하게 한 요
인들을 탐구할 필요가 있다. 그의 인생에서 괄목할 만한 성취를 가능
하게 한 개인적 자질들은 연구 대상으로 삼을 만큼 흥미롭고 교훈적
이다. 그의 성취를 일반화할 수는 없지만, 일정한 지면을 할애할 만큼

귀한 정보인 것은 분명하다. 성취를 가능하게 한 개인적 자질들의 우열을 가리기는 힘들지만, 다음의 15가지로 요약할 수 있다.

(1) 지칠 줄 모르는 에너지와 지구력

(2) 낙관적이고 긍정적인 생각

(3) 에너지를 집중시키는 능력

(4) 타인의 생각과 입장을 이해할 수 있는 감수성

(5) 목표 성취를 가능하게 하는 수단 선택의 융통성

(6) 필요할 때 분쟁과 대결구도에 뛰어들 수 있는 과감함

(7) 사람을 움직이는 능력과 동기 부여

(8) 넉넉함과 베풂의 생활화

(9) 탁월한 친화력과 사회성

(10) 한시적으로 자신을 숨길 수 있는 자제력

(11) 핵심을 정리하고 우선순위를 명확히 하는 능력

(12) 사람을 바라보는 따뜻한 마음

(13) 털털함과 치밀함의 절묘한 조화

(14) 강력한 책임감과 정면 돌파력

(15) 확고한 국가관과 애국심

## (1) 지칠 줄 모르는 에너지와 지구력

재기발랄함이나 학벌 등과 같은 것이 얼마 동안 도움을 줄 수는 있다.

하지만 장기적으로 어떤 분야에서건 두각을 나타내는 사람은 지칠 줄 모를 정도로 자신의 분야에 시간과 에너지를 투입하는 사람이다. 그 어떤 것도 부지런한 태도라는 개인적 자질을 대체할 수 없다. 세상 사람들은 자주 이런 이야기를 한다. "이 시대는 몸을 쓰는 시대가 아니라 머리를 쓰는 시대이기 때문에 지나치게 자신을 혹사하는 것은 도움이 되지 않습니다. 이 시대가 산업화 시대가 아니라 정보화 시대잖아요." 그러나 삶의 본질이나 성공의 본질은 변한 것이 없다. 한마디로 "계속해서 하는 사람에게 당해낼 재간이 없다"는 말이다.

미국 정치사에서 의원 보좌관으로 오랫동안 일하다가 대통령이 된 린든 존슨(Lyndon Johnson)은 특별한 사람으로 기억된다. 그의 특별함은 지칠 줄 모르는 지구력의 소유자였다는 점이다. 대부분 의원 사무실이 4시 30분에 문을 닫지만, 존슨과 그의 동료들은 저녁 8시가 지나서도 일을 그만두지 않았다.[262] 그와 함께 일했던 한 의원 보좌관은 "그는 누구보다 열심히 일했고, 우리 모두가 지쳐 쓰러질 때까지 쉼 없이 움직였다"고 말한다.[263]

마찬가지로 이용만의 부지런함과 성실함이 자신만의 스토리를 만들어갈 수 있도록 했다.[264] 앞에서 언급한 것같이 그는 평균적으로 기자들이 출근하기 전 2시간, 그리고 퇴근한 이후에 4시간을 확보했다. 하루 평균 6시간 이상을 더 투입할 수 있었던 것이 그의 성취에 큰 역할을 했다. 또한 주말이건 휴일이건 가리지 않고 그가 가진 시간의 대부분을 업무에 투입했다.

장관으로부터 어떤 일이 떨어지기라도 하면 밤을 새서라도 해내고야 말았다. 무슨 일에서든 전력투구하는 사람은 '전력투구의 미학'을 깨닫는다. 자주 무엇인가를 하면 점점 기량이 향상되어감을 스스로 확인하게 된다. 기량이 나아진다는 것은 더 잘할 수 있음을 뜻하며, 더 잘할 수 있게 되면 칭찬도 따르고 보상도 따르게 된다. 일단 이런 태도가 몸에 자리를 잡고 나면 누구도 이것을 빼앗아갈 수 없다.

이를 가능하게 한 이유로 무엇보다도 그의 강인한 체력을 들지 않을 수 없다. 그를 아는 대부분의 사람들이 빠지지 않고 언급하는 것이 그의 체력이다. 물론 그런 체력을 유지하기 위해 그가 오랫동안 노력해온 것에 주목하는 사람들이 많지는 않았다. 그는 강인한 체력이란 자산을 부모로부터 물려받아서 이를 잘 유지해왔다. 대학 동기 김민희는 이렇게 말한다.

"정말 강인한 체력을 갖고 있습니다. 골프를 치면 아주 장타자입니다. 수십 년째 함께하면서 아직도 장타를 자랑하면서 특히 후배들하고 골프 치는 걸 좋아해요. 함께 골프를 치는 젊은이들을 분발시키는 독특한 재주가 있습니다. 후배들은 저분이 저렇게 치는데 우리가 이렇게 해서 되겠느냐는 그런 생각을 심어줍니다. 승부 근성도 강한 편입니다."

존슨 행정부에서 장관을 지낸 존 가드너는 『리더십에 관하여(On Leadership)』라는 저서에서 의미심장한 말을 한 적이 있다. "사람들에게 리더의 자질이 무엇인지 말해보라고 하면, 정력이나 지구력을 댈 것 같지 않다. 하지만 결정적인 것은 바로 이런 자질이다."[265] 어떤 일을 끝까지 해내는 능력이 없다면 다른 모든 능력이나 자질은 소용이 없다. 이용만은 자신의 강점에 대해 조심스럽게 언급한 적이 있다. "무슨 일을 맡으면 어떻게든 열심히 해서 잘해보려고 노력합니다. 그게 나에게 당장 이익이 되는지는 별로 따지지 않습니다."

"이용만 장관만큼 부지런한 사람을 아직 보지 못했어요. 기록하는 것, 회의하는 것, 세미나 하는 것 뭐든 열심히 기록합니다. 저 양반은 어떻게 저렇게 부지런할까라는 생각밖에 들지 않습니다."
─한갑수(전 농림부 장관)

"1990년대 후반에 저희 회사에서 고문으로 모셨을 때가 있었는데, 너무 일찍 출근해서 근무를 시작하기에 젊은 직원들이 깜짝 놀란 적이 있었습니다. 임원들에게 직원들을 이끌면서 회사 일을 잘하려면 '임원들이 일찍 나와야 한다'고 당부하셨습니다."
─김명하(전 Kim&aL 회장, 전 코래드 사장)

"저런 강한 추진력이 어디서 나올까 싶을 정도로 집요하게 문제 해결책을 찾아내 십니다."
─방영민(전 서울보증보험 사장)

## (2) 낙관적이고 긍정적인 생각

대다수가 걱정하는 상황에서도 "분명히 길이 있을 거야"라고 믿고 행동하는 사람들이 있다. "나는 뭐든 별로 걱정을 하지 않아"라는 면에서 이용만은 낙관주의자이다. 젊은 날부터 사선을 넘고 더 이상 떨어질 수 없는 바닥에서부터 올라오면서, 그는 자신의 타고난 낙천성을 강한 신념으로 만든 사람이다. 그의 낙천성은 어디로부터 비롯된 것일까? 타고난 부분이 크다.[266] 이북에서 소년기를 보낼 때부터 뭔가를 해야 하면 그것을 어떻게든 해낸 기억들이 차곡차곡 그의 삶에 축적되어왔다. 이후의 고생길에서도 어떻게든 그는 살아남았다. 앞에서 그가 17세 때 창덕궁을 출발하여 대구 경산으로 내려갔던 고생스러운 겨울날의 남행길을 설명했는데, 그런 상황 속에서도 그가 가졌던 낙관적인 생각은 "이런 산천 구경을 부잣집 아들이면 할 수 있겠는가?"라는 말로 드러났다. 그의 특성을 여과 없이 보여주는 대목이다.

공직에서 한 걸음 한 걸음 전진해 나아가는 것은 불확실함 속에서 고지를 향하는 것과 같다. 확실한 것은 아무것도 없으며, 불확실함 속에서 참아내고 이겨내면서 기대한 성과를 만들어내야 한다. "이 국장, 무슨 좋은 방법이 없을까?"라는 질문에 대해 그의 답은 늘 "제가 한번 찾아보겠습니다" 혹은 "제가 찾아내겠습니다"였다. "그것은 불가능합니다"라는 말은 아예 그의 입에서 나올 수 없는 문장 가운데 하나다.

무슨 일이든 긍정적이고 낙관적으로 대답하는 부하를 상사들은 신뢰한다. 한 시대를 풍미했던 개발 시대의 주역들인 남덕우와 김용환이 그를 중용해서 오랫동안 전진 배치시킨 이유 가운데 하나일 것이다. 어떤 일이든 창의성을 발휘해서 뛰어난 해법을 찾아내는 사람이기에 그를 신임했다. 그의 긍정적인 말은 생각의 씨앗이 되기도 하고 행동의 씨앗이 되기도 한다. 그는 자신의 낙천성에 대해 이런 이야기를 한다. "나는 뭐든 별로 걱정을 하지 않는 편입니다. 조바심을 안 냅니다. 일을 할 때 부하들이 막 흥분해가지고 안 된다고 이야기를 하면, 한 번 더 시도해봐라, 한 번 더 대화해봐라, 상대방이라고 해서 꼭 죽일 놈들이 아닐 거야, 하고 달랬습니다. 바보스러울 수도 있지만 내가 싸움을 안 합니다. 싸울 일을 아예 없애버립니다."

재무부 기획관리실장 시절을 기억하는 부하들은 "그분은 각방마다 '모든 생각은 긍정적으로'라는 표어를 액자에 담아 걸어두도록 했습니다"라고 들려주었다. 그 이유에 대해 이용만은 "직원 중에 한 사람이라도 부정적인 생각을 떨쳐버리도록 하기 위해서였다"고 말한다.

그는 늘 자신에게, 그리고 타인에게 이런 이야기를 하는 것에 익숙하다. "뭐든 적극적으로 해보자. 이왕 하는 것 잘해보자. 처음부터 불가능한 일이 세상에 어디 있나. 처음부터 잘하는 사람이 어디에 있나. 자꾸 하다 보면 잘할 수밖에 없지 않은가. 세상의 문제라는 것이 해결하라고 있지 않은가. 우리가 여기에 있는 것은 문제를 해결하라고 있는 것이지 않은가. 안 된다고 생각하지 말고 일단 해보자. 반드시 길이 있을 것이다."

"해야 하는 일이라면 그게 일이든 모임이든 골프든 최선을 다해 열심히 하는 분입니다."
— 이태섭(국제라이온스협회 회장, 전 과학기술처장관)

"모든 일에 적극적입니다. 인간관계에 있어서도 격식을 차리지 않고, 앞뒤가 다르지 않고, 친밀감을 줍니다."

— 이봉서(단암산업 회장, 전 상공부장관)

"제가 사외이사로 모신 적이 있는데, 업무에 대한 관심도가 다른 분들보다 높고 적극적으로 관심을 가지면서 문제를 해결해 주시려는 점이 다른 분들과 달랐습니다."

— 이팔성(전 우리금융지주회사 회장)

"어떤 상황에서든, 어떤 일을 하시든 그분은 되는 쪽으로 생각하고 최선을 다해 해내고야 맙니다."

— 방영민(전 서울보증보험 사장)

## (3) 에너지를 집중시키는 능력

"해야 하는 일에 미칠 수 있어야 뭔가를 만들어낼 수 있지 않은가?"

세상에는 머리가 좋은 사람도 있고 공부를 잘하는 사람도 있다. 그러나 일이 되도록 만드는 사람은 목표를 명확히 하고 일정 기간 동안 집중력을 발휘하는 사람이다. 집중력을 직설적으로 말하면, 해야 하는 일에 미칠 수 있어야 한다는 말이다. 다시 말하자면 "미치지 않는데 어떻게 일을 이룰 수 있는가!"로 요약할 수 있다.

"난 말이야, 행복하다는 생각을 한 번도 해본 적이 없어. 그렇다고 불행하다고 생각한 적도 없어. 그냥 행복과 불행이 물에 물을 타고 술에 술 탄 것 같은 것 아닌가! 젊었을 때는 주어진 일만 닥치는 대로 열심히 했어. 오로지 일만 했지. 이것이 나에게 이득이 되는지 전혀 계산해보지 않았어. 이게 플러스인지 마이너스인지는 나중에 누군가가 판단하겠지라고 생각했거든. 요즘 젊은 사람들 보면 너무들 따져. 우선은 자기가 하는 일에 미쳐봐야 되는데 말이야. 미치면 문이 열리거든."

우선은 자신을 미치게 만들 수 있어야 자신과 함께 일하는 사람을 그렇게 만들 수 있다. 집중하지 않으면 자신이 어떤 장점을 갖고 있든지 빛을 발할 수는 없다. 어떤 분야에서든 정상에 선 사람들은 에너지와 노력을 하나의 방향으로 집중하는 경향이 있다. 이용만은 자신이 더 잘할 수 있고, 더 잘해야 하고, 더 유능한 사람이 되게 해주는 활동에 모든 관심을 집중시켰다. "지금 사람들은 삶을 즐기는 다양한 방법이 있어요. 그때는 그것밖에 없다고 생각했어요"라는 말에는 그가 자신의 일에 얼마만큼 집중력을 발휘해왔는가를 보여준다.

"공직에서 일을 하던 시절이건, 교회 일을 할 때든, 뭐든 몰입하는 사람입니다. 자기가 하는 일에 몸을 던지는 사람입니다. 옆에서 구경하는 사람이 아니에요. 그는 관찰자가 아니라 행동하는 행동가입니다."

―김영기(고대 동기, 한국프로농구연맹 총재)

"무슨 일이든 적극적으로 모든 걸 했습니다."

―홍세표(전 외환은행장)

그런데 집중력에서 **빼놓을** 수 없는 것이 있다. 이것은 세부적인 것에 대한 관심과 완벽함에 대한 집념이다. 이것은 자신이 잘해야 하는 일에 있어서 아주 세세한 부분까지 빈틈없이 처리하는 것을 뜻한다. 어떤 분야에서건 백번 잘하다가 딱 한 번의 결정적인 실수로 어려움을 겪을 수 있다.

공직 생활도 마찬가지다. 그는 공직 생활 중에서도 유능한 상사들이 사소한 실수 때문에 어려움을 겪는 일을 이따금 관찰하게 된다. 작은 실수나 실책 때문에 과거의 경력이나 성취를 날려버리는 경우가 있는데, 이런 함정을 피하는 데 세부적인 것에 대한 치밀함이 큰 역할을 한다. 잘해야 하는 일에 세세한 부분까지 완벽하게 처리하는 그의 치밀함은 집중력의 또 다른 모습이다. 때문에 그는 통이 큰 사람이라는 평가를 받으면서도 동시에 자신의 일에 관한 한 지나치게 치밀한 사람이라는 평가를 받는다.

대학 동기인 체육인 김영기(한국프로농구연맹 총재)는 말한다. "그 양반은 치밀한 게 보통 사람하고 수준이 다릅니다. 계획을 세우는 것을 보면 저도 놀랄 때가 많습니다. 제가 지금도 장차관 했던 친구나 후배를 자주 만납니다. 한국 사람들이 좀 치밀하지 못하고 덜렁대는 성향이 있지 않습니까? 제가 옆에서 본 이용만은 지나치다 할 정도로 치밀하고, 일의 추진력이 그렇게 강한 공무원을 보지 못했습니다. 그게 사명감에서 온다고 봅니다. 우리가 일반적으로 이용만 하면 통이 크고 털털하니까 치밀한 점이 없을 것이라고 생각하는 사람들이 많습니다. 그런데 치밀함이 결코 털털함에 비할 바가 아닙니다."

"업무적으로는 대단히 치밀합니다. 참 꼼꼼합니다. 얼마나 꼼꼼한지 모릅니다. 그리고 판단이 빠릅니다. 정곡을 찌르지요. 미루는 법도 없고 즉석에서 결론을 내려줍니다."

—최경식(환은 동우회장 · 전 외환은행 비서실장)

"그분의 끊임없는 활력은 계속해서 무엇인가를 추구하기 때문이라고 생각합니다. 후배들이 보기에는 놀랍습니다."

—이종구(국회의원, 전 재무부 금융정책국 국장)

## (4) 타인의 생각과 입장을 이해할 수 있는 감수성

타인에 대한 감수성이 뛰어난 것은 탁월한 리더에게 필수적인 조건이다. 자신과 함께하는 사람들이 어떤 사람인지를 잘 이해하는 것은 상사를 대하거나 부하를 대하는 데 아주 중요하다. 그래서 하버드대의 심리학자 하워드 가드너(Howard Gardner)는 이상적인 리더의 자질에 대해 이렇게 이야기한다. "리더는 함께 일하는 사람들의 다양한 특성에 대해 이해해야 한다. 사람을 다루는 능력의 핵심은 바로 사회적인 지각 능력, 즉 부하들이 따르려 하는지 저항하려 하는지를 정확하게 판단하고…… 그 밑에 깔린 동기를 최대한 활용하고 감수성이란 무엇인지 이해할 수 있는 능력이다."[267]

감수성이 뛰어난 사람은 단순히 처세술에 능한 사람은 아니다. 자신의 이익을 위해 타인을 움직이는 테크닉에 능한 사람은 감수성을 강하게 만들 수 있다. 하지만 이를 지속하는 사람은 주변 사람들에 대해 따뜻한 마음을 지니고 그들의 성장에 관심을 가질 때 가능하다.

감수성은 타인에 대한 자각에서부터 비롯되어서 타인의 입장에 설 수 있을 때 생겨난다. 부하들의 발전이나 성장에 진심으로 관심을 갖는 사람이라면 감수성이 뛰어난 사람이다. 부하들의 마음을 이해하고 그들의 욕구를 정확하게 안다는 뜻이기 때문이다.

그는 모든 사람은 성장에 대한 욕구와 인정받고 싶은 욕구를 갖고 있음을 잘 알고 있다. 그래서 될 성싶은 인재는 더 심하게 야단을 쳤다. 특히 업무와 관련해서 그랬다. 리더의 진실된 마음을 알고 있기 때문에 야단을 맞은 부하는 다음에는 더 열심히 일을 하게 된다. 이렇게 해서 부하들이 성장하는데, 이용만은 이런 이야기를 한다. "야단을 많이 맞은 사람이 다음에 더욱 출세합니다. 야단을 많이 맞으면 그다음에는 더 열심히 하기 때문입니다. 저번에 야단맞은 것을 만회하려고요. 그러는 과정에서 모르는 것을 알게 되고 승진 기회를 잡게 됩니다."

타인에 대한 감수성은 반드시 부하에게만 해당되지 않는다. 상사에 대한 감수성도 마찬가지다. 항상 상사 입장에서 일을 생각하게 되면 상사도 감동시킬 수 있다. 그가 남덕우 장관과 일할 때도 남 장관에게 든든한 부하 이상의 존재였다. 그가 부하들에게 따뜻한 마음을 갖고 대했듯이, 상사도 업무 이상으로 대했다. 무엇이든 믿고 맡길 수 있을 뿐만 아니라 의논할 수 있는 부하였음을 말해주는 일화가 있다. "1972년 겨울의 어느 토요일 날, 오후에 부르셔서 장관실에 갔을 때, '바람이나 쐬러 가자' 하여서 차를 타고 오산 쪽으로 고속도로를 달릴 때였습니다. '오늘 김학렬 씨 댁에 문병을 갔는데 수술해보니 암이 번져서 포기했대' 하시면서 울적해하셨죠. 환율 조정 때 부총리하고 여러 차례 이견이 있었지만(김 부총리는 물가에 미치는 영향 때문에 반대했다) 몇 차례 반복해서 환율 조정의 불가피성을 설명하면 모두 합의해줬는데 가슴 아프다고 하셨습니다."

상사든 부하든 타인에 대한 감수성은 자신에 대한 냉정한 관찰을 요구한다. 자리가 올라가면서 스스로 대단한 사람이라고 생각하면 타인을 따뜻하게 보기가 쉽지 않다. 자신이 정말 별 볼일 없는 존재라는 깊은 성찰과 반성이 없다면 타인에 대한 감수성을 유지하기가 쉽지 않다. 이따금 지위가 높은 사람들의 잘못된 행동이 바깥으로 알려져 큰 논란을 일으키는데, 이것은 자신에 대한 냉정한 관찰이 선행되지 않기 때문이다.

대학 동기 이두정(남양상호저축은행 대표이사)은 이용만의 자기성찰 능력에 대해 이야기했는데, 타인에 대한 감수성의 뿌리를 확인하게 된다. "그 양반이 양보를 많이 합니다. 무슨 일이 생기면 남들에게 책임을 떠넘기는 사람이 아니에요. 무슨 일이 생기면 '내가 무엇을 잘못했나'부터 먼저 생각하는 사람입니다. '내가 무엇을 잘했나'보다는 내가 무엇을 잘못해서 이런 일이 생겼는가를 고민하죠. 그래서 나뿐만이 아니라 똑 부러진 사람들도 그 양반을 좋아해요. 내 나이가 지금 86세인데도 불구하고, 무슨 일만 생기면 그 양반을 생각합니다. 그 양반한테 부탁할까? 대부분은 생각만 하고 부탁하지 않지만, 이처럼 나에게 그 양반은 상징적인 존재입니다."

"저를 포함해서 함께 일했던 부하들에게 때로는 아버지처럼, 때로는 큰형님처럼 믿고 따를 수 있는 분이십니다."

—윤진식(전 산자부장관, 전 국회의원)

"남한테 강압적으로 설득하기보다는 많이 듣고 본인의 생각을 간략하게 정리해서 잘 전달하면서 원하는 방향으로 유도하십니다. 소통의 달인이십니다."

—강효상(국회의원, 전 조선일보 편집국장)

"특유의 성실성과 정직성 그리고 베풂과 호방함 때문에 적이 거의 없습니다. 설령 한때의 적도 자기편으로 만들어버리십니다."

—이상화(신한은행 지점장)

## (5) 목표 성취를 가능하게 하는 수단 선택의 융통성

"융통성이 때로 부정적인 의미를 갖기도 하지만, 권력을 꿈꾸는 이들에게는 중요한 특성이라고 하겠다. 융통성은 실효성이 작은 행동들에 매달리기보다 경로를 바꾸고 새로운 시도를 채택할 수 있는 능력을 부여한다. 융통성은 또 동맹을 얻게 한다. 입장을 바꾸어 서로 다른 이해관계를 수용하기가 쉬워지기 때문이다."²⁶⁸ 스탠퍼드대 석좌교수로 있는 제프리 페퍼(Jeffey Pfeffer)의 저서에 등장하는 문장이다. 학자의 무기는 일관성이지만 활동가의 무기는 유연성이다. 시대와 환경과 상황은 계속해서 변화하기 때문에 현장에서 활동하는 사람들이 찾아내는 해답을 계속해서 변화할 수 있다. 물론 도덕이나 윤리처럼 변경 불가능한 원리나 원칙이 있겠지만, 이 부분을 제외한 모든 것은 선택할 수 있고 변화한다.

이용만은 일이 되도록 하기 위해 어떤 선택을 해야 하는지에 초점을 맞추는 데 익숙하다. 필요하다면 세상 기준으로 다소 무리하다는 평가를 받으면서도 일이 될 수 있도록 조치를 취하곤 한다. 재무부 출신으로 일 욕심이 많았던 정덕구는 이용만과 그의 차이점을 명쾌하게 지적한다. "그분이나 저나 일을 추진하는 데 몸을 사리지 않았습니다. 그런데 차이가 있습니다. 저는 자꾸 어떤 일을 추진할 때 지적인 배경을 찾으려는 경향이 강합니다. 그러니까 논리를 숭상하는 경향이 있습니다. 그분은 저와는 완전히 다릅니다. 논리적으로 도저히 안 되는 것도 불굴의 의지로 만들어내는 열정과 배포가 있습니다. 제가 인텔리처럼 살았다면 그분은 다이내믹하게 사셨습니다. 그리고 문제 해결 능력이 탁월한 분입니다. 어려울 때 문제 해결 능력이 뛰어난 사람을 윗사람이 어떻게 신임하지 않을 수 있겠습니까? 언제 어디서나 자신의 문제든 조직의 문제든 '나는 이제 조용히 살아야지'라는 생각을 하지 않으시는 분입니다. '죽을 때까지 하고, 기여하고 가야지'라는 자세를 갖고 살아가는 것을 저는 바로 곁에서 지켜봐왔습니다."

융통성이 강한 사람은 상황이나 분위기 그리고 감정에 초연해지는 경향이 있다. 그들의 뇌리에는 궁극적인 목표가 굳건히 자리 잡고 있다. 확고한 목표를 달성할 수 있다면 갈대처럼 유연해져야 한다는 사실을 온 마음으로 받아들이는 사람이다. 쉽게 말하자면 승리를 쟁취하기 위해서는 세상 사람들이 말하는 체면이든 자존심이든 크게 중요하지 않다는 것이다. 여기서 승리는 사익의 추구가 아니라 공익의 추구라는 점이 사업가들과 다른 점이다.

"공무원으로서 그는 항상 문제가 생기면 문제를 해결하면서 나아갑니다. 문제에 맞추어 그것에 맞는 해법을 유연하게 찾아냅니다. 문제를 복잡하게 만들어서 해결을 늦춤으로써 이익을 취하는 것이 관료주의의 폐해라면, 그 양반은 완전히 다릅니다."
"내 친구라서 하는 말은 아니고, 그 양반은 태어날 때부터 지도자적인 성격을 지닌 인물입니다."

—박수길(유엔협회 세계연맹 회장, 전 유엔대사)

## (6) 필요할 때 분쟁과 대결 구도에 뛰어들 수 있는 과감함

삶에서 신중함이 기본이 되어야 한다. 여기서 신중함이란 자신의 처지를 망각하고 나대지 않아야 한다는 뜻이다. 예를 들어, 자신이 알고 있는 것 이상으로 과대포장하거나 남의 공을 가로채면 언젠가 들통난다. 공직에서 정상에 올라가는 일은 세상의 다른 일도 마찬가지이겠지만, 2인자로 살아야 하는 세월이 길다는 의미다. 이른 시점부터 목에 힘을 주거나 지나치게 자신을 포장하게 되면 어려움을 겪을 가능성이 높다. 2인자는 자신을 낮추고 주변 사람들과 잘 어울리는 것이 처신이다.

이용만은 신임 사무관이 들어오면 가능한 한 자유롭게 자기 소신을 발언할 수 있는 기회를 주었다. 새로운 사람이 더 신선한 아이디어를 만들어낼 수 있다는 생각 때문이다. "내 말이 옳다는 것은 무리예요. 나도 자꾸 배워야 할 것 아닌가! 그래서 나는 구태의연한 사람보다 새로 들어온 사람들 말을 더 경청하는 편이었어요. 새로 들어온 사람이 보면 이것도 이상하다, 저것도 이상하다고 느끼는 과정에서 개선해야 할 아이디어를 얻을 수 있지요."

이렇게 자유로운 주장을 허용하지만 그는 한계를 분명히 했다. 확실히 모르는 것, 즉 주워 들은 것을 자기 것으로 포장하지 못하도록 경고했다. 이는 훗날 신임 사무관의 앞날을 위해서 꼭 필요한 일이라고 생각했기 때문이다. 빈 수레가 되지 말라는 진심이었다. "자기주장을 펼치는 데 지나친 경우라면 개입합니다. 조직에서 일하면서 이곳저곳에서 얻은 지식을 짜깁기해서 원고를 써서 기사화하는 경우를 목격하면 '남이 공들여서 개발해놓은 정책을 자기가 개발한 것처럼 대외적으로 발표하는 것은 안 된다'고 야단치는 경우도 있었죠."

그러나 신중함과 과감함은 결코 모순적이지 않다. 매사에 2인자로 신중한 행보를 해야 하지만, 반드시 해결해야 할 과제라거나 장관으로부터 떨어진 명령이라는 판단이 서면 과감하게 기회를 잡기 위해 나서야 한다. 그리고 해결 방안도 가능한 한 전임자의 연속선상에서 이루어져야 하지만, 정책의 방향 전환이 필요하다고 생각하면 과감하게 나서야 한다. "직무의 연속성을 유지하기 위해 전임자가 어떻게 했는지를 알고 옳다고 판단하는 것은 승계해야 하지만, 고칠 것은 과감하게 고칠 수 있어야 합니다." 그는 남덕우 장관에게 이런 점을 많이 배웠다고 한다. "그분이 환율 정책을 펼 때, 환율을 올리면 물가가 오른다고 기획원에서 반대를 많이 했습니다. 그러나 국제수지 개선을 위해서 환율을 올려서 수출을 늘려야 하겠는데, 재무부 장관이 환율 인상 안건을 가져가면 김학렬 부총리는 듣지도 않고 반대하지요. 그러면 이렇게 요구하고 거부하고 요구하고 거부하면서 결국은 관철시키더라고요. 일을 관철시킬 때는 싸우는 방법도 있지만, 상대방을 좀 존중해서 일보후퇴 이보전진하는 방법도 있습니다."

그는 부하들을 대할 때도 물에 물을 탄 듯한 인물보다, 자신의 소신을 갖고 설득하려는 사람을 높이 평가했다. 소신을 갖기 위해 노력해야 발전할 수 있다는 신념 때문이다. 또한 소신이 있어야 어려운 과제를 두려워하지 않고 해결하기 위해 나설 수 있다. 그의 안중에는 복지부동이나 무사안일과 같은 단어가 등장할 여지가 없었으며, 그가 이끄는 조직에서도 마찬가지이다. 논쟁을 두려워해서 뒤로 빠지는 일은 없었다. 그가 인물을 키우는 방법에 대한 그의 언급은 이런 이야기를 뒷받침해준다. "한번 야단쳐서 물러나는 사람이 있고, 나를 설득시키는 사람이 있고, 반항하는 사람이 있습니다. 나는 반항하거나 설득하려 하는 사람들을 더 존중합니다. 저 친구가 자기 나름대로 주관이 있구나, 자기 생각이 있구나, 네 생각 한번 들어보자. 그래서 내가 설득당할 때가 있습니다. 내 말이 반드시 옳다는 법은 없어요. 나도 자꾸 배워야 할 것 아닌가요?"

공직에서 어려운 일을 자청해서 맡아서 하는 사람은 흔하지 않다. 무난하게 넘어가야 문제를 일으키지 않고 장수하는 경향이 있기 때문이다. 하지만 이용만은 달랐다. 자신의 소관 업무면 몸을 사리지 않고 어려운 과제들을 적극적으로 맡아서 해결하는 경향이 강했다. 전직 언론인으로서 그의 관료 생활을 지켜본 정덕교(전 체신부 기획관리실장)는 말한다. "보스 기질이 있어요. 학교 시절부터 그런 게 엿보이기는 했지만 어려운 일을 맡아서 해결하려는 기질이 강합니다. 어려운 일은 누가 굳이 얘기 안 해도 자기가 맡고 해결사 능력을 척척 발휘합니다. 소관 업무에 관한 한 어려운 과제라고 해도 몸을 사리지 않고 헤쳐 나가는 능력이 있습니다." 길게 보면, 위험이 없는 곳에서는 성장도 있을 수 없다. 쟁점이 되는 사안을 해결하는 일은 사업가로 치면 리스크를 떠안는 것을 뜻한다. 그런 것을 떠안지 않고 더 나은 기회를 잡는 일은 쉽지 않다. 이용만의 삶은 쟁점이 될 수도 있는 일에 자신을 던지고 그것을 해결하면서 한 단계 한 단계 자신을 상승시켜온 삶이라 할 수 있다.

"신한은행장 시절에 부장들이나 상무들이 들어갔다 나오면 다들 담배를 피우면서 '아휴 참 무섭다'라고 했습니다. 한번 기회를 주었는데 다시 그런 실수를 반복하면 진짜 크게 야단치는 분입니다. 그런데 정은 참 많으십니다. 지금도 그러시지만 잘된 것과 그렇지 않은 것을 분명하게 가르쳐줍니다."

— 라응찬(전 신한금융지주회사 회장)

## (7) 사람을 움직이는 능력과 동기 부여

"비슷한 내용도 다른 자세로 들으면 배울 것이 많습니다."

부하들의 말이 늘 옳지는 않지만 주의 깊게 들어야 한다. 자기 말을 잘 들어주는 상사를 둔 부하들은 자기 일에 충성을 다한다. 그러면 그 부하가 잘되고 조직의 성과가 높아진다. 상사에게도 큰 도움이 된다. 부하의 이야기에서 여러 가지를 배울 수 있고 여러 가지 생각할 거리를 얻을 수 있기 때문이다. 이용만은 부하들의 이야기를 중간에 끊지 않고 끈기 있게 끝까지 들어주는 것이 중요하다는 사실을 남덕우 장관한테서 배웠다.

"남덕우 장관은 국장이나 과장으로부터 보고를 받을 때는 방금 전에 들은 보고 내용도 처음 듣는 자세로 지루한 기색 없이 다 들었습니다. 상사 중에는 성질이 급한 사람은 다시 듣는 것을 못 참습니다. 그런데 남 장관은 끝까지 다시 듣는 것도 새롭게 듣기 때문에 먼저 직원의 보고에서 빠진 것을 보완하게 되고, 보고자는 열심히 들어주신 것으로 보람을 느끼도록 만듭니다."

사람을 움직이려면 상대방에게 "참 중요한 일을 했다"거나 "참 귀한 사람이다"라고 명시적으로, 묵시적으로 알려주어야 한다. 이용만이 걸어온 길을 찬찬히 살펴보다 보면 사소하게 보이는 언행을 통해서 조직 구성원들의 역량을 극대화하는 데 매우 익숙했음을 알 수 있다. 그와 오랫동안 함께 일했던 이정재(전 금융감독위원회 위원장)는 지금도 한 가지 사건을 뚜렷이 기억한다.[269] 25여 년 전의 그 기억은 "사람을 이렇게 움직여야 한다"는 원칙과 기술에 대한 교훈이 되었다.

1991년 어느 날의 퇴근 무렵, 장관이 사무실에 들어오자 일을 하다 말고 이재국 직원들이 일어섰다. "일하는 게 힘들겠지만, 쉬운 일 같으면 당신들처럼 똑똑한 사람들이 굳이 있을 필요가 있나. 그냥 허드렛일할 수 있는 아무 사람이나 몇 명 있으면 되지. 당신들이 똑똑한 사람들이니까 나라가 어려운 일을 맡기고 있음을 기억하게." 그때 이정재 국장의 나이가 46살이었는데, 짧은 몇 문장으로도 "같은 일을 시키더라도 저렇게 사람들의 자부심을 고취시킬 수 있구나"라는 생각을 심어주었다고 한다. 그 말이 이후에 공직 생활에서 부하들을 대할 때 큰 지침이 되었음은 물론이다.

사람의 재능이나 강점은 갖가지라서 리더는 인재를 적재적소에 배치할 수 있어야 한다. 기획 능력이 뛰어난 친구가 있다면, 집행 능력이 뛰어난 친구도 있다. 2가지를 모두 가질 수 있다면 좋겠지만 그런 사람은 흔치 않다. 강점에 따라 업무를 분담시키는 것은 리더가 사람을 움직일 때 크게 신경을 써야 하는 일이다. 그런데 예리한 관찰력이나 부하에 대한 관심을 갖지 않으면 부하의 장점을 정확하게 파악하기가 쉽지 않다. "사람을 써보면 윗사람은 우선 부하들이 어떤 부분이 약점인지, 그리고 또 어떤 부분이 강점인지를 알고 있어야 합니다. 이럴 때는 이 친구를 시켜야 하고 저럴 때는 저 친구를 시켜야 하고 그렇게 해야 해요. 예를 들어, 국회에 가서 설명을 하고 오라고 하면 성격에 따라 국회에 가서 협조를 받는 게 아니고 싸우고 오는 친구도 있어요. 어렵게 해놓고 오면 내가 가서 또 그것을 풀어야 하니까, 처음부터 그런 문제를 잘 해결하는 능력을 갖고 있는 부하를 보내야 합니다."

부하들의 동기를 부여할 수 있는 방법은 그들이 가진 인정받고 싶은 욕구를 최대한 충족되도록 해주어야 한다. "내가 이 일을 다 했는데 상사가 그 공을 다 차지해버린다"면 누구도 열심히 하지 않을 것이다. 공직의 업무가 협업이 기본이지만, 지적 재산권을 인정해줄 수 있다면 그만큼 몰입시킬 수 있을 것이다.

"황 사무관, 당신이 맡은 일에서는 당신이 장관이야, 그러더라고요."

— 황재성 (굿모닝 세무법인 대표, 전 국세심판소 행정조정실장)

"밑에 사람들을 다그치면서 성과를 내는 분이 아니라 앞장서서 솔선수범하면서 사람들로 하여금 스스로 분발하도록 유도하는 수평적 리더십을 존경합니다."

— 이상화 (신한은행 지점장)

## (8) 넉넉함과 베풂의 일상화

"제가 도움을 받았습니다."

인터뷰를 진행하는 동안 이용만의 부하나 지인들을 접촉하면서 정말 많이 들은 말이다. 빈도 면에서 놀랍다고 할 정도로 많았다. "이분이 이런 도움을 받았다고 하는데 기억하시겠습니까?"라고 본인에게 물으면 기억하는 것이 거의 없었다. 대부분 지인에게 무엇인가를 베풀 때 많은 사람들은 현재나 미래의 이익을 염두에 둔다. 전부는 그렇지 않겠지만 대부분은 사람인지라 자기 이익에 충실하지 않을 수 없다. 이런 점에서 이용만은 독특한 성향을 갖고 있는 것은 분명하다.

평전을 집필하는 동안 여러 차례 집중적인 인터뷰가 있었다. 5~6시간 동안 쉼 없이 묻고 답하는 식인데, 집에 돌아와서 챙겨 온 자료를 풀어 헤치다 보면 자주 서류 더미 속에 잘 포장된 사과 묶음이 들어 있다. 나도 모르는 사이에 봉지에 싼 좋은 사과 몇 알을 넣어두었던 것이다. 나는 "그런가 보다"라고 생각했는데, 사과를 발견한 집사람의 반응은 나와 달랐다. 어쩌면 이용만이 살아오면서 이렇게 작은 베풂이 반복적으로 이루어져왔기 때문에 인터뷰에 응한 사람들 가운데 많은 이가 자기가 받은 선물이나 호의에 대해 감사하는 것은 아닐까. 기대하지 않은 호의나 선물이 가진 마력은 그 사람에게 잊히지 않는 기억이 된다.

필자도 비슷한 경험을 갖고 있다. 직장 생활 동안 다른 기억들은 대부분 망각의 저편으로 사라지고 말았지만, 윗사람이 나에게 전혀 기대하지 않은 선물을 주었던 기억은 지금도 생생하게 남아 있다. 인간의 인지 구조는 특별히 그런 부분을 잘 기억하는 특성이 있는 모양이다. 출입 기자로 만났던 이규민(전 동아일보 편집국 경제대기자)은 개인적인 인연을 전한다. 그가 골프를 처음 시작할 때 이용만과 함께 했다고 한다. 그때 이용만은 자기가 오랫동안 사용해오던 골프채를 선물한다. "오래 사용해온 것이지만 복이 있는 선물이네. 이걸 내가 갖고 치면서 정말 많은 사람들을 설득해서 출세도 하고 어려운 시기를 넘어서는데도 이 채를 사용했다네. 이 기자도 이걸 갖고 한번 날아봐요." 뉴욕 특파원을 할 때 가져갔는데, 한번은 골프를 치다가 헤드가 날아가버렸다고 한다. 그런데 그 골프채를 얼마나 오랫동안 사용했는지 속은 붉은 녹이 슬었을 정도였다.

이규민은 이용만이 장관을 끝낸 다음 막 뉴욕을 들렀을 때 잠시 만날 기회가 있었다. 지나가는 소리로 "장관님이 주신 그 골프채가 너무 오래돼서 치다가 헤드가 날아가버렸어요"라고 이야기했다. 지나가는 소리였고, 다시 한 번 예전에 주신 골프채를 미국까지 가져와서 잘 사용했다는 인사말이었다. 다음 날 공항에서 뭘 맡겨두었다고 전화를 해서 가보았더니 새 드라이버를 하나 사서 맡겨두었단다. 부러진 골프채 대신에 새 것을 사서 두고 간 것이었다. 출입 기자를 떠난 지도 몇 년이 흘렀는데 이렇게까지 할 필요가 있을까? 이것이 이규민이 사람 관계를 다시 생각해볼 수 있는 계기를 제공했다. 이규민은 장관들을 만나면서 자신이 얻은 경험담을 이렇게 정리한다. "세상에는 세 부류의 사람이 있습니다. 현명한 분, 영리한 사람, 약은 놈. 모두가 똑똑한 사람들입니다. 장관들 중에는 현명하시거나 영리하기보다는 약은 시람들이 상당히 많았습니다. 이용만 장관은 정반대의 사람 같습니다. 저렇게 하면 손해가 많을 텐데, 저렇게 하면 당신이 나가는 게 많고 잃는 게 많을 텐데 왜 그렇게 할까? 얼마든지 약은 쪽으로 갈 수 있는데 그쪽으로 가질 않을까? 그러니까 더 똑똑한 사람이란 겁니다. 약은 사람보다는 훨씬 더 똑똑한 사람인 겁니다."

오늘날 촌지라면 부정적인 이미지로 채색되고 말지만, 당시에는 부정이나 뇌물과는 구분되었다. 남덕우 총리가 관직을 맡기 전에 잠시 평가교수단에서 이따금 박 대통령과 마주칠 때가 있었다. 마지막 평가회의를 끝내고 교수들과 악수할 때 "남 교수는 공부하러 다시 미국에 다녀온다고 합니다"라는 최주철 국무총리실 기획조정실장의 설명을 듣자 멈칫하더니 "이따가 내 방에 좀 들르시죠"라고 했다. 그래서 남덕우는 난생처음 청와대라는 곳을 방문한다. 대통령은 "그동안 수고가 많으셨소. 약소하지만 여비에 보태 쓰시기 바랍니다"라고 말하면서 금일봉을 전한다. 남덕우 회고록에서는 박 대통령으로부터 금일봉을 받은 광경을 세밀하게 그리고 있다. 그만큼 이 일이 그의 뇌리에 강하게 남아 있기 때문일 것이다.[270]

경제통으로서 언론계의 원로인 최우석(전 삼성경제연구소 부회장, 전 중앙일보 주필)은 "이용만은 부탁을 받으면 무엇이든 긍정적으로 생각해요. 누굴 도와주려고 하면 원론적으로 맞는지 틀리는지, 문제는 없는지 하는 건 둘째 문제고, 도와줘야 하겠다는 생각을 갖고 살아온 분이지요"라고 말한다. 당시의 시대 상황을 소상히 아는 최우석은 이런 설명을 더한다. "돈을 모았다가 나누어주는 것도 상당히 과단성이 있어야 합니다. 자기가 리스크를 지는 것이기 때문이지요. 고고하게 자기도 손을 털고 안 받고 밑에도 안 준다는 방법도 있지만 생기는 것이 있으면 모두 다 밑에 쓰는 쪽을 선택한 사람도 있습니다. 그 양반은 부하를 비롯해 주위에 많이 베풀었습니다."[271]

황재성은 이용만이 이재국장이던 시절에 사무관으로 일했다. "지금 내 나이가 75세니까 어디 아부할 연배는 아닙니다"라는 이야기를 시작으로 그는 1975년 8월 이재3과에서 상호신용금고법 관련 업무를 마무리했을 당시의 이야기를 전하고 싶어 했다. 아우성치는 상호신용 금고 사장들 때문에 살얼음판을 걷듯이 업무를 추진해서 막 마무리했을 즈음이다.

더운 여름날 밤, 과장을 비롯해서 모두 퇴근하고 팬티만 입고 문 열어놓고 일에 열중하고 있었다. 에어컨이 없던 시절이었다. 이용만 국장이 외부 업무를 마치고 불쑥 사무실에 들러서 "왜 퇴근 안 해? 빨리빨리 집에 가지"라면서 퇴근을 재촉했다. 황재성이 보기에 국회의원들과 만나서 법 개정 때문에 사전 모임을 마치고 돌아온 것 같았다. 그런데 조금 있다가 이재국장이 쓱 자기 방으로 갔다 오더니 하는 말이 "밥이나 먹고 일해"라면서 봉투를 주고 휙 나가버렸다. "공무원 생활을 25년 하고 그 이후에 세무대학에 가서 아이들을 가르치는 동안, 상사한테 봉투를 받아본 것은 처음이고 그 후에도 없었습니다. 몇 시간이고 그동안 있었던 일들을 이야기할 수 있지만, 수십 년 흐른 지금도 나는 그 일을 잊을 수가 없습니다. 나는 이용만 선배 같은 사람을 만난 걸 영광으로 생각해요. 일생일대의 영광 말입니다."[272]

"요즘 같은 세상에 모두가 다 자기 이익을 앞세우지 않습니까? 돈이 생겨도 탈북자를 돕거나 국방 성금으로 내놓기가 쉽지 않습니다. 그분은 다른 사람들처럼 자식을 위해서, 노후를 위해서 모아야겠다거나 저축해야겠다는 생각이 별로 없는 것 같습니다. 바로 누군가를 돕는 일을 행동에 옮깁니다."

— 박관용(21세기국가발전연구원 이사장, 전 국회의장)

"1988년 무렵, 그분이 외환은행장으로 워싱턴을 방문할 기회가 있었습니다. 잠시 휴직하고 변호사 공부를 하고 있을 때였습니다. 그분이 공직을 떠난 지가 10여 년 가까이 되었는데, 오래전 부하가 고생하면서 공부한다고 여비를 쪼개서 '생활이 어렵지?' 하면서 봉투를 하나 주고 가셨습니다. 생각이 깊고 후배를 아끼는 정이 많으신 분이라고 생각했던 게 아직도 기억납니다."

— 원봉희(김앤장 법률사무소 미국 변호사, 전 재무부 금융정책국장)

## (9) 탁월한 친화력과 사회성

누군가에게 호감을 줄 수 있는 것은 한 인간이 가질 수 있는 귀한 장점이자 자산이다. 오랫동안 그를 만나온 사람이나 초면인 사람일지라도 그가 친화력이란 면에서 특별한 능력을 갖고 있음에 동의한다. 그것은 일종의 호감이다. 누군가를 만났을 때 까닭 없이 상대방에게서 호감을 느낄 수 있다면 이보다 더한 장점이 어디 있겠는가? 이런 능력은 노력을 통해서도 강화될 수 있지만, 본래부터 타고난 것이 더 중요하다. 사람들은 이용만을 만났을 때 호감을 갖고, 그 호감은 곧바로 친근감으로 연결된다. 그런 친근감에 바탕을 두고 사회성이나 사교술 등이 자연스럽게 이어졌다. 공직 사회에서 활동하는 동안 그의 대외 교섭력이 빛을 발휘한 것은 무엇보다 타고난 친화력에서부터 비롯되었다고 본다. 이런 능력은 그가 공직을 떠난 이후에도 주변에서 오랫동안 인연을 맺었던 사람들과 계속해서 인연의 끈이 유지되는 원천이기도 하다.

한번 맺은 인연을 소중히 하고, 그렇게 맺어진 인연을 계속해서 유지하기 위한 그의 노력이나 특별한 능력도 주목할 만하다. 대개는 자리가 끝나면 인간관계도 끝나지만, 이용만은 유별날 정도로 한번 맺어진 관계가 수십 년을 넘어서 지속되는 경우가 많았다. 공직 생활 초년부터 오랫동안 함께 일했고 그에 앞서 재무부 장관을 지냈던 정영의는 이용만과의 오랜 인연을 되돌아보면서 그의 친화력과 사회성 그리고 인간적인 면모에서 배웠던 경험을 이렇게 털어놓는다.

"내가 선비 같아서 참 순진하게 살았어요. 세상물정도 잘 모르고, 오죽했으면 재무부 기획관리실에 3년 6개월이나 있었겠어요. 내가 있는 동안 기획실장이 7번이나 바뀌었는데요. 그러다가 내가 이재국으로 전보됐어요. 그때 이용만 과장이 보기에 기가 찼을 거예요. 그 양반은 산전수전 다 겪었기 때문에 어찌 저렇게 사람이 세상물정을 모르고 순진할까 싶었는지 나를 많이 가르쳐주었어요. 그리고 '참 잘한다. 시간이 갈수록 점점 더 크는 게 보인다'는 칭찬도 해주고 말입니다. 내가 그 양반을 만나서 사회성에 대해 정말 많은 것을 배웠습니다. 그 양반이 백면서생처럼 아무것도 모르는 나 같은 친구가 사회에 적응하게끔 도와주고 늘 이해하고 가르쳐주었습니다."

"출입 기자라는 특성상 책임을 맡고 있는 분들과 격의 없이 이야기하고 만나기가 생각보다 쉽지 않습니다. 댁을 찾아가더라도 마다하지 않고 문을 열어주시고 충분히 대화하면서 어려운 부분도 공개하면서 협조를 요청할 때도 있었습니다."

— 홍선근(머니투데이 회장)

"친화력이 뛰어난 분입니다. 하지만 존경할 만한 분한테는 굉장히 정을 주고 최선을 다해 모시지만, 옳지 않은 분들은 일절 가까이하지 않습니다."

— 한갑수(전 농림부 장관)

"본인이 상대방에게 감격했다든지 좋은 사람이라고 판단하면 최선을 다해 도와주지만, 틀려먹었다든지 속였다든지 판단되면 아예 만나주지를 않습니다. 모든 사람에게 좋은 분은 아닙니다."

— 김명하(Kim&aL 회장)

## (10) 한시적으로 자신을 숨길 수 있는 자제력

조직에서 활동하는 사람들은 정상까지 멀고 험한 길을 걸어가야 한다. 자신이 보스가 되기까지 오랜 시간을 2인자의 삶을 살아야 한다. 업무와 관련해서 능력을 발휘하면서도 동시에 자신을 낮추는 삶이 몸에 배어야 한다. 자신이 능력이 있어도 가능한 한 공을 윗사람에게 돌리는 일은 필수적이다. 그를 아는 사람은 그가 윗사람에게 보이는 절제된 충성심과 배려에 놀라워한다.

30대 초반에 재무부를 출입하기 시작한 최우석은 이재국장 시절에 이용만을 만나기 시작했는데, 지금도 인상적인 기억에 대해 이렇게 말한다. "그 양반은 현직에 있을 때나 현직을 물러나서나, 상사였던 남덕우 장관과 김용환 장관을 더 이상 그럴 수 없을 정도로 깍듯이 모셨습니다." 세상의 모든 상사들의 바람은 부하들에게 일을 믿고 맡겨두면 척척 처리해내는 것이다. 이런 점에서 이용만은 시간이 갈수록 상사가 자신에게 많이 의존할 수 있도록 만드는 특별한 능력을 갖고 있었다. 게다가 상사로 하여금 불안감을 느끼지 않도록 만드는 능력도 겸비하고 있었다. 최우석은 이용만이 김용환 장관을 모시던 시절에 대해 이렇게 말한다. "김용환 장관하고는 안 맞을 것 같은데, 이 양반이 지극 정성으로 모셨어요. 국회에 가서 일을 처리할 때 맡겨놓으면 안심할 수 있고 일이 되니까 점점 더 그 양반에게 의존하게 되었습니다."[273]

그런 처신이 젊은 날 한참 승진을 향해 나아갈 때는 자신에게 이익이 되니까 그렇게 한다고 이해할 수 있다. 그러나 현직을 벗어나서 수십 년이 흘러서도 자신이 모셨던 윗사람을 그토록 극진하게 모신다는 이야기는 그가 현직에 머무는 동안 어떻게 윗사람을 모셨을지 추측케 한다. 한 걸음 나아가 그가 인생의 초년부터 그렇게 살아오는 것이 몸에 뱄을 것으로 추측하기가 어렵지 않다. 나는 그가 윗사람을 각별하게 모시는 것은 그가 공직 생활 초년부터 갖고 있었던 습관 가운데 하나라고 생각한다.

그렇다고 해서 그가 윗사람에게만 잘하는 것은 아니다. 우리가 흔히 발견하는 리더의 유형 중에 윗사람에게 깍듯이 하면서 아랫사람은 함부로 대하는 것을 볼 수 있다. 그는 보기 드물게 윗사람이나 아랫사람이나 정중하고 따뜻하게 대한다. 체육인 김영기는 이렇게 말한다. "공무원 생활을 하고 사회에 나와서도 윗사람한테 잘하든가, 밑에 사람한테 잘하든가, 둘 다 하기는 힘듭니다. 대개 출세지향적인 사람들은 윗사람한테 잘합니다. 그리고 밑에 사람들을 마구 부려먹습니다. 그런데 이 양반은 이상하게 위아래가 다 좋아한다고요. 그런데 보통 노력이 아니에요. 예를 들어, 윗사람도 자기를 좋아하게 하고 밑에 사람도 자기를 좋아하게 하는 것은 우선 사람이 기본적인 바탕이 되어 있어야 합니다. 그 위에 노력이 더해져야 가능한 일이라고 봅니다. 윗사람을 존경하는 노력, 그리고 밑을 사랑하는 마음이 있어야 합니다. 아랫사람을 사랑하지 않으면 가능한 일이 아닙니다. 이게 몸에 밴 사람입니다."

"출입 기자의 입장에서 보면 자리가 자리인 만큼 적이 많을 것 같은데, 다른 분들에 비해서 적이 없는 편입니다."

— 강효상(국회의원, 전 조선일보 편집국장)

"20년 넘게 몇몇 친구들끼리 골프를 쳤던 적이 있습니다. 처음 시작할 때나 모임을 해산하고 나서나 사람이 변함이 없습니다."

—박종석(전 한화그룹 부회장, 전 은행감독원장)

"현직을 떠나 수십 년이 지나서까지 자신을 챙겨주었던 옛 상사들인 남덕우 전 총리나 김용환 전 장관을 평생 동안 정성을 다하여 모시는 것을 보고 주변 사람들이 그의 인간됨을 자주 칭찬합니다."

—장덕진(전 농림부 장관)[274]

## (11) 핵심을 정리하고 우선순위를 명확히 하는 능력

"업무적으로 뛰어난 사람이다."

마당발이나 친화력만으로 정상에 오를 수는 없다. 그것은 모두 일을 되도록 만드는 보조적인 요소다. 우선은 일에서 성과를 내야 한다. 지속적인 성공은 계속해서 성과를 만들어낼 수 있을 때 가능하다. 이는 새로 맡게 된 자리에서 계속 기대하는 성과를 만들어내는 데 성공했음을 뜻한다. 그렇다면 이용만은 탁월한 성과를 만들어내는 자신만의 특별한 능력이나 방법을 갖고 있을 것이다.

업무를 추진하는 면에서 그가 갖고 있는 큰 무기 가운데 하나는 빠른 시간 안에 문제의 핵심을 정확히 간파하는 능력이다. 이 능력은 다른 지식근로자들에게도 매우 중요하다. 복잡하게 보이는 현안이라도 그것을 관통하는 핵심적인 문제나 주장이 무엇인지를 빨리 간파하는 것은 문제 해결의 맥을 잡는 데 매우 중요하다. 한번은 어느 모임에서 궁금하기도 해서 검찰의 최고책임자에게 "그 많은 검사들 가운데 정상까지 올라가는 분은 어떤 특징을 갖고 있습니까?"라고 물었던 적이 있다. 명쾌하게 정리된 답은 이랬다. "수백 페이지나 수천 페이지의 사건 기록을 짧은 시간 안에 읽은 다음, 사건의 실체적 진실이 무엇인가를 정확히 집어내는 검사가 있습니다." 이와 같은 맥락에서 이해할 수 있다. 다음에 이어지는 것은 목표를 정하는 것이다. 목표를 정한다는 것은 공략해야 할 과제에 우선순위를 매기는 것을 말한다. 무엇을 먼저 해야 하는지, 무엇을 나중에 해야 하는지 결정한 다음에 에너지와 자원을 투입해서 문제를 해결한다.

1972년 신임 사무관으로 이재국장인 이용만을 만나 오늘날까지 함께하는 윤진식은 핵심을 공략하는 능력에 대해 말한다. "결재를 갖고 가면 죽 훑어봅니다. 그러다가 어느 부분을 딱 짚어냅니다. 바로 그곳에 문제점이 있게 마련입니다. 저뿐만 아니라 동료나 부하들이 그 능력에 감탄할 때가 많았습니다."[275]

정치부 기자로서 그를 20년 넘게 알아온 박보균(중앙일보 대기자, 전 중앙일보 편집국장)은 이용만을 정상으로 밀어올린 실력과 관련해서 언론인다운 예리한 관찰력을 든다.[276] "이분의 실력 가운데 하나로 상황을 정리하는 능력을 들 수 있습니다. 논쟁과 이슈가 있어서 중구난방으로 떠들면 그걸 잘 정리하는 능력인데, 인간적으로 보면 친화력이 있고, 이슈로 보면 핵심을 포착하는 능력이 있음을 뜻합니다.

그가 대 국회 관계에서 교섭력이 뛰어나다고 말하는데, 그것은 친화력 그 이상이 있어야 함을 말합니다. 그것은 상황을 정리하는 능력입니다."

대부분의 정책에는 이해당사자들이 있고, 이들이 많을수록 정책을 구성하는 내용이 복잡해진다. 정책의 핵심을 꿰뚫어보고 중요한 포인트들을 잘 소화한 다음, 이들에 우선순위를 정해서 장관이나 국회의원이나 기자들에게 설명할 수 있는 능력을 갖고 있다. 이런 능력 때문에 그가 이재국장에서 장수할 수 있었고 훗날 장관으로서도 성과를 올릴 수 있었을 것이다.

무엇보다 이용만은 노태우 정권 후반기에 재무장관을 맡았는데, 대부분 집권 초기에는 화려한 약속과 함께 주로 일을 벌이는 데 치중한다. 하지만 그는 구원투수로 입각하여 깔끔하게 마무리 작업을 진행하는 데 성공했다. 박보균은 잘라서 말한다. "친화력만 갖고 정상에 오르기는 힘들다고 봅니다. 그것 하나만 갖고 어떻게 정상에 오를 수 있을까요? 업무의 우선순위를 정할 줄 알고 강약을 조절할 줄 아는 능력을 갖고 있었기 때문에 쟁쟁한 사람들 틈바구니 속에서도 정상까지 갈 수 있었다고 봅니다."

사업가 박기석(시공테크 회장)의 눈에 비친 이용만의 모습도 정리하는 능력이나 우선순위 결정 능력과 관련해서 비슷한 결론을 내린다.[277] "어떤 주제에 대해서 대화를 하거나 토론할 때 보면 모호한 게 없습니다. 거의 명쾌하게 결론을 내립니다. 결론이 옳은지 그른지는 논외로 하더라도, 모호하게 대화나 토론을 끝내지 않습니다. 그래서 유쾌합니다. 흐리멍덩하게 대화해서 결론도 안 나면 찜찜합니다. 대화를 하면 뭐든 명쾌하기 때문에 이분은 이 주제에 대해 어떤 결론을 내릴까라는 궁금함을 가질 때가 있습니다.”

　그렇다면 이런 능력들은 언제 만들어졌을까? 타고난 자질이 차지하는 비중을 무시할 수 없을 것이다. 하지만 나는 그의 인생 초년에 대통령과 국무위원들이 다양한 의견을 교환하는 자리에 배석해서 '지시 각서'를 작성한 경험도 훌륭한 트레이닝 과정이었을 것으로 보인다. 대통령과 각료들이 이런저런 발언들을 쏟아놓는 것 가운데서 무엇이 핵심적인 지시 사항인가를 빠른 시간 안에 파악해서 결재를 받고 내각에 하달한 것은 젊은 그에게 상당한 부담이었을 것이다. “대통령은 공무원 봉급을 올려주라고 하시는데, 장기영 부총리는 올려주라고 하는 것인지 말라고 하는 것인지 헷갈릴 때가 있었거든”이라는 이야기는 중요한 모임에 정리 작업을 맡았던 경험이 귀한 자산이 되었을 것임을 알려준다.

　실력이 그냥 생길 수는 없다. 그는 지금도 누구 못지않게 자신을 지적으로 단련시키고 있다. 평전 작업을 하면서 모호한 사항이나 중요한 사항에 대해서는 정리된 생각을 요청하기도 했다. 지적인 훈련을 계속해온 필자의 눈에도 놀라울 정도로 생산적인 지적 소통이 가능했다. 박보균은 “자기 연마와 단련이 특별한 분입니다. 세상과 멀어지지 않기 위해 자기 연마를 끊임없이 하는 분입니다. 그래서 설득력을 갖고 있는 분이지요”라고 말한다.

"CEO들이 갖고 있는 복잡한 문제들을 짧은 시간 안에 명료하게 정리한 다음에 구체적인 대안을 제시하는 능력이 뛰어난 분이십니다."

—함영주(KEB하나은행 은행장)

"지금도 가끔 뵐 때가 있습니다. 저만큼 젊게 사신다는 걸 느낍니다. 현안에 대해 항상 관심을 갖고 계속해서 공부하시고 계신다는 생각을 하게 됩니다. 나이가 들면서 흔히 갖게 되는 권위나 일방적인 대화도 없습니다."

—홍선근(머니투데이 회장)

"군더더기를 싫어하시고 요점 중심으로 핵심을 이야기하는 것을 좋아하십니다. 그것은 업무를 효율적으로 추진하는 데 꼭 필요한 부분입니다."

—윤증현(전 기획재정부 장관)

"어떤 상황이 발생했을 때, 핵심과 우선순위를 본능적으로 빨리 정리하십니다. 그다음에 이것을 어떻게 다룰 것인가를 파악하십니다. 예를 들어, 언론에서 문제를 제기하면 바로 대응해서 문제를 해결하는 스타일입니다."

—강효상(국회의원, 전 조선일보 편집국장)

## (12) 사람을 바라보는 따뜻한 마음

그가 모든 사람을 따뜻하게 대하는 것은 아니다. 그의 기대에 못 미치거나 실망스러운 행동을 한 사람과는 인연이 계속되지 않는다. 그러나 한번 맺어진 인연을 소중히 하고 이해관계가 끝난 이후에도 어떤 사람을 각별히 생각하는 것은 흥미로운 일이기도 하고 대단한 일이기도 하다. 수십 년 전에 모셨던 상사가 자신에게 도움이 될 리는 만무하지 않은가. 수십 년 전에 함께했던 부하가 세상 기준으로 도움이 될 리는 없다.

사람이 나이를 먹어가다 보면 자신뿐만 아니라 주변 사람들을 긍휼히 여기는 마음이 젊은 날에 비해 더 많이 생긴다. 그런데 그는 공직 생활 초년보다 훨씬 이전인 10대 후반에 이남으로 내려왔을 당시도 따뜻한 마음을 가졌다. 그의 타고난 천성에서 원인의 일부를 찾을 수 있다. 청년기 군 생활의 일화를 살펴보면 그는 먹을 것이 생기면 아무 대가 없이 나눠주기를 즐겨 했다. 이는 그의 본래 모습을 추측하는 데 도움이 된다. 이런 타고난 능력들이 점점 더 뿌리를 내리는 데는 청년기의 고생도 한몫을 단단히 했을 것이다. 아무도 없는 이남 땅에 내려와서 이런저런 경험을 하면서 바닥도 보고 외로움도 경험하고, 다양한 경험들이 자양분이 되어 사람들을 따뜻하게 보는 마음이 더 강해졌을 것이다. 비슷한 경험을 하더라도 더욱 완강하고 고집스럽고 인색한 사람이 될 수도 있고, 반대의 선택을 할 수도 있다.

그가 탈북한 청년들을 만나서 마치 자기 일인 것처럼 이야기를 들어주고 힘이 자라는 데까지 도움을 주는 것도 결국 인간을 바라보는 따뜻함이 있기 때문일 것이다. 북한에서 내려온 황장엽 씨를 만나서 식사하고, 돌아가시기 전까지 교분을 나눈 것도 "저 양반이 지금 얼마나 마음이 그럴까?"라고 상대방 입장에서 생각할 수 있기 때문이다. 어떤 사람을 따뜻하고 측은하게 대하는 것은 그 사람 입장에 설 때 가능한 일이다. 젊은 날의 고생이 그에게는 인간을 이해하고 따뜻하게 대하는 데 풍부한 자양분이 되었음을 부인할 수 없다.

박기석은 장관직에 있을 때나 그 이후에나 시종일관 사람에 대한 태도는 똑같았다고 말한다. "그분 하면 사람을 존중하는 분이라는 생각이 우선 떠오릅니다. 대체로 사람들은 지위에 따라, 부의 많고 적음에 따라 태도가 조금씩 달라집니다. 이분은 똑같습니다. 1990년 초에 그분은 장관이고 나는 작은 벤처기업을 운영할 때였는데도 정중하게 저를 대해주셨습니다. 높은 자리에 있을 때도 폼을 전혀 잡지 않으신 분이셨지요. 지금은 기업 규모가 조금 커졌는데도 불구하고 예전이나 지금이나 저를 대하는 것도 똑같고 다른 분들 대하는 것도 변함이 없습니다. 처음과 끝이 한결같은 분은 처음인 것 같습니다."[278]

정치부 기자로서 이재국장 시절부터 그를 만나온 김동익(전 제1정무장관, 전 중앙일보 대표이사)은 훗날 내각에서도 함께 일할 기회를 갖는다. "초창기부터 장관을 할 때까지 지켜보면 어려운 부하들을 잘 보살핀다는 점이 특이했습니다." 김동익은 그가 어떤 사람인지 보여주는 한 가지 사례를 소개한다. "제가 이용만 장관보다 늦게 내각에 들어갔습니다. 나를 도와주려고 애를 쓰더라고요. 예를 들어 스테이트 디너가 있을 때면 연미복을 입어야 하지 않습니까? 내가 그걸 입어야 하는 걸 모르는 줄 알고 내 방에 와서 어떻게 입는 건지 가르쳐줍니다. 그때 이런 생각을 했습니다. 어려운 사람을 도와주는 데 이 양반을 따를 사람이 없겠구나."[279]

오랫동안 상사와 부하로 만나 일했던 윤진식은 "저에겐 아버지 같은 분이시지요"라고 말하면서, "아마도 함께 일했던 대부분의 부하들에게는 큰형님같이, 또한 아버지같이 믿고 의지할 수 있는 분이셨습니다"라고 답한다.

"모교 일이라면 발 벗고 나설 정도이고, 모교 발전을 위해서 후배들에게 물심양면으로 도움을 주었을 뿐만 아니라, 그들이 날개를 펼 수 있도록 많은 기회를 제공하는 데 으뜸가는 역할을 해온 분입니다."

—이기수(전 고대 총장)

"여름휴가 중에 용평에서 골프 모임이 있었습니다. 아무개가 딸을 서울에서 결혼시켰는데, 일행이 여러 팀이니 다른 사람 편에 축의금을 전달해도 될 텐데 기어이 하루를 들여서 서울에 직접 갔다 오셨습니다. 저분이 저렇게 사람을 대하는구나, 싶었죠."

—김승유(전 하나금융지주 회장)

"다정다감하시기 때문에 뭘 여쭈어보는 데 부담이 없습니다. 학창 시절부터 고생하면서 남이 어려우면 내가 도와야 한다는 것이 체질화된 것 같습니다."

—이동걸(KDB산업은행 회장, 전 신한금융투자 부회장)


## (13) 털털함과 치밀함의 절묘한 조화

어떤 사람이나 사물을 판단할 때, 보이는 것의 영향력이 아주 크다. 어떤 사람을 만났을 때도 마찬가지다. 하지만 사람은 심연과 같은 존재라고, 깊이 들여다보거나 오래 겪어보지 않으면 속속들이 알 수 없다. 오랫동안 그와 함께 일을 같이 했던 사람들은 한목소리로 그의 치밀함을 지적한다. 특히 업무적인 치밀함에 대해 놀라움을 표하는 사람들이 대부분이다. 치밀했기 때문에 실수 없이 정상까지 올라갈 수 있었을 것이다. 이따금 어처구니없는 작은 일 때문에 공직에서 낙마하는 사람들이 많기 때문이다.

내 눈에 들어온 특별한 2가지는 그가 업무에서 어떤 태도를 지녔는지 분명히 보여준다. 우선 시간에 대한 그의 엄격함이다. 그는 다소 강박적이라고 표현할 수 있을 정도로 시간을 지키는 데 엄격함을 유지한다. 늘 30분 전이나 15분 전에 도착하는 것을 기본으로 한다.

평전 집필 작업을 진행하면서 필자가 인터뷰를 위해 사무실을 방문할 기회가 있었다. 인터뷰를 진행하다 보면 오래전 기록을 요청할 때가 있는데, 그때마다 입을 다물지 못했다. 과거의 기록이 마치 수집가처럼 큼직한 파일북에 차곡차곡 정리되어 있다. 어떻게 이렇게 자료를 체계적으로 보관할 수 있을까 싶을 정도로 자료가 잘 정리되어 있다. 오랜 공직 생활에서 만들어진 습관이란 생각이 들기도 하지만, 그가 업무를 어떻게 대하고 어떻게 처리했는가를 추측하는 데 충분했다.

"겉으로 본 것이 아니라 직접 일을 하면서 이분이 아주 치밀하고 논리적이고 철저하다는 것을 느꼈습니다."

—함영주(KEB하나은행 은행장)

"그분이 어떤 면에서 보면 장군의 풍모를 가지고 있고 열정적이고 진취적입니다. 하지만 음악회에서 자주 뵙습니다. 그분의 이면을 보면 감성적이고 순수한 면도 있는 분입니다."

—어윤대(전 고대 총장)

"어려운 일마다 앞장서서 해결책을 제시하는 데 익숙하십니다. 탈북 학생들의 소소한 어려움도 자신의 네트워크에 있는 사람들에게 적극적으로 부탁하실 정도로 자상하십니다."

—염재호(고대 총장)

## (14) 강력한 책임감과 정면 돌파력

"총 맞았을 때 이미 한 번 죽었던 거고. 덤으로 사는 것이니까 정말 의미 있게 보람되게 살다 가야겠다."

늘 그의 뇌리를 차지하는 생각이다. 그는 두 번의 생일을 맞는다. 한 번은 태어난 날이고, 또 한 번은 총을 맞았던 날이다. 총상을 당하고 다시 살아난 것은 그에게 삶을 전면적으로 다시 바라보는 계기가 되었다. 다시 얻은 삶이기 때문에 보람되고 알차게, 그리고 의미 있게 살아야 한다는 신념을 갖게 되었다. 그의 인생관과 가치관의 바닥에는 다시 살아나게 된 것이 상당한 몫을 차지하고 있음을 부인할 수 없다. 우리는 흔히 "어른이 된다는 것은 책임을 지는 것이다"라고 말한다.[280] 책임을 지지 않는 사람들도 많지만, 그는 17세 때부터 혈혈단신으로 자신의 모든 것을 책임져야 하는 삶을 살아왔다.

그로부터 이런저런 이야기들을 들었지만, 한국전쟁부터 대학에 들어가기 전까지 가혹한 고생을 겪었을 것이다. 한번은 인터뷰 중에 대전에 머물던 시절 이야기를 들려주었다. "6촌 형님 집을 나와서 자취를 시작하기 전에 대전 장령산(장용산) 토굴에서 살기도 했어. 토굴이 동그란데 겨우 몸이 쑥 들어갈 정도였거든. 벽이 있는 것도 아니고 그냥 흙을 파서 동그랗게 구멍을 판 큼직한 벌집 같은 것이었거든. 물론 겁이 나지. 무너지면 숨이 막히거나 죽잖아. 그래도 거기에 있는 사람들이 나를 친동생처럼 참 잘 대해주었어. 여유 있는 사람들도 아니었는데 밥도 챙겨주고."[281] 이런 이야기를 인터뷰 중에 흘리듯이 이야기했지만, 이런 고생이 훗날 탈북자나 소외된 사람들이나 주변 사람들에게 따뜻함을 유지하는 원천이 되었을 것이다. 나는 더 이상 그 이야기를 물어보지 않았다. 다만 그 이야기만으로 말이나 글로 더 표현할 수 없는 고생이 있었을 것으로 추측한다. 그런 엄혹한 현실에서 자신을 일으켜 세우는 것은 곧 자신의 삶 전부에 대해 책임을 지는 것이었다.

누구 하나 도움의 손길을 내밀어줄 수 없는 상황에서 10대 말의 청년이 할 수 있는 것은 자신의 모든 것을 걸고 문제를 하나하나 해결해가는 것이었다. 문제를 해결하지 못하면 곧바로 그것은 잊혀지는 것일 수도 있고, 죽는 것일 수도 있었다. 이후의 대학 시절도 그랬고 공직 생활에서도 마찬가지였다. 스스로 당차게 문제를 해결해가지 않으면 어느 누가 그를 도와줄 수 있었겠는가? 그는 어떤 일이 닥치더라도 별반 당황해하지 않는다. "어디 죽기야 할까?"라는 생각으로 담담하게 헤쳐 나간다.

공직 생활 초년부터 교분을 유지해오고 있는 정영의는 문제를 정면으로 돌파하고 추진하는 그의 강점에 대해 이렇게 평한다. "이따금 주변에서 이 장관이 조금 무리한 일을 한다고 말하는 사람도 있습니다. 난 그렇게 생각하지 않습니다. 17살 때 단신 월남해서 군에서 총을 맞고 명예 제대를 했지요. 그때 다시 군에 들어간다는 것은 사지로 뛰어드는 것과 마찬가지입니다. 그런 고난을 겪고 오늘날 저렇게 일어선 사람인데, 그 양반 생각에는 뭘 못하겠어요? 고생에 비하면 상당한 자제력도 있고 합리성도 있고, 나는 그렇다고 생각합니다."

남덕우 장관과 함께 일할 때, 금융기관 노조의 대표자들 200여 명이 은행연합회에서 임금 인상을 위한 집회를 하고 있었다. 그는 남 장관에게 "제가 수습하고 오겠습니다"라고 보고하고, 경제기획원의 예산국장을 만나서 상의했다. "데모를 계속하면 난처할 테니까 50% 보너스를 주는 것으로 한다"는 선에서 두 사람이 합의하고 문건으로 정리했다. 이용만은 현장에 도착해서 대표 5명을 소집했다. 요구 조건이 무엇인지 묻자, "보너스도 안 주고 월급도 동결된 지가 오래되었습니다"라는 답이 돌아왔다.

"지금 은행이 수익이 나지 않는데 월급이나 보너스를 어떻게 올릴 수 있소? 그런데 요구 사항이나 좀 압시다."

"임금 인상과 100% 보너스를 지급해주어야 합니다."

"지금 정신이 있나? 100%를 어떻게 올려요. 어림도 없는 소리 마시오. 50% 정도는 어떻게 해보겠소만."

이렇게 해서 50% 보너스 지급으로 무마했는데, 다른 공기업들이 들고 일어나면서 태완선 부총리가 화를 심하게 냈다. "누가 내 허락도 받지 않고 올려준 거야? 담당자를 찾아서 당장 사표 받으시오." 이낙선 상공부 장관이 국무회의에서 문제를 제기한 것이 발단이 되었던 것이다. 최동규 예산국장(전 동자부 장관)이 새파랗게 질려서 "이 국장, 제발 나하고 협의했다고 하지 말아주시오"라고 부탁했다.

"알았소. 걱정 말고 가만히 있으시오. 내가 책임질 테니까."

조금 있다가 경제기획원 이재설 차관의 호출을 받았다.

"재무부 단독으로 한 거요? 태완선 부총리가 사표를 받으래요."

"그러면 사표 쓰겠습니다. 그걸 수습하지 않으면 전 금융권으로 데모가 확산될 것이 뻔한데 어떻게 하시겠습니까?"

결국 태완선 부총리가 사태의 심각성을 알아차리고 사표 수리는 되지 않았다. 그 일에 대해 이용만은 이렇게 말했다.

"혼자서 책임져야지, 이놈 저놈 핑계를 대면 치사한 놈이 되어버려요. 내가 바보처럼 살았어요."

그렇게 수습하고 후일 경제과학심의회의 상임위원으로 갔는데, 금융노조위원장과 사무총장이 찾아왔다. 들어오자마자 일갈했다.

"얼굴도 보기 싫은데 여기까지 왜 또 찾아온 거요. 당신들 말 들어주다가 잘못했으면 내 모가지가 떨어질 뻔했어!"

그들이 큼직한 감사패를 만들어 왔는데, 목숨을 걸고 우리의 봉급을 올려주신 것에 감사하다는 글귀를 읽으면서 눈시울이 시큰해진 기억이 있다.

"세상이 돌고 돈다고, 내가 나중에 신한은행과 외환은행에 갔을 때 이 친구들이 금융노조의 책임자들이 되어 있었습니다. 그때는 무슨 문제가 생겨 전화를 하면 '네, 알겠습니다' 하고는 자기 일처럼 봐주었어요. 금융노조위원장을 지냈던 윤홍직은 '이분이 노조원들을 목숨 걸고 지켜준 분이야. 그러니까 너희들 잘 모셔'라고 현장 노조원들에게 말하곤 했어요."


"오랫동안 보면서도, 굴복하지 않는다고 할까요? 위축되지 않는 사람입니다. 그분이 어려운 일을 많이 겪었습니다. 정권이 바뀌면 핍박도 받았습니다. 그때마다 불사조처럼 다시 살아나서 신출귀몰하게 우리 앞에 다시 나타나셨습니다."

— 정덕구(NEAR재단 이사장, 전 산업자원부 장관)

"이 양반은 항상 문제를 정면으로 부딪혀가면서 완벽하게 해결
책을 만들어서 이해 당사자들에게 도움을 주려는 자세를 갖고
있습니다. 굉장히 긍정적인 자세 말입니다."

—박수길(유엔협회 세계연맹 회장, 전 유엔대사)


## (15) 확고한 국가관과 애국심

일제, 북한 그리고 공산치하를 살아본 사람들은 안다. 정치라는 것이
얼마나 중요한지, 그리고 정치가 인간 삶의 모든 것을 바꾸어놓을 수
있다는 것을 안다. 이북에서 내려온 사람들의 국가관은 극한 체험에
서 우러나온 것이다. 무엇보다 이용만의 국가관은 북한 공산당 치하
에서의 삶과 한국전쟁 참전에 바탕을 두고 있다.

국가는 물과 공기와 같은 것이라서 평화가 오래 지속되면 사람들은
그것을 당연하게 여긴다. 물과 공기에 대해 지극히 감사한 마음을 표
하는 사람이 있는가! 국가에 대해서도 마찬가지다. 더욱이 오늘날은
개인주의가 발달한 사회라서 '애국심'을 화제에 떠올리면 이상한 사
람이나 지나치게 복고적인 사람이라는 평가를 받을 수 있다. 그럼에
도 불구하고 조금만 깊게 생각하면 안보나 국방 없이 가능한 것은 없
다고 생각할 수 있다. 따라서 이용만은 국가를 지키는 안보의 중요성
을 누구보다도 강조한다. 그리고 대한민국이 세계에서 제일 잘사는
나라이며 제일 살기 좋은 나라라고 늘 강조한다. 그는 이역만리까지
와서 얼굴도 모르는 사람들을 위해 젊은 목숨을 바친 사람늘을 기익

한다. 그러면서 언제까지 미국에 국방을 의존해야 하는지를 두고 강력하게 의견을 피력하기도 한다.

이용만을 아는 사람들은 그의 국가관을 자주 언급한다. 인터뷰의 끝자락에는 그의 국가관에 대한 이야기가 빠지지 않고 등장한다. 그는 지금도 돌아갈 고향 땅을 꿈꾼다. 부모나 형제도 모두 저세상 사람이 되고 말았지만, 그래도 그 땅을 생각하는 사람의 마음은 어찌할 수 없을 것이다. 공직에서도, 국가의 일을 수행하면서 국가의 번영이란 단어를 항상 생각해왔다.

그와 동시대를 살면서 중앙 부처의 공직자로 활동했던 사람들은 이렇게 이야기한다. "세상 사람들이 우리를 인정하든 인정하지 않든, 아무것도 없는 벌판 위에 건축물을 하나둘 세워가듯이 날밤을 새우면서 정책을 만들고 제도를 만들고 기관을 만들었습니다. 나라 전체가 수출을 통해 달러 벌이에 매달리고 있을 때, 우리는 후방에서 든든한 수비수 역할을 충실히 해왔습니다. 우리는 젊은 날 그 임무를 수행한 데 대해 지금도 자부심을 갖고 있습니다. 공치사를 하자는 이야기는 아니지만, 우리는 이 나라가 이만큼 올 때까지 우리 영역에서 최선을 다했습니다." 이런 이야기를 이용만과 함께했던 사람들과 인터뷰 중에서 자주 들었다. 이용만이 마음에 품고 있는 애국심이 바로 이런 것이리라.

이재1과장 시절부터 그와 함께 했던 이정재는 공직 생활이 지속되는 동안 그의 업무 추진 이면에는 항상 "나라가 잘되어야 한다"는 확고한 신념이 바탕이 되었다고 말한다. "어렸을 때 북쪽에서 여러 가지 어려움을 겪고 직접 한국전쟁에 참전하셨기 때문에 투철한 국가관과 강한 애국심을 느낄 수 있었습니다. 우리하고 달리 남북을 두루 경험했기 때문에 그런 관점이 강하고, 일의 추진력도 그런 데 힘입은 바가 크다고 생각합니다. 언론이나 국회에서 일을 성취하기 위해 하는 여러 가지 활동들을 보면 솔직히 저희들은 귀찮아서 못하겠습니다. 그런데도 불구하고 그분은 끝까지 해내는 것을 보면 참 대단하다는 감탄이 나올 때가 자주 있습니다. 끈기와 특유의 친화력은 겉으로 보이는 것이지만, 이면에는 '어떻게든 나라를 위해 이 일을 해내야 한다'는 생각이 강한 힘을 제공해왔다고 봅니다."

이용만과 그 시대를 함께 뛰었던 중앙 부처 공직자들에게는 확고한 신념이 있었다. "우리가 나라를 일으켜 세운다"는 신념이다. 1969년, 이용만이 이재2과장으로 첫발을 내디딜 당시 부하였던 안공혁은 밤 11시까지 일을 예사롭게 하던 그 시절을 뛰었던 사람들이 가졌던 생각을 털어놓는다. "오로지 국가 발전을 위해서 한다는 생각으로 일했습니다. 우리가 잘사는 게 이 길밖에 없지 않느냐, 최대한 할 수 있는 일을 하자. 그리고 그때는 소신껏 할 수 있도록 보장을 해줬습니다. 되돌아보면 참 헛되지 않게 살았다 싶어요. 그런데 그런 것이 인정을 못 받는 게 안타깝습니다."[282]

그렇다고 해서 그의 국가관이나 애국심 그리고 안보관이 일방적인 것은 아니다. 이를테면 우리 세대는 이렇게 했으니까 너희들도 이렇게 해야 한다는 식이 아니라는 말이다. 여기서도 어김없이 이용만의 정리하는 능력과 상대방의 입장에서 생각하는 능력이 빛을 발위한다. 박보균은 흥미로운 이야기를 들려준다. "한국전쟁 참전과 같은 경험을 잘 소화해서 이야기하면 매력적인 요소가 됩니다. 내가 총을 맞고 이랬으니까 내 경험이 최고라고 하면 보수 꼴통이 됩니다. 이런 경험을 설득력 있는 상품으로 내놓으면 매력적인 것으로 변합니다. 독특한 삶의 경험이기 때문에 이것을 나만이 가지고 있는 독성과 아집으로 포장하지 않고 설득력을 넣고 애를 쓰니까 젊은 세대들하고 대화가 가능합니다. 그분은 대화를 할 때 일방적으로 한꺼번에 쏟아놓지 않고 서로 주고받으면서 재미를 느끼도록 하고 자주 몰입하기도 합니다."[283][284]

"반공에 관해서는 철저한 사람입니다. 특히 국가에 애국하는 사람이나 반공 의식이 투철한 사람은 꼭 만나서 밥이라도 사주고 격려해주려는 사람입니다. 불쌍한 사람을 도와주려는 의식도 강하고, 실제로 실천으로 많이 옮기는 분입니다."

— 박관용(21세기국가발전연구원 이사장, 전 국회의장)

"요즘도 그분이 탈북 가족들과 학생들을 돌보는 데 아주 열정적입니다. 나한테도 이래저래 장학금 같은 것도 부탁하고, 저도 돕기도 합니다. 나이를 먹어가면서 참 훌륭하다는 생각을 자주 합니다."

— 윤세영(SBS미디어그룹 회장)

"모든 사석, 공석을 통해 나라의 안전 문제에 깊은 관심과 걱정을 지닌 분입니다. 말만이 아니라 여러 가지를 행동으로 직접 실천하는 분입니다."

— 이해구(두원공과대학 총장, 전 내무부 장관)

제5부

신군부와
시련의 세월

"처음부터 다시 시작하겠다는 각오를 갖고
작은 회사라도 금융계로 가서
명예 회복의 발판을 마련하겠다고
내심 작정을 했습니다."

# 1장

•

# 난데없는 해고 통지

"그만두라고 해서 사표 내고 왔어."

"왜 그만두래요?"

"나도 몰라."

"그 자리에 누구를 추천해야 할까?"

1980년 5월, 가깝게 지내던 장덕진(경제과학심의회의 상임위원장)이
이용만의 방에 들러 의견을 구했다. 장덕진의 질문은 이랬다. "경제
과학심의회의 박봉환 상임위원(차관급)이 재무부 차관으로 내정되어
서 그 후임은 재무부 1급 중에서 충원하기로 했는데 누구를 하면 좋을
까?" 이용만은 "제가 가겠습니다"라고 주저하지 않고 대답했다. 이렇
게 해서 그는 경제과학심의회의 차관으로 자리를 옮겼다.

당시 공직 사회의 분위기는 흉흉했다. 박정희 대통령 시해 사건이

터지고 12·12사태로 국가 권력을 휘어잡은 군인들은 1980년 5월 31일 국가보위비상대책위원회(국보위)를 발족시켰다. '국보위'는 전두환 보안사령관 겸 중앙정보부장이 위원장으로 있는 상임위원회가 거의 전권을 장악하여 권력의 핵으로 등장했다. 각 부처의 공직자 숙청, 정치 활동 정화 조치, 언론 통폐합, 삼청교육대 등 초헌법적인 조처들을 기획하고 있었다. 특히 이들은 공직 기강을 잡기 위해 대규모 사정과 면직으로 고위 공직자들을 내쫓는 방안을 6월부터 본격적으로 추진하고 있었다.

관가에는 누구누구는 해당되고, 누구누구는 걸렸다가 빠지고 등과 같은 소문이 널리 퍼지고 있었다.[285] 고위 공직자들은 일이 손에 잡히지 않아서 모여 앉기만 하면 수군대는 것이 일과였다. 당시에 공직자들의 불안감이 어떠했는가는 6월 27일자 신문 기사에서도 확인할 수 있다. "정부의 한 고위 소식통은 공무원 등 공직자들이 정상적인 업무와 기능을 수행할 수 있도록 이른 시일 안에 숙정(肅正) 작업을 매듭짓는다는 것이 정부의 방침이다."[286]

그러나 이용만은 한 번도 자신의 문제를 고민한 적이 없다. 누구처럼 든든한 믿는 구석이나 집안의 도움으로 성장해온 사람이 아니기 때문이다. 그에게 믿는 구석은 타고난 것이 없이 항상 자신이 모시는 상사라고 생각해왔다. "내가 믿는 구석은 항상 상사였습니다. 다른 사람들이 나를 이상하게 생각했습니다. '왜 그렇게 잘 풀려요?' 내가 잘되긴 뭐가 잘돼? 그냥 너 이것 맡아라, 하면 그걸 맡아서 할 뿐이었는데요. 한 번도 어디로 보내달라는 소리를 못해봤습니다. 청와대 갈 때도 내가 가겠다고 신청해본 적도 없고 알지도 못했습니다. 재무부 과장도 장관이 가자고 해서 따라와서 맡았을 뿐입니다. 너 이거 맡아라, 하니까 맡았고, 여기 와서 이 일 해라, 라고 해서 새 일을 했습니다. 그러다가 국장 맡으라고 해서 알았다고 하고 국장일을 했습니다. 국장하고 난 다음 실장 하라고 해서 했을 뿐입니다. 그러다가 차관보를 하라 해서 한 겁니다. 누구한테 잘 보이기 위해 쫓아다니거나 로비해본 적이 단 한 번도 없습니다. 그러니까 딴 사람들이 나를 이상하게 생각했죠. 난 그렇게 살아왔습니다."

그가 일격을 맞을지 누가 상상이라도 할 수 있었겠는가! 그가 제거 대상이 될지 어느 누가 예상이라도 할 수 있었겠는가! 어느 누가 내일 일을 정확히 알 수 있겠는가! 삶을 지탱하고 있는 기초는 지극히 허약하고 또 허약하다. "내일 일을 너희가 알지 못하는도다. 너희 생명이 무엇이뇨. 너희는 잠깐 보이다가 없어지는 안개이니라."(야고보서 4:14)


## 열심히 한 잘못밖에 없는데

"무슨 말 못 들었어?"

"못 들었는데요."

급히 이용만을 부른 장덕진 장관은 최광수 비서실장으로부터 "이용만 차관의 사표를 수리하라는 지시를 받았다"고 한다. 당시 경제과학심의위원회는 대통령 직속 기관이었기 때문에 청와대에서 직접 통보한 것이다.

그래도 20여 년 몸 바쳐 일해온 직장이기에 이유라도 알고 떠나야 할 것 같았다.

"이유가 뭐라고 합니까?"

"이유를 모르겠다고 하네. 다만 내일 자로 사표를 받으라는 지시뿐이었다는데."

이용만은 순간적으로 당황했지만, 마음을 추슬렀다.

"내일 낼 바에야 오늘 사표 내겠습니다."

방에 돌아와서 그만두어야 하는 이유도 모르는 채 사표를 썼다. 20여 년 공직 생활이 이렇게 끝이 나고 만다. 짐을 챙겨서 사무실을 나오는데 이게 꿈인지 생시인지 아득할 뿐이었다.

공무원이라는 직업은 상사가 그만두라고 하면 몇 십 년 동안 죽을 둥 살 둥 일하다가도 "왜요?"라는 말 한마디 못하고 떠나야 한다. "새 자리로 옮기겠느냐?"는 말은 들었어도 "그만두시오"라는 말은 상상해본 적이 없기 때문에 더 황당했다.

1980년 7월 5일, 그는 그날을 분명히 기억한다. 관청을 뒤로하고 대낮에 보따리를 들고 불쑥 집에 들어가니, 속 모르는 아내는 "대낮에 웬일로 이렇게 일찍 와요?" 하고 물었다. 늘 새벽에 나갔다가 밤중에 오던 남편이 대낮에 오니 이상할 법도 했다. "그만두라고 해서 사표를 내고 왔어." 재무부에서 경제과학심의회로 옮긴 지가 얼마 되지 않았기 때문에 사표를 낸 것이 실감이 나지 않는 표정이었다. "왜 그만두래요?" "나도 몰라. 장 장관도 사표를 받으면서 왜 받는지 모른데."

20여 년 공직 생활을 이렇게 끝냈는데, 아쉬움이 왜 없었겠는가?

그때도 그의 머릿속에는 앞으로 어떻게 살지에 대한 걱정보다 미처 마무리 못한 프로젝트가 먼저 떠올랐다. 당시 경제과학심의회의에서는 신군부에 대한 경제 프로젝트의 하나로 고려대의 박영철 교수에게 수출 증대를 위한 제반 경제 정책을 검토하라는 커다란 프로젝트를 맡겨놓은 상태였다.

국보위 사회정화위는 7월 9일에 2급 이상 고위 공직자 가운데 250명의 목을 날렸다. 이어서 7월 15일에는 3급 이하 4,760명을 내보냈다.[287] 2급 이상 공직자의 숙정 인원은 232명이라 하지만, 실제 숫자는 250여 명에 이르렀다. 당시 사람들은 신군부가 권력을 장악하고 난 이후의 위세를 또렷하게 기억한다. 조금이라도 비판적인 말을 했다가는 쥐도 새도 없이 끌려가던 시절이었다. 언론사마다 보안사에서 파견한 언론 담당자들이 있었다. 언론도 하나같이 권력자의 만수무강을 외칠 수밖에 없었던 한겨울 같은 시절이었다.


## 명단에 급히 포함된 사람

"장관 1명, 차관 6명, 청장 5명, 지사 3명, 교육감 3명…… 총 232명."

1980년 7월 10일, 텔레비전 방송에 나온 노타이 차림의 오자복 국보위 문공분과위원장(후일 국방부장관)은 숙정 대상에 오른 고위 공무원 명단을 발표했다. 맨 끝에 '이용만'의 이름이 적혀 있었다. 청와대에서 근무하다가 국보위에 파견 나가 있던 동기인 권숙정이 그 자료를 볼 수 있었는데, 차트사가 깨끗하게 쓴 명단의 끝머리에 240번이라고 줄을 좍 그어 이용만의 이름이 적혀 있고 그 뒤 괄호에는 '추가'라는 글자가 또렷이 적혀 있었다고 전해주었다.

그가 조금만 민감했더라면 무슨 일이 진행되고 있었는지 알아차릴 수 있었을지도 모른다. 사표 제출을 요구받기 전에 보안사 담당 직원이 그를 찾아왔다. "차관보님에 대한 자료를 적어 내라고 하는데 어쩔까요?" 무심코 "당신이 알아서 적어 내시오"라고 답하고 말았다. 찔리는 구석이라곤 하나도 없었기 때문에 상관없다고 생각했다. 그가 무엇을 적어냈는지는 알 수 없지만, 어떻든 그는 이렇게 해서 숙정 대상 명단에 포함되었다.

당시 재무부의 이재국장으로 있던 정영의는 국보위의 명령으로 엘리트 부하들이 단칼에 날아갔던 아픈 기억을 갖고 있다. 그와 함께 일하던 4명의 과장 중 3명이 모두 옷을 벗었다. 금융정책과장이었던 김중웅(전 현대경제연구원 원장)은 김정렴(전 청와대 비서실장)의 사위라는 죄목 때문에, 이재2과장인 김인열은 김치열(전 법무장관)의 친동생이란 죄목으로, 이재3과장인 이한구(전 새누리당 대표)는 김용환의 동서라는 죄목으로 숙정의 대상이 되고 만다. 겨우 이재1과장인 서형렬 정도가 화를 면했을 뿐이다. 여기에다 실질적인 상관에 해당하던 이용만 차관도 옷을 벗게 되었다. 당시의 막막한 심정을 정영의는 이렇게 말한다. "사람의 정리로든 사리로든, 나도 같이 그만뒀어야 했는데 그렇게 할 수는 없었다. 그래서 다른 부서로 옮겨달라고 청했고 옮겨 간 곳이 국제금융국장이었다."

살다 보면 이따금 얼토당토않은 일을 만난다. 세상살이라는 것이 계획한 대로, 뜻한 대로 펼쳐지지 않는다. 언젠가 누군가가 필자에게 "열심히 이것저것 했는데 왜 이렇게 잘 풀리지 않는지 모르겠다"고 하소연한 적이 있었다. 계획대로 인생살이가 술술 풀려나간다면 무슨 걱정이 있을까? 삶은 전혀 예상치 못한 사건을 통해 기대하지 않은 방향으로 우리를 이끌어가곤 한다.

한때는 인생이 일직선에 가까운 것처럼 보일 때도 있었다. 노력하면 그것에 상응해서 결과가 금세 나와야 하는 것으로 생각했던 적도 있다. 세월이 흐르고 이런저런 경험이 늘어나고 풍파라 할 수 있는 것을 경험하면서, 인생을 바라보는 시각도 크게 변했다. 인생은 오르막과 내리막으로 구성된 고갯길일 수도 있고, 롤러코스트를 타는 것처럼 극적인 상승과 하강이 어우러진 것일 수도 있다. 누구든 참담한 순간을 만날 수 있다. 그렇다면 남은 과제는 "어떻게 반응할 것인가?"다. 그런 극한 순간에 도달하면 도대체 누가 도움을 줄 수 있을까? 누군가 '인생은 봄 소풍'이라고 말한다. 소풍을 가다 보면 기대치 않은 폭우도 만날 수 있다. 그렇게 생각하면 자신에게 주어진 것은 기쁜 시간이든 슬픈 시간이든, 쉬운 시간이든 힘든 시간이든 참아내야 하고 이겨낼 수 있어야 한다. 그래도 삶이 공평한 것은 이제까지 어떻게 살아 왔는가에 따라 현재의 어려움을 받아들이는 자세와 마음가짐이 크게 달라진다. 어떤 사람은 울화통이 터져서 방황할 수도 있고, 또 어떤 사람은 "그래, 어떻게 하겠어?"라며 먼지를 툴툴 털어버리듯 하고 다시 새 출발을 할 수 있다.

## 그가 옷을 벗게 된 진짜 이유

"삶은 큰 것이 아니라 작은 것에 의해, 필연이 아니라 우연에 의해 이따금 큰 변곡점을 그리게 된다."

이용만이 옷을 벗게 된 사연은 대단한 일이 아니라 아주 사소한 오해에서 비롯되었다. 그저 웃어넘길 수 있는 사건이다. 작은 실수나 실책이라도 치명적인 일격을 가할 수 있음을 배울 수 있는 사례이므로, 그가 사표를 낸 경위를 꼼꼼히 살펴볼 필요가 있다.

그가 옷을 벗게 된 이유는 방심이 얼마나 위험한가를 깨우쳐주는 사례다. 무엇보다 권력의 중심이 이동하는 중차대한 시절에 작은 실수가 인생 항로 전체를 뒤흔들어버릴 수 있음을 보여준다. 내가 아무리 열심히 잘하더라도 상대방은 완전히 거꾸로 '열심히'를 바라볼 수 있다. 이용만 역시 "공직 생활에서는 사방에 지뢰밭과 덫이 널려 있기 때문에 한시도 방심하거나 작은 일이나 큰일이나 조금도 소홀히 해서는 안 된다"는 점을 스스로 누누이 되뇌었다. 그럼에도 불구하고 "어떻게 그런 실수를 했을까!"라는 한탄의 신음을 내뱉을 수밖에 없다.

어떤 사람이 권력을 쥐면 그 주변 사람들이 호가호위한다. 그것은 어제오늘 일이 아니라 한국 역사에서도 자주 만날 수 있는 광경이다. 특히 외척의 발호는 우리 역사에서도 드물지 않은 일이다. 이규광(전 대한광업진흥공사 사장, 전 육군헌병감, 1925~2012)의 조카사위가 전두환 대통령이다. 다시 말하면 이순자(전두환 전 대통령 부인)의 아버지가 이규동인데, 그의 동생이 이규광이다. 전두환이 권력을 잡은 다음에 이규광은 1980년 5월 10일자로 대한광업진흥공사 사장으로 임명되었다. 취임식을 마친 그는 각 부처에 취임 인사를 돌다가 경제기획원과 재무부에도 들렀다. 경제기획원에서는 이한빈 부총리가 회의를 하다 말고 뛰어나올 정도로 그를 각별히 영접했다. 이렇게 권력이 교체되는 시기에는 방심하지 않고 권력 세계의 동향을 예의 주시했어야 했다. 다들 뛰어나와서 그를 맞을 정도이니 그를 대하는 사람들이 태도가 얼마나 정중했을지 짐작하는 일은 조금도 어렵지 않다. 이규광은 재정차관보실에 왔다가 회의 중이란 이야기를 듣고 재무부 장관실로 향한다. 장관과의 면담을 마치고 재정차관보실을 다시 방문했다.

전혀 예상치 못한 일이 터진 것은 재정차관보실에서다. 환대는커녕 회의 중이라서 기다리게 했던 모양이다. 드디어 이규광은 화가 난 나머지 여직원에게 호통을 쳤다.

10·26이 발생한 다음 사회는 혼란스러운 상태로 빠져들게 된다. 대학을 다니고 있던 필자는 1980년의 봄을 생생하게 기억한다. 비상계엄과 민주화를 열망하는 시위가 전국적으로 확대되고 있었고, 전국 23개 대학 총학생회가 '교내 시위'로 전환하기로 하면서 잠시 소강 상태였던 정국은 5월 14일부터 다시 요동치기 시작한다. 그즈음 해서 편지를 쓰지 않던 아버지가 "시대가 바뀌면 시대에 따라 살아야 한다"는 요지의 편지를 보냈던 기억이 떠오른다. 서울로 보낸 아들이 혹시 데모에 가담해서 어려움을 겪지 않을지 염려했던 부정이 듬뿍 담긴 편지였다. 광주의 민주화시위가 더욱 타오르면서 정국이 요동치던 시기였다.

정부는 민생안정대책을 마련하기 위해 안간힘을 쓰고 있었나. 높은 분을 기다리게 하는 불경죄가 발생한 날, 이용만은 한 가지 문제를 두고 씨름하고 있었다. 자료를 추적하다 보면 그 사건이 터진 날은 1980년 5월 18일로 추정된다.[288] 그날 오후 2시, 삼청동 총리공관에서 신현확 국무총리 주재로 긴급경제장관회의가 열렸고 그다음 날 이한빈 부총리 주재로 재무, 농수산, 상공, 건설 등 경제장관회의가 열렸다. 두 회의 모두 경제 난국 타개를 위한 긴급 대책을 협의하는 모임이었다. 재무부 안을 급히 만들어서 오후 2시까지 장관이 가지고 가야 한다는 지시가 떨어져 있었다. 오후 3시에 열리는 긴급경제장관회의에서 장관이 보고하게 되어 있었기 때문이다.


## 조금 더 조심했어야 했는데

"난세에 조금 더 신중했어야 했다."

업무에 몰입하는 사람들은 잘 알 것이다. 마감 시간이 있는 특정 프로젝트에 몰입해 들어가면 다른 것들이 아무것도 눈에 들어오지 않는다. 이용만 차관보는 점심도 거르면서 관계 국장(이재, 국고, 세제, 관세 국장) 회의를 주재하고 있었다. 보고안 작성의 마무리 작업에 여념이 없었던 까닭에 재무부의 유관 기관도 아니고 상공부 산하 기관장이 인사 왔다며 명함을 들여보냈기 때문에 좀 기다려달라고 했던 모양이다.

그 당시의 관행에 따르면 퇴임 인사는 그동안의 노고와 위로 말씀을 전하기 위해 잠시 만났지만, 취임 인사는 명함만 놓고 갔다. 그다음에 만난 자리에서 축하의 인사를 전하면 되는 일이었다. 기다리다가 화가 난 이규광은 여직원에게 호통을 치고 나가버렸다. 더욱이 차관보실에는 따로 응접실이 마련되어 있지 않아서 입구 의자에서 기다려야 한다. 다른 부처의 모든 사람들이 회의하다 말고 뛰어나와서 축하 인사를 드렸는데, 유독 재정차관보만 기다리게 했으니 본의 아니게 문전박대를 해버린 셈이었다.

이 무례한 사건을 가슴 깊이 묻어두었던 이규광은 생일날 조카사위이자 국보위 상임위원장인 전두환이 자기 집에 오자 더 이상 참을 수 없었다. "나 말이야, 국영기업체 사장은 더러워서 못해먹겠다"는 푸념을 털어놓았다. 놀란 전두환이 "무슨 일이 있었습니까?"라고 묻자 "내가 재무부를 방문했는데, 일개 차관보라는 녀석이 문전박대를 하고 나를 만나주지도 않잖아"라고 하소연한 것이다.

1980년 6월 11일, 이규광의 생일잔치를 마치고 돌아간 다음 날 전두환은 "이용만이란 사람이 어디 있는지 찾아보라"고 했고, 재무부를 그만두고 경제과학심의회로 옮겼다는 사실을 확인한 전두환은 곧바로 "그 친구 잘라버려"라고 명령했던 것 같다.

즉시 보안사에서 "이용만을 무슨 이유든 붙여서 명단에 추가해!"라는 지시가 떨어졌다. 평소에 잘 알고 지내던 고려대 후배이자 보안사 담당 직원이 헐레벌떡 뛰어왔다. 그는 "절대로 그렇게 하실 분이 아닌데"라고 생각해서 "선배님에 대해 무엇이든 쓰라고 하는데 뭐라 하지요?"라고 물었다. "당신이 알아서 마음대로 적어 내시오"라고 말하는 것 이외에 다른 대안이 없었다. 그때 그 후배가 무엇을 적었는지 알 수 없지만, 나중에 해직 이유라고 써 넣은 것이 도저히 납득할 수 없는 내용이었다. "우리 집이 상도동에 있었는데, 도시 계획에 걸려서 시에서 보상을 받을 때 가장 적게 받은 집입니다. 그런데 사유서에는 제일 많이 받은 집으로 기록해 올렸더군요. 아마도 직책을 이용해서 그랬으리라는 식으로 썼나 봅니다. 동사무소에 가보면 어느 집이 얼마 받았는지 게시판에 모두 게시되어 있는데도 조작했습니다." 최종 결과, 해직자 명단 제일 하단에 이용만이 포함되었다.

이규광이 잘못한 것은 사실이다. 그럼에도 불구하고 자기중심적인 인간은 무슨 일이든지 자기가 유리한 쪽으로, 자기 눈에 보이는 쪽으로, 자기 마음에 드는 쪽으로 행동한다. 난세를 살아가는 지혜는 신중하고 또 신중한 것 이외에는 다른 대안이 없다. 치밀한 그가 어떻게 그런 실수를 하고 말았을까! 후일에 그가 업무 처리에 더 만전을 기하는 습관을 갈고닦게 된 이유도 해직 사건일 것이다.

또 한 가지 점에 주목해야 한다. 이규광이 새로 임명된 날짜가 5월 10일이다. 그렇다면 같은 달에 이용만은 재무부의 재정차관보 자리를 떠나서 경제과학심의회의 위원으로 자리를 옮긴 것이다. 시대도 어수선했지만 그도 자리를 옮기게 된다. 두 일이 동시에 일어났음을 염두에 두면 어떤 일에서든 지나친 분주함이나 혼란스러움 속에서 실수가 일어난다는 생각이 든다. 복잡하고 분주하기 때문에 작은 것을 놓치는 것이다. 뭔가 분주하거나 복잡하거나, 이런저런 일들이 뒤엉킬 때면 집중력을 잃어버리지 않도록 주의해야 할 필요가 있다.

## 이미 엎질러진 물이지만 오해는 풀고

"이용만이란 놈! 내가 그냥 잘라버렸지!"

안양골프장에서 이규광은 서봉균 전 재무부 장관과 정재철 한일은 행장과 골프를 치고 있었다. 두 사람은 귀를 의심할 정도로 놀라운 사실을 알았다. 서 장관은 이용만이 직접 모시던 분이었고, 정 행장은 평소에 잘 알고 있던 사이였다. 이들은 깜짝 놀라서 "그럴 사람이 아닌데, 왜 그렇게 했어요?"라고 묻자, 이규광이 "아니, 그 친구가 거만 해서 사람이 갔는데 문전박대하고 나오지도 않더라"라고 답했다.

이들은 즉시 이용만에게 사건의 진실을 알렸다.

이유 없이 사표를 쓰고 몇 주 만에 사건의 진실을 알게 되었지만 되돌릴 수는 없었다. 이미 물은 엎질러지고 말았다. 그때 해결사로 나서준 사람이 지상욱 국회의원의 아버지인 지성한(한성실업 회장, 전 육군 과학수사연구소 소장)이다. 이 사람은 강직한 성격으로도 유명한데, 평소에 이용만을 아끼고 좋아했다. 이용만도 그분을 무척 존경했는데, 지상욱이 서울시 중구에서 국회의원으로 출마했을 때 후원회장을 맡을 정도였다.

1933년생이자 강원도 김화로 같은 고향 출신이며, 6·25 때 군대도 같은 날, 같은 장소에서 떠난 데다 두 사람은 모두 서울 영락교회 교인이었다. 이런저런 이야기를 나누다가 공무원을 그만둔 이야기가 나오자, 지성한은 자기 일처럼 화를 냈다. 그의 천성이 그런 점도 있지만 그 역시 비슷한 경험을 한 적이 있다. 그도 육군범죄수사단장을 역임하고 청와대 민정비서관으로 근무하며 박 대통령에게 총애를 받있지만, 윤필용 사건에 무고하게 연루되어 옥고를 치르고 무죄 판결을 받은 이후에 사업을 선택했다.

지성한은 화가 난 나머지 이규광을 찾아간다. 이규광은 헌병감(장군) 출신이고 지성한은 대령 출신이어서, 지성한은 그를 '감님'이라고 불렀다. 지성한이 이규광에게 강력하게 권했다.

"감님, 한 번 만나서 전후 사정을 들으시고 오해를 풀어야 합니다."

"내가 그 양반을 왜 만나?"

"감님을 위해 만나셔야 합니다. 정말 잘못했어요. 착실하고 잘나가는 사람 앞길을 망쳤으니 그 오해를 풀어야 합니다."

지상욱의 아버지는 정의감이 강하고 기가 아주 센 사람이라서 이규광은 "그래, 그럼 만나지"라고 답한다.

이용만은 이규광을 찾아가서 전후 사정을 풀어놓았다.

"제가 이제껏 살아오면서 깡패들이 권투 표를 팔려고 와도 엘리베이터까지 배웅하며 인사하는 사람입니다. 날짜를 확인해보니 5월 18일로 '서민 생활 안정화 대책'을 국무회의 보고용으로 정신없이 준비하던 중이었습니다. 점심도 거르면서 회의하느라고 오신 것도 모르고 제대로 인사 못 드려 죄송합니다."

"아냐, 내가 당신 만나기로 결심한 순간 모든 것은 다 잊었어."

이규광은 미안한 마음에 당시 이승윤 재무부 장관을 찾아가서 이용만을 다시 복직시킬 수 없는지 일자리를 찾아주려 노력했다. 후에 그를 도와주기도 했다. 오해로 자신을 망친 사람이 나서서 돕도록 만드는 것에서도 이용만의 친화력을 확인할 수 있다.

전 대통령도 무엇이 잘못되었는지 여러 경로를 통해 알게 되었다. 이용만은 이 사건을 통해서 교훈을 배웠다고 한다. "정권이 바뀔 때면 기강을 확립하기 위해 공직자들에 대한 쇄신 작업이 상례적으로 일어납니다. 이런 때에는 조그마한 실수라도 크게 되어버리는 것을 깊이 체험했습니다. 공직 생활에서는 작은 일이나 큰일이나 모두 관심을 쏟아야 한다는 것을 알게 되었습니다. 하지만 잘린 사람이 어떻게 다시 복직이 되겠어요?"

그래도 이규광과의 오해가 풀렸기 때문에 직장을 갖는 데 도움을 받았다. 이렇듯이 이용만의 삶에서 굽이굽이마다 도움을 주는 사람들을 만나는 일이 자주 일어났다. 이 사건은 후일 이용만이 금융시장을 직접 체험할 기회를 주고, 그가 장관직을 성공적으로 수행하는 데 크게 도움이 되었다. 결국 화가 복이 된 경우다.

이장규 기자는 『경제는 당신이 대통령이야』에서 이용만의 낙마에 대해 이런 기록을 남겼다. "장인뿐 아니라 처삼촌인 이규광 씨 또한 무시 못할 영향력을 행사했다. 광업진흥공사 사장에 앉은 그의 면회 요청에 제때 만나주지 않은 이용만 재무부 재정차관보는 이른바 괘씸죄에 걸려 관에서 쫓겨나야 했을 정도였다. …… 권토중래로 6공 들어 재무장관으로까지 명예를 회복한 이용만은 당시 자신의 죄목을 일컬어 '대통령 처삼촌 면회 요청 거절죄'라고 했다."[289]

1989년 12월 31일에 열린 '5공 및 광주문제청문회'에서 전두환은 공직자 숙정 작업에 개인적인 감정에 따른 무리한 조처가 있었음을 인정한 바 있다. "공직자 정화 소지는 이권 개입 등 부패 공식사, 공·사

생활에서 지탄받는 자 등을 정리함으로써 공직 기강을 바로잡아 정부에 대한 국민의 신뢰를 회복하기 위한 것이었습니다. 대상자 선정은 사정 기관의 자료와 각 부처별 대내외 첩보와 여론 수집을 통해 엄밀히 심사토록 했으나, 그 과정에서 정실 또는 개인적 감정에 의해 처리된 사례가 없지 않았다고 봅니다. 이 점, 대단히 유감스러운 일입니다."[290]


## 일어서기 위해 처음 한 일

"그곳에서부터 새로운 길이 열린다."

전혀 예기치 않은 사건이 앞길을 막더라도 우리는 삶에 대한 희망을 저버리지 않아야 한다. 삶은 계속되어야 하고, 계속 나아가다 보면 또 다른 기회들이 우리를 기다리고 있음을 알 수 있다. 어려운 시기에도 우리는 하늘에 반짝거리는 희망의 별을 바라보고 계속 걸어가야 한다. 멈추어서는 안 된다.

불행이 닥쳤을 때 가장 필요한 것은 무엇일까? 그것은 마음의 무게중심을 단단히 잡는 일이다. 그렇게 할 수 있다면 재기할 수 있다. 그러나 그것이 불가능하다면 다시 일어서는 일이 쉽지 않다. 재기할 수 있는지 여부는 상황이나 환경이나 불운이 결정하는 것은 아니다. 불운의 큰 파고를 헤쳐나갈 수 있는가의 여부는 그것에 맞서는 사람에게 전적으로 달려 있다. 스스로 허물어져 내리는 일에 단호히 '노'라고 이야기할 수 있는 사람은 거뜬히 일어설 수 있다.

어떻게 재기해야 하는가? 로마 시인 마르쿠스 루카누스(Marcus

Annaeus Lucanus)는 "무의는 항상 방황하는 정신을 낳는다"고 말했다. 넋을 놓고 손을 놓고 있으면 끊임없는 방황이 생겨날 수밖에 없다.[291] 인간의 의지가 부족한 것이 아니라 인간이 본래 그렇게 생겼기 때문이다. 소크라테스도 "네가 할 수 있는 일을 하라"고 권한다.[292] 다시 일어서는 방법은 바로 지금 할 수 있는 일을 하는 것이다. 그러나 많은 사람들이 이 평범한 지혜를 지켜내지 못해서 재기에 실패한다.

실직하면 사람들은 할 수 있는 일이 안방 구들이나 지키는 것밖에 더 있겠는가라고 생각하기 쉽다. 과연 그런가? 그렇지 않다. 세상에는 해야 할 일이 정말 많다. 당시 상황에 대해 그의 아내에게 물었던 적이 있다. "그때 어떠했습니까?"

"저는 별 걱정을 하지 않았습니다. 하나님이 알아서 해줄 것이라는 막연한 믿음이 있었지요. 내가 신경 쓴다고 해서 해결될 일이 없지 않아요? 그냥 내버려두었어요."

"그래도 걱정되지 않으셨습니까?"

"제가 좀 무심한 편입니다. 부부 사이에도 혼자서 견뎌내야 하는 게 있고, 도와줄 수 있는 게 있습니다. 그냥 내버려두는 게 내가 할 수 있는 일이었습니다."

"아이들은 어떠했습니까?"

"아이들이 그때 중·고등학생이었는데, 저보고 '아빠가 실직했으니 우리 학교 그만두고 돈 벌어야 되는 것 아냐?'라고 그랬어요. 그래서 제가 나무랐습니다. 걱정하지 말고 너희들은 공부나 해라!"

"그때 남편에게 들었던 이야기 중에 생각나는 게 있습니까?"

"한번은 이런 이야기를 했습니다. '내가 이북에서 넘어와서 전쟁 때 총 맞고도 살았어. 난 이미 죽은 사람이야. 죽은 사람이 이만큼 다시 살아왔는데 뭐가 무서워. 누가 내 목을 자르면 잘리는 거지. 나는 무서운 게 하나도 없어. 멀쩡히 살아 있는 사람이 목구멍에 거미줄이야 치겠어. 집에 불만 때고 앉아 있어도 굶어 죽지는 않을 거야. 당신, 걱정 마!'"

그래도 이용만은 눈이 캄캄해지는 듯했을 것이다. 천신만고 끝에 여기까지 왔는데 공든 탑이 와르르 무너지는 기분이었을 것이다. 해직된 다음 며칠 동안 집에 있으면서 생각할 때마다 "의정부 가서 M16을 하나 사다가 모두 쏴 죽이고 죽겠다"는 생각이 들 정도로 억울해서 화를 참을 수 없었다. "북한 땅에서 단신으로 내려와서 천신만고 끝에 이 자리까지 왔는데, 대통령 처삼촌 면회 거절죄라는 것이 말이 되느냐. 어떻게 해서 올라간 자리인데 그것을 한번에 잘라버리느냐."

세월이 흐르고 난 다음, 극동방송에서 김장환 목사와 인터뷰를 할 때 생방송임에도 불구하고 "다 죽여버리겠다"는 말을 하기도 했다. 그러나 세월이 더 흐른 후에는 "너무 바쁘다는 핑계를 대고 주님의 기대에 부응하지 못하고 너무 교만했습니다. 교만에 대한 채찍입니다"라며 그에게 주어진 시련을 받아들이게 된다.

역경에 처하면 먼 미래를 볼 것이 아니라 자신을 추스르고 시동의 버튼을 누를 수 있어야 한다. 대부분 그것은 아주 사소한 습관의 복원에서부터 시작된다. 그걸 잘할 수 있는 사람은 재기할 수 있다. 이용만은 재기하기 위해 버튼을 누를 당시의 생각을 이렇게 이야기한다.

"실직을 하게 되면 게을러지고 리듬이 깨지게 된다. 그렇게 되면 건강을 해칠 우려가 있기 때문에 생활을 적극적으로 하기로 마음을 굳게 먹었다."

그래서 우선 영어 공부를 시작한다. 생활을 정상화하고 아침에 일찍 일어나는 습관을 유지하기 위해서였다. 아침마다 미 8군에서 근무하는 장교를 집으로 초청하여 매일 1시간씩 토론을 했다. 그는 보스턴에 있는 유명 대학에서 경제학을 공부한 사람이었다. 일반 경제 문제부터 미국의 경제 제도에 이르기까지 폭넓은 이야기를 나눌 수 있었다.

낮 시간에는 체육관에서 규칙적으로 운동을 시작했다. 생활 리듬이 깨지면 속병이 생길 것을 우려했기 때문이다. 남산체육관을 추천해준 사람은 권숙정 교우였다. 한남동 집을 출발하여 남산체육관에 매일같이 출근하다시피 했다. 처음에는 70미터 트랙을 25바퀴 정도 뛰고 숨이 찼다. 그래도 조금씩 40바퀴에서 60바퀴, 80바퀴 그리고 100바퀴로 늘려갔다. 나중에는 7킬로미터를 뛸 수 있게 되었다. 남산을 한 바퀴 돌면 8킬로미터였다. 이렇게 매일같이 체력을 단련하면서 공직에 있을 때보다 월등히 나은 체력을 유지했다.

달리기는 특별한 효과가 있다. 영혼을 정화하고 잡념을 제거하고 궁극적으로 건강한 심신을 단련하는 데 이보다 더 좋은 운동은 없을 것이다. 누군가 어려운 시기에 처하게 되면 달리기를 하거나 걷는 것만으로도 치유받고 재기할 수 있다.

## 재기를 향한 도전

"일들이 난마처럼 꼬이기 시작할 때는 잠시 거리를 두고 기다리는 것도 필요합니다."

당시에 공직에서 해직된 사람들은 2년 동안 일자리를 얻을 수 없었다. 게다가 해외로 나갈 수도 없었다. 1981년 8월, 퇴직자 가운데서는 가장 먼저 해외여행이 허용되었다. 1년 2개월 만에 바깥을 나갈 수 있게 되었다. 이참에 공부나 제대로 해보자는 생각에 하버드 대학교 객원연구원으로 초청을 받아 6개월 예정으로 보스턴으로 향했다. 당시 보스턴 대학교에는 이재국에서 같이 근무했던 이헌재가 2년차 유학 중이었다. 있을 곳이 마땅찮았기 때문에 임시로 이헌재의 아들 방에 짐을 풀고 일주일 동안 함께 지내면서 하버드대에서 공부할 준비를 했다. 이헌재는 당시 상황을 이렇게 말한다. "그분이 인간적으로 어려울 때였습니다. 묵을 데가 마땅찮으니까 저희 집에 있으면서 진로를 생각하시라고 권해드렸어요. 1주일 동안 여기저기 다니면서 준비하다가 한국에서 연락을 받고 갑자기 들어가게 되었습니다. 들어가시면서 다시 나와서 공부하거나 1년쯤 머물겠으니 준비를 해달라고 부탁했습니다."

1981년 8월, 급하게 한국에 들어오라고 한 이유는 김만제 재무장관의 주선으로 신용보증기금 이사장으로 임명하기 위해서였다. 그러나 이것도 "우리가 자른 사람을 어떻게 복직시킬 수 있습니까?"라며 신군부 세력의 주축이었던 허문도 씨에 의해 거부당한다. 오라고 해서 급히 들어왔는데 그마저도 거부당하고 마니, 이용만은 다시 하버드대로 돌아갈 기분이 나지 않아서 그냥 국내에 눌러앉았다.

그래도 여기저기서 함께 일하자는 제안이 들어왔다. 13군데 대기업에서 함께 일하자는 제안을 받았는데, 이 가운데 삼양라면의 창업자인 전중윤 회장이 기억에 남는다. 그는 강원도 금성 사람이다. 고향 출신의 후배가 실직한 것을 보고 직접 찾아와서 회사를 맡아서 경영해달라는 이야기를 하기도 했다. 이때 어디서부터 출발하는가 하는 것이 후일 인생의 모습을 결정한다고 여겼기 때문에 신중하게 기다려보기로 한다.

삼성그룹에서도 제의가 들어왔다. 집에 있는 것보다 사무실을 하나 마련해줄 테니 나와 있으라는 것이었다. 당시는 2년간 일자리를 얻는 것이 불가능하기 때문에 1982년 2월까지 몇 달 동안만 마련해준 사무실에서 소일거리를 하면서 지내면 어떻겠느냐는 제안이었다. "집에서 신문을 읽으나, 사무실에서 신문을 읽으나 무엇이 다른가?"라는 말이 설득력을 갖는다. 그러나 이용만의 생각은 달랐다. 공직에 비할 바 없을 정도로 봉급도 넉넉하기 때문에 당장 대기업을 가는 것이 좋을 수도 있다. 그러나 익숙지 않은 제조업으로 가는 것보다 그동안 해오던 금융계에서 새 출발 해서 명예를 반드시 회복하고 싶다는 생각을 했다. 이처럼 실직이나 전직을 결정할 때의 사소한 선택은 나중에 큰 변화를 낳기 때문에 신중에 신중을 거듭할 필요가 있다. 그러니 큰 그림을 갖고 움직이는 것이 좋다. 나중에 후회하지 않으려면 신중해야 한다.

## 이병철 회장과의 인연

"내가 공직에 있을 때 삼성에 편의를 봐준 것이 제일 적었어요. 그래서 여기는 가도 되지 않겠나, 하고 생각했지."

이용만은 삼성그룹의 제안을 받아들여 3개월간 근무한 경험이 있다. 선배인 고상겸(전 삼성생명 사장)이 이건희 부회장의 부탁을 받아서 여러 번 집으로 와서 제의했다. "집에서 신문 보느니 사무실에 와서 신문을 봐라." 그래서 삼성그룹이 마련해준 사무실에서 신문도 보고 자료를 정리하면서 보낸다. 삼성그룹이 1980년 7월에 해직당한 고위 공무원 몇 사람을 채용할 계획을 갖고 있었는데, 입사 당시에는 별로 관심이 없었다. 이용만과 재무부에 함께 근무했던 한동우, 김명년(전 서울시 부시장)이 공직자로서 고문으로 일했다. 짧은 시간이었지만 삼성에는 우수한 인재들이 많았다. 정부의 경제 개발 계획과 전망보다 훨씬 앞선 수준의 세계 경제를 전망하고 있었으며, 비서진들은 기업의 구석구석을 손바닥같이 파악하고 있었다.

인사 담당 임원이 들려주었던 이야기 가운데 하나가 지금까지도 기억에 남아 있다. 어느 날 갑자기 이병철 회장이 "경산 삼성전자 공장의 컴퓨터실 여직원이 몇 명이지요?"라고 물었다고 한다. 서울 본사 전산실 직원 수도 알 수 없는 판국에 경산 공장 직원 수를 아는 사람이 있을 리가 없다. 곧이어 이병철 회장이 지시를 내렸다. "임자는 현황을 모르니 문제도 당연히 모르겠군. 나가보게." 그는 지시를 받고 서둘러서 전국 각사의 전산 요원, 배치 상황, 업무량, 급여 실태 등 모든 현황을 조사했고 문제들을 파악하여 시정한 이후에 완벽한 자료를 잔뜩 준비했다. 회장님이 부르기만 하면, "여기 모두 준비가 되어 있습니다"라고 이야기할 수 있는 만반의 준비를 하고 있었다. 하지만 깜깜 무소식이었다. 이병철 회장은 점검을 위한 질문을 던지는 것만으로도 문제가 해소되었다고 판단했기 때문에 더 이상 호출하지 않았다. 이병철 회장다운 특유의 기막힌 용병술이라서 세월이 흐른 지금도 그의 머리에 남아 있다.

이병철과 점심에서 나눈 대화도 기억에 남아 있다. 회장단과 신임 고문 3명이 함께 식사를 하던 자리였다. 회장 맞은편에 앉아서 초밥을 먹으면서 이런저런 대화를 나누는데 모든 사람들이 당연히 초밥을 신라호텔에서 시켜 온 것으로 알고 있었다. 삼성그룹이 계열사이기 때문이다. 그런데 나중에 놀라운 사실을 전해 들었다. 비서실장 이야기에 의하면 신라호텔 초밥은 비싸기 때문에 다른 일식집에서 시켜 먹는다는 이야기였다. 그러면 신라호텔 초밥은 누가 사 먹는가? 그것은 일반 고객들이 사서 먹는다. 똑같은 논리가 안양골프장에도 그대로 적용된다. 지금은 달라졌지만 당시만 하더라도 비서실장 이하 직원들은 안양골프장 가는 것을 삼갔다. 고객이 우선이기 때문이었다. 이병철의 철저한 상인 정신을 볼 수 있는 대목이다.

삼성그룹에서는 이용만에게 삼성석유화학 사장을 맡길 예정이었다. 3명의 고문 가운데 유일하게 이용만에게 사장 언질을 해주었다. 인터뷰 중에 필자가 그에게 이런 이야기를 했다. "그때 삼성그룹에 자리를 잡았다면 인생이 완전히 달라졌을 겁니다. 남덕우와 김용환 장관을 모셨던 것처럼 이병철 회장을 모셨을 것이고, 그동안 해왔던 것처럼 윗사람들이 아주 마음에 들어 했을 겁니다. 그랬다면 삼성석유화학 사장을 거쳐서 아마도 삼성그룹의 금융계열사를 키우는 데 투입되었을 겁니다. '제가 떠나야겠습니다'라는 이야기가 나오기 전까지는 이병철 회장이 크게 중용했을 것입니다." 이용만의 생각도 마찬가지였다. "그곳에서 사장을 했다면 돈을 좀 벌었을지도 모르지요."

## 이건희 회장의 독특한 은유

"이게 아니라는 생각이 들면, 즉시 움직일 수 있어야 합니다."

삼성을 나올 때 딱히 결정된 자리도 없었는데 고문직을 3개월 만에 그만둔 이유는 무엇일까? 3개월 정도 근무했을 무렵, 이병철 회장이 몇 사람과 함께 점심을 하자고 불렀다. 점심을 마치고 나자, 이병철의 오른팔 역할을 하던 조우동은 이용만의 방을 찾아와서 "이 차관, 삼성에다가 뼈를 묻을 거요"라고 강하게 말했다.[293][294] 이병철의 의중을 가장 잘 파악하고 크고 작은 일을 도맡아 하던 조우동의 이야기는 곧바로 이병철 회장의 뜻이었다. "무슨 말씀인지 모르겠지만, 제가 열심히 하겠습니다"라고 답했다. 그런데 얼마 가지 않아서 군인 출신의 사장이 달려와서 "이 차관 때문에 내가 목이 달아나게 되었어"라고 당황해서 말했다. "그게 무슨 말입니까?"라고 물었더니 "내 사장 자리에 당신이 들어오게 내정되었다"고 말했다.

'내가 여기서 발목이 잡히겠구나'라는 생각이 들었다. 그때 이병철 회장이 그를 부른 이유가 사장을 시키려는 것이었음을 확인하게 된다. 바로 뛰어 내려가서 이건희 부회장을 붙잡고 그만두겠다고 이야기한다. 이건희 회장은 당시에도 은유에 능한 사람이었다. "아이를 낳아도 100일 동안 조심하라고 하는데, 100일 관리를 우리가 잘못한 모양입니다."(그때가 딱 90일 된 시점이었다.)

얼마 지나지 않아서 삼성처럼 큰 회사를 마다하고 작은 회사로 옮기고 말았다는 이야기가 이병철 회장의 귀에 들어갔을 것이고, 그로 인해서 이병철은 이용만에게 그다지 호감을 갖고 있지 않았을 것이다. 나갈 때 인사도 받지 않았다. 그가 훗날 중앙투자금융 사장으로 있을 때 안양골프장에서 이병철 일행과 마주쳤다. 그늘에 서 있는 이병철에게 다가가서 "회장님, 제가 떠날 때 인사를 못 드리고 왔습니다"라고 하자 얼굴도 보지 않고 "그곳은 재미가 좋은가요? 좋아야 할 텐데"라고 말하면서 휙 가버렸다. 무언의 메시지가 확 다가왔다.

자리도 인연이 있어야 하고, 때가 있다. 재일동포가 주주인 신한은행은 1981년 연말부터 신한은행 초대 행장을 찾고 있었다. 『신한은행 20년사』는 신한은행의 초대 행장 인선에 대해 말한다. "국내 최초로 설립된 민간 은행인 만큼 초대 행장의 선임은 무엇보다 중요한 사안이었다. 따라서 설립위원회는 국내 금융시장에서 오랜 경험과 창조적 도전 의식을 겸비한 인물을 대상으로 은행장 영입에 착수했다."[295] 이규성 재정차관보가 제1순위로 이용만을 추천했다. 그러나 당시 실세였던 허문도(당시 대통령 비서실 정무제1비서관, 전 국토통일원 장관)는 "내가 일본에 있어봐서 잘 알기 때문에 대일 문제는 내가 직접 관장해야 한다"면서 "행장 내정에 협의를 받으라"고 말한다. 당시 허문도의 나이가 41살이었으니 무리한 일도 당차게 추진할 수 있었을 것이다.

그래서 이규성 차관보가 홍성환, 김세창(전 증권거래소 전무), 이용만의 이름을 들고 들어갔다. 허문도는 "해직된 공무원은 신한은행장이 될 수 없다"고 고집해서 김세창이 내정되었다. 허문도와의 악연은 여기서 그치지 않는다. 1983년 10월, 김만제 재무부 장관은 이용만을 신용보증기금 이사장으로 임명할 예정이었다. 내정자로 발표도 되고, 이용만 본인에게도 통지까지 날아와서 미국에서 공부하려고 갔다가 급히 귀국했다. 하지만 청와대가 자격 심사를 하는 동안 허문도와 허삼수가 "과거에 공직에서 잘린 사람은 안 된다"고 반대해서 좌절되기도 했다.

## 2장

•

# 사기업 CEO로서의 첫발: 중앙투금과 신한은행

"인생이 계획대로 척척 돌아가지는 않습니다.
어디에서 일을 하든지 그곳에서 주인으로 일을 하다 보면
정말 많은 것을 배울 수 있는 것이 인생살이라고 생각합니다."

한 치 앞도 모르는 것이 인생의 묘미다. 그러니 인생이 온통 불확실한 것투성이라고 툴툴대거나 안타까워할 필요는 없다. 안정을 중시한 나머지 처음부터 끝이 보이는 삶을 선호하는 사람도 있지만, 또 다른 사람들은 펼쳐지지 않은 삶의 가치를 높이 평가하는 사람도 있을 것이다. 이용만이 선택한 첫 번째 삶은 끝을 어느 정도 예상할 수 있는 삶이었다. 그에게 주어진 두 번째 삶은 황량한 광야를 지나는 여행과 같은 것이었다. 다음에 무엇이 그를 기다리는지 아무도 알 수 없는 삶이었다.

우연히 한양골프장에서 이용만을 만난 장상태(전 동국제강 회장, 1927~2000)는 "이 차관, 당신 경력에 비하면 보잘것없는 회사이지만 그래도 키워가는 보람이 있어요. 편안한 마음으로 와서 회사(중앙투자

금융)를 맡아주시오"라고 권했다.[296] 이후에도 여러 차례 권했지만 번 번이 고맙다고만 인사했다. 결정적으로 중앙투자금융을 가게 된 계기 는 김인섭의 친구로 알고 지내던 이원조(당시 석유개발공사 사장)가 "장 상태 사장의 제의를 받아들이는 게 어떠냐"며 거듭 설득했기 때문이 다. 그가 중앙투자금융으로 옮기기로 결정했을 때 주변의 후배들이 극구 반대했다. "차관까지 지낸 사람이 종업원 100명 남짓한 금융기 관에 취직하는 게 말이나 되느냐"는 항변이었다. 게다가 중앙투자금 융은 제1금융권도 아니고 제2금융권이었다.

전직할 때는 다른 사람들의 눈이나 자신의 체면 때문에 회사의 규 모나 봉급 같은 것을 무시할 수는 없다. 그렇게 자신에게 맞는 곳을 찾아 무난한 곳을 선택한다. 대부분은 관성이나 통념을 따르게 된다. 그러나 그는 "공직을 떠나서 이왕 업계에서 시작한다면 내가 만든 법 률에 따라 설립된 회사에서 체험하는 것도 나쁘지 않겠다"고 생각했 다. 지금 기준으로 보면 "그런가 보다"라고 생각할 수 있지만, 당시로 돌아가면 "차관급은 최소한 이런저런 회사 정도는 가야 한다"는 고정 관념을 과감하게 깨어버린 결정이었다. 그러나 대부분 사람들은 자신 의 정신을 겹겹이 싸고 있는 고정관념을 깨기는 힘들다.

그의 기질에서 관찰되는 뚜렷한 특징은 실용적이고 실질적이라는 점이다. 기업이든 사람이든 그에게는 규모나 외관 그리고 직위나 나 이 등은 별반 중요하지 않다. 그가 사람을 공평하게 대하듯이 회사도 "남들이 어떻게 생각하는 것이 무엇이 문제인가?"라는 식이다.

## 중앙투자금융에서 시작하다

1982년 2월, 그가 사장에 취임할 때 서울에는 모두 7개 투자금융회사가 있었다. 이 중 후발주자인 제일투자금융을 제외하면 동시에 출범한 6개사 가운데서 중앙투자금융의 성적표는 꼴찌였다. 이미 설명한 바와 같이 단기금융회사(투자금융회사)는 이용만이 이재2과장으로 있으면서 입법화에 앞서 당시 금융 선진국의 제도를 USAD자금을 받아 시찰한 바가 있었다. 이후에 이재국장으로 일하던 1972년에 입법화하여 정착되었다. 10년이 지나서 자신이 입법화하는 데 중추적인 역할을 맡았던 업계에서 금융기관을 맡아서 경영하게 되었으니 특별한 인연이다. 그는 사적인 영역에서 뼈가 굵은 사람이 아니기 때문에 단자 업계의 운영이 "기업의 단기 자금을 일시적으로 자금이 부족한 기업에 대여해준다"는 당초의 취지와 상당히 달리 지나치게 단기적인 돈벌이에 몰두하고 있다는 사실을 우려했다.

그가 중앙투자금융을 맡았을 때는 업계에서 잔뼈가 굵은 경영자들과 다른 시각을 갖고 있었다. 금융기관은 영리성을 앞세워야 하지만, 공공성이란 목적과 조화를 이루어야 한다는 생각이다. 사령탑을 맡으면서 그는 대주주에게 "지난날과 같은 과다한 이익을 기대하지 마십시오"라고 미리 양해를 구해놓았다.[297]

흥미로운 점은 어디서부터 자신의 경력이 출발했는가에 따라 이후의 활동에도 큰 영향을 끼친다. 모든 경력이 사기업 세계에 집중된 사람은 노력하더라도 공익을 의사결정에 반영하기 힘들다. 반면에 초기에 학계나 관계에서 경력이 시작된 사람들은 사기업 영역에 뛰어늘더라도 알게 모르게 공익을 침해하는 일에 민감하게 반응한다. 모든 사람들을 일률적인 잣대로 평가할 수 없지만, '사익적 인간'과 '공익적 인간' 사이에는 차이가 있다.


## 사장의 책무는 성과다

"리더에 대한 존경심과 신뢰는 지속적인 성과가 만들어질 때 가능합니다."

사장은 성과에 대해 책임을 지는 사람이다. 성과가 나오면 조직의 분위기는 살아난다. 반면에 성과가 떨어지면 갈등이 생기고 험담이 늘어난다. 모든 조직이 비슷하다. 어떻든 사장은 성과를 계속해서 만들어내야 한다. 나를 따르면 성과가 나아진다는 것을 한 번이 아니라 계속해서 보여주는 사람이 사장이다. 매출을 올리는 데서 사장의 역할이란 직원들을 독려하는 것만이 아니라 스스로가 영업맨이 되어야 한다.

취임사에서 이용만은 "여기에 몸담고 있는 직원들이 모두가 우수한데 무엇 때문에 꼴찌를 하는지 모르겠다"고 말한 바 있다. 그의 특기이자 장점은 집념이고 승부욕이다. 그는 사격을 해도 이겨야 하고, 축구를 해도 이겨야 한다. 그만큼 게임을 하면 이겨야 한다는 명확한 목표를 갖고 있었다. 취임하자마자 "금년 내로 업계 2등을 하자"고 목표를 제시하고 열심히 뛰자고 당부한다. 3월부터는 '수신 증대 및 친절 봉사 배가 운동'을 전개한다.

그는 새로운 자리를 맡게 되면 그 자리에서 무엇을 가장 잘해야 하는지, 그리고 그것을 잘하기 위해 무엇을 공략해야 하는지 우선순위를 매기는 능력이 뛰어났다. 창구에 필요한 최소한의 인력을 제외하곤 모두 시장에 나가서 회사에서 만든 작은 선물을 나눠주며 고객을 유치하는 운동에 들어간다. 영업 제일주의라면 회사의 가치는 안에서 나오는 것이 아니라 바깥에서 나온다는 사실을 정확히 알고 취한 조치였다. 그도 자신이 갖고 있는 인맥을 총동원해서 기관 물량을 확보하기 시작한다. 그동안 신세를 진 사람들도 같은 값이면 그에게 돈을 맡기기 시작했다.

그리고 "사람은 인센티브에 반응한다"는 원칙을 적용했다. 수신이 중요한 회사이니 수신을 더 많이 하는 사람에게 그만큼 인센티브를 제공한다. 지금은 너무나 당연한 일이지만 당시만 해도 상여금을 차등 지급한다는 것은 상상하기 어려운 일이었다. 그가 가진 특유의 활력이 직원들에게 전염되기 시작한다. 보수적이고 소극적인 분위기와 만년 꼴찌라는 패배주의를 날려버린 것이다.

얼마 가지 않아서 중앙투자금융은 실적 면에서 성과가 나타나기 시작한다. 6월에는 꼴찌에서 업계 4위로, 12월에는 다시 2위로 급부상한다. 마침내 이익이나 규모 모두 신장률 면에서 선두를 차지하는 데 오랜 시간이 걸리지 않았다. 1983년 6월에는 업계 수위를 차지한다. 창립 9년 만에 중앙투자금융이 1등을 차지한 것이다. 직원들은 신이 났다. 하지만 그는 업계 선두를 차지하는 것은 해볼 만하지만 계속해서 1등을 유지하는 일은 얼마나 어려운지 거듭 강조했다. 조직이 긴장을 늦추지 않도록 관리에 신경을 썼다. 그가 재임(1982.2~1985.2) 하던 3년 동안 총수신고가 62.1% 늘어났다. 시장점유율은 12.8%에서 14.4%로 1.6% 확대되었다. 자본금은 300억 원에서 2배로 뛰었다. 그가 자랑스러워하는 것은 선두를 지켜나가는 과정에서 1건도 부도를 맞지 않은 점이다. 이전까지 중앙투자금융은 수신도 꼴찌였지만 여신 부실화 순위에서도 2번째로 부실 채권이 많은 곳이었다.[298]

당시는 거액 어음 사건의 여파로 단자사의 공신력이 크게 실추된 반면, 1982~1983년에 걸쳐 12개 단자사가 신규로 설립되는 바람에 단자업계가 과당경쟁으로 무척 어려운 실정이었다. 1981년 기준으로 서울에는 단자회사가 7개사, 전국에는 20개사가 있었다. 강경식 재무부 장관이 취임한 이후에 금융실명제 실시와 함께 지하경제의 진로를 열어준다는 취지에서 1982년 9월 6일에 단자 설립 자유화를 실시한다. 결과적으로 서울에서만 8개사의 진입을 신규로 허용하고, 1982년 12월 4일에 서둘러 신규 설립을 마감하게 된다. 결과적으로 서울에서만 단자사는 7개에서 15개사로 늘어났다. 원래는 자격 요건을 충족시키는 모든 업체에 허가를 줄 예정이었지만, 중간에 문이 닫히고 말았다. 신규 인가에 대한 우려의 소리가 높았고, 전두환 대통령이 설립을 마감하는 것이 어떠냐고 한 의견도 반영되었다.[299]

신설사들이 대거 시장에 진입하여 단자 시장의 경쟁이 한층 가열되고 있었을 뿐만 아니라 1982년과 1983년에 신한은행과 한미은행이 각각 단자회사를 설립함으로써 금융 산업 전체에 판도 변화가 일어나던 때였다. 이렇게 어려운 환경에서도 중앙투자금융은 착실히 성장했다. 단자사와 상호금고에 대한 과감한 신규 허가가 낳은 결과는 일부 사람들이 우려한 대로 1980년대 부실기업의 양산에 기여한다. 1980년대 부실기업 정리를 진두지휘했던 핵심 인물 가운데 하나인 정인용(전 경제부총리)은 이렇게 증언한다.

"부실기업이 생겨난 원인은 복합적이었다. 멀게는 정부의 개입, 오랜 관치 금융의 관행을 지적할 수 있을 것이다. 가깝게는 5공 정부가 금융 자율화라는 이름으로 60여 개나 되는 단자회사를 한꺼번에 인가했기 때문이라고 나는 본다. 우후죽순 격으로 생겨난 단자사들은 기업을 상대로 돈 장사를 하는 데 있는 대로 돈을 쏟아 부었다. 단자사들 간에 과당 여신 경쟁이 벌어진 것이다. …… 단자사들은 특정 기업에 관한 악성 루머가 돌면 앞뒤 안 가리고 곧바로 그 회사 어음을 돌렸다. 어느 기업도 감당해낼 수가 없었다. 첫 번째 제물이 국제그룹이었다. 어음을 못 돌리게 막다 보니 단자사들의 빚을 그대로 떠안은 은행이 부실화됐다. 자칫하면 공공 신용 체계가 무너질 판이었다. 신용 체계가 무너지는 것을 좌시하고 있을 정부는 없다. 어음을 못 돌리게 한 책임을 결국은 정부가 질 수밖에 없었다. '설익은 이상론'이 빚어낸 단자사 무더기 인가가 결과적으로 부실기업 양산이라는 화를 부른 셈이었다. 어찌 보면 '준비 안 된 개혁'의 당연한 귀결이었다. …… 5공 초, 나는 금융 자율화의 일환으로 밀어붙인 단자사 무더기 인가에 반대했지만 이를 막진 못했다. 그 바람에 부실 뒤처리로 10년간 고생해야 했다."[300]

## 사기업 경영자로서의 활동

"과거에 얽매이지 않고 자신을 계속해서 변화시킬 수 있어야 한다."

공적 영역에서 잘한 사람이 반드시 사기업 영역에서도 잘하라는 법은 없다. 오히려 공적 영역에서 잘한 사람이 사적 영역에서 고전할 가능성이 높다. 두 분야의 본질이 크게 다르기 때문이다. 업의 본질을 정확하게 꿰뚫을 수 있어야 하고 그에 맞는 유연성이 있어야 한다. 앞의 것은 인지 능력이라면, 뒤의 것은 상황 적응 능력이다. 이런 면에서 이용만은 언제 어디서든 다시 시작할 수 있는 탄력성을 갖고 있었다. 그것은 대단히 유연한 자세와 마음가짐, 실사구시를 중시하는 태도를 말한다. 일단 사적 영역에 뛰어들고 나면 공적 영역에 대한 기억을 지우고 자신을 대단히 유연하게 바꿀 수 있어야 한다. 이런 면에서 그가 어떤 사람인가를 엿볼 수 있는 사례를 소개한다.

한국투자금융에서 활동했던 김승유(전 하나금융지주 회장)는 이용만이 중앙투자금융 사장이자 단자협회 회장으로, 그리고 그가 실무자인 조사역으로 활동하던 시절의 일화를 소개한다. 담당 부서의 책임자로부터 신상품의 허가를 받아야 하기 때문에 담당자와 아침 식사를 하면서 상품 설명을 하는 모임이 여러 차례 있었다. 그때마다 이용만은 항상 일찍 와서 어디에 누가 앉아야 하는지 등과 같은 사소한 일까지 준비를 다 마친 상태였다. 그래서 김승유는 분발해서 5분 빨리 가봤지만 이용만은 이미 도착해 있었고, 10분 빨리 가봐도 늘 먼저 와 있었다. "항상 이렇게 중요한 일은 미리 준비하고 있구나"라는 점이 지금도 기억에 남아 있다고 한다.

김승유는 재무부의 담당자가 대학 후배이니까 중앙에 이용만 사장이 앉고 자신과 담당자가 옆으로 앉으면 되겠다고 편안하게 생각했다. 하지만 이용만 사장의 생각은 달랐다. "상석에 오는 분을 앉히고, 우리가 앞에 앉으면 됩니다."

당시 담당자는 이재3과장인 윤진식이었다. 두 사람의 나이 차이가 10년이 넘고 직급도 차관 출신과 현직 과장인 데다 대학에서도 한참 후배인데, 담당 과장을 대하는 이용만 회장의 자세가 달랐다. 윤 과장은 들어오다 말고 좌석 배치를 보고 놀란 나머지 "이렇게 하시면 제가 오늘 모임을 할 수 없습니다"라며 나가려 했다. 그러자 이용만이 그렇게 하면 안 되는 이유를 한참 윤 과장에게 설명하는 것이었다. 이렇게 해서 만들어진 상품이 CMA(종합자산관리계좌)였다. "사람들이 제가 그 상품을 만들었다고 하는데, 이용만 사장입니다. 35년 전쯤의 일이지만 '아, 이분이 참 다르구나'라는 생각을 하게 되었어요."

흥미롭기도 하지만 중요한 사례다. 상대방보다 일찍 도착하는 것은 상대방에 대한 배려이기도 하지만, 업무를 추진하는 사람의 입장에서는 상황을 통제할 수 있는 힘을 갖도록 해준다. 헐레벌떡 도착하면 이미 상대방에게 통제력을 넘겨준 셈이다. 일찍 도착해서 좌석 위치까지 꼼꼼히 생각하는 사람들은 이미 그때부터 업무가 머리에서 돌아가기 시작한다. 약속 시간에 항상 미리 도착하는 사람들은 조금 더 부지런하게 사는 삶을 실천하는 사람들이다. 또한 그들은 무슨 일이든 좀 더 치밀하게 하는 사람들이다. 마지막으로 그들은 좀 더 정확하게 살아가야 한다는 마음가짐을 실천에 옮기는 사람들이나.

한편 출발지가 공적인 업무였던 사람은 사기업에서 활동하면서도 공적인 활동에 힘을 더한다. 그가 재무부에 첫발을 내디딘 것은 이재 2과였다. 이곳에서 목격한 것은 굳게 자리 잡고 있는 대출 관행이었다. 그때부터 담보나 보증이 아니라, 신용에 따른 자금 배분이 선진 은행으로 가는 지름길이라고 확신했다. 6개월간 단기금융업협회 회장직을 수행하면서 그는 2가지를 성사시킨다. 하나는 기업정보센터인데 훗날 '한국신용평가'로 발전한다. 그리고 7개의 단자사가 공동으로 출자하여 벤처캐피탈 회사인 '한국개발투자'를 설립한다. 이들 기관들은 모두 선진 금융 기법에 속하는 기관들이다. 당시만 하더라도 단자회사들은 기업의 신용을 믿고 자금을 빌려주어야 하는데 어떤 기업의 신용이 어느 정도인지를 측정해주는 공신력 있는 기관이 없었다. 따라서 단기 금융시장이 발전하기 위해서는 기업신용평가회사의 설립이 필수적이다. 기업들이 기업어음(CP)을 발행할 때 신용도를 객관적으로 평가할 수 있다면 그만큼 부실 여신의 위험을 줄일 수 있고 신용도에 따라 금리를 차등화해서 부과할 수 있었다.

## 안타까운 단자사 신규 허가 남발

"자율이란 것이 멋진 말이긴 하지만, 금융업에 관해서는 신중하게 접근할 필요가 있습니다."

언어는 중립적이지 않다. 일단 '관치 금융'은 악한 언어로 들린다. 동시에 '자율화'라는 단어는 그 자체만으로 근사한 언어처럼 들린다.

학자들은 마음껏 골라 사용할 수 있지만, 정책을 다루는 사람은 항상 조심해야 한다. 5공화국 시절에는 경제기획원 출신들이 약진했다. 이때는 배급 금융과 관치 금융이 구악으로 간주되던 시절이었다. 이런 시대적 움직임에 반대하는 사람들은 용기 없는 현실 타협주의자로 내몰리기 쉬웠다.

자율화의 주장에 반기를 들다가 결국 물러난 하영기(전 한국은행 총재)의 회고가 이장규의 『경제는 당신이 대통령이야』에서 이렇게 묘사돼 있다. "한국은행이 왜 금융의 자율화를 반대하겠습니까? 그러나 우리 경제의 현실을 감안해서 차근차근 해야지, 자율화가 좋다고 무턱대고 밀어붙일 수는 없는 것 아니겠습니까? 단자회사의 설립 자유화를 예로 들어봅시다. 설립을 자유화한다는 것은 요건에 맞춰 신청하면 누구에게든지 허가를 해준다는 뜻 아닙니까? 그렇지 않고 중간에 차단을 해버리면 해준 사람에게만 이권을 주게 되는 셈이지요. 결과가 어떻게 됐습니까? 처음에는 큰소리쳤다가 신청이 우르르 몰려들어오니까 서둘러 틀어막지 않았습니까? 더구나 그렇게 해놓은 결과가 잘못됐다고 10년이 지난 지금 와서 거꾸로 줄이는 작업을 벌이고 있으니…… 따라서 중도 차단이 불가피한 것이었다면 처음부터 신중했어야 했다는 이야기입니다."[301]

하영기의 주장은 간단명료하다. 신규 진입을 허용하면 당연히 경쟁에서 뒤지는 금융기관을 도산시킬 수 있어야 한다는 것이다. 그는 뒷감당도 제대로 하지 못할 자유화 정책을 왜 떠벌리는지 알 수 없다. 그러면 업계는 어떤가? 기존 업계는 당연히 신규 진입에 대해 신중해야 한다고 주장하겠지만 신규로 참여하는 기업들은 쌍수를 들고 진입 자유를 외친다. 대부분의 경제학자들은 무조건 진입 자유와 퇴출 자유를 외칠 것이다. 퇴출이 원활하지 않은 것이 현실이더라도 그것에 눈을 감고 진입 자유를 외치는 것이 대부분의 경제학자들의 논리다. 그들에겐 현실보다도 논리나 이론이 중요하기 때문이다. 또한 자유경쟁과 시장을 무한히 신뢰한다.

경제기획원 출신으로 재무부 수장이 된 강경식 역시 진입 자유에 대하여 굳은 신념을 가진 사람이다. 그의 신념은 결국 단자사의 설립 자유화를 낳게 된다. 이런 정책 선택이 훗날 어떤 결과를 낳았는지 우리는 너무나 잘 알고 있었다. 크게 늘어난 단자사와 적절한 감시 감독 기능의 상실이 1980년대 부실기업의 양산과 1990년대 외환위기의 방아쇠를 당기는 데 일조하게 된다. 여기서 필자가 지적하고 싶은 것은 현실에 감시감독 기능이 부재했다는 점이다. 그 현실에 맞추어서 진입 자유의 완급을 조정하는 것이 올바른 선택이다. 현실은 이상과 다른데 진입 자유만 이상에 가깝게 선택하면 결국 문제가 터지고 만다. 급격한 진입 자유를 허용하려면 당연히 그것에 맞는 감시 감독 기능이 상당 수준 완비된 다음에 선택했어야 했다.

단자협회 회장의 자격으로 강경식 재무부 장관을 만난 이용만은 정중하게 요청한 적이 있다. "단자회사를 증설한다는 소문이 파다합니다. 허가하게 된다면 과당경쟁을 막는 의미에서 1~2개로 한정해주었으면 합니다." 현실주의자의 의견이나 주장은 이상주의자에게는 이권과 연결된 주장처럼 비추어지는 경향이 있다. 강경식 장관이 귀

담아들었을까? 어쩌면 한때는 경제 관료였지만 이제는 업계 대표가 된 사람의 이야기 정도로 흘러버렸을 것이다. 결국 1982년 7월 28일, 사채시장을 제도금융권으로 유도한다는 명분을 걸고 단자와 금고를 대량 인가하는 '7·28조치'(제2금융권 활성화 대책)이 취해졌다.[302] 무제한 설립을 발표한 이후에 단자회사는 몇 달 만에 무려 12개 회사가 신규로 진입하면서 32개로 늘어난다.[303] 이들 가운데 대부분은 1990년에 종합금융회사로 전환되었고, 단기투자금융 업무에다 외환 자금의 도입과 운영 업무도 겸하게 되었다. 1997년 외환위기가 도래했을 때 30개 종합금융사 가운데 대부분이 도산하고 4개사만 남았다.[304] 이후 정부는 제일 먼저 1조 8,000억 원의 공적 자금을 종금사에 투입했다. 훗날 강경식은 단자사 남발이 낳은 부작용에 대해 부분적으로 일리가 있다고 말하기도 했다. "설립 허가를 남발한 정책이 빚은 결과 때문이라는 비난을 오랫동안 들었다. 물론 일리 있는 비난이었다. 만일 신규 허가를 내주지 않았더라면 어떤 사고도 발생하지 않았을 것이다. 그러나 이 문제는 신규 허가 때문이라기보다는 지도 감독 기능이 제대로 마련되지 않은 데 있다고 생각한다.[305] 만일 재무부 장관으로 더 오래 있었더라면 감독을 강화하는 조치를 강구하는 등 사고 방지 대책을 더 치밀하게 보완했을 것이다."[306] 하지만 이용만의 생각은 달랐다. 그는 개입이나 폐업이 자유로운 분야와 금융업의 자율화는 다르다고 말한다. "감독 기능의 강화나 장관 책임 기간의 문제이기 이전에 정책의 일관성과 시장의 규모 그리고 금융기관의 부실화나 도산이 가져오는 파장, 국가 경제에 미치는 영향, 제도 금융권의 거래 고객 대책 등

무시 못할 많은 상황에 대한 검토가 되어야 합니다. 자율화 이전에 우선 시장 규모를 살피고 과당경쟁을 얼마나 피할 수 있는지를 조사해야 합니다. 그리고 자율화 후에 도산이 발생할 때 고객 보호의 한계나 감동 기능의 강화 등도 자율화에 앞서 보완책으로 마련되었어야 합니다."

이런 면에서 보면 이용만의 입장은 자율화에 반기를 들었다는 이유로 사임할 수밖에 없었던 하영기 전 한국은행 총재와 뜻을 같이하고 있음을 알 수 있다. 하영기 전 총재에 대해서는 바른 말을 잘하고 합리적이었다는 평가가 중론이다. 이상적인 상태는 진입 자유와 퇴출 자유다. 그러나 이상과 현실이 차이가 나면 현실을 충분히 염두에 두고 정책을 펼쳐야 하는데, 이를 놓치게 되면 엄청난 비용을 치르게 된다. 이런 점에서 국가경영에서 정책 입안자들의 판단은 매우 중요하다.


## 첫걸음에서 또 다른 발걸음

"새로운 곳에서 성공적으로 안착하다."

이용만은 단자업계에서 자기만의 길을 개척하는 성과를 올리게 된다. 삶이란 것이 하나하나 축적되는 것임을 염두에 두면 그의 성공은 그동안 뿌려놓았던 씨앗들을 수확하는 시기에 해당한다. 내부적으로는 공직에서 다양한 활동들이 씨줄과 날줄로 연결되어 만들어낸 개인의 실력과 리더십이 빛을 발휘했다. 또 다른 쪽으로는 그가 구축한 방대한 네트워크가 가동되면서 눈부신 성장을 만들어냈다. 그가 회사를 떠난 이후 1992년 9월에 발간된 『중앙투자금융 20년사』는 그를 이렇게 평가한다.

"1982년 2월, 2대 이용만 사장의 취임은 만년 중하위권에 위치하던 당사의 영업을 상위로 부상시키는 데 일대 전환점이 되어 취임 후부터 당사는 적극적으로 수신 운동을 전개, 같은 해 5월 1일부터 6월 30일까지 총력 수신 증대 운동을 실시했는 바…… 그 결과 1982년 6월 말 총수신은 3,580억 원, 총 여신은 3,646억 원으로서 1981년 말 총수신 2,034억 원, 총여신 3,347억 원에 비해 각각 18%, 9% 증가했는데, 이는 전체 투자금융회사의 총수신 증가율 6.4%, 총여신 증가율 1.3%보다 훨씬 앞서는 실적으로 영업 도약을 위한 밑거름이 되었다. …… 이러한 수신 증대 노력은 그 후에도 꾸준하여 마침내는 1984년 3월 업계 최초로 수신고 4,000억 원을 달성하여, 당사의 사세는 이때부터 도약의 길로 접어들었다."[307]

오너인 장상태는 가능한 한 그를 오래 묶어두고 싶어 했다. 서울은행의 지배 주주이기도 한 그는 "이곳에 있으면 서울은행장도 시켜주고 장관도 될 수 있으니까 이곳에 오래 있으라"고 누누이 강조했다. 그때마다 이용만은 "네, 알았습니다"라고만 답했다.

한편 1983년 10월 15일, 김만제가 재무부 장관(1983.10.15.~1986.1.8.)으로 취임한다. 그는 취임 초기부터 밑 빠진 항아리에 물 붓기식으로 부실기업에 돈을 지원하다가는 금융시장이 크게 타격을 받을 것으로 우려했다. 누구도 감히 손을 대려고 하지 않는 부실기업 문제의 해결이 그의 중요한 정책 과제로 등장하게 된다. "누가 이 문제를 차고 나갈 수 있을까?" 그의 머릿속에는 풍부한 경험과 추진력 그리고 문제 해결 능력을 갖고 있는 이용만이 떠올랐다. 국제그룹의 해체에 대해서는 말들이 많지만, 주무 장관인 김만제는 1993년《중앙일보》와의 인터뷰에서 "그대로 뒀다가는 부도가 날 상황인 데다 방만한 경영으로 도저히 회생할 가능성이 없었기 때문에 제3자에게 인수시키려고 했다"고 밝혔다.[308] 그는 전 대통령에게 경영 부실로 허덕이는 국제그룹을 정리하기 위해 주거래은행인 제일은행장으로 이용만을 추천했다.

전 대통령은 숙정으로 물러난 공직자를 그렇게 큰 은행에 보내는 것은 문제가 있지 않느냐고 이견을 제시한다. 그래서 김만제는 제일은행장에 홍승환을, 그리고 신한은행장에 이용만을 추천했다. 현재의 눈으로 정부가 은행장을 선임하는 것이 이상할 수도 있지만, 1980년대에도 정부는 은행장 선임, 금리 결정, 구체적인 자금 집행에 이르기까지 깊숙이 관여하고 있었다. 1980년대 들어서 '금융 자율화' 바람이 불기는 했지만 관치 금융을 벗어날 수가 없었다. 왜냐하면 국제수지 악화, 경기 침체 그리고 부실기업 등 대내외적인 위험이 계속 이어지고 있었기 때문이다.

사실 1980년대 내내 정부는 부실화된 기업들을 뒤처리하는 데 엄청난 에너지를 쏟아 부었다. 정부가 직접 나서서 처리한 회사는 78개였지만 1980년대 은행들이 정리한 부실기업은 500여 개에 이른다. 그만큼 금융기관들의 돈을 가져다 사업을 하고는 갚지 못할 지경에 이른 부실기업들이 많았기 때문에 제2금융권까지 합하면 부실 채권 관련 금융기관 수는 50여 개에 달했다.[309] 정부가 손을 놓고 있을 형편이 아니었다. 정인용은 "금융 자율화의 길은 멀고도 험하지만, 부실기업 정리 같은 어려운 고비를 넘기면서 탄탄해지는 것이라고 생각한다"고 말한다.[310]

이런 결정의 이면에는 이규광이 이용만의 해직과 관련하여 전후 사정을 주변에 밝혔고 전두환이 알고 있었기 때문에 신한은행장 취임이 가능했을 것이다. 그는 해직자 가운데 제일 먼저 금융기관의 경영자로 취임할 수 있었다. 이용만은 이희건 창업자를 만나서 처음부터 신한은행을 가고 싶었지만 윗선에서 거부함으로써 좌절이 되었고, 그동안 정부의 뜻을 잘 몰랐는데 이제는 정부의 뜻을 따르게 되었다고 말했다. 이희건도 재무부 장관의 추천을 호의를 갖고 받아들였다. 이렇게 해서 그는 3년간의 중앙투자금융에서의 경영자 생활을 청산하고 신한은행으로 옮기게 된다.


## 신한은행에 발을 내딛다

"기회는 준비하는 자의 몫이다"라는 말은 삶의 진리 가운데 하나인 것만은 분명하다. "그 친구, 참 괜찮은 친구인데"라는 인식이 상대방에게 박혀 있으면 세상은 그를 외면하지 않는다. 세상에는 사람들이 많지만 쓸 만한 사람은 흔치 않기 때문이다.

1985년 2월 14일, 그는 2대 은행장으로 취임한다. 당시 신한은행은 지금처럼 규모가 있는 종합금융그룹이 아니라 다른 시중은행에 비해 규모가 작은 신생 은행에 불과했다. 하지만 마치 서부 개척자처럼 뉴 프런티어 정신과 성장에 대한 열의가 가득했던 기업이다. 신한은행에서 보낸 3년에 대해 그는 특별한 의미를 부여한다. "11년간 공직을 떠난 시간 중 가장 보람을 느꼈던 시간은 신한은행에서 보낸 3년간이었습니다. 나름대로 영업 실적도 크게 신장시켰으며, 후발 신설 은행의 성장 터전을 굳건히 하는 데 다소나마 기여했다고 자부합니다. 지금도 신한은행은 내 기억 속에 가장 믿음직스럽고 가장 사랑하는 은행으로 자리하고 있습니다."

신한은행은 독특한 역사를 갖고 있다. 오사카에 소재한 흥업은행의 이희건 이사장이 주축이 되어 만든 은행이다. 재일동포 사업가들은 1977년 5월에 단기금융회사인 제일투자금융을 설립한 다음 1982년 1월에 신한은행을 출범시킨다. 이미 이용만이 신한은행 초대 행장 후보 3인 가운데 한 사람이었음을 살펴보았듯이, 이용만은 신한은행 창업자 이희건과 1982년부터 인연을 맺어왔다. 그가 1982년 일본 여행 중 오사카에 들렀을 때의 일이다. 그때는 이미 그가 중앙투자금융에서 일을 시작한 지 몇 달이 지났을 때다. 당시 이희건 회장은 점심을 사주면서 재일동포들에 대한 그의 생각을 이것저것 물어보았다. 그는 1순위로 올라온 이용만을 행장으로 뽑을 수 없었지만, 훗날 "이 양반한테 신한은행 행장을 맡겨도 좋을지 아닐지"를 점검해보았을 것이다. 사업가들은 늘 앞을 보고 대비하는 사람이기 때문에 이용만의 됨됨이를 점검하는 것은 이희건으로서는 당연한 일이었다.

신한은행은 당시 놀라운 속도로 성장함으로써 은행가에 새 바람을 일으키고 있었다. 신한은행이 신설은행으로 새로운 바람을 일으키는 데에는 이희건 회장을 비롯한 재일동포들의 끊임없이 사랑과 관심 그리고 성원이 결정적이었다. 여기에다 이희건 회장의 장남인 이승재의 공로가 컸다. 그는 동경대학교 경제학과를 졸업한 엘리트로 은행원들에게 애행심과 도전 의식을 심어주었다.

당시 한국과 일본 사이에 금융 격차는 20년 이상이었다고 한다. 이를 좁히기 위해 오사카흥은(大阪興銀)의 이승재(전 신한종합연구소 소장) 이사는 오사카흥은을 신한은행 직원들의 연수장으로 활용한다. 일본식 서비스 교육, 융자, 섭외, 예금, 고객 응대 방법 등과 같은 일본의 선진 금융 기법과 노하우를 한국에 직수입했다. 특히 서비스 교육을 통해 서비스 정신을 강하게 주입시켰다. 한국 금융계 최초로 직원들이 일어서서 고객을 맞는 신한의 금융 서비스 혁신은 금융권에 큰 변화를 일으키게 된다. 그런 관계로 어느 지역에서나 신한은행의 점포가 들어온다고 하면, 기존 다른 은행들이 바짝 긴장할 정도였다. 머지않아 거래선도 빼앗기고 경쟁에서 뒤처지는 일이 다반사였기 때문이다.

소수 정예로 출범한 신한은행 직원의 애행심, 사명감 그리고 서비스 정신은 설립 초부터 기존 국내은행에서는 볼 수 없었던 차별화된 구성원들에 기인했다. 타 국내 은행원보다 약 30% 정도 급료는 더 주었으나, 생산성은 그 2배 이상 향상되었다. 상하 간, 동료 간에 일체감을 이루고 독특하고 강한 기업문화를 형성함으로써 선례를 찾아볼 수 없는 폭발적인 힘을 발휘했다.

## 남대문의 관문 신한은행 본점 건물

"지금도 남대문 곁의 신한은행 본점 앞을 지날 때면 투혼을 불살랐던 50대 초반이 떠오릅니다."

어떤 조직에서 활동하다가 떠나고 나면 오래 남는 것이 눈에 띄는 성과물이다. 본래 신한은행은 명동 코스모스백화점 빌딩에서 출발하여 종로 화신백화점 뒤에 있는 공평빌딩을 빌려서 영업을 했다. 그러다가 은행 본점 공간이 너무 협소해서 지금의 무교에 위치한 한국관광공사 건물로 이전해서 사용하고 있었다. 다른 업종과 달리 금융업은 번듯한 본사 건물을 갖는 것이 중요하다. 고객에게 주는 신뢰와 믿음이 중요하기 때문이다. 현재의 신한은행 본점은 서울 시내 중심 지역인 남대문 1번지에 위치해 있다. 오늘의 삼성그룹을 가능하게 한 구 삼성본관이 위치해 있는 인근 지역이다.

'남대문의 관문'에 위치한 신한은행 본점의 이전 기념식은 1988년 11월 29일로 이용만이 떠나고 9개월이 지난 후였다.[311] 하지만 부지 매입부터 착공까지 모든 일은 그가 재임한 동안 이루어졌다. 그가 신한은행에 남긴 업적 가운데 손꼽을 수 있는 것이다. 본점 부지를 매입하는 것은 그가 어떤 일을 하든 "받은 것만큼만 일하면 된다"라는 소극적인 생각을 전혀 갖고 있지 않았음을 알 수 있다. "무슨 일을 하든 내 일을 하는 것처럼 신명을 바쳐 최선을 다하자"를 떠올리게 한다.

남대문로 1번지에 위치한 현재의 신한은행 본점의 확보와 관련된 막후 이야기는 남길 만한 가치가 있다. 1986년 어느 날, 재개발 대지 소유자인 대왕흥산의 김치곤 회장을 우연히 만났다.[312] 한때 원양어업으로 큰돈을 번 김 회장은 장남과의 친분 등으로 잘 알고 지내는 사이였는데, 두 사람 사이에 재개발 부지에 건물을 올리는 일을 두고 이런 이야기가 오갔다.

"이 행장, 내가 그 자리에 빌딩 건축 계획을 갖고 있는데, 함께할 의향은 없습니까?"

"김 회장님, 평당 얼마나 됩니까?"

"건물과 땅을 모두 포함하여 평당 1,200만 원은 받아야겠어요."

"어휴, 그건 너무 비쌉니다."

그 뒤로 그 일을 잊어버리고 있었다. 그런데 남서울골프장의 목욕탕에서 김 회장을 우연히 다시 만난 이용만은 지나가는 소리로 이렇게 물었다. "건물 짓는 일은 잘 진행되고 있습니까?" 그런데 김 회장으로부터 귀가 솔깃해지는 이야기를 듣게 된다.

"이번 토요일에 한국화장품과 가계약을 체결하기로 했습니다."

"얼마에 하기로 했습니까?"

"건물과 땅을 합쳐서 평당 500만 원입니다."

당시 63빌딩의 임차료가 평당 2,200만 원이고 여의도 쌍둥이빌딩의 임차료가 1,800만 원이었다. 땅과 건물을 합쳐서 500만 원은 월등히 싼 가격임에 틀림이 없었다.

"김 회장님, 가계약을 일단 중지하시고, 1주일만 시간을 주시기 바랍니다."

사무실로 돌아온 이용만은 일본에 긴급 이사회를 소집하고 차트 준비를 서두른다. 라응찬 전무와 목요일에 오사카에 도착해서 이사회에서 다음과 같은 안건을 보고하고 승인을 받는다. "서울의 남대문 1번 지는 상징성을 갖고 있으며 건물 매입 가격이 싸기 때문에 본점 건물 용으로 건물의 50%를 매입할 계획입니다." 김치곤 회장은 신한은행 이 50%를 선택할 수 있도록 허락했다. 1~8층, 19층과 20층을 분양해 줄 것을 흔쾌히 동의하여 오늘의 신한은행 본점이 남대문에 자리 잡 게 되었다. 대왕수산의 입장에서도 건물의 50%가 화장품 회사에 넘 어가는 것보다 은행에 파는 것이 낫다고 판단했기에 이 거래가 성사 되었다. 보고를 마치자 몇몇 주주들은 왜 건물 전체를 구입하지 않고 50%만 사는지 묻기도 했다. 당시 은행 형편으로는 전체 건물을 살 만 한 여유가 없었다. 일단 50% 건물을 확보한 후에 웃돈을 더 주고 지하 층부터 시작해서 차근차근 매입하기 시작하여 이제는 본점 건물 거의 전부가 신한은행 소유가 되었다.

## 종합금융그룹의 초석: 신한증권과 신한종합연구소

"뭐든 자기 일 이상으로 애정을 갖고 업을 대하다 보면, 마치 하늘이 도와주는 것처럼 기회라는 것이 눈에 들어오게 됩니다."

이용만이 중앙투자금융을 이끌던 1985년 6월, 동화증권의 인수를 시도한 적이 있었다. 하지만 매입 가격이 25억 원인데 부실 채권을 12억 원이나 안고 있었기 때문에 포기한 적이 있었다. 그런데 신한은행에 왔을 때 동화증권이 아직도 매물로 나와 있음을 알게 되어 즉시 50억 원에 인수 협상을 매듭지었다. 신한은행과 제일투자금융에서 각각 매각 대금의 50%씩을 내기로 하고, 25억 원씩 출자하여 인수 협상을 매듭지었다. 물론 채권과 채무도 모두 승계받았다. 신한은행의 성장사를 살펴보면 동화증권의 인수가 매우 중요한 단계였음을 알 수 있다. 제일투자금융회사라는 단자회사에서 출발하여 제1금융권인 은행을 설립하고, 이후에 제2금융권의 핵심에 해당하는 증권사를 인수함으로써 오늘날의 국내 최고의 종합금융그룹을 향한 시동이 걸리는 시발점임을 확인하게 된다. 신한은행은 동화증권 인수를 향후 종합금융그룹으로 성장하기 위한 발판으로 삼기로 하고 1985년 8월 2일에 상호를 신한증권(주)로 변경하고 자본금도 50억 원에서 100억 원으로 증자했다.[313] 그런데 증권업 진출에 관심을 갖고 있던 선경그룹(SK그룹)이 불과 2달이 지나지 않아 1,400억 원을 주고 매입 의사를 밝힐 정도로 이 매입은 성공 사례에 속한다. 이런 일을 보면서 창업자 이희건의 신뢰가 차곡차곡 쌓여간다.

신한증권을 인수할 때도 재일동포 주주들에게 "증권회사를 인수하려 하니 관심 있는 분들은 지분에 참여해주시기 바랍니다"라며 상세하게 설명했다. 관심을 갖고 참여한 주주들도 있었지만, 증권업의 미래를 확신하지 못한 주주들은 기회를 놓쳤다. 나중에 신한증권의 주가가 크게 올라서 지분 참여한 주주들이 투자 이익을 크게 누리게 되자, 불참한 주주들은 "왜 그때 은행장이 좀 강력하게 이걸 사두어야 한다고 권유하지 않았느냐"고 섭섭해하기도 했다. 신한은행처럼 외견상으로 크게 드러나지 않지만 당시로서는 새로운 연구소 모델인 신한종합연구소도 그가 재임하는 동안 만들어졌다.

## 경영자의 조건 1: 미리 내다볼 수 있어야

"직원 개개인이 한껏 자신의 능력을 발휘할 수 있도록 돕는 것이 바로 경영자가 해야 할 일이다."

경영자가 해야 하는 일이 여럿 있겠지만 이 가운데 으뜸은 기대하는 성과를 계속해서 만들어내는 것이다. 이를 위해서는 무엇보다 경영자가 깨어 있어야 하고 열심이어야 하고 자신의 업을 둘러싼 환경 변화를 예의 주시하면서 미래에 대한 자신만의 의견을 만들어내야 한다. 흔히 말하는 통찰력이나 선견력을 가진 경영자가 되어야 한다. 그래야 조직이 가진 자원을 제대로 배분할 수 있으며, 조직원들이 무엇에 집중해야 하는지, 그리고 무엇을 준비해야 하는지를 알려줄 수 있다.

이용만은 신한은행에 취임한 이후에 당시로서는 직원들이 가슴에 와 닿지 않는 미래를 반복적으로 들려주었다. 그 미래란 오늘날처럼 고객을 찾아가는 은행을 말한다. 만성적인 초과 자금 수요는 은행을 슈퍼 갑으로 만들어놓았다. 일단 익숙해지면 사람들은 그런 일이 오래 계속될 것임을 믿어 의심치 않는다. 그는 취임 초 월례조회에서 고객이 슈퍼 갑이 되는 시대가 도래할 것임을 강조한다. "지금은 자금 부족으로 고객에게 금융기관이 고자세이지만 머지않아 '내 돈을 좀 써주십시오'라고 부탁해야 하는 시대가 올 것이기 때문에 우량 고객을 많이 확보한 은행만이 살아남을 수 있다." 어떻게 그런 생각을 할 수 있었는가라는 질문에 대해 그는 "신통력이 있기 때문에 알 수 있는 것이 아니라 일본 은행들이 걸어온 길을 보면 앞으로 어떤 일이 기다리고 있는지 그릴 수 있었다"고 말한다.

그가 행장으로 취임할 당시 인사 담당을 맡았던 홍성균(전 신한금융 그룹 부회장)은 이용만의 기여에 대해 본사 건물 건축이나 거래처 확보 등과 같은 물리적인 것 이외의 것을 든다. 그는 이 행장이야말로 눈에 보이지 않는 것들, 즉 미래에 대한 인식의 전환, 새로운 조직 문화의 창조, 당시로서는 파격적인 비전의 제시를 든다. "항상 우리에게 단기적인 업적을 넘어서 미래를 바라보고 준비해야 한다는 점을 말씀하셨어요. 우리가 단기적인 관점으로 세상을 바라봐선 안 된다는 점을 누누이 강조했습니다. 그리고 기업의 영속적인 성장은 문화에 의해 좌우되기 때문에 기업이 잘되려면 기업 구성원들의 마음가짐이 중요하다고 자주 반복했습니다. 당시로서는 파격적인 주장이었는데, 주주 가치를 극대화하기 위해 주인정신을 가져야 한다는 점을 이야기했습니다."

오래전에 출입기자로 그를 지켜봤던 황호형(전 SBS보도본부 스포츠 국장)은 "통찰력이 뛰어난 분입니다"라는 이야기를 했다. 그 이유는 이렇다. "은행감독원장을 할 때 항상 하는 말이 우리 은행들이 저렇게 하면 안 된다는 것이었습니다. 출입 기자들의 귀에 거슬리는 이야기였습니다. 조흥은행, 상업은행, 제일은행 등 수십 년간 잘해왔는데 왜 저런 이야기를 자꾸 할까라고 생각했습니다. 빠르게 바뀌어야 하는데 옛날 생각만 하고 변화에 더딘 것이 큰 비용을 치를 것이라 늘 강조했습니다. 지금 와보니까 신한은행하고 국민은행 정도만 남고 금융권 재편이 크게 일어나고 말았습니다." 지금 기준으로 보면 특별할 것이 없는 이야기이지만, 1985년으로 돌아가면 전혀 다른 이야기가 되고 만다.

인사 업무를 담당했던 홍성균은 "본인의 인생 경험에서 사람의 마음이나 정신력이 모든 것을 결정한다"고 생각해서 직원들의 마음의 변화에 깊은 관심을 가졌다고 말한다. "관에서 오셨지만, 교육에 대한 열정이 유별났습니다. 연수원도 만들었습니다."

신한은행의 추억 가운데서는 체육대회를 빼놓을 수 없다. 해마다 전 임직원이 참여하는 체육대회가 신갈의 외환은행 운동장에서 열렸다. 당시는 은행 규모가 크지 않고 인원이 적었기 때문에 이런 행사가 가능했다. 부장, 지점장, 임원 전원이 참여하는 800미터 경주가 있었다.

"지난해(1984년)에는 누가 우승을 했는가?"

"송 상무가 우승했습니다."

"나도 남산체육관에서 몸을 단련해왔으니 올해 경주에서는 송 상무 뒤만 따라가면 되겠구나."

그리고 한 바퀴를 도는데, 앞서 가는 송상무가 느리고 답답해서 결국 추월하게 된다. 2등과 거의 100미터 차이를 벌린 다음에 1등을 하는데, 상을 주는 사람과 받는 사람이 같았다. 그래서 라응찬 전무가 이용만 행장에게 시상해야 했다. 임원들의 체면이 말이 아니었기 때문에 다음해에는 임원들이 분발한다. 어떤 임원은 여의도 윤중제를 뛰는 사람도 있고, 수유리 산을 뛰는 사람들도 있었다. 나름 준비를 했지만 다음해에도 이용만 행장이 우승했다. 800미터 경주는 외환은행에서도 있었는데, 외환은행에서는 조기 테니스를 즐기는 부장에 이어 2등을 했다. 젊은 날 그의 업무 추진력이 체력에 바탕을 두고 있었음을 확인할 수 있는 에피소드다.

## 경영자의 조건 2: 장벽이 무엇이든 없애야

"인간관계든 조직이든 가만히 두면 자꾸 장벽이 생기니까 이걸 자꾸 없애야 모든 것이 원활하게 돌아가게 된다."

그가 장벽이나 칸막이에 대해 갖고 있는 생각이다. 그를 두고 사람들은 "참으로 소탈한 사람이다"라고 부른다. 소탈함은 사람들을 대함에 있어서 격의가 없음을 말한다. 인사 담당을 했던 홍성균은 장벽을 없애는 그만의 독특한 친화력과 언행이 오래 기억에 남는다고 말한다. "인간적으로 '이분은 정말 장벽이 없는 분이시구나'라는 생각을 가졌던 적이 한두 번이 아닙니다. 이따금 '임마, 미스터 홍'이라고 부르십니다. 은행의 행장과 말단 사이에는 엄청난 격차가 있습니다. 그런데 술 마실 일이 있으면 '야, 라면가게 있으면 어디 들러서 먹자'라고 하십니다. 그렇게 라면을 먹고 나오다가 '우리 집으로 가자'라고 하면서 전화도 하지 않고 집으로 갑니다. 저는 2~3번 정도 집에 들렀는데, 사모님은 항상 준비가 되어 있었습니다. 당시에 출입 기자들이 너나 할 것 없이 '용만이 형'이라고 부르기도 하고 따르는 분들이 많았습니다. 이분들이 이래서 '용만이 형'이라 부르는구나 생각했습니다. 인생을 살아가며 크게 배운 점입니다."

한편 그의 소탈함은 인간관계나 행동의 소탈함에 그치지 않고 사고에까지 확장된다. 엘리트주의와는 정반대에 서 있다. 정해진 틀이나 격식 그리고 형식을 따지지 않고 현장이나 고객이 필요로 하면 그것에 맞추어서 변신을 시도하는 것을 당연히 여긴다. 그의 뇌리 속에는 "모든 것은 세상에 따라 변해야 한다"는 변화관이 뚜렷하게 자리 잡고 있다. 남보고 먼저 변하라고 권하지 않고 스스로 변화를 시도한다. 그다음에 조직 구성원들로 하여금 함께 변하자고 외친다. 그는 삼성, 현대, LG, SK 등 굴지의 우량 대기업 사장과 임원을 그룹별로 오찬 혹은 만찬에 초대하여 신한은행과의 거래를 활성화해줄 것을 부탁하곤 했다. 현대의 정세영 회장이나 최종현 SK그룹(전 선경그룹) 회장은 "자신이 세상에 태어나서 은행장한테서 저녁을 얻어먹어보긴 처음이다"고 즐거워하곤 했다. 그만큼 은행이 오랫동안 갑의 위치에 있어왔기 때문이다. 지금은 우량 고객을 초청하여 대접하는 일이 하나도 신기한 일이 아니지만, 1980년 초반에는 항상 자금 초과 수요가 있었음을 염두에 두면 그가 고객 중심 경영이란 기치를 걸고 얼마나 일찍부터 대비했는가를 짐작할 수 있다.

### 경영자의 조건 3: 틀을 깨는 발상의 전환

"회사는 잘 팔 수 있어야 하고, 잘 팔리려면 널리 알려야 한다."

자신이든 제품이든 서비스든 널리 알리는 일은 아주 중요한데, 어떻게 해야 하는 것일까? 널리 알리는 일은 마케팅 부서만의 일이 될 수 없으며, 되어서도 안 된다. 간혹 자기 회사가 무엇을 파는지, 어디로부터 수익이 얼마만큼 발생하는지 잘 모르는 사람들을 만날 때가 있다.

팔리지 않으면 생존도, 성장도 불가능하다. 파는 일의 전제조건을 알리는 일이다. 이용만은 사기업의 본질을 정확하게 꿰뚫고 있었다. 은행장이 헛기침하며 뒷짐을 지고 점잖 빼는 사람이 되지 않아야 한다는 사실을 알고 있었다. 그는 취임 초기부터 기회를 만들어서 전 직원과 함께 은행 홍보에 적극적으로 참여한다. 신한은행은 고객군을 넓히기 위하여 새 지점이 문을 열기 전날 저녁에 주민과 잠재고객을 초청해서 조촐한 리셉션을 가졌다. 지점이 문을 열 때마다 초청한 주민과 잠재고객 앞에서 "저는 은행장 이용만입니다. 앞으로 저를 이용만 하십시오"라고 큰 소리로 외치면 참석자들이 파안대소하면서 즐거워했다. 은행장이 이런 이야기를 하는 데는 용기가 필요하다. 그는 영업에 도움이 된다면 사회가 묵시적으로 정한 틀을 깨는 일쯤은 아무 일도 아니라고 생각했다.

은행장이 직원들과 함께 거리로 나가서 캠페인을 벌이는 일은 오늘날이면 얼마든지 가능하다. 1980년대 초반만 하더라도 은행장은 보통 고객들과는 멀리 떨어져 있는 사람이었다. 창립 5주년을 맞이했을 때 그는 임직원들과 함께 창립 기념 T셔츠를 입고 거리에서 적극적으로 캠페인을 벌였다. 그는 종로 거리와 미도파 앞에서 신한은행 알리기에 동참한다. 당시만 해도 은행원이 외판 사원도 아니고 거리로 나서는 것 자체가 금기였다. 행장까지 나선 가두 캠페인은 무척 낯선 행사였기 때문에 텔레비전을 비롯한 전 언론 기관에서 실황을 보도할 정도였다. 이용만 행장의 재직 시절, 신한은행은 다른 은행원들에게는

'은행원 망신시키는 은행'으로 평가되었다.[314] 다른 은행원은 "어떻게 은행원이 품위 없이 고객에게 인사하고, 거래처를 찾아가고, 길거리에서 세일즈를 벌이냐?"고 꼬집기도 했다.[315]

한편 이용만은 어떻게 해야 사람들이 힘껏 달음박질하는지를 재무부 시절부터 터득하고 있었다. "당신이 이 일에 관한 한 장관이오!"라는 원칙은 "당신이 이 지점에 관한 한 은행장이오!"로 적용할 수 있다. 그는 취임 이후에 은행 경영에 큰 변화를 시도했다. 지점별 독립채산제를 과감하게 실시하고 지점장에게 대폭적인 권한 위임을 실시했다. 지점장의 전결 한도를 넘는 여신에 대해서는 형식은 이사회에서 결정하지만, 전적으로 지점 의견을 존중했다. 거래 기업의 실상은 지점장이 제일 잘 알고 있고, 제일 잘 알아야 한다고 생각했기 때문이다.

그의 리더십은 독특한 면이 있다. 1985년 오사카 지점에서 근무했던 장명기(피델리스파트너스 회장, 전 신한은행 부행장)는 『리더십 오디세이』라는 책의 저자이기도 한데, 그는 리더십 관점에서 그를 예리하게 진단한다. "이분은 업무적으로는 강하고 결단력이 있지만, 대인관계는 오히려 부드럽고 우유부단할 정도로 업무 스타일과는 완전히 다릅니다. 이분의 특징은 대인관계에서는 서번트 리더십을 갖고 있습니다. 대개의 리더는 강함과 부드러움 2가지의 모순된 요소를 갖기가 쉽지 않은데, 카리스마도 있으면서 동시에 대인관계에서는 정도 많으십니다. 그래서 이분을 볼 때는 노자의 『도덕경』을 떠올리게 됩니다. 물은 무서운 힘을 가지고 있으면서도 항상 낮은 곳으로 흐릅니다. 그렇게 부드럽고 낮은 곳으로 흐르는 것을 우리가 위대한 힘이라고 말합니다. 군림하는 리더가 강한 것이 아니라 오히려 물과 같이 부드러운 변형의 리더십이 형이상학적인 개념의 리더십이고 진정으로 무서운 리더십입니다."

특히 그는 부하들을 강하게 압박해서 성과를 만들어내는 것과는 완전히 달랐다. 스스로 분발할 수 있도록 만드는 데 특별한 능력이 있다. "내가 불편을 감수하고 솔선수범할 테니까 함께 힘껏 해보자!" 그는 지점장들에게 "영업 활동에 임원의 도움이 필요하면 언제든지 활용하라"고 말했다. 그런데 그 약속을 최대한 활용하는 지점장들이 있었다. 그중 하나가 신상훈(전 신한은행 행장)이다. "새벽에 이 사람을 꼭 한번 만나달라" "누구와 점심 먹으면 이런 말을 좀 해달라" 이런 요구들이 봇물 터지듯이 나오는데, 이렇게 많이 요구한 사람들이 나중에 출세하는 것을 알 수 있다. 마치 목표 지점을 향해서 보병들이 열심히 싸워서 전진하다가 본부에 대고 폭격기의 출격을 요구하는 것과 같다. 몸은 피곤하지만 지점장들이 요구하는 곳에 출격해서 포탄을 퍼붓고 난 다음에 성공했다는 소식을 들으면 피곤함이 말끔히 씻겼다.

이런 노력들이 어우러지면서 1986년 10월 22일, 신한은행은 수신고 1조 원을 돌파하는 데 성공한다. 자본금을 500억 원에서 1,000억 원으로 증자하면서 수신고 1조 원 돌파 운동을 전개하는데 그 성과가 가시적으로 드러나게 된다. 그는 "설립 4년 만에 은행이 자본금을 2배로 늘린 신한은행처럼 급격한 예금 신장을 이룬 사례를 찾아보기 힘들 것이다"고 말한 바 있다.[316]

수신고 1조 원이 돌파했을 때 이용만이 직원들에게 아이디어를 구해서 색다른 연말 선물을 준비한다. 소고기 5근씩을 포장하고, 신한 은행 로고가 새겨진 구두 한 컬레씩을 전 직원에게 선물한다. "쇠고기 먹고 힘내고, 구두 신고 발이 닳도록 뛰자"는 메시지를 담은 행장의 기발한 선물에 직원들이 웃은 것은 당연하다.

## 경영자의 조건 4: 리스크 관리

"전혀 예상치 못한 일들이 발생했을 때는 당황하지 말고 상황을 정확히 파악한 다음에 신속하게 움직여야 합니다."

어려운 일이 여러 번 있었지만, 이 가운데서도 이용만이 잊을 수 없는 사건은 신한은행에 취임한 지 3개월 만에 터진 본점 화재 사건이다. 1985년 6월의 어느 날, 밤 1시경에 은행 본점에 화재가 발생했다는 급보가 날아들었다. 옷을 주섬주섬 챙겨 입고는 쏜살같이 현장으로 내달렸다. 소방차 5대가 동원되어서 진화에 나섰지만 검은 연기와 수증기가 계속 치솟고 있었다.

그는 화재 상황을 살펴보기 위해 방독면을 쓰고 전등을 비추며 건물 내부로 들어가려 시도했지만, 콘크리트 건물의 열기로 인해 좀처럼 들어갈 수가 없었다. 나중에 밝혀진 사실은 4층에 있던 전산부 직원이 야근하던 중에 담배꽁초를 신문지에 싸서 휴지통에 버린 어처구니없는 일이 화재의 원인이었음 알았다. 버린 꽁초가 발화되어 책상과 천장으로 옮겨 붙으면서 대형 화재로 번질 뻔한 사건이었다.

전산부 직원 5명이 업무 개발을 하다가 잠시 잠이 든 상태에서 화재가 발생했기 때문에 하마터면 5명 모두가 질식사할 뻔했다. 가스에 질식해 쓰러져 있었던 직원들을 소방대원들이 급히 끌어내어 대참사는 피할 수 있었다. 인명 사고가 나지 않은 것만도 다행스러운 일이다. 게다가 전산실의 냉각 장치 덕분에 자료와 컴퓨터 시설은 안전했다.

그는 상황을 빠른 시간 내에 파악한 다음, 전 직원에게 비상소집을 명했다. 아침까지 직원들이 힘껏 노력해서 복구 작업을 추진한 결과 간밤에 화재가 있었다는 사실을 고객들이 눈치챌 수 없을 정도로 아침 9시에 정상 영업을 할 수 있었다. 4층에서 불이 났지만 9층 건물 전체가 물바다였고, 6층의 행장실에도 책상까지 물이 흥건히 고여 있을 정도였다. 엘리베이터 통로로 모든 물을 빼서 아침까지 깨끗이 정돈되었다.

그다음에 조치를 취해야 할 일은 언론이었다. 오늘날처럼 SNS가 발달한 시대에는 모든 뉴스가 실시간으로 방영되기 때문에 막을 수 있는 방법이 없다. 그러나 당시는 텔레비전이나 신문지상에 보도되지 않도록 만들 수 있는 여지가 있었다. 보도가 되지 않아 경찰, 소방서, 은행 직원만 알고 정상 영업을 할 수 있었다. 아무튼 어떤 상황에서든 전혀 예상치 못한 사고, 사건이 터질 수 있는 것이 우리들의 삶이다.


## 설립자 이희건 회장과의 추억

"저 친구가 저렇게 사람을 많이 만나고 다니려면 돈이 들 텐데, 은행 돈을 가져다 쓰는 건가?"

이희건 회장은 행장으로 부임한 이용만이 기자, 국회의원, 재무부 사람을 자주 만나고 다니니 어쩔 수 없이 의심이 들었다. 더욱이 재일동포로 사업하면서 이런저런 일로 속임을 많이 당한 이유도 작용했다. 이희건은 1년 동안 이용만을 지켜보면서 그가 은행 일을 하면서 개인 카드를 사용하고 있다는 사실을 알아차렸다. 그다음부터 이용만을 전적으로 믿었다.

이희건은 1917년 경북 경산 출신으로 신한은행 창업 주역 341명 가운데 최고의 공로자다.[317] 그는 자전거 타이어 장사를 시작해서 차별을 이겨내고 1955년 재일동포 민족금융기관인 '오사카흥은'을 설립했다. 이 은행은 일본인에 비해 재일동포에게 높은 담보 설정과 일본인의 보증을 요구하는 일본 은행들의 차별을 극복하기 위해 자구책으로 만들어진 금융 기관이다. 재일동포들의 모국 투자는 1974년 2월 오사카에서 '재일한국인본국투자협회'로 시작되었으며, 이 모임의 초대 회장이 이희건이다.[318] 이후 재일투자금융과 신한은행으로 이어지는데, 그들의 모국 투자는 개개인의 이익이란 점도 있었지만 우리나라가 어렵고 힘들 때 모국의 경제 발전에 재일동포들이 힘을 모으기 위한 것이기도 했음을 잊지 말아야 한다.[319] [320]

이후부터 일본에 갈 때마다 이희건 창업자는 이용만에게 용돈을 듬뿍 주었을 뿐만 아니라, 이용만의 처가 일본을 방문할 때는 용돈을 더 주었다. 그는 신한은행을 떠난 이후에도 은행 일이라고 하면 발 벗고 나서서 도울 정도로 좋은 돈독한 관계를 유지했다. 이희건이 1917년 생이고 이용만이 1933년생이라 두 사람은 16년이나 차이났다. 그러나 사나이로서 깊은 신뢰가 있었다. 이희건 회장이 죽음을 맞기 전에 이용만은 회장님을 한 번 뵈어야겠다고 생각하고 라응찬, 신상훈, 이백순과 함께 생신일에 오사카를 방문한다. 휠체어를 타고 차에서 내려서 이동하는 이희건의 손을 꼭 잡은 이용만은 눈물이 나서 견딜 수가 없었다고 한다. 약속 장소로 이동해서 이용만은 손을 잡고 "건강을 회복해주세요"라고 기도를 마치는데 물끄러미 그를 쳐다보는 이희건은 "젊구나, 젊어"라고 말했다. 이것이 생애 마지막으로 이용만에게 들려준 말이다. 가족들이 모두 사진을 찍고 나서는 자꾸 손짓을 해서 두 사람은 함께 마지막 사진을 찍었다.

다음번 방문길에 두 아들을 만났더니, "아버지가 축 늘어져 있다가 이 장관님이 왔다 간 후 생기가 돌아서는 건강도 좋아지고 활발해지셨습니다"라는 말을 전해주었다. 지금도 일본을 방문할 때면 두 형제를 불러서 저녁을 하곤 한다. 그때마다 "너희 아버님이 나를 어떻게 사랑해주셨는가 하면…… 그래서 내가 이렇게 밥을 산다"라고 말한다. 두 아들은 "아버지가 귀에 못이 박히도록 한 말씀이, 여러 행장들이 거쳐 갔지만 이용만 행장만 한 사람이 없었다는 것이었다"고 전한다. 이용만의 특성 가운데 하나는 의리다. 그가 가슴에 담고 살아가는 사자성어가 『논어』 「안연편」에 나오는 '무신부립(無信不立)'이다. 사람이 신의가 없으면 성공할 수 없다. 지금도 그는 일본을 방문할 때면 나라에 있는 이희건 회장의 산소를 찾곤 한다.

## 여한 없이 뛰었던 시절

"CEO는 말이 아니라 숫자로 말하는 사람이다."

그가 신한은행 행장으로 오기 2달 전, 1984년 말의 총수신고는 5,000억 원이었다. 그가 3년간 근무를 마치고 떠났던 1988년 2월 말에는 1조 7,000억 원을 돌파했다. 신한은행은 3년 동안 총수신고가 3배 이상 증가했다. 당기순이익은 1986년과 1987년에 선발 시중은행들을 모두 제치고 연속 선두를 차지하여 큰 화제를 불러일으켰다. 그가 재임하고 있는 동안 영업이익은 4배가 늘었다. 이처럼 영업 규모가 크게 신장하여 모범적인 은행으로 자리 잡을 수 있었던 이유에 대해 그는 "주주와 경영자와 직원들이 은행을 키우는 데 온 정성과 마음을 모았기 때문이다"라고 평가한다.

『신한은행 20년사』는 그를 이렇게 평가하고 있다. "이용만 행장은 동화증권(현 신한증권)을 인수하고 신한종합연구소를 설립하여 종합금융그룹으로 성장하기 위한 초석을 다지는 한편, 고객 지원 우선의 조직 체계를 구성하는 데 전력을 다했다. 또 CMF온라인시스템을 융자 및 신탁 업무로까지 확대하여 경영의 효율성을 높이고, 신한경영강좌 및 섭외전담반의 설치로 주요 고객에 대한 섭외 활동을 강화함으로써 1986년 10월 총수신 1조 원을 돌파하는 업적을 이룩했다. 뿐만 아니라 인재 개발을 위한 연수원을 건립하는 한편 사내근로복지기금을 설치 운영하고, 방배동 독신자 합숙소를 개소하는 등 직원의 복지 향상을 위해서도 남다른 노력을 기울였다."[321] 신한은행에 근무했던 사람들의 평도 다르지 않다. 이동걸 KDB산업은행 회장은 "그분의 특별한 리더십이 오늘날의 신한금융그룹을 만드는 데 큰 버팀목이 되었습니다. 그분이 신한은행 초기 기반을 잡는 데 큰 기여를 했다는 점은 어느 누구도 부인할 수 없을 것입니다"라고 평한다.[322] 그가 신한은행을 떠나게 되었을 때 이희건 창업자는 무척 아쉬워했다. 그래서 재무부 장관을 직접 찾아가서 "사기업에서 일을 잘하고 있는 사람을 그렇게 빼 가면 어떻게 하느냐?"고 항의할 정도였다.

# 3장

# 공적 기관의 CEO: 외환은행장과 은행감독원장

"실물경제를 잘 모르는 경제부처의 수장이 오면 부작용이 큽니다.

부작용이 발생하더라도 그때는 여건이 나빠서 그랬다고 말합니다.

국가적으로 큰 손해를 보게 됩니다."

"내 입으로 절대로 그만두겠습니다라고 말할 수 없습니다."

1988년 2월, 사공일 재무부 장관(1987.5.26. ~ 1988.12.4.)은 이용만을 불러서 외환은행장으로 옮길 것을 권한다. 그러나 이희건 회장과의 신의를 생각하면 받아들일 수 없는 일이었다. 사공일이 이용만을 중용할 수밖에 없었던 것은 특별한 상황 때문이었다. 1988년은 그동안 사장되어왔던 국정감사권이 부활되는 첫해였다. 따라서 한국은행(97.5%)과 정부(2.5%)가 주식을 갖고 있는 외환은행이 국정 감사의 대상이 되니, 국정 감사를 해본 경험이 풍부한 그가 잘 처리할 능력을 갖고 있기 때문이다. 다른 하나는 민영화를 추진하고 있는 외환은행 앞에는 여러 가지 난제들이 기다리고 있었는데, 이런 문제들을 슬기롭게 처리할 수 있는 사람으로 그를 꼽았기 때문이다. 사공일은 "금융 특히 은행 업무에 대해 누구보다 잘 알고 있었기 때문에 이용만 행장을 대통령께 천거했습니다"라고 말했다.

어떻든 이희건 회장을 설득하는 것은 장관의 몫이었다. 장관과 은행감독원장 등이 총동원되어 이희건을 설득한다. 주무 당국을 책임지고 있는 장관이 나라의 일을 위해서 그를 데려가서 사용해야겠다는 주장에 대해 이희건의 반론도 만만치 않았지만, 결국 민간 기업의 경영자가 이길 수는 없다. "그러면 알아서 하십시오"라더니, 이희건은 화가 난 나머지 "어떻게 민간 은행 행장도 우리 마음대로 하지 못하느냐"고 투덜거리면서 돌아왔다.[323]

외환은행으로 옮길 당시의 그는 과거의 그가 아니었다. 민간 기업에서의 경험은 공적 기관이 갖고 있는 문제점을 금방 느끼게 했다. 그가 취임 직후 외환은행에서 느낀 것은 상업 금융기관의 분위기가 아니라는 점이다. "은행 안으로는 업무에 대한 조직 전체의 긴장도가 크게 낮았습니다. 불평과 불만은 산적해 있었고, 고객들에게는 공무원과 크게 다를 바 없는 고자세를 취했습니다. 업무의 긴장도는 정부기관에도 미치지 못하고 상업 마인드는 민간 은행에 비할 바가 되지 않았습니다. 문제의 핵심은 민간 상업은행들과 같은 업무로 경쟁하고 있으면서도 직원들의 의식은 은행원이 아니었습니다. 임직원들은 하나같이 외환은행을 특별한 정책 기능을 수행하는 국책기관으로 생각하고 있는 듯이 보였습니다."

## 의식이 바뀌지 않고선 모든 게 허사

"이 상태로는 민영화해도 경쟁에서 이길 수 없다."

새로운 일을 맡으면 자기 방식대로, 혹은 자기 관점대로 재해석하는 일이 중요하다. 그동안의 관례를 따를 것이 아니라 상황을 정확히 인식한 다음에 문제가 무엇인지, 그리고 문제의 우선순위를 명확히 하는 일이 중요하다. 그는 외환은행이 어떤 문제점을 갖고 있는지 짧은 시간 안에 파악했다. 무엇보다 큰 문제는 직원들이 "고객을 모셔야 한다"거나 "수익을 내야 한다" 등과 같이 경영에서 너무 당연한 것을 공유하고 있지 않았다. 이런 상태라면 우수한 고객들이 외환은행과 거래할 이유가 없었다. 선발 시중은행들과의 격차는 점점 벌어질 수밖에 없었다. 가장 우선되어야 할 과제는 임직원들의 의식 개혁이었다. 그런데 문제 해결책을 도출할 때도 "내가 답을 갖고 있으니까 나를 따르라!"는 방식을 사용하지 않았다. "현장에 있는 사람들이 모든 답을 갖고 있으니 그 답을 끌어낸 다음 체계화해서 함께 공략해보자!" 그는 현장 사람들이 모든 해결책을 이미 갖고 있다는 가정하에 문제 해결책을 끌어내기 시작했다.

우선 지점장들을 불러 모았다. "지금 당신들이 새로 부임한 은행장이라면, 무엇을 어떻게 하겠는가?"라는 질문을 던졌다. 그다음에 차장들을 불러 모은 다음에 이런 말로 모임을 시작했다. "지점장들 대부분이 옛날 한국은행 외환부에서 근무하다가 외환은행으로 따로 독립할 때에 넘어온 부장급이라서 비즈니스 마인드를 갖추지 못한 것은 어느 정도 이해할 수 있다. 하지만 여기에 모인 차장급들은 외환은행이 독립한 후에 새로 들어온 직원들인데, 앞으로도 외환은행의 장래를 이끌어갈 사람들이니 뭔가 달라야 되지 않겠는가?"

이런 이야기가 한국은행 임원들의 귀에 들어가서 "신임 외환은행장이 와서 한국은행 출신들은 장사도 잘 못하고 쓸모가 없는 사람들이라고 한다"는 식으로 부풀려지기도 했다. 이용만의 본심은 그게 아니었다. 차례차례 과장급도 부르고 대리급도 따로 불러서 "당신들이 행장이라면 어떻게 하겠는가?"라는 과제를 던졌다.

그가 외환은행에 머문 기간이라고 해야 2년 조금 넘지만, 지금도 은퇴한 직원들은 이용만 행장이 강인한 이미지를 남겼다고 말한다. 당시 외환업무 부장을 지냈던 최경식(환은 동우회장)은 "혼신의 노력을 다했기 때문에 깊은 인상을 심어주었다"고 말한다. 여러 사람들이 행장을 거쳐 갔지만 조직의 문제를 해결하기 위해 몇 달간 같은 음식을 먹어가면서 경청하고 토론한 사람은 없기 때문이다. 최경식은 "사람들의 공감을 불러일으키는 핵심 포인트는 솔선수범과 사심 없이 열심히 일하는 것이었습니다"라고 말한다.

여기서 우리가 깨우쳐야 하는 것은 본래 사람들이 무능하지 않다는 사실이다. 외환은행처럼 엘리트 직원들이 모인 조직이라도 리더가 직원들의 능력을 꿰어서 명확하게 방향 설정을 하지 못하면 오합지졸이 되고 만다. 이런 점에서 리더의 중요성은 아무리 강조해도 지나친 법이 없다. 가장이 그렇고 사장이 그렇고 대통령이 그렇다. 리더가 무능하면 조직원들이 고생을 한다.

## 문제는 해결하라고 있는 것

"문제가 없는 사회란 없고, 문제가 있다고 하는 것을 인정하는 순간부터 해결책이 시작된다."

이용만이 문제를 바라보는 시각이자 신조이다. 이런 신조를 가졌기 때문에 그는 어떤 조직을 맡더라도 "내가 해야 할 가장 중요한 일은 부하들에게 '저분을 따르면 우리가 승리할 수 있겠구나'라는 확신을 주는 것"임을 분명히 알고 있었다.[324] 어려움을 극복하는 데 성공한 조직들은 눈앞에 닥친 현실 속에 냉혹한 사실들을 직시하는 것에서부터 출구를 찾아낸다.[325] 문제가 있음을 인정하고 문제를 있는 그대로 직시하기 위해서는 무엇보다 허심탄회한 대화가 있어야 한다. 우리 조직이 어떤 문제를 갖고 있는가를 찾아내기 위해서는 답이 아니라 질문이 있어야 하고, 일방적 지시가 아니라 열린 대화가 있어야 한다. 그는 이런 원칙에 충실하게 접근했다.[326]

사기업이든 공적 기관이든 결국 사람이다. 사람이 바뀌지 않으면 아무 일도 할 수 없다. 자기 세계에 갇혀 있는 사람들을 깨우는 방법을 찾아내기 위해 고심한 결과 찾아낸 방법은 시간이 걸리더라도 의식 개혁에 성공하는 것이다. 교육이 최선의 방법이라 생각하고 외환은행 신갈연수원에서 책임자급부터 매주 150~200명씩 목요일에서 토요일까지 연수 프로그램이 시작된다.

그는 조직의 장으로 활동하는 내내 교육에 열의를 가진 경영자였다. 사람이야말로 경영에서 처음이자 마지막이라 생각했기 때문이다. 예를 들어, 그가 신한은행에 있을 때도 본점 건물을 확보하기 전에 먼저 주택은행으로부터 부지를 불하받은 지금의 기흥연수원부터 부지를 확보했다. 외환은행에 재직하면서도 연수원 근무 직원을 제외하면 연수원을 가장 많이 방문한 사람이다.

한 번도 빠지지 않고 매주 두 차례 연수원을 방문했다. 경영자가 빠지지 않는다는 것은 그것이 가장 중요한 일임을 조직원들에게 확실히 알리는 일이다. 교육이 시작되는 목요일 아침 연수에 참여한 직원들에게 은행 발전 방안을 마련해달라고 당부한다. 그리고 토요일 연수가 끝나는 날 다시 가서 그간의 토론 내용을 듣고 질의 응답을 진행하면서 연수 효과를 점검했다. 연수가 진행되면서 직원들이 참여 열의가 점점 높아졌다. 직원들은 난상토론을 거쳐서 스스로 문제점을 진단하고 해법을 찾아냈다. 사람은 위로부터 강압적으로 누르지 않더라도 자신이 주도적으로 무엇인가를 해야 하고 할 수 있다는 확신이 서면 움직이는 존재다. 경영진들에게 건의도 늘어나고, 스스로 자신이 해야 하는 일을 정리할 수 있게 되었다. 이처럼 그는 조직 구성원 전체를 풀가동하는 데 익숙한 리더다.

지금도 그의 기억 속에 남아 있는 직원 연수의 한 장면이 있다. 대리급 연수 때의 일인데 한 직원이 강의실 맨 뒤쪽에서 행장이 이야기를 하고 있는데도 드러눕다시피 뒤에 머리를 기대고 있었다. "어디 네 맘대로 떠들어라. 나는 잔다"는 식으로 무언의 항의를 담은 자세였다. 기분이 상하는 일이었지만 그대로 두었다. 3일간의 연수가 끝난 날 강평을 하고 강단을 내려오는데 그 친구가 일어서서 인사를 했다. "교육이 제대로 되어가는구나"라는 만족감을 느낄 수 있는 순간이었다.

## 쇠뿔도 담금질이 되었을 때 확실히

"무슨 일이든 일단 상승 무드를 타면 그 기회를 놓치지 않고 확실히 마무리를 해야 합니다."

항상 기회가 있는 것이 아니다. 이용만은 직원들의 의식 개혁의 효과가 드러나기 시작하자 추가적인 조치를 실시한다. 임원이나 부점장을 제외한 모든 책임자급 이상과 소규모 모임을 만들어서 직접 대화하는 시간을 갖는 것이다.

우선 본부의 각 부서별로 대화를 시작한다. 12층의 구내식당에서 매일 아침 7시부터 조찬 모임을 갖되 인원은 효율적으로 대화가 가능한 12~15명 이내로 제한했다. "당신이 행장이라면 어떻게 하겠는가?" "은행의 발전에 문제가 있다면 무엇이 문제라고 생각하는가?" 등에 관해서 한 사람도 빠짐없이 자기 생각을 이야기할 수 있도록 했다. 1989년 10월부터 시작해서 12월 30일까지 일요일 빼고는 하루도 빠지지 않고 모임은 계속되었다. 서울에서 대전까지 모든 책임자를 만났다. 중복되는 것을 제외하면 총 300건 남짓한 개선안이 마련되었다. 나온 개선안은 '즉각 시정할 사항' '연차적으로 반영할 사항' 그리고 '받아들일 수 없는 사안'을 구분해서 추진했다. "다음에 고려해보겠습니다"라는 이야기는 그에게는 통하지 않는다.

그와 함께 일했던 사람들은 이용만의 신속한 의사결정에 대해 자주 이야기한다. '할 수 있는 것'과 '할 수 없는 것'을 신속히 구분해서 결정을 내려준 것을 지금도 많은 사람들이 기억하고 있다. 허심탄회하게 대화를 나누면서 함께 한 배를 타고 있다는 공감대를 형성할 수 있었고, 이것이 조직을 바꾸는 데 큰 역할을 한다. 이렇게 직원들과 신뢰가 쌓여서 그가 은행을 떠날 때도 진심으로 아쉬워했다.

1988년 올림픽 개최의 성공에는 겉으로 표가 나지 않았지만 외환은행의 효율적인 전산망 운용이 큰 힘이 되었다. 외환은행은 올림픽 은행으로 선정되어 모든 경기의 입장권 판매와 올림픽 기념주화 매각 등의 업무를 처리했는데, 동시에 사람들이 은행의 전산망에 접속할 때를 대비하고 또 대비해야 했다. 취임하기 이전에 감사로부터 6개월 동안 기종 선정이 늦어지게 된 원인을 정확하게 파악한 다음, 취임식장에서 내려오자마자 즉석에서 이사회를 소집하여 기종을 의결했다.

그는 노동조합과도 특별한 관계를 만들어내는 능력을 갖고 있다. 처음 행장에 취임했을 무렵 은행 노조 사무실에는 행장 취임 반대 구호들이 뻘겋게 붙어 있었다. 떠날 때는 은행 노조에서 오히려 순금으로 은행 배지를 새긴 넥타이핀과 감사패까지 만들어주었다. 이임식 때는 서울 시내의 거의 모든 직원이 참석할 정도로 식장에 발 디딜 틈이 없었다. 많은 직원들이 환송해주고 추운 날씨에 연도에 길게 줄지어서 석별의 정을 표한 것은 "그간 정말 수고하셨습니다"라는 고마움과 "다른 곳에서도 잘하십시오"라는 격려와 마음의 징표로 오랫동안 그의 기억 속에 남아 있다. 리더는 정말 중요하다. 사람들의 에너지를 결집하여 한 방향을 향하게 하고 그들의 마음을 움직이면 결과가 전혀 달라진다. 어느 시대든 "리더 하기 나름이다"라는 메시지를 잊지 않아야 한다.

## 노동조합 자체 연수장에서

"가서 자꾸 만나야 오해도 풀리고 서로 이해의 폭도 넓힐 수 있다."

당시 외환은행 노조에서는 전국 조합 간부들이 모이는 연례행사가 있었다. 조합원 모임이기 때문에 역대 은행장은 그 모임에 참석한 사례가 없었다. "그들의 행사인데 왜 은행장이 가야 하는가?"라는 통념이 이어져 내려오고 있었던 것이다. 은행장이 가봐야 좋은 소리를 들을 수 없는 것은 물론이고, 자칫 잘못하면 망신만 당할 수 있기 때문에 가지 않는 쪽으로 의견이 모아졌다. 대부분의 임원들과 비서진들도 "행장님이 참석하지 않는 것이 좋겠습니다"라는 의견을 피력했다.

이용만의 생각은 달랐다. 이른바 통념 깨기에 해당한다. "왜 은행장이 직원들이 모이는 모임에 가지 않아야 하는가? 일부러라도 소집해서 교육을 하는 판인데, 너무 모순적이지 않은가?" 반대에도 불구하고 그는 참석했다. 모임에 참석해서 그가 짧게 이야기를 한 다음에 주로 질문을 받고 답했다. 질문 중에는 경청할 만한 내용도 있었지만 난처한 질문도 있었고 간단히 해결할 수 없는 내용도 있었다. 예를 들어, 한 행원이 "우리 지점에는 고객 5명만 와도 앉을 자리가 없는데, 그런 데서 무슨 업적을 올리란 말인가?"라고 항의성 질문을 하자 "즉시 시정"이란 답을 내놓았다. 그러나 건설적인 질문만 있는 것이 아니었다. "다른 행장들은 잠시 머물다 갔는데, 왜 당신만 우리를 들볶는가?" "9시 출근, 5시 퇴근은 어디나 마찬가진데 왜 우리보고만 일을 못한다고 하느냐?" "이 은행에서 업적을 올려서 출세하려 하느냐?" 등과 같은 난감한 질문도 이어졌다. 솔직한 답변으로 불만에 가득 찬

노조원들의 화를 가라앉힌 답변은 이랬다. 이 답변에는 이용만이 갖고 있는 조직관과 직업관 그리고 인생관 등이 고스란히 담겨 있다. 해야 하는 일을 등한히 하는 것은 나쁜 일이다. 꼭 해야 하는 일이라면 최선을 다해 그 직무를 수행하는 것은 이익의 문제가 아니라 정의의 문제이자 올바름의 문제라는 말이었다.

"은행이 잘되어 이익을 많이 내면 나와 당신들 중 누가 더 이익을 보겠는가? 나는 임기 3년의 과객이고, 당신들은 평생 직장으로 정년까지 월급, 보너스를 받는 등 이득을 보지 않겠는가? 여러분이 열심히 일한 결과 중에 내가 가지고 갈 것은 아무것도 없다. 내가 열심히 하는 것은 나의 후손들이 훗날 외환은행을 바라볼 때 과거 이 아무개가 여기서 행장을 할 때 열심히 경영해서 참 좋아졌다는 말을 들을 수 있었으면 좋겠다는 바람 때문이다. 외환은행 사람들은 좋은 학교를 나오고 외국어도 잘한다고 자랑하는데, 토끼와 거북이 생각을 해봐라. 잘 뛰는 토끼라도 낮잠을 자면 거북이에게 뒤지게 마련이다. 학교를 다닐 때 공부한 것은 사회에 나와서 별로 소용이 없는 것이다. 사회에 나와서 얼마나 적응을 잘하고 적극적으로 참여하느냐에 따라 모든 것이 달라진다. 옛날 생각이나 하고, 학교를 다닐 때 내가 몇 등을 하고 외국어를 잘했느니 떠들어도 쓸데가 없다."

그의 인생관과 직업관에는 강한 확신이 들어 있다. 그가 말하고 싶은 것은 명확하다. 우리 자신에게 이익이 되기 때문에 열심히 할 수 있다. 하지만 열심히 하는 것이 양보할 수 없는 것이고 올바른 것이기 때문에 열심히 할 수도 있다. 앞의 것은 해도 되고 하지 않아도 되는 선택의 문제이지만, 뒤의 것은 선택이 문제가 아니라 당위의 문제가 되고 만다. 이용만은 직원들을 들볶는 것이 아니었다. 옳은 일을 하라고 권하고 독려한 것이다. 직업인뿐만 아니라 가장으로서 우리에게 맡겨진 일에 최선을 다하는 것은 해도 그만, 하지 않아도 그만인 것이 아니다. 그것은 지극히 당연한 일이며, 그렇게 하는 것이 정의로운 일이다. 인간이라면 당연히 올바른 일을 해야 하지 않은가!

## 조직에 긴장감을 불어넣는 법

"고객은 외환은행 없이도 살 수 있지만, 외환은행은 고객 없이는 살 수 없다."

그가 반복적으로 직원들에게 들려준 메시지다. "사업은 고객을 만드는 일이며, 경영자가 해야 할 가장 큰 사업은 고객 창조"라고 피터 드러커는 주장한다. 경영자는 더 많은 우량 고객을 만들기 위해 노력해야 한다.

지점장을 앞세우고 중소기업을 방문할 때면 사장님은 "자기가 창업한 이래로 은행장이 찾아온 것은 처음이다"며 반겨준다. 거래를 늘릴 수 있는 곳이라면 어디든지 찾아가는 영업을 펼쳤는데, 신한은행은 상업은행이니 이해할 수 있지만 국책은행의 은행장이 영업맨처럼 뛰어다니는 것이 파격적으로 비추어졌다.

숫자는 긴장감을 불어넣는 효과적인 방법이다. 그는 임직원들에게 비용 개념을 심어주기 위해 시간당 비용을 계산할 것을 적극적으로 권했다. "자신이 은행에서 얼마를 받는지 계산해보라. 1시간의 가치를 귀히 여기고 그만큼의 은행 돈이 소비된다는 사실을 느껴야 한다."

유럽 출장 중에 그곳 지점장에게 자신의 1시간당 비용이 얼마인지 물어본 적이 있다. 즉답할 수 없자, 함께 그 자리에서 계산을 해보았다. 월급, 수당, 집값 등을 모두 계산해보니 50달러였다. 그가 며칠 전에 모 국회의원을 환영하러 공항까지 나갔다 온 모양이라 물어보았다.

"시간이 얼마나 소요되었는가?"

"4시간입니다."

"그러면 당신이 가스비를 제외하고도 200달러를 사용한 셈이니, 차라리 그 의원에게 50달러짜리 넥타이를 선물하는 편이 더 낫지 않겠어요?"

그가 경영하며 겪은 경험에 의하면 자신이 받는 봉급의 3배 정도를 비용으로 보면 된다. 한 사람이 만들어내는 부가가치가 봉급의 3배 정도가 되어야 조직에 손실을 끼치지 않는 사람이라고 말했다.

"라면과 마찬가지로 조직이든 사람이든 그냥 두면 풀어져버립니다." 그는 사람이든 조직이든 명확한 목표가 주어지고 그것을 향해 에너지를 쏟지 않으면 긴장감이 사라진다는 점을 분명히 알고 있었다. 그래서 매년 갖가지 이름을 붙인 '경영혁신운동'이라는 캠페인을 벌인다. 총수신고는 1년 만에 4조 원을 넘어선다.

2년째를 맞이한 1989년 4월에는 경영 목표를 '제2창조기반구축'으로 정하고, '새로운 탄생, 줄기찬 도전'이란 슬로건을 제정해서 민영화에 대비했다. 이 일도 "돌격 앞으로!" 방식이 아니라 "함께 정상을 향하여!"라는 방법을 사용한다. 1989년 10월 본점의 과장급 이상 간부 200명을 10여 차례 조찬간담회에 초대하여 민영화 전략을 논의한다. 간담회의 토론 열기가 달아올라 개점 시간이 임박할 때까지 계속되기도 한다. 1989년 11월에는 민영화를 앞두고 체질 개선을 위해 이용만 스스로가 "정성껏 모시겠습니다"라는 어깨띠를 두르고 거리에서 상품 홍보물을 나누어준다. 직원들에게 솔선수범하는 자세를 보이기 위해서였다. 민영화를 앞두고 변신하는 외환은행의 모습을 각 언론에서 크게 보도할 정도로 관심을 끌었다. 1987년 3조 1,449억 원이었던 총수신고는 1989년 말에는 4조 3,831억 원으로 크게 늘어난다.

## 국책은행, 최초의 민영화

"누구든 자신이 그 자리에서 잘해야 하는 일이 무엇인지를 알고 그것을 제대로 수행하는 일이 중요합니다."

그가 외환은행장으로 오게 된 가장 큰 이유는 지지부진한 외환은행 민영화 작업을 마무리하기 위해서였다. 2년 1개월 동안 그는 이 작업을 깔끔하게 마무리 지었다.[327]

외환은행의 민영화 추진 과정을 잠시 살펴본다. 원래 외환은행의 출발점은 한국은행의 국제부가 취급하던 외국환 업무였다. 5·16군사혁명 이전까지 한국은행은 외환 업무까지 담당하고 있었다. 박정희 정부가 수출 제일주의를 추진하면서 외자 조달의 필요성이 제기되었고 누가 그 일을 맡을 것인가라는 문제가 대두되었다. 당시 한국은행에서는 업무 축소를 우려하여 한은에서 외환 업무를 계속 맡자는 의견도 있었지만, 이태호 외환부 차장(전 수출입은행장)이 "외환 전문 은행을 만들어야 한다"는 내용의 문서를 만들어 돌려 외환은행 설립 쪽으로 분위기가 바뀌었다.[328] 실무 작업을 간여했던 정인용은 "국제적으로 통용되는 은행을 만들기 위해 국가가 공신력으로 뒷받침하는 은행, 즉 중앙은행에 버금가는 지위를 확보하도록 했다"고 말한다.[329]

이용만과도 외환은행은 인연이 있다. 첫 번째 인연은 그가 모시고 있던 서봉균 정무비서관이 1966년 12월에 잠시 외환은행 설립을 위해 초대 행장에 임명된 적이 있다. 10여 일 만에 서봉균은 재무부 장관으로 임명되면서 이용만을 재무부로 데려갔는데, 그러지 않았다면 외환은행 직원이 될 뻔했다. 두 번째 인연은 지금 을지로에 자리 잡고 있는 외환은행 본점 건물의 일부가 원래 한국전력 소유였다. 그가 이재국장으로 일하던 시절 외환은행이 그 땅을 확보하는 데 다소나마 도움을 준 적이 있다. 뿐만 아니라 외환은행의 설립도 1967년 1월의 일인데 그가 이재2과장으로 부임해서 한참 금융기관을 만들던 때 그 기반이 다져졌다.

외환은행은 외국환 업무를 전담하는 은행으로 출발했지만, 대한무역진흥공사(KOTRA)가 출범하기 이전에는 수출 기업의 해외 시장 개척 업무까지 맡았다. 기업들보다 먼저 해외에 진출해서 시장 조사를 하고 거래선을 확보하는 일을 담당했다. 다시 말하면 은행 손익과 관계없이 기업들에 금융 지원을 했다.

이후에 대한무역진흥공사가 생기면서 시장 개척 업무를 넘겼다. 점차 우리나라의 경제 규모와 외환 거래 규모가 커지면서 시중은행도 외국환 업무를 취급할 수 있게 되었다. 따라서 법적인 지위는 국책은행이었지만 외환은행은 업무상 상업은행과 유사한 기관이 되었다. 따라서 정부는 일찍부터 외환은행의 민영화를 추진해왔다. 김준성 행장(1977~1978) 때 민영화가 제기된 이후 정춘택(1979~1983) 행장 때는 거의 매듭이 지어질 단계까지 갔지만 무산되고 말았다.

정부는 외환은행의 부실 문제로 골머리를 앓았다. 1983년 7월 전두환 대통령은 당시 경제기획원 차관이었던 정인용을 불러서 "국제금융에 밝고 영어와 일어가 되니, 당신이 가서 외환은행을 강화하라"고 지시했다.[330] 정인용은 1983년 여름 외환은행의 부실 문제를 처리하면서 미국 교민 사회에 돌았던 이야기를 들었는데, "KAL(대한항공)기 타고 와 외환은행 돈 못 먹으면 바보"라는 것이었다. 자신이 재임하고 있는 동안 1967년 창립 이후에 쌓인 외환은행의 부실을 정리했다고 밝힌 바 있다.

조직이든 개인이든 정체성을 확실히 하는 일은 성장의 초석이다. 외환은행은 국책은행도 아니고 그렇다고 해서 상업은행도 아닌 상태가 너무 오랫동안 이어져왔다. 민영화 작업이 어렵게 완결되었을 때 외환은행 내의 분위기는 "이제 우리도 성장의 발판을 만들었다"며 환영했다. "그동안 국책은행과 상업은행의 두 얼굴 가운데서 혼란을 겪어온 직원들은 마치 오래된 두통에서 벗어난 것처럼 반가워했습니다. 정체성 문제를 해결했다는 점만으로도 성장을 위한 중요한 전기가 마련되었다는 분위기가 은행 내에 파다했습니다."

1988년 3월, 이용만은 행장에 취임하자마자 행내에 민영화 추진팀을 만들어서 착실히 준비하면서 1989년 7월 임시국회까지 '외환은행법 폐지법률안'을 제출해서 통과시킬 예정이었다. 그러나 정부의 민영화 방침에도 불구하고 국회는 외환은행법 개정에 소극적인 태도를 보였다. 여당도 별로 적극적이지 않았다. 외환은행의 민영화는 당사자들에게는 시급한 과제였지만, 국회는 국정감사 대상 기관이 사라지는 것을 뜻했다. 서둘러야 할 이유가 전혀 없었다. 지배 주주인 한국은행도 민영화를 하는 인센티브가 없었다. 모든 이해 당사자들이 미지근한 태도를 보이는 가운데서도 그는 국회와 재무부 그리고 한국은행을 설득하는 데 심혈을 기울인다. 우여곡절 끝에 1989년 12월 18일에 한국외환은행법 폐지법률안이 국회를 통과하고 1990년 1월 20일 임시주총을 거쳐서 국책은행이었던 외환은행은 창립 23주년 만에 민영 상업은행으로 새 출발 했다. 외환은행 민영화는 목표를 정해두고 화력을 집중시켜 추진해서 완결시키는 그의 장점이 화려하게 빛을 발휘하는 프로젝트였다. 1990년 3월 3일자 《내외경제》는 이렇게 논평한 바가 있다. "이용만 은행장은 외환은행의 민영화를 성공적으로 매듭지은 은행장으로 금융사에 남을 것 같다. 그동안 외환은행의 민영화는 여러 차례 논의를 거듭해왔다. 거의 매듭 단계까지 갔으나 모두 무산됐다. 이 은행장은 이러한 어려운 작업을 매듭짓는 솜씨를 발휘했다. 이를 두고 금융계에서는 이 은행장의 뛰어난 추진력과 대외 교섭력 덕분으로 보고 있다."

공직자가 공을 세우더라도 사기업의 매출이나 이익처럼 별로 표가 나지 않는다. 하지만 한 번도 해보지 않았던 국책은행의 민영화를 성공시킨 공은 인정해야 할 것이다.


## 은행감독원장에 취임하다

"관운이란 게 있습니다."

1980년 7월, 그가 경제과학심의회를 끝으로 관직을 떠난 것은 불운인 것처럼 보였다. 공직으로 복귀할 가능성이 커 보이지 않았다. 머무는 곳마다 부지런히 최선을 다하다 보면 또 다른 기회들이 생기지 않겠는가 하는 일반적인 낙관론을 갖고 있었지만, 그가 특별히 자리를 놓고 청탁하거나 노력한 것은 아니다.

1990년 3월 17일, 재무부에서 오랫동안 친하게 지내왔고 이재국장 때 함께 호흡을 맞추었던 정영의가 재무부 장관에 취임하게 된다. 정영의는 "내가 장관이 될 때 이용만 행장도 물망에 올랐습니다만, 결정적으로 김종인 경제수석이 강하게 추천해서 장관이 된 것 같습니다"라고 답한다. "장관직이란 것이 양보할 수 있는 게 아니지 않습니까? 내가 장관이 되긴 했는데 이 행장한테 조금 미안한 감은 있었습니다"라고 답한다.[331]

정영의가 장관으로 행한 첫 번째 인사가 이용만을 은행감독원장으로 전보하는 것이었는데, 그는 "내가 할 수 있는 최선의 선택이었다"고 말한다. 이용만도 "정영의 재무부 장관의 추천에 의해 이루어졌다"고 말한다. "내가 이용만 행장을 은행감독원장으로 임명할 때 주위에서 '당신이 그렇게 해주어야 한다'고 말하는 사람도 있었지만, 반대하는 사람도 있었어요. 은행감독원장 자리에 오면 안 그래도 그 양반이 경쟁력이 있으니 제 장관 수명을 짧게 할 수 있다고 하는 사람도 있었어요. 그래도 나는 그것은 관계없다고 생각했어요."

1년 2개월 후에 정영의에 이어서 이용만이 재무부 장관이 되었을 때의 소회를 정영의에게 물었다. "사실 내가 장관이 되었을 때 순서가 바뀌었어요. 직업 공무원으로서 항상 내 상사였는데, 장관은 순서가 바뀌었어요. 나는 이용만 원장이 장관이 되었을 때 다른 사람이 된 것보다 기분이 아주 좋았어요. 안 그래도 내심 좀 미안한 마음이 있었어요. 그래도 사람인 이상 기회가 왔을 때 양보할 수 있는 것이 아니지 않습니까? 그래도 나는 내 나름대로 외환은행장 하시는 분을 은행감독원으로 전보를 해드렸습니다." 은행감독원장이 된 것은 이용만에게는 무척 뜻깊은 일이었다. 본의 아니게 공직을 물러난 지 10년 만에 다시 공직으로 돌아간 일이었기 때문이다.

새로운 자리를 맡게 되면 그는 재임 기간 중에 늘 어떤 과제에 주력할 것인지 명확히 했다. 이런 과제의 선정에는 10년 동안 일선 금융기관 경험이 큰 역할을 한다. "금융인들에게 더 많은 자율성을 부여하라!"[332] 취임 일성으로 그는 2가지 과제에 관심을 집중시킬 것임을 약속한다. 하나는 금융인들에게 자유롭게 경영할 수 있는 풍토를 조성하는 일이다. 다른 하나는 자율이 사고로 연결되지 않도록 감독 기능의 강화에 초점을 맞추는 것이다. "금융인들에게 자유롭게 경영할 풍토를 마련해주는 대신, 이 같은 자율이 금융 사고로 연결되지 않도록 감독을 보다 고도화시킬 방침입니다. 더구나 최근의 금융기관 신설로 경쟁이 격화된 점을 감안할 때 감독의 중요성은 더욱 커질 것입니다. 특히 부실 채권 예방을 위한 사전 지도성 감독에 중점을 둘 계획입니다."[333]

하지만 그가 은행감독원장으로 취임하던 해는 3년간의 민주화와 자율화의 진전으로 노사 분규가 격화되고 임금이 급등했다. 기업의 생산 의욕과 근로 의욕이 가라앉고 부동산 투기가 확산되는 추세가 뚜렷했다. 특히 부동산 투기의 확산은 은행감독원장에게 전혀 예상치 못한 초대형 과제를 떠안기게 된다.[334] 바로 재벌의 비업무용 부동산을 매각하는 야전 사령관 역할이다.


## 재벌들의 비업무용 부동산 매각 조치

"이해관계가 충돌하는 정책은 원칙을 준수해야 하지만 충분한 소통을 통해 설득하지 않으면 불협화음이 생기게 됩니다."

한국경제는 1986년부터 1988년까지 연평균 12%대의 고성장을 달성했다. 이른바 '단군 이래 최대의 호황'이 막을 내리고 1989년부터 본격적으로 경기가 후퇴하기 시작한다. 여기에다 고성장의 후유증으로 부동산 투기가 극성을 부리게 된다. 1980~1987년 연평균 땅값 상승률은 10.55%였다. 그러나 전국의 땅값 상승은 1988년에 27.5%, 1989년에 32%, 1990년에 20.6%에 달했다. 노태우 대통령 집권 초기에 전국 땅값은 거의 2배 수준까지 급등했다.

정부에 큰 부담을 준 것은 집값과 전셋값 폭등이 함께 진행되었다는 사실이다. 이는 5공화국 동안 주택 공급 부족이 큰 원인이었지만, 아파트 분양가 자율화 발표 등과 같은 정책 실패도 힘을 더했다.[335] 집값과 땅값의 급등에 다급해진 나머지 노태우 정부가 과감한 수요 억제책과 공급 확대책을 도입한다. 전자는 토지 공개념 도입으로, 그리고 후자는 분당, 일산 등 신도시 건설로 구체화된다.

토지 공개념의 도입이 불을 지핀 것은 국토개발연구원이 발표한 "상위 5%의 계층이 전체 사유지의 65.2%를 소유하고 있다" 혹은 토지 공개념위원회가 발표한 "1974~1987년 동안 투자액 모두를 시설 투자에 사용한 기업은 3.3배 성장한 반면, 전액을 땅에 묻어놓은 기업은 무려 10배나 성장했다"는 주장이다. 토지 소유의 극단적인 편중 현상과 문제점을 지적한 이 보고서는 초법적인 조치라는 비난을 받았음에도 불구하고 토지 공개념의 입법화를 재촉한다.[336]

당시의 정책 입안자들 사이에는 대기업과 금융기관들이 경쟁적으로 부동산 보유액을 늘림으로써 부동산 시장의 과열을 주도하고 있다는 인식이 강했다. 1990년 3월 17일, 조순 부총리와 문희갑 경제수석이 물러나고 이승윤 부총리와 김종인 경제수석이 들어설 무렵에 청와대 경제비서관을 역임했던 박운서(전 한국중공업 사장)는 당시 분위기를 이렇게 전한다. "한국 경제가 이대로는 도저히 안 되겠다는 것이 새 경제팀의 판단이었습니다. 땅 투기가 끊이질 않고, 기업들은 투자를 외면하고, 임금은 치솟고. 따라서 대기업들부터 솔선수범해서 정

신을 차리지 않으면 안 된다고 판단했던 것입니다. …… 비상요법이
필요했습니다."[337] 당시 함께 근무했던 경제비서관 이한균의 설명도
비슷하다. "그 당시 노태우 대통령의 재벌관은 결코 좋은 편이 아니었
습니다. 아무리 민주화가 되고 재계의 힘이 강해졌다고 하지만 때로
는 재벌들의 태도가 너무 심하다고 느꼈던 것 같았습니다. 아무튼 김
종인 경제수석이 들어오는 것을 계기로 재벌들을 대상으로 하는 충격
요법이 불가피하다는 데 의견이 모아졌습니다."[338] 사실 30대 대기업
군의 부동산 보유액은 1987～1989년에 평균적으로 27.4%, 면적으로
는 4.1%가 증가했다. 뿐만 아니라 은행 등 금융기관들은 금융 자율화
에 따른 점포 증설로 상가 지역이나 인구 밀집 지역의 고가 부동산을
경쟁적으로 취득함으로써 부동산 가격의 상승을 자극했다.

충격 요법은 무엇인가? 1990년 3월 27일, 대통령이 5대 그룹 회장
을 청와대로 초청하여 5가지 협조를 당부하는데, 이 가운데 첫 번째가
"대기업이 부동산 투기로 지탄을 받는 일이 없도록 해달라"는 것이었
다. 기업들이 미온적인 태도를 보임에 따라 결국 1990년 5월 8일, 노
대통령은 "기업이 생산 활동보다 부동산 투기를 통해 이익을 챙기는
풍조는 고치겠다"는 요지의 대통령특별담화를 발표한다.[339] 49개 재
벌의 비업무용 토지를 6개월 내 강제 매각하게 하는 이른바 '5·8조치'
다. "정부는 여신 관리를 받고 있는 49개 계열 기업군(재벌 그룹)에 대
해 비업무용 토지 및 건물을 6개월 이내에 자체 매각, 성업공사에 매
각 위임, 토지개발공사에 매수 요청 등 3가지 방법을 통해 모두 처분
토록 하고……."[340]

5월 10일, 10대 그룹 회장은 '난국 극복을 위한 10대 그룹의 결의'를 발표하고 총 1,569만 평의 토지와 1만 8,400평의 건물을 6개월 내에 자진 매각하기로 결의한다. 서슬 퍼런 정부의 압박에 재계가 백기를 들었지만, 속내는 불만으로 가득 차 있었다. 전대주(전 전경련 상무)는 당시 분위기를 이렇게 전한다. "당시 분위기로는 기업들이 뭐라고 항변할 겨를도 없었습니다. 여론과 대세에 끌려가는 꼴이었습니다. 한마디로 말해 5·8조치를 두고 일종의 '재계 길들이기 작전'으로 받아들였으니까요."[341] 기업들의 입장에선 억울하기 짝이 없었을 것이다. 사업용으로 매입한 멀쩡한 사유재산을 부동산 투기를 했다는 죄목으로 매각하라고 강요하는 것에 분노하지 않을 수 없었다.

## 은행감독원장의 역할

"정책이 정해지면 어떻게든 불협화음을 줄이는 한도 내에서 업무를 추진하는 것이 주무 부처의 임무입니다."

6월 말까지 1,570만 평이나 되는 땅을 어떻게 매각할 수 있겠는가? 사실 부동산 가격 억제에 대한 정부의 다급함을 이해하지만 무리한 정책이었다. 6월 중순까지 10대 그룹의 매각 실적은 1.8%에 불과할 정도로 지지부진한 상태를 벗어나지 못했다. 언론은 "이번에도 쇼일 뿐이다"라는 투로 거세게 비난했다. 6월 20일, 서영택 국세청장은 기조실장들을 불러서 "약속한 부동산의 자진 매각을 조속히 가시화하지 않을 경우 주식의 위장 분산과 유상 증자 등을 통한 사전 상속에 관한 특별 조사를 실시하겠으며, 비협조적인 기업에 대해서는 부동산 취득 자금 출처 조사를 위해 금융 조사가 불가피하다"고 강력하게 경고했다.[342] 이렇게 되자 재벌들은 앞을 다투어 매각에 나서게 된다.

누가 처분 과정을 챙겨야 하는 것일까? 이용만은 1990년 5월 9일 전국은행연합회에서 22개 금융기관장 회의를 개최하고, "재벌 기업의 보유 부동산을 모두 전산 입력해 이들 기업들의 부동산 변동 상황을 철저히 관리하라"고 지시한 바가 있다. 이에 따라 주거래은행들은 은행 여신이 1,500억 원이 넘는 계열 기업군의 기업들에 대한 부동산 처분계획서를 받아두었다. 또한 생산 활동에 직접 소유되는 부동산 이외에는 전면 취득을 불허하고 처분 계획서에 따른 처분을 이행하지 않는 기업은 처분이 완료될 때까지 여신 잔액을 동결시켰다. 이처럼 청와대와 재계 사이에 낀 이용만으로서는 마찰을 일으키지 않으면서 어떻게 대기업들의 자발적 협력을 이끌어내는가에 5·8조치의 성공 여부가 달려 있었다.

은행감독원장으로 주어진 과제는 2가지였다. 하나는 정부가 대기업과 금융기관이 보유한 비업무용 부동산을 처분하려는 약속이 지켜지도록 독려하고 그 일을 마무리하는 일, 다른 하나는 대기업의 신규 부동산 취득을 최대한 억제하는 일이다. 민간 기업의 입장에서는 초법적인 조치에 대해 억울한 면이 많았다. 1990년 연말까지만 하더라도 진도는 20%를 채 넘지 않았다. 그러나 설득 작업이 계속되면서 5·8조치가 발표된 이후 1년이 지난 1991년 5월 8일, 이용만은 기자 간담회에서 재벌들의 자발적인 협력으로 5·8조치에 따른 비업무용 부동산 매각 작업이 사실상 마무리되었다고 밝혔다. 5월 7일까지도 매각을 완료하지 못했던 롯데, 한진, 대성산업 등 8개 그룹, 14개 업체가 늦어도 5월 말까지는 매각을 완료하겠다는 의사를 주거래은행을 통해 알려왔음을 밝히고, 재벌들의 협력에 감사한다는 인사도 했다. 5월 7일 면적 기준으로 처분 대상의 62.7%가 매각되는 데 그쳤지만, 매각 의사를 밝힌 대성산업과 한진그룹을 포함하면 처분율은 99.3%에 달했다. 따라서 5·8조치가 1년 만에 당초의 소기의 목적을 달성했다고 발표할 수 있었다.

비업무용 부동산 처분을 진두지휘하고 있던 그를 두고 1991년 3월 10일자《중앙경제신문》은 이런 평가를 내린다. "이해가 첨예하게 맞섰던 정부와 기업의 틈바구니에서 운신의 폭이 좁았는데도 그는 특유의 배짱과 능력으로 이 일에 잘 대처하고 있다. 통치자의 뜻을 받들랴, 기업의 어려움을 헤아려주랴, 고심도 많았지만 막판에 기업들의 호응을 얻어내는 수완이 돋보였다." 출입 기자로서 지켜본 황호형은 이런 이야기를 더한다. "그걸 잘못 처리하면 정부에서 목이 날아갈 수 있고, 잘되면 재벌로부터 공격을 받을 수 있었습니다. 협공 때문에 처음부터 죽게 되어 있는 자리였습니다. 자기 땅을 팔라고 하는데 잘못하면 재벌들이 가만있겠습니까? 기본 방향에 동의했고 기자들과 소통이 원활했기 때문에 금융 관련 기자들이 우호적인 기사를 많이 썼습니다."

주거래은행장들은 물론이고 기업 관계자들까지 직접 불러모아놓고 회유와 압력을 절묘하게 조화시키면서 '뜨거운 감자'를 매끄럽게 요리했다. 어려운 과제임에도 불구하고 무리 없이 마무리할 수 있는 유능한 인물임을 입증했다. 훗날 노태우 대통령으로부터 재무장관 낙점을 받은 데는 재벌의 비업무용 부동산 처리도 크게 기여했다고 본다.[343] 자신의 관심사가 차근차근 실천에 옮겨지는 것을 보면서, 노 대통령은 "저 사람에게 일을 맡겨봐야겠구나"라는 생각이 들었을 것이다.[344] 특히 집권 말기의 정리 정돈 작업을 그에게 맡기면 잘 해낼 것이라고 노 대통령은 판단했을 것이다. 중앙일보 박보균 대기자의 논평은 이를 뒷받침해준다. "이분이 노태우 정부 말기에 이른바 구원투수로서 마무리 작업을 잘 해낸 사람으로 기억합니다."

## 금융 자율화와 금융시장 개방

"만성적인 자금 수요가 공급을 초과하는 현실에서 완전하고 신속한 금융 자율화는 특정 대기업에 대한 여신 편중과 특정 기업의 부실화에 따른 은행 부실화를 낳을 수 있습니다."

사적 이익을 추구하는 사람들은 기업이든 가계든 큰 그림을 볼 필요가 없으며, 볼 만한 유인도 존재하지 않는다. 주어진 경기의 규칙에 따라 합법의 테두리 내에서 사적 이익을 추구하면 그만이다. 그러나 누군가는 큰 그림을 갖고 국가 경제의 흐름을 조정할 수 있어야 한다. 특히 자금에 대해 만성적인 초과 수요가 존재한다면 국가의 적절한 개입은 일정 기간 동안 불가피한 면이 있다.

국가의 개입이 얼마만큼 언제까지 지속될 수 있는지를 두고 전문가들에 따라 의견이 나뉘게 된다. 문제는 일단 정부 개입이 시작되고 나면 좀처럼 개입의 끈을 놓기가 쉽지 않다는 것이다. 금융시장에 대한 국가 개입에 관하여 이용만은 점진적 자율화와 개방화에 큰 비중을 둔 인물이다. 또한 이해당사자들이 스스로 해결할 수 없다면, 혹은 은행 부실로 인해 국가 경제 전체에 충격을 줄 수 있다면 정부 개입이 불가피하다고 믿는다. 무엇보다 그는 서구 선진국에서 발달된 이론적 틀에 따라 급격한 금융 자율화나 개방화가 가져오는 위험에 대해 주의해야 한다고 주장한다.

'점진적'이란 면에서 강경식이나 김재익 등과는 차이가 있다. 강경식은 그의 회고록 『국가가 해야 할 일, 하지 말아야 할 일』에서 "정부가 직접 부실기업 정리에 개입한 것은 전형적인 관치 금융 방식이었다"고 주장한다.[345] 1980년대 부실기업 정리를 추진한 김만제 재무부 장관의 입장이 바뀌었음을 지적한다. 김 장관이 KDI에 있을 때는 금융 자율화를 누구보다 앞장서서 주장했지만 "은행들이 자율 경영을 할 수 있도록 하기 위해서는 그들이 안고 있는 부실 금융 문제부터 해결해야 한다"는 현실론자가 되었다고 말한다.

금융 자율화와 개방화 그리고 금융 감독 기능을 강화하는 일은 꼭 필요하다. 하지만 부실이 누적된 대기업들을 두고 "이해 당사자들이 알아서 처리하시오"라고 마냥 맡겨둘 수는 없다. 기업의 부실이 은행 부실로, 은행 부실이 금융시스템의 불안과 경제위기로 확산될 수 있기 때문이다. 정부 개입이 불가피할 때는 정부가 개입해야 한다. 이것이 관치인가 아닌가는 학자들이나 사용할 수 있는 수사적인 표현일 뿐이다.

이런 점에서 1980년대 부실기업을 정리하는 데 큰 역할을 한 정인용의 지적은 '이상적' 대 '현실적', '급격한' 대 '점진적'과 관련해서 새겨볼 만한 메시지를 담고 있다. "김재익 수석의 가장 큰 공은 전두환 대통령의 가정교사를 하는 동안 전 대통령에게 물가 안정을 우선시하고 개방으로 나아가도록 영향을 끼친 것이다. 김 수석에 대해서는 그의 공적만 강조돼왔다는 것이 나의 생각이다. 그의 이상론이 끼친 부작용에 대해서는 나는 올바른 평가가 이루어져야 한다고 생각한다."[346] 요컨대 이용만은 정책에 관한 한 현실에 바탕을 둔 정책을 펼쳐야 한다는 입장을 갖춘 점에서 '합리적 현실주의자'다.

한편 이용만이 재벌의 비업무용 부동산 매각을 진두지휘하는 업무에 많은 시간을 쏟지 않았다면 그는 오로지 은행 감독 기능의 보강에 심혈을 기울였을 것이다. 그도 그 점을 아쉬워한다. "은행감독원장으로 취임할 당시에 약속은 금융 자율화와 개방에 대응하여 은행 산업의 자율 경영 체제와 경쟁력을 강화하도록 하겠다는 것이었지만, 실제로 많은 시간을 투입하지 못했다."

## 선진국 금융자유화 기준의 교훈

이용만은 은행감독원장으로 부임하고 나서 2달 만인 5월 8일부터 열흘 남짓 일정으로 미국과 일본의 금융 자유화 실태를 돌아볼 기회가 있었다. 그는 귀국 즉시 '선진국의 금융 자유화와 대응 전략'이라는 출장 보고서를 작성한 바가 있다. 그 보고서에는 그가 재임하고 있는 동안 그가 가장 중요하게 밀어야 할 과제들이 잘 정리되어 있다. 금리 등 금융 자율화 추세는 세계적인 현상이기 때문에 우리도 적극적으로 이를 수용해야 한다. 그러나 금융 자율화 추세는 필연적으로 은행의 도산 문제를 낳게 된다는 사실이다. 미국의 연방준비은행 이사를 비롯해서 연방예금보험공사 회장 등 다수의 전문가들은 한목소리로 "금리자유화에 앞서 은행들에 대한 감독 시스템부터 강화해야 한다"고 주장한다. 금리자유화 이후 치열해지는 경쟁 때문에 미국 은행들은 최소 10% 이상 인원 감축 등으로 원가 절감에 나서게 된다.

예를 들어, 1980년대에 도산한 미국의 은행 수는 은행 업무와 증권 업무의 분리를 규정하는 글래스 스티걸법(Glass-Steagall Act)이 제정된 1934년 이후부터 1970년대 말까지 도산한 은행수에 비해 2배 수준에 달했다. 저축대부조합은 사실상 3분의 1이 부실 상태에 빠져 은행보다 훨씬 심각했다.

흥미로운 것은 금리자유화로 자금 조달 비용이 상승하자 은행들은 수익성을 높이기 위해 기업 대출을 줄이고 부동산 관련 대출을 증가시키는데, 이것이 경기 침체와 맞물려 은행 부실을 급증시키게 되었다는 점이다. 더욱이 연방준비은행의 이사는 금리자유화 초기에 은행 감독 기관의 검사 요원 수와 검사 빈도를 줄인 것이 큰 실책이었다고 털어놓았다.

일본에 들렀을 때도 비슷한 이야기를 듣게 된다. 대장성의 은행국장은 금리자유화 이후 일본 상업은행들의 경영수지가 나빠졌다고 말하면서 조언을 아끼지 않았다. "한국은 금리자유화를 가급적 서두르지 않는 편이 좋다. 다시 말해 신용 질서 유지가 가능한 범위 내에서 점진적으로 추진해야 한다." 이후에 대장성 국제금융부 관리들이 내한했을 때에도 "한국이 왜 그렇게 금리자유화를 서두르는지 이해할 수 없다"고 지적했다. 이용만은 귀국 후 기자 간담회에서 "은행감독원의 감독 기능을 생산성을 중심으로 바꾸어나가고 금리자유화에 따른 은행 부실화를 막기 위해 미국처럼 예금보험기관의 창설을 추진하겠다"고 밝혔다. 은행의 예금보험제도를 도입하고 이를 담당하는 기구를 설립하겠다는 것은 앞선 제안이었다.[347] 6년이 지난 1996년 6월 1일에 예금보험공사가 출범하게 된다.


## 이상과 현실의 간격

"이상주의자와 현실주의자는 나라 경제를 바라볼 때도 서로 다른 진단과 처방을 내놓는다."

아마도 그가 에너지를 비업무용 부동산 매각에 쏟지 않았다면 은행 감독 기능의 보강에 큰 힘을 쏟았을 것이고 은행의 건전성을 제고하기 위한 각종 조치들을 내놓았을 것이다. 당시 우리 은행들은 금융 자유화와 개방화의 충격이 다가오고 있음에도 불구하고 신속하게 대처하지 못하고 있었다.

예를 들어, 한국에서 생산성이 가장 높은 은행으로 알려진 신한은행조차 일본 상업은행의 생산성에 비해 절반에도 미치지 못하고 있었다. 다른 시중은행 상황은 말할 것도 없다. 일본 도시은행은 10년간에 걸쳐 20%에 가까운 인력을 줄이고, 점포당 면적도 종래의 150평에서 110평 정도로 30%나 줄였다. 그러나 우리나라 은행들은 150평도 적다고 불만을 토로하고 있는 실정이었다. 그때 이용만은 "의복이란 더우면 벗고 추우면 더 껴입는 것과 같이 조직도 일의 크기에 따라 유연하게 운용되어야 한다"고 강조한 바가 있다.

그의 발언에서도 알 수 있지만, 학자의 세계에서는 절대적으로 옳은 것이 있지만 정책의 세계에서는 그런 진실보다는 상황이나 환경 변화에 따라 정책이나 제도는 유연해야 한다는 것이다. 그의 현실주의적인 시각을 확인할 수 있는 대목이다. 자율화가 대세이기는 하지만 금융기관들이 모든 것을 알아서 다 할 수 있다는 것은 아니라는 것이 그의 시각이다. 이때 시중은행에 대한 감독 기능이 더 철저했더라면 훗날 외환위기의 어려움을 피하는 데 도움이 될 수 있지 않았을까? 1990년 4월 1일 《서울경제》와의 인터뷰에서 밝힌 계획은 아쉬움으로 남는다. "금융 자율화가 진전돼나가는 추세에 발맞춰 은행의 건전 경영을 유도하기 위한 사전 감독 기능을 강화해가는 것이 현재 금융 감독 업무가 안고 있는 주요한 과제라고 생각합니다."

이상주의자들은 "정책이나 제도는 마땅히 이래야 한다"고 주장한다. 현실주의자들은 "그건 맞는 말이지만 상황이 환경이나 현실에 따라 바뀔 수도 있다"고 주장한다.[348] 이상주의자와 현실주의자 사이에는 당위와 현실이 주춧돌이 된다. 흥미로운 점은 이런 믿음이나 신념이 교육 배경이나 자라온 환경 그리고 자신이 근무했던 근무처의 성격에 따라 크게 영향을 받는다는 사실이다. 교과서 위에 인생을 쌓아온 사람은 이상주의자가 될 가능성이 높다. 하지만 변화무쌍한 삶의 현장 위에 인생을 쌓아온 사람은 현실주의자가 될 가능성이 높다. 이용만은 정책도 그렇지만 삶도 담백한 현실주의자에 가깝다.

제6부

# 재무부 장관에 오르다

"세상에 건너뛰는 법이 없습니다.

승승장구해서 그냥 장관까지 올라갔으면

도저히 알 수 없었던 것을

현장을 뛰면서 정말 많이 배우고 알게 되었어요."

# 1장

•

# 11년 만의 귀향

"장관직을 하면서 현장을 아니까
60~70% 정도는 거저먹었습니다."

"따르르릉."

"대통령 각하 전화입니다. 기다리세요."

"은행감독원장 이용만입니다."

"아, 이 원장이오?"

"네, 각하."

"앞으로 나라의 재무 행정을 좀 맡아주어야 하겠어요."

이렇게 제36대 재무부 장관(1991.5.27. ~ 1993.2.24.)으로 취임했다. 1991년 5월 26일 오후에 이루어진 개각은 법무, 재무, 동자, 보사 4개 부처의 장관이 갈리는 소폭의 개각이었다. 은행감독원장으로 간 지 불과 1년 2개월밖에 되지 않았기 때문에 재무부 장관 발탁은 뜻밖이었다.[349] 언론에서는 그의 재무부 장관 기용을 놓고 '친정 복귀', '오뚝이 인생' 등 여러 가지 평을 했다. 그럴 만도 했다. 그는 1980년 7월 1일 경제과학심의회의 상임위원으로서 억울하게 공직을 떠난 이후 11년 만에 친정인 재무부로 복귀하는 데 성공했기 때문이다.

그날이 일요일인지라 친지들과 점심을 함께 하고 삼성동 집에 돌아오니까 기자들이 몰려와 있었다. 당시 우리나라 경제 상황은 고금리와 자금난이 겹쳐지면서 매우 어려웠다. 답하기 곤란한 질문들이 쏟아져 나왔다. "기업이 자금난으로 허덕거리는데 통화를 풀 것입니까?" "금리자유화를 예정대로 추진할 것입니까?" "증시 개방을 앞두고 침체된 증권시장을 그대로 방치해둘 것입니까?" 어느 것 하나 섣불리 이야기를 했다가는 큰 혼란이 일어날 수 있는 질문들이었다. 다음 날 취임식장에는 낯익은 얼굴이 많이 눈에 띄었다. 그들도 오래된 형님이 돌아온 것 같다며 반겼다. 그는 과거 재무부 시절을 회고하면서 취임사를 했다. 장관이 바뀌면 내부 직원들뿐만 아니라 이해가 걸린 사람들이 촉각을 곤두세운다. 정책 기조가 어떻게 바뀔 것인가에 대한 관심 때문이다. 당시는 자금난과 고금리가 심해지고 있었지만 물가를 우려해서 감히 긴축의 고삐를 풀지 못하는 상태가 지속되고 있었다.

## 장관이 되면 모든 것이 드러난다

"새로운 정책을 펴내기보다 기왕에 추진해온 각종 정책의 마무리에 역점을 두어주기 바랍니다."

1991년 5월 27일, 노태우 대통령이 임명장을 수여하면서 재무 행정에 대해 준 지침이다.[350] 새로운 일을 펼치기보다는 마무리에 중점을 두라! 이때 "이분이 참으로 용의주도하시구나. 벌써부터 정권의 마무리를 염두에 두고 계시는구나"라는 생각이 들었다.[351] 지금도 노 대통령을 생각하면 퇴임을 2년이나 앞둔 대통령 입에서 "마무리에 중점을 두라"라는 말이 어떻게 나올 수 있는지 놀랍다. 최고 권력자가 되면 끝까지 권력의 끈을 놓치지 않기 위해 안간힘을 다하게 마련이라, 정말 쉽지 않은 이야기이기 때문이다.

사실 이용만은 해보고 싶은 일이 있었다. 외환은행의 민영화를 성사시킨 경험에다 시중은행을 경영해본 경험은 은행의 대형화가 필요하다는 생각을 갖도록 만들었다. 금융 자율화와 개방화 추세를 미루어 보면 그만그만한 은행들로는 경쟁에 맞설 수 없다고 봤다. 은행의 대형화를 통한 경쟁력 강화를 구상하고 있었지만 대통령의 지침에 따라 이 모든 구상들을 접었다. 전임자들이 해놓은 과제들을 깔끔하게 마무리해야 한다는 생각을 굳혔다.

공직 생활을 하면서 사무관, 과장, 이재국장, 기획관리실장, 재정차관보 등 어느 자리나 해야 할 일이 있기 때문에 중요하지 않은 시기가 없었다. 그렇지만 장관은 특별한 지위다. 국정과 관련해서 자신의 분야에 관한 한 최종 책임을 져야 하는 사람이다. 최종 책임을 져야 하는 만큼 실력이나 경험을 갖지 않은 사람은 난세에 장관직을 맡아서 고전하지 않을 수 없다. 무엇이 문제인지를 알아야 하고, 그 문제들 가운데서 중요한 것과 그렇지 않은 것을 알아야 하고, 정책 목표를 달성하기 위해 선택 가능한 수단이나 방법들을 충분히 검토하고 선택해야 한다. 어디 이뿐인가? 정책을 펼치기 위해서는 관련 부처뿐만 아니라 국회의 적극적인 협조를 얻어내야 한다.

여기까지는 지적인 능력으로 해결할 수 있지만 결단력과 실행력을 갖추지 않고서는 어떤 결실도 얻어낼 수 없다. 정책 목표를 선택하기 위해 적절한 수단이나 방법을 선택해서 타이밍에 맞추어 행동할 수 있어야 한다. 수많은 이해 당사자들이 있고 언론이 갖가지 비판을 쏟아내는 속에서 자신의 주관을 지키면서 현실을 고려한 정책을 집행하는 일은 여간 어려운 일이 아니다. 학자로서 이름을 날리거나 명망가로서 명성을 얻은 사람들이 중책을 맡아서 어려움을 겪는 이유가 바로 여기에 있다. 결단하는 힘의 부족 때문에, 경험 부족 때문에, 현실에 대한 무지 때문에 어려움을 겪는다. 장관의 오판이나 무지는 실수의 부작용이 그 자신에게만 그치지 않고 전 국민들의 삶에 악영향을 미치게 된다. 특히 경제 장관인 경우에는 정말 잘 해내야 한다. 그가 선택하는 하나하나의 결정이 전 국민의 삶에 지대한 영향을 미치기 때문이다.

세상에 버릴 만한 경험은 하나도 없다. 무엇보다도 진하게 겪어낸 경험들은 모든 것들이 개인에게는 자산이 된다. 공직을 떠나서 11년간의 현장 경험은 그가 장관직을 수행하는 데 엄청난 긍정의 유산으로 작용하게 된다. 사기업의 경험들이 장관직 수행에 얼마나 큰 도움을 주었는가에 대해서 그는 이렇게 이야기한다. "중앙투자금융에서는 사금융시장 즉, 사채시장을 다 알 수 있게 되었습니다. 신한은행에서는 시중은행들의 영업 등 제반 문제를 알게 되었습니다. 외환은행에서는 국책은행들의 제반 문제를 알 수 있었습니다. 감독원에서는 감독 업무 전반을 꿰뚫어볼 수 있었습니다. 장관직을 수행하면서 그간의 현장 체험이 금융 정책 수립과 시행에 훨씬 용이했다고 말할 수 있습니다. 1980년도의 해직이 저에게는 오히려 전화위복의 계기가 된 셈입니다. 결과적으로 그동안 겪은 고난이 큰 자산이 되었음을 생각하면 감사할 뿐입니다."

어떤 자리를 향해 올라가는 단계에서는 그 사람이 어느 정도의 그릇인지 외부로 명확히 드러나지 않는다. 그러나 경력의 정점, 즉 최종 책임자가 되면 그 사람의 모든 것들이 다 드러나게 된다. 그의 말 한마디 한마디 그리고 그의 행동거지 하나하나가 그동안 쌓아온 결과물로 세상에 그 모습을 적나라하게 드러낸다. 그는 최종 책임자로 활동하는 데 손색이 없을 정도로 갈고닦는 세월을 충분히 경험한 후에 장관직에 오르게 된다. 이것은 그의 인생에는 큰 행운이었고, 나라에도 도움이 되었다.[352]

## 인플레 속의 자금난과 고금리

"사상 최악이라는 자금난을 생각하면 긴축을 완화해야 하지만, 돌아서면 들썩거리는 부동산 가격과 물가 불안 때문에 안정 기조를 다져야 할 판이다."

1991년 5월, 그가 취임했을 때의 경제 상황은 어떠했을까? 오늘을 사는 우리의 눈으로 보면 이해하기 쉽지 않은 경제 상황이었기 때문에 설명이 필요하다. 성장률은 눈이 휘둥그레질 정도로 높았다. 1991년 한국 경제의 상반기 성장률은 9.1%를 기록했다.[353] 1991년 연간 경제성장률은 8.7%로 예상되고 있었다. 소비자 물가상승률은 8월 말에 8.3%였지만 연초부터 계속 오름세를 유지해오고 있을 뿐만 아니라 연말 무렵에는 10%에 가깝게 오를 전망이었다.[354] 고도성장이 지속됨에 따라서 현장에서는 인력난이 심했고, 평균 임금 상승률은 16~17% 정도를 기록하고 있었다. 요약하면 이용만 재무부 장관은 물가와의 전쟁, 즉 인플레이션과의 전쟁에서 밀리지 않아야 하는 절체절명의 과제를 안고 있었다.

기업들은 고금리 때문에 죽겠다고 아우성을 치는 상황이 지속되고 있었다. 1991년도 언론 기사를 검색해보면 자금난과 고금리와 관련된 기사들이 마치 봇물 터지듯 쏟아져 나온다. 재무부 장관에 취임하기 이틀 전인 1991년 5월 25일 《동아일보》는 "기업 애타는 돈 가뭄"이란 타이틀을 대문짝만 하게 건 기사를 싣고 있다. 신임 재무부 장관 앞에 만만치 않은 도전 과제가 놓여 있음을 말해준다.

"최근 시중 자금 사정이 더욱 악화되면서 단기자금의 경우 기업들의 실질금리 부담이 최고 연 33%에 이르고 있다. 특히 제도금융권을 통한 자금 조달이 어려워지자 L, H그룹 등 대기업들은 물론 최근 심각한 자금난을 겪고 있는 건설업체들이 사채시장에 잇따라 융통어음을 발행, 급전을 조달하는 바람에 사채금리까지 덩달아 치솟고 있다. …… 단자회사 관계자들은 최근처럼 6개월 이상 자금난과 고금리 추세가 계속되고 있는 것은 1980년대 중반 이후 처음 있는 일이라고 지적했다."

1991년 6월 14일《한겨레》는 고금리와 자금난에 시달리는 기업들의 실상을 전한다. "요즘 기업들이 심각한 자금난에 시달리고 있다. 회사채 수익률을 비롯한 시장 실제 금리는 1982년 3월 이후 최고 수준으로 뛰었으며, 일부 재벌들은 사실상 부도 상태에 빠져 타입대로 연명하고 있다. …… '기업들은 이 상태로는 더 버티기 힘들다'며 정부에 자금난 완화 대책을 계속 요구하고 있다." 요약하면 이용만 재무부 장관은 극심한 자금난과 고금리와의 전쟁을 수습하여 기업들에게 숨통을 터주어야 하는 과제도 안고 있었다.[355]

통화를 풀자니 물가가 뛰고, 물가를 잡자니 기업이 죽을 수밖에 없는 상황이었다. 이처럼 서로 모순된 과제들을 어떻게 해결해야 할지 큰 숙제가 그를 기다리고 있었다. 어떻게 하면 돈을 풀지 않고 금리를 낮출 수 있을까? 여기에다 그를 압박하는 것은 이미 카운트다운에 들어가 있는 금리자유화 실시다. 다음 장에서 고금리와의 전쟁 문제를 다루겠지만, 여기서도 예외 없이 그의 실용주의적인 성향이 빛을 발휘한다. 현실을 있는 그대로 직시하고 서둘지 말고 차근차근 준비해서 정책을 실행에 옮겼다. 경제 정책은 현실이나 현재 상황과 유리되어서는 안 된다. 이상론에 치우친 나머지 급격한 정책은 필연적으로 큰 비용을 치르게 한다는 그의 신념이 뚜렷하게 드러나게 된다. 깊이 생각해야 하지만 일단 타이밍이라고 판단하면 과감하게, 그리고 우직하게 밀어붙여야 한다. 이런 삶의 원칙과 태도가 실천에 옮겨지는 것을 보게 될 것이다.

그의 실용주의 노선은 율리우스 카이사르의 명언, "누구에게나 모든 게 다 보이는 것은 아니다. 많은 사람들은 자기가 보고 싶어 하는 것밖에는 보지 않는다"와 궤적을 같이한다.[356] 그는 정책이란 막연한 희망이나 이루고 싶은 이상에 치우치지 않도록 해야 하고, 현실을 지나치다 할 정도로 직시할 수 있어야 한다고 믿는다.

### 장관의 업무 스타일 1: 많이 만나고 많이 들어야

"학자는 생각을 옮기기만 하면 되지만, 정책하는 사람은 많이 만나고 많이 들어야 합니다." 그는 장관이 무엇을 해야 하는 사람인지를 명확하게 정리하고 있었다. 현안 과제를 제대로 처리할 수 있어야 하고, 앞으로 대두될 문제들을 미리 준비하는 사람이어야 한다. 두 과제를 해결하는 데 필요한 모든 사람들은 다 만나봐야 한다는 게 그의 생각이었다.

장관 수행비서(1991.6~1992.3)로서 초기 1년 동안 활동했던 구윤철(기획재정부 예산총괄국장)은 장관의 일거수일투족을 관찰할 수 있는 위치에 있었다. 그는 일이 되도록 만들기 위해 사람들을 부지런히 만났던 사람으로 이용만 장관을 기억한다.[357] "장관님은 몸을 사리지 않고 계속해서 관계된 분들을 만났습니다. 재무부 입장에서 정책적으로 중요한 부처들인 경제부총리, 국회의원, 언론인 등 재무부가 일을 하는 데 협조해주어야 하는 사람들은 모두 만나 정책 수립 협조를 당부했습니다. 그래서 부하들이 주변의 협조를 받는 데 어려움이 없었기 때문에 상대적으로 일하기가 편했습니다. 식사도 하루에 몇 끼씩 했는지 모를 정도입니다."

자리가 오르면 이제까지 인연을 맺었던 사람들을 의도적으로 멀리할 수도 있다. 청탁이 있을 수 있기 때문이다. 이용만의 생각은 다르다. 구윤철은 자신이 생각하기에도 귀찮을 것 같은데 인연을 맺은 사람들의 요청을 받아들여서 시간을 내주는 것이 놀라웠다고 말한다. "그분은 하여튼 옛날에 자기가 인연을 맺었던 사람이 만나자고 청하면, 일단 만나서 들어보고 자신이 도울 수 있으면 돕고 그렇지 않으면 사정을 잘 이해시키는 분이셨습니다. 내가 뭘 도와줄 게 없나를 생각하고 노력하는 분이셨습니다." 책을 집필하는 동안, 이제는 사업 토대를 탄탄하게 구축한 한 사업가를 만났다. 그분은 오래전에 어려움을 만났을 때를 이렇게 말한다. "그때 제가 좀 어려운 처지에 있었습니다. 사업 규모도 작았고요. 그래서 용기를 내서 한번 만나 뵐 수 있겠느냐고 전화를 했습니다. 고민하던 문제는 다른 경로로 해결이 되었습니다만, 그때 저를 만나준 것만으로도 평생 빚을 진 기분이 들었습니다." 그런 요청을 받을 때마다 수행비서는 여간 난감하지 않았다고 한다. "장관님, 옛날 인연인데 지금까지 이렇게 다 만나시면 체력이 남아나겠습니까?"라고 말하면 돌아온 답은 이랬다. "아니야, 그 양반이 아쉬우니까 그렇잖아. 잠깐이라도 내가 만날 테니까 오라 그래." 구윤철은 앞 일정과 뒤 일정을 조율해서 만남을 주선하느라 눈코 뜰 새가 없었다고 말한다.

## 장관의 업무 스타일 2: 온몸을 던져서

"전부를 걸고 하듯이 온몸을 던져서 일하는 것도 몸에 배고 나면 그냥 자연스럽게 그렇게 됩니다."[358]

누군가 어떤 일을 해야 한다면 "제가 하겠습니다"라는 게 이용만 스타일이다. 남이 맡아주기를 기다리지 않고 내가 처리한다는 것이 몸에 깊이 배어 있는 사람이다. 해야 한다면 적당히 하는 것이 아니라 온몸을 던지듯이 하는 것도 그에게는 천성과 같다. 전 조선일보 편집국장(현 국회의원) 강효상은 이용만을 포함해서 같은 시대를 뛰었던 공직자들에 대해 이런 평가를 내린다. "그때 관료들이 애국심이 있었습니다. 문제를 해결하겠다는 의지와 열정이 있었습니다. 지금처럼 이렇게 복지부동을 안 했습니다.[359] 정말 모든 문제를 기꺼이 껴안아서 문제를 해결하려는 능력도 있었고 의지도 있었습니다. 지금은 능력도 부족하고 의지도 약합니다. 물론 세상이 많이 바뀐 것도 있지만, 그때는 소리 나지 않게 정부가 역할을 많이 했지요."

사람의 습관이란 크게 변화하지 않는다. 좋은 것이든 나쁜 것이든 한번 만들어지게 되면 평생을 가게 된다. 온몸을 던지듯이 일을 대하는 것은 어제 오늘 생긴 습관은 아니다. 그런 습관은 공직 생활 내내 지속되는데, 언론인 황호형은 젊은 홍보맨들에게 자극을 주기 위해 그가 마련한 자리에서 들었던 이용만의 이야기를 소개한다. "김용환 장관 밑에서 기획관리실장으로 일할 때입니다. 밤새 국회 재무위원회 관련 업무를 준비할 때가 많았습니다. 새벽 3시까지 할 때도 자주 있었습니다. 때로는 국회의원들의 질문과 답변 부탁을 받을 때도 있었습니다. 아침 8시까지 다 만들어진 답변을 들고 '여기에 다 정리해두었습니다'라고 해서 드리곤 했습니다. 몸을 던져서 조직을 위해 일하고 장관을 위해 일했습니다. 그 시대에는 그렇게 하는 것이 올바른 일이라고 굳게 믿었습니다."

### 장관의 업무 스타일 3: 치밀하게 준비해야

"중요한 일이라고 판단이 서면 치밀하게 준비하고 깔끔하게 마무리해야 합니다."[360]

한 사람의 업무 스타일은 직위에 따라 크게 변함이 없을 것이다. 행동하는 주체는 크게 변함이 없기 때문이다. 재무부 장관으로 재직하고 있는 동안 이용만은 1991년 10월 16일, 태국 방콕에서 열린 제46차 세계은행 및 국제통화기금 연차총회에서 한국 대표단 수석대표로 기조연설을 했다. 또한 그는 1992년 9월 23일, 미국 워싱턴에서 열린 제47차 세계은행 및 국제통화기금 연차총회에서 한국 대표단 수석대표로서 기조연설을 했다. 일과 시간 중에는 영어 연설문을 차분하게 준비하기 어려웠기 때문에 밤중에 또는 출퇴근 자동차 안에서 준비했고, 연차총회를 준비하는 것을 보면서 신선균 전 델라웨어대 교수는 다음과 같은 생각을 하게 되었다. "얼마나 부지런한지, 황소같이 끈질기게, 철저하게 준비하는 게 아주 인상적이었습니다."

장관직의 후반기 동안 수행비서(1992.4~1993.2)를 했던 정준호(삼성카드 부사장)는 이렇게 기억한다. "녹음한 내용을 계속해서 들으시면서 밤새 그걸 달달 외우세요. 아예 통째로 말입니다."

이후 차량으로 이동하는 길에서 영어 연설문을 준비했다. 이따금 이동하던 차 안에서 정준호는 발음에 관한 질문을 받기도 했다. "정비서, '이거 발음 한번 해봐'라고 물어보기도 하고, '이것은 뜻이 뭐야?'라고 물으시기도 합니다. 뒷좌석으로부터 불쑥 튀어나오는 질문에 앞자리에 앉은 제가 당황하고 놀라기도 했습니다."

워싱턴 총회에서 그의 연설은 참석한 사람들을 놀라게 할 정도로 멋진 연설이었다. 참석한 사람들이 쉽게 이해할 수 있을 뿐만 아니라 완성된 연설문이란 인상을 심어주었다. 어떤 일이든 자신이 맡은 일에 대해서 그가 어떤 자세와 마음가짐을 갖고 대하는가를 말해주는 사례로 손색이 없다.[361]

그런데 국제통화기금의 연차총회 정도면 그렇게 신경을 쓰는 것을 이해할 수도 있다. 한번은 영국 수상 마가렛 대처가 퇴임한 이후에 사적인 업무로 한국을 방문한 적이 있다. 신라호텔에서 점심을 하면서 비즈니스 미팅을 할 때도 비슷하게 준비한다. 수행비서 정준호는 이렇게 기억한다. "며칠 전부터 비즈니스 미팅에서 하실 말씀을 영어로 녹음해서 이동하던 차 안에서 계속 들으시고 그 전날에는 아예 전체를 달달 외워버리시더군요. 제가 그때 30대였는데 이런 생각을 했습니다. 저렇게까지 본인의 일에 대해 책임감이 강하고, 신경을 써서 열심히 준비하시는구나, 그래서 장관까지 하시는구나."[362]

**장관의 업무 스타일 4: 뭐든 되는 쪽으로**

"되는 쪽으로 생각하면 되는 거고, 안 되는 쪽으로 생각하면 자꾸 안

되는 겁니다."[363]

앞으로 살펴볼 금리를 낮추는 일, 증권시장을 살리는 일 등에서도 볼 수 있듯이 그는 늘 긍정적이고 적극적이다. 무엇이든 "그건 할 수 없습니다"가 아니라 "잘해봅시다" 혹은 "잘 해낼 수 있을 것입니다"라고 말하는 데 익숙하다. 특히 업무에 관한 한 어떻게든 잘될 수 있는 방법을 찾아낸다. 긍정적인 말투에다가 특유의 활력이 더해지면서 부정적인 생각을 가졌던 주변 사람들도 "이번 건은 우리가 잘할 수 있을 거야"처럼 약간 들뜨게 만드는 재주가 있다.

내각에서 같이 활동했던 이연택(전 노동부 장관)은 근로자를 위한 은행 건립에 대해 협조해주었던 이용만 장관을 또렷하게 기억한다. 그가 새 아이디어를 냈을 때 대부분 사람들은 "신중하게 고려해보겠습니다"라고 답하곤 합니다. 그런데 이연택은 이용만이야말로 파격적으로 생각하는 데 익숙한 사람이라고 말한다. 늘 그는 "되도록 해봅시다"라고 답했다고 기억했다. "제가 노동부 장관을 할 때 근로자들의 생활금융을 돕기 위한 생각을 많이 했습니다. 그래서 은행 허가를 내줄 때 근로자의 생활금융을 지원할 수 있는 평화은행을 추진하고 있었습니다. 그 안을 여러 사람한테 의논했는데 대부분은 문제점 중심으로 이야기를 해주었습니다. '구상은 좋은데 이런저런 문제점이 있다'는 식이었지요. 그런데 이용만 장관에게서 나온 답은 달랐습니다. '그것 좋은 구상인데, 실무자하고 의논해서 되는 방향으로 생각해보겠습니다'라고 했지요." 그런 긍정적인 답은 훗날 평화은행의 설립으로 이어지게 된다.

# 2장

•

# 고금리와의 전쟁

"전임자가 어떤 결정을 내렸든지

재임 중에 일어난 모든 것에 대해서는

스스로 책임을 지는 자세로 임해야 합니다."

전임자가 어떤 결정을 내렸든지 책임을 져야 하는 사람은 현재 정책을 맡은 사람이다. 전임자의 결정 때문에 이따금 억울하게 느낄 수도 있지만, 본래 공직이란 맡은 그 순간부터 떠나갈 때까지 "전적으로 내가 책임을 진다"는 자세로 임해야 한다. 따라서 새로 임무를 맡은 사람은 전임자가 결정한 사안이라도 중요도와 완급에 따라 전면적으로 우선순위를 조정할 수 있어야 한다.

공직자에게 필요한 이 같은 리더십을 정확하게 이해했던 인물이 윈스턴 처칠이다. 그는 행정부의 사다리를 차근차근 올라가면서 다른 공직자들과 뚜렷한 차이점을 만들어냈다. "새로운 일을 맡으면 그 자리에 대해 배우는 것에 그치지 않고 임무에 관한 정의 자체를 새롭게 내려 자신이 주도권을 잡아야 한다."[364]

재무행정은 정책의 연속성과 예측 가능성을 기본으로 해야 함에도 불구하고 "이건 아니다"라고 판단하면 정책 집행을 뒤로 미룰 수 있어야 한다. 이에 따른 비판은 적극적으로 설득할 수 있어야 한다. 전임자가 결정한 대로 한다는 안일한 태도로 대처하다 보면 큰 어려움을 만날 수 있다. 그것은 장관 자신의 불명예에 그치지 않고 국민 전체의 삶에 씻을 수 없는 상처를 남길 수 있다. 아무리 좋은 이론적인 근거를 갖고 있더라도 현실 적합성 면에서 문제가 있으면 과감하게 현실에 맞추어서 조정할 수 있어야 하는 것이 경제 정책이다.

무엇보다도 정책 효과에 대한 장관의 판단이 중요하다. 현명한 판단은 다년간의 현장 경험, 공직 경험, 감각 등 다양한 요소들이 어우러진 결과물이다. 이런 것들이 부족하면 자칫 이론에 치우쳐 고집불통이 될 수 있다. 정책은 현실에 맞추어 늘 말랑말랑해야 한다. 설령 어제 결정을 내렸다 하더라도 밤새 상황이 돌변하면 바꿀 수 있는 것이 정책이다.


## 카운트다운에 들어가 있었던 금리자유화

"그것은 이미 결정된 겁니다. 그래서 더 논의할 필요가 없습니다."

책임을 피하려는 사람이 자주 사용하는 말이다. 어떤 정책이라도 그런 것은 없다. 그가 장관에 취임했을 때는 이미 금리자유화의 카운트다운이 시작된 상태였다. 1991년 7월 1일 재무부장관으로 오자마자 모든 금리를 자유화한다는 방침이 전임 장관 시설에 결성되어 발표된 상태였다. '자유화'라는 단어는 개혁적인 변화를 포함하는 듯이 보이기 때문에 구악을 제거한다는 느낌이나 이미지를 사람들에게 줄 수 있다. 당시 금융기관이나 임직원들이 준비가 부족했다. 그는 직감적으로 "섣불리 추진하다가는 큰 화를 부를 수 있다"고 판단했다. 은행 감독원장 시절 주요 국가들을 둘러보면서 금리자유화가 미치는 영향을 생생하게 듣고 볼 수 있었던 것이 판단에 큰 영향을 끼쳤다. 그는 급히 최각규 부총리에게 달려가서 금리 자유화는 그렇게 서두를 문제가 아니니 검토할 시간을 달라고 요청했다. "언제까지 검토할 시간이 필요합니까?"라는 물음에 "8월 1일까지는 시간을 줘야 합니다"라고 답했다. 곧바로 한국은행, 한국개발연구원, 금융경제연구원에 외국의 경험도 보고 우리 실정에 맞는 조언을 부탁하였다. 한편 그는 재무부 간부들에게 "금리자유화의 부작용을 최소화할 수 있는 사전 준비와 대응 방안 마련이 반드시 필요하고, 반대로 준비 없는 금리자유화는 참담한 결과를 초래할 수 있다"고 강조했다.

전임 장관이 1991년 7월 1일부터 금리자유화를 서둘러 발표할 수밖에 없었던 이유는 충분히 이해할 수 있었다. 당시 금융기관들은 넘쳐나는 자금 수요에 따라 공금리(표면금리)보다 높은 수익을 올리기 위해 이른바 양건예금(兩建預金, 은행을 비롯한 금융기관이 대출할 때 일정한 금액을 강제로 예금토록 하는 예금)이라는 방식으로 영업을 해왔다. 대출을 해줄 때 낮은 금리로 일정비율, 예를 들어 대출금의 30% 또는 50%의 예금을 강요하는 현상이 만연해 있었다. 은행은 대출해준 금리보다도 훨씬 높은 수준의 이익을 취할 수 있었다. 이에 따라 부작용

또한 점점 깊어갔다. 은행뿐만 아니라 단기금융회사, 생명보험회사 등 자금을 다루는 모든 기관에서 관행화되다시피 한 이런 현상 때문에 기업의 금리 부담은 20%선에 이르고 있었다. 재무 구조가 불량한 기업일수록 더욱 높은 자금 조달 비용을 지불해야 했다.

이런 상황에서 금리자유화는 충분한 설득력을 갖고 있는 정책이었다. 금리를 자유화하면 이론적으로 양건예금과 같은 음성 거래가 없어질 것이다.[365] 그리고 모든 금리의 현실화에 따라 부작용도 없어질 것이라는 것이 금리자유화를 서둘러야 하는 주장이다. 당시 금융권에 광범위하게 확산된 양건예금이 고금리의 중요한 요인으로 기여하고 있다는 것을 이용만 장관이 직접 은행들의 이름을 거론하면서 구체적으로 지적한 적이 있다. 1992년 1월 15일에 열린 은행장 간담회 장소였다.[366] 중소기업에 대한 대출 실태를 점검해본 결과 전체 대출의 97%가 대출과 동시에 일정액을 예금에 가입하도록 꺾기가 이루어지고 있었다. 은행들이 대출을 하면서 양도성예금증서(CD)를 안기거나 적금 가입을 강요하는 방법 등으로 꺾기를 하고 있으며, 일부 은행들은 꺾기 비율이 최고 130%에 달하는 경우도 있었다. 평균적으로 꺾기 비율은 50~60%에 달했다.

또 하나의 금리자유화를 뒷받침하는 이유는 금리를 자유화함으로써 금리가 오르면 자금 수요가 줄고 통화 증가세가 둔화됨으로써 물가에 도움이 될 것이라는 주장이다. 이런 주장은 물가를 주관하는 경제기획원의 주장을 뒷받침하는 논리로 오랫동안 통용되어왔다. 어떤 주장이 오랫동안 지배하다 보면 사람들은 주장이나 이념 혹은 이데올

로기에 사로잡힐 수 있는데, 이론에 지나치게 눈이 가려지고 나면 현실이 눈에 들어오지 않는다.

마지막으로 미국 측의 요구가 강했다. 미국 측은 자유 경쟁을 신봉하기 때문에 금융도 시장경제 원리에 따라 수요와 공급 원리가 작동해야 한다는 것이 그들의 주장이었다. 그들은 늘 금융의 선진화는 금리자유화와 금융시장 개방에 있다고 입에 달고 다니는 사람들이다. 이런 주장은 국내에서 영업하고 있는 많은 외국계 금융기관들의 이익을 반영한 주장이기도 했다. 외국 금융기관들은 자기 나라의 저금리 자금을 가져오면 더 많은 이자를 확보할 수 있었다. 금리자유화가 실시되면 높은 금리로 자금을 운용하여 많은 수익을 올릴 수 있기 때문에 적극적으로 금리자유화를 지지했다. 금융 산업의 선진화를 위해 그 전제 조건은 금리자유화와 금융시장의 개방인 것은 분명하다. 그러나 현실이 이를 뒷받침할 수 없는 상황에서 갑작스러운 금리자유화는 경제 각 부문에 엄청난 부작용을 불러일으킬 수 있다.

## 성급한 금리자유화는 답이 아니다

"금리자유화는 기업 부실을 낳고 그 부실이 은행 부실로 연결될 가능성을 걱정해야 합니다."

물가 때문에 엄격하게 연간 통화량을 제한해둔 상태에서 금리자유화를 실시하면 충분히 예상 가능한 시나리오가 있다. 그것은 자금 초과 수요 상태에서 금리자유화는 기업의 금리 부담을 증가시킬 것이라는 점이다. 대부분의 기업들이 자기자본 비율이 낮고 차입 경영에 의존하는 우리 기업 상황에서 기업의 과중한 금리 부담은 기업 경쟁력을 약화시킬 것이 명확하다. 기업 도산이 가시화된다면 그것은 기업만의 문제도 아니고 기업주만의 문제도 아니다. 필연적으로 은행 부실화를 낳게 될 것이다. 이것은 역사적 경험으로 이미 충분히 증명된 사실이다. 1980년대 금리자유화를 실시한 미국에서는 고금리 보장을 내건 금융기관 사이의 자금 유치 경쟁이 심해진다.[367] 고금리에 의한 자금 조달은 자연스럽게 리스크가 높은 부동산 부문이나 중남미 개도국에 대한 투자를 촉진하게 된다. 부동산 경기가 하락하고 개도국의 상환 불능 상태가 나타나자 은행은 물론이고 저축대부조합도 부도가 크게 늘어나게 된다.

1980년대에 도산한 저축대부조합의 수는 무려 1,000개에 이른다. 1980년과 1990년대에 걸쳐 총 3,235개의 저축대부조합 가운데 1,043개 업체가 도산했다. 1930년대 이후부터 도산한 저축대부조합의 수보다 1980년대 10년 동안 도산 수가 2배나 더 많다. 1988년과 1989년에는 각각 222개와 216개사가 도산할 정도로 금리자유화는 위력적인 충격을 가할 수 있다. 이에 따라 1980년대 말에 미국 정부는 지급불능 상태에 빠진 저축대부조합을 청산하기 위해 약 1,600억 달러를 투입했다. 이 가운데 납세자가 세금으로 부담해야 하는 액수는 1,240억 달러에 달했다.[368] 나머지 300억 달러는 건실한 저축대부조합기관과 은행에 세금으로 징수되었다.[369] 금융기관의 도산이 제조업의 도산과 달리 납세자에게 엄청난 부담을 지웠음을 확인할 수 있다.

당시만 하더라도 우리나라에서는 은행 도산의 경험이 없다. 서민 금융 하나만 파산해도 장안이 들썩거릴 정도인데, 만일 은행이 도산하는 경우를 가정해보라. 그것은 은행에만 국한되지 않고 한국 경제 전체의 경제위기로 번질 수도 있다. 이때 개인적으로 친분이 있는 일본 오사카 다이와(大和)은행의 아베가와(何部川) 은행장도 개인적으로 이용만에게 조언해주었다. "금리자유화는 가급적이면 늦추는 게 좋습니다. 문제와 부작용이 너무 큽니다."

이런 것들에 근거하여 그는 전임자가 약속한 정책이지만 뒤로 미루기로 했다. 예상되는 부작용을 최소화할 수 있는 대비책을 마련하고 더욱 철저한 준비 과정을 거치기로 결정한 것이다. 여기서 업무를 대하는 이용만의 태도를 확인할 수 있다. 무엇이든 꼼꼼히 철두철미하게 대비책을 마련한 이후에 실행에 옮기는 것이다. 그가 금리자유화를 뒤로 미룬 데는 외국의 금리자유화 경험도 큰 역할을 했지만 우리나라의 독특한 환경도 무시할 수 없는 역할을 했다. 이것은 그가 재무관료로서 오랜 경험뿐만 아니라 단자회사와 시중은행장을 거치면서 갖게 된 경험 지식에서 우러나오는 확신이다. 우리나라의 경우는 만성적인 자금의 초과 수요 압력이 늘 존재해왔기 때문에 국민들은 금리자유화라고 하면 곧바로 금리 인상으로 받아들인다. 금리자유화가 금리를 낮출 수 있다고 아무리 설명해봐야 수십 년간 사람들이 경험을 통해서 얻은 통념을 뒤집을 수 없다.

당시 시중의 자금난은 사상 최악의 상태로 치닫고 있었다. 기업의 비명을 고려하면 통화 공급을 약간이라도 늘리는 방안을 고려해야 한다. 그러나 반대 의견이 너무 강했다. 통화 공급을 조금이라도 늘리면 당장 부동산 가격과 물가 때문에 나라가 어떻게 될 것처럼 아우성치는 언론들의 화살을 피할 재간이 없었다. 이런 상황에서 장관 입에서 통화 긴축을 풀겠다는 말을 할 수는 없었다. 이런 여건에서 금리자유화는 이미 숨이 넘어가고 있는 기업들의 숨통을 더 죄는 것을 뜻했다. 장관은 진퇴양난에 처했지만, 전임자가 정한 대로 금리자유화를 실시할 수는 없었다.

## 문제를 미루는 것도 선택

"난마처럼 문제가 얽히고설켜 있을 때는 시간을 버는 것도 현명한 선택이 될 수 있습니다."

3개월간 검토할 만한 시간을 확보하자! 한국은행, 한국개발연구원, 금융경제연구원에 금리자유화의 파급 효과에 대한 심도 있는 연구를 맡겼다. 서로 입장이 다른 연구진들의 연구 결과는 정책 효과를 정확하게 예상하는 데 도움이 될 것이다.

8월이 되어서야 각 기관들로부터 연구 결과가 나오기 시작한다. 검토를 한 결과 금리자유화 조치를 4단계로 나누어 단행하기로 최종 결론을 내린다. 어떤 정책이라도 정책 효과에 대한 불확실성이 높은 경우라면 점진적 개혁안이 좋다. 정책을 시행해나가다가 문제가 발생하면 수정할 수 있는 시간을 확보할 수 있을 뿐만 아니라 정책의 적용을 받는 경제 주체들이 충격 없이 적응할 수 있는 시간을 제공할 수 있기 때문이다.

8월 23일, 1996년까지 요구불 예금 등 일부 단기 수신금리를 제외한 모든 금리를 4단계에 걸쳐 자유화한다는 '금리자유화 추진 계획'을 발표한다. 이 계획에 따라 1991년 11월에는 단기 여신금리를 중심으로 하는 1단계 금리자유화 조치를 단행하고, 일부 수신금리를 포함하는 2단계 자유화 조치는 1993년 말까지 완료하기로 한다. 이처럼 1991년 8월에 금리자유화 조치를 발표함으로써 일단 급한 불을 껐다.

다행스러운 일은 10월을 정점으로 시장금리가 하락한다.[370] 그럼에도 불구하고 1991년 12월 규제금리는 11.5%인 데 반해서 시장금리를 반영하는 회사채 유통 수익률은 19%에 달하여 여전히 규제금리와 시장금리의 격차가 컸다. 기업들은 실세금리 부담의 고통을 호소하고 있었다. 시장금리가 이렇게 높고 규제금리와의 격차가 큰 상태에서 금리자유화를 추진하는 것은 불안한 일이 아닐 수 없었다. 따라서 장기적으로 금리자유화 정책을 성공적으로 추진하기 위해서는 시장금리, 즉 실세금리를 안정시키는 것이 급한 과제였다. 이에 이용만은 "시장금리를 안정화시키는 것이 매우 중요하기 때문에, 1992년 재무부 핵심 정책 과제를 '금리 인하'로 잡았다."라고 했다.

리더는 스스로 억제할 수 있는 사람이어야 한다. 리더는 조직의 집중력의 방향을 결정하는 사람이어야 한다. 초보 리더들이 실수를 하는 것은 이것저것 모두 다 잘하려는 과욕을 억제할 수 없기 때문이다. 그러므로 '과제 설정'부터 제대로 해야 한다. 전쟁에서 교두보를 확보하는 것처럼 경제도 마찬가지다. 재무 행정을 책임지고 있는 사람의 입장에서는 화력을 집중적으로 퍼부어야 하는 곳이 있다. 교두보를 확보하면 전쟁에서 승리를 거둘 수 있는 유리한 고지를 확보하는 것처럼, 그는 금리 전쟁에서 승리를 거두면 다른 경제 문제들도 실타래처럼 풀려나갈 것으로 확신했다.

그러나 금리를 바라보는 시각도 제각각이다. 어디서든 갈등과 이견이 생길 수밖에 없다. 금리 인하를 둘러싸고 주무 부처인 재무부와 거시 정책 전반을 조정하는 경제기획원 그리고 통화 정책을 담당하는 한국은행 간의 미묘한 갈등이 본격적으로 전개되기 시작했다. 같은 현상을 저마다 자신의 시각으로 바라보기 시작하기 때문에 마치 이념 논쟁처럼 합의를 거두기 어려운 일이 벌어지게 된다. 이전에는 금리를 둘러싼 논쟁이 은행의 규제금리를 중심으로 일어났다. 하지만 1991년 말 제2금융권의 비중이 60%에 달하자 기업들의 관심은 은행의 규제금리보다 제2금융권이 실세금리에 있었다. 실세금리와 규제금리 사이의 금리 차가 무려 8% 내지 7.5%에 달했다. 이 같은 금리 차로 인하여 제도금융권에 시장의 자금 수요는 왕성한데, 상대적으로 은행의 자금 공급은 적었다.

근본적으로 기업들의 차입금 의존도가 높은 데다가 1989년 이후에는 증권시장마저 침체를 거듭함으로써 주식 발행을 통한 자금 조달이 어려웠다. 기업들은 우선 은행으로부터 자금을 조달하고 부족한 자금을 제2금융권으로부터 구했다. 문제는 제2금융권의 규제금리는 의미가 없다는 점이다. 제2금융권은 철저하게 실세금리를 적용하기 때문에 기업들의 금리 부담이 클 수밖에 없었다. 아무리 규제금리를 낮은 수준으로 유지해도 자금 공급이 부족하기 때문에 실세금리가 높은 수준에 머물러 있는 한 기업들의 고금리 부담을 벗어날 수 없었다.

기업의 금리 부담을 어떻게 낮추어주어야 하는가? 이들의 금융 비용을 낮추어야 기업의 생산 비용을 낮추고 국제 경쟁력을 강화할 수 있을 것이고, 투자도 촉진될 것이다. 그렇게 해야 경제에 활력을 불어넣을 수 있다.


## 경제관의 충돌: 조순과 이용만

"한 사람은 학자 하던 사람이고 다른 한 사람은 실무 하는 사람이니까 이견이 생기는 것은 당연한 일입니다. 이것이 나라에 도움이 된다고 판단하면 내 생각대로 관철시켰습니다."

이용만의 생각은 "어떻게든 금리를 낮추어서 기업 투자를 활성화시키고, 경제에 활력을 불어넣어야겠다"는 것이다. 기업 투자의 바로미터는 금리다. 오늘날도 금리 동향이 초미의 관심사가 되는 것은 투자나 소비 활성화에 아주 중요한 시그널이기 때문이다. 자금 공급처가 상대적으로 제한되어 있었을 때는 금리 정책은 지금보다 훨씬 중요했다. 실세금리는 거의 시장금리에 근접하고 시장금리는 거의 자율적으로 시장에서 결정되기 때문에 인위적으로 실세금리를 낮출 수는 없다. 자금 공급을 늘리지 않으면서 시장금리를 낮추려면 시장의 불완전성으로 인해 발생하는 금리 부분만큼을 제거해야 한다. 다시 이야기하면 실세금리를 밀어 올리는 구조적인 관행이나 관습 등을 집중적으로 공략해야 한다.

화폐수량설을 신봉하는 사람들은 금리를 낮추려면 돈을 풀어야 한다고 굳게 믿는다. 그러나 이용만의 생각은 반드시 그런 것은 아니다. 그는 '단자회사에서의 체험'을 활용하기로 했다. 시장금리 변동의 주동자는 단기 금융 회사이며, 그들의 '어음 할인율'이 시장금리로 반영되기 때문이다.

그는 단자회사 담당인 이재국의 이재3과 강권석 과장을 불렀다. 그리고 시장금리를 잡아야 되겠는데 A사 사장 보고 오늘 실세금리를 A사에서 1%만 낮게 운용할 수 없는지 물어보게 했다. 즉각 A사를 시작으로 모든 단자사가 1%씩 낮췄다. 다음 주 B사 사장에게 1.5%만 낮춰 운영할 것을 부탁했다. 다음에는 C사, D사로 이어졌다. 이것이 가능했던 것은 단자사의 어음 할인율 결정 과정을 알고 있기 때문이다. 또한 그 사장들도 이용만의 성격을 잘 알고 있기 때문에 협조가 가능했을 것이다. 무엇보다 강권석 과장의 공이 컸다. 사람들은 시장금리가 왜 내려갔는지 아무도 눈치채지 못했다. 언론도, 한국은행도, 재무부 내에서도, 경제기획원도 몰랐다. 강 과장과 이용만, 각 단자사 사장만 알고 있었다. 그는 "재무부 장관이 시장에 압력을 가해 실세금리를 인위적으로 낮췄다"라는 비난을 들을 각오를 했다. 돈을 한 푼도 풀지 않고 시장금리를 6~7%를 내려서 기업 부담을 완화한 것이다.

1992년 11월에는 13%까지 내려간다. 1991년 12월 실세금리가 19% 수준일 때 어느 누구도 12~13% 수준으로 금리를 낮춘다는 것은 상상조차 할 수 없었다. 누구도 그것이 가능하다고 생각하지도 않았고 누가 나서야 한다고도 생각하지 않았다. 기업이 죽든 말든 그것은 시장원리에 내맡겨두면 그만이라고 생각하는 사람들이 다수였다. 모두들 한목소리로 "통화 공급을 늘리지 않으면 금리를 낮추는 것은 불가능합니다"라는 주장이 일종의 도그마로 자리 잡고 있었다. 다시 말하면 어느 누구도 통화 공급을 늘리지 않는 한 실세금리를 낮출 수 없다고 한목소리로 외치고 있었다.

사람의 고정관념은 워낙 단단해서 이건 안 된다고 믿기 시작하면 여간해서 이를 번복하기 힘들다. 특히 학자나 학자 출신 공직자의 생각은 자칫 견고한 성벽과 같이 될 수 있다. 이미 내뱉은 말을 주워 담기 힘들기 때문에 더더욱 말을 바꾸기가 쉽지 않다. 바로 이런 점이 현장을 뛰는 사람들과의 큰 차이다. 그러나 이용만은 여기서 멈추어서는 안 된다는 점을 분명히 했다. "실세금리가 조금씩 떨어지고 있지만 이 수준에는 만족할 수가 없습니다. 국제금리 수준인 10%대까지 내려가야 합니다." 이런 주장을 두고 한 편의 드라마 같은 일이 벌어지게 된다. 관점의 충돌, 이른바 '비전의 충돌'을 목격할 수 있는 일이 재무부와 한국은행, 즉 이용만 장관과 조순 한국은행 총재 사이에 벌어졌다.[371]

그가 금리가 더 낮아져야 한다고 확신하게 된 것은 국내외 경제 상황에 대한 나름의 판단 때문이다. 세계 경제가 불투명할 뿐만 아니라 선진국들은 북미자유협정(NAFTA)과 유럽공동체(EC)와 같은 지역경제 협력체를 만드는 블록화 현상을 주도하고 있었다. 중국 등 후발 개도국들은 과거에 우리나라가 그러했듯이 저임금을 무기로 세계 시장을 빠르게 넓혀가고 있었다. 이처럼 어려운 환경에 대응하기 위해서는 기업들의 경쟁력 회복이 중요했기 때문이다. 한마디로 금리를 낮추어서 기업 경쟁력을 회복시키는 동시에 경제에 활력을 불어넣어야 했다.

1992년 6월 8일, 재무부와 한국은행 사이에 정책협의회가 열렸다. 재무부에서는 이용만 장관, 차관, 차관보, 이재국장, 금융정책과장이 참석하고 한국은행에서는 조순 총재와 부총재, 자금담당이사가 나왔다. 이용만은 조순에게 "금리를 더 인하시킬 수 있는 방법을 다각도로 검토해보자"고 제안했다. 과거에는 재무부가 일방적으로 통보하는 시대도 있었지만 더 이상 그런 시대는 없다고 생각하여 한국은행의 의견을 최대한 존중하려 노력했다. "한국은행이 재무부 남대문 출장소냐?"라는 비난도 자주 있었기 때문에 그런 비난의 대상이 되고 싶지 않은 점도 있었다.


## 금리 인하는 절대로 반대

"경제 정책에 관한 한 절대로 반대한다는 것은 있을 수 없습니다. 상황에 맞추어서 얼마든지 입장을 바꿀 수도 있습니다."

경제 문제는 있는 현상을 있는 그대로 바라보는 것이 중요하다. "금리는 시장에 맡겨야 한다"는 이론이라는 색안경을 쓰고 현상을 바라보지 않도록 주의해야 한다. "허심탄회하게 보자"는 표현도 이런 경우에 적용될 수 있다.

우선은 재무부와 한국은행 사이에는 현상을 바라보는 해석이 날랐다. 당시 금리는 연초의 급락세에서 2월 하순경부터 상승세로 다시 돌아서다가 3월 말을 고비로 다시 꺾이고 있었다. 한국은행은 금리가 하향 안정세로 이미 돌아섰기 때문에 금리 인하를 위한 조치가 필요 없다는 생각을 갖고 있었다.

이용만과 실무자들의 의견은 달랐다. 금리가 하향 안정세로 돌아간 것은 불투명한 경기로 인해 기업들이 투자 계획을 축소했기 때문이다. 그 이유로 4월 1일, 금리 인하 지도로 콜금리만 연 14.9%에 머물러 있을 뿐 회사채 유통 수익률은 여전히 17%를 웃돌고 있었다. 당시 우리나라 명목금리 수준은 미국이나 일본 그리고 대만 등에 비해 크게 높았는데, 물가상승률을 감안하더라도 실질금리는 4~8% 정도 높았다. 매출액에서 차지하는 금융 비용 부담률이 이들 국가의 2배에 달했다. 재무부와 한국은행은 금리 인하가 필요하다는 원칙에 대해서는 동의했지만, 어떻게 금리를 낮출 것인가라는 구체적인 방법에 대해서는 상당한 이견이 있었다.

한국은행은 경기 활성화에는 금리 인하보다 규제 완화 등 기업의 투자를 촉진하는 것이 더 중요하다고 주장했다. 재할인율을 인하하더라도 통화 관리만 어렵게 할 뿐 시중은행의 대출금리 하락 효과는 미미하기 때문에 경기 활성화 효과를 꾀하기 어렵다는 주장이었다. 즉, 한국은행이 금리 인하를 위해 할 수 있는 것은 없다는 주장이었다. 한국은행은 재할인율 인하보다 금리자유화 2단계 조치의 실시 시기에 관심을 두었다. 은행과 제2금융권의 여신금리자유화를 내용으로 하는 2단계 금리자유화를 조기에 실시하는 방안을 9월에 내놓았다. 한

마디로 더 이상 한국은행이 금리 인하를 위해 나서야 할 것은 없다고 선을 그었다.

1992년 9월 말, 이용만은 다시 한국은행에 재차 금리 인하를 촉구한다. 회사채 유통 수익률이 15%대로 하향세를 보였지만 선진국에 비해 여전히 높은 수준이었기 때문이다. 그러나 한국은행은 인플레이션 기대 심리가 있는 상태에서 인위적 금리 인하는 위험하다는 말만 되풀이하면서 요지부동이었다.

한번은 한국은행의 금융통화위원회 의장실에서 다른 문제를 상의하기 위해 이용만은 한은총재에게 전화했다. "의장실에서 잠시 만났으면 합니다"라는 말에 한은 총재의 답은 "금리 인하는 안 됩니다"였다. "금리 인하 이야기를 하려는 것은 아닙니다"라고 말하자 조순 총재는 "누가 뭐래도 금리 인하는 안 됩니다"라는 답이 재차 돌아왔다. "이 양반 머릿속에는 '금리 인하 불가'가 꽉 차 있구나"라는 생각이 들었다. 이용만의 생각은 이랬다. "세상에 '절대로'가 어디 있는가? 정직이니 성실이니 근면 등과 같은 도덕률에는 '절대로'를 붙일 수 있지만, 정책은 가변적이어야 하지 않은가!" 잠시 후, 의장실을 방문한 총재는 금리 인하가 어려운 이유에 대해 보고서를 작성하고 있으니 끝나면 이야기하겠다고 전하고 나가버렸다. "금리 인하 문제가 아니고 의논드리려 했던 것은 인사 문제입니다."

1992년 10월 1일, 청와대 회의를 마치고 이동하는 길에 카폰으로 급히 연락이 왔다. 조순 총재가 금리 인하를 반대한다는 기자회견을 하고 있나는 보고였다. 그렇지 않아도 내칠 진 회의에서 경제수석과 부총리가 금리 인하 문제에 대해 조순 총재에게 이야기를 해보겠다고 해서 기다리고 있던 참이었다. 조순 총재는 미국 출장 중에 금리 인하 논의가 일고 있다는 보고를 받자마자 귀국한 지 얼마 되지 않아서 일방적으로 언론에 '금리 인하 불가'라는 회견을 하고 말았다. 당시의 상황에 대해 이용만은 이렇게 말한다. "당시 한국은행 내부에서도 이우영 부총재와 류시열 자금담당이사는 재할인금리를 부분적이라도 인하할 필요성을 인정하고 있었다. 이후에 보고받은 바에 따르면 재할인 운영을 담당하는 자금담당이사와 부서장을 제쳐두고 총재가 조사담당이사와 조사부장을 불러서 문안을 만들고 일방적으로 발표한 것이라 한다.[372] 어쨌든 그만큼 한국은행은 금리 인하를 완강하게 반대했다. 너무 명분에 집착한 처신이라는 말도 나돌았다. 듣기에 따라서는 경제 현실을 직시하기보다는 정부 의사에 반해야 소신 있는 결정이라고 판단하는 것 같았다."

왜 금리는 중요한가? 왜 이용만은 주무 부처의 장관으로 금리 인하에 총력을 기울였을까? 금리가 경쟁력 회복과 경제 활력의 회복에 결정적이라고 믿었기 때문이다. 역사적 경험을 살펴보자. 16~17세기 네덜란드는 전성기를 자랑하고 있었다. 당시 네덜란드의 1인당 국민소득은 2위인 영국의 2배 정도였다. 네덜란드의 국력을 나타내는 또 하나의 지표는 당시 유럽이 보유하고 있던 상선 가운데 절반이 네덜란드인들의 소유였다. 애덤 스미스의 『국부론』은 부국의 지표에 한 가지를 더 추가한다. "네덜란드는 영토의 크기와 인구수에 비해 영국보다 훨씬 더 부유한 나라다. 그곳 정부는 2%의 이자율로 돈을 빌릴 수 있고, 신용 좋은 민간인은 3%에 차입할 수 있다. 노동자들의 임금도 영국보다 높다고 한다."[373] 당시 네덜란드는 선진화된 금융 산업으로 말미암아 네덜란드 국채의 최저 금리 수준은 3%까지 떨어졌다. 영국은 2배 정도를 더 지불해야 했고, 기울고 있던 과거의 강국 스페인의 차입금리는 40%에 가까웠다.[374] 애덤 스미스는 이자율이 낮은 나라에서는 사업이 활성화될 수밖에 없다는 사실을 정확하게 지적하고 있으며, 그 사례로 네덜란드를 든다. "시장 이자율이 너무 낮으므로 매우 부유한 사람을 제외하고는 화폐 이자로 살아가는 것은 불가능하다. 중소규모의 재산을 가진 사람은 모두 스스로 자기자본을 운용해야 한다. 거의 모든 사람이 사업가가 되거나 어떤 사업에 종사할 필요가 있다. 네덜란드는 거의 이 상태에 접근하고 있는 것 같다. 거기에서는 사업가가 되지 않는 것이 오히려 이상하다."[375]

애덤 스미스는 금리가 높은 사회에서는 생산적인 투자가 이루어질 가능성이 낮을 것에 대해서도 설명한다. 사업을 통해서 거둘 수 있는 수익을 크게 능가하는 이자율을 가진 사회는 침체를 면할 수 없을 것이라는 주장이다. "예를 들어, 영국의 법정이자율이 8∼10%로 높게 정해진다면, 대부되는 화폐의 대부분은 낭비자와 투기 사업가에 대부될 것이고, 오직 그들만이 이러한 높은 이자율을 지불하려고 할 것이다. 성실한 사람들은 화폐의 사용에 대해 [그들이 화폐를 사용해 획득할 수 있는 것의 일부보다] 더 많이는 지불하려 하지 않을 것이므로, 감히 그 경쟁에 뛰어들지 않을 것이다. 그리하여 그 나라 자본의 대부분은 그것을 가상 수익성 있고 유리하게 사용할 깃 같은 사람들에게시 떼져나와 그것을 가장 낭비하고 파괴해버리기 쉬운 사람들의 손으로 넘어간다."[376]

한편 위대한 역사학자 토머스 애슈턴(T. S. Ashton)은 산업혁명기를 통해서 낮은 이자율과 발달된 자본시장이 한 국가를 어떻게 반석 위에 세우는가를 역설한 바가 있다. "18세기 중반에 경제발전이 가속화된 단 한가지의 이유를 찾는다면(물론 한 가지 이유만 찾는다면 잘못된 일이겠지만), 우리는 낮은 이자율에 주목해야 한다. 산업혁명기에 깊게 파고 들어간 광산들, 견고하게 지어진 공장들, 잘 건설된 운하와 회사들은 모두 비교적 저렴한 자본의 산물들이었다."[377] 꺾기 등과 같이 금융 제도나 관행이 잘못되어 있다면 이를 적극적으로 고쳐서라도 금리를 낮추어야 한다는 게 이용만의 일관된 생각이었다.


## 현실을 직시하면 그곳에 해답이

"현실에 대한 감각을 잃지 않아야 합니다. 그것을 잃어버리고 나면 도그마화된 이론이나 자존심이나 열망에 눈이 가려집니다."

현실은 급박하게 돌아가고 있었다. 시중에는 자금난으로 부도율이 급등하고, 고금리로 인한 기업들의 신음 소리가 더 심해지고 있었다.

1992년 10월 16일, 국제통화기금 총회를 마친 그는 이후 일정을 하루 당겨 급히 귀국했다. 상황이 예사롭지 않았기 때문이다. 돌아오는 비행기 안에서 이용만은 "좀 무리한 방법이라는 비난을 받더라도 더 이상 고금리를 방치해서는 안 된다"는 결론을 내리게 된다. 귀국한 당일인 19일에 긴급 은행장 회의를 소집했다. 우선적으로 넘어지는 중소기업들의 자금난에 대해 주무 부처 장관으로 손 놓고 있을 수는 없었다. 긴급 은행장 회의에서 그는 이렇게 말했다. "중소기업의 부도 확산을 막기 위해 경쟁력 있는 중소기업에 대해서는 통화 억제선을 넘어서더라도 최대한 지원하겠습니다. 또한 4/4분기 중 1조 원의 예대상계(預貸相計, 금융기관이 기업에 제공해준 대출 자금을 기업의 예금, 적금과 서로 상쇄시키는 방식으로 회수하는 것)를 실시하여 조성된 자금으로 중소기업을 지원하고 그래도 대출 자금이 부족할 때는 한국은행에서 지원토록 하겠습니다." 10월 21일에는 단자사 종금사 생보사 등 제2금융권 사장단 회의에서 "꺾기를 자제해서 기업들에게 자금난과 고금리를 가중하는 일이 없도록 해주어야 한다"는 점을 부탁했다.

1992년 11월 11일, 한국은행과 재무부 간의 정책협의회에서 이용만은 다시 금리 인하의 필요성을 재기한다. 앞선 금리 하향 안정 대책의 효과에 힘입어 금리 하락 추세가 지속되고 실세금리와 규제금리가 상당 부분 근접함에 따라 규제금리를 인하할 여유가 생긴 것이다. 또한 성장이 당초 예상 수준보다 저조한 것으로 나타나고 있음을 지적했다. 목표 성장률은 1991년의 8.4%에서 1992년에는 7%로 잡았음에도 불구하고 상황은 기대보다 훨씬 나빠지고 있었다. 1/4분기에 7.4%를 기록하며 순항하던 경제성장률이 2/4분기에는 5.9%로 크게 내려앉았다. 그는 확실히 불안의 징조로 받아들였다고 한다. "경기 침체 조짐을 예방하여 경기회복을 가시화시키기 위해서는 금리 인하는 시급하다. 더 이상 늦출 수 있는 여유가 없다. 이 같은 금리 인하는

2단계 금리자유화를 실기하기 위한 기반을 다지는 데도 도움이 될 것이다."

그러나 한국은행은 경제 상황이 호전되고 있기 때문에 오히려 인플레 심리를 자극할 수 있다는 근거를 들어 반대했다.[378] 조순 총재는 "경기가 이미 상승 국면으로 돌아서고 있는 마당에 금리를 내리면 물가 폭등 등 부작용만 나타날 것"이라는 근거에 바탕을 두고 금리 인하에 강력하게 반대한다.[379] 상황을 완전히 오판하고 있다는 것을 알았지만, 상대방의 입장이 너무 완고하기 때문에 설득할 여지가 없었다. 1992년 12월 2일에는 재무부와 경제기획원, 한국은행 그리고 청와대 경제수석이 모인 경제장관회의에서 경제 상황을 두고 완전히 다른 판단이 내린다. 여기서 그는 재무부가 마련한 '금리 안정화를 위한 정책 추진 방향'이란 보고서를 기초로 금리 인하가 시급함을 다시 한 번 강력하게 주장했다. 2/4분기에 이어 3/4분기 성장률도 저조한 모습을 보였는데 만약 성장률이 5%로 떨어진다면 정부가 국민들의 이해를 얻기 어려울 것임을 지적했다.

최각규 부총리는 성장률이 5%까지 떨어질 염려는 없다는 낙관적인 견해를 보였다. 한국개발연구원은 1992년도 성장률을 7.2%로 전망하고 한국은행에서도 6.5%는 가능하다고 봤기 때문에 성장률이 그렇게 저조하지는 않을 것이라고 했다. 그는 5%에 약간 미달할 것으로 예측했지만, 부총리가 성장률에 자신이 있다는데 그로서는 금리 인하를 계속 고집하기 어려워서 일단 접어두기로 한다.

그러나 연말로 오면서 심각한 조짐이 나타나기 시작했다. 기대가 완전히 틀렸음을 속속 확인하게 된다. 낙관론을 가졌던 경제기획원조차 1992년도 성장률에 대해 우려하는 기색이 점차 역력해졌다. 당초 낙관적이던 한국은행 또한 잘해야 3% 수준의 성장에 그치고 말 것이라는 비관적인 전망을 내놓았다. 비관론이 점점 힘을 더해가면서 이용만은 "더 이상 방치해두어서는 안 된다"는 생각을 확실히 굳히게 된다. 잘못하면 경제가 상당히 망가지고 말겠다는 생각 때문이었다.[380]

　나중에 밝혀진 일이지만 정부나 한국은행 한국개발연구원 등은 모두 1992년의 성장치를 너무 낙관적으로 전망했다. 소비와 투자 등 내수부진을 제대로 파악하지 못하는 우를 범해서 무려 2.3%나 성장률을 과대 전망했다. 경기부진은 예상보다 훨씬 심각했다.


## 그러면 금리 인하합시다

"우리 모두가 사람이기 때문에 판단을 잘못할 수도 있습니다. 얼마나 빨리 교정할 수 있는가도 경쟁력 중의 하나입니다."

　경제가 어려워지자 당초 그가 예측했던 대로 선거가 끝난 직후에 다시 금리 인하 문제를 거론하자는 이야기가 터져 나왔다. 이를 논의하기 위해 1993년 1월 20일, 삼청동 안가에서 최각규 부총리, 한봉수 상공부장관, 이진설 경제수석, 조순 총재, 이용만 재무부 장관이 참석한 5자 회담이 열렸다. 금리 인하의 필요성과 방안에 대한 재무부 안을 정건용 과장이 자세하게 설명했다. 재할인율과 규제금리를 인하함으로써 기업의 금융 비용 부담을 경감하고 투자 심리를 회복시키자는 것이 골자였다. 이미 시장금리가 규제금리에 접근하고 있어 규제금리를 내리지 않고서는 금리의 하향 안정세 지속이 어렵다는 점을 지적했다.

한국은행은 더 이상 금리 인하에 반대할 명분이 없었다. 하지만 이번에도 또 다른 이야기로 논점을 흐리게 만들었다. 기왕에 재할인율을 인하하려면 동시에 금리자유화를 실시하는 게 좋겠다는 주장이다. 이 자리에서 이용만은 "금리자유화를 동시에 실시할 경우 경기 회복에 초점을 맞춘 금리 인하 조치의 효과가 반감될 수 있다. 2단계 금리자유화는 차기 정부의 결정에 맡겨야 한다. 이처럼 2가지 정책을 뒤섞는 것은 경험상 아무 도움이 되지 않는다"고 반박했다.

구체적인 금리 인하폭은 현행 10～12.5% 수준인 은행 대출금리를 10% 수준으로 인하할 것을 제시했다. 평균 1.75% 끌어내리자는 것이었다. 재할인율도 2% 인하하는 것으로 했다. 시장금리와 규제금리의 차이가 약 2% 정도로 좁혀져 있는 상황이니까 이 정도 수준으로 끌어내리면 시장금리가 12% 이하로 떨어질 수 있을 것으로 내다보았다. 모두가 그 정도의 금리 인하폭은 필요하다는 데 의견을 같이했다. 경제수석은 그날의 토의 결과를 대통령께 보고했고 대통령께서도 재무부의 의견대로 추진하도록 재가했다. 이렇게 해서 7개월 18일에 걸친 금리 논쟁이 마무리되었다.

여기서 우리가 유념해야 할 것은 경제 현실을 제대로 파악하지 못한 상태에서 공식이나 원론만 갖고 실물경제를 예측할 때 얼마나 큰 오류가 발생할 수 있는가 하는 문제다. 금리와 같이 중요한 정책 과정은 타이밍이 아주 중요하다는 사실이다. 적시에 이루어질 수 있다면 경기가 지나치게 냉각하여 발생하는 피해를 줄일 수 있다. 부처간 협의라는 것이 필요하고 또 유용하기도 하지만 결국 누군가는 경제에 대해 책임을 지는 사람이 있어야 한다는 점이다. 조율과 합의만큼 통합과 조정도 필요하다는 것이다. 경제 정책은 다수결의 원칙에 따라 정할 수 없다는 점이다. 경제 문제는 명망가나 이론가도 중요하지만 현실에 대한 예리한 감각이 중요하다.

이용만은 5자 회담이 끝난 직후 가진 기자 간담회에서 이렇게 말했다. "한국은행이 실정을 잘못 판단하고 반대론을 펼칠 때에는 무척 안타까웠으나, 중앙은행의 위상을 존중하여 독자적으로 금리 인하를 추진하지 않았습니다. 뒤늦게나마 한은이 현실을 직시하고 금리 인하에 동조해준 것을 고맙게 생각합니다."

한국은행과 재무부가 금리 인하를 두고 이처럼 오랫동안 팽팽한 입장을 보인 이유가 있다.[381] 서로 경제 문제를 바라보는 시각이 다르기 때문이다. 한국은행은 실세금리와 규제금리가 상당한 차이를 보이고 있는데, 재할인율 인하를 단행하면 규제금리와 실세금리와의 간격만 커져 금융시장의 왜곡이 우려된다는 점을 지적한다. 따라서 선 자유화, 후 금리 인하가 필요하다. 금융이 왜곡되어 있기 때문에 국가경제에 큰 부담을 주고 있기 때문에 경제의 건강한 발전을 위해서는 자금의 효율적인 배분이 필요하고 이를 제대로 실천하기 위해서 금리자유화가 시급하다고 주장해왔다. 틀린 이야기는 아니지만, 중요한 것은 문제 해결책의 우선순위를 명확히 하는 것이다.

반면에 재무부는 금융시장의 왜곡을 시정하는 것은 장기간에 걸친 해결 과제이며 우리가 당장 시행해야 할 것은 꺼져가는 경기를 일단 살리는 것이라고 주장한다. 지금의 경기침체를 그대로 두면 나라 경제가 바로 무너질 상황인데 장기 과제에 신경을 쓸 시간이 없다. 더욱이 실세금리와 규제금리 간에 차이가 엄연히 존재하는 상황에서 금리 자유화가 실시되면 실세금리가 올라 기업의 금융 부담을 가중시켜 오히려 경기 회복에 찬물을 끼얹는 격이다.

6공화국이 거의 마무리되는 1993년 1월 18일 《서울경제신문》은 "증시 활성화와 금리 인하―이(李) 재무의 정책 의지와 방향이 옳았다"는 장문의 사설을 게재했다.[382] 이 사설은 그의 정책에 대한 종합적인 평가의 성격을 갖고 있다.

"무엇보다 6공 말의 어려웠던 시기에 재무장관으로 취임하여 작년 8월에는 종합주가지수가 6공 최저 시세를 기록한 증권시장을 회복시키고, 희망찬 새해를 맞이해서도 적극적인 증권 정책을 소신 있게 피력할 수 있도록 만들어놓은 그동안의 증권 및 금융 정책의 성과를 높이 평가한다.

1991년 말 19%가 넘던 실세금리를 13%대로 하향 안정시켰고 1993년에는 12% 이하로 더욱 하향시켜 국제금리에 접근시키겠다는 재무부 장관의 강력한 의지가 주효했던 것이다. 그간 물가안정을 내세운 중앙은행의 재할인율 인하 거부 등 어려웠던 정책 조율에도 불구하고 실세금리를 하향시켰고 마침내 한국은행도 조만간 재할인금리를 인하할 방침을 보이게 한 것은 재무부의 꾸준한 금리 인하 노력의 성과라고 말할 수 있다.

침체일로의 실물경제를 회복시키기 위하여 금융 비용의 절감이 가장 절실한 정책 과제이며, 새해에는 증시의 활성화와 직접금융(발생 시장)의 확대로 기업 자금 조달과 금융 비용 절감에 더욱 노력하겠다는 것이 증권 정책의 중요한 방향이다. 다시 말하면 재무부는 새해의 증권 정책으로 첫째, 증시의 안정과 활성화, 둘째, 직접 금융 기능의 확대, 셋째, 자본시장 국제화의 착실한 추진, 넷째, 규제완화와 자율성 확대 등 증권 제도의 개선, 다섯째, 증권 산업의 내실 있는 발전 등을 발표했다. 우리는 이와 같은 증권 정책의 방향을 환영하며, 이에 걸림돌이 되는 모든 요인을 제거하기를 바란다.

이와 같은 정책 방향은 그동안 이 재무부 장관이 꾸준히 실시해온 실세금리의 하향과 증권 수요의 안정적 확충 등의 중요한 정책 의지를 바탕으로 가능하게 되었음을 다시 한 번 높이 평가하여, 앞으로 새 정부가 발족되더라도 이와 같은 정책 의지는 지속되어야 한다고 권고한다. …… 이용만 장관은 작년에 투신사의 경영 정상화를 절실한 과제로 인식하고 한국은행 등 일부 반대를 극복하고 한은 특융을 단행하여 투신사의 경영 정상화에 크게 기여했다. …… 어쨌든 침체된 증시를 활성화시키고 금리 인하를 끈질기게 유도해온 이용만 재무부 장관의 정책 의지는 새 정부의 정책 방향과 부합되는 것으로서 앞으로도 높이 평가되어야 할 것이다."

## 금리 인하 효과와 '금리단속장관'

"경제 정책에 관한 한 책임 소재가 명확해야 하고 누군가는 책임을 지고 추진해야 실기를 하지 않습니다. 중구난방으로 흐르면 할 수 있는 게 아무것도 없습니다."

마침내 1993년 금리 인하를 위한 '1·26조치'가 실시되었다. 금융통화위원회가 결의를 하고 1월 26일 금리를 인하했다. '1·26조치'의 의미에 대해 "이번 금리 인하 조치로 은행의 여수신금리가 한 자릿수까지 떨어지게 돼 사상 처음 한 자릿수 금리 시대가 기대되고 있다"고 평가한다.[383]

금리 인하 조치로 은행의 예대 마진 폭이 줄어들어 수지 부담이 가중될 것으로 예상되어 은행에는 경영 합리화를 적극 추진토록 당부했다.[384] 재할인율 인하로 한국은행 또한 수지 감소가 예상되었으나 1조 1,000억 원의 한국은행 적립금을 감안할 때 2% 인하는 감당할 수 있는 것으로 판단했다.

기업들은 금리 부담에 있어서 연간 3조 6,000억 원 상당의 경감 효과를 누렸다. 시장의 실세금리는 12.5% 이하로 떨어졌다. 각종 국공채와 통안증권 등 모든 채권 금리도 일제히 하락했다. 금리를 인하할 당시 한국개발연구원은 금융기관의 여수신 금리가 1% 내리면 기업들의 설비투자가 0.4%가 늘어나 당해 연도의 성장률은 1% 이상 상승하고 기업들의 비용 감소에 따라 물가는 0.2%가 내리는 것으로 나타났다. 물론 금리 인하 조치 하나만으로 경제가 되살아났다고 할 수는 없다. 그러나 1·26조치가 금융 비용 부담을 경감시켜 기업의 투자 의욕을 되살리는 데 결정적인 역할을 한 것만은 분명했다.

이 과정에서 어떤 기자는 실세금리 인하 문제를 가지고 금융기관장들을 몰아붙인다고 그에게 '금리단속장관'이라는 이름을 붙였다. 밀어붙인다는 것은 긍정의 의미로는 강력한 추진력으로 해석될 수도 있지만, 부정적으로는 지나치게 다른 사람들을 압박한다는 뜻을 지닐수 있다. 여기서 우리는 공직자로서 탁월한 리더십을 발휘했던 윈스턴 처칠이 다른 공직자들과 뚜렷이 구분되는 점을 주목할 필요가 있다. 나라를 위해 옳은 일이고 필요한 일이라면 굽히지 않아야 한다는것이다. "처칠은 강한 확신과 비전을 갖고 있었다. 그는 전쟁 때 인사에 관해 한 장군에게 이렇게 편지를 썼다. 지금까지 남에게 한 번도싫은 소리를 한 적이 없는 사람만 골라서 요직을 맡기고 있을 때가 아니다. 지금은 강인함과 비전을 갖춘 인물을 기용해야 한다."[385]

그의 금리 인하 노력을 행정력을 동원한 전통적인 창구 지도 방식으로 폄하하는 사람들도 있다.[386] "금리자유화 추세에 역행해서 행정지도로 금리를 내리는 것이 과연 올바른 일인가?"라고 반문하는 사람도 있다. 하지만 제도적인 문제 예를 들어, 양건예금과 같은 것을 이용해서 금융기관이 고금리를 지탱하고 있다면 어느 정도의 정부 개입은 불가피하다고 생각한다. 일종의 잘못된 관행을 제거함으로써 실세금리를 낮추는 조치로 이해할 수 있다. 이런 면에서 한국적 금융 상황을 고려해야 한다고 주장하는 그의 의견은 일리가 있다. "내가 10여년 현장을 뛰면서 당시 한국의 금융시장에서 금리를 인위적으로 올린주인공들이 누구인지를 알게 된 것입니다." 이용만은 평소에 사석에서도 자신의 금리에 대한 생각을 이렇게 피력했다. "우리나라의 금융 현실은 경제학 교과서대로 움직이지 않습니다. 금리가 내려갈 요인이 있어도 그냥 내버려두면 절대로 내려가지 않습니다. 여기에 정부의 행정력이 필요한 것이지요. 정부의 강력한 인하 의지가 있을 때 자금의 가수요가 줄고 금융기관들의 과도한 예대 마진도 줄일 수 있습니다. 창구 지도가 금리자유화에 역행한다고 하지만, 일본의 예를 봐도 어느 정도의 창구 지도는 필요합니다."[387]

그가 재무부 장관으로 부임하던 1991년 5월 시장금리는 19%이었다. 9월에는 거의 20%나 오르내렸다. 1993년 2월 퇴임 시에는 12%대로 금리를 안정시켰다. 그는 통화 공급을 증대시키지 않은 상태에서 시장의 실세금리를 안정시켰다. 또한 규제금리와 실세금리 간의 격차를 해소함으로써 금융시장의 금리 기능이 정상화되고 금리자유화를 위한 여건이 마련되었다는 점에서도 약속을 지켰다. 무엇보다 고금리 부담을 경감시킴으로써 기업들에 적지 않은 도움을 주었다. 누구나 말할 수 있고 누구나 꿈을 꿀 수 있지만, 실행을 통해 성과를 만들어 낼 때만이 가치가 있다.

금리자유화를 둘러싼 조순 총재와의 이견에도 그는 사적인 감정은 전혀 없다고 말한다. "정책은 부작용을 최소화하고 효과를 극대화해야 합니다. 국리민복(國利民福)이란 관점에서 과연 이 정책이 좋은가, 아닌가 하는 점이 중요합니다. 조순 총재는 이론상 그렇게 하면 안 된다는 주장을 펼친 겁니다. 그러나 나는 오랜 체험해서 얻은 지혜이기 때문에 '내 생각대로 해야 한다'고 판단해서 밀고 간 것입니다."

## 경제 정책을 바라보는 시각

"경제에 충격을 줄 수 있는 조치라면 '쇼' 하듯이 급격히 실천하는 것은 위험합니다. 서서히 마치 가랑비에 옷이 젖듯이 해야 합니다. 무엇보다 자국 실정에 맞게끔 해야 합니다."

이상주의자들과 현실주의자들 사이에는 큰 차이가 있다. 이상주의자들은 급격한 개혁이 이상적이라고 주장한다. 그러나 그런 조치들이 현실에 여과 없이 적용되면 큰 충격을 남긴다. 반면에 현실주의자들은 점진적인 정책 선회를 주장함과 아울러 정책의 현실 적합성의 중요성을 주장한다. 경제 정책에서 이상주의자와 현실주의자의 대표 주자를 들자면 1994년 두 부처가 통합되기 이전의 경제기획원과 재무부를 들 수 있다. 강만수는 경제기획원과 재무부가 각종 경제 정책을 둘러싸고 너무나 큰 견해 차이가 있었다고 말한다.[388]

우리가 외환위기를 맞은 요인들이 여러 가지가 있지만, 근본적인 원인 가운데 하나가 정책 실패다. 이는 경제기획원 출신 브레인들의 득세와 1994년 경제기획원과 재무부의 통합으로 인한 견제 기능의 실종을 들 수 있다.[389] 외환위기의 도화선이 된 종합금융회사의 인허가 남발도 견제 기능의 상실에서 바라볼 필요가 있다.[390] 1975년 종합금융회사법이 제정된 이후에 우리나라에는 6개사가 기업금융전문금융기관(투자금융사)으로 운영되고 있었다. 기존 10개 단자사에다 22개사에 신규 인가 허가가 떨어진 시점이 1982~1983년이다. 총 32개사 단자회사 가운데 24개사가 한꺼번에 종합금융업무를 취급하는 종합금융회사가 되는 시점이 1994~1996년이다. 이들이 경쟁적으로 금리

차익만 노리고 단기 외화 자금을 과다하게 끌어다가 장기 시설 투자 등에 사용한 결과 우리나라는 유동성 부족으로 IMF에 손을 벌릴 수밖에 없었다.[391] 결국 자국의 실정을 고려치 않은 급격한 진입 자유화가 엄청난 후유증을 남기고 만다. 이용만의 정책에 대한 시각은 점진적이고 현실적으로 타당해야 한다는 것에 초점을 맞춘다.

1992년 9월 20일 오후 6시, 조지 부시대통령은 IMF총회 잠정위원회의 위원들을 백악관으로 초청했다. 이사국의 재무부 장관들이 참석하는 모임이었는데 한국과 중국 등의 일부 비이사국 장관이 포함되었다. 그가 이 모임에 참석하게 된 계기는 미국 재무부의 재정차관보가 이용만 재무장관을 방문한 자리에서 조속한 금리자유화 실시를 주장했기 때문이다. 그는 금리자유화를 두고 재정차관보와 설전을 벌이는데, 이 갈등이 재정차관보 머리에 깊이 각인되었기 때문이다. 금리자유화를 둘러싼 두 사람의 논쟁은 이상주의자와 현실주의자가 정책이나 개혁을 어떻게 바라보는가에 대해 중요한 시사점을 제공하고 있다.

"미국 재정차관보는 한국도 빠른 시간 안에 금리자유화를 실시해달라고 요구했습니다. 이 장관은 '당신들은 급하게 금리자유화를 해서 대부조합들이 많이 도산했다. 비싼 금리를 주고 돈을 끌어왔기 때문에 당연히 높은 금리를 받아야 하고, 그렇게 하기 위해서는 위험 자산에 투자해야 하고 은행들이 과당경쟁을 벌리지 않았는가. 그 결과 은행들의 부실이었고 엄청난 재정을 투입해서 부실 자산을 털어내고 말았다. 은행 망하게 하는 것이 금리자유화는 아니지 않은가?' 이렇게 이야기했더니 재정차관보가 기분이 상했던 모양입니다. 그 사람들 머릿속에는 자유로운 시장경제 원리라는 것이 머리에 깊이 박혀 있기 때문에 무조건 규제금리나 고정금리는 나쁘다는 생각이 강했습니다.

우리는 장기적으로 전망하죠. 부작용이 없게끔 단계별로 차근차근 금리자유화를 하면 됩니다. 가랑비에 옷이 젖듯이 모르는 사이에 금리를 자유화하면 금리가 조금씩 올라가는 것을 금융기관들이나 기업들이 소화할 수 있어요. 자기 실력에 맞게끔 해야 부작용이 없습니다. 경제 정책은 쇼하듯이 한꺼번에 하는 게 아니에요. 급격한 자유화로 쇼크를 주면 은행이나 기업들의 도산이 늘어날 수밖에 없으니까요. 이런 이야기가 재정차관보에게 깊은 인상을 주었던 모양입니다. 면전에서 서로 다른 의견을 갖고 충돌했지만, 나를 그 모임에 초청한 이유라고 생각합니다. 우리는 의견이 다르면 미워하는 경향이 있지만, 그 양반들은 의견의 차이와 사람에 대한 선호를 뚜렷이 구분하는 성향이 있습니다."

그가 경제와 경제 정책을 어떻게 바라보는가를 보여주는 예화 가운데 하나다. 이것은 경제를 바라보는 현실주의자와 이상주의자들의 차이를 보여주는 것이다. 강단에서 오랫동안 머물렀던 지식인들이나 자유분방한 사고를 가진 경제 관료들이 공유하고 있는 생각과 이용만의 생각은 다르다. 이런 시각의 차이가 훗날 외환위기로 연결된다. 정책도 결국 옳은 것은 무엇으로 보는가라는 시각에 따라 크게 달라지는 것을 확인할 수 있다.

# 3장

•

# 투신사 살리기와 금융 공황

"시장원리에 따라 수급을 모두 시장에 맡기는 것이 최선인데,
이따금 최선이 최악의 상황을 낳을 수 있는 가능성을
방지해야 할 책임이 리더에게 있습니다."

"1991년 5월, 제가 장관에 취임한 이후 가장 신경을 썼고 시간과 노력을 많이 쏟아 부은 일 중 하나가 증권시장 정상화 대책이었습니다."

이용만이 심혈을 기울인 증시 활성화 대책의 핵심은 무엇인가? 투자신탁회사의 도산을 막으려는 '투자신탁의 경영 정상화 조치'였다. 이 조치를 추진하면서 훗날 "도산할 것은 도산하게 시장에 맡기면 되지, 왜 그렇게 난리법석을 피웠는가?"라고 나무랄 사람도 있을 것으로 예상했다. 그리고 "관의 힘을 남용했다"라고 비난하는 사람도 있을 것으로 예상했다. 하지만 모른 척 무사안일하게 방치한 끝에 결국 투신사가 망했다면, 어떤 비난의 화살이 쏟아졌을까? "당신이 그 자리에 왜 있었던가?"라고 비난하는 목소리가 나올 수도 있다. 그 정도에 그치지 않았을 것이다. 투신 붕괴에서 발생한 지진은 다른 금융 부

문으로 확산되었을 것이고, 그 결과는 경제위기로 연결되었을 수도 있다. 그 결과 그는 평생 동안 낯을 들고 돌아다닐 수 없을 정도로 경제위기를 방치한 무능한 경제장관으로 비난받았을 가능성도 있을 뿐만 아니라 그 책임을 어떻게 질 것인가? 그래서 그는 "도산을 절대로 방치해서는 안 된다"는 신념을 갖고 임했다.

1992년 1월 3일, 외국인이 국내 증권시장에서 직접 주식을 사고팔 수 있는 첫날이다. 개방 초이므로 외국인의 투자 한도도 제한하여 외국인 1인당 발행 주식의 3%, 외국인 전체로는 종목당 발행 주식의 10%를 넘지 못하게 제한했다. 그 결과 1992년 한 해 동안 유입된 외자 규모는 총액으로 27억 달러, 순유입액으로만 21억 달러에 달할 정도로 주식시장 개방은 성공적이었다. 외국 투자가들은 한국 증시를 긍정적으로 본 데 반해서 국내 투자자들은 비관적 혹은 소극적인 투자 태도를 보였다. 증시 개방에도 불구하고 증권시장은 침체를 좀처럼 벗어나지 못했다. 가장 큰 문제는 투자신탁회사들이 보유하고 있던 과다한 주식 물량 때문이었다. 여기에다 우리 경제가 1986년부터 1988년 사이에 고성장 이후 새로운 성장 비전을 찾지 못한 것이 시장 침체에 일조를 하고 있었다. 주가가 조금이라도 상승하면 투신사는 보유 물량을 팔아치우는 데 급급하고 있었다. 결과적으로 주가는 좀처럼 오를 수가 없었다.

당시 3대 투자신탁회사가 안고 있는 문제의 뿌리는 1989년 12월에 단행된 투자신탁회사를 이용한 증권시장 부양책인 '12·12조치(증시 부양 대책)'에서 씨앗이 뿌려졌나. 종합주가시수는 1986년 말

272(1980.1.4.=100)에서 1987년 말 525, 1988년 말 907을 기록하며 1989년 4월 1일에는 역사적인 1,000을 돌파했다. 3년 연속 평균 80%에 가까운 상승세를 기록하던 증시는 지수 1,000을 고지로 빠른 속도로 허물어져 내리기 시작했다. '12·12조치'가 있기 전에는 연속 9일간 계속해서 50포인트 이상 주가가 떨어져 11일에는 연중 최저치인 844.75포인트를 기록하고 말았다. 거래량은 평소의 절반가량으로 줄어들어 시장은 거의 파장 분위기가 파다했다. 증권회사 객장에는 투자 원본의 손실을 입은 투자자들의 소요와 농성이 자주 벌어졌다. 더욱이 분당 신도시 아파트의 청약 러시로 인해 증시 자금이 이탈할 조짐까지 보였다. 다른 한편으로는 무역적자 확대와 경제성장률 둔화 소식으로 투자 심리는 위축될 대로 위축된 상태였다.

잘못하면 증권시장이 붕괴할 수도 있다는 위기감이 퍼져나가고 있었다. 1992년 증시의 대외 개방을 앞두고 있는 마당에 주가폭락은 외국인들에게 우리 기업의 주식을 싼값으로 살 수 있는 파티를 열어주는 것이기도 했다. 주가 하락과 증시 붕괴를 막을 묘책에 고민하던 끝에 결국 비상대책을 내놓게 되었다. 이것이 '12·12조치'다. 지금 기준으로는 비난을 퍼부을 수 있지만, 당시로 돌아가면 증권시장의 붕괴를 막으려는 불가피한 조치로 부분적으로 이해할 수도 있다. 그렇다고 해서 당시의 경제 장관들이 잘했다는 이야기는 아니다. 돈을 얼마나 쏟아 부어서 주식을 사야 추락세에 있는 주가를 되돌릴 수 있겠는가!

## 증시 붕괴 방지책: 1989년 12·12조치(증시 부양 대책)

"좀 무리한 조치이긴 했지만 당시 상황에서는 막다른 골목에서 선택한 정책 가운데 하나였을 것입니다."

당시 재무부 장관은 경제기획원장관과 한국은행 총재와 합의하여 1989년 '12·12조치'를 발표했다. 그들은 미국이나 일본의 역사와 마찬가지로 "주가 하락→장기 침체→증시 붕괴→금융 공황→경제공황"이란 상황이 우리나라에 발생하지 않도록 강력한 예방 조치를 취한다. 이 조치의 핵심은 "증권시장이 안정될 때까지 투자신탁회사가 무제한 주식을 매입토록 하며 은행은 투자신탁회사에 무제한 자금을 지원하고, 필요하면 한국은행이 은행을 통하여 자금을 지원한다"는 것이었다. 동시에 60여 개에 이르는 각종 기금과 12개의 공제조합까지 추가로 기관투자가의 범위에 넣어 기관들의 적극적인 주식 매입을 종용했다.

투자신탁회사들은 대대적인 주식 매입에 나섰다. 많을 때는 하루에 5,000억 원어치를 사들였다. 약 2주일간 3조 2,000억 원(투신 2조 8,500억 원, 증권사 4,500억 원)어치의 주식을 사들였다. 5개 시중은행들은 한 은행당 평균 5,000억 원씩 총 2조 7,700억 원을 투자신탁회사에 주식 매입 자금으로 지원했다. 연말 재정 자금의 집행으로 인해 당시 은행의 자금 사정이 양호했기 때문에 한국은행의 직접적인 자금 지원까지는 필요하지 않았다. 이 조치로 종합주가지수는 100포인트에 가깝게 단기 급등했지만 그것도 잠시뿐이었다. "투자신탁회사에 대한 자금 지원은 1989년 12월 26일로 끝났다"는 재무부 장관의 발표가 있자 29일 주가는 바로 약세로 돌아섰다. 이후 지속적인 침체 장세를 이어가다가 1992년 2월에는 종합주가지수 700선이 무너지고 급기야는 600선 그리고 500선까지 깨지고 말았다.

투자신탁회사들은 은행으로부터 차입을 해서 사들인 6조 원가량의 보유 물량으로 인해 막대한 평가손실이 발생했다. 투신 3사는 1990년과 1991년 사이에 1조 500억 원의 결손이 발생한 상태였다. 게다가 차입금에 대한 연간 이자 부담만 해도 5,500억 원이 발생했다. 더 이상 버틸 여력이 없어진 투자신탁회사들은 증시 안정을 위한 기관투자자 기능을 포기하고 말았다. 이후 주가가 조금이라도 회복되면 투신사들은 경쟁적으로 보유 물량을 팔아서 유동성을 확보하기에 바빴다. 그 결과 역설적으로 투신사가 오히려 증시 회복의 걸림돌이 되고 만다.

처음에는 증권시장을 살리기 위해 투신사가 나섰는데, 이제는 역으로 증권시장을 살리기 위해서는 먼저 투신사를 살려야 하는 상황이 되고 만다. 투신의 경영 정상화 없이는 증권시장 활성화는 불가능해졌다. 정부에서는 투신에 국고 여유 자금을 일시적으로나마 운용할 수 있도록 지원하고 신상품을 개발하고 세제 지원도 구상하는 등 다양한 방안을 강구했지만, 뚜렷한 효과를 거두기 힘들었다.

그는 1992년 신년 업무 계획을 보고받는 자리에서 김영빈 재정차관보에게 최우선적으로 '투자신탁회사의 경영 정상화 방안'을 빨리 강구토록 지시했다. 증권발행과가 주축이 되어 대책 마련에 집중했으며 국장은 조건호(전 과학기술부 차관)로 바뀌었다. 시간이 흘러가지만 눈에 띄는 방안은 나오지 않고, 중간 간부들은 되도록 깊이 간여하지 않으려는 눈치가 역력했다. 1992년 2월부터 여러 차례에 걸쳐 개혁조치를 마련하라고 요구하지만 별다른 성과를 거둘 수 없었다.

## 그 길밖에 없다면 추진하자

"자꾸 그때 왜 그렇게 했느냐고 해봐야 문제 해결에는 도움이 되지 않습니다. 난마처럼 얽힌 문제를 단칼에 자를 수 있는 용기도 필요합니다."

상황이 한 번도 겪어보지 못한 특별한 상황이면 해법도 파격적이어야 한다. 해법을 적극적으로 찾았지만 기대한 만큼 일은 제대로 돌아가지 않았다. 당시 실무 책임을 맡고 있는 사람은 증권정책과의 신동규 과장이었는데, 당시 업무 추진 상황에 대해 이렇게 말한다.

"우리가 매일 야근을 하면서 회생 대책을 만드는데, 제가 보기에는 투신사들이 일단 시간을 벌어야 한다고 생각했습니다. 싼 이자에 돈을 빌려줘야 증시가 나아질 때까지 투신사가 버틸 것이라고 생각했습니다. 요즘에는 공적 자금이라 부르지만 당시는 '한국은행 특별 융자'(한은 특융)이었습니다. 이 방법 이외에는 다른 방법이 없는데 한은 특융은 무시무시한 정치적 결단이고 야당의 반대도 있기 때문에 중간보고 단계에서 다 잘렸습니다. 차관보도 안 된다 하고, 차관도 안 된다고 했습니다. 장관님은 저의 속마음도 모르고 자꾸 더 좋은 안을 가지고 오라고 재촉하시는데 4~5번 정도 야단을 맞았습니다."

어느 날, 결재 서류를 들고 올라온 실무자가 얼마나 고심하고 있는지를 이용만은 단박에 알아차릴 수 있었다. 신동규 과장의 입에서 단내가 나고 며칠 밤을 제대로 잠 못 자고 애쓴 흔적들이 보였다. 마침 그날은 국장도 있었지만 과장이 직접 보고할 기회가 모처럼 생겼다. "장관님, 사실은 이것 외에는 다른 안이 없습니다. 그동안 결재 과정에서 여러 가지 문제점 때문에 이 안이 빠지게 되었습니다. 대통령의 정치적 결단과 언론의 협조가 필요한 안이라서 저희들도 말씀드리기가 그렇습니다만." 한은 특융에 관한 제안을 들은 이용만 장관은 바로 그 자리에서 결론을 내렸다. "이것 추진해! 내가 앞장설 테니까 해보자!"[392]

이렇게 신속하게 결단하는 힘은 어디서 오는 것일까? 짧은 시간 안에 "이게 바로 우리가 찾던 그 해답이야!"라는 판단을 어떻게 내릴 수 있을까? 타인을 설득해야 하는 난제들이 첩첩이 쌓여 있음에도 불구하고 해낼 수 있다는 그런 자신감은 어디로부터 연유하는 것일까? 그의 결단에서 "리더로서 큰일을 성취하고 싶다면 과감한 결단력으로 자신을 출발선상에 세워놓아야 한다"라는 존 맥스웰(John Maxwell)의 '진정한 리더의 조건'을 떠올리게 된다.[393]

후에 들은 이야기로는 중간 간부들은 한은의 저리 특별 융자안을 장관이 받아들이지 않을 것이라고 지레짐작했다고 한다. 언론으로부터 시작해서 국회에까지 도처에서 말도 안 되는 조치라고 비난의 소리가 터져 나올 것을 걱정하지 않을 수 없었기 때문이다. 한은 특융안은 투신 3사의 차입금 5조 9,400억 원 가운데서 자체 자금 조성(9,000억 원), 국고 여유 자금(1조 8,700억 원), 이자 부담 자체 흡수(2,700억 원) 등을 제외한 2조 9,000억 원을 연금리 3%로 지원하는 방안으로 연간

3,200억 원의 이자 절감 효과가 있다.

1992년 5월 10일, 마침내 최종적인 '투자신탁경영 정상화 대책'이 마련되었다. 대책의 핵심은 "한국은행이 연리 3%의 저리로 투신에 2조 9,000억 원의 특별 융자를 해야만 해결될 수 있다"는 것이다. 다시 말하면 차입금의 이자 부담을 경감해주어야 투신 보유 주식의 투매를 예방하고 주식시장의 안정이 가능해진다는 판단에서다. 그렇다면 투신사에 대한 한은 특융은 아주 새로운 조치인가? 그렇지 않다. 투신사에 대한 금융기관의 저리 자금 지원은 새로운 조치가 아니었다. 1989년 '12·12조치' 때 정부가 발표한 증권시장의 안정적이고 건전한 육성을 위하여 필요시 한국은행이 은행을 통해 자금을 지원한다는 방침에 근거한 것이었다. 12·12조치와 비슷한 지원은 미국, 일본 등 외국에서도 전례가 있었다.

미국의 경우 블랙먼데이(1987.10.19.) 때 증시 안정을 위하여 연방준비은행(FRB)이 100억 달러의 자금을 금융기관을 통해 증권회사에 지원한 바 있었다. 일본의 경우에는 1960년대 증권공황기(1963~1965)에 일본은행이 총 4,665억 엔(1965년 말 상장 시가총액 대비 5%)의 자금을 일본공동증권(주) 및 일본증권 보유조합 등에 지원한 바 있다. 위급 상황이 발생하면 누군가는 책임을 떠안고 문제를 해결할 수 있도록 나서야 한다. 이를 위해서는 개인적인 판단력이나 결단력이 필요하다. 그런데 이보다 더 중요한 것은 강한 책임감이다. 국정의 최고 통치자인 대통령이 있지만 대통령 중심제하에서 경제 정책을 실제로 책임지는 사람은 주무 장관이다. 주무 장관이 나서야 한다. 설령 돌팔

매를 맞더라도 "이 길이 올바른 길이다"라는 판단이 서면 나서야 한다. 보고를 받는 자리에서 이용만이 "이 길밖에 없다면 추진하자"고 결론을 내리게 된 데는 투자신탁사를 살리는 길이 이것 말고는 다른 방법이 없기 때문이다. 또한 주식시장을 살려서 금융시장을 정상화시키는 길은 다른 길은 없다고 판단했기 때문이다.

## 장관이 하시오, 난 사표를 내겠소

"큰 문제를 앞에 두고선 원론적인 이야기를 하기보다는 문제를 해결하는 데 최선책인가 아니면 차선책인가에 초점을 맞추어야 합니다."

아무리 좋은 정책이라도 관련 당사자들의 협조를 얻어야 한다. 한은 특융을 이용한 투신사 지원책인 '5·27조치'에서 가장 중요한 역할은 한국은행 총재의 결정이다. 한국은행 총재는 증권시장 부양을 위한 1989년 12·12조치 당시 중요한 의사결정 당사자 가운데 한 사람이다.[394] 이용만의 입장에서 그가 사태의 전후 사정을 알고 있기 때문에 협조할 것으로 기대했다.

1992년 5월 12일에 부총리에게 내용을 설명하고, 이어서 13일에 조순 총재와 협의를 가졌다. 같은 날 경제수석에게도 협의를 마쳤다. 한은 특융의 지원 문제가 언론에 보도되자마자 한국은행은 자체적으로 '3대 투신사 경영 정상화 방안'이라는 자료를 언론에 배포하여 "한은 특융을 통한 지원에는 반대한다"는 입장을 분명히 했다. 한국은행은 직원 세미나와 기자 간담회를 통해 "투신 지원의 필요성은 인정하지만 한은 특융을 통한 지원에는 반대한다"고 밝히면서 이는 한은법 제93조와 제69조에 위배된다고 밝혔다. 투신사에 대한 지원이 불가피하다면 재정 자금으로 해야 할 것이라는 견해였다.[395]

1992년 5월 27일, 아침 7시 30분에 4자 회담이 열렸다. 최각규 경제기획원 장관, 이용만 재무부 장관, 조순 한국은행총재, 청와대 이진설 경제수석 비서관이 삼청동의 안가에서 회담을 가졌다. 폭넓게 최근의 증시 현황과 투자자들의 항의성 데모 등을 검토했다. 문제에 대한 인식이나 투신사 지원에 대한 필요성을 공감하지만 조순 총재는 한국은행 특융만은 할 수 없다는 일관된 주장을 펼쳤다.

이용만은 이렇게 이야기한다. "돌이켜 보면 한은 특융까지 필요할 정도로 투자신탁회사의 경영난을 초래한 원인 행위의 발생 시점에 저는 정부에 없었습니다. 오히려 조순 한국은행 총재가 부총리 재직 중에 재무부 장관과 합의하여 추진한 '증권시장 부양 대책'의 결과이기 때문에 사실 조순 총재의 반대 입장은 의외였습니다."

그가 기대했던 것은 적극적인 찬성은 아니더라도 당신이 총대를 메고 하는 것이니 나는 소극적으로 동의하겠다는 정도까지는 기대했다. "정부에서 고심 끝에 그 방법밖에 없다면 '나도 그때 잘못 판단한 것 같다'면서 동의할 것으로 믿었다." 사실이 그렇다. "주가지수를 유지하기 위해 필요하다면 중앙은행 돈이라도 무제한 공급하겠다"는 주장은 아무리 다급해도 경제를 책임지는 사람이 할 수 있는 말은 아니다. 그것을 적나라하게 이야기하면 중앙은행 돈을 이용해서 투자자라는 특정 이익집단을 지원하는 정책을 펴겠다는 것이기 때문이다. 결자해지하는 뜻에서 조순 총재의 협력은 당연한 것이었다.

하지만 이용만을 놀라게 만든 것은 한국은행 업무 범위 밖이라고 말하며 자리를 걸고 반대하여 난관에 봉착한 것이다. "재무부 장관이 금융통화위원회 의장이니 장관이 직접 금통위를 주재해서 직접 의결하시오. 나는 사표를 내겠소."[396] 이용만은 "오늘 이 문제가 결론나기 전에는 아무도 밖에 나갈 수 없습니다"라고 당차게 말한 다음에 실무진들을 모두 나가도록 했다. 문을 닫았다. 그리고 논의를 계속 진행하면서 그는 "총재님, 정부에서 모든 것을 책임질 것이니 국무회의 의결을 거쳐 대통령 재가를 받아주면 어떻겠습니까?"라고 제의했다. 그러나 조순 총재는 그것조차 거부했다.

그래서 이용만은 물었다. "한국은행법 69조 3항에 '통화와 은행업의 안정이 직접으로 위협받는 중대한 긴급 시'에는 대출하도록 되어 있는데, 위기사태가 발생하고, 대출을 거절했을 때 초래하는 사태에는 당신이 책임을 지겠소?"라고 물었다.[397] 그는 이 질문에 대해서는 묵묵부답이었다. 장시간의 격론 끝에 최종적으로 한은총재는 "국회 동의를 받아오면 집행하겠다"는 안을 제시했다. 그러나 이용만은 행정부 정책 사항의 수습을 위해 국회 동의까지 받는 건 납득할 수 없었다. 게다가 자칫 선례를 남긴다는 걱정도 있었다.

국회 동의 문제가 나오자 "나는 모르겠으니 재무장관이 알아서 하시오"라면서 한발 물러섰다. 재무장관 혼자서 모든 수습을 해야만 되게 되었다. 이 일이 있기 2주 전에 이용만은 노태우 대통령과 면담하는 자리에서 이렇게 말했다. "각하, 결자해지 아니겠습니까? 주식시장이 엉망이고 전임자가 한 일이지만 각하 재임 중에 터진 일이므로 어떻게든 정리하고 넘어가야 하지 않겠습니까? 저도 골치 아프니 어물어물 6개월만 참고 후임자에게 넘겨주면 되겠지만 어떻게 하는 게 좋겠습니까?" 노 대통령은 "어떻게든 수습했으면 좋겠는데 무슨 방법이 없을까?"라고 해서 방법을 찾고 있던 중이었다.

이용만 장관이 "국회 동의만 받으면 하겠소"라고 묻자, 조순 총재는 "국회가 동의해 주면 하겠습니다"라고 답하였다. 이용만은 이진설 경제수석에게 "증시 문제는 국회 동의밖에 다른 길이 없겠는데, 각하의 뜻을 받아 연락해달라"고 부탁했다. 청와대로 달려간 경제수석은 "그렇게라도 할 수 있으면 하라"는 대통령의 명이 떨어졌다고 알려주었다. 이와 같이 최종 결론이 나서 모두 서명을 받고 국회 동의를 추진하기로 결심했다. 7시 30분에 시작해서 11시 30분까지 4시간의 난상토의 끝에 4자가 서명하여 나온 결론은 이랬다. "첫째, 투신의 정상화를 추진함에 있어 국민적 공감대를 형성하기 위해 투신 지원에 관한 국회의 동의를 얻기로 한다. 둘째, 국회 동의 형태는 정부가 금융기관의 부채 상환에 대해 지급보증하는 것으로 한다. 셋째, 한국은행은 금융기관에 2.9조 원을 연리 3%로 지원하고, 금융기관은 같은 금액과 금리로 지원한다."

한은 특융을 통한 지원 문제가 매듭지어지고 난 다음, 1992년 5월 31일자 《중앙경제》는 이용만과 조순 두 사람의 대결을 이렇게 표현하고 있다. "이용만 장관과 조순 한은총재는 원래가 매우 다른 타입의 인물들이다. 한쪽은 격랑의 현실을 헤쳐온 경제 관료요, 다른 한쪽은 잠시 동안 부총리 경력이 있긴 하나 평생을 상아탑 속에서 원칙론을 가르쳐온 학자다. 그러니 투신사에 대한 한은 특융 같은 문제를 놓고, 이들이 입장과 주장이 얼마나 심각하게 대립했을지는 미루어 짐작이 가는 일이다. 특융이 결정되는 날, 4시간 동안의 비밀회의에서도 이들은 현실적인 불가피론과 원칙론의 고수로 첨예한 대립을 보였다고 한다. …… 그러나 뜻하지 않게 일부 투신사에서 환매 사태가 벌어져 이들의 '한판'은 생각보다 싱겁게 끝나버렸다. 논리의 싸움 이전에 금융 공황의 가능성이 제기되는 바람에 현실론이 단숨에 유리해져버린 것이다."[398]

## 당신 체면만 생각하고 있을 때가 아냐

"금융 공황은 걷잡을 수 없이 확산될 수 있습니다. 군중심리가 작동하면 손을 쓸 수가 없게 됩니다."

그가 투신사 문제를 마무리하기 위해 서둔 절박한 이유는 금융 공황의 발생 가능성 때문이다. 주무 장관으로서 이 문제를 고심하지 않을 수 없었다. 투신사의 위기 뉴스가 계속 나가자 투자자들의 환매 사태가 우려되었는데 바로 그 시점에 뜻밖의 사건이 터졌다. 목포의 한남투자신탁회사의 부도설과 이에 현혹된 투자자들의 환매 사태였다. 시중은행의 뇌취(雷取, 예금주들이 예치한 돈을 모두 찾아내 가는 것) 현상이 우려되었다. 그것을 시발로 급속도로 전국에 일파만파로 확산되어 갔다. 근거 없는 소문의 진원지는 목포지점에서 토지 보상금 유치 경쟁에서 실패한 보험회사 모집인이 한남투신의 부도설을 퍼뜨린 데서 시작되었다.

일찍이 군중심리를 꿰뚫어본 귀스타브 르 봉(Gustave Le Bon)은 "군중을 구성하는 인간들의 모든 정서도 예기치 못한 공포에 사로잡히면 아주 급속하게 감염된다"라면서 "개인들을 감염시키기 위해 그들을 반드시 동일한 시간에 동일한 장소에 집결시킬 필요는 없다"는 점을 강조한 바 있다.[399] 돈을 잃을지도 모른다는 불안감은 삽시간에 이성과 합리 그리고 논리를 삼켜버릴 수 있다. 불안감을 심하게 느끼는 상황에서 스스로 판단하기를 삼간다. 편안하게 다른 사람들의 판단을 무작정 따르게 된다. 따라서 사람들은 군중심리에 따라 군집 행동을 보인다.[400] 한두 군데에서 시작된 환매 요구는 일파만파로 급속히 확산될 수도 있다.

때마침 투신 3사의 경영 악화 내용도 보도된 뒤라 일시에 투자자의 환매 요구가 목포, 광주, 이리지점에 확산되었고 급기야 서울에까지 번졌다. 은행, 보험 등 감독 당국은 악성 루머의 전파를 막기 위해 방송의 정정 보도 요구, 안내문 배포, 설명회 등을 다각도로 강구했지만 별로 효과가 없었다. 목포지점만 하더라도 10명 정도를 수용할 수 있는 작은 객장에 환매 요청 고객이 100여 명씩 몰려들어 긴급 출동한 경찰관 6명이 질서를 유지해야 할 정도로 상황이 악화되고 있었다. 환매 사태는 5월 23일(토) 682구좌의 해약을 시작으로 해서 1주일 만에 무려 2,954구좌의 해약이 이루어졌다.

늦게 집에 들어가니까 "투신사가 도산한다는데 사실인가?"라고 투신이 무엇인지도 모르는 사람들이 아내에게 묻는 일까지 벌어진다. 인출 금액도 지방사가 도저히 감당할 수 없는 규모인 400억 원에 달할 정도로 집중적인 인출 사태가 발생했다.[401] 이제는 한남투신만의 문제가 아니라 전체 투신업계로 불똥이 튈 가능성이 커져가고 있었다. 만약 투자자들의 심리적 공황 상태가 확산되는 것을 방치했다가는 투자신탁뿐만 아니라 금융시장 전체가 혼란이 발생할 위험도 있었다. 금융 공황은 이렇게 작은 불안 사태에서 생겨나게 된다.[402]

개정 전 한국은행법 69조는 "중앙은행이란 금융기관의 자금 부족을 메워주기도 하지만, 금융시장을 안정시킬 책임이 있다"고 명시하고 있다. 이용만은 이런 법적인 근거에 의해 중앙은행이 나서서 금융 질서를 회복하고 투자신탁의 어려움을 해결해야 한다고 생각했다. 무리한 요구를 한 것이 아니라 중앙은행의 고유 기능의 실천을 요구했을 뿐이다. 삼청동 안가에서 열린 모임도 이런 차원에서 이루어진 것이다. 환매 사태가 확산되어 투신이 도산되면 그 충격은 대주주인 시중은행으로 파급될 수밖에 없다. 금융시장 전체가 엄청난 위기 앞에서 있었는데, 이런 상황에 대한 문제 인식이 재무부 장관과 한국은행 총재 사이에는 하늘과 땅처럼 간격이 있었던 것이다.

이진설 수석은 사안의 위급함을 알고 즉시 청와대로 달려갔다. "그렇게라도 해서 수습할 수 있으면 수습하라"는 노태우 대통령의 결정이었다. 훗날 이용만은 노 대통령의 이 같은 결정의 의미를 이렇게 평가한다. "저는 노태우 대통령의 영단으로 금융시장의 혼란을 사전에 차단한 바 있습니다. …… 2조 9,000억 원의 한국은행 특별 융자를 통해 대형 금융위기를 사전에 예방토록 결심해주신 것입니다. 이것은 전례 없는 아주 강력한 정부의 결단으로, 금융위기를 사전에 수습한 사례입니다."[403]

당시 모든 언론들은 4자 회담 결과에 온통 촉각을 곤두세우고 대기 중에 있었다. 합의가 나지 않는다면 환매 사태가 일파만파로 확산될 수 있는 위급 상황이었다. 언제 금융시장이 무너질지 모르는 숨 가쁜 상황이었다. 그는 특융 내용이 합의되자 김영삼 대표에게 전화를 했다. "제가 급히 뵈러 가야겠습니다. 당직자들도 함께 계셨으면 좋겠습니다." 당사에 도착하니 정책위원장, 원내 총무, 대변인 등 주요 당직자들이 모여 있었다. "증권시장 안정화를 위해 한은 특융 3조 원이 필요합니다"라는 말에 앉아 있던 당직자들이 하나같이 웅성거리면서 "이 장관, 말이 되는 소리요? 우리보고 동의하라고? 그걸 우리가 어떻게 동의해요" 등 여러 말이 나왔다. 심지어는 "당신이 밀어붙이면 우리가 재무부 장관 불신임안을 내겠소"라고 주장하는 사람도 있었다.

이용만은 김영삼에게 "긴히 의논을 드려야겠습니다"라고 말하면서 골방으로 들어갔다. 별실에서 이렇게만 말했다. "김 대표님, 이걸 안 하면 선거에 집니다. 최소 300만 표는 영향이 있을 것입니다. 이 방법밖에 없습니다." 애걸하지도 않았고 부탁하지도 않았다. 그는 상대방의 정곡을 찔렀다. 곧바로 "그래요? 그러면 장관 뜻대로 합시다"라는 답이 나왔다. 당 대표가 "조속 추진할 것"을 결론지었음에도 불구하고 당직자들은 시큰둥했다. 당 대표의 동의를 얻고 즉시 나음 날 아침

7시에 재무위원회 조찬 간담회를 소집하여 동의를 구했다. 국회의원 가운데는 극력 반대하는 사람도 있었다.

국회 동의를 얻는 데는 시간이 걸리기 때문에 '선 지원, 후 동의' 형식으로 진행했다. 이에 따라 6월 11일 금통위의 의결로 자금 지원이 추진되었다. 이후 국가 보증 동의안이 국회에서 여야 만장일치로 통과됨으로써 '한은 특융에 의한 투신사 지원'이 이루어지게 되었다. 후속 조치로 8월 24일에 증권시장 활성화 방안이 뒤를 따르게 된다.


## 공직자, 책임지고 수습해야 하는 사람

"공직자의 판단이 경우에 따라 잘못될 수도 있지만 어떤 중요 사안이든 책임감 있게 수습하는 것이 중요합니다."

이 조치에 대해 극약 처방이라는 부정적인 비판도 있었던 것이 사실이다. 대안이 없기 때문에 불가피한 조치라는 긍정론도 있었다. 또한 투자신탁회사에 저리 자금을 지원한다면 농어민, 영세민, 중소기업도 저리 자금을 지원해야 하지 않는가라며 특혜 시비를 우려하는 언론도 있었다. 이런 조치로 빈사 상태에 빠진 증시가 회복될 수 있는가 하는 중립적인 기사도 있었다.

그러나 상황이 위급 상황이거나 앞뒤가 꽉 막힌 상태에서 출구가 없는 것처럼 보일 때면 경제 정책이라도 상상력을 발휘할 수 있어야 한다. 좀 더 창의적이어야 하고 좀 더 파격적이어야 한다. 세상사가 그렇듯이 정책도 위급 상황을 탈피하기 위해 어느 정도 리스크를 안을 수 있어야 한다. 저성장의 늪에 빠져 힘들어하는 한국 경제에 주는 시사점도 바로 이 점이다. 문제 해결을 위해서는 파격적인 발상의 전환이 때로는 있어야 한다. 정책도 마찬가지다. 사태를 수습한 후에 그는 이런 생각이 떠올랐다고 한다. "훗날 판단할 때 '이 조치를 보고 과연 예견되는 대란을 미리 막음으로써 큰 혼란을 잘 막은 조치'라고 평할 것인지, '한국은행이 초기 단계에 반대한 것을 강행해 중소기업이나 농어촌 지원보다 더 특혜를 주었다고 평할 것인지'는 두고 볼 일이다."

그러나 아무리 어렵더라도 예견되는 문제를 미리미리 찾아 해소하는 것이 공직자가 가야 할 바람직한 길이다. 만약 예방조치를 실기했거나 부작위로 인해 큰 문제가 발생했을 때에는 이미 정책 책임자가 면책을 받기는 불가능하다. 그러므로 공직자는 항상 문제가 있는 곳을 찾아서 미리 대비하는 것이 자기 책무를 다하는 것이다.[404] 투신위기를 넘어서고 나서 불과 7년이 지난 시점에 우리 사회는 외환위기의 격랑 속으로 떠밀려 들어가고 만다. '리스크'에 대한 탁월한 저술가인 피터 L. 번스타인(Peter L. Bernstein)은 명저 『리스크(Against the Gods)』에서 이런 조언을 제시한다.

"미래에 일어날 것을 정의 내리고 여러 대안 가운데 하나를 선택하는 능력은 현대 사회를 움직이는 핵심이다. 부를 분배하는 일에서부터 공중의 건강을 보호하는 일에 이르기까지…… 그야말로 모든 분야에서 리스크 관리가 우리의 의사결정을 인도하고 있다. …… 리스크를 관리하는 능력, 그리고 그와 함께 리스크를 감수하고 앞을 내다보는 선택하고자 하는 욕구, 이 두 가지가 결국 경제체제를 발전시키는 핵심 요소인 셈이다."[405]

이용만은 오랜 공직 경험을 토대로 공직자들이 유념해야 할 점에 대해 말한다. "나라 일을 하는 사람은 타이밍을 정확하게 알아야 하고, 정면 돌파를 할 수 있어야 하고, 몸을 던질 수가 있어야 합니다. 결국 모든 정책에 책임을 지려 하는가에 달려 있습니다. 정면 돌파를 해야 할 때 그걸 할 수 있어야 문제를 해결할 수 있습니다. 자꾸 다음번을 생각하고 몸을 사리니까 문제가 점점 더 꼬이고 문제 해결에 드는 비용이 커집니다. 그냥 밑에서 알아서 잘하라고 하면 일이 하나도 진행이 되지 않습니다. 구조조정이든 증권시장이든 마찬가지입니다. 그때 장관 임기가 6개월 남아 있었습니다. 그냥 어물어물하고 있으면 연말이 되고 어차피 대통령 임기 되면 바뀌는 건데 왜 내가 리스크를 안아야 하는가, 하고 생각할 수도 있습니다. 그러나 그래선 안 된다는 것이 제 생각입니다. 임기가 얼마 남았든 이것은 해결하고 넘어가야 하겠다면 위험이 따르더라도 해야 합니다."

# 4장

•

# 증시 안정화 대책과 관치 금융의 명암

"사람들은 그냥 내버려두라고 하지만 증시는 금융시장의 핵심이고

다른 시장들과 밀접하게 연결되어 있기 때문에

위기를 그냥 내버려둘 수는 없습니다."

'5·27조치'로 이름이 붙은 2조 9,000억 원의 한은 특융은 투신의 경영 정상화와 증시 안정에 큰 도움을 주었다. 우선은 투신사가 이자를 갚기 위한 유동성을 확보하기 위하여 보유 주식을 시장에 내다팔 필요를 크게 줄였다. 증시는 쏟아져 나오는 물량 부담으로부터 벗어날 수 있게 되었으며 실제로 그 후의 주가는 다소 회복되었다. 하지만 증권시장의 침체에 투신 문제는 전부가 될 수 없다. 투신 문제의 해결은 증시 침체의 큰 걸림돌을 제거한 것에 지나지 않는다.

또 하나의 중요한 마이너스 변수가 등장한다. 투자 분위기가 막 살아나려 하는 시점에 미군의 이라크 공습과 현대그룹의 신당 창당설이 시중에 나돌면서 다시 투자 분위기가 급격히 냉각되고 만다. 언론은 '증시 붕괴 직선' '두배 현상' 등의 기사 세목을 붙여 분위기를 너욱 어

둡게 했다. 또다시 객장에서는 투자자들의 시위가 빈번해졌고 부양책을 요구하는 목소리가 드높아지고 있었다. 8월 21일에는 종합주가지수가 459.1포인트를 기록하여 연초 대비 26%나 하락했다. 이 수치는 사상 최고치를 기록했던 1989년 4월 1일의 1007.7포인트와 대비해서 54.4%가 떨어진 것을 뜻한다.

엎친 데 덮친 격으로 거시경제 여건이 너무 나빴다. 당시 경제성장률은 떨어지고 국제수지 적자폭은 확대되고 있었다. 기업들은 자금난과 고금리에 시달렸고 한계 기업들의 부도가 급증했다. 기업 부도 건수는 1992년에 상반기에 전년 같은 기간보다 배 이상이 늘어났다. 1992년 한 해 동안의 부도기업 수가 1만 개가 넘었다. 1991년 13개였던 상장기업의 부도 기업수가 1992년에 들어서는 8개월 사이에 19개사로 늘어났다. 시장 외적인 환경도 증시에 악영향을 미쳤다.


## 증시 안정, 투자 심리의 회복에서

"미래에 대한 믿음을 심어줄 수 없다면 어떻게 증시를 살릴 수 있겠습니까?"

1992년 8월 19일 오전, 최각규 부총리의 주재로 이용만 재무부 장관과 조순 한국은행 총재, 이진설 경제수석이 다시 모였다. 증시 안정을 위한 대책을 숙의하기 위함이다. 구체적인 합의는 없었다. 다시 민자당 당사에서 당정 협의가 있었다. 김영삼 대표는 정치, 경제, 사회의 안정을 위해 증시 안정이 중요하다면서 획기적인 증시 부양책을 촉구했다.[406] 여당뿐만 아니라 3당 모두가 증시를 위기 상황으로 인식하고 부양책 마련을 촉구했다. 야당인 민주당에서는 중장기 증시 안정 채권의 발행을 주장했다.[407] 한편 민자당에서는 증시 부양 조치라고 하더라도 1989년의 '12·12조치'와 같이 일시적인 것은 안 된다고 못을 박았다.[408] 기자들은 이용만을 만날 때마다 증시 부양책에 대한 정부의 복안이 무엇인지를 물었다. 그동안 여러 차례의 부양책에 대한 실망으로 인해 불신감이 쌓여 있었기 때문에, 주무 부처의 장관으로서 속 시원한 해답을 성급하게 내놓을 수 없었다.

 "경제는 심리다"라는 말이 있듯이 증시도 투자자들이 미래에 대해 갖고 있는 믿음에 크게 의존한다. 부양책에는 돈만 있는 것이 아니라 심리의 부양도 있다. 1992년 8월 22(토) 오전 10시, 이용만은 직접 증권거래소를 방문한다.[409] 현직 장관이 영업 시간에 거래소를 들른 것은 증권거래소 개장 이래 그가 처음이었다. 과거에도 한두 번 재무부 장관이 증권거래소를 방문하기도 했지만, 이는 주로 연초에 영업 개시 전날 증권 관계 기관장들로부터 업무 보고를 받기 위해서였다. 그가 직접 거래소를 한번 방문하겠다고 하니까, 증권국장을 비롯하여 당시의 고병우 증권거래소 이사장(전 건설부 장관)까지 "객장의 분위기가 심상찮다"고 말렸다. 가뜩이나 상황이 좋지 않은 상태에서 장관이 왔다가 봉변을 당할지도 모른다는 우려 때문이었다. '5·27조치' 때 투자신탁회사 지원 건도 다수의 실무자들은 걱정을 많이 했다. 이번에도 우려하는 시각이 지배적이었다. "망신을 당해도 내가 당하는 거니까 나에게 맡겨두라"고 우기고는 거래소로 향했다. 싱싱하려는 사람이라면 신중해야지만, 때로는 크고 작은 리스크를 안을 수 있어야 한다. 리스크를 안을 만한 가치가 있다고 판단될 때는 그렇게 해야 한다. '깜짝쇼'와 같은 이벤트는 자주 하게 되면 식상하지만, 이따금 하면 놀라움과 감동으로 받아들여질 수 있다. 리더들에게는 이처럼 가벼운 충격이나 감동 그리고 재미나 신기함을 줄 수 있는 쇼맨십이 때때로 필요하다. 쇼맨십은 일종의 연출력이다. 이는 자기를 포장할 줄아는 능력이기도 하고, 자신의 개성이나 재능을 남에게 표현하는 능력이기도 하고, 자신의 의사나 메시지를 간접적으로 전달하는 능력이기도 하다. 리더들은 의도적으로 이를 만들어야 한다.

고병우 증권거래소 이사장과 이야기를 나눈 다음에 곧장 거래소 객장으로 향했다. 투자자들은 욕설이나 비난 대신에 객장의 모두가 간절한 바람을 가진 표정으로 그를 반갑게 맞이했다. 주무 장관으로서 증시에 활기를 불어넣지 못해서 미안하다고 말하고 일일이 악수를 나누었다. 현장을 둘러보고 나오니까 기다렸다는 듯이 기자들이 몰려들었다. MBC의 박영선(국회의원) 기자가 10여 명의 기자단을 대표하여 "어떻게 해서 증권거래소에 나오게 되었는가? 특별한 이유라도 있는 것인가?" 등의 질문을 쏟아냈다. 주무장관으로서 "우리 주식시장이 침체되는 것이 걱정되어서 들르게 되었다. 증권시장이 활성화하는 것은 투자자들만을 위한 정책은 아니다. 기업이 자금을 이곳에서 조달할 수 있어야 기업이 살 수 있지 않는가! 이건 경제를 살리기 위한 것이지, 투자자를 살리기 위한 것은 아니다"고 답변했다. 그날은 토요일로 오전 장밖에 없는데도 종합주가지수는 12포인트 올라 470선을 회복했다.

## 정책은 타이밍이다

"모든 정책에는 타이밍이 있다. 그것을 놓치고 나면 아무리 좋은 정책이라도 효과가 반감되고 만다."

증권시장의 활성화를 위해 나서야 할 때가 되었음을 그는 직감적으로 느꼈다. 증권시장의 활성화 대책은 아무리 묘약이라도 주가 자체가 내려갈 때는 백약이 무효다. 주가가 올라가기 시작할 때 그때 전격적으로 안정화 대책을 사용할 수 있어야 한다. 모처럼 오랜만에 반등된 증시 분위기가 식기 전에 대책을 내놓기 위해 토요일 오후부터 일요일, 월요일 아침까지 꼬박 밤샘을 하면서 작업했다. 이미 증권국에서는 윤증현 국장 주재로 어느 정도 안을 만들어놓은 상태였다. 타이밍을 언제로 잡아야 할지 호시탐탐 기회를 엿보고 있었다. 그는 2박 3일 잡아놓은 여름휴가 계획을 취소한 채, "지금이 바로 그때다"라는 결론을 내렸다. 월요일 아침 영업시간 전인 7시에 열린 기자회견을 통해 증시대책을 발표했다.

뚜렷하게 논리적으로 설명할 수 없지만, '결정적 시점'을 낚아채는 것은 대단히 중요하다. 자신의 일에 깊이 몰입되어 해법을 간절히 찾는 사람들은 글이나 말로 설명할 수 없는 감각을 익히게 되는데 이를 '직감'이란 용어로 표현할 수 있다. 심리학자인 조이스 브라더스(Joyce Brothers)는 이렇게 표현한다. "당신의 직감을 믿어도 좋다. 직감은 그냥 생기는 것이 아니라 의식 아래 저장된 수많은 정보를 바탕으로 나오기 때문이다."[410] 택일이란 점에서 그는 멋진 기회를 만들어내는 데 성공한다.

결과를 놓고 보면 '8·24조치'는 기대 이상의 성과를 거두었다. 이제껏 증시 안정화 대책은 2~3일 정도가 지나면 효과가 떨어지는 경우가 대부분이었다. '8·24조치' 이후에는 증시가 꾸준히 오름세를 탔다. 10여 일 사이에 주가지수는 100포인트 상승했다. 바닥에서 헤매던 고객예탁금도 꾸준히 늘어나기 시작했다. 결정적인 성공 요인 가운데 하나는 4조 원이 넘는 주식 매수 자금의 조성을 서두른 것이다.[411] 이것이 투자 심리를 부추겼다.

## 자사주 펀드, 새로운 아이디어의 효과

"하늘 아래 새로운 것이 없기 때문에 다른 나라 경험들을 추적하다 보면 의외로 좋은 정책 아이디어를 얻을 수 있습니다."

'8·24조치'에는 '자사주 펀드'를 설정한다는 내용이 포함되어 있다. 일본에서 침체 증시를 부양하기 위해 1992년 2월에 도입한 제도를 참고로 했다. 우리나라 상법에는 상장회사가 증권시장에서 자기 주식을 되사들이는 것을 자본 충실화 차원에서 원칙적으로 금지하고 있었다. 투자신탁회사에 펀드를 조성해서 그 돈으로 펀드에 가입한 회원사들의 주식만을 골라 사들이도록 한 것은 새로운 아이디어였다. 실제로 효과가 있었다.

9월에 3개 투신사에 대해 자사주 펀드의 설정 인가가 났다. 펀드 가입 사실은 대체로 해당 회사의 주식에 호재로 작용했다. 외국인들에게는 투자가 금지되고 있던 포항제철과 한국전력 같은 국민주에 대해서도 규제를 풀었다. 정관을 고쳐 동일인이 1% 한도 내에서 사들일 수 있도록 허용했다. 매수 기반을 늘릴 수 있는 온갖 조치를 다 동원 하여 '8·24대책'을 만들어냈다. 아울러 증시 주변 여건을 개선하는 차 원에서 18.5%의 통화 증가율 목표에 얽매이지 않고 통화 관리를 신축 적으로 운용해 실질금리를 하향 안정화시켜 나갈 것을 다짐했다. 물 량 조절을 통해 채권금리의 하락을 유도하고, 경영 합리화로 예대 마 진을 축소하도록 금융기관의 적극적인 역할을 당부했다.

## 8·24조치는 팔(빨)리 사!

"증시 대책은 장관 책임하에 전적으로 이루어진다. 정책의 성공 여부 가 빨리 결정되는 것 가운데 하나다."

'8·24조치' 이후에 과천에서는 경제장관회의가 열렸다. 회의가 끝 난 이후에 오찬을 함께 하는 자리에서 노태우 대통령이 "이번 '8·24조 치'는 언론에서의 보도 내용도 괜찮고 성공적으로 잘되었다는 평을 듣는 것 같다"고 칭찬했다. 타이밍에 관해서 노태우 대통령이 농담을 섞어서 질문을 던졌다. "재무장관, 이번의 증권시장 대책은 잘된 것 같은데 발표 날짜를 어디 점쟁이한테 받아 왔나요?"라고 농담을 할 만큼 분위기가 좋았다.

일반적으로 증권시장에 관한 정책은 사전에 대통령에게 보고하지 않는 것으로 되어 있다. 일일이 보고하다가 여기저기 정보가 누출되 기 쉽고, 대통령에게 돌아가 누가 될 수 있기 때문이다. 대부분 증시

대책은 재무부 장관이 자기 책임하에 처리하고, 나중에 가서 그 결과를 보고하곤 한다. 그러다가 정책이 잘못되면 장관이 전적으로 책임을 지는 것이다.

그래서 '8·24조치' 역시 대통령에게 사후 보고가 되었다. 성공적인 결과를 낳아서 날짜를 잘 택했다는 말을 듣게 되었다. 그는 대통령의 질문에 대해 이렇게 답했다. "제가 22일 날 직접 증권거래소에 가보고 나서 지금이야말로 부양 조치를 취할 때라는 판단을 하게 되었습니다." 마침 '8·24조치'가 발표되자 한 기자가 우스갯소리로 '팔이사'니까 '빨리 사'라는 소리인데, 그 때문에 성공한 것 같다고 해서 참석자들이 한바탕 웃었다.

이전에도 증시 부양책이 여러 번 있었다. 연기금 30개를 기관투자가로 지정한다는 1990년의 '3·2조치', 증안 기금으로 4조 원을 조성한다는 1990년의 '5·8조치', 대주주의 주식 매각을 자제하고 시가발행할 인율을 자율화하는 1978년의 '6·13조치' 등이 그것이다.[412] 그러나 이러한 대책들은 근본적인 대책이 되지 못하고 주가 하락을 정지시키는 정도의 역할만 담당했다. 이런 부양책들이 반복되면서 체질적으로 고단위의 부양책을 요구하는 악순환이 거듭되고 말았다.

'8·24조치'는 주식 수요 기반을 조성하는 데 초점을 맞추었다. 한 달 뒤인 9월 24일에는 재무부 차관 주재로 '8·24조치' 결정 당시의 참석자 모두가 모여 1개월 평가 회의를 가졌다. 기관투자자들이 매수 우위 원칙을 잘 지켜주어 침체에 빠진 증시를 살리는 데 큰 몫을 했다는 평가를 내렸다.

침체 증시는 '8·24조치'를 고비로 하여 600선을 거뜬히 회복하고 연말에는 687.4포인트로 700선에 접근했다. '8·24조치'로 인해 증시는 50%에 가까운 상승세를 기록했다. 거래도 활발해지고 거래량이 두드러지게 늘어났다. 하루 거래량 1억 주 시대가 멀지 않았다는 소리가 나올 정도로 활기를 되찾았다. 증시의 바로미터라 할 수 있는 고객예탁금도 2조 원을 넘어섰다. 덕분에 1993년 증권시장 개장식에는 13년 만에 재무부 장관이 축사를 하는 이변이 일어났다. 투자신탁회사의 정상화 조치나 8·24 증권시장 활성화 대책은 장관 이하 모든 실무자들의 노력으로 탄생했다.

1993년 2월 17일, 퇴임을 10일 앞두고 가진 《중앙경제》와 가진 인터뷰에서 그는 퇴임의 변을 이렇게 말했다. "걱정거리였던 증권시장을 어느 정도 정상화시킨 것이 재임 중 가장 보람 있었던 일입니다. 1989년 12월부터 증권시장이 침체해 우선 이를 살리는 것이 급했습니다. 지난해 한국은행 특별 금융을 지원하고 8·24증권시장 대책을 발표해 증권시장은 일단 안정을 되찾았다고 봅니다. 그다음으로 역점을 둔 일은 기업들의 투자 활성화를 위한 금리 인하였습니다. 1991년 말에 19%선이었던 시중금리를 12%대로 떨어뜨리는 작업이 힘들었습니다. 특히 금리를 하향 조정하는 과정에서 금융시장에 충격을 주지 않기 위해 시장 여건을 조성해나가는 데 신경이 많이 쓰였습니다."[413]

## 금융에 대한 정부 개입

"금융이 재정을 보완했기 때문에 오늘의 한국 경제가 가능했습니다."[414]

빈손으로 시작한 경제성장이었기 때문에 서구 선진국들과 확연히 다른 경제성장과 기업 성장의 역사를 갖게 되었다. 이런 점에서 처음부터 한국에서는 금융의 역할이 달랐다. 오늘날 기준으로 금융 자율화가 상당 부분 훼손될 수밖에 없었다. 하지만 세월이 흐르고 나면 사람들은 오늘의 잣대로 과거를 평가하려 한다.

금융 자율화라는 것이 1960년대도 가능했을까? 은행 대출에 대한 만성적인 초과 수요가 있고 은행 거래와 사금융 금리가 차이 나는 곳에서는 대출 커미션이 유행할 수밖에 없었다. 고객들을 찾아갈 필요가 없는 은행들은 무사안일이 일상화되어 있었다. 1967년 7월부터 재무부의 은행과에서 과장으로 근무했던 이용만은 당시의 은행 상황은 오늘날 기준으로 금융 자율화를 실시할 만한 수준은 아니었다고 말한다. 1969년 10월 남덕우 장관은 취임하자마자 금융 현황을 파악한 후, 지금 생각으로는 너무 당연한 조치들을 관의 지시나 명령으로 실천에 옮긴다. 이런 구습의 금융 관행을 없애기 위해 쏟아내듯이 금융기관에 개선 정책을 지시하는데, 오늘의 현실로 보면 어떻게 이런 것까지 관에서 지시할까 싶을 정도다. 그래서 금융 자율화가 더욱 시급했다고 이야기할 수도 있다.[415] 그러나 장관 이하 실무진들은 낙후된 실정에서 은행들로 하여금 "알아서 잘해봐요"라고 내버려둘 수 없었다.[416]

이용만은 당시의 은행 상황에 대해 이렇게 증언한다. "관치, 관치에 대한 비판도 많지만 당시 우리의 상황을 잘 이해해야 합니다. 모든 은행의 대주주는 정부였고 당시 관에서 앞장서고 밀어붙이지 않았으면 금융도 안 됐고 기업도 이렇게 성장할 수 없었을 겁니다. 모두가 유치원 수준이었습니다. 그리고 무사안일이었습니다. 그냥 가만히 앉아서 돌아오는 것만 하고, 그날그날 월급 타고, 있는 걸 나눠 먹었지요. 보너스 타는 날짜만 기다리곤 했습니다. 1주일에 한 번씩 보너스가 나올 정도였으니까요."

한국에서 금융 자율화는 왜 어려웠을까? 그 배경을 이해하려면 경제개발의 역사를 뒤집어 거슬러 올라가야 한다. 경제개발을 지원하기 위해 정부는 1958년에 '금융 부문 자금 운용에 관한 규정'이란 것을 만들었다. 1960년대 들어와서는 정부는 개발경제의 입안자이자 최종적인 책임자로서 신용 할당 기능을 한국은행과 금융기관에서 넘겨받았다.[417] 이 가이드라인은 개발 정책의 방향에 맞춰 변화하는데, 여기서 중요한 것은 정부가 신용 할당의 중심적인 역할을 수행하게 된 점이다. 한마디로 자금을 운용함에 있어 "이러이러한 부문은 우선적으로 자금을 지원해야 한다"라고 자금을 사용하는 우선순위를 밝힌 규정이다.

조성된 자금의 사용 목적을 제약하는 예는 수도 없이 많았다. 기계공업의 육성을 위해선 기계공업 자금이란 명목으로 대출의 일부를 떼어놓아야 했다. 중화학공업에 대한 중점적 지원도 빼놓을 수 없다. 중소기업은 각별히 챙겼는데, 일정 비율을 의무적으로 대출해야 했다. 그 대출 비율이 처음에는 총대출금의 30%였는데 한때는 45%까지 올라간 적도 있다. 특정 부분에 대한 지원은 여기서 그치지 않는다. 금융기관들은 농어촌에도 지원할 의무가 있었다. 또한 자금 대부분은 제조업으로 흘러 들어갔다. 그중에서도 특히 수출 부분은 우선적인 지원이 이루어졌다. 소비성 자금에는 절대로 지원하지 말라는 규정이 있었다. 이렇듯 은행들은 저축으로 조성된 자금을 배분하는 데 제약이 많았다. 고리로 자금을 조달해서 저리로 지원해야 했기에 정부로서는 자금의 배분을 경제성장이라는 특정한 정책적 목적과 방향에 맞추어 운용하지 않으면 안 되었다. 그러다 보니 자연히 금융기관의 자율성에는 제약이 가해졌다.

이처럼 금융 자금을 정책적인 목적에 맞춰서 사용토록 했다는 사실은 우리나라 경제개발 방식의 특징이다. 이는 세금으로 국민들에게서 거둬들인 재정이 적었기 때문이었다. 재정 자금으로 커버해야 할 부분까지도 금융 자금으로 충당하면서 경제개발을 수행해나갔다. 이같이 자금의 동원에서부터 활용에 이르기까지 정부가 주도했다. 이것을 놓고 한때는 '관치 금융'이라고 하여 비난이 적지 않았다. 우리나라에서는 정부가 정책 금융이란 이름으로 자금 운용에 주도적인 역할을 했다. 40% 이상이 정책 자금이란 이름으로 나갔다. 중소기업 자금까지 합하면 가용 자금의 60〜70% 이상이 정책적인 목적으로 충당되었다.

하지만 비난을 면해도 될 만큼 관치 금융은 경제성장에 크나큰 기여를 했다. 그 공과를 저울질하자면 관치 금융이 금융의 자율성을 저해한 피해보다는 경제개발에 기여라는 공로가 더 크다고 할 것이다. 이는 1950〜1960년대 금융 부문에 있어 우리보다는 선진국에 속했던

| 연도 | 정책 금융의<br>신규 대출 | 총신규 대출 중<br>정책 금융 대출 비중 | 대출금리<br>어음할인 | 수출<br>금융금리 |
|---|---|---|---|---|
| **1963** | 6.7 | 72.8 | 13.87 | 13.87 |
| **1967** | 56.6 | 48.9 | 24.0 | 6.5 |
| **1970** | 106.9 | 43.7 | 26.0 | 6.0 |
| **1975** | 502.3 | 59.4 | 15.5 | 7.0 |
| **1978** | 2,451.1 | 82.5 | 18.0 | 9.0 |
| **1980** | 4,103.6 | 76.7 | 19.0 | 15.0 |

**정책금융의 비중과 금리 추이** (단위: 10억 원, %)

나라들, 특히 정부의 간섭 없이 금융이 자율화되어 있었던 나라들과 비교하면 쉽게 알 수 있다 그중에 우리와 가까운 필리핀이 대표적이다. 당시 필리핀의 국민소득은 우리보다도 훨씬 높아서 필리핀이 400달러를 웃돌 때 우리는 100달러에 머물렀다. 그러나 지금 필리핀은 우리보다 경제성장이 훨씬 뒤처져 있다. 2차 대전이 끝난 이후에 신생 독립국가들은 2가지 선택 앞에서 고민했다.

하나는 1차 상품의 수출을 대체할 만한 공산품을 수출할 것인가? 다른 하나는 중간재, 자본재, 내부 소비재 같은 2차 수입 대체 산업을 육성할 것인가? 인도, 브라질, 필리핀을 비롯한 대부분의 신생 독립국가들이 두 번째의 수입 대체 산업 육성 전략으로 진로를 선택했다. 이런 선택은 지금 기준으로 보면 특별할 것은 없었다. 하지만 당시의 시대정신이 대부분 수입 대체 산업 육성 전략을 선호했음을 염두에 둔다면, 1960년대 경제성장을 이끌었던 지도층들의 혜안은 박수를 받을 만하나.

결국 한국은 한국형 개발 전략을 지원하기 위하여 정부가 나서서 신용 할당 방식을 적극적으로 활용한다. 이 부분에 대해 이용만은 이렇게 평가한다. "정부의 신용 할당에 의한 실물 부문의 경제개발이라는 이득은 금융부문의 자율성 억제라는 손실보다 월등했다." 시장의 자원 배분 기능을 중시하는 이코노미스트들은 1960년대에 한국이 금융에 대한 정부 개입을 억제함으로써 시장에 의한 자원 배분에 맡겼더라면 훨씬 나았을 것이라고 주장할 수도 있다. 이런 상황이 벌어졌다면 사회경제적으로 덜 바람직한 부분에 신용 배분이 더 많이 이루어졌을 것이고, 산업보다는 상업이나 주택 건설에 훨씬 많은 자원이 투입되었을 것이다. 투자가 단기화되는 현상을 막을 수 없었을 것이다. 결과적으로 오늘날 한국의 뿌리 산업은 육성될 수 없었을 것이다. 아마도 장기에 걸친 프로젝트에 투자할 수 있는 금융기관은 없었을 것이다. 1970년대 과잉 투자라는 후유증을 안고서 행해진 중화학공업 육성 전략의 결과는 눈부실 정도다.[418] 총수출에서 중화학공업이 차지하는 비중은 1962년의 5.5%에서 1970년에는 12.9%로 증가했다. 1975년과 1980년에는 각각 25.0%와 41.0%까지 상승한다. 중화학공업이 만개하기 시작한 1980년대에 들어서면 총수출 비중은 53.7%와 54.4%까지 늘어나게 된다.[419]

관 주도에서 민간 주도는 곧바로 금융 자율화와 궤를 같이한다. 이점에서 기대한 만큼 효과를 거두지 못한 부분에 대해 남덕우는 정부 개입의 '타성'을 든다. "한번 정부가 주도적 역할을 하고 관료 체제가 거기에 길들여지면, 지금도 마찬가지이지만 고치기가 좀처럼 쉽지 않아요. 그러니까 이런 것은 그다음 단계에서 새로운 지도자가 나와서 고쳐야 하는 것입니다."[420] 더욱이 금융 자율화라는 이름으로 취해진 급격한 개방과 진입 자유화가 외환위기의 단초를 제공하고 말았다. 올바른 방향을 설정하고 실정에 맞는 속도로 추진되지 못한 점이 못내 아쉽다.


## 부실기업 정리의 빛과 그림자

"한국 산업은 금융기관의 희생 위에 우뚝 서는 데 성공했습니다."

금융기관이 희생한 것 중에 또 한 가지가 바로 부실기업의 정리다.[421] 경제성장을 도모하는 과정에서 경쟁력이 뒤지는 기업들은 도산을 면치 못한다.[422] 도산하는 부실기업이 나타났을 때도 정부는 직접 개입했다. 물론 그 과정에서도 금융기관들은 상당한 희생을 감수해야 했다.

외국의 경우 부실기업이 도산하면 일단 공매 처분을 해서 정리하는 것을 원칙으로 하고 있다. 우리나라에서는 부실기업을 정리함에 있어 기업의 회생을 원칙으로 했다.[423] 즉, 기업을 소생시키고, 나아가 경쟁력 있는 기업으로 만들어 다시금 경제성장에 기여할 수 있도록 했다. 한쪽은 시장원리에 따라 부실기업을 도산 처리하는 데 반해, 한국은 가능한 한 자원을 투입해서 살릴 수 있는 방향으로 나가게 된다.[424]

그래서 이를 인수하려는 제3자가 있으면 여러모로 금융 조건을 완화해주고 추가적인 자금 지원을 아끼지 않았다. 그 과정에서 은행들이 고리로 조달한 자금이 저리의 형태로 장기간 묶이게 되었다. 10년 거치 20년 상환은 보통이고, 시장금리가 두 자릿수인 시절에 금리는 5%에서 8%의 저리에, 심지어는 무이자의 지원도 있었다. 경우에 따라서는 원금까지 절반이나 탕감하는 조치로 이루어졌다.[425]

어떤 기업에 대해서는 새로운 부실기업을 인수하는 기업주에게 정부가 특혜를 주었다느니 하는 비방도 따랐다.[426] 하지만 부실한 기업을 운용할 수 있도록 초기 조건을 정비해주어야만 어떤 기업주라도 인수에 나설 것이기에 어느 정도의 금융 지원은 어쩔 수가 없었다. 이 같은 갱생 과정을 거쳐 상당수의 부실기업들이 되살아났다. 인수된 부실기업들의 대부분이 오늘날 대기업으로 성장하기도 하고, 경쟁력을 갖춘 기업으로 올라선 것을 볼 수 있다.

부실기업을 정리하려고 정부가 무작정 특별 융자를 도모한 것은 아니다. 기왕에 나가 있는 금융 자금을 활용하되, 다른 나라에서는 볼 수 없는 방식으로 특혜적인 내용을 보강했다. 다만 금융의 희생을 감수하고 그 위에서 기업이 성장했을 뿐이다. 부실기업으로 인해 금융기관들은 부실 자산을 떠안게 되었다. 여기에도 정부가 직접 개입했다. 금융기관의 도산은 국민경제에 미치는 파급 효과가 크고, 금융 질서의 혼란 등 치명적인 영향을 가져오기 때문에 미리 그런 사태를 예방하는 것이 필요했다.

정부는 금융기관의 도산을 방지하기 위해 지원 조치를 행했고 중앙은행의 발권력을 동원해서 특별 융자를 하기도 했다. 금융기관들이 부실기업을 살리는 데 자금 지원을 해준 만큼, 중앙은행은 해당 금융기관에 자금 지원을 해줌으로써 금융기관의 도산을 막았다. 중앙은행에서 자금 지원을 해주는 이러한 조치들 또한 다른 나라에서는 볼 수 없는 우리만의 예다. 부실기업 정리는 여러 차례 이루어졌고, 언제나 정부가 개입해서 기업을 소생시키는 데 전력을 다했다. 이용만은 부실기업 처리에 대해 1960~1980년대 한국의 정책 입안자들이 어떤 생각을 갖고 부실기업 처리 문제를 대했는가에 대해 중요한 이야기를 들려준다.

"부실기업이라도 돈을 투입해서 살릴 수 있다면 아주 쉬운 방법이라 생각했습니다. 돈을 지원해주면 되기 때문입니다. 남덕우 장관의 기본적인 생각이었습니다. 밤낮 그 이야기를 했습니다. 경쟁력을 갖고 있는데 제조하는 데 필요한 운영 자금이 없다면 살리는 쪽으로 결정해야 한다는 것이 남 장관의 생각이었습니다. 문제는 돈을 주어도 경쟁력이 없는 기업은 살릴 수 없습니다. 그런 경우는 도산 처리를 시키는 쪽으로 의사결정을 했습니다."

# 5장
•
# 거인들과의 만남

"살아가는 것이 경험의 합이라면,

장관 재직 중에 정상의 자리에 오른 사람들을 만난 기억들이

특별한 체험이었습니다."

세월과 함께 대부분은 잊혀지고 말지만, 기억 속에 오래오래 남는 것들이 있다. 분주함으로 가득 찼던 장관이란 직책을 수행함에 있어서도 마찬가지다. 이용만의 기억 창고 속에 어떤 것들이 또렷이 남아 있을까?

인터뷰를 위한 여러 차례의 만남 중에 간단한 질문을 던진 적이 있었다. "장관직을 수행하면서 어떤 일들이 인상 깊게 남아 있습니까?" 이용만은 3가지의 독특한 경험에 대해 말한다. 하나는 미국의 조지 부시 대통령의 초청으로 백악관을 방문한 일, 방한한 영국의 마가렛 대처 수상과 가졌던 오찬 모임, 일본의 하다 쓰도무 대장대신과의 따뜻한 인연을 꼽았다. 다른 하나는 IMF 관련 국제회의에 참석하여 기조연설을 행하고 국가를 대표하는 자리에 서서 활동한 경험을 꼽았다. 끝으로 정주영 회장의 대선 출마와 관련한 만남도 오랫동안 기억에 남아 있다고 답했다.

## 조지 부시 대통령의 백악관 초청

1992년 9월 20일 오후 6시, 조지 부시 대통령은 IMF총회에 참석한 IMF이사국의 재무부 장관들을 백악관으로 초청했다. 이사국의 재무부 장관들만 참석하는 모임이었는데 한국과 중국의 비이사국 장관들이 포함되었다. 그가 이 모임에 참석하게 된 계기는 그날 초청 행사를 주관했던 미국 재무부의 재정차관보가 방한했을 때, 금리자유화를 두고 설전을 벌인 것이 도움이 되었을 것으로 추측된다. 이 갈등이 재정차관보 머리에 깊이 각인되었기 때문이다. 금리자유화를 둘러싼 두 사람의 논쟁은 앞에서도 언급되었듯이, 이상주의자와 현실주의자가 정책이나 개혁을 어떻게 바라보는가에 대해 중요한 시사점을 제공한다. 백악관에 초청된 사람은 IMF 이사국의 재무장관과 한국, 중국 비이사국의 장관을 포함하여 20여 명이었다. 주최 측에서는 바버라 여사와 브래디 재무장관 및 대통령 비서관들이 참석했다. 백악관 이스트 룸에서 열린 환영 리셉션에서 부시 대통령은 다음과 같은 요지의 인사말을 했다.

"세계 번영을 위한 미국의 적극적이고 지속적인 노력을 확인하고, 유럽 통합을 지지한다. 최근의 물가안정을 경제성장으로 유도해야 한다. 이를 위해 국제경제와 금융 시스템의 강화 방안을 검토해야 할 것이며, 특히 G7 국가 간의 정책 협력 노력이 강화되어야 한다. 정책 협력을 강화하기 위해 다자간 정책 감시를 위한 지표의 개발을 제안한다. 세계 경제의 장기 지속적인 성장을 위해 UR의 성공적인 타결을 재확인하면서, 미국은 언제나 새로운 미래의 창조를 위해 동반자로서 여러분과 함께 있을 것이며, 현재 세계가 당면하고 있는 문제 해결을 위해 응분의 노력을 할 것이다."

당시 부시 대통령은 시간을 내기 무척 힘든 상황이었다. 불과 2개월 후에 재선을 위한 대통령 선거가 기다리고 있었기 때문이다. 리셉션 장소에서 이용만은 부시 대통령에게 선거와 관련하여 다음과 같은 요지의 인사말을 건넸다. "돌아오는 11월의 대통령 선거에서는 우리 한국뿐 아니라 전 세계를 위해서도 중요하니 꼭 승리하기 바란다. 한국의 통일도 멀지 않았는데 귀하의 리더십으로 우리를 적극적으로 도와주기 바란다. 귀하의 재임 기간에 냉전이 해소되었는데, 냉전 종식 후에도 해결해야 할 문제들이 많이 남았기 때문에 우리 모두 당신의 재선과 승리를 기원한다." 이런 인사말을 했더니 기분이 좋아서 왼손 주먹을 불끈 쥐며 자신감을 보였다. 그리고 지난번 한국 방문 시 노태우 대통령과의 테니스 게임 이야기와 안부 전한다는 이야기로 인사로 마쳤다.


## 마가렛 대처 영국 수상과의 오찬

"그분은 정말 여걸이었습니다. 짧은 만남이었지만 좌중을 압도할 정도의 카리스마와 적극성을 가진 분이셨습니다. 그날 오찬을 마치고 다른 모임들이 예정되어 있었음에도 불구하고 연신 건배로 포도주를 권하셨습니다."

영국의 마가렛 대처 수상은 퇴임 이후에 사적인 용무로 한국을 방문한 적이 있었다. 대처 수상의 방한 중이었던 1992년 9월 3일, 이용만은 남편 되는 데니스 경과 함께 신라호텔에서 오찬 초청의 기회를 가졌다. 주로 영국대사관저에서 기거하며 처음 있는 외식이라고 전했다. 짧은 만남이었지만 이용만에게는 깊은 인상을 남긴 인물이다. "건강하고 활달한, 그리고 시종 분위기를 리드하는 여걸의 모습에서 대영제국의 수상으로서 12년간 '철의 수상'이라는 평을 들으며 영국을 부흥시키고, 새로운 세계 질서 확립에 기여한 그녀의 뛰어난 리더십을 엿볼 수 있었다."

대화 도중 이용만은 "금년도 우리나라 경제성장이 6% 정도로 예측되는데 여러 가지 문제로 저조한 것이 걱정이다"라고 했다. 대처는 깜짝 놀라는 듯한 표정을 지으면서 "아니, 6% 성장을 저조하다고 하니 말이 되느냐?"고도 했다. 이용만은 인사말에서 이런 이야기를 전했다.

"12년간 재임 기간 중 한·영 경제 협력 증진을 도와주신 점에 감사를 표합니다. 탁월한 리더십과 통찰력으로 세계 평화에 크게 기여한 점을 기억하고 있습니다. 개방적인 외국 금융기관의 수용 정책으로 많은 우리 금융기관이 영국에 진출한 점, 특히 금년 외국인에게 주식시장을 처음 개방한 이후 영국 투자가가 가장 적극적으로 참여하여 총 외화 유입 자금 12억 달러 중 40%가 영국 자금이라는 점에 감사합니다. 앞으로 영국이 한국에 더 많은 투자를 할 수 있기를 기대합니다."

한편 대처 수상은 오찬 초청에 대한 감사를 표하면서 다음의 4가지를 언급했다. "첫째, 자본 시장 자유화와 관련한 이 장관의 의견에 동의한다. 따라서 영국과 한국 관계에서 우리 영국은 올바른 판단과 정책을 택했다고 본다. 둘째, 한국의 자유가 위협받을 때 영국과 미국은 자유민주주의의 진정한 수호자로서 침략자와 싸웠다. UN의 역할은 도덕적 측면에서의 지원이라 할 수 있는 것이고, 우리 영국과 미국은 단순한 말이 아닌 행동으로 자유에 대한 신념과 보호를 위해 활동한 우방 국가다. 그 결과 한국은 경제적, 민주적, 정치적 자유를 발전시켜왔으므로 우리의 판단은 올바른 것이다. 셋째, 현재 유럽의 국가들은 지나치게 많은 규정과 관료주의에 묶여 효율적인 경제 운영에 실패하고 있다. 관료주의적 요소들은 새로운 세계 질서에 배치되는 것이며 관료주의가 배제될 때 경제 부흥도 가능한 것이다. 넷째, 일본, 한국, 기타 아시아 지역 금융기관들이 영국에 많이 진출해 있는데, 투자 대상국에서 영국은 가장 탁월한 곳임을 강조하는 바다. 정치적으로 안정되어 있고, 900년간 한 번도 정복된 적이 없으며, 투자 문호를 완전히 개방하여 외국과의 차별은 전혀 없고, 무역 장벽도 없다. 한국 기업의 영국 진출을 적극 권장한다."

마가렛 대처 여사가 수상직을 물러난 시점이 1990년 11월 28일이다. 퇴임한 지 2년 가까이 흘렀고 방한 중이었음에도 불구하고 전직 수상에 대한 경호는 철저함 그 이상이었던 점이 이용만의 뇌리에 강하게 남아 있다. "대처 여사가 바깥에 일절 노출되지 않도록 조치하더군요. 엘리베이터 바깥으로 나오지 않도록 말입니다. 의전이나 경호가 예상보다 훨씬 엄격했습니다."

## 하다 쓰도무 일본 대장대신과의 인연

하다 쓰도무(羽田孜, 재임 기간: 1991.11. ~ 1992.12.)는 1991년 11월에 일본의 대장대신(재무성의 장)이 되었다가 훗날 총리가 된 인물이다. 그는 일본의 전후 정치를 바꿔놓은 '대난세의 정치가'라는 평을 받는 인물이다. 이용만과 하다 쓰도무 대장대신은 1992년 1월, 서울에서 열린 한일각료회담 때 미야자와(宮澤) 수상과 동석하여 처음 만났다. 이후에도 5월의 아시아개발은행(ADB) 연차총회와 9월의 국제통화기금 총회에서 만나 양국의 관심사를 논의할 수 있었다.[427] 국제회의 때마다 하다 쓰도무는 몇몇 주요국의 재무부 장관들을 만찬에 초대하는데, 그때마다 두 사람은 서로 옆자리에 앉아서 담소하면서 친분이 가까워졌다. 이때 이용만의 일본어 실력이 큰 도움이 되었다.

한국에서 한일각료회담을 마친 후에 이용만은 대장대신과 2차를 할 기회를 가졌는데 그때 그가 가진 특유의 친화력이 발휘되었다. "아, 이 양반이 우리나라 안동소주가 상당히 센데, 컵 한 잔을 가득히 마시고선 맛있다, 맛있다고 하는 거예요." 내친김에 이용만이 폭탄주를 몇 잔 돌렸는데, 다음 날 정상회담을 마치고 나가는 길에 회담 내용은 한 마디도 말하지 않고 "이 선생, 어제 폭탄주에 제일 취했다"고 인사를 해서 모두 크게 웃고 말았다.

이용만은 일본에 들를 때마다 대장대신과 친분을 나눈다. 한번은 그가 IMF총회를 마치고 귀국하는 길에 일본에 꼭 들러달라는 초대를 받아서 만찬을 한 적이 있다. 앉자마자 대장성 차관에게 폭탄주를 만들게 하니, 시작도 하기 전에 모두가 벌겋게 취한 적도 있었다. 나중에는 집안 내력과 한반도와 인연이 있는 조상의 기원까지 이야기할 정도로 사나이 사이의 우의를 다지게 된다.

그때 이용만은 남덕우 장관 밑에서 일할 때의 생각이 떠올랐다. 장관들끼리 어떤 합의를 보고 중소기업 지원에 대한 의제를 공동 선언문에 넣으려 하는데, 실무자들이 반대한 적이 있다. 그때 일본 측 실무자들은 "장관님은 아무것도 모릅니다"라고 말하면서 일본에서 준비해 온 대로 공동 선언문을 발표하고 말았다. 그때 일본의 장관은 의례적인 일만 하고 대부분의 업무는 실무자들이 처리한다는 것을 알게 되었다. 그래서 자신이 있는 동안 실무자들끼리 유대 관계를 강화하는 작은 모임을 시작하는 것이 좋겠다고 생각하게 된다. 그래서 대장대신에게 제안했다. "장관이 뭘 알겠소. 그러니 밑에 실무를 하는 과장들이 서로 이해하고 유대 관계를 만들도록 의사소통하는 시스템을 이번에 하나 만듭시다." 하다 대장대신도 "그것 참 좋은 생각이다"고 해서 한일 간 실무자 모임이 만들어지게 된다.

두 사람이 합의하고 먼저 한국 측이 초청했다. 1992년 12월, 일본의 '미스터 엔'이라 불리는 사카키바라 에이스케(榊原英資) 심의관 등 일본 측에서는 과장들과 국제금융의 실권자들이 모두 한국을 방문했다. 그때 일본 금융을 총책임지고 있는 부국장이 훗날 IMF 때에 실권을 쥔 인물이 된다. 서로 밥도 먹고 술도 마시고 축구도 하면서 친해지게 되었다. 이후에 1994년 3월, 이정보 국제금융국장 일행이 방일한 바가 있다. 그가 떠난 이후에 이 모임은 지속되지 못한다. 여러 이유가 있지만 비용이 문제가 되었던 것 같다. 그는 이 대목에서 짙은 아쉬움을 토로한다. "내가 그만두고 나서 후임자가 그걸 없애버렸다고 해요. 인생살이가 손해 보는 듯이 살아야 해요. 예를 들어, 우리가 밥을 좀 샀다고 해서 손해가 발생했다고 칩시다. 그게 없어지는 것은 아니지 않습니까? 대접받는 사람들이 마음의 빚을 지고 있는 것이지요. 우리가 후일을 위해서 손해 본다고 생각하며 살아도 괜찮은데 말입니다."

1998년 외환위기가 발생했을 때, 일본의 금융기관들이 단기 부채 375억 달러 가운데 132억 달러를 집중적으로 회수하여 어려움을 겪게 되었다. 만약 실무자들의 모임이 지속되어 서로를 잘 알고 있었더라면 외환위기를 넘어서는 데 어려움을 줄일 수도 있었을 것이다. "실무자들끼리 터놓고 이야기를 할 수 있는 사이였다면 그쪽 실무자들이 아마도 '뭐가 문제인데?'라며 조정해줄 수도 있었을 것입니다. 당시 일본 금융 총괄 책임자인 사카키바라 씨도 1차 실무자들의 방한 때 와서 담소하며 즐겁게 여행을 마친 바가 있었습니다. 그런 관계를 만들기가 참 어려운데, 아쉬운 부분입니다."

이런 아쉬움에도 불구하고 당시 환란을 극복하기 위해 야전에서 싸우고 있었던 강만수는 국제금융국장 시절부터 알고 지내던 사카키바라 국제금융담당 차관에게 한 번은 전화로, 다른 한 번은 만남으로, 그리고 마지막으로 편지로 단기 차입 회수를 자제해달라고 간곡하게 요청했다.[428] "일본에 대한 3번의 노력은 아무 결과도 없었고, 씻을 수 없는 부끄러움만 안겨주었다. '잃어버린 20년'을 맞고 있었던 일본은 1997년 은행, 증권회사와 보험회사 등 8개 금융기관이 도산하고 주가는 21.19% 폭락하는 어려움이 있었지만 아시아 금융위기에 내

한 그들의 책임은 크다.[429] 1985년 플라자합의는 일본의 과도한 경상 수지 흑자의 누적이 부른 보복이었고. 그 결과가 '잃어버린 20년'이었다. 아시아에서 보인 일본의 행태는 그들이 당한 응징을 이웃 나라에 수출하는 결과였다. 필요할 때 친구는 없었다. 햇빛 쨍쨍할 때 재빨리 우산을 빌려주고 비 올 때 최고 속도로 회수한 바다 건너 일본은 머나먼 이웃이었다."[430] 환란 시절 실무자들의 노력이 무산되고 말았다는 것에 대해 이용만의 생각은 이렇다. "평소에 서로 아무런 유대 관계가 없는 상태에서 공식적인 부탁을 한다고 해서 들어줄 사람이 세상에 어디에 있겠습니까? 미리 관계를 잘 만들어놔야 자기 일처럼 도와주려고 나서는 것이 세상살이 아닙니까?"

환란의 전개 과정을 살펴보면 항상 이런 질문과 만나게 된다. '우리는 왜 미리 무엇인가를 준비하지 못하는 것일까?' 그때나 지금이나 꼭 같은 것은 일을 당하고 나서야 늘 서두른다.

훗날 김대중 정부가 등장하고 김종필과 함께 일본을 방문했을 때 이용만은 대장대신 옆에 앉은 사카키바라 차관이 들으라고 일부러 거북스러운 이야기를 꺼냈다. "어느 나라, 어느 기업이 돈을 빌려주고 급히 갚으라고 하면 어려움을 겪지 않겠습니까? 한국의 금융권에 400억 달러를 빌려주었다가 2개월 내에 갚으라고 하면 어떻게 갚겠습니까?" 대장대신은 옆에 동석한 사카키바라에게 "그런 일이 있었습니까?"라고 묻자 그도 묵묵부답이었다.

## 1991년과 1992년 IMF 연차총회

"북한이 세계은행과 국제통화기금에 가입하는 것을 지지하며 가입
준비 과정에서 북한을 지원할 용의가 있다. 북한이 국제금융기구 가
입에 필요한 제반 여건을 구비하기를 기대한다."

1991년 10월 16일, 방콕에서 열린 제46차 세계은행 및 국제통화기
금 연차총회에서 행한 이용만 장관의 기조연설이다. 당시 북한은 무
역은행을 통해 아시아개발은행(ADB)에 가입 절차를 서면으로 문의
하는 등 가입을 추진하는 움직임을 보이고 있었다. 그날 회의에 참석
한 전병준(매일경제 논설실장) 특파원의 평가는 이랬다. "16일 오전에
있었던 이용만 재무장관의 기조연설은 개도국의 선두주자로 한국의
입장을 무게 있게 표명함은 물론이고, 선진국에 대해서도 일침을 가
한 수작이었다는 게 총회 주변 전문가들의 지적이다. 특히 선진국의
시장 개방 압력과 관련하여 개도국의 경제력뿐만 아니라 문화와 관행
도 고려돼야 한다고 지적한 대목은 개방 압력에 지쳐 있는 개도국의
입장을 적절히 반영했다는 평가다. 이와 함께 소련 등 동구권 국가들
의 국제통화기금 및 세계은행 가입과 이들에 대한 선진국의 경제 지
원을 촉구한 점도 '준선진국'으로서의 대국적 면모를 과시했다는 분
석이다."[431]

이용만은 10월 15일 미셸 캉드시 국제통화기금 총재와 만나 IMF에
대한 한국의 쿼터를 0.58%에서 1%로 증액시켜줄 것을 요청하여 긍정
적인 반응을 얻었다. 루이스 프레스턴 세계은행 총재와 만나서는 세
계은행의 차관 졸업이라는 다소 미묘한 문제를 깔끔하게 해결했다.

회담에 참석한 한 관계자는 루이스 프레스턴 세계은행 총재와의 회담에 대해 "이 장관이 특유의 화술로 차관 졸업에 관한 우리 측의 입장을 설득력 있게 전달한 데다 세계은행의 한국인 직원 채용 확대에 대해서도 긍정적인 답변을 얻어냈다"고 전했다.[432]

한편 1992년 IMF와 IBRD 제47차 연차총회는 미국 워싱턴의 쉐라톤 호텔에서 10월 20일부터 24일까지 열렸다. 이용만을 수석대표로 하고 조순 한은 총재를 교체 수석대표로 한 17명의 공식 대표단 외에 금융계 인사 20여 명이 참석했다. 특히 이번 총회에서 한국은 잠정위원회 위원의 직위를 가지고 있어 제47차 연차 총회가 한국에게는 각별한 의미가 있었다. 23일 기조연설을 하고 연이어 브래디 미국 재무장관, 하다 쓰도무 일본 대장대신과 연쇄 회담이 있었다. 이용만은 기조연설에 담긴 주요 메시지는 다음과 같았다. "북한이 빠른 시일 안에 국제사회에서의 응분의 의무를 다함으로써 국제통화기금과 세계은행에 가입할 수 있게 되기를 희망한다. 한국 정부는 개발과정에서 얻은 경험과 기술을 후발개도국들에게 전수하기 위해 세계은행의 기술자문신탁기금(CTF)에 출연할 계획이다. 또한 세계 경제의 블록화 추세와 보호주의 경향에 대해 심각한 우려를 표명하고 우루과이 라운드의 성공적인 타결을 위하여 각국이 조금씩 양보해야 할 것임을 강력하게 요청한다."

## 정주영 회장의 대선 출마

"살아가는 데 만일이란 것이 없지만, 작은 사건이 인생과 조직 그리고 사회의 방향을 틀어버리는 일들이 일어나곤 합니다."

현대그룹 창업자인 정주영의 고향은 통천군이고, 이용만의 고향은 같은 강원도 평강군이다. 두 사람은 실향민으로 동향 사람처럼 알고 지냈으며, 정주영이 강원도민회 회장을 맡고 있을 때 이용만과 장덕진 등이 부회장이었다. 강원도민회 임원 시절부터 이런저런 이야기를 터놓고 이야기할 수 있는 사이였다.

그가 재무부 기획관리실장을 맡고 있을 때의 일이다. 울산 현대중공업 영빈관에서 이용만은 주요 부처의 실장들과 함께 정주영의 이야기를 듣고 있었다. "배를 만드는 도크를 풀장 기준으로 세금을 때리면 어떻게 하는 겁니까?"라는 질문을 이용만이 들으라는 듯 툭 던졌다. 부당하게 세금을 왜 그런 식으로 먹이느냐는 투였다. 모든 사람들의 시선이 이용만을 향했다.

"회장님, 세금을 누가 먹였습니까? 시청에서 왔습니까?"

"난 그런 자세한 것 몰라."

이용만은 목소리를 가다듬고 이렇게 말했다.

"시청은 재무부 소관이 아닙니다."

마침 그 자리에 참석했던 내무부 기획실장이 얼굴이 빨개질 정도로 당황했다. 이처럼 이용만은 정주영과는 이것저것 거리낌 없이 비교적 화통하게 대화할 수 있는 사이였다.

1991년 11월 초순, 모처에서 연락이 왔다. "이 상관이 개인직으로 친분이 있으니까 설득해서 정 명예회장님이 대선에 나오지 않도록 해주면 좋겠는데." 부탁도 있었지만 개인적으로도 이용만은 "대선에 나와서는 안 된다"는 생각을 평소에 갖고 있었다. 두 사람은 1991년 11월 7일 오전 11시 무렵, 한국은행의 금융통화위원회 의장실에서 만났다. 당시 상황은 정부와 정주영 측 사이에 갈등이 증폭되고 있었다. 10월 21일 국세청은 정주영 명예회장 일가 및 계열사에 대해 주식 이동 조사를 끝낸 다음 885억 원이라는 거액의 세금 추징을 발표한 바가 있다. 10월 26일, 박정희 대통령 서거 12주년 추도사에서 정주영은 "경제가 활력을 잃고 있으며 그간 심혈을 기울여 이룩한 경제적 성과가 잠식되고 있다"는 대 정부 불만을 토로하기도 했다. 11월 1일에는 서울지방국세청장이 기자회견을 통해 추징액을 476억 원 늘려 1,361억 원이라고 발표했다.[433] 이런 압박에도 불구하고 이때까지만 해도 정주영은 대선 출마에 마음을 굳힌 것 같지는 않았다. 바깥에는 비가 추적추적 내리는데 두 사람은 1시간 이상 격론을 벌였다.[434]

"회장님, 사업과 정치를 양립할 수 없습니다. 사업하는 사람은 사업만 전념해야 합니다. 기업을 접든, 정치를 접든 양자택일을 하셔야 합니다."

"당신 말은 맞지만, 하도 말이 되지 않는 짓들을 하지 않아?"

"그래도 참아야 합니다. 욱해서 출마할 일이 아닙니다."

"그러면 내가 가서 뭐라고 얘기해야 되나?"

"내가 나이가 든 탓에 실언을 좀 했습니다. 불찰로 이해해주시고, 앞으로 사업에만 열중하도록 하겠습니다"라고 하시면 되지 않겠습니까?

"그럼 내가 대통령을 만나기로 하고 출마는 그만두지."

그렇게 두 사람은 출마하지 않는 것으로 입을 맞추었다. 그리고 설득해보라고 의견을 제시한 사람에게 연락해서는 11월 15일 오후 6시로 청와대에 들어가서 정주영 회장이 노태우 대통령을 만나는 것으로 정했다. 이 결정은 비서실을 통하지 않고 이현우 경호실장을 통하여 면담이 주선되었다는 연락을 받았다. 이용만은 "내가 국가도 위하고 친분이 있는 정 회장도 위했다"고 생각하고 잊고 있었다. 그런데 재벌에 대해 엄격한 기준과 시각을 갖고 있던 K모 수석이 "재벌들을 그렇게 버릇을 들이면 안 됩니다. 버릇을 고쳐놓아야 합니다. 만나시면 안 됩니다"라고 강력하게 주장하는 바람에 만남이 취소되었다는 말을 전해 들었다.[435] 노 대통령과 정주영 회장이 만났다면 정주영의 대선 출마는 없었을 가능성이 높다. 그때까지만 하더라도 정주영의 마음은 왔다 갔다를 반복했기 때문이다.

대통령과의 면담이 갑자기 취소된 다음에 정 명예회장의 행동은 돌변했다.[436] 11월 15일, 기대했던 청와대의 대통령 면담이 취소된 날이 마침 금요일이다. 무척 화가 났을 것으로 짐작된다. 아마도 이런 생각을 했을 것이다. "도대체 이 친구들이 나를 어떻게 보는 거야!" 11월 16일 (토요일) 정주영은 하루 종일 칩거에 들어가는데 그날 오후에 정부와 한판 싸우기로 결심했던 것 같다. 11월 18일 오전에 "기업 공개도 어렵고 기채(起債)도 잘 안 돼 돈이 없어 세금을 낼 수 없다"고 내외신 기자회견에서 밝히게 된다.[437] 그런데 이 성명서는 11월 17일 (일요일) 정주영이 집에서 혼자 작성했기 때문에 실무자들이 개입할 여지가 없었다. 흥미로운 것은 16일(토요일) 오후에 이미 정주영은 계열광고사인 금강기획을 통해 언론 매체에 연락을 취하고 광고 지면을 확보해놓고 있었다. 전후 사정을 종합해보면, 11월 15일 대통령 면담의 불발이 결국 정주영의 대선 출마를 촉발했다는 추론은 충분히 타당성이 있다.[438]

제7부

시련의 세월을
이겨내다

"하나님께 간구하면서 나에게 당부하는 대통령 후보에게
최선을 다하는 것이 바른 자세라고 판단했다.
일단 결심한 이상
설령 이로 인하여 나에게 어려움이 따르더라도
감수하겠다는 각오로 임했다.
지금 생각해보면 이것이 오판의 씨앗이었다."

# 1장

•

# YS와의 인연과 선의

"사람 일을 우리가 어떻게 알겠습니까?
한번 더 낮아질 수 있는 계기였습니다."

그의 생에 더 이상 굴곡은 없을 것처럼 보였다. 모든 것이 완벽했기 때문이다. 노태우 정부의 말미를 잘 마무리한 장관이었고 고금리 해소와 투신사 재건 그리고 증권시장 부양 등으로 김영삼 정부가 등장하는 데도 큰 도움을 주었기 때문이다. 다른 공직자들이 몸을 사리는 와중에 그가 추진한 고금리와의 전쟁과 한은 특융을 통한 해법은 여당 후보에게 큰 도움이 되었을 것이다. 물론 의도적으로 선거에 도움이 되기 위해 이런 정책을 썼던 것은 아니다.

그러나 살아가면서 이따금 절절히 느끼는 것이 있다. 사람의 앞날은 누구도 알 수 없으며, 우리 삶에서 탄탄한 것은 아무것도 없다는 것이다. 유대인들은 "내 관 위에 흙이 뿌려질 때까지 신의 가호가 함께하기를"이라는 문장을 가슴에 새긴다. 시도 비올의 시신도, 하나님의 긍휼과 은혜와 자비와 평강을 구하는 것도 우리의 삶이 언제든 부서질 수 있기 때문이다.

장관직을 벗을 때 그는 홀가분했다. 오랜 공직 생활을 큰 허물없이 무사히 끝낼 수 있었기 때문이다. 그는 정재석(전 경제부총리)의 추천으로 1년간 일본 게이오 대학에 초빙연구원으로 가기로 예정되어 있었다.[439] 그곳에서 도리이 총장과 함께 '소비자금융'에 관한 책을 쓰기로 했다.[440]

3월 초, 일본으로 건너가 게이오 대학 근처에 방을 얻고 짐을 풀었다. 배정된 연구실에 문패를 붙이는데 기뻤다. 한 번도 제대로 차분히 앉아서 공부를 해본 적이 없던 그로서는 이번에는 정말 오랜만에 아무 부담 없이 공부를 할 수 있다는 생각에 가슴이 부풀기도 했다. 3월 31일에 다시 출국하여 오랫동안 고생해온 아내와 함께 오랜만에 부담 없이 여행을 떠났다. 유럽과 미국을 여행한 뒤 5월부터 게이오 대학에서 연구 생활을 시작할 계획이었다. 모든 것이 순조롭게 진행되고 있었다.

4월 하순, 유럽 여행을 마치고 느긋하게 미국에 도착했는데 서울에서 '안영모 동화은행장 사건'이 터져 그의 이름이 오르내리고 있다는 소식이 전해졌다.[441] 마른하늘에 날벼락이었다. 일단 게이오 대학에서의 연구 계획을 취소하고 대책이 설 때까지 미국에 머물기로 했다. 뉴저지에 있는 딸 집에 머물면서 사태를 관망했다. 동경은 서울과 가까워서 조용히 지내는 것이 힘들다고 판단했기 때문이다. 당시는 김영삼 정부가 출범한 직후라 서슬 퍼런 사정(司正) 정국이었다. 우선 YS와의 만남에서부터 이야기를 풀어나가보자.

## YS와의 조찬 모임

1992년 9월 초, 이용만은 김영삼 민정당 대표에게 연락을 받고 하얏트 호텔에서 조찬을 함께했다.[442] 그때까지 그는 김영삼 후보와 아는 사이가 아니었다. 이용만이 상도동에 살 때도 이용만의 뒷집 근처에 김영삼의 자택이 있었지만 만날 기회는 없었다.

식사 전 김영삼 장로는 긴 시간 동안 기도를 했다. 이용만 집사도 함께 기도한 뒤 식사를 했다. 여기서 '여당 대통령 후보'라는 호칭 대신에 '교회 장로'라는, '현직 재무부 장관'이라는 호칭 대신에 '교회 집사'라는 표현을 쓰는 것을 잠시 주목하기를 바란다. 아침 식사 자리에서 받은 첫인상은 "계란 프라이를 시켜놓고 한참 기도하는 것을 보고, '이 사람이 아마도 진짜 장로인가 보다'"였다.

식사 자리에서 김영삼 후보는 3가지를 이야기했다. 첫째는 의례적인 덕담이었다. 첫마디는 "이 장관은 앞으로도 새 정부에서 같이 일합시다"였다. 둘째는 선거자금을 모으는 데 협조해달라는 요청이었다. "선거는 자금이 제일 중요한데, 정주영은 돈을 물 쓰듯 하고 있어요. 이 장관이 할 수 있는 한 최선을 다해 자금을 마련해주시오"였다. 셋째는 경쟁자인 정주영 후보의 선거자금 조달에 대한 불만이었다. "정주영은 재산이 얼마나 되는지? 자금 조달을 막을 수 있는 길은 무엇인지?"라고 묻고 협조를 구했다.

첫 번째 덕담에 대한 입장은 이미 정리되어 있었기 때문에 별다른 감흥이 없었다. "이 정도면 됐다"는 생각을 굳힌 지 오래였기 때문이다. "17세에 단신 월남하여 전쟁 중에 인민군의 총탄에 부상당하는 능

사선을 넘어왔다. 갖은 풍파를 겪으면서 재무부 장관직까지 지냈으면 됐지 무얼 더 바라겠는가? 퇴임 이후에는 여생을 조그만 농토에 야채나 가꾸면서 봉사 활동이나 열심히 하고 살자." 따라서 '같이 일하자'라는 정치인의 의례적인 연수표에는 관심이 없었다.

두 번째 협조 요청에 대해서는, 그 자리에서는 "최선을 다하겠다"고 의례적인 말만 하고 나왔다. "그 당시 선거자금은 이미 알려진 바와 같이 노태우 대통령의 지시에 따라 이원조 의원과 금진호 의원이 거의 공식적인 사명을 띠고 기업들을 분담하여 요청하고 있었어요. 또한 많은 기업들이 YS와 직접 연결되어 자금을 제공하고 있었기 때문에 내가 개입할 대상을 찾기도 어렵다고 생각했습니다. 무엇보다 중립 내각임을 선언하고 있었고, 나를 임명한 대통령의 언질도 없이 활동한다는 것은 극히 어렵고 위험한 일이었기 때문에 한 귀로 듣고 한 귀로 흘렸습니다."

세 번째 협조에 대해서는 김영삼 대표가 알아들을 수 있도록 설명했다. "사업 자금을 정치자금으로 전용하는 것은 불법입니다. 법의 테두리 내에서 그런 일이 일어나지 않도록 하고 있습니다. 다만 무리한 방법으로 기업을 제재하는 일에는 한계가 있습니다."

## 판단이 흔들린 결정적 이유

며칠 뒤, 김영삼 후보의 아들인 김현철의 장인 되는 김웅세(전 롯데물산 사장)가 찾아와서 재촉하기 시작한다. 김 후보는 지금 자금이 부족해서 애를 먹고 있는 사정을 설명한다. "김 후보가 이 장관에게 제일 크게 기대하고 있고 자금이 전혀 없어 쩔쩔 매고 있는데, 나도 조금이나마 기여할 방법이 없겠는가?" 이런 호소에 대해 "제가 알기로는 두 의원이 공식적으로 돈을 모으는 것으로 알고 있습니다"라고 답했다. 하지만 김웅세는 더 강하게 자금난을 호소했다. "두 의원들에게서는 한 푼도 자금이 도착하지 않았다. 김 대표는 어디서라도 돈을 빌릴 수 있으면 빌려서라도 선거를 치르고 뒤에 갚아주는 방법이라도 취해야겠다고 말씀하신다. 이 장관이 이런저런 기업에 다리를 놓아주었으면 좋겠다." 게다가 그는 한 걸음 더 나아가 "누구누구에게 이 장관이 좀 부탁하면 어떻겠느냐?"라고 구체적으로 기업 이름을 거명하면서 협조를 요청하기도 했다. 당시 정황을 종합적으로 보면 YS측이 자금에 쪼들리는 상황은 아니었을 것이다. 보통 사람들 사이에도 상대방으로부터 돈을 얻어낼 때는 "당신이 나를 도와주지 않으면 우리 집이 망하게 되오"라는 읍소와 협박이 통할 때가 많다. 특히 마음이 여린 사람을 대상으로 압박할 때 더 잘 통하는 방법이다.

딱 잘라서 거부하면 그만인 것을 이용만은 왜 거절하지 못했을까? 지금까지 이 책을 통해서 살펴본 대로 그는 명분이 서고 도울 만한 가치가 있으면 그게 무엇이든 도우려는 성향이 있다. 대학 동기이자 오랫동안 그를 알아온 스포츠맨 김영기는 그가 청을 뿌리치지 못한 이유를 잘라서 이야기한다. "그 친구가 마음이 여린 데가 있어요. 주위 사람을 도와야 한다는 의리 때문에 고충을 겪었다고 생각해요"

여러 번의 인터뷰 가운데 그가 YS의 청을 뿌리칠 수 없었던 상황을 몇 번 이야기했는데, 그 내용은 이랬다.

"여러 가지로 난감했습니다. 고민에 고민을 거듭했습니다. 나를 철석
같이 믿고 있다는 여당의 대표가 내가 도와주지 않아서 선거에 진다면
큰일이 아닐 수 없다는 생각이 들었습니다. 하나님께 기도를 하면서 나
에게 간곡하게 부탁하는 후보에게 가능한 한 모든 노력을 기울여 도와주
는 것이 당연하고 바른 도리라고 판단했습니다."

"며칠 동안 엎치락뒤치락하면서 고민했습니다. 이게 불법인지 아닌지
도 문제지만 내가 이걸 꼭 해야 할 필요가 없는데 왜 해야 하나 하는 생
각이 수없이 떠올랐습니다. 게다가 그때는 교회 장로가 되기 전이라서
장로라는 걸 상당히 존경했어요."

그들은 접근하기 전에 이용만의 성향이나 기질을 충분히 파악했을 것
이다. 후에 그가 들은 말에 의하면, 은행장 중 한 사람이 이 장관에
게 부탁하면 큰 도움이 될 것이라고 김웅세에게 귀띔했다고 한다. 또
한 그들은 "당신이 도와주지 않으면"이라며 부담을 주었기 때문에 그
심적 부담을 털기가 무척 힘들었을 것으로 보인다. 지금 와서 생각하
면 이것이 오판의 씨앗이었다.

그런데 한번은 식사를 하면서 이야기하던 중에 그가 흥미로운 이
야기를 더했다. 그다운 대답이자 순수함이었기에 기록으로 남길 만하
다.[443] "YS를 만날 때는 제가 장로가 되기 전이었습니다. 장로가 된 시

점이 한참 뒤인 2006년 일이니까요. 대학 시절부터 교회를 다니기 시작한 저에게 장로는 아주 존경할 만한 사람이었습니다. 심지어 저는 우리 교회 장로들에게 '대통령은 아무나 할 수 있지만, 장로는 아무나 할 수 없다'는 말을 자주 했습니다. 대통령은 사람의 노력으로 할 수 있지만, 장로는 하나님이 시켜줘야 한다고 생각했을 정도로 장로를 더 높이 평가했습니다. 식사 전에 건성으로 드리는 기도가 아니라 달걀 프라이를 앞에 놓고 저렇게 머리를 푹 숙이고 간절히 한참 기도하는 것을 봐서 진실된 크리스천이라는 생각이 들었습니다. 지금 와서 생각하면, 내가 그 양반이 어떻게 장로가 되었는지 알았더라면, 정치인들 말에는 진실이 거의 없다는 것을 알았더라면, 협조하지 않았을 것입니다."

## 그를 도와야 한다

김영삼 후보를 돕기로 결심한 전후 사정을 잠시 살펴보자. 노태우 대통령의 최측근 가운데 한 사람인 이원조(전 국회의원)가 "이 장관은 은행장들을 통해서라도 선거를 좀 도와야 하지 않습니까? 왜 재무장관은 가만히 있습니까?"라면서 재촉했다. 고민 끝에 안영모 은행장을 만나서 "나보고 왜 가만히 있느냐고 하는데, 당에 낼 대선 자금을 도와달라고 하는데 부탁해볼 만한 곳이 있습니까?"라고 물었다. 며칠 뒤 안 행장이 L주택 J회장으로부터 3억 원을 가져왔다기에 뜯어보지도 않고 봉투째 당에 전달하고 영수증을 받아서 돌려주었다.

그가 장관직에서 물러난 이후 오랫동안 글을 낼 수 없었던 이유 중 하나는 "재무 행정을 맡아서 일은 하지 않고 선거자금을 모으는 데 힘을 쏟았군요"라는 세상 사람들의 비난이 부담스러워서였다. 그가 살아오는 과정에서 빚은 오류를 털고 가야겠다고 결심하게 된 데는 필자의 설득도 역할을 했다. "사람이 한평생 살면서 어떻게 흠결이 없을 수 있겠는가? 잘한 일은 잘한 대로, 잘못한 일은 잘못한 대로, 억울한 것은 사실대로 밝혀야 한다. 그래야 다음 사람들이 배울 수 있지 않는가? 어떻게 삶이 순백일 수 있는가!"

어떤 인물이든 시대 상황을 벗어나기 힘들다. 이런 점에서 한 시대를 풍미했던 모든 정치인들은 시대 상황이라는 제약 조건하에서 살아갈 수밖에 없다. 당시에는 선거에 돈이 많이 들었기 때문에 어디선가 돈을 구해야 한다. 이런 면에서 김영삼 후보도 예외가 아니다. 사정 정국이 활활 타오르고 있던 1993년 4월 3일, YS는 "불법행위에 관해서는 선거를 다시 하는 일이 있더라도 추호의 관용도 있을 수 없다"고 호언장담했다. 그러면서 자신은 그 어떤 불법행위에 대해서도 자유로운 순백의 사람인 것처럼 주장했다. 그러나 관련 자료들을 조사하면서 그의 주장이 올바른 것만은 아니라는 생각을 갖게 된다.

이용만은 김영삼 후보가 당선되도록 선거자금을 모으는 데 협조했다. 자금을 지원할 의사를 가진 기업들이 김 후보 측에 직접 접촉하여 자금을 지원하게 했고, 입금 여부는 김현철이 직접 확인했다. 그는 자금에 일절 손을 대지 않고 자금을 공급하는 자와 수금하는 자, 즉 김현철과 직접 거래가 이루어지도록 했다. 다만 안영모 은행장에게 부탁하여 L사로부터 3억 원을 받아서 당에 공식 후원금으로 전달하고 영수증을 받아 해당 기업에 전달한 것은 예외적인 경우였다.

필자는 YS가 대선자금 모집에 협조 요청을 할 당시 금진호 의원과 이원조 의원이 주도한 선거자금 모집이 원활하지 않았다고 생각하지 않는다. 2011년 8월에 나온 『노태우 회고록(下)』에서 노태우 전 대통령은 솔직하고 담담하게 YS를 위한 대선자금 모집을 기록하고 있기 때문이다.[444] YS는 모든 채널을 동원해서 더 많이 거두어들이고 싶었을 것이다.[445 446] 이런 전략과 좋지 못한 의도에 이용만이 걸려들고 만 것이라 생각한다.[447]

죽음은 모든 과를 덮어버리고 공을 부각시키게 마련이다. YS는 "나만 깨끗했다"고 주장할 수 있을지 모르지만, 그렇지 않았음을 밝힐 수밖에 없는 것도 안타까운 일이다. 세상은 흰 것과 검은 것을 그렇게 명확하게 구분할 수 없다. 그 시대를 살았던 사람들은 대부분 그 시대의 제약 요건을 극복하기 힘들다.[448]

## 도움을 준 사람에게 더 냉대하다

안영모 동화은행장 사건은 안영모가 지인과 업무와 직·간접으로 관련된 사람들에게 선거를 전후하여 돈을 준 일이다. 당시 그런 돈을 주고받는 일이 흔했다. 안영모에게 돈을 받은 사람은 모두 13명이었다.[449] 이들 가운데는 전직 총리, 전직 장관, 전직 국회의원, 전직 검찰 출신 등이 포함되어 있었다. 1992년 대선을 앞두고 안 행상이 찾아와

당에 낼 후원금을 전하면서 "당에도 내야 하지만 이 장관도 '선거 활동하는 의원들에게 나눠주어야 하지 않겠습니까?'라면서 선거자금에 보태 쓰라고 5천만 원을 주었다. 이를 소액수표로 쪼개어 애타게 지원 요청을 하는 YS의 측근 의원들에게 한 푼도 남기지 않고 나누어준 일이 있었다. 이 가운데는 지금까지도 정치 일선에서 활동하는 사람도 있다. 이런 사실은 수표 추적으로 확인된 바 있다.

조사받던 13명 중 대부분을 빼고 김영삼 정부의 출범에 비판적이었던 K의원과 금융계의 황제로 미움을 샀던 이원조 의원, 그리고 해외에 체류 중인 이용만을 수사 대상으로 삼았다. 이원조 의원은 노태우 대통령의 간곡한 부탁으로 빠져서 출국 금지가 내려지기 전에 서둘러 일본으로 나갔다. 이원조 의원을 구속시키는 일은 쉽지 않았을 것이다. 이원조 의원은 노태우 대통령의 지시에 의해 대선 자금을 모은 중심 인물 가운데 한 사람이었다. 결국 이런저런 연유로 다 빠지고 두 사람만 선별해서 수사가 행해지고 말았다. 훗날 담당 검사였던 함승희는 사건의 축소 은폐가 이루어졌음에 대해 증언했다. "이원조 의원이 공공연하게 나를 건드리면 모든 걸 까발리겠다고 협박한 것도 김영삼 정권에 압박이 되었지만 노태우, 전두환 비자금이 드러나자 '어마 뜨거라'라고 정권 차원에서 서둘러 덮어버리기로 작정했는지 노골적으로 수사에 제동을 걸었어요."[450][451]

검찰은 이용만이 재직 중에 동화은행에 특혜를 주었는지를 철저히 조사했다. 증거를 찾아내려 노력했지만, 특혜를 준 사실이 단 한 건도 없었기 때문에 어찌해볼 도리가 없었다.

검찰은 노 대통령 시절에 거의 3년간 은행감독원장과 재무부 장관으로 재임한 그가 금융기관의 대출에 부당하게 개입됐을 것으로 추측하고 조사했을 것이다. 친인척까지 샅샅이 조사했으나 아무것도 찾아낼 수 없었다. 친인척이라고 해봐야 6촌 조카와 처남들 그리고 동서들이 전부였다. 조사해보았지만 20~30평 전셋집이나 서민 아파트에 살고 있었다. 그다음으로 조사한 결과는 그가 노태우 전 대통령의 비자금 조성에는 전혀 관여하지 않았다는 것이다. 만약에 재무부 장관으로서 비자금 조성에 관여했다면, 자금 조성 방법이나 금액 등에 따라 그에 대한 판결 내용도 달라졌을 것이다. 그동안 조사해서 나온 금액에 합산되었을 것이고, 조성 과정에 특혜를 주었는지 여부도 철저한 조사가 이루어졌을 것이다.

심지어 재판을 진행 중이던 김영일 판사는 "노태우 대통령의 비자금 조사가 끝날 때까지 재판을 중단"해놓기도 했다. 기업뿐 아니라 대통령 주변의 경제 관료나 국회의원들이 포함된 것으로 볼 때 재무부 장관도 비자금 조성에 혹시 관여하지 않았을까 하는 의구심 때문이다. 조사가 종료될 때까지 그가 재판을 중단한 것이 이러한 예상을 뒷받침해준다. 물론 그에게도 "왜 남들은 다 열심히 뛰는데 침묵으로 일관하느냐"는 재촉도 있었으나 그가 응하지 않았던 것은 지금에 와서 보면 그의 판단이 옳았음을 말해준다.

참고로 1992년에는 지방자치단체장 선거에서 국회의원, 대통령 선거까지 3대 선거가 있었다. 우리나라에서 선거운동 비용의 상당 부분을 국고에서 부담하는 선거공영제가 실시된 것이 1994년 '공직선거 및 선거부정방지법'이 제정되고부터다. 1992년 총선 때는 30억 원을 쓰면 당선되고 20억 원으로는 낙선한다는 '3당 2락'이 광범위하게 입에 오르내리고 있었다.[452] 이런 거액을 어디서 동원하겠는가? 결국 개인 돈과 친인척의 돈 그리고 지인이나 업무와 관련된 사람들에게 돈을 받아야 선거를 치를 수 있었다. 장관이 챙겨야 할 가장 중요한 사람들은 여당이나 야당을 불문하고 관련 부처를 담당하면서 인연을 맺은 국회의원들일 것이다. 이들의 정책 협조는 장관의 임무 가운데 중요한 부문에 속한다. 이들이 선거전에서 이기기 위해 노력하는데 그동안의 인연이나 업무 협조에 대한 감사 표시를 하는 것이 관례화되어 있었다.

## 2년 3개월, 해외에서 떠돌다

김영삼과 김웅세는 모두 고인이 되었고, 당시 내용을 상세히 알고 있는 사람은 김현철뿐이다. 혹자는 25년 전 이야기를 다시 꺼내는 것이 무슨 의미가 있느냐고 되물을 수 있다. 하지만 평전 작가로서 필자의 생각은 다르다. 당시 사건에 대한 사실을 기록하는 것은 피해서는 안 되는 일이라고 생각한다.[453]

사건이 터졌을 때 이용만은 귀국해서 전후 사정을 설명하고 죄가 있으면 벌을 받겠다는 입장이었다. 1993년 9월 15일, 그는 김두희 법무장관에게 즉시 귀국하여 조사에 임하겠다는 서신을 보냈다. 1994년 6월 13일에는 변호사를 통해 한 번 더 서신을 보냈다. 하지만 김웅세와 김현철은 이용만의 귀국을 적극적으로 만류했다. "내일 된다" "모레 된다"라며 계속 전화를 하고, 해외에서 만나 만류하기까지 했다. 때로는 그가 거절할 수 없는 친분을 가진 사람을 보내 귀국을 단념시키기도 했다.

해외에 머물던 2년 3개월 동안 주고받은 통화 내용과 소회 등은 일지 형식으로 낱낱이 기록해놓았기 때문에 당시의 절박했던 상황은 지금도 생생하게 확인할 수 있다. 예를 들어, 1994년 8월 24일 김웅세는 동경에서 전화를 걸어와 이렇게 말한다. "좋은 소식을 갖고 왔다. 각하 확답을 갖고 왔는데, 이제는 훨훨 날아갈 것 같다. 9월 하순 이원조가 입국하고 나면 10월 말이나 11월 초에 입국을 허락할 테니 조금도 염려하지 마라. 이 장관 문제는 우리에게 맡겨달라." 같은 날 밤 9시 50분에는 김현철이 서울에서 전화를 걸어와 "무슨 일이 있어도 연내에 해결하겠습니다. 법적 문제는 내부 조정하겠습니다. 장인 전화 내용대로이니 좀 더 기다려주십시오"라고 전하기도 했다. 이후에도 김웅세는 "연내에 해결해주겠다"는 약속과 함께 8번가량의 통화와 만남을 통해 이용만의 귀국을 막았다. 김현철과는 2번의 전화와 1번의 서신 연락이 있었다. 아무튼 두 사람은 어떻게 해서든 이용만의 귀국을 막으려 했다. 국내 언론에서는 수시로 해외 도피자 명단에 그를 포함하여 보도했지만 그는 15회 이상 "귀국해서 전모를 밝히고 벌 받을 것이 있으면 받겠다"고 했다.

더 이상 기다릴 수 없었던 그는 1995년 2월 22일, 동경의 파크하얏트 호텔에서 김웅세를 만나 귀국을 미룰 수 없음을 분명히 한다. 그외 건강도 문제였지만 서울에 있는 아이들 문제가 컸다. 아이들이 영양실조에 걸려 의사가 "고기 좀 먹으라"고 했다는 말을 듣고 물불 가리지 않고 귀국 강행 의사를 밝혔다. 그럼에도 불구하고 입국 허락의 기미가 보이지 않자, 이용만은 마침내 1995년 2월 23일 인편을 통해 김영삼 대통령에게 비상한 각오를 전달했다. 더 이상 대화할 필요가 없다고 판단한 것이다. 그 문건의 커버 페이지에는 '抗雷霆 蹈斧鉞 以不辭(항뢰정 도부월 이불사)'라는 제목이 붙어 있었다. 벼락이 떨어져도, 목에 칼이 들어가도 서슴지 않겠다는 의미였다. 그 문건에는 조찬 모임에서 김 대통령을 만난 이후부터 여러 가지 일들이 일지 형식으로 낱낱이 기록되어 있었다. 조찬 모임에서 있었던 김 대표의 부탁, 협조를 결심하게 된 경위, 선거자금 협조 추진 경위, 자신이 안영모로부터 받은 돈의 배분 상황 등이 상세히 기록되어 있었다. 문건을 보고 받은 김 대통령은 크게 놀라고 당황했을 것이다. 충격을 줄 수 있는 내용을 담고 있었기 때문이다.[454] 전언에 의하면 "이 장관이 이럴 수 있느냐? 검찰은 나에게 맡겨라. 빨리 변호사를 보내서 2월 25일 귀국을 막으라"라고 했다고 한다. 이 서신의 도움으로 지방자치단체 선거 개표일인 6월 28일에 귀국하라는 허락이 떨어졌을 것으로 추측된다. 이 문건을 보내지 않았더라면 "과연 입국이 허락되었을까?"라는 의문에 "그렇다"는 답을 하기 힘들 것이다. 이후 지방선거 개표일에 귀국하라는 지시가 너무 의도적인 것으로 보인다면서 7월 1일로 날짜가 변경된다. 귀국 즉시 이용만은 서울대 병원에 입원했고, 김웅세와 김현철은 연락을 끊고 "법대로 처리하라"며 돌변했다. 18일간의 요양을 마

**제7부** 시련의 세월을 이겨내다

친 뒤 그는 검찰 조사에 응한다.

그동안 이용만은 "법대로 처리하라는 것은 당연하다"고 생각했다. 그리고 "누차 죄가 있으면 벌을 받겠다"고 했다. 다만 법 앞에서는 누구든지 평등해야 하며, 법 집행은 공정하고 형평하게 처리되어야 한다. 같은 사건에 대해 같은 혐의가 있다면 같은 기준으로 처리했어야 한다. 지금도 그는 사심 없이 도운 사람만을 선택해서 차별적으로 처리한 것을 이해할 수 없다고 말한다. "돈은 당신들이 쓰고, 벌은 나더러 받으란 말이냐?"는 항변이 터져 나오는 이유이기도 하다.

## 수사와 재판 그리고 참회

검찰 조사 과정에서 억울한 점도 있었다. 담당 검사는 "우리 체면이 있으니 당에서 정식 후원금으로 내고 영수증을 받은 것도 선배님이 판공비로 썼다고 하면 안 되겠습니까?"라고 재촉하기도 했다. 언론에 많이 보도된 데 따른 부담이었다고 생각한다. 어떤 검사는 1992년에는 지방선거, 국회의원선거, 대통령선거로 봄, 가을을 구분하지 못하고 혼란스러울 때 봄과 가을에 각각 받은 것으로 합산하여 규모를 두 배로 키우기도 했다.

당시만 하더라도 수십 년 동안 정치자금을 조달하여 선거를 치르는 것이 관행처럼 내려왔다. 당시 상황을 알고 있는 사람들은 이해할 것이다. 그러나 정치 상황이 바뀌고, 특히 정책 기조와 성향이 바뀜에 따라 집권하는 사람은 과거의 집권자들과 자신을 차별화하고 싶어 힌다. 김영삼 정부도 문민정부를 부각시키고 싶어 했다. 이에 따라 "나는 돈이 필요 없다"거나 "나는 깨끗한 정치를 한다"는 논리를 앞세우면서 결국 이용만이 희생양이 되었다고 생각한다.

1996년 2월 8일, 서울지방법원 제30부 형사부 김영일 부장판사는 판결문에서 이렇게 말했다. 김 판사는 전두환, 노태우 대통령에게 사형을 언도한 판사이기도 하다. 그는 판결문에서 "안영모나 그가 재직했던 동화은행에 특혜를 주는 조치를 취하지 아니했으며, 개인적인 축재에 사용하지는 아니했고, 은행감독원장 및 재무부 장관으로 재직하면서 우리나라 경제의 안정 및 발전을 위해 많은 기여를 했음을 감안하여 선고 형량을 낮추어 선고한다." 이런 판결문을 듣고 있던 방청객들은 "무죄"라고 생각했을 것이다. 하지만 유죄로 판결이 났고, 2심에서 종결이 난 1996년 5월 1일 이후 미안했던지 YS측은 3개월 만에 사면 복권을 시켜주었다. 왜 3개월이 걸렸을까? 사면을 빨리 해주면 국회의원 선거에 나갈 것을 의식했기 때문이다. 재판이 끝난 다음 입원 중인 병원에 김현철이 찾아와서 "지금은 정치의 계절이니 선거가 끝난 뒤에 복권해드리겠습니다"라고 말하면서 마음을 돌리려고 노력했다.

"사람이 살면서 완벽하면 좋겠지만 흠결이 좀 있어야 하지 않습니까! 사람이 하나님도 아니고." 필자의 위로에 이런 답이 돌아왔다.

"흠결이 있을 수 있지요. 하지만 이게 전체가 되어버리지 않겠어요? 사람들이 뭐라고 생각하겠어요? 장관이 정치자금 조성에만 참여했다고 손가락질하지 않겠습니까!"

인터뷰를 진행하던 중 그가 법정에 서서 느낀 소회를 털어놓았다.

"내가 헛살았구나. 후진들이 뭐라고 할 것이며, 통일이 되면 아버지 묘소에 찾아가 뭐라 말씀드려야 하나 하는 생각이 머리를 가득 채웠습니다. 그래도 안영모에게 단 한 건의 특혜도 주지 않았고, 받은 돈 중 나 자신을 위해 쓴 것이 없으며, 단 한 번도 돈을 달라고 부탁한 적이 없다고 고백할 수 있다는 것이 불행 중 다행이었습니다."

그래도 그는 삶과 세상 사람들에 대한 희망과 낙관 그리고 긍정을 잃지 않았다. 재판이 진행되는 동안 재판도 재판이지만 척추에 박힌 총알이 척추를 압박하는 고통으로 힘든 시간을 보냈다. 그 고통은 말로 표현하기 힘들 정도로 아프다고 한다. 그는 그 고통의 시간을 병상일지로 꼼꼼하게 남겼다. 재판이 끝나고 건강을 회복하는 데 한참 시간이 걸렸다. 1996년에는 한 해를 꼬박 건강을 회복하는 데 쏟아부었다. 어두운 시절이 어둡지만은 않았다. 짙은 먹구름이 드리운 가운데도 간간이 햇살을 보았다. "저 양반이 괜히 고생하는구나" 싶었던지 많은 언론인들이 이례적으로 보도를 자제해주었다. "그래도 내가 인심을 잃지 않았구나"라는 위안을 받았다. 평생 잊지 못할 일로, 이제껏 마음에 큰 빚을 안고 살아가는 일 가운데 하나다.

주변에 "저 양반이 재기해야 할 텐데"라고 걱정하는 사람들이 많았다. 그 가운데 한 사람이 신한은행 창업자인 이희건 회장이었다. 그동안의 경험을 활용하여 은행에도 도움이 되고 심적으로도 의지가 되길 바라는 마음에서 1997년 3월 1일부터 신한종합연구소 회장으로 외부 활동을 재개한다.

## 세월을 낚았던 시절

"사람이 살다 보면 이런 일, 저런 일을 겪습니다. '이게 끝이구나'라는 생각이 들더라도 끝날 때까지는 끝이 아닙니다."

여행을 위해 잠시 나갔다가 2년 3개월간 돌아갈 수 없는 상황이 되면 어떤 상태가 될까? 한참 공부해야 하는 아이들이 국내에 있고, 언론에서는 온갖 비난 보도와 나쁜 소문들만 들려온다면 사람의 마음이 어떨까? 그동안 힘들여 쌓아올린 명예가 한꺼번에 추락해버린다고 생각하면 어떨까? 이런 상황에서 삶의 끈을 놓는 사람들도 더러 있을 것이다.

인생이 바닥을 친 것처럼 보일 때 한 인간의 진면목이 드러난다. 우리 모두 삶이 평탄하기를 바란다. 그러나 삶이 어디 그러하던가! 이따금, 삶은 우리의 기대를 저버리고 전혀 기대하지 않은 방향으로 우리를 내몰기도 한다.

1980년 해직을 당했을 때 이용만의 나이 47세였다. 역경이 오더라도 이겨낼 수 있는 힘과 기백이 있는 나이였다. 그러나 1993년 위기를 맞았을 때 그는 이미 60세였다. 공직자로서의 경력의 정점인 재무부 장관직을 내려놓은 지 불과 2달이 지나지 않아 당한 어려움이었다. 참담했을 것이고, 무엇보다 억울했을 것이다. 당시의 심경은 "밀려오는 것은 무한대의 허탈감과 배신감이었다. 너무 마음이 아팠다. 가슴이 아팠고 몸까지 아팠다"고 한다.

1993년 4월 말, 유럽 여행을 마치고 일본으로 돌아가기 위해 잠시 딸 집을 방문했던 이용만을 향해 "저 친구 이제 끝났다"라며 멀리할 때도 곁을 지키면서 함께 세월을 낚아준 것은 한국전쟁이 끝나고 엄혹한 시절 고려대학을 함께 다녔던 친구들이었다. 교포의 삶이라는 게 분주할 수밖에 없는데, 그들은 어려움에 처한 친구에게 시간과 돈을 내주는 데 인색치 않았다. 미국 생활 동안 딸 집과 친구 김용욱의 집을 오갔는데, 김용욱은 이렇게 말한다.

"지금 생각해도 미국에 있는 교우들 가운데 고마움을 표하고 싶은 친구가 노정섭(상과 54학번)과 김낙섭(정치과 56학번)입니다. 먹고살기 바쁜 이민 생활 중에도 '오늘 우리 어디 가자' 하면 군말 없이 따라 나왔어요. 그게 어디 쉬운 일입니까? 같이 골프도 치러 가고 놀러 다니기도 하면서 친구가 역경 속에서 세월을 낚는 일에 동참했습니다. 우리는 그렇다 치더라도 본인은 정신적으로 얼마나 힘들었겠습니까? 기약 없이 기다려야 했으니까요. 그런데 저 친구는 전혀 그런 티를 내지 않았습니다. '여기서 이렇게 살 순 없지 않나, 내가 들어가서 직접 해결하겠다'고 결심을 굳혔을 때도 '죽일 테면 죽여라' 하는 각오였습니다."

한 사람의 인생에서 성공담은 날아오르는 듯한 쾌감을 준다. 반면에 정상에서 추락하는 순간들은 안타까움과 회한을 안겨준다. 그럼에도 불구하고 삶은 비상과 평온함, 추락들로 엮일 수밖에 없다. 견뎌내고 이겨내면서 끝까지 완주해야 하는 이유가 바로 여기에 있다. 마치 끝난 것처럼 보였던 인생도 그 사건 때문에 삶의 나이테가 훨씬 깊어지고 인간적인 성숙함을 더할 수 있기 때문이다.

## 2장

•

# 은혜의 강물이 흘러 오늘까지

"젊었을 때는 무서운 것도 모르고,

나 혼자의 힘으로 오로지 나의 공로로 살아왔다고 믿었지만,

이제 와 생각하면 그게 아니었습니다."

신앙을 갖고 살아간다는 것은 무엇을 뜻하는가? 자신과 주변의 모든 것을 다르게 보는 것을 말한다. 하나님을 믿고 살아간다는 것은 인생에서 도약을 가능하게 했던 기회와 만남들, 삶을 굴곡지게 만들었던 위기와 시련들, 이 모든 것들이 하나님의 계획 속에서 이루어졌음을 확신하면서 살아가는 것이다.

이용만은 오랫동안 예수 그리스도를 자신의 구주로 믿고 살아왔다. 총상으로 군 생활을 마무리하고 서울이 수복되어 대전에서 서울로 올라온 해가 1954년이다. 당시 을지로 4가에 있었던 감리교단의 '동광교회'에서 김석홍 담임목사로부터 세례를 받았다. 평양에서 내려온 김 목사님은 친동생처럼 사랑해주셨고 과분할 정도로 위해주셨다. 그곳에는 고향 평강군에서 내려온 친구 김해영의 어머니인 김병인 권사님

이 계셨고, 김우중 전 대우그룹 회장의 어머니 전인항 권사님이 계셨다. 특히 김병인 권사님은 평생 동안 그가 친어머니처럼 모셨던 분이었고 그분의 사랑과 기도 덕분에 타락하지 않고 방황치 않고 젊은 날을 보낼 수 있었다.

혈혈단신으로 내려온 그가 세파에 때 묻지 않고 타락하지 않게 붙들어 맨 곳이 동광교회라는 곳이었다. 그의 젊은 시절은 복음에 빚진 삶이었다. 대학을 다닐 때도 주말이나 주중을 가리지 않고 절반을 교회에서 살다시피 했다. 청년회와 성가대에서 열심히 활동하면서 마음을 다잡을 수 있었고, 그 마음으로 대학을 마칠 수 있었다. 젊은 날의 그에게 교회는 삶의 반석이었다. 그는 인터뷰에서 특히 젊은 날을 이렇게 회상한다. "전쟁의 와중에 어쩌다 혈혈단신으로 떠밀리듯 내려와 젊은 시절 숱하게 많은 날 외로움에 지치고 배움을 갈망했습니다. 많은 사람들이 가족을 잃었지만, 나는 여태까지 가족의 생사조차 알지 못한 채 향수에 몸부림친 날이 한두 번이 아니었습니다." 빈 들에 마른 풀같이 시들어버릴 수도 있었던 그의 영혼을 봄비처럼 채워준 것이 성경 말씀이었고, 교회가 지탱해주었다. "누구든지 목마르거든 내게로 와서 마시라. 나를 믿는 자는 성경에 이름과 같이 그 배에서 생수의 강이 흘러나오리라"(요한복음 7:37∼38)는 말씀처럼 외로움과 마음의 상처들을 교회에서 치유받았다.

동광교회에서 청년회장을 맡은 그는 성가대 반주자를 하던 아내를 만났고 그렇게 해서 가족을 이루게 되었다. 결혼식 주례는 정대위 목사님이 맡아주셨다. 김석홍 목사님이 건국대학교 교목으로 옮겨 가던

서 그도 건국대 근처 모진동에 집을 사고 화양 감리교회에 나가기 시작했다.[455] 그때도 평안남도 용강 출신으로 3·1운동에 참여하신 이효덕 권사 할머니를 만났다. 그분은 평생 독신으로 살면서 예수를 전도하신 분인데, 이용만의 아내를 지극히 사랑해주셨다. 그렇게 그는 교회에서 정말 여러분들의 도움으로 반듯하게 젊은 날의 도전들을 헤쳐갈 수 있었다.


## 고난 속에서 알게 된 하나님의 계획

"어려움 속에서도 하나님의 뜻하신 바가 무엇인지를 생각하게 되었습니다."

1960~1970년대의 공직 생활은 그야말로 전쟁을 치르는 것과 같았다. 밤샘 작업을 1주일에 2~3회나 할 정도로 정신없이 뛰어다녔다. 집안일은 전적으로 아내 몫일 뿐만 아니라 주일에도 예배를 마치자마자 관청으로 출근하기에 바빴다. 때로는 일 때문에 주일을 지킬 수 없는 날들도 있었다.

자연히 믿음 생활을 소홀히 할 수밖에 없었다. 아내가 남덕우 장관이 마련한 식사 장소에서 "주일도 지킬 수 없을 정도로 일만 시키시면 어떻게 하십니까?"라고 항의한 이유가 있다. 누구든지 정상을 향해 힘껏 달음박질칠 때는 주변을 둘러볼 여유도 없고 하나님과 가까워질 시간을 갖기가 힘들다. 그러다가 결정적인 일격을 맞고 어려움에 처하게 되면 그때서야 "아, 이게 내가 열심히 한다고 해서 되는 것이 아니구나"라는 진실을 뼈저리게 체험하게 된다.

신군부가 등장하고 '대통령 처삼촌 면회 거절죄'로 그가 물러나게 되었을 때, 그는 고난을 통해 회개할 기회를 갖게 된다. 그는 고난을 통해 자신이 체득한 것을 한 간증 집회에서 말했다.[456] "하나님은 고난을 통해서 잘못을 고쳐주셨고, 교만한 마음을 고쳐주셨고, 겸손한 자세를 갖추도록 만들어주셨고, 그동안 멀리했던 성경 공부와 기도 모임에 참석하도록 해주셨습니다."[457]

그때 '정신 차려라'고 외치듯이 강한 채찍으로 깨닫게 해주신 하나님의 말씀이 있다. 그 말씀에서 하나님의 뜻과 계획을 확인할 수 있었다. 그는 고난을 통해서 고난과 겸손을 다시 한 번 배우도록 만든 말씀들을 지금도 기억한다.[458] "내가 고난을 받기 전에는 방황했는데 이제는 주님의 말씀을 지키겠습니다."(시편 119:67) "내가 고난을 받는 것이 내게는 잘된 일입니다. 이는 내가 주의 율례를 배우게 되기 때문입니다."(시편 119:71) "나로 교만하지 않게 하시려고 내 육체에 가시, 곧 사탄의 사자를 주셨습니다. 이는 나를 쳐서 교만하지 않게 하시려는 것입니다."(고린도후서 12:7)[459]

그가 영락교회를 다니게 된 데는 장치혁 회장(전 고려합섬 회장)의 권고 때문이다. 중구에 있는 영락교회에서 한경직 목사의 설교로 많은 은혜를 받았다. 예기치 않은 일로 박조준 담임목사가 영락교회를 떠나게 된다. 1985년 6월, 박 목사가 강남구 삼성동에서 갈보리교회를 개척하는데 영락교회 출신의 지성한(한성실업 회장), 정상건(미진 회장), 백성학(영안모자 회장), 이용만을 비롯한 몇몇 사람들이 보금을 해서 교회 건물을 구입했다. 그때 부족한 부분은 그가 빌려서 충당했는데, 갈보리교회의 창립 예배는 이용만의 집에서 이루어졌다. 그러나 이런저런 이유로 교회 개척에 동참했던 사람들 가운데 많은 수가 3~4년 안에 갈보리교회를 떠나게 된다. 이후 그는 이 교회, 저 교회를 다니면서 방황했다.

## 온누리교회, 하용조 목사와의 인연

"어느 교회를 가야 하는가? 이런 고민에 빠질 때가 있지만, 나중에 보면 그분이 인도하셨다는 생각을 하게 됩니다."

이 교회, 저 교회를 다니다가 하루는 온누리교회에 출석했다. 남의 눈에 띄지 않도록 교회 뒤쪽 구석진 자리에서 아내와 함께 예배를 드리고 있었다. "내가 찾아 헤매던 교회는 바로 이곳이다"라고 결심하지만, 선뜻 등록하지 않고 2층 구석에서 예배를 조용히 드리고 나오는 생활을 계속하고 있었다. 하루는 예배를 마치고 나오는 길에 대학 동기로서 장로를 맡고 있던 송영언 장로(전 총무처 국장)에게 발각되고 만다. 그도 총무처에서 일하다가 1980년에 함께 해직된 고위 공직자 출신이었다. 즉시 하용조 목사에게로 안내되었다. "정말 오랜만입니다"라고 환대하는 하용조 목사(전 온누리교회 담임목사)를 알게 된 지는 오래되었다. 총각 시절 성경 공부를 할 때 몇 번 만난 적이 있지만 이후로 뜸했기 때문에 구면이었다. 이용만은 목사는 세상의 여러 직분 가운데서 가장 어려운 직분이라고 생각한다. "똑같은 대상에게 책 한

권으로 평생 한 분의 말씀을 전하고 감동시켜야 되니 얼마나 어려운 직분입니까?" 특히 하용조 목사가 가진 특별한 능력에 대해 "그분은 따뜻한 성품과 친화력으로 모든 교인들이 자기가 제일 사랑받는다고 느끼게끔 배려해주십니다"라고 말한다.

그가 온누리교회에 정착하게 된 데는 성경 중심의 설교가 가슴에 와 닿았기 때문이다.[460] 그리고 새벽부터 나와서 연습을 할 정도로 신실한 성가대의 찬송에서 큰 은혜를 받을 수 있었기 때문이다. 예배에서는 찬송이 참으로 중요하다. 찬송을 통해서 마음의 문이 활짝 열려야만 설교 말씀이 영혼에 쏙쏙 박히기 때문이다.

2010년 11월 23일, 오랫동안 G-20 정상회의를 무사히 마치고 축제 분위기였을 때의 일이다. 국민원로회의에서 당시 이명박 대통령과 대화를 나눌 기회가 있었는데, 그때 이 대통령이 하 목사의 안부를 물었다.

"일본에서 병 때문에 요양하시는데 병약한 몸으로 40일 새벽기도를 하신답니다."

"장로들이 만류해서 무리하시지 않도록 해야 되지 않습니까?"

그래서 차를 타고 광화문으로 나오면서 일본에 전화했다. 그는 그 시간을 정확히 14시로 기억한다. "건강에 유의해야 한다"는 이 대통령의 걱정을 전화로 전하자, 하용조 목사는 "아니야, 기도해야 돼. 나라가 편치 않고 걱정이 많아"라고 답했다. "이분이 온통 전국이 축제 분위기인데도 불구하고 나라의 앞날을 불안해하시며 걱정하셨구나"라는 생각을 했다.

그런데 아니나 다를까. 45분 후에 연평도 포격이 시작되면서 나라가 온통 난리가 났다. 그는 하용조 목사와의 짧은 전화 통화에서도 많은 것을 배웠다. "하 목사님은 병중에서도 불안한 나라를 예견하셨고, 축제 때가 아니고 기도하고 대비할 때라는 점을 알고 계셨습니다. 예수님이 고통 속에서 십자가를 지시고 가시면서도 발끝만 바라보지 아니하시고, 미래에 다가올 심판의 날을 내다보고 계심같이, 국가의 먼 앞날의 일을 내다보시는 예견의 능력이 있으셨습니다."[461]

## 명예장로와 크리스천 CEO 포럼

"크리스천들이 사회의 소금과 빛이 되어야 하는데, 그렇지 못해서 부끄러울 때도 있습니다."

이용만은 오랫동안 장로는 아무나 될 수 없는 것으로 생각해왔다. 그가 장로가 된 것은 2006년 4월의 일이다. 그것도 그냥 '장로'가 아니라 '명예장로'다. 시험을 치르진 않았지만 1년간의 장로사관학교 과정을 거친 다음 온누리교회의 명예장로로 지금까지 활동하고 있다. 앞에서 언급한 바와 같이, 그는 오랫동안 "대통령은 사람이 뜻으로 할수 있는 직분이지만 장로는 그렇지 않다"고 생각해왔을 정도로 장로 직분을 명예롭게 생각했다. 이후에도 하용조 목사는 그를 수시로 불러서 교회 문제, 성도 문제 등 여러 방면으로 경험과 의견을 구하기도했다. 하용조 목사도 그를 좋아했다. 두 사람은 아주 잘 통했고, 무슨 일이든 허물없이 나눌 수 있는 사이가 되었다.[462] "제가 아는 범위 내에서, 할 수 있는 범위 내에서 즐거운 마음으로 환담하여 도와드릴 수 있어서 기뻤습니다."

2007년 1월에는 하용조 목사가 이용만에게 큰 짐을 지워서, '크리스천 CEO 포럼'의 회장직을 맡겨서 3년간 활동한다. 이 포럼은 온누리교회뿐만 아니라 여러 교회 리더들이 자리를 같이하여 친교를 도모하고 주어진 시대적 사명을 염두에 두고 기도하는 크리스천 CEO들의 모임이다.

2007년 2월 23일 CEO 포럼 회장으로 취임하는 인사의 말은 장수 사회에서 우리가 생의 끝자락까지 어떻게 살아야 하는가를 생각하게 해주는 내용을 담고 있다.[463]

"사실 제 나이가 이제는 일선 활동을 정리하고 뒤에서 열심히 봉사하시는 분들을 응원해야 할 입장인데 항상 목사님께서 '나이 먹었다고 못한단 말하지 말라' '기억력 없어 못한다 하지 말라' '능력 없어 못한다 말하지 말라'라고 말씀하셨습니다. 그렇게 놓고 보면 나머지 갈 길은 하라면 하는 것이라는 한길뿐이라 생각되었고, 능력 없으면 '능력의 은사' 구하고, 지혜 없으면 '지혜의 은사' 구하고, 모르면 배우라 하시니, 빠져나갈 곳이 없어서 맡게 되었습니다."[464]

어느 분야의 지도자이건 후계자 선출은 만만치 않은 과제다. 일부 대형 교회들이 후임 담임목사의 선출을 두고 오랫동안 내홍을 겪기도 한다. 이용만은 "그분은 먼 앞을 내다보시는 선지자였습니다. 지금이 온누리교회 담임목사인 이재훈 목사를 미국의 초대 교회에 보내셔서 목회자 훈련 과정을 갖게 하는 등 미리 예비하셨습니다. 실히 '생건에 늘 강조했듯이 말씀 중심의 사도행전적 교회를 꿈꾸며 온누리교회가 흔들림 없이 후임 승계에도 타 교회의 모범이 되고 있음을 지극히 감사하며 자랑스럽게 생각합니다."[465] 이재훈 목사가 제2대 당회장 목사로 취임하여 잃어버린 영혼을 구하는 하나님의 사역을 위해 혼신을 다함으로써 크게 부흥하고 있다.

## 하나님의 은혜로 여기까지

"벌써 저세상 사람이 되었을 수도 있었는데, 격랑의 세월을 뚫고 골이 깊었고 봉우리가 높았던 삶을 헤쳐서 팔순을 넘었습니다."

질주하듯이 뛰어다니던 시절이 저물어가고 삶의 템포가 조금씩 느려지기 시작하는 시점이 되면 사람은 걸어왔던 날들을 되돌아보게 된다.

주마등처럼 스쳐가는 팔십 평생의 굽이굽이마다 그는 하나님의 은혜와 긍휼이 함께하셨음을 고백하지 않을 수 없다. "보통 운이라고 합니다. 운이 참 좋았다고 할 수 있지만, 그게 '운이 좋다'는 말만으로 다 설명할 수는 없습니다."

첫째, 인민군에게 끌려갔다면 100% 죽었을 것이다. 둘째, 전쟁터에서 실탄이 급소를 관통할 수도 있었고 총을 맞고 낭떠러지에 떨어져 사망할 수도 있었다. 셋째, 장도현 전우가 얼굴 정면에 총을 오발했을 때 100% 사고사가 발생할 수밖에 없었다. 넷째, 젊었을 때 혈혈단신의 젊은이는 낙담할 수도 있고 방탕할 수도 있었다. 다섯째, 외로움에 힘들어했을 젊은이를 김석홍 목사님은 한 가족처럼 그를 받아주고 보살펴주었다. 여섯째, 가난한 나라가 원조해주는 나라로 급성장하게 한 경제 성장 정책의 주역으로 일할 수 있는 자리에 가는 일은 손에 꼽을 정도로 확률이 낮았다. 일곱째, 고속 승진 때문에 자칫 교만한 마음을 가질 수도 있었고 낙마할 수도 있었다. 여덟째, 이유야 어쩌하든 관가를 떠나고 나면 그만인데, 차근차근 현장 근무를 시킨 다음에 11년 만에 재무부 장관으로 나라를 위해 봉사하도록 한 일은 쉽게 일어날 수가 없었다. 아홉째, 최근에는 대리석으로 된 계단에 발을 헛디뎌 두세 바퀴를 구르는 사고가 터졌다. 머리나 뼈를 크게 다칠 가능성이 높았으나 그렇지 않았다. 열 번째, 이 나이까지 건강을 주셔서 작은 일이라도 주변에 봉사할 수 있고 젊은 사람들을 도울 수 있게 해주었다.

"이 모든 사건들에서 누가 나를 보호해주었을까? 이 모든 일을 어떤 분이 가능하게 했을까? 답은 하나님 그분이시다"라는 게 그의 믿음이다. 그의 삶을 관찰한 작가로서도 하나님의 은혜와 도우심이 함께해서 목숨을 건질 수 있었고 어려움을 딛고 여기까지 왔다는 생각을 하지 않을 수 없다.

격동과 격랑 그리고 부침의 세월을 살아오면서 삶의 기억들을 '삶의 기록'으로 남겨야겠다는 생각을 처음 한 것은 1992년 무렵이었다. 이후 그는 이런저런 고비들을 넘기면서 반드시 기록을 남겨야겠다는 생각을 했다. 하지만 이를 실천에 옮기지 못한 채 미적미적 끌어온 이유가 "가슴 아픈 부분은 어떻게 기술해야 하는가?" 고민되었기 때문이었다. 모든 사실을 다 털어놓을까? 그렇게 하면 아직도 활동하는 실존 인물들에게 좋지 않을 것이다. 일부만 기록으로 남길까? 그러면 사람들이 전후 사정을 모르기 때문에 무슨 뜻인지 알 수 없을 것이다. 처음부터 덮어두고 후일에 기술할까? 그러면 다른 사람들은 중요한 부분이 왜 빠졌는지 궁금해할 것이다. 결국 그는 지금까지 많은 사람들이 해왔듯이 자서전이나 회고록 대신에 평전을 선택했다. 작가의 판단에 맡겨보기로 한 것이다.

그는 세상 기준으로 운이 참 좋았다는 표현을 쓸 수도 있고, 성경적 관점에서 하나님의 은혜를 많이 받은 사람이라는 표현을 쓸 수도 있다. 고대 법대 교우회 총회의 인사말의 한 대목을 통해 그의 이야기를 직접 들어보자.

"성취한 사람이 쾌재를 부를 때, 실패한 사람은 어두운 삶의 뒤안길에서 좌절의 눈물을 흘리고 있는 것이 삶의 현실이다. 그리 간단치 않은 삶을 살았던 저 자신이 인생의 노년을 맞아 과거를 돌이켜보면서 한 말씀 드리고 싶습니다.

유랑과 좌절로 점철된 내 산산한 기억 속에서 끝내 자랑스럽게 남은 것은 화려한 성공과 출세가 아니었습니다. 분단의 상처나 삶의 질곡을 혈혈단신으로 맞서 넘으며 일구었던 성취의 달콤함보다는 실패의 피곤함을 극복하면서 이룬 불굴의 재기가 훨씬 자랑스럽습니다.

시련과 실패를 인생의 종말로 생각했고 자포자기식으로 삶을 살아가는 적지 않은 동료나 후배를 볼 때마다 이런 말씀을 꼭 드리고 싶습니다.

'실패는 인생이 끝이 아니라 또 다른 시작인 것이며 실패로부터 새 출발 하는 불굴의 재기가 훨씬 자랑스러운 것입니다. 모든 것을 하나님께 맡깁시다.'"

사실 세월이 흐르고 지나온 나날을 되돌아볼 때면 자신의 노력으로 이룬 것이 과연 얼마나 되는지 생각하게 된다. 그래서 이런 고백을 하지 않을 수 없다. "잘 설명할 수는 없지만 내가 모르는 위로부터의 요인, 즉 하나님의 섭리와 은혜로 살아왔습니다. '모든 것이 다 은혜였구나!'라는 것이 삶의 솔직한 고백이 될 때가 많습니다."[466]

# 에필로그

●

# 어려운 순간마다 길이 있었다

"세월이 흐르고 나이를 먹어가면서도
아버지 생각이 날 때면 이따금 목이 메고
눈물이 강물 되어 가슴을 적시며 흐릅니다."

편안하고 아늑하고 넉넉했던 부모 슬하의 삶은 한국전쟁과 함께 산산조각으로 날아가고 말았다. 열일곱의 나이로 혈혈단신으로 월남할 수밖에 없었던 주인공은 1933년생으로 일제 치하, 공산 치하, 해방, 6·25 전쟁, 월남, 산업화의 대장정을 거치면서 공직자로 살아온 사람이다. 글을 쓰면서 내내 아버지 세대들이 걸었던 삶의 궤적을 추적하는 기분으로 글을 썼다. 절박한 심정으로 질주하듯이 내달릴 수밖에 없었던 그 시대를 산 사람들을 대표하는 목소리를 그로부터 들을 수 있었다.

"내가 아무것도 가진 것이 없었잖아! 내가 윗사람을 믿는 구석으로 삼고 살아갈 수밖에 없었잖아! 젊은 날 나를 나아가게 하는 힘이었고 자극이었어요. 일에 매달리는 것 이외에 내가 무엇을 할 수 있었겠소!"

필자는 주인공에 비해 비할 바 없이 편안한 시대에 나서 괜찮은 교육을 받았다. 주인공과의 공감대를 형성할 수 있었던 것은 남도의 작은 항구에서 유년기를 보내면서 가졌던 흑백사진 속의 정경들이다. 일본인들이 남기고 떠난 적산가옥들이 즐비한 고향 땅은 가난했지만 더 나은 가족을 만들기 위해 헌신했던 사람들로 가득 차 있다. 필수품은 늘 부족했고, 물려받은 옷은 늘 컸으며, 미국의 원조 농산물로 만들어진 옥수수빵은 달콤했고, 일제에 비해 모든 제품은 질이 형편없었다. 나라의 살림살이가 빠르게 나아지고 기업들이 생겨나고 교통수단이 놀랍게 달라지는 것을 지켜보면서 성장했다. 그래서 나는 지금도 툴툴거림이란 것을 입에 올리는 법이 없다. 자신을 봐도, 주변을 둘러봐도, 나라를 봐도, 오직 감사, 감사 또 감사할 뿐이다.

나는 이 책이 이 시대를 사는 사람들에게 흘러가버린 시절, 그러나 결코 멀지 않았던 시절을 살았던 우리 앞 세대가 어떻게 힘겹게 오늘을 이루어냈는지를 상기하는 계기가 되기를 바란다. 살림이 넉넉해지게 되면 너나 할 것 없이 과거를 잊어버린다. 내가 누리는 것, 우리가 누리는 것을 너무 당연하게 여기게 된다. 마치 고마움은 장롱 속에다 숨겨두고 온 것처럼 늘 불평과 불만이 가득 차게 된다. 그러나 우리가 누리고 있는 이 안정과 풍요는 그냥 주어진 것이 아니라 황무지 같은 땅에서 하나하나 일구어온 앞 세대의 헌신과 희생의 결과물이다.

이 책에서 집중적으로 조망했던 것은 한 공직자의 삶이다. 날밤을 새면서 산업화의 대장정에서 나라의 정책을 만들고 기관과 제도를 착착 자리 잡게 했던 한 공직자들과 주변 인물들의 활동을 중심으로 살

636

펴보았다. 남덕우 장관과 가까운 거리에서 그 시대를 한껏 내달렸던 그의 경험은 공유할 만한 사료적 가치가 있다.

한편 그의 극적인 삶은 또 어떠한가? 롤러코스터를 타는 것처럼 비상하는 주인공의 삶에서는 박수를 보내고 환희를 느꼈다. 반대로 추락하듯이 바닥으로 주저앉는 주인공의 고난에는 안타까움이 함께했다. 젊은 날의 필자는 모든 것을 흑과 백, 시장과 정부, 나와 타인, 정의와 부정의, 선행과 악행으로 또렷하게 구분했던 것 같다. 세월이 흐르고 이 경계선의 많은 부분들이 허물어지고 흐릿해짐을 느낀다. 한 사람이 인생에 순백처럼 흠결이 단 하나도 없으면 얼마나 좋겠는가! 그러나 우리는 하나님이 아니다. 우리가 인간이기에 더러는 실수도, 실패도 한다. 나는 주인공이 걸어온 삶의 모든 영광과 고난의 흔적들을 담아내면서 이런 삶의 행적들이 과거의 기록으로만 남기를 원하지 않는다. 이 땅에서의 삶은 늘 반복되고 있기 때문이다.

달랑 몸 하나를 갖고 내던져지다시피 한 이남에서 한 청년을 일으켜 세운 것은 무엇인가? "내가 교육을 통해서 이 땅에서 일어서고야 말겠다"는 당찬 결의와 기백과 열망이었다. 자신이 처한 현재의 모습을 어느 누구보다도 정확하게 직시하고 "언제나 내 배경은 상사"라는 일념으로 부단하게 갈고닦으면서 자신의 임무를 철저하게 수행해 가는 모습에서 누구든 느끼는 바가 많았을 것이다. 삶에 대한 치열함, 부지런함, 성실함 그리고 진실함, 내가 마땅히 잘해야 하는 일을 아주 잘하기 위해 최선을 다해 살아내는 주인공의 태도다.

그에게 주어진 기회는 또 어떤가? 마치 모든 것들이 예비되어 있었던 것처럼 굽이굽이마다 인생의 문이 하나하나 열리는 것을 보는 것도 놀라움이었다. "하나님의 은혜로 여기까지 오게 되었습니다"라는 주인공의 고백이 나오지 않을 수 없는 이유다.

요즘 다들 힘들다고 한다. 그러나 시대를 현재로부터 과거까지 길게 확장하면 우리의 어려움을 상대화해서 바라볼 수 있는 능력과 힘을 가질 수 있다. 주인공의 삶에서 우리는 시대를 넘어서는 삶의 지혜에 대해 생각해보게 된다. 자본주의는 본래 보이는 것에 주목하도록 만드는 속성이 있다. 하지만 우리가 진정으로 주목해야 할 것은 눈에 보이는 것 너머에 있다. "정신이 살아 있으면 무엇이든 해낼 수 있다"는 메시지가 그의 인생 전편에 흐른다. 이 시대는 "이것이 부족하고 저것이 부족하다"는 목소리가 높다. 또한 누군가 "이것을 도외주어야 하고 저것을 해주어야 한다"는 목소리도 높다. 이 모든 것들도 나름 의미가 있지만 삶을 일으켜 세우는 근본 진리는 간과하지 않도록 해야 한다. 그 어떤 것도 "내가 내 삶을 반석 위에 일으켜 세우고야 말겠다"는 굳은 결의를 대체할 수 없다는 사실 말이다. 스스로 자신을 일으켜 세운 주인공의 삶에서 내가 갖는 단상은 명료하다. "사람이든, 조직이든 나라든 정신이 살아 있어야 일어설 수 있다. 정신이 무너지면 물질을 비롯한 모든 것이 사라지고 만다."

어떤 인물의 평전을 쓰는 일은 다른 주제의 책을 쓰는 것과 크게 다르다. 그 인물의 삶과 그가 살아냈던 그 시대와 상황을 사랑하지 않으면 기대하는 책이 나오기는 쉽지 않다. 집필 기간 내내 자신과 가족을 구하고 나라를 일으켜 세우기 위해 힘껏 질주하듯이 달렸던 주인공의 삶과 역동적인 시대에 흠뻑 빠졌다. 보기 드물 정도의 폭염이 계속되던 여름날, 여름이 앞으로 가는지, 뒤로 가는지 모를 정도로 몰입하면서 원고를 썼다. 한 사람의 인생에는 거대한 도서관이 들어 있다는 말처럼 한국의 현대사와 경제 성장사를 한 공직자의 삶에서 조명해본 것은 필자로서는 큰 행운이었다. 앞 세대가 남긴 삶의 기록들을 추수할 수 있는 바로 그 시점에 활동할 수 있게 된 점, 그것을 담을 수 있는 그릇이 필자에게 준비되어 있음에 깊이 감사드린다.

이 책에서 많은 분들이 용기와 지혜를 얻기를 바란다. 그래도 이 시대에 이 나라에 태어나서 사는 것은 복 받은 인생이다. 내 자신에게, 그리고 독자들에게 당부의 말로 책을 마무리 짓는다. "우리가 처한 환경이나 상황이 어떠하든 우리의 삶은 계속되어야 한다. 우리에게 삶은 더 높은 곳을 향한, 더 훌륭함을 향한 전진이자 정진이어야 한다."

이 책 주인공의 삶이 우리에게 하나의 훌륭한 사례를 제공할 것이다.

화보

달랑 몸 하나를 갖고 급하게 이남으로 넘어온 사람에게
고향 산천과 어린 시절의 사진이 남아 있을 리가 없다.
그래도 고향과 넉넉했던 그 시절은 기억 속에 또렷이 남아 있다.

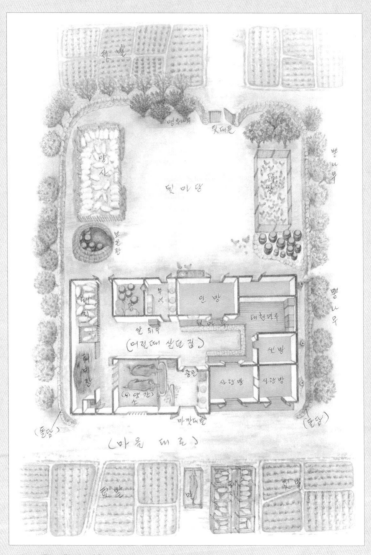

두고 온 고향집, 강원도 평강군 복계리 450번지

가리산 전투에서 생명을 구해준 김창조 소대장(1951년 5월)

반듯하게 살아가도록 노와준 친구 김해영의 이미니, 김병인 권사

한국전쟁 참전과 춘천 가리산 전투에서 총상,
그리고 명예제대라는 불확실함 속에서도
그는 더 나은 날을 향해 전진하기를 멈추지 않았다.
어려움 속에서도 그에겐 패기와 집념이 있었다.

총상 이후 치료를 받았던
부산제15육군병원 퇴원 전의
모습, 대한민국으로 내려와 찍은
최초의 사진(1951년 7월 1일)

이용만을 아껴주었던 박복선 하사(좌),
김 중사와 함께 부산제15육군병원에서
퇴원하기 전에(1951년 7월 1일)

총상 이후 제대 복귀 후, 중부 전선 양구에서(1951년 10월)

철원 지포에서
전우들과 함께(1952년)

중부전선에서 정 중사와 함께(1952년)

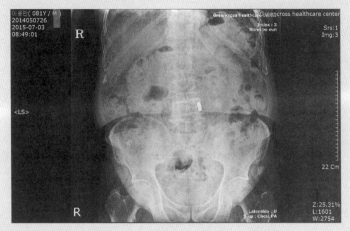

척추 좌측에 박힌 채로 평생을 함께 하고 있는 인민군 총알

이용만이 남긴
총상 관련 통증에 대한
병상 일지
(1993년 11월~1995년 7월 4일)

제0112호

# 명예제대증서

계 급 下 士
병 과 步兵
군 번 0180826
복무변한
자 단기4283년12월30일
지 단기4286년9월14일
성 명 李龍万
1년 9개월간

단기4266년 2월 24일생

위의 사람은 대한민국병역법에 의한 육군현역군인 으로서 군무수행중
명예의 부상으로 인하여 현역으로부터 제대함과 동시에 ㅇㅇ역에 편입함
이는 국민에 최고의 명예임을 가하여 자에 증서를 수여함

단기4286년 4월 10일

육군총참모장
육군大將 白 善 燁

제0112호

# 명예제대증
육군본부

심득

1. 본증명서는 타인에게 대부 또는 양도 함을
   불허 함.

2. 본증명서 분실시는 즉시 ㅇㅇㅇ에게 사유를
   보고 할사.

# 명예제대증
소 속 5375부대
군 번 5180826제급
성 명 李
단기 년 월 일생

상기자는 대한민국병역법에 의한 육군
현역군인으로서 군무수행 명예의 부상
으로 인하여 현역으로부터 제대
을 증명함

단기4286년 4월 10일
육군총참모장
육군 白 善 燁

백선엽 육군대장 이름의 명예제대증서와 명예제대증(1953년)

1950년대, 너나 할 것 없이 다들 어려웠던 시절이었다.
밑바닥에서 시작된 젊은 날이었지만 희망과 낙관을 갖고
벽돌을 쌓듯이 하나하나 삶의 토대를 만들어나갔다.
여명이 밝아오는 것처럼 하나하나 어둠이 가셨다.

등굣길의 어느 날 아침,
연지동 체신료 현관에서
(1957년 봄)

연탄창고 1.25평을 개조한
독방, 종로구 연지동 1번지
체신료(1957년 여름)

고려대학교 졸업장을 들고 덕수궁에서(1959년)

고려대학교 교정에서 정병순, 김흥현과 함께(1957년 여름)

친하게 지냈던 친구, 신익현(좌), 한성숙(우)

친구 김해영 육군훈련소 면회, 동생 김기영(우)

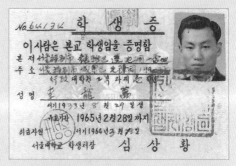

고려대학교(1958~1959년)와
서울대학교 대학원(1965년) 학생증

평강고급중학교 김상권 역사 선생님과 함께 덕수궁에서

김화고급중학교 동창인 윤강혁, 김정원과 함께

다른 사람이 소유한 지프차가 부러워서 차를 배경 삼아, 뚝섬유원지에서(1955년)

1960년대와 1970년대, 재정금융정책을 맡은 공직자로
나라가 가난을 벗고 일어서는 데 힘을 보탰다.
남덕우, 김용환 두 장관을 모시고 여한 없이 뛰던 시절이었다.

이재1과장 시절 수출확대회의를
마친 다음 박정희 대통령의 실무자
격려(1970년)

재무부 이재국 이재과장 시절(1969년)

남덕우 장관을
모시고 지방산업
시찰 중인 재무부
재정차관보 시절.
우측은 전 율산그룹
창업자 신선호
(1978년 4월 28일 ~
4월 30일)

정부 부처 대항 사격대회에서. 1974년 최하위에서
1975년 우승을 거둠(1978년 6월 21일)

김용환 장관을 모시고 차관 및 차관보 회의, 고병우 실장(좌), 조충훈 차관(우)(1978년)

1978년 송년회에서(재무부 1급 이상 간부들). 왼쪽부터 고병우 기획관리실장,
조충훈 재무부차관, 김용환 재무부장관, 배도 세정차관보, 황하주 국세심판소장,
이용만 재정차관보

재우회 신년교례회. 남덕우 전 국무총리, 김만제 전 경제부총리(1983년)

공직 재직 중의 공무원증 및 정부청사 출입증

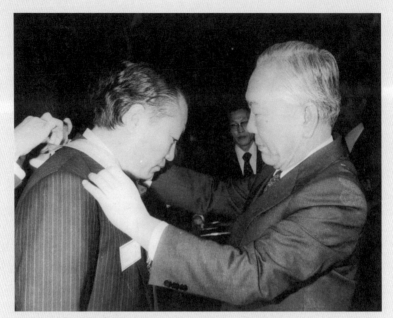

기획관리실장 시절, 홍조근정훈장을 수여하는 신현확 총리(1979년)

이한빈 부총리와 함께 창원공장 시찰(1980년 2월)

남덕우 전 국무총리 모시고 송년의 밤 행사

중앙투자금융(신년교례회) 김만제 장관 내방(1985년 1월 8일)

1980년대, 뜻하지 않은 일로 공직을 떠났지만
그것이 다른 기회를 줄지 누가 알겠는가!
그는 '지금' 그리고 자신이 서 있는 바로 '그 자리'에서
늘 사심을 버리고 조직을 위해 힘껏 내달렸다.

중앙투자금융 사장 취임식(1982년 2월)

신한은행 설립자 이희건 회장, 신한은행장 시절

신한은행 설립자 이희건 회장, 신한종합연구소 이승재 소장, 라응찬 전무와 함께

외환은행장으로 죤 리드 시티뱅크 회장을 골프에 초청, 정영의 산업은행 총재(좌),
신병현 은행연합회 회장(우)

신한은행 체육대회 800미터 경주, 행장 우승(1986년 5월 16일)

감사가 행장에게 월계관을 씌워줌

외환은행장 시절 룩셈부르크 국무총리에게 올림픽 기념품 선물(1989년 7월)

외환은행 민영화 원년 창립 23주년 기념파티에서 정주영 회장,
김정렴 대통령비서실장과 함께(1990년 1월 23일)

중앙투자금융 사장 시절 김만제 장관과 함께(1985년 1월 8일)

한국은행 창립 제40주년 기념식에서 장덕진 장관과 함께(1990년 6월 12일)

은행감독원장 재직 시절, 눈 쌓인 북한산에서 출입 기자단과 함께(1991년 3월 10일)

강원도민회 모임에서 정주영 회장과 함께

1990년, 마침내 친정인 재무부로 복귀할 수 있는 기회가 주어졌다.
거의 불가능한 일이 일어나는데, 세상 일이 어디 내 마음대로 되던가!
그래서 그는 "내가 한 일이 아니라 그 분이 하신 일"이라고 믿는다.

1980년 공직에서 도중 하차 후 11년 만에 재무부장관으로 복귀(1991년 5월)

코리안 소사이티의 노태우 대통령 초청 만찬(1992년, 뉴욕)

노태우 대통령 연두 기자회견(1993년)

부시 미국 대통령 백악관 초청(1992년 9월 20일)

방한 중인 대처 전 영국 수상과 남편 데니스 경과의 오찬(1992년 9월 3일)

방한 중인 마가렛 대처 전 영국 수상과의 오찬을 마치고(1992년 9월 3일)

IMF 연차총회에서 연설(1991년 10월 16일, 태국)

IMF 연차총회에서 연설(1992년 9월, 워싱턴)

IMF총회에서 한국쿼터 0.59%에서 1%로 합의(1991년, 방콕)

한중경제각료회담에서 대만 총통 이등휘의 환대(1992년 7월 28일~8월 3일)

제47차 IMF총회에서 일본 하다 대장대신과 실무자 상호 교류 회담(1992년, 워싱턴)

일본 하다 대장대신 초청만찬, 동경(1992년, 도쿄)

(뒤쪽 좌) 사공일, 김만제, 이승윤, 서봉균, 박희현, 김정렴, 이용만, 김용환, 김원기, 이규성
(앞쪽 좌) 홍승희, 이정환, 송인상, 박두진, 천병기, 남덕우

재무부 전현직 축구 시합, 서초동 서울시 공무원교육원(1992년 10월)

되돌아보면 인생의 굽이굽이마다 도움의 손길을
내밀어준 사람들과 하나님의 은혜가 있어 여기까지 오게 되었다.
지금도 그는 세상과 이웃에 도움이 되는 삶을 살기 위해
노력하고 있다.

IMF 연차총회에서 아내와 함께(1991년, 태국)

어린 시절의 5남매

이용만 장관 내외와 아들 이헌석, 며느리 민유경, 손자 이정빈, 이우빈

제47차 IMF총회에서 연설 직전 대기석에서(1992년, 워싱턴)

IMF 연차총회의 만찬장에서 아내와 함께(1992년 9월, 워싱턴)

ADB총회, 홍콩에서(1992년 5월)

의논하고 의지하면서 살아온 김명하 교우와 강신호 동아제약 회장의 미수연에서

한 가족처럼 지내온 교우 김용욱 내외와 함께 한 미주 여행(2013년)

모범적인 금융인이자 존경하는 대학 동기 이두정 형과 함께(2016년 10월)

결혼 주례를 서주신 정대위 한신대 총장님 가족의 신한은행장실 내방
(1996년 7월 24일)

2015.11.20

한국의 안보와 번영, 목숨을 구해준 사람들에게 감사함을 담은 미 8군 추수감사절
초청 만찬(2015년 11월 20일)

추수감사절 초청 만찬에서 샴포 미 8군 사령관, 윤진식 전 장관, 윤증현 전 장관,
윤세영 SBS미디어그룹 회장, 박관용 전 국회의장, 김명하 회장, 이해구 전 장관과 함께

80회 생일을 축하해준 온누리 교회 목사, 장로,
그리고 이재훈 담임목사

국민원로위원 회의를 마치고 이명박 대통령과 함께(2009년)

남덕우 전 국무총리 내외분을 모시고(2012년 9월 11일)

백리향에서 오찬을 마치고 김용환 장관 내외분과 함께(2015년 6월 22일)

캐나다 로키산맥의 장관 앞에서 (2012년)

하용조 목사님과 함께 크리스천 CEO 포럼 수련회에서

연보

**이용만 연보**

- **출생**

  1933년 8월 29일        강원도 평강군 출생

- **학력**

  1941년 3월 ~ 1947년 2월     평강소학교(초등학교) 졸업

  1947년 3월 ~ 1950년 2월     평강고급중학교 재학

  1950년 3월 ~ 1950년 9월     김화고급중학교(고교 2년) 중퇴

  1955년 4월 ~ 1959년 3월     고려대학교 법과대학 행정학과 졸업(학사)

  1964년 3월 ~ 1966년 2월     서울대학교 행정대학원 졸업(행정학 석사)

  1976년 6월 ~ 1976년 7월     미국 코넬대학교 Executive Development
                              Program 과정 수료

- **경력**

  1962년 6월 ~ 1966년 7월     내각수반 기획통제관실(계획관)

  1966년 7월 ~ 1967년 7월     대통령 비서실(행정서기관)

  1967년 7월 ~ 1969년 8월     재무부 이재국 이재2과장

  1969년 8월 ~ 1971년 9월     재무부 이재국 이재1과장(금융정책과)

  1971년 9월 ~ 1975년 2월     재무부 이재국장

| 1975년 2월 ～ 1977년 9월 | 재무부 기획관리실장 |
|---|---|
| 1977년 9월 ～ 1980년 5월 | 재무부 재정차관보 |
| 1980년 5월 ～ 1980년 7월 | 경제과학심의회의 상임위원(차관) |
| 1982년 2월 ～ 1985년 2월 | 중앙투자금융주식회사 대표이사 |
| 1985년 2월 ～ 1988년 2월 | 신한은행장 |
| 1988년 2월 ～ 1990년 3월 | 외환은행장 |
| 1990년 3월 ～ 1991년 5월 | 은행감독원장 |
| 1991년 5월 ～ 1993년 2월 | 재무부 장관 |
| 1997년 3월 ～ 1997년 11월 | 신한종합연구소 회장 |
| 2009년 3월 ～ 2013년 12월 | 대통령 자문 국민원로회의 위원 |
| 2009년 8월 ～ 2016년 9월 | (주)무궁화신탁 회장 및 이사장 |

- **군복무**

| 1950년 12월 30일 ～ 1951년 9월 14일 | 육군하사 명예제대(1년 9개월) / 군번 0180826 |
|---|---|

- **내각수반 기획통제관실(계획관)(1962.6~1966.7)**

1. 내각수반(지금의 국무총리) 소속 기획통제실에서 경제개발 5개년계획의 심사분석담당계획관으로 시작하다

2. 기획통제관실(통제관 김정무 장관)은 매분기마다 각 부처의 경제개발 5개년계획의 추진 상황 확인과 문제점 그리고 개선 방안을 건의하는 순으로 정리하여 국가재건최고회의(의장 박정희)에서 보고하는 것이 주된 업무였다(체신부, 재무부 담당). 김현철 내각수반 표창을 받았으며, 1966년 4월 서기관으로 승진하다

- **대통령 비서실(행정서기관) 파견(1966.7~1967.7)**

1. 대통령 비서실 서봉균 정무수석비서관실에서 경제개발 5개년계획사업의 종합정리요원으로 과장급(행정서기관) 1명의 차출 요청에 따라 1966년 7월부터 청와대에 파견 근무하다

2. 상황실에는 모든 5개년계획사업이 벽면 전체에 프로젝트별로 게시되고 사업의 진도와 문제점 등이 명기되어 있었으며 월 1회 각 비서관이 소관 상황의 진도 보고가 진행되다

3. 항상 최근 수치로 정리하였으며 프로젝트별 별도 자료를 관리하면서 거의 매일 박정희 대통령이 수시로 갖는 의문을 설명해드리다. 박 대통령의 최대 관심사는 오직 경제개발계획 추진뿐임을 느끼다

4. 대통령 주재 주요경제관련회의에 참석하여 회의 결과를 '대통령 지시 각서'로 만들어 관계부처에 시달하여 정책에 반영하다

- **재무부 이재국 이재2과장(저축과 또는 은행과)(1967.7~1969.8)**

1. 경제개발계획 수행에 절대적으로 부족한 내자 동원에 총력을 기울이다

- 저축 증대에 대한 법률을 제정(1970.2.1.)하여 세제상 우대, 국민저축조합조직, 전국 규모의 저축추진중앙위원회 설립 활동 등 광범위하고 활발한 저축 증강 정책의 한 축을 맡음. 저축 증대를 위해 혼신의 힘을 다하다

- 박정희 대통령은 직접 전 금융기관의 임직원이 모인 '저축확대회의'에 참석하여 저축 증대의 중요성을 강조, 포상하고 격려하다

2. 지방은행제도를 새로이 마련하여 지방기업의 금융 편의와 저축 증대에 기

여하다(1967.10.12. '부산지방은행' 설립을 시작으로 각 도에 지방 은행 설립)

3. 시중은행의 민영화를 추진하다

– 조흥, 상업, 제일, 한일, 서울 등 5개 시중은행은 정부가 대주주였으므로 단계적으로 민영화를 추진키로 하여 제1차로 재무 구조가 건실한 상업 은행부터 민영화하다(1970.12.24.)

4. 신탁 업무를 활성화하다. 수익자 보호를 위한 신탁업법을 개정·보완하였으며, 신탁 업무의 활성화를 위하여 다양한 신탁 상품을 개발하다

– 1970.10.29. 공익신탁제도 실시

– 먼저 5개 시중은행이 취급하고 있는 신탁 업무를 통합하여 1968년 12월 신탁전문은행 설립

– 신탁은행 설립 후에 모집된 막대한 자금을 국가 기간산업과 서비스 산업에 투자키로 하고, 1차로 1969년 3월부터 1969년 9월 18일까지 412억 원의 신탁 자금을 투입하여 '남산1호터널'을 건설하고 다음으로 '울산–언양' 간 고속도로 건설에 투자하여 완공 운영(후에 서울시와 건설부에 각각 이관)

※ 이용만: "남산1호터널은 '방공호용으로 건설하라는 박정희 대통령의 지시에 의해 건설된 것'이라는 서울시 전직 모 국장의 발언은 전혀 사실을 모르는 발언이다."

5. 은행의 부동산 감정 업무를 일원화하다. 은행 대출은 거의가 담보 위주였으며, 담보의 대부분이 부동산이었다. 각 은행마다 감정 기준이 다르고 부실 감정 문제가 빈번히 지적됨에 따라 감정 전문 기관으로서의 '한국감정원'을 설립하다(후에 건설부에 이관)

6. 부실기업 정비에 시동을 걸다(1969.1.14). 박정희 대통령은 재무부 초도 순시에서 내자 동원 체제의 강화와 자본시장 육성 그리고 부실기업 정비 방안을 작성, 보고하라는 지시가 있었다. 이것은 일부 외자 도입 업체의 부실화가 문제의 시초였으며, 첫 단계로 청와대의 외자관리수석비서관이 강력한 부실 외자 도입 업체의 정비 작업을 추진하여 완료하다

• **재무부 이재국 이재1과장(1969.8~1971.9)**

1. 님덕후 상관이 부임하여 금융 정책의 판을 저음부터 새로 짜다

- 금융기관 인사에 외부 개입을 절대 불허. 실제 사례로 박정희 대통령이 "OO행장 유임시켜주지"라고 했을 때도 "인사 원칙상 안 됩니다"라고 함
- 은행장과 은행 보호에 철저. 국제금융기구에서 우리나라 은행을 보는 시각에서 '은행 신용'에 미치는 영향을 우려해서였음
- 추진하고자 하는 정책은 간혹 반대 의견이 있어도 반드시 설득, 관철. 예를 들어, 법률 제정이나 개정 또한 100% 적기에 통과(총 104건, 연평균 20개 법안)
2. '성장과 안정'의 경제정책 방향에 따라 성장과 인플레이션을 감안한 재정 안정 계획이 수립되어 집행되다. 왕성한 통화 수요를 조정하여 통화 긴축 정책을 과감하게 실시하다
3. 금융 업무 쇄신 8원칙을 시달하다(1970.2.15.)
- 대출 업무 개선, 금융의 자율성 보장, 상업어음 할인 촉진, 대출 심사 혁신, 대출 자금의 사후관리 강화, 대출 자금의 회전율 증가, 신용과 금융 규율 존중, 은행의 평가 기준은 수익성과 자금 운영의 건전도에 두었음
- 수익성 및 자금 운영 건전도 기준 등 8개 항목별로 구체적인 개선 방향 제시
4. 통화 규제 방식부터 '본원통화' 규제 방식에서 '국내 총자산' 규제 방식으로 전환토록 IMF 대표단과 협의하여 전환하다
5. 은행 대출에 대한 외압을 엄단하다. 청탁 내용을 청와대에 보고하다
6. 담보 위주의 대출 관행에서 기업의 신용 평가에 중점을 두도록 신용보증기금을 설립하다(1976.6.1.)
7. 은행에 5,000만 원 이상 손실을 입힌 기업은 반사회적 기업으로 정하고, 금융 중단과 세무조사, 형사책임 추궁 등 강력한 제재 조치를 단행하다 (81개 업체, 73명, 5년간 금융 지원 중단)
8. 연체대출금을 조속 회수 운영토록 연체대출정리촉진법을 제정하다

- **이재국장(1971.9~1975.2)**
1. 통화가치안정을 위한 통화신용정책을 실시하다
- 1969년 하반기부터 금융긴축을 강화하는 재정안정계획을 수립하여 성장 위주에서 안정 우선으로 선회

- 통화량, 국내 여신, 화폐발행고를 규제하여 과열 투자를 막고 성장에 필요한 통화는 공급하는 탄력적 금융 정책 추진

- 기업의 경제력 확보를 위한 금리 정책 추진

- 비은행권 운영 체제 정립

2. 금융 정책의 수립과 집행 외에도 부실채권 정리에 많은 시간을 투자하다. 부실채권은 경제개발 5개년 계획사업 추진의 부산물 가운데 하나로 국내외 시장 상황에 대한 검토 없이 무모한 시설 확충은 기업 부실을 초래하고 은행 부담으로 귀결되다

- 첫째, 기업합리화위원회 정식 발족(1972.1.1.). 1969년도 1차 부실기업 정리가 난관을 겪으며 끝난 지 2년도 못 되어 다시 부실기업 문제가 대두

※ 이용만: "기본 방향은 '기업이 국제 경쟁력이 있는 기업인가?'에서 자금만이 문제라면 가장 쉬운 해결 방법이며, 노사 문제, 품질, 가격 등으로 경쟁력이 없을 때는 정리가 불가피한 것으로 원칙을 정하였다."

- 둘째, 불건전 채권 발생에 대한 금융 기관의 임직원 책임을 추궁하라는 박정희 대통령의 특별 지시(1972.7.15.). 남덕우 장관과 김성환 한은 총재는 장시간 회의 끝에 한국은행을 포함한 전 금융 기관의 임원 50% 면직이라는 강력한 인사 조치를 단행하고 금융 질서 확립 지침을 마련

3. 수출 최우선순위에 총력을 기울이다. 1962.2.15. 제정된 금융 부문 자금 운용 규정에서 제1순위가 외화 획득 산업으로 제정된 이래 수출과 관련된 자금 지원은 최상위였다

- 국내 여신에서 수출 금융이 차지하는 비중은 1970년 6.3%였지만, 1974년 8월에는 12.9%가 될 정도로 수출 지원 정책의 폭과 종류가 다양해짐. 특히 단기 수출 금융은 같은 기간 동안 484억 원에서 2,547억 원으로 5배 이상 증가

- 한정된 여신 한도 내에서 기업 금융이나 가계 금융은 위축되고 인플레이션을 감안한 통화 정책 수행에 어려움을 겪음

- 1970년, 수출 산업 기반 구축을 위한 외화 대출, 시설 기자재 수입 지원, 수출 특화 산업 자금 지원

- 1971년, 단기 수출 금융의 융자 기간 연장(90일→180일까지로). 국산 원자재 확보 지원

- 1972년, 수출 금융에 수입 금융, 신수출 금융 국산 원사재 금융을 통합

하고 융자 비율 인상(295원→350원). 수출업자신용보증법 제정. 장기 저리로 100억 달러 달성을 위한 기반 구축 자금 지원

- 1973년, 수출 산업 설비를 위한 중장기 수출 지원 제도 마련. 내수 원자재 확보를 위한 특별비축금융제 실시(1,600억 원)

- 1974년, 수출 금융에 대한 적격심사 간소화, 수출 부진 품목의 융자 기간 연장, 생사 수출 부진에 특별 금융 지원, 수출 산업 설비 금융 추가 지원, 섬유업체에 긴급 재고 금융 지원

※ 이용만: "'수출' 용어만 있으면 우선 취급하였다."

4.  각종 특별 자금 지원 제도를 마련하다

- 첫째, 중소기업특별자금지원제. 일반 은행의 대출 자금 중 30%를 중소기업에 지원하고 이와 더불어 중소기업특별금융제를 마련

- 둘째, 기계공업육성자금(장기 저리로 지원하고 이자 차액은 정부가 지원)

- 셋째, 산업합리화자금지원(8·3조치와 함께 실시)

- 넷째, 농업금융지원 확대(농협에 6% 특별 지원), 서민 주택 자금 지원

※ 이용만: "각종 정책 자금 지원으로 금융 자금의 산업 자금화(재정 자금이 감당해야 할 부분을 금융 자금으로 충당)함으로써 가계 금융이 위축되어 보완책을 마련하기 위해 노력하였다. 은행의 희생으로 기업이 성장하였음을 말한다. 1978년 IBRD보고서에 따르면 '금융기관의 가용 대출재원의 약 70%가 정책 금융으로 운용되고 있으며, 총 정책 금융의 50%가 수출 금융으로 운용되고 있다'고 지적하면서 수출국은 수출 측의 장점이 있는 반면에 기업은 열악한 요소 개선에 더 노력해야 한다고 지적하였다."

5.  비은행 금융권을 정비하다

- 1970년 초부터 번창하는 사채 자금을 양성화하여 산업 자금으로 활용하기 위한 방안을 추진하여 1972년 8월 2일 입법화. 사채시장 정비 과정의 어려움을 극복함으로써 제2금융권 시장의 비약적인 신장의 문이 열림

- 첫째, 상호신용금고의 육성, 유사서민금융의 제도금융화(1973.7.8.). 당초 영업 인가 350개 금고(1973.3.5.)를 단계적으로 정비

- 둘째, 단기금융시장 개방. 단기금융업법 제정(1972.8.17.). 서울에 7개사 설립, 지방에 7개사 설립. 기업의 일시적인 단기 여유 자금을 일시적으로 자금 부족한 기업에 활용토록 중개 기능 확보

- 셋째, 신용협동조합법(1972.8.17.). 신협, 새마을금고, 농협의 상호금융 업무에 대한 법적 토대 마련

- 넷째, 시설 대여 육성의 기반 구축. 시설대여법 제정(1973.12.31.). 이 제도는 후에 캐피털 제도로 전환

6. 기업공개촉진법 제정(1972.12.). 기업이 직접 금융에서 간접 금융으로 전환하도록 기업 공개를 적극적으로 유도(110개 기업 대상)

7. 거래 기업의 신용평가 제도 개선(1972.9.20.). 평가표를 마련하여 대출 기준을 삼도록 시달. 20개 항목, 100점 만점의 평가 항목을 제정하여 실시하다

8. 선별 금융 강화 융자 준칙을 제정. 불요불급한 대출을 금지하다

9. 주택금융 확대(1974.1.18.), 주택금고 설립(1967.3.30.), 금고에서 은행으로 전환하다(1969.1.)

10. 중화학공업 개발을 위한 국민투자기금 제도를 마련하다.

- 중화학공업화에 필요한 자금 공급을 위해 금융기관의 저축성 예금 증가 분의 15~20%를 국민투자기금채권을 매입토록 하고, 이를 저리로 중화학공업에 집중 지원하여 정부 예산으로 이자 차액을 보전(채권 금리는 정기예금 이자 15%, 대출 금리 9%, 6%는 정부 지원). 인플레를 유발하지 않는 재원 조달 방법

- 1974년 첫해 100억 원, 1974~1991년에 8조 6,000억 원 조성하여 지원. 철강, 정유, 석유화학, 비료, 진력, 고속도로 연장 등에 사용

- 산업 구조가 경공업 중심에서 중화학공업 중심으로 전환하는 성과를 거둠. 1974년부터 집중 지원한 결과 국방력도 북한에 앞서고, 중화학 공업이 수출의 주종을 이루게 되었으며, 각종 경제 위기 극복에 첨병 역할을 담당함으로써 한국 경제성장의 견인차가 됨

11. 금융여신과 기업소유집중대책을 실시하다(5·29조치). 일부 기업인들이 과도한 금융 여신으로 기업을 신설한 이후 기업 공개를 기피하는 현상을 방지하기 위해 금융 여신과 기업 소유의 집중에 대한 개선책을 마련하여 기업 공개를 유도하다

**재무부 기획관리실장(1975.2~1977.9)**

1. 재정·금융·외환·세제·관세 등 각종 재정 금융정책과 주요업무계획의 종합 및 구성

2. 재무부의 예산 편성과 집행 및 조정

3. 재정금융정책 관련 대국회 입법 활동 지원

4. 재무부 소속 외청의 주요 업무 총괄

5. 조직 및 정원 관리와 행정 쇄신

6. 법령의 제정·개정안 심의

7. 경제 장·차관 회의 안건 사전 검토 보고

8. 각종 소송 사건, 행정 심판 업무 등 22개 업무

※ 평가

"기획관리실장 자리는 선망의 대상이기도 하지만 화려한 직책만으로 간주하기에는 무리가 있다. 그만큼 말도 많고 탈도 많으면 역할 또한 복잡하고 어렵다는 얘기다. 따라서 어떤 성격의 소유자가 실장직을 맡느냐에 의해 기획관리실장의 위상이 바뀐다.

재무부 경제기획원 재정경제원 재경부를 통틀어 역대 기획관리실장 중 가장 인상적인 기억을 남긴 사람은 이용만 현 자민련 경제대책위원장을 꼽는 데 이의를 제기하는 사람은 별로 없다. 이 씨는 김용환 현 자민련 부총재가 재무부 장관을 지내던 1975년 당시 기획관리실장을 맡으면서 특유의 친화력을 바탕으로 굳은 일을 도맡아 처리, 내외의 신망이 두터웠다. 여야 가릴 것 없이 국회의원 모두가 '형님' '동생'이었고, 초상이 나면 직위를 가리지 않고 발 벗고 나서서 도와줄 정도로 직원들에게 '대형'이었다.

논리적이고 차분한 성격인 김 전 장관은 정치권과의 관계나 언론계에 대한 로비가 필요할 때면 으레 이 씨를 활용했다. 자연히 기획관리실장은 1급 중 가장 중요한 자리가 됐으며 이 씨는 나중에 재무부 장관까지 오르게 된다."

—출처: 반병희(동아일보 경제부 기자), "부처 안살림 도맡은 직업공무원의 꽃 행정부의 '실세', 기획관리실장", 《신동아》, 1998년 12월. 240~261쪽

- ### 재무부 재정차관보(1977.9~1980.5)

1. 국가의 경제 정책 운용 방향 결정에 참여

2. 행정 각 부처 간의 중요 경제정책 조율(대통령 비서실과 협조)

3. 재정금융정책의 방향과 금융·증권·보험 관련 법안의 재정·개정 검토

4. 변화하는 국내와 정치, 경제 동향을 검토. 상응한 정책의 구상과 아이디어를 구체화하여 장·차관을 보좌

- ### 경제과학심의위원회 상임위원(차관)(1980.5~1980.7)

1. 재무부 재정차관보에서 경제과학심의위원회 상임위원(차관)으로 전직한 지 2개월 만에 사표를 내라는 통보를 받다. 사임 통보 사유는 '모르겠다'는 답변을 받다

2. 사임 후 확인된 바에 따르면 전두환 국가보위위원회(국보위) 상임위원장의 처삼촌 되는 이규광 광업진흥공사 사장이 신임 인사차 재정차관보실에 왔다가 면회가 이루어지지 않자 잘라버렸다 한다

- 박정희 대통령 서거 후 "서민생활 안정화대책을 3시 국무회의에 보고토록 빨리 만들라"는 장관 명에 따라 작업하느라 면회 온 사람을 만나지 못한 게 화근이 되고 말았음

- ### 중앙투자금융사장(1982.2~1985.2)

1. 해직 이후 2년간은 취직과 해외여행 금지되다. 이후 잘 해명되어 중앙투자금융회사(직원 100명) 사장으로 취임하다

2. 취임 후 2년 만에 최하위 회사를 업계 1위 회사로 만들다

- ### 신한은행장(1985.2~1988.2)

1. 재일교포 이희건 회장을 비롯 제일교포들이 투자하여 설립한 신한은행 2대 행장으로 취임하다

2. 남대문로 1번지에 위치한 현재의 신한은행 본점을 확보하다. 임차료의 3분의 1에 미치지 못하는 가격으로 건물의 50%를 매입하여 신한은행 성장의 초석을 깔다

3.	동화증권(현 신한증권) 인수하여 신한은행이 종합금융그룹으로 도약하는 기틀을 마련하다

4.	매년 40% 이상의 수익증가와 수신증가로 대형은행으로 성장 기반을 마련하다


## •	외환은행장(1988.2~1990.3)

1.	외환은행의 민영화를 성공시키다. 외환은행법을 폐지하고 일반은행법의 적용을 받도록 민영화를 계획대로 완수하다

2.	88올림픽 담당은행으로서의 책무를 완수하다

3.	직원교육을 통해 의식개혁에 성과를 거두다. 국책은행 직원 체질을 상업 금융기관 직원으로 생각하고 행동하도록 만들기 위해 노력하다

4.	직원들이 내놓은 300건의 아이디어 가운데 상당 부분을 실천하고 직원들이 은행문제에 관심을 갖도록 유도하다. 1988년 10월 첫째 주부터 12월 말까지 매일 아침 7시에 구내식당에서 대리 이상 전 직원의 조찬면담 기회를 갖다. 매일 참석자 수는 12~14명 정도로 제한하고 토의 제목은 "내가 은행장이면 어떻게 하겠느냐?"였다


## •	은행감독원장(1990.3~1991.5)

1.	은행감독원장에 취임한 그에게 눈앞에 닥친 과제는 '금융의 자율화와 국제화를 어떻게 소화하는가'였다

2.	당장 눈앞에 닥친 금리 자유화 등의 해법을 찾기 위해 1991년 5월 6일부터 21일까지 약 2주간 금융 자유화 선진국들이 자유화와 개방 과정에서 겪은 문제들을 파악하러 미국과 일본의 유관기관들을 방문하다

3.	미국에서 보고 느낀 점

－	연방준비은행의 은행감독 Governor, 연방 예금보험공사(FDIC) 의장, 뉴욕과 캘리포니아 주의 은행감독원장, 샌프란시스코 연준부총재 등을 면담. '예금금리 상환제'(Regulation Q) 철폐 후 10년간 은행 도산수 1,086개. 1934~1980년까지 46년간 도산수의 2배. 금융 자유화와 규제완화 이후의 과도한 가격 경쟁은 자금 조달 비용을 높인 결과임을 확인

－	미국의 은행감독기관은 혼란을 최소화하기 위해 은행경쟁종합평가제

(CAMEL) 실시(FDIC). 임원 감축을 최소 12%에서 최대 35%까지 단행. 부실은행 회생 절차 또는 도산 절차 병행 등 자본금 관리가 철저하였음

4. 일본의 금리자유화 추진 상황을 보고 많은 것을 느꼈는데 구체적인 것은 다음과 같다

- 1979년부터 실시, 70% 진척. 신용질서 유지 위주로 점진적으로 추진.(대장성 차관 발언) 예를 들어, 1989년 1천만 엔까지 자유화, 1991년 300만 엔까지 우편저금 3년 내 자유화 등

- 금리자유화가 실시될 경우 금리 인하 경쟁으로 예대 마진이 축소되면, 금융기관들은 원가 절감을 위해 합병 혹은 대형화 추진. 합병 은행의 직원들은 승진에 불리하나 합병 작업에 적극 협력. 이것은 한국의 현실과 큰 차이가 존재함을 확인함

5. 양국의 경험을 통해 볼 때 금리 자유화는 외부 압력이나 인기에 영합하거나 무책임한 공리공론에 영합해서는 절대 안 된다는 확신을 갖게 되다. 단계적으로 차근차근 추진함으로써 금융기관이나 고객들이 부작용 없이 소화하도록 하는 것이 최선임을 확인하다

6. 부동산 투기 억제를 위해 비업무용 부동산 처분을 추진한다(1990.4.30.). 물가 불안 해소와 기업의 비업무용 부동산 처분을 촉진하는 노태우 대통령의 강력한 지시가 있었다

- 기업의 비업무용 부동산 판정 기준을 강화하며 1년 내 매각하지 않을 경우 금융 지원 중단 등 단호한 조치를 취할 것임을 시달

- 은행, 증권, 보험 감독원은 서둘러 유관 금융기관들이 현재 사용하지 않는 부동산은 물론 착공된 것이라도 업무에 크게 필요 없는 부동산을 처분토록 강력 조치

- 30대 계열기업군은 1991.5.7.을 마감일로 하여 비업무용 부동산 매각을 서둘렀으며 은행감독원은 처분 상황 확인


• **재무부장관 (1991.5~1993.3)**

**1991**

5.26. 사회 안정과 민생 문제 해결을 위해 4부 장관 경질

재무 이용만, 법무 김기춘, 동자 진념, 보사 안필준

- 취임 인사의 요지는 국가가 더욱 발전하기 위해서는 재정금융정책 기조
  의 발전적 변화가 필요

- 정책의 우선순위는 첫째, 물가 안정, 부동산 투기억제 등 경제의 안정 기
  조 유지. 둘째, 제조업의 경쟁력 회복 등 기업의 생산 활동 촉진에 역점.
  셋째, 대외 개방에는 능동적으로 대처하되, 소탐대실을 피하며 국익에
  우선을 두고 개방. 넷째, 금리자유화는 우리 경제의 소화 능력을 감안하
  여 단계적으로 추진함으로써 경제에 충격이 없도록 할 것임. 다섯째, 세
  정은 공평 과세 중점 두고 서민 생활 안정 위한 세제를 운용.(사례: 아파
  트가 앙등 억제)

- 국민 생활의 안정과 생활의 질적 향상을 위해 아무리 어려운 문제도 열과
  성을 다하고, 해내고자 하는 의욕과 집념을 갖고 추진

5.27.  외국인 주식 투자 조기 개방, 투자 한도 10% 이내 제한(개인은 3~5%)

8.2.   한중경제각료 회담. 대만, 한국 차 수입 쿼터 30% 증가 합의

한국을 아시아 금융 중심권으로 육성(홍콩 반환 대비). 시중은행장 선임
정부 내정 배제(은행 이사회 자율로) 원화 표시 대외 거래 확대. 통화 간
접 규제, 외환 자율화 등

8.23.  금리자유화 4단계 발표

- 1단계(1991.10~1992.6) 당좌대출, CD기업어음. 2단계(1992.7~1993)
  2년 이상 수신, 정기예금. 3단계(1994~1996) 정책 금융, 2년 미만 예금.
  4단계(1997년 이후) 단기 요구불 예금, 국공채

8.26.  새질서, 새생활실천강화대회(사치 추방 범국민 근검절약, 저축운동 추진)

- 소비성 서비스업 및 사치성 유흥업소와 호화 사치 낭비 생활자에 세무
  관리 철저. 기업의 소비성 경비 지출 억제토록 세무 지도 강화. 여행자
  휴대품 통관 강화, 고가격 물품의 과다 반입 특별 관리와 국세청, 관세청
  에 통보. 사치, 소비성 산업에 자금 공급 차단. 사치 추방 범국민적 근검
  절약, 저축 운동 추진

참석자: 재무부 장관 및 전 직원 444명. 국세·관세청장, 은행·증권·보
험 감독원장, 전금융기관협회장, 전국 33개 은행장, 증권·보험·단자·
종금·리스·카드사 사장 등 간부 425명, 총 869명 참석

9.1.   국제수지 적자 대책. 원유 도입 감축 2억 달러, 대일 수출업체 2,000억
       원 특별지원 등

은행법, 중소기업은행법, 장기신용은행법, 리스법 등 4개 금융법 개정.

9.5. 노태우 대통령: 경제장관 질책-물가, 국제수지, 건설경기 불황 지적

9.9. 소액 저축 면세 확대. 근로자 저축 의욕을 높이기 위함

－ 이자 소득에 면세 확대(월 30만 원 → 50만 원). 근로소득세 15% 세액 공제 가입 자격 확대. 이자 소득세 20%를 50%로, 분리 과세(800만 원 →1,000만 원)

9.14. 금융질서를 문란케 하는 '꺾기' 관행 강력 제재

9.29. 심각한 자금난 해소를 위한 CD자금 1조 5,000억 원 증액

10.5. 토지초과이득세 보완

10.16. IMF 연차총회 기조연설(태국)

－ 첫째, 한국은 1995년까지 IMF·IBRD 차관수혜대상국에서 졸업하고 차 관제공국으로 변하겠다고 천명. 둘째, 북한의 IMF가입 적극 지원 약속. 셋째, 개발도상국에 기술 이전, 자본 이전도 확대. 넷째, IMF에 한국 쿼 터 0.59%에서 1%로 증액 합의

10.25. 지역 경제 부도율(신발업체) 증가. 부산, 광주 중소기업간담회

예대상계로 여신한도 여유 자금 전액 중소기업 지원(1조 원)

10.27. 지하경제 세무조사 강화. 자금 흐름을 생산적 방향으로 돌림

10.29. 노태우 대통령 저축의 날 참석. 592명 포상

11.5. 고액상속자 변칙 상속, 증여 규제 강화

－ 양도소득세(40~60%) 세율 낮추고, 감면 혜택 축소. 종합소득세율 (5~50%)보다 높음. 부동산 투자로 자금 유용 억제

11.12. 중소기업에 제3자 담보허용제 실시

12.3. '일하는 풍토 조성 결의대회'

－ 30분 일 더하기·10% 생산성 향상·10% 저축 더하기 운동. 일할 마음 나게 세제 지원, 근로의욕 고취. 기업복지기금 손비 인정. 사원용 택지 양도세 감면. 불건전 업소 세무조사 강화. 종업원 탁아소 건물 취득 시 법인세, 소득세 감면. 불요불급한 수업 억제. 세제상의 모든 수단 동원하 여 근로자들에게 실질 소득이 많이 돌아갈 수 있도록 조치

－ 참석자 · 재무부 과장 이상, 국세·관세청장, 한은총재, 은행·증권·보험

감독원장, 전국 31개 은행장·증권·보험사·단자사·종합금융사·리스사·신용카드사 사장 및 간부 426명 참석

12.8. 1992년도 경제운용방향 설정

- 물가, 국제수지 우선 관리. 성장 7% 경상적자 80억 달러. 대기업 임금인상 5%내 유도. 서비스기업 임금인상 억제

12.20. 임금 인상 억제 기업에는 금융, 세제 지원 강화

- 부동산 과다 보유에 중과세. 외국인 주식 투자 확대, 종목당 15~20%

12.21. 유흥업소 자금 출처 조사(여신금지 대상 확대)

- 부동산 투기 억제를 위한 세율 인상. 임금 안정 기업 지원

12.29. 금융 자금의 선거자금화 봉쇄, 대출 자금 유용 철저 차단

- 재벌의 주식, 부동산 처분 대금은 은행 빚 상환 우선

- '금리인하특위 구성'. 첫째, 과당 경쟁 금리 인상 봉쇄. 둘째, 정보 교환. 셋째, 높은 콜금리 자제 촉구. 넷째, 금리 인하 요인 발생 시 대출 금리도 인하할 것.


## 1992

1.11. 단자사, 종금사의 무역어음 할인 확대

1.16. 하다 쓰도무 일본 대장대신 방한 한일무역적자 해소책 논의

- 16개 품목 관세 인하, 기술 협력 확대 등

1.17. 통화 늘리지 않고 금리 안정시키겠다고 천명

1.25. 업계 대표(최종현 한국경제원장)와 통화 및 금리 논쟁 화제(2회)

1.27. 재무부가 금리 인하를 고집하는 이유

- 그간 이자제한법 최고 한도인 25%까지 올라갔던 금리를 13%까지 내림

- "국제수지 적자와 물가 불안으로 경제가 휘청대고 있는 상황에서 금리를 올리면 이자로 사는 사람은 유리하다. 그러나 고금리는 생산 비용을 높이고 국제 경쟁력 약화와 국제 수지 악화로 연결된다. 반대로 금리가 인하되면 → 증시 회복 → 기업 공개 및 유상증자가 용이 → 은행 의존도 낮아짐 → 통화부당 경감 → 물가 하락 → 경기 활성화, 즉 일석이조를 거둘 수 있다."

704

1.29.  수출업체 자금 공급 확대를 위해 무역 어음은 여신 한도에서 제외

1.31.  은행의 제조업체 대출 비율 상향 조정(48.7% → 55%)

노부모(남 60세, 여 55세) 모시는 가구에 주택자금 대출 확대(3,000만 원)

2.8.  증시자금 조달 16조 원(주식 3조 원, 회사채 13조 원)

2.20.  임금 인상 5% 이내 억제 기업 1,528개 기업 확정. 준수 업체에 금융 세제 지원

3.3.  조세의 날, 모범 납세자 368명 포상(장상태 동국제강 회장에 금탑산업 훈장 수여)

3.4.  기업 인력 선거운동원으로 유출 차단 관계장관회의

–  중소기업 인원 부족 25만 명, 총선에 33만 명 동원 예상

3.18.  유망중소기업 2,500억 지원, 어음 할인 120일로 연장

3.20.  노동은행 내인가(인가 시 평화은행으로 개명)

4.5.  재벌 기업의 대출금 정치 자금화 전 금융 기관 조사

4.14.  증권안정기금 1조 추가조성

4.17.  투자신탁사의 부실이 증시 침체 요인이라는 여론 비등

4.20.  30대 기업의 상호지급보증 7월부터 전면 금지(부채 비율 400% 이상 기업)

4.22.  기업임야 외지인도 매입 허용. 기업의 매각용 토지 외부인 매입 허용 (5.8 조치 일부 완화)

–  외화 대출한도 확대

5.5.  아시아 개발은행(ADB) 25차 연차총회 기조연설(홍콩)

–  첫째, 세계 경제를 주도하고 있는 선진국이 개도국에 무리한 시장 개방 요구 자제 요구. 둘째, 북한의 핵사찰 수용 전제로 ADB가입 지원. 셋째, 베트남, 라오스, 인도차이나 등 미수교국과의 경제 협력 강구와 차관제 공 의사 있음

5.26.  중소기업 법인세, 소득세 2년간 20~30% 경감

5.28.  투자신탁회사에 3조 2,000억 원 지원(국회 동의)

"금융 사상 초유의 한은특융 2조 9,000억 원과 국고 여유자금 3천억 원을 지원하다. 특융 지원이 더 늦춰질 때 투자신탁뿐만 아니라 금융전반

에 발생할 수 있는 파급 효과를 차단함으로써 연간 5,000억 원 적자에 시달리던 3개 투자신탁사의 경영 정상화 발판을 마련하였다."

| 6.3. | 노태우 대통령 주재 경제자문회의. 과감한 금융개혁의 조속한 추진 요구 |
|---|---|

- 금리 등의 조속한 자율화보다 단계적으로 추진할 것이며, 내년 하반기에는 2단계 자율화 가능하다고 설명. 참석자는 남덕우, 김종인, 김선홍, 손상모, 김병주, 최우석, 김영하

| 6.6. | 금융부조리 무기한 단속(암행반 편성) |
|---|---|
| 6.26. | 담보 위주 대출 관행 시정 |

- 중소기업 제3자 담보사용 대폭 확대. 중소기업 진성어음 전액 할인

| 7.9. | 보험사 땅 취득 일체점검으로 관리 강화, 일체 점검 |
|---|---|
| 7.12. | 제1·제2금융권의 금리격차 해소 |
| 8.5. | 중소기업 법인세 20% 경감 |
| 8.18. | 주식 소액 장기보유자에 세제 혜택. 장기보유자에게 상속, 증여세 면제 검토 |
| 8.22. | 현직 장관의 영업 시간 내에 사상 초유의 증권거래소 전격 방문 |

- 증권거래소 이사장, 비서실 반대 무릅쓰고 강행. 전 업종 주가 상승 12p 올라 470선 회복

| 8.24. | 증권시장 안정화 대책(8·24='빨리사'로 해석) |
|---|---|

- 증시 대책은 주가 상승 시점에 마련해야 한다는 점을 감안하여 모든 정책 수단을 총동원

- 동원한 정책 수단은 첫째, 주식 매입에 4조 원 투입. 둘째, 자금출처 조사 중지(1년). 셋째, 금리 인하. 넷째, 소액 투자 우대한도 증액 등

- 결과는 주식시장을 완전 정상 궤도에 올려놓음. 2주 만에 17% 상승

※ 노태우 대통령, "그간의 증시 대책은 크게 빛을 보지 못했는데 이번 대책은 큰 성과 거두었다"고 발언, "누구에게 발표 날짜 물었나요?"라는 농담으로 격려

| 9.2. | 중산층에 근로소득세 30% 경감 |
|---|---|

- 월 100~200만 원(△32%~33.6%). 월 300만 원(△16.1%). 월 500만 원(△11.1%)

- 공제한도(490만 원 → 600만 원). 맞벌이 주부(연 54만 원 공제). 4인 가족 면세점 550만 원

9.6. 영국의 마가렛 대처 전 수상의 방한을 맞아 그의 남편 데니스 경과 함께 오찬

- 이용만: "첫째, 12년간 '철의 수상' 평을 들으며 영국의 부흥과 세계질서 확립에 기여한 공로 경하. 둘째, 재임 기간 중 한영경제협력의 증진에 도움주신 점에 감사. 셋째, 개방적 금융정책으로 한국금융기관 진출 허용에 감사. 넷째, 우리나라의 외국인에게 주식 개방 초년도인 금년에 영국인 투자가 가장 적극적인 점에 감사(총 12억 달러 중 40%가 영국 자금임)"

- 대처 수상: "첫째, 한국의 자본시장 자율화에 동의하며 영국은 올바른 판단과 정책 선택함. 둘째, 한국의 자유가 위협받을 때 영국은 미국과 함께 자유민주국가의 수호자로서 말이 아닌 행동으로 우방국 보호. 셋째, 유럽 국가들의 지나친 관료주의 요소는 새로운 세계 질서에 배치. 넷째, 한국, 일본 등 많은 아세아 금융기관이 영국에 진출했는데, 한국 기업 대영 진출을 적극 권장(투자 대상국으로 탁월, 외국과의 투자 차별, 무역 장벽 없음, 정치적으로 가장 안정, 900년간 한 번도 정복된 점이 없음)"

9.16. 조세연구원 발족(정부 출연 30억 원)

- 초대원장에 정영의(전 재무부장관) 임명. 첫째, 조세, 재정, 금융 연구 (소득세, 재산세, 소비세, 관세, 지방세 연구, 일반 경제 및 재정금융 연구) 둘째, 공평 과세 구현 및 경제 발전을 위한 조세 체제 개발. 연구 위원 22명으로 발족

9.20. 조지 W. 부시 대통령, IMF 이사국 대표 20명 백악관에 초청. 한국 대표가 백악관에 초대된 것은 처음 있는 일

- 부시 대통령: "세계 번영을 위한 미국의 노력 확인. 유럽통합 지지. 국제 경제와 금융 시스템 강화 방안 검토. G7 국가간의 정책협력 노력 강화하기 위해 다자간 정책 감시 지표 개방 제안. 우루과이 라운드의 성공적 타결 재확인. 미국은 언제나 새로운 미래 창조 동반자로 여러분과 함께 있을 것. 세계가 당면한 문제 해결에 노력할 것 강조"

- 이용만: "다음 선거에 꼭 재선되기 바람. 우리 대통령 안부 전달"

9.22. 워싱턴에서 개최된 제47차 IMF 연차총회 기조연설

- 첫째, 북한이 빠른 시일 내에 국제 의무 다하고 IMF에 가입 희망. 둘째,

한국은 개발 과정에서 얻은 경험과 기술을 후발개도국에 전수하기 위해 세계은행의 기술자본신탁기금(CTF)에 출연할 계획. 셋째, 세계 경제의 블록화 추세와 보호주의 경향에 우려. 넷째, 우루과이라운드의 성공적 타결 위해 각국이 조금씩 양보할 것을 강력히 요청

9.25.   뉴욕에 미국 현지 법인으로서 미주 금융기관 협의회 구성

10.10.  여신관리제도 전면 개편

−       불합리한 규제 없애고 실효성 있게 기업의 재무 구조 개선 유도

10.16.  상호신용금고 부실화 및 후유증 심각, 검사 강화와 사고 방지 대책 마련

        토지초과이득세를 종합토지세로 흡수하기로 결정

10.26.  국정감사장에서 재무부 너무 보수적·관료적이라는 국회의원 질책에 역공으로 맞섬

※       이용만: "국정감사에서 재무부는 너무 보수적이며 관료적이라는 지적에 대해 재무부는 통화 금융, 세제 등 핵심적 경제 정책을 담당하고 있기 때문에 어느 정도 보수적일 수밖에 없다. 한편 일부 부처는 이율배반적 요구를 하다 성취 못하면 보수적이라 비판을 한다. 한 가지 사례로 재무부는 지난해 외화 대출 규모를 50억 달러로 잡았으나 경제기획원과 상공부는 수입 촉발을 이유로 30억 달러로 축소하라 했다가 설비투자가 저조하니 다시 50억 달러로 상향 조정해달라고 요구하였다. 상공부 중소기업국은 중소기업 자금을, 그리고 상역국은 대기업 수출지원 자금 확대를 요구한다. 한정된 자금으로 모든 요구를 다 수용할 수는 없다. 재무부가 보수적이라 공격하지만 이런 비판은 올바르지 못하다. 재무부의 고충도 이해해주어야 한다."

10.27.  노태우 대통령 저축 유공자 610명 포상─재무부 칭찬

−       노태우 대통령 10월 27일 저축의 날 행사 후에 가진 재무장관과 금융기관장 오찬장에서 칭찬. 연초에 보수적이라고 질책, 연말에는 칭찬으로 바뀜

※       칭찬: "노태우 대통령은 1992년 10월 27일 제29회 저축의 날 행사에 참석, 치사를 한 뒤 재무장관과 각 금융기관장들을 초청해서 오찬을 가졌다. 이 자리에서 우리 경제의 고질병으로 간주되어왔던 고금리와 주가폭락, 그리고 국제수지 적자 등을 이 장관이 해결했다고 말하면서 재무장관 및 재무 관료들을 크게 칭찬하였다. …… 민주화를 이룩하고 북방

외교를 마무리 짓는 등 여러 부문에서 업적을 세웠으나 경제난으로 비난을 받아 몹시 속상했는데 재무부 덕에 이젠 고민을 말끔히 씻을 수 있게 되었다.""노 대통령 장관·직원들 극찬에 재무부 희색—경제 고민 다 씻었다",《매일경제》, 1992.10.30.

11.2. 평화은행 영업 개시. 당초 노동은행 설립 구상은 평화은행으로 실현됨

– 설립 시 주주는 노동단체 및 근로자(49.1%), 전경련 등(11%), 국민·주택·중소기업은행(30.8%), 포철 (7.3%), 공무원연기금(1.8%)

11.12. 해외차입 재조정, 뱅크론 등 핫머니 도입 억제

12.1. 재무장관, 11.30 연대 고위경제전문가 과정 강의에서 3H, 3S 주장

– 이용만: "금융 개방, 금리자유화 시기 논란에 대해 '3H': 금융의 대외 개방에 결코 서두르지 않고(not too much Hasty), 주저하지 않으면서(not to much Hesitation), 다른 경제 정책과 조화 이루어야 (Harmonization with other Policies) 한다며 조기 개방논자에 해명하면서, 조기금융 자율화 주장에 대해서는 미국은 수신금리자유화에 16년 소요, 일본은 금융산업 개편에 6년간의 토론과 대화 시간을 가졌다. 우리는 '3S'로 하겠다. 단계적으로(Step-by-Step), 금융기관의 자기 책임하에(Self-responsibility), 신중히 인내를 갖고(Self-discipline) 해야 한다고 소신을 피력하였다."

– 조세 정책 방향에 대해서는 조세 부담의 형평성을 높이기 위해 이자, 배당소득 등 금융자산소득을 종합 합산 과세토록 할 것임

12.2. 한국은행 금리 인하 반대. 경기 침체가 장기화되고 하반기 성장이 둔화됨에 따라 재무부 안대로 재할인 금리 등 금리 인하

12.4. 설비투자 촉진을 위해 외화 대출을 내수용으로도 허용

12.17. 여신관리제 대폭 완화

– 기업의 자구의무비율 투자액의 600%→200%로 인하

12.17. 기업 투자, 생산 활동 활성화를 금융 정책의 최우선 과제로 외화대출 한도제 폐지

– 융자 대상도 수출, 첨단 산업용에서 모든 제조업으로 확대

1.4.     금년 통화량 신축적 하향 조정

1.5.     재무부 장관 13년 만에 증권거래소 개장식에 참석

–       8·24조치의 지속적 추진. 증시 첫날 198p 폭등, 700선 육박

1.15.    은행장 회의, 경제 활력에 앞장서라는 당부

1.18.    서울경제신문 사설(1993.1.18.), "증시 활성화와 금리 하향"이라는 제목
         의 칼럼 게재

※       평가: "'이 재무의 정책 의지와 방향이 옳았다'는 부제를 달아 '침체된
         증시를 활성화시키고, 금리하향을 끈질기게 유도해온 이용만 재무부장
         관의 정책 의지는 앞으로도 높이 평가되어야 할 것이다'라고 실명을 거
         론하여 사설에서 높이 평가하다."

–       실세금리 1991년 말 19%→13%로 한은재할금리인하 관철. 침체 일로의
         경제 회복을 위해 금융 비용 절감. 증시 활성화 위해 다른 부처들의 반대
         극복하고 한은 특융 단행. 기관투자자의 매수 우위와 수요 기반 확대 위
         한 8·24조치 등 예시

1.19.    단자사·종금사는 금리 하향 안정화되도록 자금 중개 기능 강화 지시

1.26.    오랫동안 논란되어온 금리는 인하되어 일단락

–       금리 인하 효과는 1% 인하 시 기업 비용 부담 경감 효과는 약 2조 원(법
         인세 감면보다 큰 효과)


•       **기타 활동**

         전국 각지 회의, 간담회, 금융·세제·관세·증권·보험·제2금융권 회의
         인사·축사 등 62회

         국내외 강연 또는 연설 24회


         **국내**

1.       국방대학원 특강(1991.6.25.)

–       한국의 재정·금융 정책

2.       전경련 초청 강연(1991.6.26.)

－ 　최근의 경제 동향과 통화·금융 정책 방향

3. 　인간개발연구원 주관 경영 세미나 강연(1991.7.25.)

－ 　최근의 경제 동향과 통화·금융 정책 방향

4. 　금융 기관 임원 강연(1991.9.4.)

－ 　전환기를 맞이하는 금융인의 자세

5. 　Economist Club 초청 조찬 강연(1991.11.4.)

－ 　재무행정의 당면 과제

6. 　서울 Economist Club 초청 조찬 강연(1991.11.27.)

－ 　기업 자금 사정과 통화·신용 정책 방향

7. 　서강대 경영대학원 최고경영자과정 초청 강연(1991.12.13.)

－ 　금리자유화와 자본시장 개방 및 내년도 정책 방향을 중심으로

8. 　전경련 국제경영원 초청 강연(1991.12.30.)

－ 　내년도 주요 재정·금융 정책 방향

9. 　서울대 경영대학원 최고경영자과정 초청 강연(1992.1.31.)

－ 　주요 재정·금융 정책 방향

10. 　한국능률협회 초청 조찬 강연(1992.2.21.)

－ 　금년도 통화·금융 정책 방향

11. 　대한상의 초청 강연(1992.2.28.)

－ 　경제 활동 회복을 위한 재정·금융 정책 방향

12. 　전경련 초청 강연(1992.4.29.)

－ 　우리 경제의 현황과 대응 방향

13. 　고대 경영대학원 최고경영자과정교우회 초청 강연(1992.5.29.)

－ 　경쟁력 강화를 위한 주요 정책 방향

14. 　금융학회 초청 강연(1992.6.13.)

－ 　통화·금융 정책의 당면 과제

15. 　국방대학원 초청 강연(1992.6.30.)

　재정·금융 정책의 기본 방향

16.    농협조합장 경영전략교육 초청 강연(1992.8.7.)

–      농업과 재정·금융 정책

17.    재무대책위원 초청 강연(1992.9.1.)

–      개방화·자율화 시대의 금융산업 경쟁력 제고

18.    고대 국제대학원 초청 강연(1992.10.7.)

–      앞으로의 재정·금융 정책 방향

19.    연대 고위경제전문가과정 초청 강연(1992.11.30.)

–      앞으로의 재정·금융 정책 방향


**해외**

1.     한·중 각료회의: 개회, 폐회, 답례사(1991.7.31.~8.2.)

2.     제46차 IMF/IBRD 연차총회 기조연설(1991.10.16.)

3.     오사카 재일상공인 초청 강연(1991.10.18.)

4.     제25차 ADB 연차총회 기조연설(1992.5.4.)

5.     제47차 IMF/IBRD 연차총회 기조연설(1992.9.17.)

주(註)

# 주(註)

## 프롤로그

1 한국전쟁의 최대 격전지 가운데 하나가 홍천군 두촌면 가리산 전투다. 이 전투는 1951년 5월 15~16일 이틀 동안 중공군과 북한군을 상대로 벌인 것으로, 미군 제 10군단이 중공군의 홍천 방면 진출을 저지함으로써 전쟁의 분수령이 되었던 중요한 전투다. 이로 인해 공세가 역전되면서 유엔군이 반격에 나설 수 있었다. "홍천 가리산 한국전쟁 사진 공개: 정용선 정선 추억의 박물관장, 홍천군에 100여 점 기증", 《강원도민일보》, 2008.6.25.

2 따발총은 소련제 기관단총을 가리키는 속어다. 한국전쟁 개전 초기에 따발총을 소지한 북한군 보병은 2,100여 명에 불과했지만, 둥근 탄창에 71발을 장착하여 사용했기 때문에 우리 국군 병사들뿐만 아니라 민간인들에게도 깊은 인상을 남겼다. 한국군 보병의 주력 무기는 M1(개런드) 소총이었다. 이 소총은 무게 4.3킬로그램의 반자동식 소총이다.

3 국방부, 『한국전쟁사』 6권, 제한전선의 격동기(1951.5.1.~1951.8.31.), 1973. 12.5., 309~315쪽. "중공군 대부대의 역습―비하 6·25, 정일권 회고록", 《동아일보》, 1985.8.22.

4 정일권 장군은 "한국전쟁 중에 중공군은 모두 6차례에 걸친 대공세를 펼쳤으며, 이 가운데 1951년 5월 16일부터 20일까지 5일간 계속된 것이 일명 '5월 공세'로 제6차 공세에 해당한다"고 증언한다.

5 군(Army): 병력 10만 명으로 2개 이상의 군단으로 구성되며, 일반적으로 대장급 지휘관이 지휘한다. 군단(Corps)은 병력 3만 명으로 2개 이상 사단으로 구성되며

일반적으로 중장급 지휘관이 지휘한다. 사단(Division)은 최대 병력 1만 5,000명, 우리나라에서는 1만 2,000명 수준으로 3개 연대로 구성되며 소장급 지휘관이 지휘한다. 연대(Regiment)는 최대 병력 4,500명(포병, 기병, 의무병 포함)이며 3개 대대로 구성되고 대령급 지휘관이 지휘한다. 대대(Battalion)는 병력 700~800명으로 4개 중대로 구성되고 중령급 지휘관이 지휘한다. 중대(Company)는 병력 175~240명이며 4개 소대로 구성되고 대위급 지휘관이 지휘한다. 소대(Platoon)는 병력 45명 이상이며 4개 분대로 구성되고 중위나 소위가 지휘한다. 분대(Squad)는 병력 10명 이상이며 하사가 지휘한다. 데이비드 핼버스탬(David Halberstam), 『콜디스트 윈터(The Coldest Winter: America and the Korean War)』, 정윤미·이은진 역, 살림, 2009.5.6., 4~5쪽.

6   중공군은 압도적인 병사 수를 바탕으로 국군을 압박한다. "5월 16일 오후 4시에 관대리(인제 서남쪽 7.5킬로미터) 부근의 소양리에서 신호탄 일반이 폭죽과 함께 터지면서 중공군의 '5월 공세'가 시작된다. 중공군 3개 사단과 일전을 치르는 군단 우익인 한국군 7사단은 처음부터 수적인 인명 열세 속에 분투했으나 미주리선에서 적의 도하를 저지하지 못하고 밤 12시에 인명 손실에 개의치 않고 밀고 들어오는 중공군에게 진지를 지키지 못하고 후퇴하고 만다." 국방부, 『한국전쟁사』 6권, 제한전선의 격동기(1951.5.1~1951.8.31.), 1973.12.5., 313~325쪽.

7   조선시대의 서화가이자 실학자였던 추사 김정희(金正喜)가 1844년 제주도 유배 시절 제자 이상적에게 준 그림인 〈세한도(歲寒圖)〉의 왼쪽에 추사가 직접 쓴 『논어』의 문장으로, "세한연후지송백지후조야(歲寒然後知松柏之後凋也)", 즉 위기가 닥쳐야 그 사람이 어떤 사람인가를 제대로 알 수 있다.


## 제1부 고향 땅이 공산화되다 │ 1장 갈 수 없는 고향

8   EBS 다큐프라임 제작팀, 『아버지의 성』, 베가북스, 2014.2.25.

9   로스 D. 파크(Ross D. Parke), 『아버지만이 줄 수 있는 것이 따로 있다(Fatherhood)』, 김성봉 역, 샘터, 2012.12. 이경숙, 『눈치 보지 말고 키워라』, 개미와 베짱이, 2014.4.

10  이용만이 아버지로부터 물려받은 귀한 유산은 "사람은 스스로 책임을 져야 한다"는 것이었다. 다시 말하면 어른이 된다는 것은 자신의 말과 행동이 가져오는

결과에 책임을 진다는 뜻이다. 현대 사회의 특징은 책임감으로부터 벗어나려는 어른들이 점점 많아지는 것이다. 이런 현상을 이탈리아의 심리학자인 마시모 레칼카티(Massimo Recalcati)는 "부모들은 자식들이 허우적거리며 빠져 있는 동일한 바다에서 길을 잃고 방황하고 있다"고 표현한다. 아버지와 아들 모두 이 시대의 특징인 '주관적 책임감의 완전한 상실'로부터 자유롭지 않다는 말이다. 마시모 레칼카티, 『버려진 아들의 심리학(Il Complesso di Telemaco)』, 윤병언 역, 책세상, 2016.8.15., 102~103쪽.

11  1960~1970년대에 스탠퍼드 대학교의 심리학자 월터 미셸(Walter Mischel)이 실시한 '지연된 만족(delayed gratification)'에 관한 유명한 실험에서 비롯된 용어다. 선생님이 없는 자리에서 취학 전 아이들의 눈앞에 마시멜로를 두고 3가지 선택을 하게 한다. 당장 먹어버릴 수도 있고, 15분을 참아낸 아이에게는 마시멜로가 하나 더 주어질 수도 있다. 그리고 추가적으로 15분을 더 참아낸 아이에게는 또 하나의 마시멜로가 주어진다. 10년 후에 실시된 실험은 당장 마시멜로를 먹어버리지 않고 참아낸 아이들은 몸매가 날씬하고, 사회 적응력도 뛰어나며, 대학 입시 성적도 좋았다는 결과를 제시했다. Walter Mischel, Ebbe B. Ebbesen, Antonette Raskoff Zeiss, "Cognitive and attentional mechanisms in delay of gratification", Journal of Personality and Social Psychology 21(2), 1972, 204~218쪽. Walter Mischel, Yuichi Shoda, Monica L. Rodriguzez, "Delay of gratification in children", Science 244, 1989, 933~938쪽. Tanya R. Schlam, Nicole L. Wilson, Yuichi Shoda, Walter Mischel, Ozlem Ayduk, "Preschoolers' delay of gratification predicts their body mass 30 years later", The Journal of Pediatrics 162, 2013, 90~93쪽.

12  한국인의 높은 교육열은 현대적인 현상만은 아니다. 조선조만 하더라도 신분이 낮은 사람이 문과에 급제하여 정승이나 판서가 된 사람들이 많았다. 그래서 "개천에서 용 난다"는 말이 전해 내려오는 것이다. 이는 조선시대만의 현상이 아니라 고려 때나 신라 때도 교육열이 높았다. 일본 근대화의 정신적 지주이자 정한론(征韓論)을 주장한 인물인 후쿠자와 유키치(福澤諭吉)도 "조선인의 글 읽는 풍습을 배워야 한다"고 주장했다. 한영우(서울대 역사학과 명예교수), "우리 교육열, 선비 문화에서 비롯", 《사이언스 타임즈》, 한국과학창의재단, 2013.3.25.

13  찰스 핸디(Charles Handy), 『텅 빈 레인코트(The Empty Raincoat)』, 강혜정 역, 21세기북스, 2009.5., 324, 333쪽.

14 지주가 머슴에게 임금을 선불로 지급하면 재산 증식에 크게 도움이 된다. 새경
(한 해 동안 일한 대가로 받는 돈이나 물건)은 많게는 쌀 6~8가마였다. 이 쌀을
장리쌀(춘궁기에 양식이 모자라는 사람이 추수 후에 장리(長利)로 갚기로 하고
빌리는 벼로, 장리는 연 5할의 이자다)로 활용할 수 있다. 쌀 한 가마니를 빌려주
면 가을에 한 가마 반을 받을 수 있기 때문에 빠르게 자립하는 기반을 마련할 수
있었다. 이춘직, 『인심의 강』, 신앙과지성사, 2011.3.21.

15 시오노 나나미(塩野七生), 『레판토 해전 — 시오노 나나미 전쟁 3부작: 3』, 최은석
역, 한길사, 2002.9.30., 273쪽.

16 이용만의 큰아버지가 아이들이 배 아플 때 먹으라고 당시의 상비약이었던 아편
덩어리를 주고 간다. 조금씩 먹여야 하는데 이용만의 큰형이 5살 무렵에 한 덩어
리를 떼어서 아이에게 먹이는 어처구니없는 사고가 발생한다. 그 충격으로 어머
니는 아이를 낳지 못했다. 결국 대를 이어야 해서 아버지는 아들을 하나 얻어 왔
다. 16년이 흐른 뒤에야 어머니는 이용만을 낳고 이어서 동생을 낳았다.

17 "리더십에 대한 깊이 있고 효과적인 은유는 '양치기와 양떼'이며, 참고로 어린
양은 어미 양을 따른다. 일찍이 지중해 사람들은 이 같은 양의 행동을 발견하고
숫양 대신에 사람이 그 역할을 대신할 수 있다는 사실을 알게 되었다." 존 어데
어(John Adair), 『위대한 리더들 잠든 시대를 깨우다(Inspiring Leadership)』, 이
윤성 역, 미래의 창, 2006.2.25., 74쪽. 양치기에 대한 로마의 '감찰관 카토(Cato
Censorius)'의 이야기도 주목할 필요가 있다. 감찰관 카토는 '대카토'라 불리는
사람으로, 키케로의 유명한 저서 『노년에 관하여』에 등장하는 주인공 노인이다.
"로마인은 양과 같다. 한 사람을 몰기보다는 그 한 떼거리를 몰기가 쉬울 것이기
때문이다. 다시 말해 양떼의 경우에는, 소수를 올바른 쪽으로 몰고 가기만 하면 나
머지는 따라오기 마련이다." 프랜시스 베이컨(Francis Bacon), 『학문의 진보(The
Advancement of Learning)』, 이종구 역, 신원문화사, 2007.1.15., 385쪽.

18 평강군의 군수는 대부분이 일본인이었으며, 8·9·11대 국회의원과 24대 서울
시장을 지낸 이해원(1930.9.14.~2014.12.11.)의 아버지인 이태용(1909.3.16.~
1968.4.1.)이 드물게 한국인 군수를 지냈다. 그는 상공부 장관과 3·4·5·6대 국회
의원을 지낸 인물로 강원도 양구군과 평강군 군수를 지냈다.

19 '꾸미(혹은 뀌미)'는 '고명'과 같은 말로 음식의 모양과 빛깔을 돋보이게 하고 음
식의 맛을 더하기 위해 음식 위에 얹거나 뿌리는 것을 일컫는다. 따라서 '꿩고기
꾸미 냉면'은 냉면 위에 삶은 꿩고기를 얹은 냉면을 말한다.

20   남북이 분단된 이유는 케네디 대통령 시절 미국 국무장관을 역임한 딘 러스크 (Dean Rusk)의 회고록『냉전의 비망록(As I Saw It)』에 기록되어 있다. 오늘의 대한민국은 기적적으로 태어난 나라임을 알 수 있다. "소련군은 일본의 패전이 확실시되자, 8월 8일 대일 선전포고를 하고 일본이 항복하기까지 불과 일주일 동안 참전하고서 연합군 행세를 하게 됐다. 얄타회담에서 제안했던 대로, 전쟁이 끝나면 양국은 지상군 최전방에서 반경을 긋고 일본군 무장해제를 하게 되어 있었다. 그때 미군은 오키나와까지 와 있었고 소련군은 함경북도 청진까지 진주해 있었다. 약속대로라면 일본 본토는 미군의 관할 구역이 되고 한반도는 제주도까지 소련군의 관할 구역이 될 판이었다. 일본이 항복한 직후 워싱턴의 백악관에서는 대통령 주재로 국무장관과 해군장관 등 국가 수뇌들이 진후 한반도 문제를 숙고하고 있을 때, 당시 육군 작전국 정책과 과장이었던 찰스 본스틸(Charles Bonesteel) 대령과 선임 장교 딘 러스크가 회의장에 급히 뛰어들어가 소련군의 한반도 진입을 극구 반대했다. 만일 소련군의 한반도 진입을 허용한다면 한반도는 틀림없이 공산국가가 되어 소련의 위성국이 되고, 부동항을 얻기 위해 혈안이 된 소련은 세계 2차 대전에서 최고의 전리품을 획득하게 되는 셈이며, 이미 공산화된 중국과 합세해 지구상에서 대적이 없는 패권국이 되고, 미국은 죽 쑤어 개에게 주는 꼴이 된다. 이렇게 해서 미국 정부는 두 젊은 장교의 주장을 인정하고 소련군의 한반도 진입을 저지하기 위해 대책을 심사숙고한 끝에, 이미 함경북도에 와 있는 그들은 몰아낼 구실이 없어 더 이상 남하하지 못하도록 설정한 것이 바로 북위 38도선, 즉 38선이었던 것이다. 이러한 역사적 배경을 모르는 대다수 국민은 무조건 미소 양대 강국이 우리나라를 분단시킨 원수로 생각하고 있다. 사실은 우리가 미국을, 특히 위에서 언급한 두 장교를 고맙게 생각해야 한다. 만약 그때 38선이 설정이 안 되었더라면 대한민국은 탄생하지 못했고 우리는 그동안 김일성과 김정일의 통치를 받았을 것이며 생지옥에서 시달렸을 것이다." 마이클 리,『CIA 요원 마이클 리』,《조갑제닷컴》, 2015.4.16., 25~26쪽.

21   이계홍, "소련 유배 반탁노인 아들과 극적 해후",《동아일보》, 1990.12.18. 이계홍, "동토서 조국 찾아온 25시 인생: 북한 반탁 운동 소련 교포 전용익, 현태묵 옹",《동아일보》, 1991.6.18.

22   "조선민주주의 인민공화국은 인민위원회 정권 형태를 그대로 유지하고, 초대 내각 성원은 남한 출신이 10명, 북한 출신이 12명으로 구성되었다." 이중근 편저, 『광복 1,775일(중)』, 우정문고, 2014.12.10., 1,425쪽.

23 북한은 1946년 2월 8일 북조선임시인민위원회를 창립했다. 김일성은 창립 연설에서 북한에서 봉건적 토지 소유 관계의 철저한 개혁을 역설한 바 있다. 이후 이 기관은 3월 4일 '북조선 토지개혁에 대한 법령'을 공포하고, 3월 8일 토지개혁 세칙을 발표했다. "이때 무상몰수한 경지는 101만 정보에 이르고, 북한 총 경지 면적 198만 정보의 51%를 차지. 원소유자 소유 경지 면적의 80%가량에 해당함. 토지개혁을 완성한 후, 북한 정부는 토지등기부를 소각함." 이중근 편저, 『광복 1775일(상)』, 우정문고, 2014.12.3., 315, 335, 337쪽.

24 대한민국의 토지개혁은 1949년 4월 27일에 이루어진다. "농지개혁은 농민들에게 광복을 실감케 한 최대의 변혁이었다. 수백 년간 지탱해온 농지 제도를 근원적으로 바꿔놓은 엄청난 변화의 기본 방향은 '농토를 농민에게'였다. 농지개혁은 위로부터의 부르주아적 개혁으로서 반봉건적 토지 소유를 기본적으로 해체하고 농민적 토지 소유를 확립시켰다는 역사적 의미를 갖는다. 농지개혁은 다수의 자작농이 탄생됨으로써 농업 생산력 발전의 계기를 마련하고 또 이를 통해 산업자본이 축적되는 단초가 생겼다는 점에서 한국 자본주의 전개에 한 획을 그었다는 측면이 인정되고 있다" "운명의 날들 광복 50년(6) 농지개혁", 《경향신문》, 1994.12.8.

25 북한의 토지개혁은 불과 26일 만에 끝났으며, 공산당 건물에 수류탄을 던지거나 소련군 막사를 공격하는 등 지주들의 반발도 만만치 않았다. 토지를 빼앗긴 지주들은 원칙적으로 72시간 안에 빈손으로 고향을 떠나야 했다. 토지의 무상몰수는 '친일파 민족 반역자 숙청'이라는 구호 아래 추진되었다.

26 "38이북 소식: 북조선의 토지개혁 3월 말일 전까지 실행", 《동아일보》, 1946.3.15.

27 근래에 중고교 현대사에서는 북한의 토지개혁을 긍정적으로 그리고, 대한민국의 토지개혁은 북한이 먼저 토지개혁을 실시했기 때문에 마지못해서 따라간 개혁 정도로 간주하는 경향이 있다. 그러나 대한민국 정부가 실시한 토지개혁은 대단히 성공적이었다. 유상몰수 유상분배 방식을 통해 95.7%의 소작농이 자작농으로 전환되었다. 국가에서 토지 1년 소출의 150%에 해당하는 금액으로 토지를 사들였고, 농민들에게 5년 분할 상환 방식으로 유상분배되었다. 온전히 소유권이 이전되었기 때문에 명실상부한 토지개혁이라 평가할 수 있다. 원래 지주들은 소출의 300%를 주장했지만, 정치적 타협을 통해 150%로 합의했다. 하지만 지주들이 토지 제공의 대가로 받은 지가 증권은 한국전쟁으로 말미암아 그 가치가 급락하여 20%대로 떨어졌다. 결국 지주들은 원래 지가의 33% 정도만 받을 수

있었다. 지주들의 자산도 토지만 유상몰수하고 나머지 재산을 보호해줌으로써 사적재산권의 침해를 최소화했다. 여러 측면에서 대한민국의 토지개혁은 성공적이었다. 조성빈, "북한의 토지개혁과 농민공 문제", Libertarian's blog, http://blog.naver.com/csungbin0212, 2016.4.5.

28 북한의 토지개혁과 소출의 25%를 거두어들이는 현물세 도입이 농민들의 농노제 도입이란 사실을 남한의 지식인들도 정확하게 알고 있었다. 김용갑, "공출의 기본적 의의", 《동아일보》, 1948.9.19.

29 강제적이고 공개적인 자아비판이 반복되다 보면 사람은 정신적으로 뼈와 살과 정신이 각각 분리된 듯 느끼고, 자신의 신념이나 믿음과 전혀 다른 이야기를 아무렇게나 지껄이는 데 익숙한 표리부동한 인간이 된다. 이처럼 사악한 정치체제는 인간성 자체를 바꾸어놓는데, 공산당은 자신들의 권력을 굳건히 하기 위해 자아비판을 정치적 도구로 적극 활용한다.

30 이북 학교는 9월부터 학기가 시작되고 학교 시험은 5점 만점이었다.

31 "히틀러나 괴벨스가 연설에서 '우리들은 빵 가격의 인상도, 인하도, 고정화도 바라지 않는다. 나치스에 의한 가격을 요구한다'고 외치면 농민들은 갈채를 보냈다. 이것은 파시즘의 본질을 정확히 나타낸 것이었다. 그런데도 모두가 '선거용 슬로건'으로 받아들일 뿐 심각하게 생각하지 않았다. 진지하게 받아들인 나는 몇 번이나 '순진하다'란 말을 들었다." 피터 드러커(Peter F. Drucker), 『피터 드러커 나의 이력서(My Personal History)』, 남상진 역, 청림출판, 2006.2.5., 65쪽.

32 피터 드러커, 『피터 드러커 나의 이력서』, 남상진 역, 청림출판, 2006.2.5., 67쪽.

33 이 문장은 중국 고전 『예기(禮記)』에 나온다. 공자가 조국 노나라의 실정에 염증을 느껴 정치적 야심을 펼치기 위한 나라를 찾아 이곳저곳을 떠돌 때의 일이다. 제나라로 가던 중에 3개의 무덤 앞에서 우는 여인을 만나게 되는데, 그 사연이 특별했다. 시아버지, 남편, 아들이 모두 호랑이에게 잡혀서 죽음을 당했다고 한다. 그래서 공자는 여인에게 이곳을 떠나 다른 곳으로 가면 어떻겠느냐고 묻는다. 그러자 돌아온 답은 의외였다. 여기서 사는 것이 그나마 나은데, 다른 곳에서는 무거운 세금을 감당할 길이 없기 때문이라고 말했다. 공자는 여인을 위로한 다음 길을 떠나면서 제자들에게 "이는 실로 가혹한 정치가 호랑이보다 무서움을 알려주는 말이다"라고 말했다. 공산치하는 세금을 넘어 목숨을 예사롭게 빼앗는 체제다.

34 대학을 함께 다녔던 박수길(전 유엔 대사)은 인터뷰에서 "이용만은 머리가 굉장히 잘 돌아가는 사람입니다"라며 예화를 들어주었다. "당시 고려대에는 국제법학으로 쟁쟁한 박재섭 교수가 있었습니다. 영어, 불어, 독어를 다 하는 분이었는데, 이분한테 점수를 잘 받기가 아주 어려웠습니다. 이용만은 일을 해야 하기 때문에 출석 상황이 좋지 않아서 한번은 시험이 실격 처리가 된 적이 있었습니다. 그런데 재시험에서 99점을 받았습니다. 교수님은 점수가 아주 짠 분이셨거든요. 일을 하면서도 대단한 성적을 받았습니다."

35 미 국무성, 『한국(Korea)』(1949), 2장 'Resource and Economy'에서 볼 수 있듯, 당시에 많은 지주들이 남쪽으로 내려왔다. "남한 경제는 북한으로부터 남하한 상당한 수의 피란민과 아시아 각처로부터 돌아온 피란민으로 인해 부담을 느끼게 되었다. 1940년부터 1948년까지 8년 동안에 남한 인구는 3분의 1 이상 증가했다. 1940년의 남한 인구는 1,496만 9,000명에서 2,004만 1,000명으로 증가했다." 천병규 역, "한국의 자원과 경제 1: 급증하는 남한 인구", 《경향신문》, 1949.2.19.

36 북한의 토지개혁과 주요 산업의 국유화로 인한 월남민 수와 한국전쟁으로 인한 월남민의 총수는 200만 명을 넘어섰다. 한영우, 『다시 찾는 우리 역사』, 경세원, 1997.2.29., 552쪽.

37 "인민학교(초등학교) 교재는 공산주의에 대한 A, B, C가 아니면 김구 및 이승만 타도, 스탈린 원수 만세, 김일성 장군 만세뿐이다. 전번 도군인민위원선거 때는 소학생들을 동원하여 투표하도록 유세했다. 교원들은 공산주의 선전에 대한 지식만 알면 그뿐이다." 함상훈, "언론의 언론", 《경향신문》, 1947.3.2.

38 1950년 10월, 평강에 주둔했던 최문관은 평강농협 건물에서 반체제 분자를 색출하여 괴롭히던 위장 감옥을 발견한 일을 증언한다. "평강농협 건물 울타리를 자세히 살펴보니, 벼 가마니로 울타리를 둘러쌓고 건물 안은 추수 후 현물세를 농민에게서 공출받아 벼 가마니로 울타리를 둘러쌓은 것같이 철저히 위장하여 읍민을 감쪽같이 속이고 있었다. 울타리 안으로 들어서면 네모난 정원이 있고 정원 주위로 보통 사무실 3~4개가 있는데, 그중 하나는 문 안쪽 벽 뒷면에 작은 미닫이 쪽문이 있었다. 그 쪽문을 밀어 열면 육중한 철근 창살이 있고 그 안쪽은 땅 밑으로 계단이 지하로 내려가게 되어 있었다. 울타리 밖에서 외견상 훑어보면 평범한 농업협동조합 건물이지만…… 반동분자를 색출하여 지하에 비밀리에 수감

하고 누구도 알 수 없는 방법으로 처리하도록 특수 목적으로 구축된 특수 구조물 지하 감옥이었다. 북한은 공산체제에 무조건 복종하지 않으면 반동으로 몰아 쥐도 새도 모르게 처형하는 극비 감옥을 한촌 읍면에까지 설치해놓았다." 최문관, "강원도 한촌에도 인민군 극비 감옥", 『6·25전쟁 참전 수기 3』, 대한민국 6·25참전 유공자회, 2011.12., 145쪽. 최문관은 이 글의 후기에서 이런 당부를 아끼지 않는다. "겉과 속이 180도 다른 2중 구조, 철저한 속임수, 그것이 공산주의의 실체다. 그러나 지금도 그들의 교묘한 전략 전술에 속아 종북 좌경 활동을 하는 사람이 허다하니 죽어봐야 저승을 안다는 것인가?"

39  "국가는 사회주의 교육학의 원리를 구현하여 후대들은 사회와 인민을 위하여 투쟁하는 간결한 혁명가로 지덕체를 갖춘 공산주의적 새 인간으로 키운다." 북한 신헌법, 제3장 제39조.

40  해방부터 한국전쟁 발발 이전까지 북한 사상교육은 마르크스–레닌주의 학습과 계급 교양에 중점을 두었다. "북한은 친미파와 친일파, 특히 지주와 기업가 등 '매국적 반동 세력'들을 투쟁 대상으로 설정하고, 이들과의 투쟁에서 승리하기 위해서는 사상 교양 사업을 강화함으로써 주민들의 사상 무장을 통해 계급적 자각이 필요함을 역설했다." 최승현, 『북한의 정치적 변화 요인이 청소년 학생들의 정치 사상 교육에 끼친 영향에 관한 연구』, 한국교원대학교 교육정책대학원 석사 학위논문, 2005.2., 20쪽.

41  "이승만 씨의 '풍경'은 전년보다 후퇴한 감을 주는데 섭섭하다. 이 씨는 조선미전이 생긴 이래로 꾸준히 출품해왔으며 특선, 무감사 등의 명예로운 등급에도 여러 번 참여했던 것을 필자는 잘 기억하고 있다. 하여간 이 씨는 우리 서양화계에 있어서 꽤 오랜 연조를 가진 분으로 일찍부터 일가의 위를 차지하고 있었음을 자타가 공인하는 바다." "조선미전단평(7)", 《동아일보》, 1933.6.8., "한편으로는 김중현 씨, 이승만 씨 등 중심되어 소위 옥동패의 양화군이 있었으며, 또는 고려미술협회가 있어 동양화에 김은호 씨, 조각에 김복진 씨와 서양화에는 정규익 씨, 박용래 씨와 이종우 씨 외 여러 양화인이 모여 주로 양화의 연구와 지도를 했으며", "조선문화20년(18) 회화편(하)", 《동아일보》, 1940.5.4.

42  강한 교육열을 가진 아버지들은 자식을 키우면서 장단점을 정확히 본다. 초등학교 1학년 때 일본인이 반장을 하고 난 후, 이용만이 2학년부터 5학년까지 줄곧 반장을 하고 우등생이 되면서 아버지가 그에게 거는 기대는 아주 컸다.

43  북한은 1946년 미·소 공동위원회가 결렬될 때부터 북한을 '민주 기지'로 삼아서

남한을 적화 통일시키겠다는 전략을 세우고 있었다. 북한은 남한의 빨치산 투쟁에 훈련된 게릴라를 직접 파견하여 지원했다. 인민군의 병력과 무기도 소련과 중국의 지원으로 크게 늘어났다. 예를 들어, 비행기와 탱크는 소련이 지원하고, 중국은 중공군에 참여했던 조선의용군 5만 명을 인민군에 편입시켜주었다. 병력 면에서 북한은 남한을 압도했기 때문에 남한 무력 정복에 자신감을 갖게 되었다. 한영우, 『다시 찾는 우리 역사』, 경세원, 1997.2.29., 559쪽.

44  이어진 5가지 증언은 평전 작업을 위한 인터뷰와 이용만의 기고문에서 동시에 확인했다. 이용만, "내가 체험한 6·25 남침: 이용만 전 재무부 장관의 수기", 《조갑제닷컴》, 2009.3.17.

45  경원선은 일제가 한국 병합이후에 가장 시급한 사업의 하나로 추진되어 1910년 10월에 시작하여 1914년 8월 14일에 완공되었다. 용산~의정부~철원~평강~삼방관~석왕사~원산으로 이어지는 총 연장 223.7킬로미터 철도다. 현재 남측 구간은 백마고지역에서 군사분계선까지 16.2킬로미터, 북측 구간은 군사분계선에서 평강까지 14.8킬로미터가 끊어진 상태로 남아 있으며, 단절된 31킬로미터를 연결하면 서울에서 최단으로 시베리아 횡단철도와 연결된다. 『문화원형백과』, 한국콘텐츠진흥원. 『두산백과』, 동아출판사.

46  "나는 여기서 6·25전쟁 전후에 나타난 10대 불가사의를 지적함으로써 향후 국가방위를 위한 교훈으로 삼고 싶다. 그것은 군사적 상식으로는 도저히 이해할 수 없는 미스터리다. 나는 6·25 초전의 전후 사정을 종합 판단할 때 군 내외에서 좌익 분자들이 긴밀하게 합작, 국군의 작전을 오도했다고 확신한다. 그러면 통적(通敵) 분자가 과연 누구냐? 나로서는 수상하다고 느껴온 사람이 있지만 심증만 갖고 꼭 집어 거명하기는 어려운 일이다. 그들 가운데는 죽은 사람도 있지만 아직 살아 있는 사람들도 있다. 그러나 언젠가는 누군가가 확증을 제시할 것으로 믿으며 이런 증언이야말로 국가의 백년대계를 위해서도 긴요한 일이라 믿는다. 풀려야 할 가칭 10대 미스터리는 다음과 같다. 일선 부대의 적정 보고를 군 수뇌부에서 묵살 내지 무시했다는 점이다. 전후방 부대의 대대적인 교대다. 6.13~6.20에 걸친 전후방부대 이동 역시 가장 부적절한 조치였다. 6월 11일부터 발령됐던 비상경계령이 6월 24일 0시에 해제됐다.", 이형근, 『군번 1번의 외길 인생: 이형근 회고록』, 중앙일보사, 1994.2., 55~57쪽. 이형근은 초대 육군사관학교 교장, 초대 합참의장 그리고 9대 육참총장을 지냈다.

47  같은 장소에서 이용만보다 먼저 면접을 보고 불합격 처리된 김정원이라는 친구

는 훗날 인민군에 끌려가 탱크병으로 복무하다가 탈출에 성공한다. 그는 같이 월
남하여 경신고등학교와 육군사관학교를 거쳐서 대한민국 육군 대령으로 예편했
다. 교통부 비상계획관을 지냈다.

48  민청은 '민주주의청년동맹'의 약어다. 지금은 사로청, 즉 '김일성사회주의청년동
맹'으로 불리워진다. 14~30세의 근로 청년, 학생, 군인들로 구성된 근로 단체 가운
데 하나로, 공산당의 혁명 사상, 김일성 주체사상과 그것을 현실에 구현하는 공
산당 정책을 무장시키기 위한 정치사상 고양 사업을 강령으로 하고 있다. 1946년
1월 17일 북조선민주청년동맹으로 출범하여 1996년 1월 19일 김일성사회주의청
년동맹으로 개칭했으며, 지금도 활동하고 있다. 조선노동당을 지원하는 역할을
하고 있다. 민청위원장은 속칭 '빨갱이 대장'이다.

49  경원선은 서쪽의 마식령산맥과 동쪽의 광주산맥 사이에 발달한 좁고 긴 골짜기인
추가령구조곡(혹은 추가령지구대)을 따라 건설된다. 참고로 추가령구조곡은 함
경남도 안변군과 강원도 평강군과의 도계(현 강원도 세포군)에 있는 높이 752미
터의 고개인 추가령을 중심으로 남서 방향으로 뻗어 내린 골짜기다. 경원선 건설
시에 '세포~고산' 노선이 험준한 지형적 장애 때문에 가장 나중에 건설되었다.

50  인민군은 남한의 점령지에서 선전선동과 궐기대회로 의용군을 모집한다. 학생
들을 학교에 모은 다음에 격렬한 선전으로 아이들을 얼떨떨하게 만들어 곧이어
궐기대회를 개최하고 아이들의 공명심을 부추겨서 의용군을 모집했다. 의용군
에 지원하면 바로 그다음 날 출진하는 형식으로 부족한 병사들을 충원하지만,
'자발적' 의용군 모집은 곧 한계에 부딪히게 된다. 사람들이 북한 점령군의 의도
를 알아차렸기 때문이다. "백성들은 이제는 다 눈치를 채고 무슨 모임이든지 집
회에는 노인이 아니면 여자가 판을 치게 되었다." 인민군은 최후의 수단으로 체
포와 강제징집을 동원한다. 유영익·이채진 편, 『한국과 6·25전쟁』, 연세대학교
출판부, 2002.11.15., 191쪽.

51  "군인 적령자에 대한 군사증 교부에 대하여", (조선민주주의인민공화국 군사위
원회 명령 제35호, 1950.7.30.), 국사편찬위원회 편, 『북한관계사료집 23(1950)』,
국사편찬위원회, 1996, 436쪽.

52  김화읍에서 북동쪽으로 김화, 창도, 금강 그리고 고성이 위치해 있다.

53  '단발령 고개'는 강원도(북한) 창도군과 금강군 경계에 있는 높이 818미터의 고
개다. 이 고갯마루에서 바라보는 금강산이 절경인데, 겸재 정선이 단발령에서 처
음으로 금강산을 대면하는 순간을 그린 그림이 『신묘년풍악도첩(辛卯年楓嶽圖

帖)(1711년)』에 나오는 〈단발령망 금강산도〉다. 금강산 풍광이 너무 뛰어나서 머리를 깎고 속세를 떠나고 싶어진다는 데서 단발령의 지명이 유래했다. 신라 말 마의태자가 이 고개에서 삭발했다는 전설이 전해 내려오고 있다.

54 3사단과 수도사단은 10월 1일 38선을 돌파했다. 이후 국군은 10월 4일 강원도 고성을 점령하고, 10월 6일 통천을 탈환했으며, 10월 10일 원산을 탈환했다. 이중근 편저, 『6·25전쟁 1,129일』, 우정문고, 2013.7.27., 159~165쪽.

55 이중근 편저, 『6·25전쟁 1,129일』, 우정문고, 2013.7.27., 159~165쪽.

56 맥아더 사령관은 10월 1일 방송에서 북한군 최고사령관(김일성)에 항복을 권하고, 10월 9일에 최후통첩 형식으로 항복할 것을 다시 한 번 권한다. 아래의 인용문은 10월 9일에 발표된 내용이다. "인민군 총사령관에게, 귀관의 군대는 전면적인 패배를 당하여 이제 절대적으로 전투 능력의 완전 섬멸이 불가피하게 되었다. 귀관의 지휘하에 있는 전 군대에 대하여 군사적으로 감시하에 무기를 버리고 모든 적대 행위를 정지할 것을 요구하는 바이다."

57 이현희, 『한국의 역사 22: 6·25전쟁』, 청아출판사, 2015.2.

58 진실화해위원회, 『2010년 상반기 조사보고서 01』, 진실화해위원회 제9차 보고서 2010.6. 중에서 "인제 지역 적대 세력 사건" 참조.

59 이북에서 미리 월남했던 사람들 가운데 이북의 공산정권이 괴멸하자 고향으로 돌아가 전승국의 사람같이 후대받고 돌아온 사람들도 있었다. 그래서 한때는 사람의 왕래가 많았고 군용도로는 지프로 가득 차기까지 했다. 이현희, 『한국의 역사 22권, 6·25전쟁』, 청아출판사, 2015.2.

60 1950년 12월 B-29의 융단폭격 대상이 된 평양에 돌아온 김일성은 "집 두 채 말고 아무것도 없구나"라며 한탄했다고 전해진다. 소련군 참전용사인 야누스 카노프는 융단폭격으로 초토화된 평양을 이렇게 회상한다. "당시 평양은 완전히 초토화돼 있었습니다. 미군의 융단폭격으로 살아 있는 것은 구경조차 할 수 없었어요. 집들의 윤곽도 알아볼 수 없었으니까요.", 《RUSSIA 포커스》, 2013.7.27.


**제1부 고향 땅이 공산화되다 │ 3장 한국전쟁 참전과 사선을 넘어서**

61 화천 출생으로 수용소 생활을 했던 유옥순(여성, 1936년생)의 증언이다. 유옥순, "배고파 힘들었던 수용소 생활", 2013.5.12., 『「연구사업」 한국학 분야 토대 연구

지원: 한국전쟁 체험담 조사 연구 — 현지답사를 통한 한국전쟁 관련 구술담화의 집대성과 DB 구축』, 한국학중앙연구원, http://waks.aks.ac.kr

62  이중근 편저, 『6·25전쟁 1,129일』, 우정문고, 2013.7.27., 179쪽.

63  이중근 편저, 『6·25전쟁 1,129일』, 우정문고, 2013.7.27., 228쪽.

64  이중근 편저, 『6·25전쟁 1,129일』, 우정문고, 2013.7.27., 227쪽.

65  태평양전쟁의 승패를 가른 것은 불도저라는 주장도 있다. 1942년 일본은 과달카날 활주로 건설을 위해 강제 징용한 조선인 근로자를 포함해서 많은 인력을 투입하지만 한 달이 되도록 완성하지 못했다. 반면에 미국은 불도저를 이용해서 신속하게 마무리한다. 미국 최대의 불도저 제조회사인 캐터필러(Caterpillar)가 전시 군수업체 가운데서 랭킹 44위에 포함되어 있었다. 일본은 태평양 선선의 비행상 건설을 지원하기 위해 불도저 개발을 서두르게 되는데 1943년 코마츠(Komatsu) G40이 선을 보이지만 전쟁 중에 불과 150대가량이 사용되었을 뿐이다. 일본은 양산 체제를 도입하지 못한 상태에서 전쟁이 끝나고 만다. 일본군은 불도저가 "인간 1,000명의 몫을 한다"는 의미로 '센진리키(千人力)'라고 부르기도 했다.

66  제2국민병(국민방위군)은 1950년대 말 「국민방위군 설치법」에 따라 같은 해 12월 소집령에 의해 경찰과 군에 가지 않은 만 17세에서 40세 미만의 장정으로 조직되었던 준 군대 조직을 말한다. 각 지방에서 소집된 장정들은 육로 또는 해상 선박으로 제주도와 남해안 지역으로 이동했다.

67  이용만과 함께 이동하던 중에도 사고가 일어나서 죽음을 당한 사람들도 있었다. 그는 사고를 당한 사람들에 대해 이렇게 말한다. "문경새재를 넘기가 힘드니까 요령을 피워서 우회도로를 이용한 사람들 가운데 지뢰를 밟고 죽은 사람들이 있었습니다. 저는 힘이 들더라도 정상적인 길을 우직하게 따라가서 그런 사고를 당하지 않았습니다."

68  식량을 빼돌리는 방법은 우선 행군 중에 정상적으로 군인에게 지불되어야 할 식량을 책임자가 착복하거나, 둘째로 어렵게 교육대에 도착하더라도 수용 능력이 없다고 거절하는 일이었다. 반면에 각 교육대의 간부들은 이들을 며칠씩 수용한 것처럼 서류를 꾸며서 예산과 식량을 착복하기도 했다. "1951년 1월, 1·4후퇴 때 제2국민병으로 편성된 국민방위군의 고급 장교들이 국고금과 군수물자를 부정 처분, 착복해 아사자와 동사자가 속출했다. 사망자만도 1,000명이 넘었다. 이 참상이 국회에서 폭로돼 신성모 국방장관이 해임되고 이시영 부통령은 사임하면서까지 국회에 국민이 의혹을 풀어달라고 요청했다. 그해 7월 중앙고등군법회의

는 김윤근 대한청년단 단장, 윤익헌 부단장 등 5명이 사형을 언도받고 총살형이 집행되었다. 우리 군 사상 최대의 부정 사건이 국민방위군 사건이다." "횡설수설", 《동아일보》, 1992.11.20. "1950년 12월 15일 이승만은 국민방위군 설치 법안을 국회에 상정했고, 이 법안은 12월 16일 국회를 통과해 공표와 동시에 발효되었다." 이재오, 『한국 학생운동사: 1945~1979년』, 파라북스, 2011.11.22., 132쪽.

69   조성관, 『실물로 만나는 우리들의 역사』, 웅진씽크빅, 2005.9.10., 89~90쪽.

70   1933년 흥남 출신의 주인공 이재명은 한국의 현대사가 가족의 운명을 어떻게 뒤흔들었는지를 찬찬하게 정리하고 있다. 이 책에는 전쟁에 나가는 것은 곧 죽음을 뜻했다는 당시의 분위기를 전하고 있다. 이재명·이봉진, 『가족이 있는 삶』, 이케이북, 2014.12.26.

71   대구 제1훈련소는 1948년 6월 27일에 설립되어 미국 제6보병사단 병기교육단에 의해 경기관총, 2.36인치 로켓포, 57밀리미터 대전차포 운용 교육을 담당했다. 한국전쟁이 발발하면서 대구 제1훈련소는 1951년 1월 21일 제주도 남제주군 대정읍으로 제1훈련소 본부가 이전되었다. 3월 21일 거제도와 제주도에 있던 제3·5훈련소를 제1훈련소로 통합하면서 본격적으로 징병된 인원에게 기초 군사 훈련을 제공하고 병사들을 전선에 공급했다. 약 50만 명이 훈련받았으며, 휴전 이후에 논산시에 있는 육군훈련소로 대부분의 교육 및 훈련 부대가 옮겨 가게 되었다.

72   한국전쟁 수기의 공통점은 3가지다. 배고픔, 수면 부족 그리고 추위. 군에서 제공하는 보급품의 보충이 쉽지 않았고 군인들의 수가 적었기 때문에 이는 늘 함께했다. 김종민, 『대전쟁: 예비역 육군대령 김종민의 6·25 참전기』, 동아E&D, 2010.3.

73   김창조 소대장의 3남이 제공한 소대장의 수기 중에서 '가리산 전투분'을 인용하다.

74   '중공군 및 북한군, 유엔군의 공방을 나타낸 지도(1951년 1월 2일~2월 28일)'를 참조한다. 정순태, "'죽음의 골짜기'에서 당한 '인디언 태형(笞刑)'", 《조갑제닷컴》, 2016.6.16.

75   기밀 해제된 문서에 의하면 횡성전투에서 국군 사망 및 실종자는 9,844명, 미군 등 유엔군 사망 및 실종자는 2,018명으로 총 1만 1,862명이 사망 및 실종되었다. 유용원, "전투가 아니라 학살에 가까웠던 비극의 현장", 유용원의 군사세계, 2012.6.28. 『Special Secret Report: 2nd 38th Infantry-HOENGSONG』, Korean War Project 21D-00400302.

76   2월 25일, 공산군 횡성 서북방 참호에서 1~2만 명이 반격 기도. 2월 27일, 미 제

1해병사단 횡성 동방고지 탈환, 횡성 돌입. 2월 28일, 미군 2개 사단 중부전선 횡성 부근에서 공산군 방어선 분쇄, 공산군의 중요 동서 보급선 차단. 이중근 편저, 『6·25전쟁 1,129일』, 우정문고, 2013.7.27., 306~308쪽.

77  http://www.koreanwar.org에서 미군 2사단 38연대를 참조한다.

78  김창조 소대장이 생전에 남긴 수기 가운데서 '가리산 전투'에 이용만이 속한 부대의 활동상이 소개되어 있다. "1951년 4월 18일: 이른바 중공군의 대공세가 시작될 무렵 우리 중대는 홍천 북방의 가리산 고지를 주저항선으로 대치 중이었다. 이미 인제에 있던 아군 3군단은 중공군에 의해 커다란 타격을 받고 무너져버렸고 미 2사단 38연대, 23연대, 9연대도 붕괴되고 말았다. 그러나 우리 중대는 중공군의 연대 병력과 일대 육박전을 벌이는 전투에서 지형적인 이점을 이용해 중공군의 대병력을 무찌르는 데 성공했다. 중대원의 피해 상황을 점검할 때 유엔군 경비행기가 우리 중대의 상공을 선회하더니 작은 박스를 투하했다. 그건 작전 명령이었다. 38연대의 위치를 지도상에 표시해주고 야음을 이용해 철수하라는 것이었다. 우리 중대는 밤이 깊어지기를 기다려 38연대가 위치한 강원도 횡성으로 이동을 시작했다. 2일간 식량 보급이 중단된 상태에서도 우리는 이동을 계속했고, 3일 후 횡성 집결지에 도착할 수 있었다. 그곳에서 부대원을 재편성하여 3군단이 빼앗긴 인제를 탈환하기 위해 공격을 시작했고, 공격 후 3일 만에 고지 탈환에 성공했다. 나는 이곳에서 여러 번의 크고 작은 전쟁을 더 치렀다."

79  "은행 인사: 주택은행 〈1급〉, 안전계획실 김창조", 《매일경제》, 1976.2.14. "인사: 주택은행 안전관리실안전계획, 김창조", 《매일경제》, 1977.2.8.

80  동원그룹의 창업자인 김재철 회장도 미국 참치캔 회사인 스타키스트(Starkist)의 본사가 있는 피츠버그에서 2010년 이후 매년 한국전쟁 참전용사를 초청하는 행사를 열고 있다. 참고로 동원그룹이 스타키스트를 인수한 해는 2008년이다.

81  초청의 말씀에서 이용만 장관은 이렇게 말한다. "우리나라가 이렇게 성장하고 국민들의 생활이 풍요로워진 데에는 우리들의 노력을 빼놓고 보면, 미국과 미군들의 희생적인 지원과 봉사의 은덕이라는 생각을 저희들은 늘 잊지 않고 있습니다. 추수감사절을 즈음하여 조금이나마 그분들께 감사한 마음과 위문의 시간을 갖고자 주한미군 장병 130여 명을 초청하는 자리를 마련했습니다. 바쁘시더라도 꼭 참석하셔서 그분들께 감사의 뜻을 표해주시고 자리를 빛내주시기 바랍니다. 준비한 사람들: 이용만 김명하." 조갑제, "북한군 총알 몸에 품고 사는 이용만 장관이 주한미군을 위하여 마련한 잔치에 다녀와서", 《조갑제닷컴》, 2014.11.15.

82    "!!! Important Request !!!–Information sought about 'Rock Ranger Company', 38th Infantry Regiment, May 1951", 《Bulletin; Second Infantry Division Korean War Veterans Alliance》, Volume 15 No.3, November. 2010.

83    "손해 보듯 산다"는 것이 쉽지 않다. 손해와 이득 앞에 갈등하는 보통 사람들의 마음은 이렇다. "조금은 손해 보듯 살자 해놓고 막상 손해 보면 억울하고, 누군가 나를 이용하면 적당히 모른 척하고 넘어가자 생각해놓고 막상 나를 이용해먹은 것을 알면 또 억울하고, 그러다 보니 매일 나만 억울하다." 임후남, 『아들과 길을 걷다 제주 올레』, 생각을 담는 집, 2010.7.12., 35쪽.

84    같은 소대에 근무했던 장도현 전우와는 오발 사건이 있었다. 한번은 장도현이 실수로 1미터도 안 되는 거리에서 이용만의 얼굴에 발사한 권총 탄알이 아슬아슬하게 비껴간 사고가 있었다. 장도현은 인민군에게서 노획한 권총을 처음 보고 살피다가 탄창을 빼고 실탄이 없는 것으로 착각하여 "권총은 이렇게 쏘는 거야"라면서 2인용 천막에 드러누워 있는 이용만의 얼굴에 들이댈 때가 있었다. "기분 나쁘니 치우라"고 이용만이 소리치는 순간 발사된 총탄이 이용만의 좌측 귀 바로 옆 담요에 박히고 만다. 자칫 잘못했으면 1미터 앞에서 쏜 오발 사건으로 이용만은 목숨을 잃을 뻔했다. 이 사건을 두고 이용만은 기적이라고 말한다.

85    북한군의 전사자 수는 50만 8,797~52만 2,000명으로 추정된다. 『한국전쟁피해통계집』, 국방군사연구소, 1996, 144쪽. 『6·25전쟁 피해 현황 통계』, 국가기록원.

86    『알아봅시다!: 6·25전쟁사(3권)』, 국방부 군사편찬연구소, 2005, 144쪽.

87    대구와 경북 지방에 기독교를 전파하다가 숨진 선교사를 기념하는 묘역이 동산 의료원 '은혜의 정원'(외국인 묘지)이다. 이곳에는 13개의 묘석이 있는데 입구에는 아래와 같은 글귀가 우리를 맞는다. "우리가 어둡고 가난할 때 태평양 건너 머나먼 이국땅에 와서 배척과 박해를 무릅쓰고 혼신을 다해 복음을 전파하고 인술을 베풀다가 삶을 마감한 선교사와 가족이 여기에 고이 잠들어 있다."

**제2부 혈혈단신으로 바닥에서 일어서다 | 1장 배움을 향한 갈증**

88    클라우드 브리스톨(Claude Bristol), 『신념의 마력(The Magic Believing)』, 최염순 역, 비즈니스북스, 2007.12.20., 94~95쪽, 251쪽.

89    "질문: 명예 제대한 상이군인으로서 학비를 감면하려면 어떻게 해야 합니

까?"(종로RYM 생) 이상의 질문에 대한 관계 당국에 타진한 결과를 종합하면 다음과 같다. 상인군인으로서 학비 감면하려는 조치는 문교부령 제18호 수업료 및 기타 징수금에 관한 규정 제4호에 의해 학교장은 정원의 2할 이내에서 면제 혹은 감면할 수 있게 되었는데 대상자가 많아 각 학교장이 수많은 상이장병이 희망하는 대로 수월하게 감면이 안 되는 형편이다. "진학의 길 열어주오 ― 본사 싸롱에 반영된 제대 장병의 호소", 《경향신문》, 1954.4.7.

90  한국산업은행 조사부, 《조사월보》, 1959년 8월, 1면.

91  미국의 경제 원조는 이른바 대충 자금으로 운영되었다. 한국 정부는 무상 증여 원조 달러 액에 상응하는 원화를 한미 간에 협정된 환율로 환산하여 한국은행에서 차입하여 적립한 후 원조 물자를 판매한 대금으로 이를 갚아야 했는데, 이렇게 형성된 재정 자금이 대충 자금이다. 신용옥, "1950년대 대충 자금 및 미국 대한 원조의 경제적 성격", 『한국민족운동사연구』 제31집, 2002.6., 235~236쪽.

92  "전란으로 인해 학업을 중지하고 용약 출범하여 멸공 통일 전선에서 분투하다가 명예의 부상 혹은 질병으로 인하여 제대한 장병은 현재 상당수를 점하고 있는데, 이 상이장병들이 중지되었던 학업을 계속코자 하나 생활난과 경제난 등으로 뜻을 이루지 못하고 당국의 적절한 조처만을 하늘같이 바라보고 있는 수많은 군상을 본지 '경향싸롱'에 들어온 일부 투서에 의해 이들의 고민 상담을 밝히고 이에 대한 당국이 해명을 들어보기로 한다. 그런데 대체로 당국에서는 지지부진한 탁상공론만을 세우는 무성의를 보이고 있는 한심한 상태에 놓여 있다."

93  "서울 한강과 주변의 모습들", 한가람의 사랑방 블로그, http://blog.naver.com/nahasa1, 이 블로그는 1950년대와 60년대 한강과 주변의 옛 모습에 관해 풍부한 사진 자료를 제공하고 있다. 그 밖에 "한강과 사람들 ― 1950년대, 그 겨울의 추억"(서울역사박물관), http://blog.naver.com/flowerbud21과 한영수(사진작가), 『Seoul, Modern Times』, 한스그라픽, 2014.9.1. 등도 당시를 이해하는 데 도움이 되는 사진 자료들이다.

94  "한강 결빙의 어제와 오늘", 《노컷뉴스》, 2012.1.27.

95  이 학교는 1947년 10월 22일 독립운동가이자 백범 김구의 수제자인 한관섭이 서울대에 이어 해방 이후 두 번째로 정식 인가를 받은 한국 최초의 4년제 정규 야간 대학이다. '한국대학'이란 교명은 1955년에 '국제대학'으로 변경되었다. 캠퍼스는 장충동(서울시 중구 장충동 2가)에 있었으며 2개 학부 5개 학과가 있었다. "서경대학교의 전신 국제대학", http://blog.naver.com/glen4, "연혁", 서경대학교 홈

페이지(http://www.skuniv.ac.kr/history)

96 "한국대학(1947) — 나무위키", https://namu.wiki/w/한국대학(1947)

97 참고로 경제학과와 상업학과는 각각 10 대 1의 경쟁률을 보였다. "15 대 1의 최고율 고대법과지원자 수", 《동아일보》, 1954.3.14.

98 이기수(전 고려대학교 법대 교수, 제17대 고려대학교 총장)는 인터뷰에서 "관계를 중심으로 고려대 출신들을 가장 많이 챙긴 고대인 3인방은 장덕진, 이용만, 김중권 선배입니다"라고 말했다.

99 필자도 이제껏 이루어냈던 여러 가지 성취 가운데서도 대학 입시가 발표되던 순간을 아직도 잊지 못한다. 젊은 날 참고 이겨낸 끝에 스스로 이루어낸 명실상부한 첫 번째 성취물이기 때문이다.


**제2부 혈혈단신으로 바닥에서 일어서다 │ 2장 일하면서 공부했던 대학 생활**

100 하버드대학교의 교육심리학자인 하워드 가드너가 지그문트 프로이트(Sigmund Freud)의 젊은 날에 대한 평가에서 소개한 문장이다. 하워드 가드너(Howard Gardner), 『열정과 기질(Creative Minds)』, 임재서 역, 북스넛, 2004.7.15., 110쪽.

101 심상기는 인터뷰에서 이렇게 말한다. "능력이 있고, 일에 대한 열정이 있고, 맡은 일을 아주 잘 해내는 장점을 가진 친구입니다."

102 겐조 도루(見城徹), 『전설이 파는 법』, 위즈덤하우스, 2016.7.6., 16쪽.

103 "김용환 전 재무부 장관 인터뷰: 호암 탄생 100주년, 다시 길을 묻다(하), 호암은 자기 완결력이 가장 강한 기업인", 《한국경제》, 2010.2.3.

104 어윤대(전 고려 총장)는 인터뷰에서 이렇게 말한다. "저도 행정고시 합격자 수를 늘려야 한다는 생각을 가져왔습니다. 그런데 이용만 선배가 강하게 요구를 하고 그 요구가 합리성이 있었습니다. 그분의 열정에 감동해서 제가 총장 재임 중이었던 2005~2006년에 걸쳐서 행정학과 정원을 늘렸습니다. 대학 내에서 정원 조정이 아주 힘듭니다. 그럼에도 불구하고 했습니다. 2~3년 후부터 행정고시 합격자들이 크게 늘었습니다. 그분이 모교에 기여한 것입니다."

105 새뮤얼 스마일즈(Samuel Smiles), 『새뮤얼 스마일즈의 자조론(Self-help)』, 김유신 역, 21세기북스, 2006.1.5., 322~323쪽.

106 "자존감이 높은 사람은 자기 약점을 포함하여 있는 그대로의 자신을 수용한다.

반대로 자신에 대한 불안, 즉 '자기 불안(anxiety about self)'으로 인해 자존감이 낮은 사람은 첫째, 자신의 약점을 받아들이지 못하고, 둘째, 그 약점을 너무 중대하게 취급하며, 셋째, 자신 말고는 아무도 알아차리지 못하는 약점을 자꾸 끄집어낸다." 슈테파니 슈탈(Stefanie Stahl), 『심리학, 자존감을 부탁해(Leben kann auch einfach sein!』, 김시형 역, 갈매나무, 2016.7.15., 20쪽.

107 "Money giving is a very good criterion, in a way, of a person's mental health. Generous people are rarely mentally ill people." ─ Dr. Karl Menninger

108 존 맥스웰(John C. Maxwell), 『인생성공의 법칙(Failing Forward)』, 이현수 역, 비전과 리더십, 2003.12.5., 174쪽.

109 존 맥스웰(John C. Maxwell), 『인생성공의 법칙(Failing Forward)』, 이현수 역, 비전과 리더십, 2003.12.5., 179쪽.

110 존 맥스웰(John C. Maxwell), 『인생성공의 법칙(Failing Forward)』, 이현수 역, 비전과 리더십, 2003.12.5., 180쪽.

111 김인섭은 인터뷰에서 이렇게 말한다. "나보다도 생활력이 강하고 의지력도 강하고 목표에 대한 집념을 가지고 있어서 성공할 거라 생각했어요."

112 "이용만(80) 전 재무부 장관은 5,000만 원을 전달했다. 이 전 장관은 원래 방위성금으로 5,000만 원을 기탁할 예정이었지만, 국방 예산에 직접 지원할 수 있는 법적 근거가 없어 대신 영화 제작을 후원하기로 했다. 이 전 장관은 '국민의 안보의식은 국가 방위에서 총칼만큼이나 중요하다'며 '좋은 영화가 만들어져 많은 사람들이 보고 희생된 이들을 기억했으면 한다'고 말했다." "영화 〈연평해전〉이 깨우쳐준 안보, 성금 9억 돌파", 《조선일보》, 2013.6.24.

113 김민희(고대 행정학과 55학번)의 고향은 속초로, 한국전쟁 이전까지 북한 교육을 받았다. 두 사람은 모두 체험에서 우러나오는 국가관을 갖고 있다. 그는 인터뷰에서 이렇게 말한다. "특유의 친화력이 있고 남을 돕고 사는 사람이라고 생각합니다. 평소에 가까운 지인이나 친구들에게 베푸는 데 결코 인색하지 않을 뿐만 아니라 노블레스 오블리주의 실천가입니다."

114 "한국 농구의 살아 있는 역사, 관록의 KBL 수장 김영기", 고려대학교 스포츠 블로그, http://blog.naver.com/sportsku, 2015.10.29.

115 이용만과 대화를 나누다가 이런 이야기를 듣게 되었다. "내가 상복이 없는가 봐요. 훈장이나 상을 받은 것이 별로 없습니다. 상을 받을 기회가 생기면 주변 사람들에게 다 주어버렸거든."

116 이용만이 젊은 날부터 주변 사람들을 챙기고 작은 것이라도 베푸는 모습을 볼 때면 『채근담』의 문장을 생각하게 된다. "작은 길이나 좁은 곳에서는 한 걸음만 멈춰 다른 사람이 먼저 지나가게 하고, 맛좋은 음식을 10분의 3만 덜어내 다른 사람이 맛보게 하라. 이것은 세상을 안락하게 살아가는 최상의 방법 중 하나다." 『채근담』 「전집 제13장」.

### 제2부 혈혈단신으로 바닥에서 일어서다 │ 3장 사업과 결혼

117 『위대한 개츠비』(1925)로 세계적인 명성을 얻었던 미국 소설가 스콧 피츠제럴드(F. Scott Fitzwerald)의 명언이다.

118 "연간 50만 달러에 달하는 우표를 뉴욕과 런던에서 거래하고 있는 '타우브' 씨는 우표가 일종의 국제적 통화로 전환되었다고 말했다." "우표 사업은 투자 사업", 《경향신문》, 1957.10.5.

119 우표 매판 창구는 새로 발행되는 우표뿐만 아니라 이미 발행된 기념우표 또는 현재 사용되고 있지 않은 우표를 파는 동시에 우표 수집 안내와 이에 따르는 편의를 봐주기 위해 설치되었다. "우표 수집가를 위한 매판 창구 따로 마련", 《동아일보》, 1958.5.1.

120 28년 전부터 우표 수집에 눈을 돌린 은행가 윤종호는 국내외 우표 5만 종을 갖고 있었는데, 인터뷰에서 이렇게 말한다. "우표 수집은 취미로 하는 것입니다. 장사? 아무렴 장사도 되죠. 불과 몇 십 환으로 사둔 것이 20~30달러로 팔리는 수가 많으며, 외국 팬들과 우리나라 우표를 요령껏 교환하면 월수입 10만 환 이상을 올릴 수도 있습니다." "숨겨둔 아르바이트, 은행가 윤종호", 《경향신문》, 1958.9.23.

121 마빈 토케이어(Marvin ToKayer), 『한 권으로 읽는 탈무드의 지혜(Talmud)』, 신동수 역, 민중출판사, 2012.4.5., 175쪽.

122 이용만은 인터뷰에서 운명에 대해 이런 이야기를 한다. "(인터뷰 당일 재무부 출신 현직 국회의원 3명과 식사 모임을 한 이후라서) 오늘 만난 의원 중 하나는 이재국으로 왔던 친구입니다. 둘은 세제국으로 갔던 친구입니다. 재경직에 배치된 사람들이 도착할 때 세제국에 빈자리가 나 있으면 세무공무원이 되고, 이재국에 나 있으면 이재공무원이 되고, 관세국에 자리가 나 있으면 관세공무원이 됩니다.

진로가 완전히 달라지지요. 그러니까 사람이 통제할 수 있는 게 참으로 없다는 겁니다. 젊었을 때는 다 자기 힘으로 하는 것 같지만 말입니다."

123 "Philatelic Collector Inc.—Our History", https://pcistamps.com/Our_History.html

124 법정 문서에는 '패튤라 앤 라자르'가 피고인으로 참석했던 기록이 남아 있다. 2명의 공동 창업자는 "개인적으로, 그리고 공동 창업자로 '패튤라 앤 라자르'를 경영했다는 기록이 남아 있다." U.S. Districe Court for the Southern District of New York, 184 F. Supp. 21(S.D.N.Y. 1960), 《JUSTA US LAw》, 1960.5.27.

125 "1950년대 초반 나는 어린 우표 수집가였다. …… 알렉스 크라우스(Alex Krauss)는 '시티 홀 스탬프 상회(City Hall Stamp Shop)'를 소유하고 있었고 가장 낮은 가격에 우표를 팔았다. 그러나 그가 갖고 있던 재고는 빈번히 바닥났다. 그래서 그는 116 Nassau Street에 있는 '패튤라 앤 라자르'에서 바닥난 재고를 채웠다. 이 회사는 그 거리에 있던 주요한 도매상이었고 그 유명한 스탬프 빌딩의 소유자였다." Alex Weiss, "New Issue Stamp Dealers: A Remembrance", Herrick Stamp Company-America's Leading Stamp Dealers Since 1946, https://www.herrickstamp.com

126 남편 김성길과 아내 김병인의 가족사는 소설보다 더 슬픈 한국 현대사의 한 부분이다. 김성길은 평강소학교에 모인 2,000여 명의 군중 앞에서 신탁통치에 반대하는 연설을 했다. 철원의 경찰서에 잡혀 있다가 김성길을 포함한 5명이 평양으로 끌려갔다가, 다시 소련으로 끌려갔다. 1952년까지 탄광에서 일하다가 스탈린이 죽고 난 다음 강제 노역에서 풀려나게 된다. 김성길은 이후 백화점에서 일하기도 하고, 소련의 중산층 집에서 아이들을 가르치다가 세상을 떠났다. 그때까지 김성길은 결혼을 하지 않고 혼자 살았다. 1991년에 이런 사실을 알게 된 가족들은 1996년에 그가 마지막으로 머물던 곳을 방문했다. 돌아오는 길에 김병인 권사가 한 이야기가 가슴을 울린다. "그래도 너희 아버지가 약속을 지켰다." 자식들이 무슨 약속을 지켰는지 묻자, "너희 아버지와 내가 결혼할 때, 아버지가 나를 미국 구경시켜주고 소련 구경시켜준다고 했다. 이제 돌아가시고 나서 다 구경시켜줬지 않니?"

127 김태영(1927년생), 김해영(1933년생), 김기영(1936년생), 김명숙(1942년생)이다. 둘째인 김해영이 이용만과 평강소학교, 평강고급학교 동기동창이다.

128 싱거 미싱(Singer Sewing Machine)은 1851년 세계 최초의 재봉기 브랜드로 탄생

했다. 1950년대에 싱거 미싱은 가족의 재산 목록 1호였다. 필자도 어머니가 평생 동안 사용하다가 누나들에게 넘겨준 싱거 미싱을 지금도 생생하게 기억하고 있다. 돌아가신 박경리 선생도 살아생전에 싱거 미싱을 귀하게 여겼는데, 이런 말씀을 남긴 적이 있다. "이 재봉틀(싱거 미싱)을 믿고 원주로 왔어. 이 재봉틀 믿고 『토지』를 시작했지. 실패하면 이걸로 삯바느질한다. 다만 내 문학에 타협은 없다."

129 김병인 권사와 전인항 권사는 서로 의지하며 지냈다. 두 사람 모두 공산당에 의해 남편을 잃었기 때문이다. 평안북도 영변 출신인 전인항 권사는 1949년 4대 제주도 지사를 지낸 남편 김용하가 납북되면서 세 아들인 김관중(전 대창기업 회장), 김덕중(전 교육부 장관, 전 아주대 총장), 김우중(전 대우그룹 회장)을 홀로 키워냈다. 전인항 권사가 기독교인이 된 것은 고향인 영변에 있던 숭덕학교 시절부터다.

130 김기영은 이용만과 오랫동안 친분을 나눈 친구의 동생이다. 그가 미국으로 건너가게 된 것도 이용만과의 인연에서 비롯된 일이다.

131 주경순은 아버지 주도동(朱道東)과 어머니 김계환(金啓煥) 사이에 태어난 2남 4녀 중에 둘째 딸이다.

132 "주경순 피아노 독주회가 29일 오후 7시 국립극장에서 열린다. 연주 곡목은 바흐의 파르티타 2번 외 베토벤, 드비시, 쇼팽의 작품",《동아일보》, 1967.11.28.

133 필자가 부모를 생각할 때, 그리고 필자가 자식과 대화를 나눌 때 이따금 떠올리는 말이다. "앞 세대가 절박한 심정으로 혼신을 다해서 살아냈기 때문에 지금 세대가 '아버지, 왜 그렇게 올인하고 살았습니까?'라는 질문을 할 수 있다. 앞 세대가 그렇게 살았기 때문에 그런 질문을 할 수 있는 여유가 생기게 되었다'고 답할 수 있다."

134 이윤자는 15년간 재동·교동초등학교에서 교편을 잡았으며 제11·13대 국회의원으로 활동했다. 그는 여성 소비자 운동의 선구자로 손꼽히는 인물이다. 특히 그는 호주제 폐지를 위한 민법 개정 및 영유아 보육법 및 남녀고용평등법 제정에 앞장서기도 했고, 50여 년간 여성 지위 향상과 권익 신장에 앞장섰다.

135 피터 드러커, 『피터 드러커 나의 이력서』, 남상진 역, 청림출판, 2006.2.5., 78~79쪽.

136 "새 정신으로 새 기구에서 일하라―특정 범죄에 대한 공소권 제한 등에 관한 법률과 신정부조직법의 공포를 보고",《경향신문》, 1961.10.3. "김정무 준장을 내각 기획통제관으로 임명",《경향신문》, 1961.8.27.

137 1949년에 만들어진 '고등고시령'에 의해 시작되었으며, 사법고등고시, 행정고등고시 그리고 1954년에 기술고등고시가 더해진다.

138 "사회보장제도 확립―박의장, 올해 행정 기본 계획 청취",《경향신문》, 1963.1.15.

139 "1964년 운영 계획 청취",《동아일보》, 1963.4.18.

140 장덕진(전 농림부 장관)은 1967년 이재국장으로 일할 때 이재2과장인 이용만을 만났다. 두 사람의 인연은 이후에 계속되는데 장덕진은 인터뷰에서 이렇게 말한다. "오늘날은 금융위원회나 금융감독원 등으로 금융 정책이 분화되어 다양해졌지만, 1970년대에는 사실상 재무부 이재국이 금융 정책의 중심이었습니다. 이용만 전 장관은 과장에서 장관으로 승진하기까지 모든 직책을 경험함으로써 역대 재무부 장관 중에서 흔치 않은 정통 금융 정책 관료였습니다. 그리고 대체로 재무부에서 어느 직위까지 근무하다 나가면 재무부 산하 기관에 가서 책임자로 몇 년 일하다가 퇴임하는 것이 관례인데, 이용만 전 장관은 각 금융기관에서 너도나도 영입하려 경쟁함으로써 재무부 관료 역사에서 일찍이 찾아볼 수 없는 사람이었습니다."

141 정무수석실 내에 정치, 경제(2실), 행정(3실), 외교, 농림 등이 모두 포함되어 있었으며, 정무비서관은 1급이고 그 밑에 8명의 2급 갑 비서관을 두고 있었다. 비서실장실과 정무비서실이 행정부의 모든 업무를 장악하도록 구성되어 있었다. 여현덕, "청와대 권력자 입맛 따라",《신동아》, 1997.11.

142 이용만은 인터뷰에서 이렇게 말한다. "지시 각서는 정치 분야는 정치 쪽에서 와서 쓰고 경제 분야는 내가 들어갔습니다. 경제 분야에 주제가 많은데 5개년계획이 있고 그다음에 예산이 있습니다. 뒷자리에 앉아서 이야기를 죽 적습니다. 특히 대통령이 지시한 것을 잘 받아 적어두어야 합니다. 회의가 끝나자마자 타자를 쳐서 작성자 이용만이라고 적어서 올립니다. 서봉균 비서관이 서명한 다음에는 비서실장이, 마지막으로 대통령이 합니다. 법률보다 더 위력적인 힘을 갖고 있었습니다. 예산이 얼마나 될지 등이 결정됩니다."

143 "행정의 달인, 박정희",《미래한국》, 2016.5.25.

144 "행정의 달인, 박정희",《미래한국》, 2016.5.25.

145 1966년, 36세에 서울시장(1966~1970)이 된 김현옥(金玄玉)은 서울도시기본계획을 세우고 '도시는 선이다'라는 구호와 함께 강변북로, 서울역고가도로, 북악스카이웨이, 세운상가, 지하도 건설 등과 같은 대형 프로젝트를 수행했다. 특히 그는 도시와 외곽을 연결하는 방사선 도로, 외곽과 외곽을 연결하는 순환도로, 도심의 주요 간선도로 확장에 심혈을 기울임으로써 그의 재임 기간 동안 총 710킬로미터의 도로가 건설되었다. 도로 신설 70건에 도로 확장 149건이 성사되었다. 1973년 내무부 장관을 끝으로 공직을 떠났고, 부산 장안중 교장(1981), 장안여자고 교장(1989) 등을 거쳤다. 김현옥은 박정희 대통령이 1960년 부산군수기지 사령관으로 있을 때 산하 부대의 항만사령관으로 있었으며, 5·16혁명 직후 부산시장을 거쳐 서울시장으로 발탁됐다. 서울역사박물관은 2016년 7월 1일부터 8월 21일까지 '불도저 시장 김현옥' 특별전을 개최한 바가 있다. 한국이 한창 일어서던 시기의 사진들을 보는 것만으로도 가슴이 벅찬 일이었다.

146 "동백림 사건 혐의자 중에서 김옥희(金玉姬, 당시 30세, 여자, 청와대 경호실 통신원)은 난수표를 소지하고 있다가 발각된 경우에 속했다. 그녀는 1963년 12월 프랑스 유학 중에 조영수와 결혼해서 그에 의해 포섭되었고, 1966년 3월 7일부터 박종규 청와대 경호실장 비서로 근무하다 이 사건으로 구속됐다. 1999년 9월 19일 MBC텔레비전의 '이제는 말할 수 있다―끝나지 않은 동백림 사건'에서 김옥임의 남편 조영수(趙榮秀, 당시 34세, 전 동국대학교 및 외국어대학교 강사)는 PD와의 전화 인터뷰에서 이렇게 말했다. '난수표를 갖고 와서 그냥 묻어두었다가 끝내버렸다. 중앙정보부 이용택 과장의 얘기가 맞다.'" 조갑제, "[자료집] 동백림 대남공작단 사건의 내막",『내 무덤에 침을 뱉어라』중에서,《조갑제닷컴》, 2006.1.27. "북괴서 게릴라전 기도공작단이 청와대까지 침투―김형욱 정보부장 회견",《동아일보》, 1967.7.20. 1968년 7월 30일 동백림 사건에 대한 대법원 판결은 김옥희 등 2명에 대해서 석방 판결을 내렸다. "9명엔 원심 확정―동백림공작단사건상고심선고",《매일경제》, 1968.7.30.

147 "경제개발 중점 둬―박 대통령, 67년 예산 편성에 지시",《경향신문》, 1966.7.20.

148 "박 대통령 언명 해마다 30~40%씩 공무원 봉급 인상",《동아일보》, 1966.7.20.

149 1926년생인 서봉균은 재무부 차관(1965.11.~1966.1.)―재무부 장관 서리―청와대 정무비서관(1966.7.~1966.12.)―외환은행장―재무부 장관(1967.12.~1968.5.)을 거치는데 이용만의 상사로 활동한 기간은 불과 6개월에 지나지 않는다.

150 "동안의 서봉균 씨는 한마디로 평하여 행운아. 그의 과거 경력을 더듬어보면 조금도 구김살이 없고 어두운 면이 없다. 경북중학을 나와 해방 후 도미, 휘트 대학을 졸업하고 이어 하버드대학 상과대학원을 수료한 상학 석사이기도 한 서 행장은 미국에 체류하는 동안 활동이 두터운 배경이 되어 박 대통령을 만난 존슨 미국 대통령이 서 행장의 안부를 물을 정도. 그는 미국에서 스탠더드석유회사와 미 연방준비은행 조사역을 거쳤다." "새 외환은행장에 임명된 서봉균 씨", 《경향신문》, 1966.12.20.

151 "이용만 재무장관 보스 기질 갖춘 '일벌레'", 《매일경제》, 1992.1.20.

152 어떤 상사를 만나는지가 중요하다. 서봉균 비서관이 재무부 장관으로 옮기기 전에 10여 일 정도 외환은행 설립준비위원장이자 초대 행장으로 내정된 적이 있다. 그때 그는 이용만을 외환은행 인사부장으로 데려갈 예정이었다. 그런데 갑자기 재무부 장관이 되면서 이용만은 외환은행 인사부장 대신에 재무부에 발을 딛게 된다.

153 이용만은 인터뷰에서 이렇게 말한다. "인생의 굽이굽이마다 나를 이끌어준 사람들이 있었고 그 가운데 한 분이 서봉균 장관입니다. 그분이 아내를 잃어서 지난 연말에 집을 방문해서 위로를 해드렸습니다."

154 이용만은 인터뷰에서 이렇게 말한다. "나는 그때 재무부가 대단한 곳인지는 몰랐습니다. 재무부 장관실에 발령을 받아서 갔을 때는 일반직이었습니다. 재무부에 일반직 자리가 딱 한 자리뿐이었습니다. 공보관 자리 말입니다. 곧바로 시험을 쳐서 재경직으로 옮겼습니다. 재경직이 되니까 바로 장관이 이재2과장을 시켰습니다."


**제3부 공직에 뛰어들다 | 2장 재무 관료로서의 첫걸음**

155 원시 자본 축적은 공업화에 들어가기 이전에 이미 민간 부문에 축적되어 있는 농업 잉여나 상업 이윤을 말한다. 최항순, 『발전행정론』, 신원문화사, 2006.2.25., 280쪽.

156 김유택(부정축재환수관리위원장), "부정 축재 환수의 현황과 전망", 1962.12., 『최고회의보』, 1962, 98~102쪽.

157 이용원, 『제2공화국과 장면』, 범우사, 1999.8.25., 7, 199쪽.

158 화폐 발행액 1,653억 환(1962년 6월 9일 기준)에서 현금 보유액 1,582억 환을 제하고 나면 71억 환이 남는다. 이 가운데 미회수 발행액은 40억 환에 불과하고 신고 금액별로 보더라도 100만 환(신권 10만 원) 미만이 90.5%, 1억 환 이상은 7건인 12억 환에 불과하여 퇴장 자금은 극히 미미한 것으로 밝혀졌다.

159 이완범, 『박정희와 한강의 기적 ― 1차 5개년계획과 무역 입국』, 선인, 2006.1.16., 183~204쪽. 국민호, 『동아시아 발전과 유교 문화』, 전남대학교출판부, 2007.8.30., 342쪽.

160 박정희 전 대통령이 농업 진흥, 자립 경제, 수입 대체 산업 육성 쪽으로 나아가기로 선택했다면 우리는 빈곤을 벗어날 수 없었을 것이다. 1945년 2차 대전이 끝난 이후에 대부분의 신생국가들이 이런 선택을 했다. 이미 1776년에 선을 보인 애덤 스미스의 『국부론』에는 중요한 역사적 경험이 담겨 있다. "농업의 이윤은 유럽 어디에서나 다른 투자의 이윤보다 우세하지는 않은 것 같다. 사실 유럽의 모든 구석에서 사업가들은 몇 년 사이에 토지의 경작이나 개량에 의해 얻을 수 있는 이윤에 대해 그럴듯하게 설명함으로써 대중을 즐겁게 했다. 그러나 그들의 계산을 특별히 검토하지 않아도 계산의 결과가 거짓이라는 것은 주위를 둘러봐도 알 수 있다. 우리는 매일같이 매우 굉장한 재산이 한 세대 안에 무역과 제조업에 의해 [종종 아주 작은 자본으로, 때로는 아무 자본 없이] 획득된 것을 본다. 그와 동일한 시간에 그와 같은 자본으로 그와 같은 재산을 농업에서 획득한 예는 금세기 동안 유럽에 한 건도 발생하지 않았다." 애덤 스미스(Adam Smith), 『국부론(The Wealth of Nations)』, 김수행 역, 동아출판사, 1992.9.20., 359쪽.

161 4·19 이후에 집권한 장면 정부는 1961년 봄부터 국토 건설 사업을 추진할 예정이었고 경제개발 5개년계획(1962~1965년)을 거의 마무리 지은 상태에 있었다. 민간 경제계와 보조를 맞추어서 경제개발을 해나가기 위해 1960년 12월 15일에는 닷새간에 걸쳐 우리나라 최초로 관민 합동회의 '종합경제회의'를 개최한 바가 있다. 하지만 강력한 리더십을 확보할 수 없었던 제2공화국에서 경제개발계획이 제대로 추진될 가능성이 아주 낮았다고 본다. 이용원, 『제2공화국과 장면』, 범우사, 1999.8.25., 199쪽. 경제제일주의를 표방했던 장면 정부는 5일간에 걸쳐서 경제 행정기구, 재정 금융, 산업 구조, 공기업, 국제수지, 고용 및 생활수준, 지방 개방 등에 대한 집중적인 토론을 거친 다음 한국판 뉴딜 정책을 수립할 예정이었다. "전 부문의 전환점 모색 ― 닷새 동안 뉴딜 정책 수립 지침", 《경향신문》, 1960.12.15.

162 이선민, "박정희가 관료와 기업인 건의로 밀어붙여, 미국은 오히려 제철소와 공단 짓는 데 반대", 《동아일보》, 2013.3.29.

163 '저축성 예금'은 예금주가 일정 기간 동안 돈을 회수하지 않을 것을 약속하고 일정 금액을 예치한 예금을 말한다. 정기예금, 정기적금, 저축예금 등이 이에 포함된다.

164 역금리 정책을 지속함으로써 은행수지는 점점 악화되었다. 은행의 수지 악화는 주주 배당과 증자를 어렵게 하고 자본금 규모는 상대적으로 왜소해지게 된다. 이는 예상치 못한 결과를 낳는데, 은행의 지급보증 한도가 부족해졌다. 은행의 지급보증 한도가 부족하면 기업이 수주한 국내외의 대형 공사에 대한 지급보증 서비스가 어려워진다. 정부는 이런 부작용을 해소하기 위해 정부의 은행 소유 지분에 대해 현물 출자로 증자에 참여함으로써 기업의 금융 수요를 충족시켰다.

165 1966년 3월 1일, 청와대 민원비서관이었던 이낙선이 초대 국세청장으로 임명되면서 허남훈 사무관을 데려가고 그 후임으로 안공혁 사무관이 오게 된다.

166 안공혁은 인터뷰에서 이렇게 말한다. "이재국에서는 사무관이 꽃이었습니다. 장덕진 국장이 처음부터 그렇게 엄격하게 훈련을 시켰습니다. 1안, 2안 이런 식으로 올려서 안을 선택하라고 하면 야단을 맞았습니다. 사무관이 돼가지고 그것 하나 결정 못하냐고 말입니다. 당신 소신껏 하라 말했습니다. 그렇게 우리를 훈련시켰습니다."

167 "국민저축 배가 다짐", 《매일경제》, 1967.9.25.

168 이용만이 이재2과장으로 업무를 파악하고 순항하기까지 당시 이재1과장이었던 장덕진(대륙연구소 회장, 전 농림부 장관)의 도움이 있었다. 또한 장덕진은 이용만이 이재1과장에서 이재국장으로 승진하는 데도 조력했다. 훗날 이용만은 장덕진이 국회의원 출마를 할 때 무진동 집을 팔고 상도동으로 새 집을 지어 옮겼는데, 오로지 장덕진의 선거 운동(영등포 갑)을 지원하기 위해서였다. 이용만은 "장덕진은 내가 이재2과장 때 이재1과장을 했는데 학교는 나보다 1년 아래였지만 생각하는 게 나보다 훨씬 앞섰다"고 말한다.

169 이용만에게는 고려대 출신으로 재무부 장관(1978.12.~1980.5.)를 역임했던 김원기(1926~2001)가 힘이 되어주었다. 그는 충남 당진 출신으로 고려대학교 정치외교학과를 졸업하고 1961년에 재무부에 발을 디딘 이후 이재국장, 기획관리실장, 차관을 거친 다음 재무부 장관직에 올랐다.

170 인도는 한국보다 10년이나 앞선 1951년부터 5년 단위의 경제개발계획을 실시했

음에도 불구하고 성공하지 못했다. 신제도주의 학파는 두 나라가 모두 정부 주도 성장 정책을 펼쳤음에도 불구하고 성장의 격차가 큰 것을 제도 격차에서 원인을 찾는다. 황인학, 『제도와 경제성장: 우리나라 제도 경쟁력의 현황과 개선 과제』, 정책 연구 2015-08, 한국경제연구원, 2015.4.24., 13쪽.

171 Acemoglu, D., S. Johnson and J. Robison, "Institutions as a Fundamental Cause of Long-run Growth", Handbook of Economic Growth, 2005. 황인학, 『제도와 경제성장—우리나라 제도 경쟁력의 현황과 개선 과제』, 정책연구 2015-08, 한국경제연구원, 2015.4.24., 10쪽.

172 지방은행은 본점과 지점을 자기 도내에만 둘 수 있도록 했으며 시중은행에 비해 2.54포인트까지 높게 대출 금리를 부과할 수 있었고 정기예금에 대해서도 높은 금리를 지급할 수 있도록 배려했다.

173 원래 계획은 8월 중에 동시에 지방은행을 발족시킬 계획이었지만, 지방은행의 청약과 불입이 제대로 이루어지지 않았다. 가장 실적이 좋았던 대구은행의 경우에도 2억 원의 자본금 가운데 70%만 청약이 이루어졌을 뿐이다. 부산은행은 자본금 3억 원 가운데 50%를 겨우 넘겼을 뿐이다. 충청은행은 전혀 소식이 없었다. 결과적으로 불입이 이루어지는 순서로 하다 보니 순차적으로 이루어지게 되었다.

174 이호철, 『서울은 만원이다』, 삼성출판사, 1972.

175 이용만 장관은 주택금고는 남덕우 장관의 작품이었다고 말한다. "전에 주택은행이라는 게 있다가 지금은 국민은행이 돼서 없어졌는데, 뭐니 뭐니 해도 서민들은 자기 집 마련이 중요했습니다. 남덕우 전 총리가 재무부 장관이었을 때 땅 있는 사람은 집을 지을 수 있게끔 주택금고를 만들었다가 은행으로 승격시켰습니다. 그 당시 300만 원만 융자를 해주면 집을 지을 수 있었는데 그분의 구상하에 만들었습니다." "'각하 안 됩니다.' 남덕우의 돌직구가 그립습니다", 《데일리안》, 2013.5.22.

176 신탁 업무는 신탁기관이나 금융기관이 개인 또는 법인으로부터 금전 및 그 밖의 재산을 위탁받아 수익자의 이익을 위해 일정한 기간 동안 신탁 재산을 운용하는 것을 말한다. 수탁자로부터 받은 신탁 재산은 자기 재산과 별도의 계정으로 구분하여 운영해야 한다.

177 이용만은 인터뷰 중에 서울시의 한 국장이 방송에서 "남산터널은 박정희 대통령이 방공호를 만들라고 해서 만들었던 것이다"라는 이야기를 하는 것을 본 적이

있다고 말한다. 잘못된 사실임을 분명히 헤야 한다고 지적한 바가 있다.

178 남산터널 기공식의 의미는 이렇다. "한국신탁은행이 10억 100만 원을 투입하여 우리나라에서 처음으로 부동산 설비 신탁을 계획하여 실시하는 이 공사는 공익 건설 사업에 거액의 민간 자본이 장기 투자 형식으로 쓰이는 첫 번째 케이스다." "남산지하도 기공",《매일경제》, 1969.3.13.

179 1969년 6월 20일에 기공되어 같은 해 12월 20일에 완공된 '울산-언양 고속도로' 는 우리나라 첫 민영 고속도로다. 서울신탁은행이 16억 원을 투입하여 건설하고 50년간 자매 회사인 한신부동산주식회사가 통행료를 받아 공사금을 갚은 이후 에 경남도에 직영케 할 예정이다. "첫 민영고속 기공",《경향신문》, 1969.6.20.

180 "6일 재무부는 신탁은행 업무의 확대 방안으로 부동산 '설비 신탁'을 실시, 10억 원 을 남산터널 건설에 투자하기로 했다." "남산터널에 10억",《매일경제》, 1969.3.6.

181 "경영부실 한신부동산 대수술",《동아일보》, 1972.12.12.

182 "정부산하기업의 남설(濫設)을 경계함",《동아일보》, 1969.2.28.

183 "줄다리기하는 감정원과 금융단",《매일경제》, 1969.8.26.

184 오늘날 기준으로 국민들에게 강제 저축을 요구하는 일은 상상할 수 없는 일이 다. 하지만 비난 여론에도 불구하고 정부는 내자 동원을 목적으로 강제성이 더해 진 체계적인 저축운동을 강력하게 전개한다. 1961년 11월에는 저축운동 업무의 주관을 재무부로 정하고 재무부 이재국에 저축과를 신설케 한다. 저축과(이재2 과)는 법에 의한 지축 업무와 자발적인 민간 저축운동을 동시에 전개하는데, 저 축과(이재2과)는 매년 저축 목표를 정하고 저축 종류별 은행, 증권, 보험 등 기 관별 목표를 정한 다음 저축 의욕을 고취하기 위한 자료 보도, 저축에 관한 표어, 포스터, 논문, 방송 시나리오 등 다양한 방법으로 계몽 활동을 개최했다. 또한 매 년 저축 확대 회의를 개최하여 저축 유공자에 대한 포상을 실시했다. 결과적으로 1961년 5·16군사혁명 이후 1년간 저축성 예금은 62%가 증가했다. 1964년에 145 억 원에 불과하던 저축성 예금은 1965년에는 306억 원, 1968년에는 2,555억 원, 그리고 1980년에는 8조 5,770억 원으로 증가한다.

185 "저축 증대 법안 제출―여당 불가피한 것, 야당 폐기 투쟁 다짐",《경향신문》, 1969. 5.29.

186 "저축 증대 방안 전격 통과",《동아일보》, 1969.12.22.

187 안공혁은 인터뷰에서 이렇게 말한다. "그분이 젊었을 때는 술도 잘 안 받는 체질 이었습니다. 그런데 술을 먹어야 되면 억지로라도 남이 주는 대로 다 받아 먹고

그걸 또 견뎌냈습니다. 그러니까 그분의 체력이 워낙 좋은 것 같습니다. 저는 술을 한 방울도 못해서 참 어려운 세상을 살았습니다. 술 못 먹고 한국에서 사회 생활하는 게 얼마나 힘든지 모르실 겁니다."

### 제3부 공직에 뛰어들다 │ 3장 리더로서 첫걸음

188 장덕진은 인터뷰에서 축구 발전에 대한 이용만의 기여에 대해 이렇게 말한다. "제가 재무부 이재과장으로 부임했을 때 느꼈던 것은 직원들의 자질과 능력은 뛰어난데 서로 협심하는 기풍이 약한 것 같아서 매주 토요일에 각 은행 팀과 축구 시합을 하면서 협동심을 기르고 건강에 도움이 되도록 했습니다. 이것이 계기가 되어 재무부 이재국장으로 자리를 옮기면서 이재2과장 하던 이용만 전 장관에게 '축구를 해보니까 이 운동만큼 좋은 것이 없는데, 우리가 힘을 모아서 축구를 발전시켜보자'라고 의기투합했습니다. 당시에 우리나라에는 대한중석, 대한석탄공사 등 실업팀이 4개에 불과했습니다. 국가대표팀은 중앙정보부가 양지팀이라는 조직을 만들어 관리하고 있었기 때문에 축구가 발전되지 못했습니다. 그래서 저와 당시 이용만 이재2과장이 각 금융기관에 축구부를 신설하도록 했습니다. 한국은행 팀을 비롯하여 11개 금융기관이 축구팀을 만들었고, 나중에는 대통령배 쟁탈 금융단 축구대회까지 개최하게 되었습니다. 이 과정에서 실무적으로 금융기관장을 설득하고 축구팀 창단에 필요한 지도를 하는 일은 이용만 전 장관이 헌신적으로 노력했습니다. 오늘날 한국 축구를 지켜보면서 이렇게 축구가 발전하는 데 우리가 한몫을 했다는 생각을 하면서 다시 한 번 이용만 전 장관의 노고에 감사와 존경을 드립니다. 이렇게 빼어난 능력과 훌륭한 인품 그리고 강한 의지를 갖고 한평생을 살아온 이용만 전 장관과 더불어 50년간을 살아온 것에 무한한 자부심을 갖고 있으며 가장 존경하는 벗입니다."

189 이용만은 증권과장으로 옮긴 김창희에 이어서 이재2과장을 맡는다. 당시 정인용이 국제금융과장으로 이동했다. "재무과 계장급 이동", 《매일경제》, 1967.7.12.

190 민해영(당시 이재2과 계장)은 인터뷰에서 이런 이야기를 더한다. "그분이 일을 많이 했습니다. 체력이 좋습니다. 건강하지 않으면 일을 그렇게 할 수가 없습니다. 운동은 운동대로 축구 시합에서도 이기기 위해 최선을 다했습니다. 단합이 잘되었습니다. 마음으로 직원들을 모두 다 챙기려 하니 따르는 사람도 많았습니다."

191 "경제계에 큰 풍파 일으킨 부실기업 정리 ─그 안팎", 《경향신문》, 1969.8.18. "다큐멘터리 재계 50년 ─정부 보증 차관 얻어 투기로 흥청망청", 《매일경제》, 1995.8.2.

192 1969년 8월 21일 이용만이 이재1과장으로 발령받았을 때, 재무부 이재국장은 김 창희, 이재1과장은 이용만, 이재2과장은 홍인기, 보험과장은 조석래 등이었다. 이 재1과는 금융정책과로 금융정책과 아울러 한국은행, 산업은행, 중소기업은행, 국민은행 등 국책은행을 담당하고 있었다. 반면에 이재2과는 시중은행을 담당 하고 있었다.

193 서울대학교 문리대 정치학과 출신인 정영의(제34대 재무부 장관: 1990.3.1.~ 1991.5.1.)는 이용만(제35대 재무부 장관: 1991.5.1.~1993.2.1)에 앞서 재무부 장 관직을 역임했으며 1937년생으로 이용만보다 4살 적다. 그는 행정고시 13회 출신 이다.

194 이수휴(당시 이재1과 계장)는 인터뷰에서 이런 이야기를 더한다. "우리가 정책 을 잘 펴야 우리나라 경제가 잘될 수 있다는 생각을 갖고 있었고 이를 위해 진심 으로 애를 많이 썼습니다. 아시다시피 공직에 있는 사람들이 자기 자리를 유지하 기 위해 노력하는 사람들도 있지 않습니까? 그분이 과장 할 때 내가 사무관이었 고 장관 할 때 차관을 했습니다만, 사심 없이 경제 정책을 추진하기 위해 애를 쓰 신 것이 제일 인상에 남습니다."

195 정영의(전 재무부 장관) 인터뷰에서 인용하다.

196 M1은 민간이 보유하고 있는 현금과 당좌예금, 보통예금 등 예금 은행 요구불 예 금의 합계를 말한다. M1은 화폐 지급 수단으로서의 기능을 중시한 통화지표다.

197 정영의는 인터뷰에서 이렇게 말한다. "계수 조작이나 분식이라기보다 계수의 정 확성을 기하지 못한 점이 있었습니다. 그래서 IMF에서도 지표를 측정하는 시간 이 지나면 숫자가 크게 올라가니까(리바운드) 기준 통화를 계속해서 변경했습 니다. 처음에는 중앙은행의 순국내자산(1966~1969년 상반기)을 지표로 삼다가, 다음에는 본원통화(1969년 하반기)를 지표로 삼다가, 그다음에는 통화금융기관 의 국내여신(19780~1977년) 등의 지표를 중심으로 IMF와 협의로 약정된 일정 한도 내에서 통화 정책을 운영하도록 했습니다. 또한 월말 기준으로 하다가, 매 10일로 하다가, 매 5일 기준으로 하다가 월 평균치로 하기도 했습니다." 재무부 이재국, 『한국의 금융정책』, 1979.3.8., 78쪽.

198 "연말 통화량 증가율 22% ─새해 재정 안정 계획", 《매일경제》, 1968.12.11.

199  당좌수표를 담보로 빌리는 하루짜리 긴급 대출로, 부도 위기에 처한 기업을 지원
     해준다는 점에서 긍정적인 면도 있지만, 통화 관리 대상인 총통화(M2)에 잡히
     지 않아 규모가 커질 경우 시중 자금의 흐름을 왜곡시킬 수 있다.

200  남덕우,『경제개발의 길목에서』, 삼성경제연구소, 2009.9.15., 69쪽.

201  1969년 3월부터 6개월간 이용만이 IMF에 연수를 가게 되었을 때, 세계은행 조사
     역으로 근무하고 있던 이봉서(단암산업 회장, 전 상공부장관)를 만나게 된다. 그
     는 "제가 그때 그분을 처음 만났는데, 그때도 상당히 활달하고, 친화력이 뛰어났
     습니다"라고 회고한다.

202  대학 친구 신익현은 "그 친구는 유머와 센스가 아주 뛰어난 사람이다"라고 말한
     다. 집에 가던 길에 동네 아주머니들과 이런저런 이야기를 나눌 때가 있는데, 아
     주머니를 자주 웃기곤 했다. 한바탕 웃음꽃을 피운 아주머니들이 집으로 들어갔
     다가 다시 나와서 "아까 뭐라고 했니?"라고 다시 물어보는 일이 있었다. 다시 듣
     고 보니 그렇게 웃을 일은 아니었다는 것을 알아차리는 때가 있다. 이처럼 유머
     감각으로 남을 웃기는 재간이 젊은 날부터 있었다.

### 제3부 공직에 뛰어들다 │ 4장 남덕우 장관과 함께 한 정책

203  교수 출신으로 드물게 정책가로서 성공한 남덕우의 성공에는 초기 단계에서 재
     정 부문에서는 김용환, 세정 부문에서는 남상진(전 재무부 차관)이 기여한 바가
     크다. 김용환은 남상진을 이렇게 평가한다. "한국 최고의 세금 전문가였고 그가
     연구한 부가가치세가 한국 경제에 큰 획을 그었다."

204  이용만이 이재1과장을 맡기 시작했을 때는 이재국 산하에 이재1과와 이재2과,
     증권과, 보험과가 있었다. 그 후 증권과와 보험과가 각각 증권과 보험국으로 독
     립하고 안정계획과, 금융정책과, 이재1과(국책은행과), 이재2과(시중은행과)
     이재3과(제2금융과)로 바뀌게 된다.

205  "반세기 재무부의 역사는 곧 이재국의 역사다"라고 할 정도로 1994년 3월 이재
     국 간판이 내려질 때까지 역대 이재국장 33명 가운데 10명이 장관을 지냈다.《시
     사저널》, 1994.3.31.

206  김용환,『임자, 자네가 사령관 아닌가』, 매일경제신문사, 2002.3.12., 19~20쪽.

207  많은 사람을 고용해서 여러 가지 일을 해본 키만 네트워크 CEO 나카지마 다카

시(中島孝志)는 자신의 경험담을 토대로 "결론적으로 실패하는 사람은 사심을 갖고 있기 때문이다. 한편 성공하는 사람은 사심이 없다. 능력은 비슷하지만 '사심(개인의 이익만을 생각하는 마음)' 때문에 결과는 큰 차이를 나타낸다"고 말한다. 나카지마 다카시(中島孝志), 『파동경영』, 매일경제신문사, 1997.3.5., 129쪽.

208 "재무부는 7월 7일 밤 갑자기 국장급 인사이동을 단행했다. 이재국장에 홍승환 외환국장을, 이재국장 박봉환은 국세청으로 전보 발령했다." "재무부, 이재국장에 홍승환 씨", 《매일경제》, 1971.7.8.

209 이정재(전 금융감독위원회 위원장, 전 이재국장)와의 인터뷰에서 인용하다.

210 "화폐 남발 물가 폭등", 《매일경제》, 1969.10.25.

211 남덕우, 『경제 개발의 길목에서』, 삼성경제연구소, 2009.9.15., 82쪽

212 남덕우, 『경제 개발의 길목에서』, 삼성경제연구소, 2009.9.15., 83쪽

213 남덕우 재무부 장관의 재임 기간 동안의 정책과 업적을 기록한 책을 참조한다. 재무부 이재국, 『재무행정 5년사: 1969.10.21.~1974.9.18.』, 미발간 자료, 1974.10.21., 64~65쪽.

214 라응찬(전 신한금융지주회사 회장)은 신한은행이 봉급을 더 주게 된 사연을 인터뷰에서 이렇게 말한다. "제가 이희건 회장님을 만나서 시중에는 은행원들이 대출 커미션을 받는다는 소문이 파다하다고 말씀드렸습니다. 회장님이 시중은행보다 보수를 조금 더 주시면 일절 그런 일이 일어나지 않도록 하겠습니다. 보수를 올리는 것을 허락받은 다음에 '아무리 똑똑한 직원이라도 그런 일에 관련되면 바로 사표를 써야 한다'고 직원들에게 말했습니다."

215 1차 부실기업 정리는 1969년에 실시된 외자 도입 기업을 대상으로 하는 작업이었다.

216 "정부는 재벌에 막대한 특혜 융자를 해주어 한국적 악성 인플레로 재벌들은 가만히 앉아서도 2배, 3배로 재산이 불어났다"고 비판하는 지식인도 있다. 송건호, 『송건호전집7』, 한길사, 2002.12.6., 131쪽. 한 전직 재무부 장관은 인터뷰에서 "한국 재벌들 가운데 많은 수가 개발 인플레로 자본 축적에 큰 도움을 받았다"는 점을 분명히 지적한다.

217 "사채 동결을 중심으로 한 긴급 경제 조치를 토의하는 정책심의회의에서 경제 긴급조치와 병행해 사금융을 양성화하고 제도 금융화할 필요성에 의견이 모아져 남덕우 재무부 장관은 긴급조치가 단행되기 직전인 임시국회에서 1972년 8월 1일 단기금융업법, 상호신용금고법, 신용협동조합법 등 3개 법안을 통과시켰고 긴급조치와 더불어 각 법을 시행시켜 사금융 양성화와 제도 금융화를 도모했

다." 김정렴, 『최빈국에서 선진국 문턱까지 ― 한국 경제 정책 30년사』, 랜덤하우스중앙, 2006.8.1., 331쪽.

218 전광섭, 『주택금융론』, 부연사, 2010.3.15., 67쪽.

219 재무부 이재국, 『한국의 금융정책』, 1979.3.8., 541쪽.

220 1971년 6월 재무부 장관 초청으로 방한한 미국연방은행의 마쉬는 단자회사 설립의 기대효과로 "사금융의 양성화, 기업의 단기 자금 공급 원활화, 어음 할인 시장과 채권 발행 및 인수 시장 발전, 길게는 콜 시장 개발로 은행 간의 자금 과부족 조절, 중앙은행의 공개 조작을 위한 영역 확대로 금융 정책의 효율화 도모 등"을 들었다. "단기금융시장의 재조명 〈2〉 탈은행화", 《매일경제》, 1982.4.19.

221 재무부 이재국, 『한국의 금융정책』, 1979.3.8., 553쪽.

222 외환위기 이전에 외화 자금 수요가 늘어난 데는 몇 가지 요인들이 겹친다. 첫째, 정부는 시장 개방에 대비하여 대기업으로 하여금 금융 및 유통 산업 진출을 독려한다. 둘째, 금융시장 개방으로 인하여 기업들이 신규 투자를 위한 재원으로 외화 차입을 늘리게 된다. 셋째, 1996년 OECD에 가입함으로써 은행들은 국제결제은행(BIS)의 자기자본비율 준수 의무를 충족시키기 위해 상당한 규모의 대출금을 회수하기 시작한다. 넷째, 대기업들은 은행의 대출 축소에 대응하여 종금사를 이용하게 되는데, 이때 종금사는 급증한 대출금 수요를 해외 단기 자금으로 조달하게 된다. 정구현 외, 『한국의 기업경영 20년』, 삼성경제연구소, 2008.2.11., 36쪽. 김경원·권순우 외, 『외환위기 5년, 한국경제 어떻게 변했나』, 삼성경제연구소, 2003.6.5., 14쪽.

223 "준금융기구 체제로", 《매일경제》, 1970.4.23.

224 "경제의 안정과 성장에 관한 긴급명령의 공포, 시행에 따르는 대통령 특별 담화문", 김용환, 『임자, 자네가 사령관 아닌가』, 매일경제신문사, 2002.3.12., 97~101쪽.

225 8·3조치로 기업이 한숨을 돌릴 수 있도록 도움을 제공하면, 대기업이 기업 공개에 적극적으로 호응해야 한다는 점을 염두에 두었다. 김용환, 『임자, 자네가 사령관 아닌가』, 매일경제신문사, 2002.3.12.19., 91쪽.

226 "제도금융으로 사채 흡수", 《매일경제》, 1971.12.17.

227 남덕우, 『경제개발의 길목에서』, 삼성경제연구소, 2009.9.15., 88쪽.

228 중앙은행이 은행으로부터 받는 지불 준비금에서 발행하는 수익은 원본 없이 발생하는 이자 수익이다. 이는 전액 국고에 귀속되는데 은행의 손실분을 보신해구

고 나면 그만큼 국고 수익이 줄어들게 된다. 결과적으로 국민들이 추가적으로 세금 부담이 늘어남을 뜻한다.

229 이용만, 『재무부의 문을 다시 열며 — 이용만 공직 30년과 그 이야기』, 미발표문, 274~275쪽.


## 제4부 개인적 자질과 리더십 │ 1장 승진과 기회

230 조직 내에서 잘나가는 사람이었는데도 이용만에게는 적이 거의 없었다. 이 점에 대해 그는 인복이라고 말한다.

231 정영의(전 재무부 장관)는 인터뷰에서 "김용환은 기획 능력, 집행 능력, 자기희생 그리고 전력투구로 대표할 수 있을 정도로 탁월한 관료였다"고 말한다.

232 "이용만 씨, 재무부 기획관리실장",《매일경제》, 1975.2.24.

233 김용환 장관은 각자의 강점을 살려 이용만 기획실장을 재정차관보에, 그리고 고병우 재정차관보를 기획관리실장에 임명한다.

234 "이용만 재무부 재정차관보",《매일경제》, 1977.9.20.

235 "대체로 사람은 칭찬하는 말이 진실이라고 믿는 경향이 있으며, 비록 사람들의 칭찬이 명백한 사탕발림일지라도 그러한 말을 하는 사람들을 좋아한다"는 사실은 인간 본성의 한 부분이다. 로버트 치알디니(Robert B. Cialdini), 『설득의 심리학(Influence: The Psychology of Persuasion)』, 이현우 역, 21세기북스, 2013.7.22., 250쪽.

236 상대방이 자꾸 찾아오면 사람들은 누구든지 상대방에게 마음의 빚을 지게 된다. 마음의 빚을 진 사람은 이에 대해 보답하려는 심리를 갖게 된다. 심리학자들은 이를 '상호성의 법칙'이라 부르며 설득에서 중요한 방법 가운데 하나다. 로버트 치알디니(Robert B. Cialdini), 『설득의 심리학(Influence: The Psychology of Persuasion)』, 이현우 역, 21세기북스, 2013.7.22., 68~79쪽.

237 "타인을 설득할 때 그들이 얻을 수 있는 기회나 경험을 강조하는 것은 중요하다. 아울러 이 기회를 놓쳤을 때 감내해야 하는 손실을 거론하는 것도 효과적이다." 로버트 치알디니(Robert B. Cialdini), 『설득의 심리학(Influence: The Psychology of Persuasion)』, 이현우 역, 21세기북스, 2013.7.22., 345쪽.

238 심리학자 로버트 치알디니(Robert B. Cialdini)는 설득의 비밀을 "그 사람에게 신

세를 지게 되면 그 사람에게 매이게 되잖아요. 난 그 사람한테 빚지고 싶지 않았어요."라는 문장으로 표현하고 있다. 로버트 치알디니(Robert B. Cialdini), 『설득의 심리학(Influence: The Psychology of Persuasion)』, 이현우 역, 21세기북스, 2013.7.22., 67쪽.

239 "김희갑과 황정순 부부가 팔도에 사는 자식들을 찾아다니며 각 지방의 일화와 명소 및 발전상 등을 유람하는 내용으로 정부의 조국 근대화 정책을 홍보하는 대표적인 프로그램이었다. 여기에 출연한 배우와 탤런트는 김희갑, 황정순, 최은희, 장민호, 황해, 박노식, 태현실, 오지명, 전양자, 박근형, 문오장, 한혜숙, 김자옥, 윤소정 등 당시 스타를 총망라한 초호화 캐스팅이었다." 강동순, 『KBS와 권력』, 서교출판사, 2006.6.26., 36쪽. 조희연, 『박정희와 개발독재시대』, 역사비평사, 2007.8.10., 167쪽.

240 캐롤 드웩(Carol Dweck), 『성공의 심리학(Mindset: The New Psychology of Success)』, 정명진 역, 부글, 2006.5.10., 128쪽.

241 "당시 신민당 당수 유진오는 1968년 한 언론과의 인터뷰에서 '독재자는 거대한 건조물을 남기기 좋아한다. 경부고속도로 계획은 현 경제 실정에 비춰 사업의 우선순위에 의문을 갖게 한다'고 주장했다. …… 일부 경제 관료들도 서울~부산보다 서울~강릉, 포항~부산~순천~여수~광주 등 가로 방향의 도로 건설이 급하다는 국제부흥개발은행(IBRD)의 지적을 금과옥조처럼 여겼기 때문이다." 김동호, 『대통령 경제사 1945~2012』, (주)늘품플러스, 2012.4.23., 120~121쪽.

242 PL480은 미공법 480호 '미국의 농업수출진흥 및 원조법(Agricultural Trade Development and Assistance Act)'으로 미국은 자국의 농산물 가격을 유지하고 농산물 수출을 진흥하는 한편 저개발국의 식량 부족을 완화하기 위해 1954년에 법제화하여 잉여 농산물 원조를 각국에 제공한다. 한국은 1956년부터 1981년까지 혜택을 받았다. 미국 잉여 농산물은 한국의 식량 수급 안정에 큰 기여를 했지만, 농업 자생력에는 부정적인 영향을 끼쳤다. 잉여 농산물은 쌀과 밀이 주종이었고 원면과 우지 등도 포함되어 있었다. 1960년대와 1970년대에 청소년기를 보낸 사람들은 초등학교를 다니는 동안 점심시간에 줄을 서서 옥수수빵을 타서 먹었던 것을 또렷이 기억하고 있을 것이다. 필자의 기억 속에도 큼직한 옥수수빵이 아직 남아 있다. 이 나라가 먹고살 만하게 된 것이 그다지 오래된 일은 아님을 다시 한 번 생각하게 된다.

243 세계 경제의 침체와 석유 수입국의 원유 사용 절감으로 인하여 석유 시장은 초과 공급 상태로 변화했고, 이것은 곧 석유파동의 끝을 뜻했다.

244 중동 건설 시장에 최초로 진출한 회사는 삼환기업이다. 1973년 11월 사우디아라비아 제다 지사를 설치했고 카이바~알올라 구간의 고속도로를 따내며 국내 건설업체로는 최초로 중동 지역에 진출하는 데 성공했다.

245 대만의 통화 증가율은 1975년과 1976년에 각각 26.2%, 19.5%인 데 반해 소비자물가 증가율은 같은 기간 동안 5.2%, 2.5% 증가하는 데 그쳤다. 이용만, 『재무부의 문을 다시 열며 ― 이용만 공직 30년과 그 이야기』, 미발표 자료, 185쪽.

246 1961년 군사정부가 화폐(통화)개혁을 단행할 때 군사정부는 한국 거주 중국인이 갖고 있는 화폐에도 주목했다. 새 화폐를 찍기 위해 영국을 비밀리에 방문한 군사정부의 천병규 재무부 장관과 김용식 주영대사가 나눈 대화 중에 천병규 장관이 이렇게 이야기한다. "중국인들이 돈을 많이 가졌다는 소문도 있고, 돈의 현황 파악을 위해서도 차제에 화폐를 바꿀 필요가 있다." "김용식 회고록 한국외교 33년 비화 희망과 도전 〈9〉 화폐개혁과 극비 훈령", 《동아일보》, 1984.1.13.

247 오랫동안 해외 선교를 해온 한 목회자는 한국과 중국의 기독교인을 비교할 때도 흥미로운 지적을 한다. 한국인은 자신의 형편에 비해서 헌금을 많이 내지만 중국인은 그렇지 않다고 말한다. "그들은 돈을 내라고 하면 벌벌 떨곤 합니다"라는 표현을 사용한다.

248 국토이용관리법(1972), 산업기지개발촉진법(1973), 공업배치법(1977), 한국토지개발공사법(1978), 환경보전법(1977), 국토이용개발법 개정(1978) 이외에 1970년의 '11·24 토지대책', 1974년의 '1·14 국민생활 안정을 위한 대통령 긴급조치', 1974년의 '12·31 부동산투기 억제 조치', 1978년의 '8·8부동산종합대책(8·8조치)' 등이다. 박재익, 『경기 활성화를 위한 부동산 정책이 경기에 미치는 영향에 관한 연구』, 목원대학교 산업정보대학원, 2004, 8쪽. 김학신, 『투기 과열 지구 지정이 아파트 가격에 미친 영향 분석』, 대구대학교 행정대학원, 2004, 12쪽.

249 김학신, 『투기 과열 지구 지정이 아파트 가격에 미친 영향 분석』, 대구대학교 행정대학원, 2004, 11쪽.

250 당시 시위에 참가한 투자자들의 요구 사항은 다음과 같다. "장기간에 걸친 증시 침체로 투자자들이 입고 있는 손실을 막기 위해 종합적인 부양책을 수립하라."

"투자자 집단 항의의 저변 불황장기화로 불안감 고조"《매일경제》, 1978.11.24.

251　이용만, 『재무부의 문을 다시 열며 ─ 이용만 공직 30년과 그 이야기』, 미발표자료, 2003, 117쪽.

252　김용환, 『임자, 자네가 사령관 아닌가』, 매일경제신문사, 2002.3.12., 222쪽.

253　같은 사안에 대해서도 기업가들은 대체로 자기 이익 중심으로 사물이나 현상을 바라본다. 정주영 회장의 회고록에는 중동 건설 붐으로 인하여 외자가 들어와서 인플레가 생기는 것이 왜 문제인지 반문하는 내용이 나온다. "당시 중동 건설에서 벌어 들여오는 대량의 달러 때문에 원화가 급팽창되어 인플레를 걷잡을 수 없을 것이라는 어설픈 경제 정책자들의 아우성이 대단했다. 지금 생각해도 쓴웃음을 지을 수밖에 없는 일이다." 결국 인플레와 중동 부실은 고스란히 은행과 국민의 부담으로 넘겨질 수밖에 없었다. 같은 사안에 대해서도 기업가의 시각과 정책가의 시각은 이처럼 다르다. 정주영, 『시련은 있어도 실패는 없다』, 제삼기획, 1991.10.5., 135쪽.

254　은행법에 의하면 보증 한도는 자본금과 적립금 합계액의 25%를 넘지 못한다.

255　한국이 경제성장을 추진하는 동안 재벌들에 대한 지원은 금융 지원에만 그치지 않았다. 세금 면에서도 큰 지원이 있었는데, 이는 세금 전문가가 아닌 일반인들은 속속들이 알기 어려운 부분이다. "1978년 현대건설의 공개 문제가 이슈로 등장하며 처음으로 재벌 문제가 공식적으로 제기되기 시작했다. 그해 6월에 직접세 담당관으로 자리를 옮기자 재벌의 과세 상황과 재무 상황을 분석하고 문제점과 대책을 마련하게 되었다. 근로소득, 사업소득, 재산소득이 실효세 부담률을 분석한 결과 상식과 달리 근로소득의 세부담률이 가장 높았다. 다음이 사업소득이었고 재벌 대부분의 부담이 가장 낮았다. …… 중화학공업의 경우 조세감면규제법에 의해 중요산업으로 처음 3년은 200%, 다음 2년은 50%, 5년간 감면받고 있었는데, 1972년 '경제의 안정과 성장을 위한 긴급조치(8·3긴급조치)'에서 증자소득공제까지 허용했으니 법인세라고는 도대체 낼 것도 없는데 법인세를 낸 것으로 간주하여 주주에게 배당 세액 공제를 했다. 주주의 배당에 대해서는 사실상 면세를 하게 되어 근로자와 일반 사업가가 나라 살림을 거의 맡은 셈이었다. …… 8·3긴급조치는 부채 의존도가 80%에 달했던 대기업들에게 금융상 큰 특혜가 되었을 뿐 아니라 증자소득공제제도에 의하여 비공개법인을 포함하여 모든 기어이 법인세와 배당소득세를 감면받는 엄청난 특혜가 주어졌다. 계열기업에 증자하여 발생한 배당금에 대한 법인세도 수입배당 세액공제에 의해 면제되

었다." 강만수, 『현장에서 본 한국경제 30년』, 삼성경제연구소, 2005.4.29., 69~
71쪽.

256  대법원 형사1부(주심 김달식 대법원판사)는 1987년 3월 11일 율산그룹에 대한
회수가 불가능한 236억 7,100만 원의 신규 여신을 해준 혐의로 기소된 홍윤섭(전
서울신탁은행장)에 대한 상고심 선고공판에서 "홍 씨가 자금 압박에 허덕이는
율산그룹에 대해 지나친 여신을 해준 것은 당시 중화학공업육성 해운진흥 주택
건설 촉진 등 정부경제 정책에 순응하기 위한 것이었다"고 밝히며 원심을 파기,
서울형사지법합의부로 사건을 되돌려 보냈다. "6년 만에 원심 파기, 대법 판결",
《동아일보》, 1987.3.11.

257  신현확의 지원으로 작성된 안정론자들의 보고서 『1980년대를 향한 새 전략』에
기초한 '4·17경제 안정화 시책'이 박정희의 결단을 이끌어내는 데는 안정화 시책
시행 보름 전에 터진 '율산 사건'도 어느 정도 역할을 했다.

258  고승철·이완배, 『김재익 평전』, 미래를 소유한 사람들, 2013.11., 156, 162~163쪽.

259  재무부 출신인 강만수(전 재정경제원 장관)는 금리 정책은 실세금리를 기준으
로 해야 한다고 주장한다. "금리는 자금의 시장가격이고 절대 수치인 실세수익
률로 비교해야 한다. …… 김재익 경제수석의 실질금리론에 대해 나(강만수)는
물가는 전년 대비 상승률로서 상대 수치이고 금리는 같은 %라도 자금의 가격인
절대 수치이기 때문에 직접 비교는 논리적으로 맞지 않는다." 강만수, 『현장에서
본 한국경제 30년』, 삼성경제연구소, 2005.4.29., 187쪽.

260  김용환, 『임자, 자네가 사령관 아닌가』, 매일경제신문사, 2002.3.12., 240~241쪽.

261  이용만이 1980년 7월 재무부를 떠난 이후에도 금리를 낮추려는 이승윤 재무부
장관과 이를 막으려는 신병현 경제부총리 사이의 갈등이 심했다. "나는 기업의
투자 활성화를 위해 금리의 점진적 하향조정 정책을 꾸준히 밀고 나가며 1%씩
몇 번에 걸쳐 내렸다. 그러나 김원기 경제부총리에 이어, 전두환 대통령의 취임
과 함께 새로 임명된 신병현 부총리와는 이견이 있었다. 1980년 10월 나는 경제
기획원의 신병현 부총리에게 기업투자로 국면을 돌리기 위해서 금리를 인하하
는 것이 좋겠다는 요청을 했다. 그러나 신 부총리는 반대를 했고, 몇 번에 걸쳐 설
득을 했지만 요지부동이었다." 이승윤, 『전환의 시대를 넘어―이승윤 회고록』,
투데이미디어, 2011.12.10., 169쪽.

262  Robert Caro, The Path to Power: The Years of Lyndon Johnson, New York: Alfred A. Knopf, 1982, 218쪽.

263  Robert Caro, The Path to Power: The Years of Lyndon Johnson, New York: Alfred A. Knopf, 1982, 227쪽.

264  이강연은 인터뷰에서 이렇게 말한다. "이재국장 시절 외국 인사들이 올 때면 제가 통역을 많이 맡았는데, '이용만' 하면 딱 떠오르는 단어는 정말 성실한 분이라는 겁니다."

265  John W. Gardner, On Leadership, New York: Free Press, 1990, 48쪽.

266  "어려운 일을 만났을 때도 잘될 거야라고 생각하는 원천이 어디로부터 비롯된 것 같은가"라는 질문을 던진 적이 있다. 이용만은 "아무래도 타고난 부분이 큰 것 같다"고 했다.

267  John W. Gardner, On Leadership, New York: Free Press, 1990, 50~51쪽.

268  제프리 페퍼(Jeffrey Pfeffer), 『권력의 경영(Managing with Power)』, 배현 역, 지식노마드, 2008.9.1., 245~246쪽.

269  이정재는 인터뷰에서 이렇게 말한다. "공무원 후배들 보면 참 안타깝고 걱정스럽습니다. 소극적으로 일할 수밖에 없는 환경이기 때문에 나라의 미래가 걱정됩니다. 역시 어려운 일은 공직자들이 중심을 잡아줘야 되는데 많은 사람들이 피하려고만 합니다. 모든 게 51% 성공하면 성공이라고 하지 않습니까? 그런데 끝나고 나면 성공한 것은 당연한 걸로 치고, 나빠진 점만 부각을 시킵니다. 불 끄고 나면 왜 물을 많이 쏟아 부었는지, 왜 벽을 부수고 했는지. 이런 스타일로 하니까 모두들 벽도 안 부수려 하고 물도 쏟아 부으려 하지 않습니다."

270  남덕우, 『경제개발의 길목에서』, 삼성경제연구소, 2009.9.15., 58~61쪽.

271  최우석은 인터뷰에서 이렇게 말한다. "당시에는 조직을 위해 부처라든지 언론기관이라든지 정보기관 등과 교제를 해야 했습니다. 그걸 잘해서 윗사람들이 그에게 모든 것을 믿고 맡겼습니다. 이 양반은 그런 일을 잘 처리하지만 특히 전술적으로 어떻게 풀어갈지를 알고 실천하는 능력이 뛰어났습니다. 평소에 많이 베풀었고 그들의 고충이나 애로를 도와주려 노력했습니다."

272  장관 시절 증권과장으로 활동했던 신동규(전 농협금융지주 회장)는 인터뷰에서 이렇게 말한다. "제가 과장으로 일하고 있을 때 야근이 많아서 외상 밥값이 낳

이 밀려 있었습니다. 그때는 외상 그어놓고 밥도 많이 먹고 일할 때였습니다. 예산이 확보되면 외상값을 왕창 갚고 또 외상을 지는 일이 반복되었습니다. 한번은 장관님이 부르셔서 어떻게 아셨는지 '야근이 많아서 밥값이 많이 밀리지 않았나?'라고 물었습니다. '그렇다'고 했더니 봉투를 하나 주셔서 외상값을 정리할 수 있었습니다. 외상값을 다 갚고도 남을 정도가 돼서 나머지를 활동비로 사용하시라고 돌려드린 적이 있습니다. 이 일이 세월이 흘러도 이용만 장관님을 생각할 때면 또렷이 남아 있습니다."

273 최우석은 인터뷰에서 이렇게 말한다. "현실적으로 일을 풀어나가는 일이 원칙적으로 한다고 해서 다 되는 것은 아닙니다. 원칙을 지키면서도 부드럽게 일을 풀어나가야 하거든요. 그 양반은 국회의원을 진심으로 대하고, 찾아가서 설득하고, 깍듯이 모시고, 부탁도 많이 들어주고, 그렇게 하니까 충분한 협조를 받을 수가 있었습니다."

274 이용만을 오랫동안 알아온 장덕진(전 농림부 장관)은 상사와 부하를 대하는 태도와 마음가짐에 대해 이렇게 말한다. "이용만 전 장관은 인간적으로 매우 따뜻하고 의리가 있는 사람입니다. 그와 함께 일해본 사람은 함부로 화를 내지 않고 아랫사람의 잘못을 감싸주면서 함께 뜻한 바를 이루어가는 남다른 지혜를 갖춘 사람임을 알게 됩니다. 또한 그는 본인을 진심으로 아껴주고 이끌어주신 분에 대해서는 평생 동안 이를 잊지 않고 보답하는 훌륭한 인품은 갖고 있습니다. 그를 이끌어주었던 남덕우 전 총리님을 생전에 정성을 다하여 보살펴드렸고 김용환 전 장관님은 지금도 시간이 나는 대로 찾아뵙고 문안을 드리는 모습을 많은 지인들이 칭송하고 있습니다."

275 이용만은 윤진식을 이렇게 평한다. "무슨 일이든지 맡으면 끝을 보고 마는 일명 '진돗개'라 불리는 뛰어난 공직자입니다. 김영삼 대통령에게도 IMF를 직보한 인물입니다. 제가 국회의원일 때 후원회장을 맡기도 했습니다." 이용만과 윤진식의 인터뷰에서 공동으로 등장했던 예화 한 가지를 소개한다. 1974년 10월 무렵, 윤진식이 결혼하여 윤진식의 아내인 새댁이 당시 이용만 국장집을 인사차 방문하게 된다. 그때 이용만의 아내만 집에 있었는데, 이재국장의 사모님이 막 결혼한 새댁에게 한 이야기가 인상적이다. "세상에 좋은 신랑감이 많을 텐데 왜 그렇게 어려운 공무원한테 시집을 왔느냐?" 새댁이 받은 인사치고 전혀 예상치 못한 인사말이라서 훗날 모임을 가질 때면 이 대화를 두고 웃음꽃을 피우곤 한다.

276 이용만이 꾸준히 실력을 향상시켜온 방법에 대해서는 미하이 칙센트미하이의

최근 연구가 실마리를 제공한다. 그는 재능 발달을 촉진하는 요인에 대해서 "최적 경험을 생산하면 재능을 발달할 것이다"라는 지적을 한 적이 있다. 이용만은 삶의 순간순간마다 최적 경험을 만들어내는 데 익숙하다. 미하이 칙센트미하이(Mihaly Csikszentmihalyi)외 2인, 『10대의 재능은 어떻게 발달하고 어떻게 감소하는가(Talented Teenagers)』, 에코리브르, 2016.7.15., 326~327쪽.

277 평전 작업을 진행하는 동안 필자는 여러 차례의 인터뷰를 가질 기회가 있었다. 정치, 경제, 사회, 문화 등 다양한 현안 과제들에 대해 그와 대화를 나눌 수 있었는데 그때마다 '진단'과 '처방'이란 두 가지 축에서 자신만의 명쾌한 해법들이 제시되곤 했다. 한 번도 공백 없이 지적 활동을 해온 필자와 연령 차이를 넘어서 생산적이고 유쾌한 토론이 가능했다.

278 박기석은 인터뷰에서 말한다. "이분은 가급적이면 뭐든지 도와주고 싶어 하시고 남을 배려하는 마음이 참 강합니다. 배려심이 강하다는 이야기입니다. 후배들하고 대화할 때도 자기가 뭐든 도와줄 수 있다면 도움을 주려고 하시는 분입니다."

279 김동익은 인터뷰에서 이렇게 말한다. "재무부 출신 중에서 뛰어난 사람들이 많겠지만 재무부 업무를 그만큼 파악하고, 그만큼 신속하게 처리하는 사람이 아주 드물다고 생각합니다. 그리고 정열적이고 적극적입니다. 경제 관료들이 좀 계산적이지 않습니까? 그런데 이 양반은 솔직하게 뭐든지 의논하고 또 옳은 일을 밀고 나가고 그러더라고요."

280 이탈리아에서 주목받는 심리학자이자 심리분석가인 마시오 레칼키티는 어른을 다음과 같이 정의한다. "나이라는 불공평한 기준을 벗어나 내려놓고 나면, '어른'이라는 존재는 자신의 말과 행동이 가져오는 결과에 책임을 지려는 누군가다." 그런데 그는 현대사회는 점점 어른의 수가 줄어들고 있음을 지적한다. 나이가 든 사람들 중에서도 책임감을 상실한 사람이 늘어나기 때문에 이를 두고 '세대의 혼동'이란 표현을 사용한다. 다시 말하면 젊은 사람들은 물론이고 나이가 든 어른들도 책임감을 상실한 사람들이 많기 때문이다. 마시오 레칼카티(Massimo Recalcati), 『버려진 아들의 심리학(Il Complesso di Telemaco)』, 윤병언 역, 책세상, 2016.8.15., 102~103쪽.

281 이용만은 인터뷰에서 이렇게 말한다. "노모와 (6촌 승선)형과 형수와 아이들 둘. 다섯이 자는 방에 들어가서 내가 껴서 잤는데, 지금 생각하면 참으로 비윗살도 좋아어. 구데 거기 있다가 도저히 안 되겠다 싶었어요. 그 당시는 보리쌀 같은 것 반 가마를 봉급으로 줬어요. 그것을 하숙집에다 주고서 지내다가 또 한 집이 차

기네 집에 같이 있자고 해서 옮겼다가 자취를 하기 시작합니다. 자취 전에 대전 장용산 토굴에서 지내기도 했어."

282  안공혁은 인터뷰에서 이렇게 말한다. "저희들은 각 부처에서 욕을 많이 먹었습니다. 각 부처 국장들이 모여서 회의를 할 때는 이재과 사무관이 참석했습니다. 한 시간 정도 토론이 끝난 다음 이재과 사무관에게 '이거 지금이 되겠습니까?'라고 묻습니다. '죄송한 말씀입니다만 어렵습니다'라고 이야기하면 회의가 끝나고 맙니다. 저희들은 우리가 욕을 먹더라도 원칙을 지키려고 무진장 노력했습니다. 지금 공무원 후배들은 세원을 깎는 조치도 그냥 받아들입니다. 5년마다 정권이 바뀌면 어떤 친구를 자르겠습니까? 말썽 많은 놈을 자를 것입니다. 말썽 많은 놈이 누구입니까? 소신 있는 놈입니다. 그러니까 자기 소신을 지킬 수 없습니다."

283  박보균은 인터뷰에서 이렇게 말한다. "그분은 최근에 들어서 한국의 안보상황에 대한 걱정을 많이 하십니다. 국가의 리더십은 자기희생적인 리더십이 되어야 하는데 그게 부족하다는 말씀을 강조하십니다."

284  그의 인터뷰에 나온 안보관이나 국가관 가운데서 중요한 부분을 간략하게 정리해본다. "난 다른 것은 다 괜찮은데 공산화만 안 됐으면 좋겠어. 내가 공산주의에서 살아봤으니까 그렇지, 안 살아본 사람들은 뭐 어떠냐고 생각하는 사람들도 있을 거야. 정말 못 살 데야. 아무리 친한 친구라도 욕을 하면 안 돼. 언제든지 일러바치거든. 한 건씩 고발할 것 가져오라 그래. 그럼 머리에 남는 게 그것밖에 없어. 예전에 거기 있는 사람이 원고를 보내서 책을 만든 것을 보고 한참 울었는데, 거기서 출판을 못하고 탈북자 편에 보냈어. 그중 하나가 자기 마누라 얘기야. 마누라가 자기를 참 사랑하느라 그랬는데 마누라의 외도 의심을 했나 봐. 조직책이 마누라에게 접근하는데 조직책한테 잘해야 남편이 잘될 줄 알고. …… 내가 미8군 사람들을 불렀을 때도 한 얘기가 그 사람들이 '64년 동안 한국에 와서 한 번도 고향에 못 간 유일한 부대(Sixty-four years, Never back home country)'라고 하잖아. 그래서 내가 할 말이 없다, 오로지 할 말은 고맙다는 말과 미안하다는 것밖에 없다, 앞으로도 언제 너희가 돌아간다는 말밖에 할 수 없어서 할 말이 없다. 우리가 왜 너희한테 못 가게 해야 하는지, 언제 우리가 자주국방이 되는지 알 수 없다. …… 칼럼으로도 몇 번 썼는데. 방위성금을 좀 거두고, 잠수함도 기업 이름을 붙여주면 되지 않는가? 삼성호, LG호, 현대자동차호, SK호처럼 말이다. M-16도 기증자 이름을 붙일 수 있지 않는가? 왜 그렇게 못하는가? 국민들에게 자신감을 가지고 할 수 있도록 해주어야 한다. 언제까지 미국이 지켜주겠지 하고 있

으면 안 된다. 미국 사람이 언제까지 해준다고 생각하는가? 마치 우등학생이 불량배한테 끌려 다니는 것 같잖아. 국내총생산(GDP)이 40배가 넘는데 맨날 끌려 다니고만 있을 건가! 국방비가 지금보다 최소한 2배는 되어야 한다. 생각하면 할수록 답답하다. 그렇다고 나한테 물으면 너는 그동안 뭐했냐고 물을 거야. 너 있을 때 좀 하지. 우리 때 방위세라는 것을 만들어서, 그것을 갖고 율곡사업도 하고 중화학공업에도 돌렸다. 그 방위세도 5년 할 것을 15년 동안 했다. 그게 지금까지 계속되었다면 상당 수준의 방위력을 가질 수 있었을 것이다. 현재 한국의 방위비는 GDP의 2.3%에 불과하다. 미국은 6%이고 이스라엘은 10%나 된다. 이북하고 대치한 나라치고 너무 적다. 정신을 못 차리고 있는 셈이다. 복지비도 필요하지. 그러나 나라가 있고 나서야 나눠 먹을 수 있다. 나라가 없어지고 나면 먹을 게 어디 있겠나."

## 제5부 신군부와 시련의 세월 │ 1장 난데없는 해고 통지

285 고위공직자 숙청은 국보위 사회정화분과위에서 추진했으며 그 책임자는 허삼수다. 허삼수의 청문회 증언은 다음과 같다. "1980년 6월 17일자 신문을 보면 공직자 숙청을 지시한 것으로 돼 있는데"라는 이철 국회의원(무소속)의 질문에 대해 허삼수는 이렇게 답한다. "공직자 해직은 사회정화위가 주관했다. 해직된 분들에게 인간적으로 죄송하다. 당시는 국가라는 나무가 태풍 속에 뿌리가 흔들리는 상황이어서 나뭇가지를 자르는 아픔이 있었다. 8년간 뉘우치고 있으나 대를 위해 소를 희생한다는 순수한 마음이었다." "언론청문회", 《경향신문》, 1988.11.22.

286 "공무원 숙정 장관이 주도―부진하면 국보위서 직접 개입, 사회정화 작업 빠른 시일 내에 완결될 것", 《경향신문》, 1980.6.27.

287 안동일, 『10·26은 아직도 살아 있다』, 랜덤하우스코리아, 2005.10.26., 393쪽.

288 "경제시책엔 비상조치 않기로―어제 오늘 잇달아 경제장관회의", 《경향신문》, 1980.5.19.

289 이장규, 『경제는 당신이 대통령이야』, 중앙일보·중앙경제신문, 동방미디어, 1991.11.30., 334쪽.

290 "전두환 전 대통령 국회증언 내용", 《경향신문》, 1990.1.1.

291 미셸 에켐 드 몽테뉴, 『나이 듦과 죽음에 대하여』, 고봉만 역, 책세상, 2016.6.30.,

75쪽.

292 미셸 에켐 드 몽테뉴, 『나이 듦과 죽음에 대하여』, 고봉만 역, 책세상, 2016.6.30., 85쪽.

293 삼성그룹은 1978년 이후 삼성전자 등 5개 전자계열사와 매스컴 관련 계열회사는 홍진기가 맡고 삼성조선, 삼성중공업, 삼성종합건설 등의 회사는 조우동 삼성조선 회장이 각각 맡아서 경영하는 '중간회장제'를 운영하고 있었다.

294 "고 조우동 선생은 1912년 경남 사천 출신으로 진주공립농업학교를 졸업하고 동방생명(현 삼성생명) 회장, 제일모직, 삼성중공업 사장 및 회장을 역임했다." "고 조우동 회장 서울의대 도서관 건립 위해 30억 기부", 《국민일보》, 2016.1.22.

295 신한은행, 『신한은행 20년사』, 2002.7.7., 101쪽.

### 제5부 신군부와 시련의 세월 │ 2장 사기업 CEO로서의 첫발: 중앙투금과 신한은행

296 "재무부 재정차관보를 지낸 중앙투자금융의 이용만 사장은 단자회사의 설립 근거인 단기금융업법 제정을 실무 지휘한 인물. 지난해 관계를 떠난 후 삼성그룹 고문으로 기업계에 발을 들여놓았다가 삼성계열회사의 사장직을 고사하고 단자회사를 택했다. 이 사장은 장상태 동국제강 사장과 친분이 두터워 중앙투자금융의 사령탑을 맡게 된 것으로 알려졌다." "무풍 10년 단자회사에 돌풍", 《경향신문》, 1982.3.5.

297 "중앙투자금융의 신임 이용만 사장 인터뷰", 《경향신문》, 1982.3.5.

298 "서울의 단자회사 중 가장 부실한 채권이 많은 곳은 제일투자로 57억 3,800만 원, 다음이 중앙투자로 55억 2,000만 원, 대한투자가 53억 2,600만 원으로" "단자사 부실 채권 521억", 《매일경제》, 1983.11.18.

299 1982년 9월 6일, 단자 설립 자유화 이후 서울에서는 3개사(삼삼, 동아, 신한)가 내인가를 받았다. 1982년 10월 11일까지 추가적으로 5개사(한일투자, 삼희, 금성, 국민, 한미)가 내인가를 받음으로써 서울 지역에만 기존 업체 7개에 신규 업체 8개가 더해져 모두 15개사가 영업하게 되었다. 강경식, 『국가가 해야 할 일, 하지 말아야 할 일』, 김영사, 2010.12.9., 618~619쪽. "해설: 서울 편중 과열 경쟁 예상", 《매일경제》, 1982.10.12.

300 정인용·이필재, 『각하, 사인하지 마십시오』, 부키, 2002.3.4., 82~83쪽, 92쪽.

301 이장규,『경제는 당신이 대통령이야』, 중앙일보·중앙경제신문, 동방미디어, 1991. 11.30., 321~322쪽.

302 단자회사와 상호신용금고의 설립을 무제한 허용하는 7·28조치에서 이재3과장 인 강만수(전 기획재정부 장관)가 맡았다. 조치가 발표된 이후 이용만은 강만수 를 만나서 이런 대화를 나누었다. "상호신용금고를 줄이는 데 얼마나 고생했는 지 당신도 잘 알지 않는가? 그런데 이렇게 인허가권을 남발해놓으면 앞으로 수 습을 어떻게 하겠는가?" 강만수의 답은 이랬다. "장관의 입장이 워낙 확고해서 어찌해볼 도리가 없었습니다."

303 신용금고는 1982년에 14개사, 1983년에 44개사가 늘어나 모두 58개사가 되었다.

304 "1997년 종합금융회사는 30개에 달했다. …… 1994년 9개 지방 단기금융회사와 1995년 나머지 15개 단기금융회사가 모두 종합금융회사로 전환하여 1996년에 는 기존의 6개 종합금융회사와 합쳐 30개나 되는 종합금융회사로 늘어났다. 외 환 업무 경험이 없었던 24개 전환 종합금융회사들은 장기 외화차입보다 단기 외 화차입이 금리가 싸고 쉬웠기 때문에 단기 차입금의 리스크도 제대로 모르고 닥 치는 대로 차입하여 수익성이 높은 장기 대출을 했다. …… 종합금융회사는 머천 트뱅크(merchant bank)라는 이름을 달고 우리나라 모든 금융기관의 대외신뢰도 를 바닥으로 추락시키고 은행의 단기 차입마저 끊기게 하는 계기를 만들었다. 단 자회사에서 무더기로 전환된 24개 종합금융회사는 엄청난 화를 자초한 후 결국 은 모두 퇴출되는 운명을 맞았다. 우리는 780억 달러에 달하는 단기 차입의 함정 에 빠졌고 종합금융회사는 환란의 도화선이 되었다." 강만수,『현장에서 본 경제 위기 대응 실록』, 삼성경제연구소, 2015.1.5., 123~125쪽.

305 "우리는 위기를 당한 적이 없어 장단기 외채 관리를 소홀히 했다. 장기 차입보다 금리가 싸다고 단기 차입을 위험한 줄 모르고 자율화하는 큰 실수도 범했다. 금융 자율화를 위해 규제를 풀었으면 감독을 더 철저히 해야 하는데 감독마저 풀어버렸다. IMF는 이것을 두고 규제와 감독을 혼동하여 모두 다 풀어버렸다고 충고했다." 강만수,『현장에서 본 경제위기 대응 실록』, 삼성경제연구소, 2015.1.5., 125쪽.

306 강경식,『국가가 해야 할 일, 하지 말아야 할 일』, 김영사, 2010.12.9., 619쪽.

307 중앙투자금융,『중앙투자금융 20년사』, 1993.9.1., 104~105쪽.

308 "부실 채권을 떠안고 있는 은행을 정상화하기 위해서도 부실기업 정리는 더 이 상 미룰 수 없는 과제였다." 정인용·이필재,『각하, 사인하지 마십시오』, 부키, 2002.3.4., 100쪽.

309 정인용·이필재,『각하, 사인하지 마십시오』, 부키, 2002.3.4., 97쪽.

310 정인용·이필재,『각하, 사인하지 마십시오』, 부키, 2002.3.4., 97쪽.

311 홍성균(전 신한금융그룹 부회장)은 인터뷰에 말한다. "신한은행 본점 같은 것은 그분이 없었다면 추진하지 못했을 것입니다."

312 김치곤은 서울 중구 중림동 서울역 뒤편에 있는 지상 8층에 연면적 7,634평을 소유하고 있었던 소유주로 한때 원양어업으로 큰돈을 벌었던 기업가다. 서울 중림동 대왕빌딩을 소유하고 있는 대왕실업은 계열사 가운데서 주력기업인 대왕수산이 경영난을 겪으면서 1993년 1월에 법정관리를 신청했다. "대왕, 법정관리 신청",《경향신문》, 1993.1.16.

313 신한은행,『신한은행 20년사』, 2002.6.5., 140쪽.

314 "[금융개혁 5년]〈16〉알고 보면 따뜻한 '신한'",《파이낸셜뉴스》, 2003.11.12.

315 "신한은행은 4월 12일 낮 12시부터 1시간 동안 종로2가 주변 지역에서 가두 저축 캠페인을 전개했다. 이날 캠페인에는 이용만 은행장을 비롯, 본부 임직원 150여 명이 참석, 지나가는 행인들에게 최근 취급 시작한 가계금전신탁 등 각종 금융상품에 대한 홍보 활동을 벌였다." "신한은행, 가두저축 캠페인",《매일경제》, 1985.4.13. "저축 권유 가두 캠페인",《경향신문》, 1985.7.18.

316 "신한은행 예금고 급성장",《매일경제》, 1986.10.24.

317 "(2)이희건과 신한은행", 한일문화경제신문 블로그, http://blog.naver.com/copannews, 2014.10.16.

318 "일본과의 합작인 신한은행은 당시 '재일한국인신용조합협회' 회장인 이희건 씨의 권유가 한몫했다. 당시 이희건 씨는 재무부를 자주 찾아와 이런 말을 했다. '우리 일본에 사는 교포들이 얼마나 고생해서 번 돈입니까? 이 돈을 한국에 가져오고 싶은데, 배낭이나 포대에다 넣어가지고 현찰로 수백만 엔을 가져오는 게 고작입니다. 이렇게 해가지고서야 되겠습니까? 일본에서는 1984년 1월부터 '그린카드제'를 실시하려는 계획을 갖고 있습니다. 그러면 파친코다, 뭐다 세금 피해 가며 어렵게 번 돈을 일본한테 다 빼앗깁니다. 이 돈을 한국에 가져와야 되지 않겠습니까? …… 금융 체제의 세계화라는 목적을 가지고 합작은행을 설립하겠다는 전략을 추진하게 된 것은 과거 체제와의 단절 등의 시책을 추진한 전두환 대통령의 적극적인 지지가 있었기 때문에 가능한 것이기도 했다." 이승윤,『전환의 시대를 넘어 — 이승윤 회고록』, 투데이미디어, 2011.12.10., 157~158쪽.

319 신한은행이 창립 때 확립한 7B(Bank)는 다른 은행들과 뚜렷하게 구분된다. 첫째,

'나라를 위한 은행', 둘째, '대중의 은행'이 되자는 이념이다. 앞의 것은 조국의 경제발전에 조금이라도 보탬이 되겠다는 재일동포들의 열정과 염원을 담고 있다. 뒤의 것은 대기업 상대의 영업뿐만 아니라 유망 중소기업을 발굴하자는 의지를 담고 있다. 신한은행의 창업 이념은 '금융보국'이다. "(2)이희건과 신한은행", 한일문화경제신문 블로그, http://blog.naver.com/copannews, 2014.10.16.

320  이희건 회장은 88올림픽 때는 재일동포로부터 300억 원을 모금하여 정부를 지원하기도 했다. 애국심이 누구보다 투철했고, 재일동포로서 올림픽 지원 자금 모금에 참여하는 것을 영광으로 여기도록 설득했다. 이용만, 「이희건 회장님」, 미발표 메모, 2016.6.

321  신한은행, 『신한은행 20년사』, 2002.6.5., 135~136쪽.

322  취임 당시 인사를 담당했던 홍성균은 인터뷰에서 그의 기여를 크게 2가지로 든다. "하나는 거래처 확대를 통해 외형적 성장을 이룩하는 데 지대한 공헌을 한 것입니다. 다른 하나는 일반 고객뿐만 아니라 한국 사회의 엘리트들에게 신생 은행인 신한은행이 어떤 은행인지를 각인시킨 것입니다."


## 제5부 신군부와 시련의 세월 │ 3장 공적 기관 CEO: 외환은행장과 은행감독원장

323  사공일은 5공화국에서 3년 8개월의 경제수석비서관을 거친 다음에 다시 재무부장관으로 중용되었으며, 6공화국이 출범하면서 모든 경제장관이 바뀌었음에도 불구하고 오직 그만이 유임되었다. 이장규는 그를 두고 "김재익 수석이 보다 이상주의적이요, 개혁주의적이라고 한다면 사공일 수석은 보다 현실적이요, 타협적인 편이었다"라고 평가한다. 이장규, 『경제는 당신이 대통령이야』, 중앙일보·중앙경제신문, 동방미디어, 1991.11.30., 319쪽.

324  잭 웰치는 늘 "사업(경영)은 간단한 것"이라면서, "자신이 해야 할 가장 중요한 일은 확신을 주는 것"이라고 말했다. 로버트 슬래터(Robert Slater), 『당대 최고의 CEO 잭 웰치 최후의 리더십(Get Better or Get Beaten)』, 형선호 역, 명진출판, 1991.11.30., 9쪽.

325  "좋은 회사에서 위대한 회사로 도약한 모든 기업들은 눈앞에 닥친 현실 속에 냉혹한 사실들을 직시하는 것으로부터 위대한 회사에 이르는 길을 찾는 과정에 착수했다." 짐 콜린스(Jim Collins), 『좋은 기업을 넘어서 위대한 기업으로(From

Good to Great)』, 이무열 역, 김영사, 2002.6.30., 151쪽.

326 "진실이 들리는 환경을 조성하기 위해서는 다음과 같은 기초적인 실천이 필요하다. 첫째, 답이 아니라 질문으로 이끌어라. 둘째, 열린 대화에 참여하여 토론하라. 셋째, 비난하지 말고 해부하라." 짐 콜린스(Jim Collins), 『좋은 기업을 넘어서 위대한 기업으로(From Good to Great)』, 이무열 역, 김영사, 2002.6.30., 151쪽.

327 최경식(환은 동우회회장)은 인터뷰에서 이렇게 말한다. "민영화 추진하면서 별소리가 다 나왔고 어려움이 말할 수 없을 만큼 많았는데, 이용만 행장이 그걸 다 돌파해서 마무리 지었습니다."

328 정인용·이필재, 『각하, 사인하지 마십시오』, 2002.3.4., 부키, 130쪽.

329 정인용·이필재, 『각하, 사인하지 마십시오』, 2002.3.4., 부키, 130쪽.

330 정인용·이필재, 『각하, 사인하지 마십시오』, 2002.3.4., 부키, 134~135쪽.

331 1990년 3월 15일자《동아일보》는 "부총리에는 이승윤 민자당 의원, 재무장관에는 이용만 외환은행장, 상공장관에는 박필수 외대 총장, 청와대 경제수석에는 김종인 보사장관 등의 이름이 거명되고 있다"고 보도한 바가 있다.

332 일선 경영자 경험을 통해 얻은 이용만의 금융 자유화에 대한 견해는 아래와 같다. "우리나라 금융산업이 실물경제의 급속한 발전에 비해 상대적으로 낙후되었다는 점은 부인할 수 없는 현실이다. 이러한 금융산업의 상대적 낙후성은 실물경제의 지속적 성장마저 크게 제약하게 될 것이라는 공통적 인식 아래 금융 정책 당국은 금리자유화 및 은행의 경영자율화와 관련하여 이미 상당히 구체적인 정책 방안을 제시하고 있는 단계에까지 이르고 있다. 금융의 자유화는 민간주도의 성숙한 발전 단계로 옮겨가는 우리 경제의 시대적 요청인 동시에 당위라고 해도 과언이 아니다." 이용만(한국외환은행장), "로타리: 금융인의 자세",《서울경제》, 1988.9.3.

333 "인터뷰: 이용만 은행감독원장",《매일경제》, 1990.3.29.

334 "노태우 대통령 시절의 또 하나의 특징적인 사건은 부동산 투기 근절을 위한 다각적인 조치였다." 서영택(전 건설부장관, 전 국세청장), "부동산 투기 근절을 위한 특단의 조치, 국내외 인사 15인의 기록, 『노태우 대통령을 말한다』, 동화출판사, 2011.9.10., 597쪽.

335 1980년대 중반 주택 건설 물량은 최소한 연간 35만 호가 필요했다. 그러나 1984~1987년 동안 공급은 22만 호에 지나지 않았기 때문에 매년 부족 물량이 13만 호씩 쌓여왔다. 이장규 외, 『실록 6공 경제 ─ 흑자경제의 침몰』, 중앙일보사,

1995.2.15., 178~179쪽.

336 토지공개념 제도를 구성하는 '택지보유 상한에 관한 법률', '개발이익환수에 관한 법률' 그리고 '토지초과이득세법' 가운데 뒤의 2가지는 위헌으로 폐기되었다.

337 이장규 외, 『실록 6공 경제 ─ 흑자경제의 침몰』, 중앙일보사, 1995.2.15., 214쪽.

338 이장규 외, 『실록 6공 경제 ─ 흑자경제의 침몰』, 중앙일보사, 1995.2.15., 214~215쪽.

339 "기업 비업무용 땅 강제 매각 ─ 투기 통치차원서 근절, 노 대통령 특별 담화", 《한겨레》, 1990.5.8.

340 "49개 재벌 비업무용 땅 6개월 내 강제 매각", 《동아일보》, 1990.5.8.

341 이장규 외, 『실록 6공 경제 ─ 흑자경제의 침몰』, 중앙일보사, 1995.2.15., 219쪽.

342 "재벌의 비업무용 땅 6개월 내 매각 불변 ─ 서 국세청장", 《동아일보》, 1990.6.29.

343 장관 임명에 재벌의 비업무용 부동산 처리를 깔끔하게 매듭짓는 것이 노태우 전 대통령의 눈길을 끌었을 것 같다는 필자의 추측에 대해서 이용만은 "나도 그렇게 생각한다"라고 답했다. 이런 면에서 보면, 이용만은 "내가 관운도 있었다"라고 이야기한다.

344 서영택(전 건설부장관, 전 국세청장)은 부동산 투기가 극성을 부리고 집값이 폭등한 문제를 해결하기 위해 열린 관계 장관 긴급대책회의에서 노태우 대통령의 대노하는 모습을 전한다. "대통령의 얼굴색이 갑자기 붉은색으로 변하면서 말씀을 조용히 이어나갔다. 그러나 대노를 참는 모습이 역력했고 그것이 오히려 참석한 관계 장관들을 더 안절부절못하게 했던 걸로 회상된다." 그만큼 부동산 투기 근절은 노태우 대통령의 관심사였다. 서영택(전 건설부장관, 전 국세청장), "부동산 투기 근절을 위한 특단의 조치, 국내외 인사 15인의 기록, 『노태우 대통령을 말한다』, 동화출판사, 2011.9.10., 599쪽.

345 강경식(전 부총리, 전 재무부 장관), 『국가가 해야 할 일, 하지 말아야 할 일』, 김영사, 2010.12.9., 594~595쪽.

346 정인용·이필재, 『각하, 사인하지 마십시오』, 부키, 2002.3.4., 89쪽.

347 재무부는 상호신용금고에 대한 감독업무와 예금보험 업무를 전담할 '예금보험공사' 설립 아이디어를 1990년 1월 30일에 제안한 바 있다. "예금보험공사 연내 신설", 《경향신문》, 1990.1.30.

348 홍순영과 장재철을 중심으로 하는 일군의 경제 전문가들은 IMF구조개혁이 기대킨 성과를 거두는 데 실패했다는 평가를 내린다. 외환위기 이후 한국 경제는 경기순환주의의 단축, 소비의 변동성 확대 등 경제 안정성이 크게 훼손되었음

을 지적한다. 그들은 모든 경제개혁은 역사성이 반영되어야 함을 주장한다. "경제제도는 그 경제의 역사성을 내재하고 있으며, 제도 개혁 자체도 역사적 경로 의존성(path dependence)의 특성을 가져야 한다"는 일본 게이오 대학 교수인 후카가와 유키코(1997)를 인용하고 있다. 홍순영·장재철, 『한국경제 20년의 재조명 ― 1987년 체제와 외환위기를 중심으로』, 삼성경제연구소, 2006.10.27., 53쪽. 深川由起子, 『韓國 先進國 經濟論』, 日本經濟新聞社, 1997.

## 제6부 재무부 장관에 오르다 │ 1장 11년 만의 귀향

349   "언제부터 장관이 될 수 있을까라는 생각을 했습니까?"라는 질문에 대한 답은 이랬다. "은행감독원장 시절부터 내 차례도 어쩌면 올 수 있겠구나. 왜냐하면 경제부처에는 사람이 빠지지 않습니까?"라고 인터뷰에서 답했다.

350   이용만은 인터뷰에서 노태우 대통령을 처음으로 만났던 기억에 대해 이렇게 말한다. "청와대의 서봉균 비서관 밑에서 일할 때(1966.7.~1967.7.) 보안사 중령이었던 권익현과 노태우가 정무 보고를 하러 들어오는데, 늘 권익현 씨가 앞장서고 노태우가 뒤따라 들어왔다."

351   이용만은 인터뷰에서 노태우 대통령에 대해 이렇게 말한다. "인상이 편안한 분입니다. 행동도 그렇고 말도 거친 부분이 없습니다. 야단치거나 화를 내는 법이 거의 없었습니다. 아주 온화한 분이셨습니다."

352   그가 단 한 번이 아니고 여러 번 기용되었더라면 나라에 더 큰 기여를 할 수 있지 않았을까라는 아쉬움이 있다. 이런 아쉬움에 대한 그의 답은 담백하다. "비슷한 길을 걸었던 사람들 중에는 은행장을 한 번도 하지 못하고 마친 사람들도 많습니다. 이 정도면 됐습니다."

353   1990년도 상반기 경제성장률은 10.2%였다.

354   「1991년 하반기의 경제 전망과 대응 과제」, 『KDI분기별 경제전망』, 한국개발연구원, 1991.10., 10쪽.

355   「1991년 하반기의 경제 전망과 대응 과제」, 『KDI분기별 경제전망』, 한국개발연구원, 1991.10., 22~23쪽.

356   김경준, 『CEO, 역사에게 묻다』, 위즈덤하우스, 2009.2.13., 43쪽.

357   리더는 보고서를 읽거나 준비된 보고를 듣는 것을 선호하거나 다양한 사람들을

만나서 현안 과제에 대한 의견을 주고받는 것을 선호할 수 있다. 2가지는 정보의 질이란 측면에서 큰 차이가 있다. 후자는 살아있는 정보를 입수할 수 있도록 해주고, 문제를 다양한 측면에서 바라볼 수 있도록 도와주고, 문제 해결을 위한 신선한 아이디어를 수혈 받을 수 있도록 해준다. 그러나 후자를 위해서는 자신의 시간을 기꺼이 내야 한다는 불편함이 따른다. 케빈 켈리(Kevin Kelly), 『벌거벗은 CEO(CEO: the low-down on the top job)』, 이건 역, 세종서적, 2010.1.4., 123쪽.

358 "내 재능의 달걀을 전부 한 바구니에 담았다"라는 극사실주의의 세계적인 화가 척 클로스(Chuck Close)의 말처럼 한 분야에서 성취한 사람의 공통점이 있다. 그것은 자신이 해야 하는 일에 전부를 거는 것이 몸에 배어 있다는 점이다. 공병호, 『공병호의 소울메이트』, 흐름출판, 2009.3.25., 132쪽. 하워드 가드너는 미국 시인 T. S. 엘리엇(Thomas Sterns Eliot)의 특성에 대해 "스스로 경계인이라는 느낌과 인생 전부를 걸고 경계성을 탐구하는 능력이 그에겐 있었다"라고 말한다. 하워드 가드너(Howard Gardner), 『열정과 기질(Creating Minds)』, 임재서 역, 북스넛, 2004.7.15., 457쪽.

359 현재의 공직자들에게만 책임을 돌릴 수는 없다. 외풍으로부터 보호를 받을 수 없는 상황이기 때문에 공직자 입장에서 "대체로 불협화음이 나지 않도록 무난하게 처리한다"는 것이 합리적인 대응책이기 때문이다.

360 어떤 사람이 치밀하게 준비하는 습관을 갖고 있다는 것은 그런 습관에 특별한 의미를 부여하기 때문일 것이다. 첫째, 치밀한 준비를 선택이 아니라 당위로 받아들이는 직무관이다. 둘째, 치밀하게 준비해서 최고의 성과를 거두는 것 자체에 중요한 의미를 부여한다. 필자는 이를 두고 '업무의 완결성에 미학적 아름다움'을 부여한다는 표현을 즐겨 사용한다. 셋째, 마감 시간 내에 달성해야 할 목표를 정하고 그것을 추진해가는 과정에서 거두는 즐거움과 유쾌함 그리고 성취감을 들 수 있다.

361 치밀하게 준비하는 사람들에게 언제까지 무엇을 완결해내야 한다는 과업이 주어지면 대부분 마감 시간을 기준으로 역순으로 준비를 해나간다. 언제까지 무엇을 준비하고, 또 그것을 마치면 어떤 준비를 하는 등과 같은 식이다. 이들에게 이런 습관은 일상의 한 부분처럼 자연스럽게 행해진다. 주변 사람들은 지나치게 빡빡해서 숨이 막힌다는 표현을 사용할 수 있지만, 정작 당사자들은 옷을 입고 벗는 것처럼 자연스러운 일 가운데 하나다.

362 치밀하게 준비하는 사람은 스스로 크고 작은 목표를 설정하는 데 익숙하다. 그들

은 자신이 달성하기로 결정한 목표가 얼마나 큰 힘이 되는지를 잘 알고 있다. "목표는 삶에 집중하고 책임 있게 행동하기 위한 도구다. 목표를 달성해간다는 것은 바로 삶의 질을 높이고 원하는 유형의 인간으로 거듭나며 다른 사람을 변화시키는 과정이다." 키스 해럴(Keith Harrell), 『태도의 경쟁력(Attitude is Everything)』, 이상헌 역, 푸른숲, 2001.3.27., 121쪽.

363　"가능하면 긍정적이 되라: 사람들은 부정적이 되려는 유혹을 받는다. 조직에는 모순이 많다. 자신을 포함해서 말이다. 하지만 완벽한 사람은 없으며, 자기 자신도 완벽하지 않다. 따라서 긍정을 강조하고, 긍정적 강화로 전략을 뒷받침하라." 케빈 켈리(Kevin Kelly), 『벌거벗은 CEO(CEO: the low-down on the top job)』, 이건 역, 세종서적, 2010.1.4., 124쪽.


### 제6부 재무부 장관에 오르다 │ 2장 고금리와의 전쟁

364　양창삼, 『리더십과 기업경영』, 경문사, 2003.2.25., 172쪽.

365　양건예금(compensating balance)은 금융기관이 대출을 제공할 때 정기예금 등의 구속성 있는 예금을 들도록 하는 것이다. 이는 은행에는 예금을 늘리기 위한 목적이 있지만 차입자 측은 빌린 금액에 대한 실제 금리가 높아지기 때문에 불리하다.

366　"은행이 경제활력 회복 앞장서야— 재무부 장관, 은행장 간담회 발언 내용", 《중앙일보》, 1993.1.16.

367　윤용로, 『금융개혁—미국 금융제도에서 배운다』, 매일경제신문사, 1997.5.20., 53쪽.

368　"미국 저축대부조합 도산에 대하여 알아보기", http://blog.daum.net/kty1271/1241

369　Bert Ely, "Savings and Loan Crisis", Library of Economics Liberty, http://www.econlib.org/library/Enc/SavingsandLoanCrisis.html

370　실질금리(real interest rate)는 은행에서 제공하는 금리인 명목금리에서 물가상승률을 뺀 수치를 말한다. 명목금리(nominal interest rate)는 금융기관에 돈을 맡길 때 주는 이자를 말한다. 시장금리(실세금리)는 규제금리의 상대 개념으로 시장에서 자금의 수요와 공급에 따라 결정되는 시장금리를 말한다. 실세금리는 보통 3년물 국고채 금리, 3년 만기 회사채 유통 수익률, 81일짜리 양도성예금증서

(CD) 유통 수익률, 1일짜리 콜(call) 금리 등을 말한다. 시중의 자금 사정을 가장 잘 반영하고 있는 금리라는 측면에서 실세금리라고 부른다.

371 토머스 소웰(Thomas Sowell)은 진보 진영과 보수 진영이 얼마나 다른 시각으로 세상과 인간을 바라보는가를 지적한 바가 있다. 토머스 소웰, 『비전의 충돌(A Conflict of Visions): 세계를 바라보는 두 개의 시선』, 채계병 역, 이카루스미디어, 2016.12. (토머스 소웰은 자유주의 경제학자로서 스탠퍼드 대학교 후버연구소의 로즈 앤 밀턴 프리드먼 선임연구원으로 일하고 있다.)

372 "이날 한국은행의 공식 입장을 금리의 주무 부서인 자금부가 아닌 조사부 라인에서 표명한 것도 눈길을 끌었다.",《매일경제》, 2016.2.5.

373 애덤 스미스(Adam Smith), 『국부론(The Wealth of Nations)』, 김수행 역, 동아출판사, 1992.9.20., 97쪽. 윌리엄 번스타인(William J. Bernstein), 『부의 탄생(The Birth of Plenty)』, 김현구 역, 시아출판사, 2005.3.30.

374 흥미로운 사실은 로마 시대의 덕망 있는 브루투스(Brutus)도 키케로(Cicero)의 편지에 의하면 키프로스에서 48%의 이자율을 지불하고 돈을 빌렸다고 한다. 애덤 스미스가 살았던 시대에 중국의 이자율은 12% 정도였다. 애덤 스미스(Adam Smith), 『국부론(The Wealth of Nations)』, 김수행 역, 동아출판사, 1992.9.20., 100~101쪽.

375 애덤 스미스(Adam Smith), 『국부론(The Wealth of Nations)』, 김수행 역, 동아출판사, 1992.9.20., 102쪽.

376 애덤 스미스(Adam Smith), 『국부론(The Wealth of Nations)』, 김수행 역, 동아출판사, 1992.9.20., 343쪽.

377 윌리엄 번스타인(William J. Bernstein), 『부의 탄생(The Birth of Plenty)』, 김현구 역, 시아출판사, 2005.3.30.

378 "한은은 그동안 최근 경기침체는 경기 순환적 측면 못지않게 우리 경제의 구조적 문제점이 누적된 데서 비롯된 것이라는 주장에는 크게 변함이 없다. 이 같은 논리에 입각해 구조 개선을 위해서는 가장 큰 비효율 요인 중 하나인 금융 부문의 정상화를 위해 금리자유화 실시가 시급하다는 게 한은의 일관된 시각이다.",《서울경제》, 1993.1.20.

379 "선금리 인하 후 자유화로 조율",《매일경제》, 1993.1.20.

380 1992년 11월 20일, 재무부 직원 연찬회의 석상에서는 그는 한국은행의 재할인금리를 비롯 제반 금리를 인하할 것을 강조했다. 실제로 기업투자가 급감하고 있었

다. 1/4분기 설비 투자율은 8.6%에서 2/4분기 4.3%로 절반 수준으로 뚝 떨어지고 말았다. 그런 상황에서도 경기에 대한 낙관론을 펼치는 사람들도 있었지만 이들의 입을 다물게 하는 사건은 3/4분기 성장률이 3.1%로 나오면서부터다. 4/4분기에도 2.5% 내외에 그칠 것이라는 전망이 뒤를 이었다.

381 "금리 정책 양대 산맥 불협화음— 재무부 한국은행 금리 갈등 안팎",《중앙경제》, 1992.12.2.

382 "사설: 증시 활성화와 금리 인하—이(李) 재무의 정책 의지와 방향이 옳았다",《서울경제》, 1993.1.18.

383 "금리 인하 26일 단행",《서울신문》, 1993.1.22.

384 예대마진은 대출로 받은 이자에서 예금에 지불한 이자를 뺀 나머지 부분으로 금융기관의 수입을 말한다.

385 양창삼,『리더십과 기업경영』, 경문사, 2003.2.25., 172쪽.

386 이장규 외,『6공 경제 — 흑자경제의 침몰』, 중앙일보사, 1995.2.15., 273쪽.

387 이장규 외,『6공 경제 — 흑자경제의 침몰』, 중앙일보사, 1995.2.15., 275쪽.

388 "경제기획원과 재무부는 금융실명제, 은행민영화, 금융기관 설립, 금리 실세화, 정책 금융 등 주요 정책에 대해서도 다른 견해를 갖고 있었다. 간단히 말하면 금융실명제에 대해 단계적 실시와 전면적 실시, 은행민영화에 대해 금융 자본 형성 후 정부 지분 매각과 정부 지분 매각 후 금융 자본의 육성, 금융기관 설립에 대해 제한적 허용과 무제한 허용, 금리에 대해 실세금리 중시와 실질금리 중시, 정책 금융에 대해 전면 폐지와 단계적 폐지로 대립되었다. 결국 서로의 견해 차이가 너무 커 합의가 이루어질 수 없었다. 경제기획원 출신 청와대 김재익 경제수석비서관은 그와 뜻이 같은 경제기획원 사람들로 재무부를 점령하게 하여 그들의 정책을 직접 추진했다. 칼을 가진 자는 휘두르고 싶고, 칼로 일어선 자는 칼로 망한다고 성경에 쓰여 있다." 강만수,『현장에서 본 한국경제 30년』, 삼성경제연구소, 2005.4.29., 186~187쪽.

389 1994년 말에 두 부처가 통합되지 않고 분리되어 있었다면 경제기획원 출신들이 주도했던 급격한 정책들에 브레이크를 걸 수 있었을 것이다. "업무의 성격에서 경제기획원은 공격적이고 재무부는 상반될 수밖에 없다." 강만수,『현장에서 본 한국경제 30년』, 삼성경제연구소, 2005.4.29., 188쪽.

390 이승윤(전 경제부총리)은 외환위기의 원인을 이렇게 진단한다. "시장은 항상 옳은 것인가? 그건 아니다. 이율배반이기도 한데 1980년대를 넘어서며 기업들은

'자, 이제 우리도 이만큼 컸으니 이제 간섭하지 말라'며 불간섭주의를 주장했다. 그 결과가 화학공업과 자동차공업의 중복 과잉 투자였다. 자율을 내세운 재벌의 무차별적인 사업 확장은 중복 과잉 투자로 시장을 왜곡시켰다. …… 나는 중복 과잉 투자를 막지 못한 것이 IMF구제금융의 결정적 요인의 하나라고 본다. …… 미국의 세계화 전략에 따라 노정된 것이 1997년에 나타난 외환위기인 것이다." 이승윤, 『전환의 시대를 넘어 ― 이승윤 회고록』, 투데이미디어, 2011.12.10., 346쪽.

391 "종금사를 비롯한 제2금융권의 이상 비대와 자금 수급에 있어서의 만기구조 불일치가 가장 직접적인 외환위기의 발생 요인이다. …… 경험도 부족하고, 우수인력도 충분히 확보하지 못하고 있던 종금사들은 규모의 확대에 치중했다. 원래 단기 운영 자금을 공급하기 위해 설립된 종금사들은 국제금융을 한답시고 국제금융기관으로부터 단기 자금을 차입하여 기업들에 장기 자금을 공급했다. 기업들에 공급한 자금이 주로 상업어음(CP) 할인을 통한 것이기 때문에 형식적으로는 장기 자금이 아니었으나 차환을 통해 계속 연장했기 때문에 실질적으로 장기자금이나 마찬가지였으며, 기업들은 이 돈으로 시설 투자와 사업 규모 확장에 사용했다." 차동세, 『한국경제 대전환의 길』, 21세기북스, 1998.11.14., 46쪽.


### 제6부 재무부 장관에 오르다 │ 3장 투신사 살리기와 금융 공황

392 신동규는 인터뷰에서 이렇게 말한다. "판단이 정확하시고 정책 결정을 하시면 추진력이 좋았습니다. 일단 결심하시면 일이 쭉쭉 추진되니까 부하들로서는 신바람이 났습니다. 일하기도 편했습니다."

393 존 맥스웰, 『존 맥스웰 리더의 조건(The 21 indispensable qualities of a leader)』, 전형철 역, 비즈니스북스, 2012.3.5., 133쪽.

394 "한국은행의 발권력을 동원해서라도 증시를 살리겠다고 한 이 조치는 발표 당시 타당성과 효과를 둘러싸고 혼란이 빚어졌으며 1년이 지난 지금 예상대로 많은 부작용을 양산해냈다. 증시 안정의 기본 목표는 간데없고 투자자와 증권사 그리고 투신사들이 막대한 피해를 보는 결과가 빚어진 것이다. 이 가운데 증시 최대 기관투자가이며 '12·12조치' 이전에는 우량기업이었던 투신사들은 정부 지시로 주식을 마구 사들이다 빚더미에 올라서 부실기업의 오명을 뒤집어쓰게 됐다." "12·12 부양책, 혼란만 부양", 《경향신문》, 1990.12.12.

395 사전에 검토된 4가지 안은 다음과 같다. 제1안은 저리 자금 지원(한은 특융)을 추진함으로써 증권시장 기능을 회복하고 기업 공개와 유상증자를 추진하는 동시에 증시 회복에 대한 정부의 강력한 의지를 표명하는 것이다. 제2안은 재정 자금 특별 회계의 융자 계정에서 지원하는 방안이다. 제3안은 금융기관이 투신사에 지원할 때 정부가 보증하는 방안이다. 제4안은 산업 정책 심의회의 의결로써 지원하는 방안인데, 이들을 모두 검토했지만 한은 특융 방법만 한 것이 없었다.

396 이용만, "금융 혼란 막은 신속한 증권시장 활성화 결단", 국내외 인사 175인의 기록, 『노태우 대통령을 말한다』, 동화출판사, 2011.9.10., 647쪽.

397 2011년에 개정된 한은법이 2012년 시행되기 전에는 한은이 금융기관에 대출을 하기 위한 조건이 상당히 까다로웠다. 2011년 8월 31일에 국회 본회의를 통과하기 이전의 한은법 제65조 3항은 대출 적격 담보가 없고 "통화와 은행업의 안정이 직접적으로 위협받는 중대한 긴급 사태 시" 등으로 긴급 여신의 실행 요건을 매우 제한적으로 규정하고 있다. 반면에 개정 후의 한은법은 "자금 조달 및 운용의 불균형 등으로 유동성이 악화된 경우"로 조건을 완화했다. 개정 한은법 제65조(금융기관에 대한 긴급 여신) 1항은 다음과 같다. "자금 조달 및 운용의 불균형 등으로 유동성이 악화된 금융기관에 긴급히 여신을 하는 경우" 배준석, 「개정 한국은행법의 주요 내용과 의의」, 한국은행, 『조사통계월보』 통권 757호 65권 12호, 2011.12.30., 102~116쪽.

398 "현실론과 원칙론 …… 법적 근거 놓고 논쟁 계속", 《중앙경제》, 1992.5.31.

399 귀스타브 르 봉(Gustave Le Bon), 『군중심리(La psychologie des foules)』, 김성균 역, 이레미디어, 2008.4.3., 190쪽.

400 김헌식, 『의외의 선택, 뜻밖의 심리학』, 위즈덤하우스, 2010.3.15., 280쪽.

401 금융위기의 전염 경로 가운데 하나가 군중 집단 행동이다. 전통적으로 군중 집단 이론은 자기가 속한 집단행동을 무작정 모방하는 비합리적인 행위로 여겨졌다. 하지만 최근 들어 군중 집단 행동의 원인을 분석하는 연구자들은 "군중 집단 행동이 합리적인 선택의 결과라는 해석을 부여하고 있다"고 말한다. 이마연, 『금융위기의 원인과 전염에 관한 연구─세계 금융위기(2008년)와 중국 금융시장을 중심으로』, 전북대학교 대학원 무역학과 석사학위논문, 2010.2.22., 20~25쪽.

402 금융 공황론은 "단기 자금을 대여한 채권자들이 지급 능력이 있는 채무자들로부터 갑자기 그들이 대여한 자금을 회수함으로써 발생한다. …… 외부적인 충격에 접해서 모든 예금자들이 한꺼번에 남보다 먼저 예금을 인출하려 할 경우 자기실

현적인 예금 인출 쇄도 현상이 초래되며 결과적으로 건전한 금융기관조차도 파산 위기에 빠지게 되는 것"이라고 말한다. 여기서 자기실현적 예상(self-fulfilling expectations)은 시장 참가자들이 향후 예상에 따라 위기의 발생 여부가 결정된다고 보는 것이다. 이마연,『금융위기의 원인과 전염에 관한 연구 ― 세계 금융위기(2008년)와 중국 금융시장을 중심으로』, 전북대학교 대학원 무역학과 석사학위논문, 2010.2.22., 13, 16~17쪽.

**403**    이용만, "금융 혼란 막은 신속한 증권시장 활성화 결단", 국내외 인사 175인의 기록, 『노태우 대통령을 말한다』, 동화출판사, 2011.9.10., 646쪽.

**404**    1997년 7월 28일에 태국, 10월 8일에 인도네시아, 11월 21일 한국이 세 번째로 구제금융을 신청했다. 외환위기의 파고가 덮치기 전 경제 정책을 책임지고 있는 사람에 대한 기록은 당시 위기 상황을 너무 안일하게 봤음을 보여준다. "경제 부총리는 1997년 8월 2일 용평에서 관료 출신 국회의원들의 모임 '상록포럼'의 워크숍을 열었다. 부총리는 평소 '3김(김영삼, 김대중, 김종필) 정치'에 대해 비판적인 입장이었고, 관료 출신이 중심이 되는 정당을 만들어야 한다는 생각을 갖고 있었다. 10월 9일부터 순천을 시작으로 '21세기 국가 과제'에 대한 강연을 전국적으로 개최하기 시작하자 청와대와 정보기관에서 나에게 전화를 걸어 경제 부총리의 정치적인 행보에 대한 의심의 메시지를 보냈다. 대통령 선거를 앞두고 오해의 소지가 있으니 연기하는 게 어떠냐는 건의도 했다. 강연에서는 '21세기 국가 과제'에 관한 영화도 상영했다. 10월 21일 춘천과 원주 강연회는 여러 사정으로 내가 대신 가게 되었는데, 이것으로 강경식 경제 부총리의 지방 강연은 중단되었다." 강만수, 『현장에서 본 경제위기 대응 실록』, 삼성경제연구소, 2015.1.5., 142쪽.

**405**    피터 L. 번스타인(Peter L. Bernstein), 『리스크(Against the Gods)』, 안진환·김성우 역, 한국경제신문사, 1997.10.30., 16~18쪽.


### 제6부 재무부 장관에 오르다 │ 4장 증시 안정화 대책과 관치 금융의 명암

**406**    지금은 증시 부양책이란 용어를 사용하지 않는다. 대신에 증시 안정책이라는 용어를 사용하지만 이도 제한적인 범위에서 사용할 뿐이다. 매일경제신문사 증권부, 『월가를 일면 주식이 보인다』, 매일경제신문사, 1997.5.30., 232쪽.

**407**    "이용만 재무장관 일문일답 ― 증안 채권 발행 계속 검토",《매일경제》, 1992.8.24.

408 12·12증시부양책을 실시하게 된 3가지 배경은 국민주 보급을 계기로 국민들의 주식 투자에 대한 관심 증대, 증시 침체의 본격화 방지, 정치적 고려다. 김동호, 『대통령 경제사』, 책밭, 2012.4.23., 247쪽.

409 "이용만 재무 증권거래소 방문", 《한겨레》, 1992.8.23.

410 제이 핀콧(Jay Pincott), 『엑설런스(Excellence)』, 김혜은 역, 에버리치홀딩스, 2008.8.19., 151쪽.

411 "증시를 안정시켜나가려면", 《동아일보》, 1992.8.25.

412 "12·12조치 이후에도 주가 하락이 멈추지 않자 1990년 5월 8일 정부는 '증시 안정 기금 설립'을 발표했다. 32개 증권사와 은행, 상장기업 등 636개사가 4조 8,600억 원을 출자해 설립한 '증안기금'은 1996년 4월 9일 해산 결의될 때까지 증권시장 안정에 기여했다." 윤재수, 『주식경제 상식사전』, 길벗, 2008.12.20., 149~150쪽.

413 "증시 안정·금리 인하 등에 보람", 《중앙경제》, 1993.2.17.

414 "사실 경제개발 초기에는 금융이 실물경제 발전을 위해서 많은 희생을 했다. 각종 자금을 동원해서 제철소, 조선소, 비료공장 등에 자금을 대주었다. 그러다 보니 금융이 돈만 대주는 역할에 머물러 있었을 뿐이지 금융산업 자체로서는 발전을 하지 못했다." 이승윤, 『전환의 시대를 넘어─이승윤 회고록』, 투데이미디어, 2011.12.10., 156쪽.

415 남덕우 장관이 취임한 이후에 은행에 지시한 사항은 다음과 같은 것들이다. 금융 업무 쇄신 8개 원칙(1970.2.1.), 대출 업무 개선(1970.2.15.), 대출 여신 제도 확립 (1971.10.21.), 대출 심사 제도 개선(1972.9.6.), 대출 심사의 현대화(1972.9.20.), 은행 간의 불량 거래처 정보 교환 제도인 블랙리스트제 마련(1972.1.9.), 5,000만 원 이상 은행에 손실을 끼친 기업과 기업인을 제재하는 반사회 기업인제 실시 (1973.4.3.), 대출금 회수 및 정리를 위한 특별 조치법 마련(1970.1.1.), 대출금 사후관리 요령 제정 시달(1972.9.19.), 금융기관 사고 방지 대책 시달(1974.4.17., 1974.5.20.) 등이다. 오늘날 기준으로 주무 부처가 왜 이런 것까지 지시했을까라는 의구심을 가질 수 있다. 그러나 금융기관들이 자체적으로 할 수 있는 능력이 되지 않았다.

416 이용만은 인터뷰에서 이렇게 말한다. "남덕우 장관이 취임한 이후에 제일 먼저 손을 댄 것이 건전한 금융 질서 확립을 위한 조치들이었고 가장 역점을 두고 많은 시간을 투자한 부분도 이 부분이었다."

417 남덕우는 사회간접 시설의 개발, 낡은 제도의 혁신과 새로운 제도의 도입, 외국

으로부터의 자본과 기술의 도입, 위험을 감당할 만한 기업의 부재 때문에 초기에 적극적인 정부 개입이 불가피했다고 강조한다. 한마디로 시장에 맡겨놓아서는 아무것도 할 수 없는 상황이었다고 말한다. "그냥 시장경제에 맡겨서 그 사람들에게 혼자서 일어나라고 해봤자 초기에는 안 되는 얘기이기 때문에 어쩔 수 없이 정부에서 주도적으로 이끌어갈 수밖에 없었습니다. 다만 발전 단계가 달라짐에 따라서 정부 역할이 부단히 수정돼야 합니다. 시장 기능이 활발해질 것 같으면 거기에 맞춰서 정부가 자기의 역할을 적극 수정해서 민간에게 주도권을 주는 방향으로 자기 수정을 해나가야 되는데, 돌이켜 생각해보니까 거기에서 역시 좀 뒤늦은 감이 없지 않았냐는 점은 아쉽습니다." 김성진, 『박정희 시대: 그것은 우리에게 무엇이었는가』, 조선일보사, 1994.10.26., 29~30쪽.

**418** 김정렴(전 청와대 비서실장)은 세계은행은 한국의 중화학공업 육성전략에 대해 1979년부터 1982년 사이에는 아주 비판적이었지만 1993년 초부터 실시한 연구를 통해 정반대의 결론을 내렸다고 말한다. "IMF가 국제수지의 불균형을 시정하기 위하여 공여하는 '스탠드 바이(Stand-by)' 융자나 세계은행이 한 나라의 경제 전체 또는 어느 부문 전체의 구조조정을 위한 융자를 할 때는 융자 조건으로 금리자유화, 환율자유화, 수입자유화 등을 요구합니다. 한마디로 표현하면 '경제를 자유화'하자는 것입니다. 이와 같은 부대 조건이 충족되지 않으면 융자는 이루어지지 않습니다. 자유화론의 배경에는 신고전학파 경제학으로서 정보가 완전하고 모든 재화와 서비스의 시장이 존재하며 그 시장에서 자유 경쟁이 충분히 이루어진다면 효율적인 자원 배분이 달성된다는 주장이거든요. 원칙적으로 옳은 이론입니다. 그러나 개발도상국은 정보가 완전하지 않으며 시장 또한 불완전하고 행정 역량도 미숙해서 개발 도상 단계를 벗어나지 못하고 있습니다. 행정적으로나 정치적으로 충격과 부담이 큰 자유화 조치를 감내할 수 없는 개도국들은 세계은행의 구조조정 융자를 엄두도 못내고 빈곤과 정체에서 벗어나지 못하고 있습니다. 1991년에 일본은행 총재가 방콕의 IMF와 세계은행 공동 연차 총회에서 발언하기를, '세계은행이나 IMF가 계속해서 자유시장경제와 현실화만을 고집한다면 이를 감내 못하는 개발도상국의 경제발전은 백년하청이다. 한국을 봐라. 한국 같은 경우는 정부 주도로 했다. 그리고 한국은 적절한 산업 정책과 정책금융 등 정부 개입으로 성공했다'고 주장했습니다." 김성진, 『박정희 시대: 그것은 우리에게 무엇이었는가』, 조선일보사, 1994.10.26., 26~27쪽.

**419** 국제부흥개발은행(IBRD)은 1978년에 발표한 『한국의 금융부문보고서』에서 성

책 금융에 대해 언급하고 있다. 금융기관의 가용 대출 재원 가운데 70%가 정책 금융으로 운용되고 있으며, 총 정책 금융의 약 50%가 수출 금융으로 운용되고 있다.

420  김성진 편저, 『박정희 시대: 그것은 우리에게 무엇이었는가』, 조선일보사, 1994.10.26., 30쪽.

421  1960년대 말부터 1970년대 초반까지 제1차 부실기업 정리는 세 차례에 나뉘어 단행되었다. 첫 번째 부실기업 정리는 1969년 5월 15일부터 같은 해 8월 15일까지 이루어진다. 약 3개월간에 걸쳐 30개 기업이 정리되었다. 이 작업은 1969년 4월 당시 재무부 이재국장으로 있던 장덕진을 반장으로 하는 부실기업정리반이 긴급히 청와대 비서실에 설치되어 8월 중순에 매듭을 짓는다. 장덕진은 외자관리수석비서관으로 청와대에 들어가 부실기업 정리를 마무리 짓는데, 이때 정리된 기업들은 동립산업, 한국모방, 윤성방직, 천우사 계열의 23개사, 아세아자동차, 한국철강, 한국제강, 삼양수산, 흥한화섬 내외방적 등 총 30개사가 정리되었다. 당시 이재1과장으로 업무 협조를 했던 이용만은 업체들의 청탁과 압력이 심했기 때문에 비밀리에 작업을 진행하면서 실무자를 적극적으로 보호했어야 했다고 말한다. "30개 업체의 기업 정리 과정에서 매일같이 철야 작업을 진행하며 외부의 청탁과 압력을 극복하면서 부실기업 정리를 추진한 장덕진 외자관리수석비서관의 추진력이 돋보였다." 조성택, 『국가와 재벌 관계의 제도 변화에 관한 연구: 부실기업 정리 과정에 대한 신제도주의적 접근』, 단국대학교 대학원 박사학위 논문, 2002.8., 73쪽.

422  1960년대 말부터 1970년대 초반까지 두 번째 부실기업 정리는 1969년 1월 17일부터 1971년 6월 8일까지 이루어졌으며, 부실기업으로 인한 시중은행의 차관지급보증채무 16만 1,319달러는 한국산업은행이 인수했다. 세 번째 부실기업 정리는 1971년 6월 11일부터 같은 해 11월 19일까지 부총리를 위원장으로 '기업합리화위원회'를 설립하여 보다 포괄적으로 부실기업 문제를 들여다보게 된다. 산업 전반에 걸쳐 부실화가 만연되어 있다는 사실을 발견하고 정부는 이듬해 1972년 8월 3일 사채동결을 위한 '경제안정과 성장에 관한 긴급명령'을 발표하게 된다. 조성택, 『국가와 재벌 관계의 제도 변화에 관한 연구: 부실기업 정리 과정에 대한 신제도주의적 접근』, 단국대학교 대학원 박사학위 논문, 2002.8., 76, 78쪽.

423  부실기업 처리에서 우리나라가 기업 회생에 초점을 맞추게 된 것에 대해 김정렴(청와대 비서실장)은 이렇게 말한다. "1971년 현재 차관을 도입한 민간기업은 147개였는데, 이 중 26개 업체가 부실 내지 불건전 기업이고…… 26개 기업 중에

서는 후일 건전하게 소생한 한국비료, 인천제철, 한영공업, 조선공사, 한국전기 야금, 대림수산 등 비중이 큰 업체도 포함됐다. 박정희 대통령이 부실 차관 기업체의 정리에 각별한 관심을 가지고 고민한 것은 이들 차관 기업 하나하나가 당시 우리 경제에서 비중이 클 뿐만 아니라 긴요한 공장들인 데다 차관 기업의 도산이 늘어날 경우 국제 자본시장에서 한국의 신뢰도가 추락하고 나아가 경제 발전상 필요불가결한 외채 도입이 어렵게 되지나 않을까 하는 우려 때문이었다." 김정렴,『최빈국에서 선진국 문턱까지 — 한국경제 정책 30년사』, 랜덤하우스코리아, 2006.8.1., 309쪽.

424  부실기업을 정리하는 방법으로 흔히 제3자에게 대출금 탕감, 이자 징수 유예 등과 같은 금융 지원과 세금 감면이 사용된다. 제3차 부실기업 정리는 1980년대 중반의 해외 건설, 해운업, 종합상사 등을 대상으로 추진된다. 1986년 5월 9일부터 1988년 2월 16일까지 모두 6차에 걸쳐 부실 기업 78개가 정리된다. 정리대상이 되었던 78개사 가운데 56개사가 제3자에게 인수되었으며, 이들 가운데 해외 건설업체 6개사와 해운업체 2개사가 제3자에게 인수 대상이 되었다. 3개사(한양해운, 성신토건, 국제토건)는 청산 처리되었다.

425  예를 들어, 부실화된 경남기업의 경우 대우그룹에 인수될 때 4,600여 원의 대출금은 무이자로 15년 거치 15년 분할 상환하도록 하고 신규 자금(종잣돈, 손실보상 대출금, seed money) 2,000억 원은 연리 10%, 10년 거치 10년 분할 상환으로 금융 지원을 했다. 여기에다 400여억 원의 조세는 감면해주었다. 예를 들어, 국제상사(건설), 남광토건, 경남기업, 삼호, 국제기술개발에 지원된 손실 보상 대출금만 하더라도 4,027억 원이나 되었다. 은행의 부실을 메워주기 위하여 한국은행은 '한은 특융 특별법'에 따라 금융기관의 손실을 보전하기 위하여 낮은 이자로 대출을 해주었다. 1986년부터 1988년까지 한은 특융의 총액은 1조 7,222억 원이었다.

426  부실기업의 출연은 경영 실패가 큰 원인이었지만 이따금 정책 실패에 기인하는 것도 있었다. 1986년 5월 9일부터 1988년 2월 16일까지 정리된 해운업의 부실에는 정책 실패가 큰 역할을 했다. 해운항만청은 마치 수출 목표를 달성하는 것처럼 해운입국을 기치로 해운업체로 하여금 선복량을 대폭 늘리도록 유도했다. 그 결과 대규모 부실이 발생했다. 당시 해운업계는 총 3조 원의 부채에 2,000어 원이 적자에 시달리고 있었다. 송양민, "부실기업 정리의 내막",《월간조선》, 1986.7., 342~343쪽. 조성택,『국가와 재벌 관계의 제도 변화에 관한 연구: 부실

기업 정리 과정에 대한 신제도주의적 접근』, 단국대학교 대학원 박사학위 논문, 2002.8., 104쪽.

## 제6부 재무부 장관에 오르다 │ 5장 거인들과의 만남

427 "미야자와 총리 방한에 하다 대장상 동행",《동아일보》, 1992.1.13.

428 1997년 일본이 회수해간 해외 단기 차입금은 375억 달러 중 130억 달러였다. 강만수는 3번에 걸쳐 일본의 협조를 당부했다. 첫째, 11월 21일 사카키바라 차관에게 전화를 해서 IMF 자금을 인출할 때까지 100억 달러 정도의 연결 차관(bridge loan)을 요청한 일이다. 둘째, 12월 2일 IMF구제금융이 합의되기 전날 쿠알라룸푸르에서 열린 ASEAN+6 재무장관회에서 급속한 자금 회수의 자제를 요청했지만, 일본 금융기관의 도산이 줄을 잇고 있어 정부도 어쩔 수 없다는 대답이었다. 셋째, 12월 18일 모라토리엄 우려가 제기되는 상황에서 지푸라기라도 잡는 심정으로 도움을 간청하는 편지를 보냈다. 강만수,『현장에서 본 경제위기 대응실록』, 삼성경제연구소, 2015.1.5., 128~129쪽.

429 "1997년 아시아 금융위기의 전조는 일본의 '대성장'으로 축적된 867억 달러의 과잉 자본이 한국, 태국, 인도네시아, 말레이시아, 필리핀에 흘러들어가자 금융시장은 들떴고 기업은 확장의 길을 걸었고 경상수지는 적자가 누적되어 거대한 거품으로 나타난다. 위기를 당한 아시아 5개국은 정도의 차이는 있었지만 해외 자본의 초과 유입, 환율의 고평가, 경상수지의 적자, 높은 기업 부채 비율, 높은 대외 채무는 같은 양상이었다." 강만수,『현장에서 본 경제위기 대응실록』, 삼성경제연구소, 2015.1.5., 52쪽.

430 강만수,『현장에서 본 경제위기 대응실록』, 삼성경제연구소, 2015.1.5., 129~130쪽.

431 전병준, "대회장 초만원, 경제유엔 발돋움—IMF, IBRD 이모저모",《매일경제》, 1991.10.16.

432 전병준, "대회장 초만원, 경제유엔 발돋움—IMF, IBRD 이모저모",《매일경제》, 1991.10.16.

433 바로 그다음 날인 11월 2일 오후 1시, 정세영 현대그룹 회장이 이용만 장관을 만났을 때, "각하가 만나주실 것 같지 않으니 안기부장과 면담할 수 있도록 부탁해 달라"는 요청이 있었다. 또한 "회장님이 오늘 혼자 골프를 치러 나가셨는데 감정

이 불안전하다. 당분간 생각할 기회를 주는 게 좋겠다. 나와 이명박 사장이 수시로 말해도 안 듣는다"라는 말도 오갔다. 이용만, 「현대와의 갈등」, 미발표 메모, 2016.8.

434  상대방을 설득하려면 솔깃한 제안을 하기 쉽다. 그날 정주영 회장도 이용만 장관한테 "공무원 그만하고 철원에서 출마해라. 선거자금은 내가 대줄게"라고 말했다. 흥미로운 것은 김동길 교수를 설득할 때도 비슷한 방법이 사용되었다. 정치 입문을 망설이는 김 교수에게 정주영 회장은 이렇게 제안했다. "대통령 선거는 국민 사이에 인기가 좋아야 한다. 김 교수가 인기가 좋으니 대선에 출마하시오. 의형제를 맺어 정치를 바로잡아봅시다." 통일국민당이 창당되어 몇 달 되지 않아서 지역구만 27석을 차지하게 되면서 정주영의 마음은 바뀌고 만다. "이번 대통령 후보는 내가 나가야겠다. 김 교수는 젊으니까 다음 기회가 있는 것 아니냐." 이용만, 「현대와의 갈등」, 미발표 메모, 2016.8. "노 대통령, 남북정상회담 추진 '쇼' …… 무리수 두지 말아야", 《대전일보》, 2007.3.29.

435  "1974년 무렵 학교에서 강의를 하고 있을 때 당시 경제수석에게 '이런 식으로 나가다간 나중엔 정치력이 경제력을 통제할 수 없는 시대가 온다'고 얘기한 적이 있다. 막상 내가 청와대에 들어와서 보니 이미 우려했던 상황이 벌어져 있었다. 예측했던 것이기에 놀라지는 않았다." "자본주의 룰 따라 불균형 시정 — 김종인 청와대경제수석 특별인터뷰", 《경향신문》, 1991.10.22.

436  "정회장 만류 불구 정면대결 고집 — 현대 사태 전말", 《동아일보》, 1991.11.22.

437  당시 현대그룹 측에서는 정치자금 조성에 대해 제재를 가하는 것에 불만이 있었다. 이용만의 생각은 이랬다. "나는 '금융 자금의 정치자금화'는 안 된다고 기자회견에서 발표한 바가 있다. 이는 은행법 제27조 7항에서 '직접, 간접에 불구하고 정치자금의 대출'은 금지 사항으로 되어 있기 때문이다. 당시 현대그룹은 금융기관의 보고에 의하면 제1·제2 금융기관 여러 곳에서 여러 가지 명목과 방법으로 많은 자금 인출이 일어나고 있었고, 따라서 금융기관마다 강도 높은 규제가 있었다고 생각한다. 정세영 회장이 내방하여 건설 수주도 잘 안 되고 회사채 발행이나 증자도 안 되어 매일매일 부도 막기 바쁜데 세금(1,361억 원) 낼 돈이 어디 있느냐 한 것도 그 맥락이라고 생각되고, 실제로 현대그룹은 매일 3,106~3,477억 원의 부족 자금(12월 5일부터 12월 23일까지)을 단자회사 등을 통한 긴급 대출(1일 대출)로 마는 자금난을 겪었다. 한번은 외환은행에서 긴급 보고가 왔다. 홍세표 전무의 보고에 의하면 현대건설이 오늘 자금을 막지 못해서 54억 원의 1차 부

도가 났는데 어떻게 하는 게 좋겠느냐고 물어왔다. 나는 '우선 막아주는 게 좋겠다' 했다. 2차 부도까지 나서 부도가 확정되면, 현대건설이 부도나고, 그다음에 현대의 여러 기업들이 연쇄 부도가 날 것이다. 그 여파는 금융 면에 국한된 것이 아니고, 정치·경제에 미치는 파급 효과가 걷잡을 수 없을 것이기 때문이었다. 나는 후일 정치자금 제재와 관련해서 거꾸로 생각해보았다. 만약 당시 모든 금융기관이 현대가 원하는 대로 대출을 해주고 그 자금이 정치자금으로 쓰여졌다면 오늘날 현대의 재무 상태는 어찌 되었고, 금융기관의 건전성이 어찌 되었을까 하는 문제도 같이 생각해야 된다고 본다." 이용만, 「현대와의 갈등」, 미발표 메모, 2016.8.

438   선거 개표가 끝난 그다음 날 정재석 당시 경제기획원 차관의 제의로 정세영 회장과 저녁식사가 있었다. 정 회장은 "왜 안됐는지 모르겠다. 개표가 잘못된 것은 아닌지"라고 하면서 "최소한 800만 표는 나오도록 되어 있었는데"라며 아쉬워했다. "많은 직원이 동원되었고 많은 비용을 투입하여 총력을 기울였는데 결과가 기대 이하였다"는 이야기를 들으면서 이용만은 '참 딱하다'는 생각과 함께 위로의 말을 전했다. 이때도 이런 생각이 들었다고 한다. '뜻대로 되지 않는 게 민심이고 정치인데, 사업 세계에서 뛰어난 사람이라도 다른 분야에서는 순진하구나.' 이용만, 「현대와의 갈등」, 미발표 메모, 2016.8.

**제7부 시련의 세월을 이겨내다 │ 1장 YS와의 인연과 선의**

439   이용만은 인터뷰에서 이렇게 말한다. "처음에는 게이오 대학에 1년 정도 머물 계획이었습니다. '1년 정도 머물다 오겠습니다'라고 YS에게 이야기했더니 '어휴, 뭘 그렇게 오래 있으려고'라고 했습니다."

440   일본에서 공동 연구를 하기 위한 구체적인 준비를 다 마친 상태로 일본에 나갔다. 공동 연구의 주제는 3개였는데, 이 가운데 하나가 한국의 경제개발 계획에서 조세 제도와 조세 감면이 어떤 역할을 했는지였다. 다른 주제는 한국의 신용관리 시스템이었다. 앞의 것은 당시 재무부 세제심의관이었던 김진표(국회의원)가 도움을 주었다. 일본어로 번역까지 다 마칠 정도로 만반의 준비를 하고 게이오 대학에 갔다.

441   '안영모 사건'은 안영모 동화은행장이 가짜 영수증과 불법 대출 커미션 등으로 17

778

억 원을 횡령하여 조성한 자금으로 업무와 직·간접으로 연결된 사람들에게 제
공한 사건이다. 안영모는 1993년 4월 23일 구속되고, 5월 10일 정식으로 기소되
었다. 이 사건은 동화은행장 자리를 놓고 벌어진 은행 내부 갈등으로 인한 투서
가 단서를 제공했다.

442  "누가 김영삼에게 이용만을 소개해주었을까?" 인터뷰에서 이용만은 이렇게 증
언했다. "서울신탁은행장을 역임한 김모 씨가 있는데 그 사람이 귀띔을 한 것 같
습니다. 자금 조달을 하려면 이 아무개를 잡으시오. 그 사람만이 해결할 수 있습
니다. 김모 씨가 김현철의 장인인 김웅세에게 이야기하고, 김웅세가 김영삼에게
이야기한 것 같습니다."

443  이장규(전 중앙일보 경제전문 대기자)는 인터뷰에서 이렇게 말한다. "박수길 전
대사와 이용만 전 장관 그리고 내가 골프를 칠 때면 웃느라고 골프를 칠 수 없을
정도입니다. '이 친구야, 저 친구야, 공을 왜 건드렸냐 마냐'를 두고 서로 티격태
격합니다. 그럴 때마다 저는 인간 이용만의 짓궂음이랄까, 순수함이라고 할까,
그런 것을 발견할 수 있었습니다."

444  당시에 YS 측이 어느 정도를 목표로 대선자금을 모았을 것인지를 추측케 하는
내용이 노태우 전 대통령의 회고록에 들어 있다. 3,000억 원 '+α(플러스 알파)'인
데 그 'α'가 얼마인지를 가늠해보게 하는 내용이다.

"나는 김영삼 총재와 대선자금을 어떻게 마련할 것인지에 대해 의논했다. 김 총
재는 '막대한 자금이 소요될 텐데 저로서는 그 많은 자금을 조성할 능력이 없으
므로 대통령께서 알아서 해주십시오'라고 부탁했다. …… 그래서 선거자금을 김
총재 쪽에서 직접 조성하고 나는 뒤에서 돕기로 한 것이다. 다만 재계 사정에 밝
은 사람을 붙여주기로 했다. …… 김 총재가 대통령 후보로 결정된 직후부터는
대선자금이 주요한 사안이 되지 않을 수 없었다. 내가 대선자금 이야기를 꺼냈을
때 그는 '적어도 4,000~5,000억 원은 들지 않겠습니까?'라고 했다. 나는 그 액수
를 듣고 너무 과하다고 생각했다. 당시의 경제 상황이나 재계 사정으로 보아 무
리라고 판단했다.

1987년 내가 대통령 후보로 나섰을 때 전 대통령으로부터 지원받은 선거자금은
1,400억 원 규모였다. 물론 당을 통해 통해서 받은 것이었다. 거기에 당 재정위
원회와 후원회 등에서 모은 돈 500억 원을 합치면 민정당의 선거자금은 2,000억
원 정도였다. 그런데 김 총재 측에서는 그 배를 이야기하는 것이었다.

내가 보기에는 김 총재가 야당 생활을 오래 한 때문인지 기업들의 사정을 고려하

기보다는 필요한 자금만을 염두에 두고 있는 것 같다는 느낌이 들었다. 나는 그에게 사람을 붙여주는 것이 좋겠다고 판단했다. 그래서 경제 상황과 기업 사정을 잘 아는 금진호 장관과 이원조 의원 두 사람을 불러 김 총재를 도와 대선을 치르라고 지시했던 것이다.

김 총재가 대통령 후보로 결정된 직후 나는 안가에서 이 두 사람을 김 총재에게 인사시키면서 도와주라고 했다. 김 총재는 내게 감사를 표했다. 그 후 이 두 사람의 도움을 받아 김 총재가 대선을 치렀는데, 금 장관과 이 의원 두 사람이 각각 1,000억 원 정도의 기금을 조성해주었다고 들었다." 노태우, 『노태우회고록(하)』, 조선뉴스프레스, 2011.8., 508~511쪽.

**445** 노태우, 『노태우회고록(하)』, 조선뉴스프레스, 2011.8., 511~512쪽.

**446** 『노태우회고록(하)』에서 노태우는 김영삼이 한밤중에 전화를 걸어 "이제 살았습니다. 고맙습니다"라고 감사 인사를 했다고 기록했다. 노태우는 1993년 2월 25일 청와대에서 인사를 나누고 김영삼 대통령의 취임식장을 떠나기 전에 청와대 금고 안에 100억 원 이상을 돈을 넣어두었다고 증언하고 있다. 노태우 전 대통령으로부터 공식적으로 도움을 받는 것 이외에도 YS는 다른 경로를 통해서도 대선 자금을 마련했을 것으로 보인다. 그 많은 돈이 얼마나, 어떻게 조성되었는지, 어떻게 사용되었는지, 얼마나 남았는지는 누구도 알 수 없다.

**447** 노태우, 『노태우회고록(하)』, 조선뉴스프레스, 2011.8., 512~513쪽.

**448** "1990년 초의 3당 합당 이후 나는 당 운영비 외에 김영삼, 김종필, 박태준 최고위원들에게 매달 적지 않은 돈을 보내주었다. 두 김 씨는 야당 최고 지도자였던 분들인 만큼, 필요한 돈이 적지 않으리라는 생각에서의 배려였다. 김영삼 대표 최고위원에게는 다른 두 분보다 많은 액수가 건네졌다." 노태우, 『노태우회고록(하)』, 조선뉴스프레스, 2011.8., 510~511쪽.

**449** 당시 담당 수사관 가운데 한 사람의 증언에 의하면 13명이었다고 한다.

**450** 김환태, "동화은행 수사는 검찰 죽이기에 대한 대반격 〈함승희 전 의원 인터뷰-1〉", 뉴민주닷컴, 2006.9.18.

**451** "외압에 의해 수사 대상을 축소했다"는 함승희 당시 담당 검사의 폭로 기사는 1995년 6월 《월간조선》에 실린 적이 있고, 그 밖에 여러 언론 매체에 소개되었다. 그는 사석에서도 함 변호사로부터 직접 들은 바도 있다고 한다.

**452** "판치는 금권 '가진 자 놀음판' 방불", 《한겨레》, 1992.1.1.

**453** 평전 작가의 입장에서 사실이라면, 독자들에게 100%를 전달하기를 원한다. 하

지만 지금도 많은 사람들이 생존해 있고, 무엇보다도 이용만의 지인들 가운데 김영삼 전 대통령과 함께했던 사람들이 있기 때문에 모든 것을 공개하는 일이 쉽지 않았다. 이제껏 그가 기록을 남기는 일을 고민했던 이유이기도 하다.

454 흥미로운 것은 이 문건을 접할 수 있는 특별한 위치에 있었던 K씨는 집권 기간 내내 요직을 두루 거쳤다. 의도하지 않은 결과이지만, 문건의 내용이 그만큼 위력적이었음을 말해준다.


## 제7부 시련의 세월을 이겨내다 │ 2장 은혜의 강물이 흘러 오늘까지

455 화양감리교회(www.hwayang.org)의 교회연혁에는 1952년에 시작된 교회라는 기록이 남아 있다. 그리고 1958년에 이효덕 전도사가 소속 전도사로 부임했으며, 1960년에 김석홍 목사가 부임했다는 기록이 남아 있다.

456 "기독교에서 말하는 '자만(superbia)'은 단순히 다른 사람에게 거만하게 구는 것을 말하지 않습니다. 그것은 인간이 '신같이 되려고 자기를 높이는 마음'을 말하며, 라틴어로 '스페르비아'라고 부릅니다." 김용규, 『데칼로그』, 포이에마, 2015.9.14., 292쪽.

457 고전들의 핵심 주제는 교만에 대한 경계인데, 이런 면에서 성경도 마찬가지다. 구약의 10계명 가운데서 부모 공경은 '살인 금지'보다 앞에 놓일 정도로 중요한 비중을 차지하고 있다. 칼뱅은 하나님이 인간의 본성인 자만을 극복하는 수단으로 부모 공경 계명을 내렸다고 주장한다. "복종이란 것이 인간의 본성에 맞지 않는 것이라는 것을 아신 하나님께서는, 그들을 가장 우호적인 방법으로 자신에게 이끌어 들이기 위하여 그들 앞에 부모님이라는 상징을 두셨습니다." 김용규, 『데칼로그』, 포이에마, 2015.9.14., 291~292쪽.

458 재물이든, 자리든, 권력이든, 지식이든 맹렬하게 추구하는 과정에서 하나님을 찾고 가까이하는 일은 무척 어렵다. 추구하는 것이 일종의 우상이 되고, 인정하건 하지 않건 간에 '우상숭배자'가 되어버린다. 대부분 사람들은 어려움을 만나게 되었을 때 하나님을 만나게 된다. "너를 위하여 새긴 우상을 만들지 말라"고 한 10계명의 제2계명은 "나 외에 다른 신들을 네게 두지 말라"는 제1계명과 분리해서 생각일 수 없다. 게네드 해밀트(Keneth Hamilton), 「우리들 마음속의 우상(Idols are in our minds)」, 『새생명』, 박광호 역, 새생명사, 1974, 32~33쪽.

459 성경에는 이스라엘 백성들이 만든 금송아지(금으로 만든 황소)를 숭배하는 장면이 등장하는데, 여기서 금송아지는 신격화된 돈을 말한다. 자본주의에서 흔하게 볼 수 있는 우상숭배의 하나다. 다니엘 푸이유(Danielle Fouilloux) 외 5인, 『성서문화사전(Dictionnaire culturel de la Bible)』, 김애련 역, 솔, 2001.2.1., 422쪽.

460 이용만, 「종교 생활」, 미발표 메모, 2016.6.

461 이용만은 하용조 목사를 목회자이면서도 늘 나라 걱정을 참으로 많이 한 분으로 기억한다. 2007년 9월 대통령 선거전이 뜨겁게 달아오를 때 뉴욕을 방문한 그에게 전화를 걸었다. 이 대통령 후보에게 전해달라고 부탁하면서 복사 용지 2장 분량의 글을 보냈는데, '이명박 대선 후보에게 드리는 기도 제목'에는 건강한 대한민국의 10대 자화상을 위한 제안이 담겨 있다. "1. 부정적 사고에서 긍정적인 사고로 2. 관행적 사고에서 창조적 사고로 3. 비판하는 사고에서 격려하는 사고로 4. 과거 지향적 사고에서 격려하는 사고로 5. 미신적 사고에서 미래지향적 사고로 6. 개인적 사고에서 공동체적 사고로 7. 게으른 습관에서 부지런한 습관으로 8. 무책임한 행동에서 책임 있는 행동으로 9. 무질서한 행동에서 질서 있는 행동으로 10. 무례한 언어에서 예의 바른 언어로. 기타 1. 전 국민 생활습관병 고치기 운동 2. 전 국민 아침 체조하기 운동(학교, 교회가 시작) 3. 전 국민 중독에서 벗어나기 운동(술, 담배, 마약 등) 4. 전 국민 질서 지키기 운동(공중도덕) 5. 전 국민 거짓말 안 하기 운동(신용 사회 지키기)" 하용조, 「이명박 대선 후보에게 드리는 기도 제목」, 미발표 메모, 2007.9.

462 두 사람 사이에는 13년의 나이 차이가 있었다. 두 사람은 목사와 성도로 만났지만, 서로 의지가 되고 즐거운 시간을 가질 수 있었던 사이였다. 예배를 마치고 나면 자주 환담을 나누기도 하고, 훗날 병석에서도 자주 만나서 기도를 하고 대화를 나누었다. 필자가 생각하건대 이용만이 가진 특유의 친화력과 담백함 그리고 활력이 하용조 목사에게도 전해졌다고 본다.

463 이용만은 취임 인사에서 이렇게 말한다. "여러분도 잘 아시다시피 우리는 1800년대 영국의 '윌리엄 윌버포스(William Wilberforce, 1759~1833)'라는 젊은 정치가가 하나님의 부르심을 받아 뜻을 같이하는 많은 지식인들과 함께 영국의 교회와 사회를 부활시킨 클래팜(Clapham) 공동체 운동을 벤치마킹할 필요가 있다고 생각합니다. 그는 산업혁명의 여파로 빈부 격차가 심화되고 도덕적 타락이 극치에 이른 것을 보고 각종 사회 악습을 철폐하고 자원봉사를 통해 사회개혁의 선두에 나서서 끈질기게 싸워 전 세계에서 '노블리스 오블리주'를 가장 잘 실천하는

모범 국가를 만들었습니다." 이용만, 「CEO Forum 회장 취임 인사말씀」, 미발표 메모, 2007.2.

464  이용만, 「CEO Forum 회장 취임 인사 말씀」, 미발표 메모, 2007.2.

465  2000년대 초반부터 5번의 간암 수술을 마친 후에 가진 한 목회에서 하용조 목사는 "수술대로 들어가면서 인생이 하나님의 은혜로 살아가는 것이지, 인생은 능동태가 아니라는 사실을 깨달았다"고 고백합니다. "사도행전적 교회의 10가지 특징"(2004.8.24.) http://phimtk.com/video.

466  정현구, 『광야에서 삶을 배우다 — 민수기 묵상 에세이』, SFC출판부, 2014.6.27., 117쪽.

참고자료

미8군과 함께하는 추수감사절 만찬 (2014.11.14.)

〈환영 인사〉

버나드 8군 사령관님 그리고 자랑스러운 미합중국 장병 여러분,

저는 오늘 저녁 여러분들과 함께 추수감사절 만찬을 같이 하게 된 것을 무한한 영광으로 생각하며 크게 환영하는 바입니다.

그리고 박관용 전 국회의장과 서울방송국(SBS) 윤세영 회장님, 전윤철 전 감사원장님, 정영의 전 재무장관을 비롯한 여러 장관님들, 대학총장님, 동원그룹 김재철 회장님, 오늘의 행사를 후원해주신 스탠포드 호텔의 권중갑 회장님을 비롯해 많은 귀빈들이 주한미군 여러분께 감사하며 환영하기 위하여 이 자리에 참석해주심에 감사합니다.

저는 여러분을 뵐 때마다 64년 전의 한국전쟁 중, 3만 8,000여 명의 미군 병사가 한반도의 평화를 지키기 위하여 전사하신 은혜를 잊을 수가 없습니다. 그리고 오늘날까지도 우리나라를 지켜주셔서 전후의 '지옥 같은 폐허'에서 '지상천국'으로 성장시켜준 '은인 중의 은인'

으로 생각하며 모든 국민과 함께 감사하고 있습니다.

개인적으로는, 63년 전 나를 구해준 4명의 미군 병사를 잊을 수가 없습니다. 한국전쟁 중 저는 미군 제2보병사단 38연대 록 레인저 중대에서 사병으로 복무하던 중 북한군의 총탄을 맞고 쓰러졌습니다. 그때 위생병 1명을 포함한 용감한 4명의 미군 병사가 들것으로 저를 들고 길도 없는 아주 험난한 산골짜기를 헤치며 산 밑까지 내려가 목숨을 구해주었습니다(강원도 홍천군 1,051미터의 가리산 고지).

나는 그분들의 이름도 모르지만, 땀과 흙먼지로 뒤범벅이 된 미군 병사들의 얼굴을 세월이 지나도 잊을 수가 없습니다. 나를 구하려고 페니실린 주사를 놓아주면서 쉬지 않고 안전한 산 아래까지 운반해주었습니다.

최근 몇 년간 나는 한국전쟁 60주년을 맞아, 그분들을 찾아 한국에 초대하여 나의 목숨을 구해준 데 대해 충심으로 감사하고 싶었습니다. 여러분의 희생적 지원으로 한국이 괄목한 만한 성장을 이룩한 점을 보여주고 한국 산업 시찰 여행을 같이 하고 싶었습니다. 최근 몇 년간 대통령 비서실, 외무부, 주한미국대사, 미 8군 직원 등을 찾아 헤맸습니다.

비록 그 노력이 결실을 맺진 못했지만 그분들을 찾는 일을 포기하지 않고 있습니다. 여러분에게 나누어드린 미 2사단 재향군인회 소식지를 사시고 기서서 그 영웅들을 찾고자 하는 일을 도와주시기 바랍니다.

이 기사가 나게 된 것은 전 미 8군 사령관 조셉 필 장군의 도움으로 이루어진 것입니다.

오늘 이 자리에 초대한 장병 중 사병이 85명(장교 45명, 한국인 20명)으로 미군의 약 50%에 달하는데, 저는 전쟁을 승리로 이끄는 것은 고급 장교가 아닌 사병들이라 믿습니다.

장교들께는 미안합니다만, 전 미 국무부 장관 콜린 파월 장군도 그의 자서전에서 "나의 평소 생각은 전쟁은 실질적으로 사병이 하는 것이며, 모든 공로는 부대장이 아닌 사병들의 몫이다"라고 하였습니다.

선진화된 오늘의 대한민국이 있는 것은 전적으로 미국이, 그리고 이 자리의 미군 여러분이 이 나라를 지켜준 덕분이므로 우리나 모든 국민이 항상 감사하며 그 은혜를 잊지 않고 있습니다.

여러분, 한국에 계시는 동안 건강하고 여러분 모두의 목표를 완수하고 좋은 추억 많이 남기시기 바랍니다. 즐거운 시간 되시길 바라며, 감사합니다.

General Bernard S. Champoux and proud officers and soldiers of the United States Army in Korea.

It is my greatest honor to have all of you here tonight, and I would like to extend sincere welcome to you.

I also would like to express deepest gratitude to Mr.박관용, former Chairman of the National Assembly, and many other special guests for joining us.

Ladies and gentlemen,

When I see you, I remember the honorable sacrifice of more than 38 Thousand U.S. soldiers who devoted their lives to bring back peace on Korean Peninsula 64 years ago.

I would like to express sincere gratitude to all the U.S. Soldiers, past and present, for being with us, providing the opportunity for Korea to grow from the complete devastation to the world's fastest developing economy.

Tonight's dinner is therefore prepared as a small token of our appreciation.

Personally, I can never forget the bravery of the 4 U.S. soldiers who saved my life 63 years ago.

During the Korean War, I was shot by the North Korean Army while I was serving at the Rock Ranger Company, 38 Regiment, 2nd Infantry Division of the U.S. Army.

It was 4 courageous U.S. soldiers, one of whom being a medic, that carried me on a stretcher all the way down the rough mountain valleys to save me.

I didn't even know their names, but I cannot forget their faces covered by sweat and dust after days of fierce battle.

Without hesitation, they hurried to save me, giving me penicillin shots on the way down to the safer place.

For many years, I have tried every possible ways to find those 4 heroes.

I really wanted to invite them to Korea and say "Thank you" to them in person for saving my life.

And, I wanted to show them how remarkable development Korea has ever achieved, thanks to their contribution.

So far, my efforts have not been successful, but I would not cease my search for them.

Please pick a copy of the Veteran's Bulletin of the 2nd Division for your reference, and I would ask for your support in this quest of unsung heroes.

Ladies and gentlemen,

I believe that, at the battle field, it is not high rank officers but soldiers who actually lead troops to victory.

Former U.S. secretary of state, General Colin Powell, wrote in his memoir that all the credits go to the soldiers, not to the commanders.

I feel sorry for all the high—rank officers here, but it nicely sums up that I wanted to tell you tonight.

Most Koreans ascribe Korea's miraculous development and progress to the help of the United States and its courageous soldiers like you.

On behalf of Korean people, I deeply thank you for your service and dedication.

I hope all of you and your family would stay healthy, achieve personal goals, and have a pleasant stay in Korea.

Also, I would like to ask for your continued support and interest in Korea.

A musical performance will follow the delightful dinner.

Please relax and enjoy.

Thank You.

미8군과 함께하는 추수감사절 만찬(2015.11.20.)

〈환영 인사〉

존경하는 버나드 샴포 8군 사령관과 장병 여러분!

그리고 새누리당 김무성 대표최고위원과 미국과 미군을 지극히 사랑하는 김동길 선생님과 박관용 의장님을 비롯한 귀빈 여러분!

바쁘신 중 이렇게 참석해주셔서 충심으로 감사드립니다.

오늘은 작년에 이어 두 번째로 8군 장병과 함께하는 '추수감사절 만찬'입니다.

오늘의 대한민국이 이렇게 발전하여 세계 10대 경제대국의 반열에 우뚝 서게 된 것은 무엇보다 하나님의 은혜요, 미국과 미군 장병 여러분의 희생의 산물이라는 점에 깊은 감사를 드립니다.

저는 작년 12월 8일 8군 음악회의 개회사에서 "우리 8군은 지난 64년간 고향에 한 번도 가지 못한 유일한 부대다"라는 샴포 장군의 말을 듣고 '방망이로 한 대 맞은 것 같은 큰 충격'을 받았습니다.

제가 받은 충격은

첫째, 누구를 위해 우리는 65년간 이곳에 묶여 있어야 하는가?

둘째, 대한민국은 왜 자주국방을 못하는가?

셋째, 언제까지 이곳에 있어야 하는가?

라는 울림으로 받아들여져 제 스스로 깊은 상념에 빠지기도 하였으며,

연말에 보내드린 크리스마스 카드에 '유구무언' '죄송합니다' '고맙습니다'라는 말을 응축하여 적을 수밖에 없었습니다.

우리들은 '언제 저분들을 고향에 보내드릴 수 있을지' 답답하고 안타까울 뿐입니다.

우리가 미국에 감사해야 할 일은 밤새도록 말해도 끝이 없겠지만 몇 가지만 나열하자면

첫째, 일제 식민통치하에서 해방시켜 민주주의 독립 국가가 되게 해 주었고,

둘째, 2차 대전 후 모두 굶어 죽게 되었을 때 4억 달러의 GARIOA (Government and Relief in Occupied Areas) 원조를 비롯하여 ECA, CRIK, UNKRA, ICA, PL480, AID 등 여러 명목으로 해방 후 61년도까지 32억 달러의 원조를 해준 덕분에 우리 국민이 기아에서 벗어날 수 있었습니다.

셋째, 한국천생 때는 연 인원 180만의 미군이 참전하여 3만 8,000명의 고귀한 생명을 희생을 치르면서 한반도의 공산화를 막아주었고,

넷째, 1962년부터 군사 원조를 빼고 우리나라 경제개발에 투입된 외자총액인 802억 달러를 도입하는 데도 대부분이 미국과 미국 영향 하의 금융이 지원됨으로써 아프리카보다도 못한 완전 폐허 상태의 극빈국에서 10대 경제대국으로 성장하도록 도와준 은혜는 두고두고 잊을 수 없습니다.

다섯째, 특히 지난 8월 북한의 '목함 지뢰 도발'의 대응 과정에서도 '한미동맹'의 중요성이 완벽하게 부각되었음을 확인하였습니다.

그간 너무나 당연한 일로 여겨져 우리의 기억 속에서 희미해져가던 한미동맹의 중요성, 즉 미국이 우리나라의 안보의 일부를 책임져줌으로써 우리나라의 생명줄이 되었고, 우리나라의 압축 성장을 가능케 하는 원동력이 되어 '오늘의 대한민국을 이룰 수 있었다'는 사실은 우리 국민은 절대 잊어서는 안 되는 아주 귀중한 유대 관계입니다.

앞으로도 우리나라의 지속적인 발전과 번영은 한미동맹의 굳건한 토대 위에서만 가능함은 말할 필요가 없을 것입니다.

여섯째, 작년에도 말씀드린 바와 같이, 제 개인적으로도 지난 1951년 한국전쟁 시 적군 총탄에 맞아 뒹굴던 것을 흙먼지와 땀으로 범벅이 된 4명의 미군 병사가 험난한 산골짝을 페니실린 주사를 놓아주면서까지 저를 끌고 내려와서 살려준 사실을 어찌 잊을 수 있겠습니까?

당시 저는 총에 맞으면 무조건 죽는 줄로만 알았기 때문에 이후 두 번째 인생을 살고 있다고 여기고 열심히 살아오면서 평생 그분들께 감사함을 잊지 못하고 있습니다.

작년에 이어 이 자리에 참석해주신 버나드 샴포 사령관님은 금년 말 한국에서의 6년간의 임무를 마치고, 내년 초에는 귀국하게 되신다고 들었습니다.

이분의 아버지도 한국전에 참전하셨던 치열한 전투의 현장, 즉 사상자의 피가 산을 붉은 피로 물들였다는 '피의 능선'에서 싸운 용사였습니다.

2대에 걸쳐 한국의 안보를 책임져주신 고마운 분입니다.


귀국하셔서도 미국과 전 세계의 평화를 위해 더 큰 봉사와 번영이 있기를 바라며, 우리나라를 위해서도 지속적인 관심과 애정을 가져주시고 그간의 성원에 대한 깊은 감사와 사령관님의 앞날에 큰 영광이 있으시기를 기원하는 큰 박수를 제안합니다.

앞으로 미국에 가시더라도, 또한 전 세계의 어디에 계시든, 우리 대한민국에 대한 각별한 사랑과 지속적인 관심을 부탁드리며,

장군님의 앞날에 주님의 은총이 함께하셔서 무운장구, 승승장구하시고, 가정에도 행복이 가득하시기를 거듭 기원합니다.

오늘 저녁 만찬 후에는 주한미군의 후손이며, 한국에서 가장 유명한 가수 인순이의 무대가 준비되어 있습니다.

좋은 추억을 담고 가는 즐거운 밤 되시기 바랍니다.

General Bernard S. Champoux and proud officers and soldiers of the United States Army in Korea.

Dr. 김동길, one of the most famous professor in Korea, Mr.박관용, former Chairman of the National Assembly, and many other special guests.

It is my greatest honor to have you here tonight, and I sincerely welcome all of you.

As we are celebrating the 2nd event of 「Thanksgiving Dinner with 8th Army」 tonight, I would like to share some of my feelings with you.

At the year-end 8th Army concert last year, General Champoux mentioned that the Eighth Army has never been back home for 64 years, ever since the Korean War. Now it's for 65 years.

I was deeply shocked, because his comment made me ask questions that I could not answer:

For what and for whom are they here for 65 years?

For how long do they have to stay here?

All I could do was to send General Champoux a Christmas card expressing my gratitude. I couldn't think of any better words than

796

"Sorry" and "Thank you".

I still feel heavy with worry and regret because I have no idea when the 8th Army will be able to return home.


Ladies and gentlemen,

I would like to take this opportunity to emphasize how important the Korea–U.S. alliance had been in Korea's democracy and economic development.

For instance, First, the U.S. government helped Korea achieve the independence from Japanese colonialism.

Second, During the Korean War, they fought against the communists, sacrificing 38 thousand lives.

Third, from 1945 to 1961, the U.S. & U.N. had provided economic aid of 3.2 billion dollars to Korea so that our people could be free from hunger.

—Also, since 1962, most of foreign capital, amounting to 80 billion dollars that were used for Korea's economic development came from the U.S..


Last but not least, North Korea's provocation with wooden–box mines in last August proved that the alliance between Korea and the U.S. became more important than ever.

On the whole, we should not forget that, without the Korea—US alliance, Korea could not have achieved the miraculous economic growth in the very short period.

You may know about these facts already,

but I wanted to share them with you again hoping that we can reflect the meaning of our friendship.

Ladies and Gentlemen,

Let me conclude my remarks with sincere gratitude to General Champoux. He is returning home early next year, after fulfilling his duty.

I very much appreciate his committment and dedication to the security of Korean Peninsula. I would suggest to all of you a big applaud to General Champoux, wishing all the best to him and his family.

Thank you very much, Ladies and Gentlemen.

Lastly, There is one thing more I will tell you.

Former U.S. President George W. Bush emphasized in his Opening Remarks of 'The Presidents Cup' last month that Korea has achieved miraculous growth and development so that she can host such a big event.

He also expressed his surprise to see most players of the event are from the combatant countries of the Korean War.

Thank you.

# BULLETIN

## SECOND INFANTRY DIVISION
## KOREAN WAR VETERANS ALLIANCE

| Volume 15. No 3 | FALL | November 2010 |

# 2ID-KWVA REUNION 17-21 APRIL 2011 INTERCONTINENTAL NEW ORLEANS MARK YOUR CALENDARS

**PRESIDENT'S MESSAGE**

By: Chuck Hankins, 2nd Divarty

It's now been 60 years since the Korean War started, and for most of us, we were there 59 or 60 years ago. Unfortunately, when we came home, not much happened to welcome us back, nor was there any effort to show appreciation for what we did there. We were tagged with the "Korean Police Action" title for many years, and would bet that over half the population still does not know that it was later officially designated "The Korean War".

Over the years I tried to figure why the population was so apathetic about "our war". I really think the people were so tired of war after WW II, that they really didn't want to acknowledge that we were involved in a subsequent war that was, in many ways, more difficult than many things in WW II. Korea started 5 years after WW II was over. People had made an all out effort to help during WW II, and the government was only calling this a 'police action". There was little effort to encourage any recognition of our service, as opposed to the "real war" of WW II.

For those of you that have never made a trip back to Korea, you have no idea of how the Korean people still remember and express in the most vivid ways their appreciation for us in their words," saving their country for them". Not only do they remember us, but they continue to educate their younger generations about the war and our participation.

From 1952, when I retuned from Korea, until a number of us went back to Korea for the 50th anniversary, did I ever hear a "thank you" for my service? It was a few days after being in Korea that a young man around 20 years old,

## !!! IMPORTANT REQUEST !!!

INFORMATION SOUGHT ABOUT "***ROCK RANGER COMPANY***", 38<sup>TH</sup> INFANTRY REGIMENT, MAY 1951

The Alliance has received a personal request from the CG, Eighth US Army, Korea, for information from our records about an action on 11 May 1951. On that date, a **ROK soldier named Rhee, Yong-Man**, was shot in the shoulder on Kari-san Mountain (Hill 1071), East of Chunchon, and evacuated through US medical channels with the help of 4 US soldiers, at least one of whom was a medic as he gave Rhee a penicillin shot. Mr. Rhee, who later became a minister in the ROK government, wishes to find one or more of these soldiers. His request follows:

"*I served in the ROK Army, but my company was assigned to the Rock Ranger Company, 38<sup>th</sup> Infantry Regt. We were under direct orders of a US commander. I belonged to the 1<sup>st</sup> Squad, 1<sup>st</sup> Platoon, of the Rock Ranger Company. My platoon leader was a Korean Army Lieutenant named Chang-Jo Kim, Company CO was Captain Pak. Communication between US and Korean Army was through a US Advisor.* "

"*As far as I remember, Rock Ranger Company was a different company from the 1<sup>st</sup> Ranger Company. In January or February 1951, when I finished my training course as a new recruit at a training camp in Taegu, I became attached to a company which was comprised of three platoons of Korean soldiers and then was loaded into five U.S. Army trucks and transferred to the headquarters of the 38<sup>th</sup> Regiment in Hoiyong, Kangwon province. Then we took additional training for 40 days. Our chief trainer was a U.S. Army sergeant, who was said to have been a captain but downgraded due to a drinking problem. After the combat in May 1951 when I was injured, the Ranger Company was dismissed and returned to the Korean Army all but one squad which remained at the US Army 2<sup>nd</sup> Division, 38<sup>th</sup> Regiment, Service Company.*"

"*When those soldiers rescued and brought me on a stretcher down the mountain, there was a jeep waiting for the wounded like me. In that jeep there was another patient who was a U.S. soldier, and the jeep transferred us to a hospital which was located at riverside with several tents and American doctors and nurses. I got an operation to remove a bullet from my shoulder, and after 4-5 days, I was again transferred to Pusan and taken to the Korean 15<sup>th</sup> Military Hospital by a U.S. transport plane. In that airplane, I was the only Korean among them.*"

There must be one or several of our members who might remember the "Rock Ranger Company", attached to the 38<sup>th</sup> "Rock of the Marne" Regiment. This "Rock Ranger Company" is mentioned several times, spelled ROCK, not ROK, in the Command Reports of both the 2<sup>nd</sup> Infantry Division and the 38<sup>th</sup> Infantry Regiment for that period of the war. A suggestion by the Korean War Project's Hal and Ted Barker is that "C" Company, 38<sup>th</sup> Infantry Regiment was patrolling in the area. Additionally, it should be kept in mind that though Mr. Rhee's unit was with the 38<sup>th</sup> Inf Regt, his rescuers might have been from another unit. The 9<sup>th</sup> Infantry Regiment was actively patrolling in the area several days before 11 May 1951 and had 15 WIA and 1 KIA in the period 3 through 11 May 1951.

We have contacted the keeper of the records of the 1<sup>st</sup> Ranger Company, which was attached to the 2ID from January through June 1951, but their records and personal recollections do not indicate that they were identical with the "**Rock Ranger Company.**"

*If you know anything about the above episode, please contact Ralph Hockley either by e-mail at: **rmh-2id-kwva@earthlink.net**; or by mail at 10027 Pine Forest Road, Houston, TX 77042; or by phone at (713) 334-0271. Thank you.*

찾아보기

**찾아보기**

## 1. 용어 찾아보기

## 2. 인명 찾아보기

감사의 글

# 감사의 글

●

"공 박사, 이분의 인생이 극적이란 표현만으론 충분하지 않은데, 한평
생을 정리하고 평가하는 일을 맡아주면 좋겠습니다."

평전의 주인공과 오랫동안 친분을 유지해온 김명하 선배님의 부탁
으로 작업이 시작되었다. 필자가 쓴 『김재철 평전』을 읽어보고 "이용
만 평전은 공 박사에게 부탁해야겠다"고 마음먹게 되었다 한다.

며칠 뒤 이용만 전 장관을 만나던 아침의 기억이 떠오른다. 식사하
는 것을 잊을 정도로 살아온 이야기를 흥미진지하게 들었다. 세월의
흐름에도 불구하고 다부진 외모, 활력 넘치는 대화, 묘한 인간적 매
력이 이 책을 시작하게 만들었다. 첫인상을 뭐라고 표현하는 게 좋을
까? 첫만남에서 강한 공감대와 동지애를 느꼈다고 하는 게 좋겠다.
원고를 써나가면서 점점 기록을 제대로 남겨야겠다는 사명감을 갖게

되었다. 무슨 일이든 하기로 결정한 이상 전부를 걸고 하는 것이 나란 사람이기에 최선을 다해 썼다.

질풍노도처럼 달려가던 성장 시대에 남덕우 장관과 호흡을 맞췄다는 것은 참으로 대단한 일이다. 금융자원의 배분을 진두지휘하고 이를 가능하게 하는 정책과 기관을 만들어내는 데 중추적인 역할을 맡았던 것은 재무부 이재국장 자리뿐이지 않은가! 책을 펴내면서 1960년대 이후의 재정 금융 정책의 추진 과정이나 쟁점을 살펴볼 수 있어서 필자에게 큰 도움이 되었다. 그동안 시장과 기업 중심의 주장이나 관점을 가져왔던 필자에게 정부와 정책 중심을 살펴볼 수 있는 기회는 더없이 귀한 경험이었다. 또한 그 시대에 저마다의 분야에서 자기 몫 이상을 해냈던 공직자들과 친구들 그리고 지인들과 인터뷰했던 시간도 소중한 기회였다.

무엇보다도 오랜 시간 인터뷰에 적극적으로 응해주시고 만남마다 활력 넘치는 인터뷰로 정책의 빛과 그림자를 접할 수 있도록 도와준 이용만 전 장관님께 감사를 전하고 싶다. 요청하는 메모나 자료마다 정성껏 준비해 제공함으로써 집필 작업에 큰 도움이 되었다. 귀한 시간을 내서 기억의 창고 속에서 오랫동안 묵혀두었던 추억을 풀면서 성심껏 인터뷰에 응해주신 모든 분들에게 마음을 담아서 감사함을 전하고 싶다. 한 분 한 분마다 건강과 함께 기쁨이 넘치는 삶이 펼쳐지길 기대한다. 인터뷰에 응해주셨던 분들은 다음과 같다. (순서는 무작위임을 밝혀둔다.)

• 재경계

구윤철(기획재정부 예산총괄심의관(국장), 전 청와대인사수석 비서관), 김동익(전 용인송담대학교 총장, 전 제1정무 장관, 전 중앙일보 대표이사), 민해영(전 기술신용보증기금 이사장, 전 여신금융협회 회장, 전재무부 이재국 이재2과장), 신동규(전 농협금융지주 회장, 전 은행연합회장, 전 재정경제부 국제금융국 국장), 박종석(전 한화 그룹 부회장, 전 은행감독원 원장, 전 재무부 이재국 이재3과 과장), 방영민(전 서울보증보험 사장, 전 금융정보분석원(FIU) 원장, 전 재무부 국장), 사공일(세계경제연구원 이사장, 전 한국무역협회장, 전 재무부 장관), 신명호(부영그룹 고문, 전 HSBC 회장, 전 재무부 국제금융 국장), 안공혁(전 대한손해보험협회 회장, 전 보험감독원 원장, 전 재무부 총무과장), 원봉희(김앤장 법률사무소 미국 변호사, 전 재무부 금융정책국 국제금융국 국장), 윤증현(전 기회재정부 장관, 재경회 회장), 윤진식(전 국회의원, 전 산자부장관, 전 청와대경제수석(MB정부)), 이강연(아태무역관세사무소 회장, 한미무역협회 부회장, 전 재무부 과장, 전 관세청 국장), 이봉서(단암산업 회장, 한국능률협회 회장, 전 상공부 장관, 전 동력 자원부 장관), 이수휴(전 은행감독원 원장, 전 보험감독원 원장, 전 재무부 차관), 이승윤(한국선진화포럼 이사장, 전 경제부총리, 전 재무부 장관), 이연택(전 대한체육회 회장, 전 총무처 장관, 전 노동부장관), 이정재(법무법인 율촌 고문, 전 금융감독위원회 위원장, 전 예금보험공사 사장, 전 재무부 이재국장), 이헌재(전 부총리 겸 재경부 장관, 전 금융 감독원 원장, 전 재무부 이재국 과장), 장덕진(대륙연구소 회장, 전 농림부 장관, 전 재무부 재정 차관보), 정덕구(NEAR재단 이사장, 전 산업자원부 장관, 전 재무부 국제금융국 국장), 정영의(전 재무부 장관, 전 산업은행총재), 정준호(삼성카드(주) 부사장, 전 재무부 장관 비서관, 전 코람코자산 신탁 사장), 황재성(굿모닝 세무법인 대표, 전 서대문, 삼성, 종로 세무서장, 전 재무부 이재국 사무관, 세제국 과장)

- 정치계

박관용(21세기국가발전연구원(NDI) 이사장, 전 국회의장, 전 국회의원), 이종구(국회의원, 전 금융감독원 감사, 전 재무부 금융정책국 국장), 이태섭(국제라이온스협회 회장, 전 국회의원, 전 과학기술처 장관), 한갑수(한국산업경제연구원 회장, 전 농림부장관)

- 금융계

김승유(전 미소금융중앙재단 이사장, 전 하나금융지주 회장), 라응찬(전 신한금융지주회사 회장, 전 신한은행장), 이동걸(KDB산업은행 회장, 전 신한금융투자 부회장), 이상화(신한은행 지점장), 이팔성(전 우리금융지주회사 회장, 전 한빛 증권 사장), 장명기(피델리스파트너스 회장, 전 외환은행 수석 부행장, 전 신한은행 부행장), 장석희(무궁화신탁 부회장, 전 신한은행 지점장), 조용병(신한은행장, 전 신한BNP파리바자산운용 대표이사), 최경식(환은 동우회장, 전 현대증권 부사장, 전 외환은행 상무), 한동우(신한금융지주 회장), 함영주(KEB하나은행 은행장, 전 하나은행 부행장), 홍성균(전 신한금융그룹 부회장, 전 신한카드 사장), 홍세표(전 외환은행장, 전 한미은행장, 전 학교법인 혜원학원 이사장)

- 언론계

강효상(국회의원, 전 조선일보 편집국장), 박보균(중앙일보 대기자, 전 중앙일보 편집국장), 윤세영(SBS 회장, 전 프로골프협회 회장, 전 태영 사장), 이규민(전 한국시장경제포럼 회장, 전 동아일보 편집국장), 이장규(서강대 대외부총장, 전 중앙일보 경제전문 대기자, 전 중앙일보 편집국장), 조갑제(조갑제닷컴 대표, 월간조선 편집의원, 전 조선일보 기자), 최우석(전 삼성경제연구소 부회장, 전 중앙경제신문 편집국장), 홍선근(머니투데이 회장, 뉴스1코리아 대표이사 회장), 황호형(전 SBS보도본부 스포츠국 국장, 전 서울방송 경제부장)

• 친구

김민희(전 LG애드 사장), 김영기(한국프로농구연맹 총재, 전 대한체육회 부회장, 전 올림픽 농구국가 국가대표, 감독), 김용욱(대학동기, 미국 거주), 김인섭(법무법인 태평양 대표변호사), 김해영(평강군 초등학교와 중고교 친구, 미국 거주), 박수길(유엔협회세계연맹 회장, 전 UN대사), 신익현(은산빌딩 대표), 심상기(서울미디어그룹 회장, 전경향신문 사장, 전 중앙일보 편집국장), 이두정(남양상호저축은행 대표이사), 정덕교(전 한국무선관리사업단 이사장, 전 체신부 기획관리실장, 전 중앙일보 사회부 차장)

• 지인

김기영(고향 후배, 미국 거주), 김명하(Kim&aL 회장, 전 코레드 사장), 김양현(삼원사업사 회장), 박기석(시공테크 회장, 전 코스닥상장협의회 회장, 전 국민경제자문회의 위원), 신선균(전 델라웨어대 교수, 전 한국증권연구원 초대 원장), 어윤대(전 KB금융지주 회장, 전 고려대학교 총장, 전 초대 국제금융센터 소장), 염재호(고려대학교 총장, 전 서울시산학협력포럼 회장, 전 한일포럼대표), 이기수(전 이승만박사기념사업회 회장, 전 고려대학교 총장), 이해구(두원공과대학 총장, 전 국회의원, 전 내무부 장관), 이헌석(아들), 주경순(아내)

책을 마무리할 시점에 필자는 이용만 전 장관으로부터 지면으로 감사함을 전하고 싶은 분들의 명단을 받았다. 삶이라는 여행길에서 인연을 맺고 도움을 받았던 분들이 얼마나 많겠는가! 이들 가운데서도 평전의 주인공이 특별한 감사를 전하고 싶은 분들은 다음과 같다.

• 이용만 전 장관이 감사를 전하고 싶은 분들

| | |
|---|---|
| 강봉균(前 재경부장관, 국회의원) | 강신익(前 LG전자 사장) |
| 강현욱(조선대학교 이사장) | 고병우(한국경영인협회 회장) |
| 구본무(LG그룹 회장) | 권병렬(세이백화점 회장) |
| 권숙정(前 국립천안공업대학장) | 권중갑(Stanford Hotel 회장) |
| 권태신(한국경제연구원 원장) | 김광현(조선일보 AD본부장) |
| 김동기(고려대학교 국제대학원 석좌교수) | 김동길(연세대학교 명예교수) |
| 김만제(前 경제부총리 겸 장관) | 김상만(前 녹십자아이메드 원장) |
| 김석동(前 금융위원장) | 김석원(前 신용정보협회 회장) |
| 김영무(김&장법률사무소 변호사) | 김영일(前 국회의원) |
| 김영희(중앙일보 대기자) | 김용덕(前 금융감독위원회 위원장) |
| 김용환(前 재무부장관) | 김원규(우리투자증권 사장) |
| 김유후(변호사) | 김일곤(대원문화재단 이사장) |
| 김장환(극동방송 이사장, 목사) | 김재철(동원그룹 회장) |
| 김재호(동아일보 회장) | 김정태(하나금융지주 회장) |
| 김종창(前 금융감독원장) | 김중겸(前 한국전력 사장) |
| 김중웅(KB국민은행 이사회 의장) | 김진(前 중앙일보 논설위원) |

김진웅(前 고대 총장)                    김진현(前 과기처 장관)

김태기(단국대학교 교수)                김홍국((주)하림 회장)

나웅배(前 부총리)                      남궁훈(前 생명보험협회 회장)

남성욱(고려대학교 세종캠퍼스 북한학과 교수)

류근일(前 조선일보 주필, 뉴데일리 고문)   류진(풍산그룹 회장)

문창극(前 중앙일보 대기자, 장로)         민상기(前 서울대학교 경영대학교 교수)

박규열(前 대한건설협회 상근 부회장)      박동순(前 이스라엘 대사, 장로)

박상송(장로)                          박연차(태광실업 회장)

박영철(고려대학교 석좌교수)            박종길(온누리교회 목사)

박찬구(금호석유화학 회장)              방상훈(조선일보사 사장)

방영섭(前 일성건설 회장)              배종수(동양종합물산 대표)

백상승(前 경주시장)                   백성학((주)영안모자 회장)

변양호(보고펀드 공동대표)              서동권(동서법률문화연구소 변호사)

서봉균(前 재무부 장관)                선우석(오리엔탈 제주호텔 카지노 회장)

손병두(선진화포럼 회장)                손진곤(변호사)

손한기(이손치과 원장, 장로)

송자(아이들과미래 명지학원 이사장, 前 연세대 총장)

송정호(前 법무부 장관)                송형목(KB국민카드 사외이사)

신상훈(前 신한지주회사 사장)           신연희(강남구청장/비서실 이태호 팀장)

심상기(서울미디어그룹 회장)            양승철(연세의료원 비뇨기과 교수, 장로)

양휘부(한국케이블TV방송협회 협회장)    여성민(온누리교회 목사)

오명(동부그룹 제조유통 부문 회장)       오창석(법무법인 광장 변호사)

원철희(前 국회의원)

유영섭((주)마임 회장)

유일호(기획재정부 장관, 부총리)

유장희(前 동반성장위원회 위원장)

유지담(법무법인 KCL 대표변호사)

유지창(유진투자증권 회장)

유흥수(前 국회의원, 한일친선협회 이사장)

윤영각(온누리교회 장로)

윤영선(前 관세청장)

윤용로(외환은행나눔재단 이사장)

윤은기(서울과학종합대학원 석좌교수)

이철(하나로메디칼케어그룹 회장, 장로)

이경재(前 중소기업은행장)

이기원(온누리교회 목사)

이광구(우리은행장)

이귀남(LKN 법학연구소 대표, 前 법무부 장관)

이규빈(SK텔링크 사장)

이규성(前 부총리, 코람코자산신탁 회장)

이남식(계원예술대학교 총장)

이도형(한국논단 대표)

이동건((주)부방 회장)

이동준(코리아골프&아트빌리지 회장)

이동호(前 내무부 장관)

이두희(고려대학교 경영대학 교수)

이명재(법무법인 태평양 고문, 前 검찰총장)

이문석(前 총무처 장관)

이방주((주)JR자산관리 회장)

이병완(前 청와대 비서실장)

이상준(온누리교회 목사)

이성규((주)연합자산관리, 유암코 사장)

이수빈(삼성생명 회장)

이순우(저축은행중앙회 회장)

이용섭(前 국회의원)

이은경(법무법인 산지 변호사)

이일표(IPC 대표, 충신교회 장로)

이재훈(온누리교회 담임목사)

이종남(前 감사원장)

이종구(국회의원)

이종찬(前 국정원장, (재)우당장학회 이사장)

이종휘(미소금융중앙재단 이사장, 前 우리은행장)

이주열(한국은행 총재)                    이진강(前 방송통신심의위원회 위원장)

이한구(前 새누리당 국회의원)            이해구(두원공과대학 총장, 前 국회의원)

이헌재(前 부총리)                        이현우(前 안기부장)

이환균(전 건설교통부 장관)              임종룡(금융위원회 위원장)

임태희(前 노동부 장관)                  장대환(매일경제신문 회장)

장병주((주)SK 고문, 대우세계경영연구회 회장)

정광택(온누리교회 장로)                정구영(前 검찰총장)

정몽원(한라건설 회장)                  정상건(미진시스템 회장, 장로)

정운섭(법무법인 동인 변호사, 장로)      정운찬(동반성장연구소 이사장)

정원식(前 국무총리)                    정재석(前 부총리)

정해창(前 법무부 장관)                조셉 윤(미국 국무부 대북정책특별대표)

주선애(교수, 권사)                    지상욱(국회의원)

지성한(한성실업 회장, 장로)            진념(前 재경부 장관)

진웅섭(금융감독원장)                  천신일(세중여행사 회장)

최경원(前 법무부 장관)                최도성(서울대학교 경영대학 교수)

최득린(장로)                          최창걸(고려아연 명예회장, 장로)

한동우(신한금융지주회사 회장)          한상대(前 검찰청장)

한상일(국민대학교 정치학과 교수)        허창수((주)GS홀딩스 회장)

허화평(미래한국재단 이사장)            현승종(前 국무총리)

현오석(前 기획재정부 장관)            홍석현(중앙일보 회장)

홍인기(한국증권연구원 고문)            홍일식(한국인문사회연구원 이사장)

황의빈((주)혁성실업 회장)